매일
교리

Daily Doctrine: A One-Year Guide to Systematic Theology
by Kevin DeYoung

Copyright ⓒ 2024 by Kevin DeYoung
Published by Crossway, a publishing ministry of Good News Publishers
Wheaton, Illinois 60187, U.S.A.

This Korean edition ⓒ 2025 by Word of Life Press, Seoul, Republic of Korea.
Published by arrangement with Crossway through rMaeng2, Seoul, Republic of Korea.
All rights reserved.

이 한국어판의 저작권은 알맹2를 통하여 Crossway와 독점 계약한 생명의말씀사에 있습니다.
신저작권법에 의하여 한국 내에서 보호받는 저작물이므로 무단전재와 무단복제를 금합니다.

매일 교리

ⓒ 생명의말씀사 2025

2025년 11월 21일 1판 1쇄 발행

펴낸이 | 김창영
펴낸곳 | 생명의말씀사

등록 | 1962. 1. 10. No.300-1962-1
주소 | 서울시 종로구 경희궁1길 6 (03176)
전화 | 02)738-6555(본사) · 02)3159-7979(영업)
팩스 | 02)739-3824(본사) · 080-022-8585(영업)

기획편집 | 유영란
디자인 | 최종혜
인쇄 | 영진문원
제본 | 보경문화사

ISBN 978-89-04-02107-9 (03230)

저작권자의 허락 없이 이 책의 일부 또는 전체를
무단 복제, 전재, 발췌하면 저작권법에 의해 처벌을 받습니다.

DAILY DOCTRINE

매일
교리

케빈 드영 저 | 전의우 역

생명의말씀사

추천사

"'한입거리'(bite-sized) 미디어 소비가 지배하는 세상에서, 이 책은 영적 성장을 원하는 누구에게나 올바르고 기초적인 교리를 쉽게 접할 수 있게 한다. 케빈 드영의 탁월한 전달력과 깊은 성경 지식은 이 책의 접근성이 신학적 견고함을 희생하지 않도록 한다. 한 개인, 한 가정, 소그룹과 교회, 모두 이 훌륭한 자료를 매일 묵상하며 활용하기를 강력히 추천한다. 그러면 성경적 교리에 대한 지식을 쌓을 뿐만 아니라, 각 교리가 가리키는 삼위일체 하나님과 더욱 친밀해질 수 있을 것이다."

박바울, 합동신학대학원대학교 조직 신학 조교수

"수많은 읽을거리가 수많은 활자로 옷 갈아입고 매일매일 쏟아져 나오고 있다. 이럴 때일수록 선택과 집중이 필요하다. '우선 읽어야 할 것을 먼저 읽을 필요'가 있다. 『매일 교리』가 바로 그런 책이다. 능숙한 개혁파 조직 신학자 케빈 드영이 성경 핵심 교리를 500단어 분량으로 각각 요약해 1년 치 교리 묵상집을 우리 손에 들려 준다. 조직 신학의 전통적 내용인 서론, 신론, 인간론, 기독론, 구원론, 교회론, 종말론뿐만 아니라 언약 신학까지 추가로 총망라한다. 신학적으로 안전하고, 실천적으로 사려 깊고, 적절한 난이도까지 갖춘 이 책은 그 소중함과 중요성이 압도적인 수작 중 수작이다."

박재은, 총신대학교 신학과 조직 신학 교수

"뜨겁게 신앙생활을 해오다가도 단숨에 무너지는 성도들의 공통점이 있다. 신앙은 있지만 내가 도대체 무엇을 믿고 있는지 교리적으로 정립되어 있지 않은 성도들이다. 어려운 교리를 날마다 쉽게 흡수할 수 있는 현대인을 위한 교리책이 여기 있다. 이 책은 조직 신학의 핵심적인 주제를 빠뜨리지 않으면서도, 간결하고 명쾌한 설명으로 독자의 영혼을 살찌운다. 매일 아침 비타민을 먹듯, 이 책을 먹으라. 해변에서 물장구를 치는 데에 그치던 신앙생활을 벗어나, 거친 파도를 뚫고 깊은 바다를 항해하는 신앙으로 변화되리라!"

서창희, 한사람교회 담임 목사

"지금부터 30여 년 전 내가 영국으로 유학을 떠났을 때, 루이스 벌코프의 『기독교 교리 요약』을 달달 외우며 교리를 공부했던 기억이 선명하다. 케빈 드영의 이 책이 그때 나왔더라면 나는 주저 없이 『매일 교리』를 매일 외웠을 것이다. 오늘날 적지 않은 교인들이 성경은 교리와 상관없으며 교리는 교회 분열을 초래한다는 그릇된 신화 속에 살고 있다. 케빈 드영은 이 책에서 그런 신화를 산산조각 낸다. 도리어 교리는 성경 전체에 가득 차 있고, 교리 없는 교회와 신자는 하나님의 영광의 언덕 너머에 있는 더 높은 산을 보는 것으로 옮겨가지 못한다고 단언한다. 나는 그런 케빈 드영의 주장에 완전히 동의한다. 케빈 드영의 『매일 교리』는 한마디로 강력하다! 옆에 두고 매일 읽어야 할 책이다!"

신호섭, 고려신학대학원 교의학 교수

"케빈 드영의 책을 읽을 때마다(나는 그의 책을 여러 권 읽었고, 특히 『십계명』을 감탄하며 읽었다), 오래고 오랜 진리를 가장 명쾌하고 간결하게 설명하는 그의 능력에 놀라고는 한다. 그런데 이 책에서 그는, 더 발전된 방식으로 진리를 진술해 낸다. 첫째, 이 책은 (놀랍게도) 더 깊어졌다. 짧은 글 안에서도 핵심적인 진리를 선명하게 풀어내며, 오래 두고 묵상할 깊이를 가진 문장을 우리에게 준다. 둘째, 신학적으로 어려운 개념도 마다하지 않고, 그럼에도 이해하기 쉽게 풀어준다. 매일 묵상용이라 해서 결코 깊이가 얕지 않다. 셋째, 목회자로서 그는 성도가 실용적으로 교리의 깊이를 삶에 적용하도록 돕는다. 이 책은 놀랍게도 교리 사전과 같은 지식과 매일 묵상을 위한 실용성을 동시에 갖췄다!"

이정규, 시광교회 담임 목사

"신학교에서 처음 조직 신학을 접했을 때의 감동을 잊을 수 없다. 보통 교회에서 목사님이나 외부 강사를 통해서 접했던 조직 신학을 직접 접하니 너무 특별했다. 실은 신학은 목회자나 교수의 전유물이 아니다. 모든 평신도가 알고 배워야 할 학문이다. 신학을 알아야 영적으로 성장하기 때문이다. 그러나 그간 평신도에게 신학은 너무 어렵고 멀게 느껴졌다. 이번에 출간된 『매일 교리』는 그러한 요소를 다 제거해 주었다. 매일 짧은 한 편의 조직 신학 글을 읽으면 1년 후에 조직 신학책 한 권을 떼게 된다. 매일 큐티하듯이 가볍게 매일 글 한 편을 읽으면 자신도 모르게 영적으로 성장하게 될 것이다. 홀로 읽기에도 좋고, 교회에서 그룹으로 함께 읽어도 좋은 책이다. 무엇보다도 『매일 교리』를 일독한 독자의 즐거운 표정이 벌써부터 궁금해진다."

이정현, 청암교회 담임 목사

"맛깔난 신학 뷔페가 당신 앞에 차려져 있다. 『매일 교리』는 매일의 묵상이고 간추린 조직 신학이며 참고서다. 깊지만 유쾌하고, 심오하지만 실용적이며, 포괄적이지만 간결하고, 정곡을 찌르지만 어렵지 않다. 주님이 이 책을 사용해 회중석에서 더 많은 조직 신학자를 일으키시길 기도한다."

조엘 비키(Joel R. Beeke), 퓨리딘리폼드신학교 총장 겸 설교학과 조직 신학 교수

"사고로 목이 부러지고 몇 년 후, 하나님을 속속들이 알고 싶었다. 이런 내 마음을 알았는지 누군가 두꺼운 신학책을 선물했다. 읽었지만 도무지 이해되지 않았다. 이 좋은 책이 그때도 있었다면! 케빈 드영은 우리

가 믿는 기본 사항을 한데 모아 꼼꼼하지만 깔끔하고 보통의 신학책보다 훨씬 가벼운 책을 냈다. 아픔을 겪는 내내, 이 중요한 교리의 반석은 내게 언제나 위로가 되었다. 둘도 없는 이 책을 진심으로 추천한다."

조니 에릭슨 타다(Joni Eareckson Tada), '조니와 친구들 국제 장애인 센터' 설립자 겸 대표

"저마다 따로 노는 시대에 흩어져 있는 점을 연결하는 일, 곧 성경 본문과 기독교 교리를 연결하고, 다양한 기독교 교리를 연결하며, 기독교 교리와 일상생활을 연결하는 일이 모든 그리스도인에게 꼭 필요하다. 그러나 많은 사람이 조직 신학의 훌륭한 고전을 샅샅이 읽고 소화할 시간이 없다. 이런 점에서 이 책은 아주 큰 도움이 된다. 케빈 드영은 오랜 세월에 걸쳐 가치가 입증된 '매일 묵상'이란 방법을 사용해, 성경이 가르치는 중요한 교리를 톺아보는 책을 냈다. 그 덕에 우리는 기독교 교리가 얼마나 아름답고 우리의 성경 읽기와 삶의 방식에 얼마나 중요한지 좀더 알 수 있게 되었다."

칼 트루먼(Carl R. Trueman), 그로브시티칼리지 성경학과 종교학 교수

"이 얼마나 멋진 아이디어인가! 짜임새 있는 『매일 교리』를 날마다 읽고 묵상하면서 케빈 드영의 충실한 가르침을 따라 조직 신학의 주요 문제를 공부하고 싶지 않은 사람이 어디 있겠는가? 날마다, 교리마다, 진리마다 그리스도인에게 매우 유익한 책이다. 그리스도의 교회에 이렇게 멋진 선물을 안긴 저자에게 깊이 감사한다. 당신도 진리와 교리와 영적 건강의 통로인 이 책에 깊이 감사하게 될 것이다."

앨버트 몰러 2세(R. Albert Mohler Jr), 서던뱁티스트신학교 총장

"자신의 영적 건강에 관심 있는 사람이라면 케빈 드영이 날마다 차려 주는 교리 한 상을 맛나게 먹어야 한다. 가장 좋은 신학은 하나님과 복음을 이해하도록 돕고 믿음이 자라 그리스도 안에서 성숙하게 한다. 둘도 없는 조직 신학 교과서다. 날마다 챙겨 먹는다면 소량이라도 마음과 생각을 강하게 북돋는 비타민이 될 것이다."

케빈 벤후저(Kevin J. Vanhoozer), 트리니티신학교 조직 신학 연구교수

"하나님은 '굳게 서서' '우리 주 곧 구주 예수 그리스도의 은혜와 그를 아는 지식에서 자라 가라'고 명하신다. 그러나 이 명령에 경고가 따른다. 뒷걸음질 쳐 거짓 선생과 이단의 먹이가 되는 자를 향한 경고다. 하지만 평신도가 전문 신학 교육을 받지 않고서도 '지식에서 자라 가라'는 명령에 어떻게 순종할 수 있겠는가? 이 책이 해답이다. 케빈 드영은 복잡하지만 꼭 필요한 조직 신학을 '일상의 교리'로 능숙하게 번역한다. 지금이야말로 그 어느 때보다 평신도 그리스도인이 조직 신학에 굳게 뿌리내려야 할 때이다. 읽기 쉽고 믿을 만한 이 책은 틀림없이 고전이 될 것이다. 나는 『매일 교리』를 읽고 묵상하면서 하나님의 위엄과 대대로 내려오는 개혁 교회의 풍성한 가르침에 압도되었다."

로자리아 버터필드(Rosaria Butterfield), 『복음과 집 열쇠』와 『뜻밖의 회심』의 저자

"나는 다음 장에서 어떤 어려운 질문과 그 해답이 나올지 잔뜩 기대하며 책을 덮지 못하고 책장을 넘기고 또 넘겼다. 이 책의 아름다움은 케빈 드영의 능력, 곧 우리의 신학을 구성하는 정교하고 학문적인 부분을 탐구할 뿐 아니라 이들이 교회 생활에서 뜨겁게 되울리게 하는 능력에 있

다. 이 책은 단순한 매뉴얼이 아니라 고전적인 개혁 신학이 형성되는 오랜 과정을 탐구하는 모험이다. 이 책이 교리적 무관심을 죽일 뿐 아니라 새로운 세대가 하나님의 깊은 것을 다시 한번 만끽하게 하길 바란다."

매튜 바렛(Matthew Barrett), 미드웨스턴뱁티스트신학교 교수

"『매일 교리』는 하나님을 아는 지식이 크게 자라길 간절히 바라지만 신학교 문턱도 밟지 못한 누구에게나 특별한 선물이다. 이 책을 읽으면, 케빈 드영의 쉬우면서도 정곡을 찌르는 빼어난 조직 신학 강의를 당신이 가장 좋아하는 의자에 앉아서 들을 수 있다. 날마다 성경을 읽을 때 곁에서 도와줄 더없는 친구 같은 책이다. 빼어나게 잘 정리된 책이며, 처음부터 끝까지 맛나게 읽고 나서도 오랫동안 아주 유용할 신학 참고 서로 남을 것이다."

폴 맥널티(Paul McNulty), 그루브시티칼리지 총장, 전 미국 법무부 차관

"조직 신학과 교리를 다루는 책이다. '조직'과 '신학'과 '교리'라는 세 단어에 하늘이 노래진다면 두려워하지 말라. 도무지 알아듣지 못할 말로 배배꼬아 길게 말하며 머리 좋은 사람을 위한 '거창하고 무서운 신학책'이 아니다. 정반대로, 이상적인 신학책이다. 숨이 턱턱 막히는 게 아니라 생명을 주며, 난해하지 않고 하나님께 영광을 돌리는 책이다. 다시 말해, 하나님을 아는 지식이 재빨리 깊어지길 바라는 신자에게 맞춤한 책이다. 날마다 이 책에서 하나님을 영원히 알고 사랑하려는 동기를 발견할 것이다. 강력하게 추천한다!"

한스 마두에미(Hans Madueme), 커버넌트칼리지 신학 교수

"삼위일체 하나님을 날마다 묵상하기에 참으로 좋은 방법이다. 이 책을 매일 읽고 묵상하면 가르침을 받을 뿐 아니라 영감을 얻을 것이다."

마이클 호튼(Michael Horton), 웨스트민스터신학교(캘리포니아)
그레샴 존 메이첸 조직 신학 및 변증학 교수

"케빈 드영은 복잡한 개념을 단순한 진리로 번역하는 특별한 은사를 받았다. 그는 학자의 마음과 목회자의 심장을 가졌으며, 칼뱅이 말한 '명료한 간결함'이라는 학문적 은사를 사용해 하나님의 백성을 섬긴다. 이 책에서, 드영은 이러한 은사를 조직 신학 연구에 적용해 분명하고 단순하며 쉽게 접근할 수 있는 기독교 교리 해설서를 내놓았다. 이 책은 바쁜 목회자들과 할 일이 태산 같은 신학생과 관심 있는 평신도에게 똑같이 유익하다. 신학 전통이 저마다 다른 사람이라도 충실하고 영적으로 풍성한 이 책에서 큰 유익을 얻을 것이다."

마이클 리카르디(Michael Riccardi), 마스터스신학교 신학 조교수

"케빈 드영이 성경의 주요 진리를 쉽게 요약해 책으로 내놓았다. 우리의 신학을 풍성하게 하고 우리의 영성을 고취하는 이 책을 날마다 읽고 나눈다면 당신의 가정과 교회가 큰 힘을 얻을 것이다."

피터 A. 릴백(Peter A. Lillback), 웨스트민스터신학교 총장

고든코넬신학교에서 내게 조직 신학을 가르쳐 주셨을 뿐 아니라
교회와 세상에서 신학이 얼마나 중요한지
자신의 책과 모범을 통해 우리를 가르치신
데이비드 F. 웰스 교수님께 이 책을 바칩니다.

CONTENTS

추천사 4
들어가며 24

프롤레고메나: 미리 생각해 볼 것과 성경론 31

WEEK 1
- DAY 1 신학
- DAY 2 조직 신학
- DAY 3 신학의 구분
- DAY 4 종교
- DAY 5 과학

WEEK 2
- DAY 6 사변적인가 아니면 실천적인가?
- DAY 7 아드 폰테스
- DAY 8 프린시피아
- DAY 9 믿음과 이성
- DAY 10 성령의 내적 증언

WEEK 3
- DAY 11 기본 항목들
- DAY 12 하나님을 아는 지식
- DAY 13 자연법과 자연 신학
- DAY 14 일반 계시와 특별 계시
- DAY 15 영감

WEEK 4
- DAY 16 공동 작업
- DAY 17 성경의 완전성
- DAY 18 성경의 무오성
- DAY 19 정경 문제
- DAY 20 어떤 책이 성경에 적합한가?

신론: 하나님의 존재와 하나님의 사역 81

WEEK 5
- DAY 21 하나님의 존재
- DAY 22 하나님을 알 수 있는가?
- DAY 23 하나님께 사용되는 단어들
- DAY 24 하나님의 일체성
- DAY 25 영이신 하나님

WEEK 6
- DAY 26 하나님의 이름
- DAY 27 하나님의 속성
- DAY 28 비공유적 속성과 공유적 속성
- DAY 29 실체와 우연성
- DAY 30 기독교 신학과 그리스-로마 철학

WEEK 7
- DAY 31 하나님의 단순성
- DAY 32 하나님의 자존성
- DAY 33 하나님의 무한성
- DAY 34 하나님의 불변성
- DAY 35 하나님의 무감동성

WEEK 8
- DAY 36 신 고난설과 성부 수난설
- DAY 37 지성적 속성
- DAY 38 의지적 속성
- DAY 39 능력의 속성
- DAY 40 초월성과 내재성

WEEK 9	DAY 41	삼위일체 하나님
	DAY 42	성경과 삼위일체
	DAY 43	삼위일체 용어
	DAY 44	하나이자 셋
	DAY 45	영원한 출생
WEEK 10	DAY 46	필리오케 조항
	DAY 47	페리코레시스
	DAY 48	탁시스
	DAY 49	나뉠 수 없는 활동
	DAY 50	우리의 삼위일체 하나님과 그리스도인의 삶
WEEK 11	DAY 51	하나님의 작정
	DAY 52	하나님의 뜻
	DAY 53	의지의 자유
	DAY 54	하나님의 허용
	DAY 55	선택과 유기
WEEK 12	DAY 56	예정은 공정한가?
	DAY 57	작정의 순서
	DAY 58	아미라우트주의
	DAY 59	중간 지식
	DAY 60	복음 전파와 하나님의 주권
WEEK 13	DAY 61	우리의 창조자 하나님
	DAY 62	무로부터 창조
	DAY 63	창조의 날들
	DAY 64	역사적 아담
	DAY 65	하나님이 세상을 창조하신 목적
WEEK 14	DAY 66	천사
	DAY 67	귀신
	DAY 68	섭리
	DAY 69	기적
	DAY 70	기도

인간론: 창조되고 타락한 인간   209

WEEK 15
- DAY 71 창조된 존재와 최고봉
- DAY 72 사람, 몸과 혼
- DAY 73 우리의 영혼은 어디서 오는가?
- DAY 74 능력 심리학
- DAY 75 남자와 여자

WEEK 16
- DAY 76 결혼
- DAY 77 트랜스젠더리즘
- DAY 78 하나님의 형상
- DAY 79 하나님의 형상으로 창조되었다는 것은 무슨 뜻인가?
- DAY 80 하나님의 형상으로 창조되었다는 것은 어떤 의미를 내포하는가?

WEEK 17
- DAY 81 죄의 본질
- DAY 82 죄의 기원
- DAY 83 죄의 전이
- DAY 84 전적 무능
- DAY 85 인간 본성의 4중 상태

WEEK 18
- DAY 86 하나님이 보시기에 모든 죄는 같은가?
- DAY 87 더 가증스러운 죄
- DAY 88 정욕
- DAY 89 유혹
- DAY 90 죄의 교리는 어떤 차이를 만드는가?

언약 신학: 하나님은 그분의 피조물을 어떻게 대하시는가?   261

WEEK 19
- DAY 91 언약이 중심이다
- DAY 92 언약의 정의
- DAY 93 베리트와 디아데케
- DAY 94 언약 갱신으로서의 예배
- DAY 95 구속 언약

WEEK 20
- DAY 96 행위 언약
- DAY 97 은혜 언약
- DAY 98 노아 언약
- DAY 99 아브라함 언약
- DAY 100 모세 언약

WEEK 21	DAY 101	재공표
	DAY 102	다윗 언약
	DAY 103	새 언약
	DAY 104	아버지가 신 포도를 먹었으므로
	DAY 105	새 언약의 새로움
WEEK 22	DAY 106	율법과 그리스도인
	DAY 107	삼중적 율법 구분
	DAY 108	세대주의
	DAY 109	침례교 언약 신학
	DAY 110	하나님의 이스라엘

기독론 1: 그리스도의 위격 309

WEEK 23	DAY 111	로고스
	DAY 112	동정녀 탄생
	DAY 113	메시아 예언
	DAY 114	예수님의 이름과 칭호
	DAY 115	예수님의 자기 증언
WEEK 24	DAY 116	아우토데오스
	DAY 117	그리스도의 신성
	DAY 118	그리스도의 인성
	DAY 119	영원한 아들 되심
	DAY 120	성육신
WEEK 25	DAY 121	위격적 연합
	DAY 122	코뮤니카티오 이디오마툼
	DAY 123	두 본성은 어떻게 연결되는가?
	DAY 124	엑스트라 칼비니스티쿰
	DAY 125	기독론 이단들
WEEK 26	DAY 126	아리우스주의
	DAY 127	가현설
	DAY 128	네스토리우스주의
	DAY 129	유티케스주의
	DAY 130	칼케돈 신조

WEEK 27	DAY 131	"무엇이든 취하지 않으신 것은 치유될 수 없다"
	DAY 132	그리스도의 신적 자의식
	DAY 133	케노시스
	DAY 134	성령 기독론
	DAY 135	범죄불가능성

기독론 2: 그리스도의 사역 375

WEEK 28	DAY 136	두 상태
	DAY 137	성육신과 고난
	DAY 138	버림받음의 외침
	DAY 139	죽음과 장사
	DAY 140	지옥 강하
WEEK 29	DAY 141	부활
	DAY 142	승천
	DAY 143	좌정
	DAY 144	재림
	DAY 145	선지자
WEEK 30	DAY 146	제사장
	DAY 147	왕
	DAY 148	그리스도의 나라
	DAY 149	속죄란 무엇인가?
	DAY 150	속죄의 필요성
WEEK 31	DAY 151	속죄의 완전성
	DAY 152	속죄론 1
	DAY 153	속죄론 2
	DAY 154	순종과 정복
	DAY 155	화해와 구속
WEEK 32	DAY 156	제물과 만족
	DAY 157	보속과 화목제
	DAY 158	제한 속죄
	DAY 159	도르트와 확정적 속죄
	DAY 160	우리의 죄악 때문에 상함을 받으셨다

구원론: 그리스도 안에 있는 구원 439

WEEK 33
- DAY 161　오르도 살루티스
- DAY 162　성령의 사역 1
- DAY 163　성령의 사역 2
- DAY 164　그리스도와의 연합
- DAY 165　일반적 부르심

WEEK 34
- DAY 166　유효한 부르심
- DAY 167　저항할 수 없는 은혜
- DAY 168　거듭남
- DAY 169　단독설
- DAY 170　회심

WEEK 35
- DAY 171　회개
- DAY 172　믿음
- DAY 173　믿음의 행위
- DAY 174　믿음과 확신
- DAY 175　칭의

WEEK 36
- DAY 176　전가
- DAY 177　솔라 피데
- DAY 178　야고보와 바울은 모순되는가?
- DAY 179　바울에 관한 '새 관점'을 받아들여야 하는가?
- DAY 180　시간과 부가적 요소들

WEEK 37
- DAY 181　입양
- DAY 182　성화는 칭의와 어떻게 다른가?
- DAY 183　율법의 세 가지 용도
- DAY 184　신뢰와 노력
- DAY 185　선한 행위와 구원

WEEK 38
- DAY 186　선한 행위와 신자
- DAY 187　선한 행위와 공로
- DAY 188　견인
- DAY 189　경고 구절
- DAY 190　영화

교회론: 교회의 본질, 사명, 질서 515

WEEK 39	DAY 191	교회
	DAY 192	교회의 본질
	DAY 193	일체성
	DAY 194	거룩성
	DAY 195	보편성
WEEK 40	DAY 196	사도성
	DAY 197	교회의 표지
	DAY 198	설교
	DAY 199	교회 구성원
	DAY 200	교회와 국가
WEEK 41	DAY 201	교회 권한의 본질과 범위
	DAY 202	국가 교회와 자유 교회 원리
	DAY 203	양심의 자유
	DAY 204	규정적 원리
	DAY 205	교회의 선교
WEEK 42	DAY 206	본질적 통치와 중보적 통치
	DAY 207	교회의 영적 본질
	DAY 208	신경과 신앙고백
	DAY 209	성령의 은사
	DAY 210	기적의 은사
WEEK 43	DAY 211	성령 세례
	DAY 212	성령 충만
	DAY 213	부르심
	DAY 214	은혜의 수단
	DAY 215	셈페르 레포르만다
WEEK 44	DAY 216	성례
	DAY 217	성례는 몇 가지인가?
	DAY 218	세례
	DAY 219	누가 세례를 받는가?
	DAY 220	세례 방식

WEEK 45	DAY 221	세례는 무엇을 인치는가?
	DAY 222	누가 세례를 줄 수 있는가?
	DAY 223	세례를 몇 번 받아야 하는가?
	DAY 224	주의 만찬
	DAY 225	실재적 임재
WEEK 46	DAY 226	식탁인가 제단인가?
	DAY 227	누가 주의 만찬을 받아야 하는가?
	DAY 228	교회 구성원
	DAY 229	교회의 권징
	DAY 230	신약 교회의 직분
WEEK 47	DAY 231	봉사
	DAY 232	교회의 직분은 몇인가?
	DAY 233	장로
	DAY 234	집사
	DAY 235	하나님이 특정 형태의 교회 정치를 명하시는가?
WEEK 48	DAY 236	교황이 교회를 다스리는가?
	DAY 237	감독들이 교회를 다스리는가?
	DAY 238	회중이 교회를 다스리는가?
	DAY 239	장로들이 교회를 다스리는가?
	DAY 240	품위 있고 질서 있게

종말론: 마지막 것들 633

WEEK 49	DAY 241	죽음과 지옥
	DAY 242	지옥, 하나님의 형벌
	DAY 243	보편 구원론
	DAY 244	멸절설
	DAY 245	포용주의
WEEK 50	DAY 246	신자들은 죽으면 천국에 가는가?
	DAY 247	중간 상태
	DAY 248	행위에 따른 심판
	DAY 249	천국 상급
	DAY 250	천국은 무엇과 같은가?

WEEK 51	DAY 251	부분적 과거론
	DAY 252	대환난
	DAY 253	144,000
	DAY 254	666
	DAY 255	온 이스라엘이 구원을 받으리라
WEEK 52	DAY 256	천년왕국
	DAY 257	천년왕국은 언제 이루어지는가?
	DAY 258	사탄이 천년 동안 결박된다는 게 무슨 뜻인가?
	DAY 259	첫째 부활이 무슨 뜻인가?
	DAY 260	영화로운 나타나심

부록: 자주 인용된 자료들   682
인용 문헌   688

들어가며

 허풍처럼 들릴지 모르겠으나 이 책을 쓰는 것으로 내 꿈이 이루어졌다.
 은근히 잘난 척하는 사람이나 대책 없는 얼간이처럼 보일까 봐 망설여지지만, 그래도 개인적인 이야기를 해 보겠다. 대학교에 들어갔을 때부터 조직 신학 교과서를 쓰고 싶었다. 물론 이 책은 교과서가 아니며, 잘 알려진 조직 신학책들만큼 두껍지 않고 학문적이지도 않으며 세밀하지도 않다. 이 책은 지금 저술되고 있을 수많은 교리 대작만큼 깊지도 않고 지적으로 뛰어나지도 않다. 그러나 이것은 내가 쓰고 싶었던 바로 그 책이다(적어도 지금은 그렇다).
 글쟁이로서, 내게 맞춤한 자리는 번역자의 자리라고 믿는다. 말하자면, 나는 한 언어를 다른 언어로 옮기는 번역자가 아니라 한 수준에서 다른 수준으로 옮기는 번역자다. 다시 말해, 내가 교회를 가장 잘 섬기는 방법은 오래전에 세상을 떠난 사람들의 글을 (그리고 몇몇 살아 있는 사람들의 글까지) 읽고 이들의 전문적 논증과 용어를 소화하며 이들의 통찰을 제대로 파악해 바쁜 목회자와 학생과 지도자와 평신도가 쉽게 읽고 이해할 수 있도록 명료하고 간결하게 다시 쓰는 것이다.

세례 요한의 심정으로 고백하고 기꺼이 인정하건대, 이 책은 조직 신학의 신기원을 여는 저작이 절대 아니다. 이 책에서, 나는 새로운 교리적 혁신이나 종합을 시도하지 않는다. 최신 전문 서적이나 학술 논문을 반영하려 하지도 않는다. 내용을 포괄적으로 담으려 하지도 않는다. 다시 말해, 다양한 전통(예를 들면, 로마 가톨릭, 루터교, 성공회, 재세례파, 웨슬리안, 오순절파, 자유주의)의 신학적 선택을 모두 다루려 하지도 않는다.

나는 장로교 목사인데, 이 책이 모든 그리스도인에게 유익하리라 확신한다. 이 책에서 쉽게 볼 수 있듯이, 나의 신학적 이해는 개혁주의 전통의 여러 신앙고백과 교리문답, 그리고 장 칼뱅(John Calvin), 프란시스 튜레틴(Francis Turretin), 찰스 하지(Charles Hodge), 제임스 배너먼(James Bannerman), 윌리엄 셰드(William G. T. Shedd), 헤르만 바빙크(Herman Bavinck), 루이스 벌코프(Louis Berkhof) 같은 개혁주의 신학자의 영향을 받아 형성되었다.

물론, 가장 중요하게도 나는 이 책의 모든 페이지가 성경을 벗어나지 않도록 노력했다. 적절한 용어를 사용하고 적절하게 논쟁하며 적절하게 구분하는 법을 배우는 일은 조직 신학에서 아주 중요하다. 나는 이 책에서 이런 것들을 다룰 것이다. 그러나 이 모두를 배우는 목적은 성경의 가르침을 이해하고, 성경의 가르침을 변호하며, 성경이 계시하는 하나님을 기뻐하는 것이다.

당신만의 모험을 선택하라

내가 태어나기도 전에 나온 코미디가 있다. '쉬머'(Shimmer)라는 바닥 광택제이자 디저트 토핑이기도 한 놀라운 제품에 관한 유머다. 이 책을 쓰면서 이 코미디가 여러 번 떠올랐다. 『매일 교리』의 쓸모도 하나가 아니다. 적어도 셋이다.

1. 『매일 교리』를 한 해의 묵상집으로 읽을 수 있다. 하루치 분량은 약 500단어이며, 일과의 한 부분으로 정해 두고 아침에 하루를 시작하기 전에 읽거나 저녁 식탁에서 읽거나 잠자리에 들기 전에 읽을 수 있다. 항목을 월별로 배열하기보다 주별로 배열해 한 주

에 다섯 항목을 배정하는 게 더 유익하리라고 (그리고 실행하기가 더 쉬울 거라고) 생각했다. 사람들 대다수는 한 해 동안 계속될 훈련을 할 때, 짧은 휴식이 필요하고 뒤처졌을 경우 따라잡을 날도 필요하다. 한 주에 일곱 항목이 아니라 다섯 항목을 배치했기에 이런 융통성이 들어설 자리가 있다. 날짜는 연속적으로 매겼으며, 전부 260일(52주×5일)이고, 따라서 필요하다면 휴식을 가지면서 매일 묵상을 이어가거나 (이 책에 정리된 그대로) 한 해 동안 매주 5개 항목씩 묵상할 수 있다.

2. 『매일 교리』를 참고서로 사용할 수 있다. '차례'에 모든 주제가 나열되어 있어서 원죄, 범죄 불가능성, 페리코레시스와 같은 개념을 쉽게 찾아 그에 관한 설명을 읽어 볼 수 있다.

3. 『매일 교리』를 작은 조직 신학책으로 읽을 수 있다. 전통적 조직 신학 범주[흔히 로키(loci)라 불린다]를 중심으로 주제가 구성되어 있는데, 나는 이 책을 여덟 로키로 분류했다. 프롤레고메나, 신론, 인간론, 언약 신학, 기독론(1, 2부), 구원론, 교회론, 종말론이다. 이 책을 주간 계획에 맞춰 읽지 않고 마치 초보자 버전의 튜레틴이나 벌코프를 읽듯이 읽어도 좋다.

혹자는 이 책이 너무 많은 내용을 담고 있다고, 묵상집이라기엔 너무 깊고 참고서라기엔 너무 작으며 조직 신학책이라기엔 너무 간결하다고 주장할 수 있다. "드영, 하나만 선택해!"라는 소리가 들린다. 그러나 내 안의 낙관론자는 이 책이 동시에 둘 이상이어야 더 강해질 수 있다고 생각한다. 이 책은 바닥 광택제이자 디저트 토핑이다!

그 외 몇 가지

이 책의 자료와 인용에 관해 짧게 언급하고 감사하는 말을 전하려 한다.

자료. 이런 책에서는 간결한 표현이 매우 중요하다. 그래서 신학자를 말할 때 이들의 생애는 언급하지 않겠다. 이름이 낯설어도 괜찮다. 이 책에서 자주 인용한 사람이나 자료를 "부록"에서 몇 문장으로 소개해 두었다.

인용. 성경 구절(예를 들면, 요 3:16)과 신앙고백문서(예를 들면, 웨스트민스터 신앙고백 1.1)를 본문에서 괄호 안에 표기했다. 주석을 쉽게 찾도록 하루의 항목이 끝나는 부분에 달아 두었다. 이 책 전체에서 인용 출처를 약식으로 표기했으며, 인용 자료의 완전한 정보는 682쪽부터 시작되는 "자주 인용된 자료들"에서 확인할 수 있다.

이 책은 내 친구 저스틴 테일러를 비롯해 출판사 크로스웨이의 유능한 직원과 함께 수고하며 만든 결과물이다. 라틴어를 비롯해 학문적 논쟁이 가득한 '매일 묵상집'을 만드는 위험을 감수한 여러분께 감사를 드린다.

크라이스트커버넌트교회(Christ Covenant Church)의 지원과 격려와 이들이 내게 허락한 시간이 없었다면 이 책을 쓸 수 없었을 것이다. 이런 신학적 마인드를 가진 교회를 섬기는 것은 축복이다.

담임목사로 전임 사역을 하면서도 샬롯에 자리한 리폼드신학교(Reformed Theological Seminary)에서 조직 신학을 가르치는 특권을 누리고 있다. 이 책의 내용 가운데 많은 부분이 리폼드신학교 강의로 시작된다. 개혁 신학을 가르치고 개혁 신학에 대한 나의 표현을 다듬을 기회를 준 나의 학생과 동료에게 감사한다. 특히, 리폼드신학교 조직 신학 동료 교수 여러분께 엄청난 빚을 졌다. 이들은 이 책의 부분 부분을 읽고 엄청나게 귀중한 조언을 주었다. 이들의 조언 덕분에 이 책이 여러 면에서 한결 더 좋아졌다.

베리 피터슨과 앤드류 윌게머스의 후원에도 감사한다. 무엇보다도 우리 아이들, 이언, 제이콥, 엘시, 폴, 매리, 벤저민, 타비사, 앤드류, 수잔나와 특히 나의 아내 트리샤의 사랑과 은혜에 감사한다.

내가 아내보다 더 큰 빚을 진 분은 하나님뿐이다. 이 프로젝트를 마치는 데 몇 년이 걸렸다. 그동안 성부와 성자와 성령을 깊이 생각할 수 있어 얼마나 기뻤는지 모른다. 길었지만 멋진 여정이었다.

프롤레고메나

미리 생각해 볼 것과 성경론

WEEK 1

DAY 1

신학

기독교 신학의 목적은 예수 그리스도의 얼굴에 있는 하나님의 영광을 아는 빛을 알고 누리며 그 가운데 행하는 것이다(참조. 고후 4:6).

'신학'으로 번역된 영단어(theology)의 어원은 두 헬라어 단어로 이루어져 있다. '하나님'을 뜻하는 **데오스**(*theos*)와 '말'이나 '발언'이나 '선언'을 의미하는 **로고스**(*logos*)다. 그러므로 아주 간단히 말해 신학이란 '하나님 공부'다.

그러나 분명하게도 신학은 그 이상이다. 어원을 토대로 신학을 정의한다면 문제가 생길 것이다. 그리스도인에게 신학은 언제나 단순한 사실과 관찰 그 이상이 목표인데, 어원을 토대로 정의하면 하나님이 우리가 분석하고 해부하는 또 하나의 대상이 되어 버린다. 그래서 윌리엄 퍼킨스(William Perkins)는 신학을 "영원히 복되게 사는 삶의 학문"으로 정의했고,[1] 마스트리흐트(Petrus van Mastricht)는 "그리스도를 통해 하나님을 향해 살아가는 삶의 교리"라고 했다.[2]

절대로 신학의 목적을 단순히 옳은 개념을 머릿속에 주입하는 것으로 축소해서는 안 된다. 신학에 관심을 갖는 이유, 신학에 관한 글을 쓰는 이유, 신학책을 읽는 이유는 하나님을 더 깊이 '알고', 그분을 더 온전히 '기뻐하며', 그분께 순종하며 그분과 '동행하기' 위해서다. 우리가 세밀하고 정확하고 지적으로 힘겨운 신학을 힘들게 해나가는 것은 그리스도의 얼굴에 있는 하나님의 영광을 보고 또 맛보기 위해서다.

그렇다면 어떻게 신학을 공부해야 하는가? 네 가지 방법이 있다.

성경적으로. 모든 신학적 확신과 결론은 성경에 비추어 검증되어야 한다. 교회 전통도 중요하고, 인간의 경험을 무시해서도 안 된다. 그러나 궁극적으로 신학은 교회가 가르치거나 우리의 양심이 느끼는 것을 설명하는 훈련이 아니다. 언제나 성경을 탐구해 이것이 정말 그런지 확인해야 한다(행 17:11).

이성적으로. 이성이 신앙의 기초는 아니더라도 신앙의 중요한 도구다. 2년간, 바울은 두란노 서원에서 날마다 이성적으로 강론했다(행 19:9). 그는 벨릭스 총독 및 그의 아내 드루실라와 이성적으로 토론했다(행 24:24). 그리고 베스도 총독에게 "내가 … 참되고 온전한 말을 하나이다"라고 강변했다(행 26:25). 성경의 진리는 이성의 이해를 초월할 수 있지만, 절대로 터무니없거나 비이성적이지 않다.

겸손하게. 전적으로 하나님을 의지하고, 앞서간 사람들에게서 어떻게라도 배우려는 마음으로 신학에 접근해야 한다. 우리의 유한성과 타락을 염두에 두고, 교만하거나 우쭐대지 말고 기도하며 감사하는 태도를 가져야 한다. 참으로 크신 하나님에 관해 배울 때, 큰 머리가 들어설 자리는 없다.

하나님께 영광을 돌리며. 우리가 배우는 목적은 사랑하기 위해서다. 우리는 영광을 보면서 자란다. 우리가 교리를 더 깊이 파고드는 것은 예배에서 더 높이 날아오르기 위해서다. 하나님은 우리의 연구 대상에 불과한 분이 아니시다. 하나님은 그분에 관해 알아야 할 전부를 계시하시는 분이며 우리의 모든 경배를 받기에 합당하신 분이다.

1 Perkins, *A Golden Chain*, 14; 윌리엄 퍼킨스, 『황금사슬』, 김지훈 역, 킹덤북스, 2016.
2 Van Mastricht, *Theoretical-Practical Theology*, 98; 페트루스 판 마스트리흐트, 『이론과 실천 신학』(전 2권), 박문재 역, 부흥과개혁사, 2019.

DAY 2

조직 신학

조직 신학을 할 때 우리는 "성경 전체가 이것에 관해 무엇이라 말하는가?"라는 질문에 답하려 노력한다. 여기서 '이것'은 천사, 죄, 믿음, 행위, 율법, 은혜, 그리스도의 죽음, 성령을 비롯해 다양하다.

많은 사람이 '조직 신학'(Systematic Theology)이란 용어보다 '교의학'(Dogmatics)이란 용어를 선호한다. 교의학은 거창하고 갑갑하게 들릴 수도 있지만 어떤 의미에서 더 풍성한 용어다. '교의'는 교회가 받아들인 교리, 곧 교회가 성경을 숙고하여 맺은 잘 익은 열매를 가리키고, '조직'은 교리를 연구하는 방식을 말한다. 두 용어 모두 자신의 자리가 있으며, 그리스도인은 두 용어를 자주 맞바꾸어 사용한다.

조직 신학은 신학의 특정 형태인데, 고유한 방법과 틀이 있다. 예를 들어, 역사 신학은 교리가 수 세기에 걸쳐 어떻게 발전해 왔는지 살피고, 자연 신학은 이성과 관찰을 통해 하나님에 관해 무엇을 알 수 있는지 알아보며, 성경 신학은 성경의 구속 이야기 전체에서 큰 주제를 추적한다. 그리고 조직 신학은 주제와 질문을 중심으로 교리를 논리적으로 구성한다. 이들 주제는 때로 **로키**(*loci*)라 불린다.

지금 우리가 아는 조직 신학의 역사는 몇백 년에 불과하다. 그러나 많은 사람이 조직 신학의 근원을 오리게네스(Origen)의 『원리론』(*Peri Archon*, 220년경)까지 거슬러 올라간다. 흔히 필리프 멜란히톤(Philip Melancthon)의 『신학 총론』(*Loci Communes*, 1521; 일반적인 주제를 중심으로 성경의 가르침을 서술한 책이다)을 프로테스탄트 조직 신학 전통의 시작으로 본다.

조직 신학을 구성하는 방법은 여럿이다. 어떤 사람은 핵심 주제 한 가지만 다루는데 그 주제는 사랑, 언약, 그리스도, 주 되심(lordship), 삼위일체 등일 수 있다. 이 중 어느 하나를 택하더라도 잘못은 아니다. 그러나 전통적으로 조직 신학은 일곱 가지 주요 주제로 구성된다.

1. **프롤레고메나**(*prolegomena*). 문자적으로 '첫 단어들'이라는 뜻이며, 대체로 성경의 기본 규범과 교리를 다룬다.
2. **신론**(theology proper). 하나님, 삼위일체, 작정, 창조, 섭리 같은 교리를 다룬다.
3. **인간론**(anthropology). 인간의 창조와 타락에 관한 교리를 다룬다.
4. **기독론**(Christology). 그리스도의 위격과 사역을 다룬다.
5. **구원론**(soteriology). 우리가 어떻게 구원받고, 구원받은 사람은 어떻게 성령으로 사는지를 다룬다.
6. **교회론**(ecclesiology) 교회에 관한 교리를 다룬다.
7. **종말론**(eschatology). 개인의 마지막뿐 아니라 우주적으로 마지막 일에 관한 교리를 다룬다.

어떤 사람은 '성령론'(pneumatology, 성령에 관한 교리)을 별도의 범주로 분류한다. 나는 참조하기 쉽도록 '언약'(covenant)을 별도의 범주에 포함시켰지만, 언약은 흔히 인간론의 마지막 부분에 포함된다.

조직 신학은 그리스도인이 하나님의 말씀을 배우는 유일한 방법은 아니더라도 더없이 귀중한 방법이다. 조직 신학은 교회사의 통찰에 근거하며, 교회의 역사적 교리를 수호하려 한다. 조직 신학은 하나님의 계획 전체를 하나로 종합하는 데 도움이 된다. 더 중요하게도, 조직 신학은 하나님을 더 알도록 돕는다.

천국에 들어가는 데 필요한 최소한의 지식이 우리의 목적이어서는 안 된다. 우리는 평범한 개념에서 특별한 개념으로, 일반적인 개념에서 전문적인 용어와 개념으로, 하나님의 영광의 언덕을 보는 데서 하나님의 영광의 산을 보는 데로 옮겨 가야 한다. 우리는 이런 이유로 연구하고, 이런 이유로 배우며, 이런 이유로 조직 신학이 필요하다.

DAY 3

신학의 구분

사람들 대부분은 신학이 기본적으로 하나라고, 하나님 공부라고 생각한다. 그러나 개혁 신학자는 신학이 다양한 분야로 구성된다고 오랫동안 이해해 왔다. 프란시스쿠스 유니우스(Franciscus Junius)의 접근법이 가장 유력하다. 그의 저서 『참된 신학이란 무엇인가』(Treatise on True

Theology, 1594)는 신학의 여러 범주를 확립하고 신학의 기본 윤곽을 설정했는데, 후대 조직 신학자가 이러한 범주와 윤곽을 활용해 신학의 본질을 정의하고 기술했다. 유니우스의 틀은 너무 복잡해 여기서 자세히 살펴볼 수 없지만, 그가 제시한 주요 분야는 비교적 간단하고 (그의 어휘에 익숙해지면) 더없이 유용하다.

유니우스에 따르면, 신학을 '참된 신학'과 '거짓 신학'으로 나눌 수 있다. 엄밀히 말해 거짓 신학은 오로지 인간의 생각에 기초하기 때문에 전혀 신학이 아니다. 그러나 우리가 '신학'이라 부르는 한에서, 거짓 신학은 이성의 훈련을 받지 않기에 '통속적'이거나 이성의 도움을 받기에 '철학적'이다. 철학적 신학은 그리스도 이전에 헬라인(그리스인)과 로마인 사이에서 번성했다.

물론, 유니우스는 대부분의 시간을 참된 신학을 논하며 보냈다. 유니우스는 개혁주의 전통 전체의 근간이 될 구분을 사용하면서, 참된 신학은 '원형적'(archetypal)이거나 '모형적'(ectypal)이라고 가르쳤다. '원형적'이란 말은 하나님에 관한 하나님 자신의 지식을 가리킨다. 이것이 하나님만 하실 수 있는 신학이다. 반대로, 모형 신학(ectypal theology)은 하나님이 자신의 원형에서 도출하여 은혜로 그분의 피조물에게 전달하시는 지식이다. 핵심은 이것이다. 오직 하나님만 참된 신학을 가능하게 하신다.

모형 신학은 세 방식으로 전달될 수 있다. '연합'(union)이나 '이상'(vision)이나 '계시'(revelation)를 통해서다. 연합은 하나님이자 사람이신 그리스도의 신학이다. 이상은 하늘에 있는 영적 존재와 영화롭게 된 성도의 신학이다. 계시는 땅에 있는 인간의 신학이다. 우리는 마지막 범주, 곧 계시를 '우리의 신학'이라 부를 수 있겠다. 이것은 순례자의 신학이다.

유니우스는 신중한 구분을 이어가면서 하나님이 두 가지 방식으로 계시된 신학을 전달하신다고 설명한다. 바로 자연과 은혜를 통해서다. 하나님이 자연 신학과 초자연 신학 둘 모두의 저자이시다. 자연 신학은 참된 신학의 한 형태이며, 하나님의 계시의 한 종류다. 자연 신학에서 얻는 지식은 선천적(innate, 양심이란 책이 내적으로 알려준 것)일 수도 있고 후천적(acquired, 피조물이란 책에서 외적으로 파악한 것)일 수도 있다. 창조자와 그분의 창조세계에 관한 참된 것을 자연 신학을 통해 알 수 있다.

그러나 자연 신학은, 특히 타락의 이편에서, 불확실하며 인간을 구원할 수 없다. 우리에게는 초자연 신학과 구원하는 은혜가 필요한데, 이 두 가지는 하나님 말씀에서만 찾을 수 있는 완전한 계시를 통해서만 온다.

신학은 하나가 아니다. 참된 신학과 거짓 신학이 있다. 하나님만 아시는 신학이 있고 그분이 우리에게 주시는 신학, 곧 하나님이 하늘과 땅에서 그리스도 안에서 계시하시는 신학이 있다. 우리 안에서와 우리 주변에서 알려지는 불완전한 신학이 있고, 말씀하시는 우리의 하나님이 기적을 통해 알려 주시는 무오한 신학(infallible theology)이 있다. 우리가 조직 신학에서 (주로) 공부하는 것은 이 마지막 유형의 신학이며, 이것이 완악한 죄인을 구원하는 유일한 신학이다.

DAY 4

종교

'종교'를 뜻하는 영단어(religion)의 어원은 분명하지 않다. 오랜 세월, 많은 사람이 키케로(Cicero)의 주장에 동의해 왔다. 그는 라틴어 **렐리기오**(*religio*)가 '모으다' 또는 '다시 읽다'를 뜻하는 라틴어 **렐레게레**(*relegere*)에서 왔다고 보았다. 이렇게 보면, 종교란 하나님과 관련된 것들을 부지런히 연구하는 일이다. 어떤 사람은 교부 락탄티우스(Lactantius)의 설명을 선호하는데, 그는 렐리기오가 '조여 묶다' 또는 '묶다'를 뜻하는 **렐리가레**(*religare*)에서 왔다고 보았으며, 아우구스티누스(Augustine)가 이 설명을 채택했다. 이렇게 보면, 종교는 인간을 하나님께 '묶기' 또는 '재부착하기'이다.

우리 시대에, 종교는 매우 경멸스러운 의미로 이해되기 일쑤다. 그리스도인조차, 종교란 하나님과의 관계와 정반대되는 것이라고 생각한다. 또는 종교란 하나님의 호의를 얻어 내려는 노력이라고 생각한다. 또는 종교란 의식과 교의와 틀로 구성된 경직된 시스템이라고 생각한다. 이렇듯 종교를 경멸스러운 의미로 이해하는 문제는 셋으로 압축된다.

1. 종교에 대한 이러한 이해는 비교적 최근에 나타난 방식이다. 예를 들어 장 칼뱅은 『기독교 강요』(*Institutes of the Christian Religion*)를 썼고, 조너선 에드워즈(Jonathan Edwards)는 『신앙 감정론』(*Religious Affections*)을

썼다. 목회자와 신학자는 특히 대각성 시대에 '종교'나 '참된 종교'나 '진정한 종교'에 관한 글을 자주 썼다. 우리의 선조는 종교적 위선과 거짓된 종교 체계를 잘 알았으나 종교를 행위에 기초한 의와 동일시 하지 않았다.

2. 종교라는 단어는 성경에 다섯 번 나오는데(ESV 기준, 개역개정에서는 '종교'라는 단어가 2회, '종교심'이란 단어가 1회 나오는데, 모두 사도행전에 나온다.—역주), 그 자체로 중립적이며, 헬라어 **데이시다이모니아**(deisidaimonia, 신들을 향한 경외) 또는 **트레스케이아**(threskeia, 종교적 예배)를 번역한 것이다. 종교는 유대교(행 26:5) 또는 유대-기독교 신앙을 가리킬 수 있다(행 25:19). 종교는 스스로 만들었거나(골 2:23) 혀를 길들이지 못할 때 악한 것일 수 있다(약 1:26). 그러나 종교는 과부와 고아를 돌보고 도덕적 정결을 실천한다면 선한 것일 수 있다(약 1:27). 종교적 실천을 하나같이 부정적으로 보는 것은 성경적이지 않다.

3. 종교를 혹평하며 우리는 무의식적으로 많은 부담을 덜어내고 있을지 모른다. 사람들은 명령과 교리와 틀과 의식을 종교와 동일시하는 경향이 있다. 그래서 그들은 '영적이지만 종교적이지 않길' 원한다. 그러나 기독교는 명령과 교리와 틀과 의식을 믿는 종교다. 유대인으로서 예수님도 이것을 믿으셨다.

예수님은 종교를 미워하지 않으셨다. 오히려 회당 예배에 참석했고, 한센병 환자를 깨끗하게 한 후 유대인의 정결 의식대로 하라고 명하셨다(막 1:21, 40-45). 예수님은 교회를 세우고(마 16:18) 교회 권징을 제정하셨다(마 18:15-20). 의식적 식사를 제정하고 이를 영원히 지키라고 하셨다(마 26:26-28). 사람들에게 세례를 베풀고 이들을 가르쳐 그분이 명한 모든 것을 지키게 하라고 제자들에게 명하셨다(마 28:19-20). 사람들이 그분을 믿고 그분에 관한 이런저런 것을 믿어야 한다고 하셨다(요 3:16-18; 8:24).

사실, 어떤 사람에게 종교는 관계가 아니라 의식을 의미하고 은혜를 받아들이는 것이 아니라 호의를 획득하는 것이다. 그러나 이는 종교라는 단어의 일반적인 의미가 아니다. 우리 시대에 누군가가 '종교'에 맞선다고 할 때, 이는 일반적으로 그리스도인의 제자도에 중요한 많은 것에 맞선다는 뜻이다. 이런 태도는 종교란 복음과 정반대이며 하나님을 높이는 경건과 어울리지 않는다며 성급히 종교를 무시한다거나, 사람들에게 예수님에 관한 잘못된 인상을 심어 주고 참된 경건에 관한 비성경적 감각을 심어 주기 쉽다.

DAY 5

과학

일부 진영에서, 찰스 하지는 (어쩌면) 다음과 같은 당혹스러운 말을 한 것으로 아주 유명하다.

신학자에게 성경은 과학자의 자연과 같다. 그에게 성경은 사실로 가득한 창고다. 신학자가 성경의 가르침을 확인하는 방법은 자연 철학자가 자연의 가르침을 확인하려고 채택하는 방법과 동일하다.[1]

어떤 비평가는 하지가 마치 순진한 합리주의자가 고정되고 변하지 않는 원리를 찾아 보물 사냥을 하듯이 성경에 접근한다고 비꼰다. 이를 테면, 하지의 전통을 견지하는 그리스도인은, 조사해야 하는 죽은 곤충이나 생명 없는 명제의 냉랭한 모음집을 대하듯 성경을 대한다고 말이다.

그러나 하지가 실제로 이렇게 믿었는가? 그에게 신학은 과학적 학문과 같았다. 신학적 고찰을 할 때, 그리스도인은 성경의 사실을 적절한 순서와 관계로 배열해야 하기 때문이다.[2] 하지는 결코 조직 신학을 불모의 명제를 되뇌는 것이라고 생각하지 않았다. 오히려 그는 신학을 과학에 비유했다. 조직 신학자의 일은 성경의 모든 부분이 어떻게 서로 논리적으로 일관되게 연결되고 조화를 이루는지 보여 주는 것이라고 믿었기 때문이다.

신학이 과학인가라는 질문은 하지가 처음 한 게 아니다. 중세 신학자는 아리스토텔레스(Aristotle)의 전통적 범주를 사용해 지적 성향의 다섯 가지 유형을 말했다. **인텔리겐티아**(*intelligentia*, 이해), **스키엔티아**(*scientia*, 과학), **사피엔티아**(*sapientia*, 지혜), **프루덴티아**(*prudentia*, 분별), **아르스**(*ars*, 기술)가 그것이다.[3]

프로테스탄트 신학자는 신학과 관련해 다음 몇 가지에 의견을 같이 했다. 신학은 인텔리겐티아가 아니다. 인텔리겐티아는 원리를 다룰 뿐 결론을 다루지 않기 때문이다. 신학은 프루덴티아가 아니다. 프루덴티아는 믿어야 하는 것들에 관심이 없기 때문이다. 신학은 아르스가 아니다. 아르스는 실천적 결과를 지향할 뿐 도덕적 행위를 지향하지 않기 때문이다.

프란시스 튜레틴(라틴어 이름은 프란키스쿠스 투레티누스)과 존 오웬 같은 개혁주의 신학자는 '과학'(science)이란 꼬리표를 거부하며, 스키엔티아(뚜렷한 학문의 한 분야라기보다 지식의 한 유형을 의미한다)는 자명한 원리만 받아들일 뿐 계시된 원리는 배제한다고 주장했다. 그런가 하면, 윌리엄 퍼킨스 같은 개혁주의 신학자는 신학을 과학이라 부르는 데 아무런 문제가 없었다.

19세기 말에 이르면, 다윈의 반대편에서 개혁주의 신학자가 좀 더 일관되게 신학을 하나의 과학으로 받아들였는데, 대표적으로 바빙크는 교의학이 하나님에 관한 참되고 신뢰할 만한 지식을 다루기 때문에 과학이라 불려 마땅하다고 단언했다.[4] 마찬가지로, 셰드는 이렇게 주장한다. "그러므로 신학은 하나님의 과학으로서 대상의 본질과 인간 지성의 한계를 고려하면서 하나님에 관해 최대한 모순에서 자유롭고 심오한 지식을 얻는 데 목적이 있다."[5] 참된 지식을 다루고 귀납적 분석을 하며 성경의 사실과 결론을 모아 통일된 전체를 이루게 하려는 한, 신학은 과학이다.

1 Hodge, *Systematic Theology*, 1:10.
2 Hodge, *Systematic Theology*, 1:19.
3 Muller, *Post-Reformation Reformed Dogmatics*, 1:324-340; 리처드 멀러, 『PRRD1 신학 서론』, 조호영 역, 부흥과개혁사, 2018.
4 Bavinck, *Reformed Dogmatics*, 1:42-43; 헤르만 바빙크, 『개혁교의학』 전 5권, 박태현 역, 부흥과개혁사, 2011.
5 Shedd, *Dogmatic Theology*, 56.

WEEK 2

DAY 6

사변적인가 아니면 실천적인가?

신학은 주로 사변적인가 아니면 실천적인가? 오래되었으나 놀랍도록 적실한 질문이다.

우리가 볼 때 답은 분명하다. 신학은 실천적이어야 한다. 신학은 믿음과 순종을 낳아야 한다. 신학은 열매를 맺어야 한다. 그런데 우리는 신학에 이런 큰 위험이 있다고 생각하기 쉽다. 신학 담론의 너무 많은 부분이 대책 없이 신학적이고 쓸데없이 어려워 가슴은 작고 머리만 큰 사람을 부추기는 외에 아무 유익이 없다고 말이다.

그러나 문제는 생각만큼 단순하지 않다. 토마스 아퀴나스(Thomas Aquinas)에 따르면, 실천적 학문은 인간 활동과 관련이 있지만 기독교 신학은 주로 하나님과 관련이 있기 때문에 거룩한 교리(신학)는 사변적 학문에 가깝다. 그는 이렇게 주장한다. 신학의 목적은 "하나님을 아는 완전한 지식이며, 여기에 영원한 지복이 있다."[1] 나는 아퀴나스가 하나님을 아는 지식 자체를 강조한 것을 높이 평가한다. 그러나 우리는 여전히 프란시스 튜레틴을 따라 신학은 '혼합적'이라고, 부분적으로 이론적이며 부분적으로 실천적이라고 말할 수 있다.[2]

우리는 이 등식의 실용적 측면을 이해할 수 있다. 믿음의 신비는 '행동을 자극'한다. 다시 말해, 믿음의 신비는 사랑하고 예배하라며 우리를 자극한다. "실용적 체계(실천적 체계)는 무언가에 대한 지식으로만 구성되는 게 아니라 본질상 그 자체가 실천으로 나아가며 그 대상을 위해 작동한다." 바른 교리가 우리 가슴에 새겨지고 우리 삶에서 표현되지 않으면 아무짝에도 쓸모없다. 우리는 경건으로 이어지는 진리를 아는 지식을 원한다(딛 1:1).

그러나 신학은 이론적이기도 하다. '이론적'이란 말은 튜레틴에게 있어 경멸적인 용어가 아니다. 오히려, "이론적 체계는 숙고에만 몰두할 뿐 지식 외에 그 어떤 목적도 없는 체계다." 여기서 튜레틴은 토마스주의(Thomist)가 지복직관(beatific vision, 하나님을 얼굴을 맞대고 보는 것)을 강조한 데서 우리가 배울 게 있다고 단언한다. 진리를 알고 그 진리를 기뻐하는 것은 그 자체로 가치가 있다(렘 31:34; 요 17:13). 우리로 그리스도의 얼굴에 있는 하나님의 영광을 보게 한다면, 적용이 빠진 설교라도 삶을 변화시키는 설교일 수 있다.

튜레틴은 당시 이단들을 경계했다. 이들은 삼위일체와 성육신 교리를 축소하고, 선한 행위에 근거한 보편 구원론을 펼치기 위해 신학을 오로지 실천적인 것으로 만드는 데 몰두했기 때문이다. 이들과 반대로, 튜레틴은 옳은 것을 아는 일과 옳은 것을 행하는 일이 절대로 분리될 수 없다고 주장했다. 기독교 신앙은 이론과 실천을 통합한다. 신학은 우리로 우리의 모든 지식과 기쁨의 최고 목적이신 하나님을 향하게 하는 한 이론적이다. 그러나 우리는 또한 이러한 '바라봄'이 더욱 그리스도처럼 '되어 감'으로 이어져야 한다고 주장한다.

1 Aquinas, *Summa Theologica*, 1.1.4; 토마스 아퀴나스, 『신학대전』.
2 Turretin, *Elenctic Theology*, 1:20-23; 프란키스쿠스 투레티누스, 『변증신학 강요』, 박문재, 한병수 역, 부흥과개혁사, 2017. 이 장에서 인용한 튜레틴의 글의 출처는 모두 여기다.

DAY 7

아드 폰테스

아드 폰테스(*ad fontes*)는 '근원으로' 또는 문자적으로 '샘으로'를 뜻하는 라틴어 문구다. 이 문구의 출처는 불가타역(Latin Vulgate) 시편 42편 1절이다. 불가타역은 윌리엄 틴들(William Tyndale)과 마르틴 루터(Martin Luther)가 성경을 번역하기 전 약 천 년 동안 교회에서 거의 배타적으로 사용된 라틴어 성경이다. 종교개혁 때 '아드 폰테스'라는 짧은 문구는 기독교 학문이 근원과 원천으로 돌아가길 원했던 사람들을 결집하는 구호가 되었는데, 곧 성경 자체로 돌아간다는 뜻이었다.

이러한 자극은 14-15세기 이탈리아 르네상스에서 비롯된 인문주의 운동에서 비롯되었다. 이러한 형태의 인문주의(humanism; 오늘날 세속적 인본주의와는 반대)는 12-13세기에 만연한 스콜라주의(scholasticism)에 맞선 반동이었다. 스콜라주의와 인문주의는 다양했고 어떤 면에서 중첩되었다. 그러나 크게 보면, 두 운동은 교육에 접근하는 방식이 서로 달랐고, 교육의 목적도 서로 다르게 보았다.

스콜라주의자는 과거의 권위자가 가졌던 시각을 비교함으로써 자신의 주제에 접근했다. 이들의 과제는 전통을 꼼꼼히 살펴서 다양한 관점이 조화를 이루도록 하는 법을 배우는 것이었다. 많은 경우, 그 결과는 치밀한 지적 탐구와 사변이었다. 이는 전문 법률가와 의사와 신학자에게 적합한 교육 방법이었다. 이와는 반대로, 인문주의자는 실천적이고 교화적이며 유용한 것을 원했다. 이들은 사변을 거의 참을 수 없었다. 이들은 고전을 원어로 읽었으며, 단순히 고대 저자에 대한 해석을 읽을 게 아니라 그 저자의 원전 자체를 연구하라고 촉구했다.

인문주의는 일련의 철학적 신념이 아니라 일련의 지적 관심, 특히 고전 고대(classical antiquity, 지중해 유럽을 중심으로 하는 그리스-로마 시대)의 가치에 관한 관심이었다. 왜 인문주의라는 이름이 붙었는가? 부분적으로는 인문주의가 인간을 새롭게 강조했다는 이유에서이지만 가장 크게는 여러 인문학 연구를 고집했기 때문이다. 이때 인문학은 역사, 문법, 수사학, 시, 도덕 철학의 연구를 총칭하는 용어다. 이러한 분야 하나하나에서, 인문주의자는 고전 고대의 유산을 되살리고 스콜라철학의 해석을 건너뛰어 원천(아드 폰테스)로 돌아가려 했다.

인문주의 운동에도 약점은 있다. 최악으로, 선두에 선 인문주의자는 무엇이 참이냐보다 무엇이 도움이 되느냐에 관심을 두었고, 그래서 교리 수호보다 선한 삶(도덕적 삶)과 사회적 유용성(사회 기여)에 우선순위를 두었다. 그러나 인문주의는 종교개혁의 가장 중요한 몇몇 진보를 위한 초석을 놓았다. 로테르담의 에라스무스(Erasmus of Rotterdam)와 자크 르페브르 데타플(Jacques Lefevre d'Etaples) 같은 인문주의자에게 영향을 받아, 종교개혁자들은 텍스트(오래될수록 좋다)를 깊이 연구하기를 강조했고, 평신도 교육에 우선순위를 두었으며, 머리와 가슴의 실천적 결합을 추구했다. 인문주의에 영감을 받은 장 칼뱅 같은 종교개혁자는 성경 본문 연구에 평생을 헌신해 이후 수 세기 동안 말씀 중심의 묵상이 번성하는 교육적·교회적 환경을 조성했다.

DAY 8
프린시피아

철학에서 **프린시피움**(*principium*)은 근본 원리 또는 기본 원리다. 복수형 **프린시피아**(*principia*)는 다른 진리를 알거나 도출할 수 있는 출처가 되는 자명한 진리를 묘사할 때 자주 사용된다. 상응하는 헬라어 **아르케**(*arche*)는 철학적으로 사용될 때 제1원리 또는 근원을 가리킨다.[1]

프린시피아를 둘로 나눌 수 있다. 첫째, 존재의 원리(*principia essendi*)가 있다. 존재의 원리는 다른 것이 존재하는 근거나 기초를 형성한다. 둘째, 지식의 원리(*principia cognoscendi*)가 있다. 우리는 지식의 원리를 통해 다른 것을 알게 된다. 존재의 원리는 본질(사물이 어떻게 존재하는가)과 관련이 있고, 지식의 원리는 인지(존재하는 것을 우리가 어떻게 이해하는가?)와 관련이 있다. 지식의 원리는 다시 인식의 외적 원리(*principium cognoscendi externum*, 우리 밖에 있는, 지식의 외적 근원)와 인식의 내적 원리(*principium cognoscendi internum*, 지식이 내적으로 감지되는 방식)로 나뉜다.

개혁주의 학문 전통에 따르면, 이 세 범주(존재, 외적, 내적)는 모든 종류의 학문에 어떻게 접근해야 하는지 이해하는 데 도움이 된다.

비신학적 학문에서 존재의 원리는 하나님이시다. 하나님은 우리가 가진 모든 지식의 궁극적 근원이며 원천이시다. 하나님은 피조 세계의 존재 이유이기도 하시다. 존재하는 모든 것이 존재하는 이유는 하나님이 존재하시기 때문이다. 비신학적 학문에서, 인식의 외적 원리는 하나님의 창조 세계이다(자연이든 인간이든). 인식의 내적 원리는 인간의 이성이다. 다시 말해, 우리는 하나님의 창조 세계에서 우리에게 가능한 지식을 인간 이성의 지적 활동을 통해 얻는다.

신학에서 하나님은 또다시 존재의 원리이시다. 우리가 하나님에 관해 갖는 모든 지식의 뿌리는 하나님 자신이시다. 오직 하나님만이 하나님을 완전히 아신다. 우리가 하나님에 관해 아는 모든 것은 원형적 지식을 가진 분이 자신을 모형적 방식으로 알리기로 선택하셨기 때문이다.

신학의 과제에서, 특별 계시는 우리 인식의 외적 원리다. 우리에게 가장 권위 있는 교과서는 세상이나 우리의 생각이나 경험이 아니라, 성경이다. 우리가 일반 계시를 통해 얻는 모든 지식은 특별 계시를 통해 얻는 더 명확한 지식으로 설명되거나 확인되거나 비판되어야 한다. 자연 신학은 참된 신학의 한 종류다. 그러나 자연 신학을 온전히 해석하고 적절하게 사용하려면 특별 계시가 필요하다.

마지막으로, 신학과 관련해 믿음은 인식의 내적 원리다. 믿음으로 우리는 하나님의 계시를 진리로 받아들이고, 하나님의 계시를 그것이 말하는 모든 부분에서 최고 권위로 받아들이며, 순종과 예배로 반응한다. 우리는 하나님에 관한 하나님의 말씀을 경험적 관찰이나 사변적 이성이나 개인적 경험이나 종교적 의식(consciousness)을 통해 받아들이지 않는다. 믿음은 하나의 기관(organ)이며, 믿음을 통해 하나님의 특별 계시를 받을 수 있고 받아야 한다. 우리가 하나님을 알 수 있는 이유는 하나님이 자신을 알리기로 선택하셨기 때문인데, 하나님이 알리기로 선택하신 바를 진정으로 이해하려면 그것을 믿어야 한다.

1 '프린시피아'에 관한 이 논의는 Berkhof, *Introductory Volume*, 93-186에 나오는 많은 정의와 범주를 요약한 것이다. 벌코프의 탐구는 바빙크의 *Reformed Dogmatics*, 207-621(바빙크, 『개혁교의학』)을 농축한 것이다.

DAY 9

믿음과 이성

오랜 세월 많은 사람이, 기독교의 이편과 저편 모두에서 믿음과 이성이 마치 영원히 전쟁 중이며 상호 배타적이라는 듯이 말했다. 그러나 교회가 배출한 최고의 신학자들은 기독교에서 믿음과 이성이 서로 다른 방식으로 작동하지만 궁극적으로 상충하지 않는다고 늘 주장했다. 이것은 근대의 개념이나 계몽주의의 신념이 아니다. 이성이 적절하게 사용될 때 진정한 믿음을 위협하는 게 아니라 뒷받침한다는 주장은 역사적인 기독교 전통의 증언이다.

다음은 믿음과 이성에 관한 여섯 명제다. 모든 인용의 출처는 프란시스 튜레틴이며, 그는 여느 개혁주의 신학자와 마찬가지로 절대로 합리주의에 굴복하지 않는 이성적 신앙의 모범을 보여 주었다.

1. 인간의 이성은 기독교 교리를 판단하는 잣대가 아니다. "무엇을 믿거나 믿지 말아야 할지 판단하는 적절한 잣대는 그 가능성이나 불가능성에 대한 인식이 아니라 하나님 말씀이다."¹

2. 믿음의 문제에서, 이성은 주된 역할이 아니라 도구 역할을 한다. 이성은 무엇을 믿거나 믿지 말아야 할지 알려 주지 않는다. 그러나 우리는 무엇을 믿어야 할지 이성을 도구로 활용해 이해하고 설명한다.

3. 이성을 도구적 의미로 사용하는 게 적절하며, 따라서 이성을 사용해 성경의 가르침에서 필연적 결론을 도출할 수 있다. 예수님과 사도들이 늘 이렇게 했다(예를 들면, 부활이 없다고 믿는 사두개인을 그리스도께서 논박하며 하나님은 산 자의 하나님이므로 부활이 있다고 증명하셨을 때). 마찬가지로, 기독교 신앙(믿음)의 문제에도 무모순의 판단*을 적용할 수 있다.

4. 종교적 논쟁에서, 이성은 핵심 역할을 하지는 않지만 이차적 역할이나 보조적 역할을 할 수 있다. 우리는 기독교 진리를 믿음으로 받아들이지만 맹목적 믿음으로 받아들이는 게 아니다. 이성이 우리의 믿음을 뒷받침하고 변호한다.

5. "이성은 믿음으로 완성되고, 믿음은 이성을 전제하며, 이성의 바탕 위에 믿음의 신비를 세운다."² 이는 기독교를 이성 위에 세우지 않지만, 이성 없이는 믿음을 이해하거나 설명할 수 없다고 말하는 다른 방식이다. 이해할 수 없는 것(파악할 수 없는 것)과 불가능한 것(생각할 수 없

는 것)을 구분해야 한다. "이성이 모든 진리를 설명할 수는 없다. … 그렇더라도 진리를 거스르는 거짓말은 무엇이든 참된 이성의 보호를 받을 수 없다."³

6. 철학적 추론이 신학에서 사용될 수 있다. 물론 철학에서 비롯된 거짓 도그마가 끼어들 수 있고 철학이 난해하고 불필요한 용어를 들여올 위험이 있다. 그렇더라도 철학은 (적절하게 사용되면) 신학의 귀중한 도우미가 되어 사고의 범주를 제시하고, 불신자에게 모순을 지적하며 더 큰 믿음의 진리를 이해하도록 마음(mind)을 준비시킬 수 있다.

1 Turretin, *Elenctic Theology*, 1:28; 투레티누스, 『변증신학 강요』.
2 Turretin, *Elenctic Theology*, 1:30; 투레티누스, 『변증신학 강요』.
3 Turretin, *Elenctic Theology*, 1:44; 투레티누스, 『변증신학 강요』.
• 무모순(noncontradiction)은 무모순율(law of noncontradiction)과 연결되는데, 무모순율이란 정반대인 두 명제가 동시에 참일 수 없다는 것이다(예를 들면 'A는 B다'와 'A는 B가 아니다'가 동시에 참일 수 없다). 이것이 기독교 신앙에도 적용될 수 있다(예를 들면, '하나님은 존재한다'와 '하나님은 존재하지 않는다'가 동시에 참일 수 없다).—역주

DAY 10

성령의 내적 증언

왜 성경의 권위를 받아들여야 하는가? 우리는 백지 상태에서 시작해 이성적 추론을 거쳐 성경을 받아들여야 하는가? 성경의 신뢰성을 역사적 증거라는 기초 위에 세워야 하는가? 고고학적 증거와 본문의 일관성을 믿어야 하는가?

역사적 증거와 이성적 추론은 나름의 자리가 있다. 그러나 하나님 말씀의 최종 권위는 언제나 하나님 자신이어야 한다. 우리가 성경의 권위를 받아들이는 이유는 성경을 통해 하나님이 우리에게 말씀하시기 때문이다. 우리가 성경을 신뢰하는 이유는 성경에서 하나님의 음성 자체를 듣기 때문이다. 칼뱅이 말했듯이, "논쟁을 통해 성경에 대한 굳건한 믿음을 세우려 애쓰는 자들은 오히려 역행하고 있다."

인간의 증거와 논증보다 더 나은 믿음의 기초가 있다. 칼뱅은 이렇게 말했다. "성령의 증언이 모든 추론보다 뛰어나다. 오직 하나님만이 그분의 말씀에서 자신을 증언하기에 합당하실 뿐 아니라, 성령의 내적 증언이 확증하기 전에는 하나님의 말씀이 사람의 마음에서 받아들여지지 않을 것이기 때문이다. 그러므로 선지자의 입을 통해 말씀하신 바로 그 성령께서 우리의 마음을 뚫고 들어와 하나님이 명하신 것을 선지자가 충실하게 선포했다고 우리에게 납득시키셔야 한다."[1]

성경을 있는 그대로, 성경 자체로 인해 믿으려면 성령의 내적 증언(testimonium spiritus sancti)은 매우 중요하다.

이와 동시에, 우리는 이 교리가 무엇이 아닌지 분명히 해야 한다. 성경의 내적 증언을 주장할 때, 우리는 성경을 믿을 다른 이유가 전혀 없다고 말하는 게 아니다. 우리는 성경을 신뢰할 숱한 역사적, 고고학적, 문자적 이유를 말해야 한다. 성령의 내적 증언은 우리가 성경을 믿어야 하는 가장 설득력 있고 가장 중요한 이유지만 유일한 이유는 아니다.

더 나아가, 이 교리를 새로운 계시와 혼동하거나 경험에서 비롯된 논증과 혼동해서는 안 된다. 우리 마음에 말씀하시는 성령은 믿음의 동기가 아니라 믿음의 유효한 원인이시며, 우리 믿음이 의지하는 감정이 아니라 우리 믿음이 보게 하는 눈이시다. 벌코프가 말하듯이, "우리는 성령의 증언 때문에 성경을 믿는 게 아니라 성령의 증언을 통해 성경을 믿는다."[2]

그리스도에 대한 경험을 믿는 게 아니라 그리스도를 믿어야 한다. 마찬가지로, 성령의 내적 증언은 믿음의 근거가 아니라 믿음의 수단임을 알아야 한다. 하나님이 우리 마음을 열어 예수 그리스도의 얼굴에 있는 하나님의 영광을 아는 빛을 비추셔야 한다(고후 4:6). 성령의 내적 증언은 신자의 마음에서 이루어지는 성령의 사역으로, 우리 눈을 열어 하나님 말씀의 무오한 진리를 보게 하고, 우리 귀를 열어 하나님이 하시는 말씀을 듣게 하며, 우리 입술로 하나님의 선하심을 맛보게 한다.

1 Calvin, *Institutes*, 1.7.4; 칼뱅, 『기독교 강요』.
2 Berkhof, *Introductory Volume*, 185.

WEEK 3

DAY 11

기본 항목들

"본질적인 것에는 일치를. 비본질적인 것에는 자유를. 모든 것에 자비를."

멋지게 들린다. 하지만 무엇이 본질적이고 무엇이고 비본질적인가? 어떤 그리스도인에게는 본질적인 것에 관한 세 권짜리 조직 신학 책 분량의 긴 목록이 있다. 어떤 그리스도인은 명함 뒷면에 적어도 넉넉할 짧은 핵심 교리(신조) 목록을 제시할 수 있다. 어떤 그리스도인은 목숨 걸고 돌격해야 할 고지를 전혀 발견하지 못했다. 어떤 그리스도인은 죽이지 않으면 죽는다는 각오로 대검을 장착한 채 모든 고지를 향해 돌진한다. 믿음의 기본 항목을 결정하기란 쉽지 않다.

그러나 이는 1차 교리와 2차 교리와 3차 교리를 구분하지 말아야 한다는 뜻이 아니다. 칼뱅이 일깨우듯이, "참된 교리의 모든 항목이 같은 부류는 아니다." 어떤 항목은 의견 차이를 허용한다. 반면에 "어떤 항목은 반드시 알아야 하며, 신앙의 적절한 원리이고 확실하기에 그 누구도 의문을 제기해서는 안 된다."[1]

로마 가톨릭은 진정한 교회란 모든 것에서 일치해야 한다고 주장했고, 소시니안주의자는(Socinians) 그리스도인에게 필요한 것은 공통의 도덕뿐이라고 주장했다. 개혁주의 그리스도인과 루터교 그리스도인은 함께 일할 길을 찾으려 노력했는데, 종교개혁 이후에 근본 교리 문제는 주요 이슈가 되었다. 이 주제는 개혁파 정통주의와 루터파 정통주의 시대에 신학 교과서에서 기본적으로 다루어졌다.

기본 항목을 결정하기 위한 단순하고 합의된 공식은 없지만 기본 항목을 바르게 구분함으로써 진전을 이룰 수 있다. 어떤 교리는 믿음의 유무에 필요하고, 어떤 교리는 믿음의 완성에 필요하다. 어떤 오류는 우리가 말하는 방식과 관련이 있고, 어떤 오류는 믿음의 내용 자체와 관련이 있다. 어떤 진리는 구원받기 위해 반드시 알아야 하고, 어떤 진리는 부정해서는 안 된다. 어떤 교리는 천국에 들어가는 데 필수이고, 어떤 교리는 천국 가는 길에서 도움이 된다. 교회가 언제 어디서나 믿는 내용을 살펴보는 것도 도움이 된다. 예를 들면, 니케아 신경(Nicene Creed)은 '순전한 기독교'(mere Christianity; 이것은 구체적 논쟁들에 대응하며 발전했다)에 관한 충분한 선언이 아니지만 적어도 출발점이다. 교리적 천장이 아니라 바닥이다.

물론, 기본 항목을 결정할 때 들여다보아야 할 가장 중요한 자원은 성경이다. 목회 서신이 특히 도움이 된다. 세 목회 서신에서, 바울은 거짓 가르침을 분명하게 다루고(딤전 1:3, 4:1, 딤후 3:8) 믿음의 선한 유산을 수호해야 한다고 역설한다(딤전 6:20; 딤후 1:13, 14; 딛 1:9, 13).

그러면 이 좋은 유산은 어떤 모습이었는가? 바울이 선포하며 모든 그리스도인이 붙잡길 기대했던 복음의 메시지는 이런 모습이었다. 하나님은 영화로우시고 우리는 죄인이며, 예수 그리스도는 우리의 구주요 하나님이시다. 예수 그리스도는 다윗의 자손이며 육신을 입은 하나님이시다. 그분은 죽은 후에 다시 살아났고, 하늘에 올라갔으며, 다시 오실 것이다. 구원은 주권적 은혜로, 회심을 일으키는 성령의 능력에 따라, 행위가 아니라 믿음으로 얻는다. 예수 그리스도는 우리를 죄에서 구원하며, 영원한 생명을 위해 우리를 구원하고, 거룩함에 이르도록 우리를 구원하신다. 이러한 요약이 삼위일체, 그리스도의 두 본성, 속죄, 믿음과 회개, 칭의, 성화, 천국과 지옥을 다룬다는 데 주목하라. 믿음의 기본 항목들이 이보다 많을 수도 있지만 이보다 적어서는 안 된다.

1 Calvin, *Institutes*, 4.1.12; 칼뱅, 『기독교 강요』.

DAY 12

하나님을 아는 지식

성경의 하나님은 처음부터 끝까지 자신을 알리시는 하나님이다. 그분의 피조물이 완벽하게 이해할 수 없더라도, 하나님은 우리에게 그분을 참되게 알고 구원에 이르도록 아는 능력을 주셨다.

하지만 어떻게? 하나님은 어떻게 자신을 알리시는가? 이 질문에 긍정적으로 답하기 전에, 몇 가지를 부정적으로 살펴보겠다. 넓게 말해, 그리스도인이 하나님을 알기 위해 사용하는 잘못된 두 방법이 있다.

첫째는 합리주의다. 인식론적 접근법으로서, 합리주의는 "자연과 인간 지성에서 발견되는 것 외에 지식의 그 어떤 근원도 거부한다."¹

합리주의의 문제는 이성을 중시하거나 자연에서 하나님에 관한 진리를 찾는다는 게 아니다. 기독교는 반이성적이지 않다. 기독교는 비이성적이지도 않다. 그러나 합리주의는 다르다. 합리주의는 진리와 관련해 이성보다 높은 근원을 인정하지 않는다. 그 결과, 합리주의는 흔히 초자연적인 것을 거부하고 최신 과학의 변덕에 매여 최신의 지적 유행에 휘둘린다.

둘째는 신비주의다. 기독교는 인간의 이해와 설명을 초월하는 하늘의 일과 영적 진리를 다루며, 이런 점에서 **신비롭다**. 그러나 기독교는 신비주의와 다르다. 인식론적 접근법으로서, 신비주의는 "하나님이 영혼과 직접 소통하고 신적 진리를 그분의 말씀인 성경의 외적 가르침과 무관하게 감정과 직관을 통해 계시하신다고 본다."[2] 신비주의와 성령의 조명을 혼동해서는 안 된다. 우리는 성령의 조명을 위해 기도할 때, 새로운 정보를 달라고 기도하거나 하나님이 정하신 수단과 무관하게 하나님에게서 듣기를 고대하는 게 아니다. 성령의 감동으로 된 성경을 보고 또 이해하려고 하나님의 빛을 구하는 것이다. 신비주의는 그리스도인을 주관적이며 내적인 빛으로 몰아가고 객관적인 성경의 진리에서 멀어지게 한다.

긍정적으로 말하면, 성경은 객관적 계시가 하나님을 아는 유일하게 적절한 방법이라고 가르친다. 합리주의와 신비주의는 상반된 오류처럼 보일지 모른다. 그러나 핵심을 들여다보면, 합리주의와 신비주의 양쪽 모두의 잘못은 권위의 자리를 우리의 외부(extra nos)가 아니라 인간에게 두려고 한다는 것이다. 이것은 자유주의(liberalism)의 문제이기도 하다. 자유주의 운동을 주도하는 어느 학자가 말하듯이, 자유주의 신학은 "기독교 신학이 외적 권위에 기초하지 않고도 진정으로 기독교적일 수 있다는 사상이다. 18세기부터, 자유주의 기독교 사상가는 종교란 현대적이고 진보해야 하며 기독교의 의미는 현대의 지식과 경험의 관점에서 해석되어야 한다고 주장했다."[3]

이와는 반대로, 역사적 기독교는 오직 하나님만이 하나님을 적절히 계시하실 수 있다고 주장해 왔다(고전 2:10-16). 현대의 지식과 개인의 경험은 하나님의 계시로 검증되어야 한다(하나님의 계시가 현대의 지식과 개인의 경험으로 검증되어야 하는 게 아니다). 이성으로 하나님의 계시를 이해해야 하며, 성령께서 우리를 조명해 믿음으로 인도해 들이셔야 한다. 그러나 이성은 계시와 무관하지 않으며, 성령의 조명은 성경과 무관하지 않다. 우리는 지성을 희생해 경험에 지배되길 원치 않으며, 믿음을 희생해 지성을 따르길 원치 않는다.

1 Hodge, *Systematic Theology*, 1.4.
2 Hodge, *Systematic Theology*, 1.7.
3 Dorrien, *Imagining Progressive Religion*, xii.

DAY 13

자연법과 자연 신학

자연법(natural law)이란 하나님이 모든 사람의 마음에 심어 두신 옳고 그름에 관한 규범을 말한다(롬 2:14-15). 자연법은 때로 자연 법칙(law of nature), 만민법(law of nations), 신법(divine law), 영원법(eternal law)이라 불리는데, 핵심은 비록 성경 연구에서 비롯된 게 아니라 이성과 관찰(그리고 이 원리에서 도출된 결론)을 통해 확인되는 것이라도, 자연법은 '하나님의' 법이라는 것이다. 양심은 자연 법칙을 증언하며, 십계명은 하나님이 계시하신, 자연 법칙의 요약본이다.

자연 신학은 자연법과 밀접하게 연결되지만, 자연 신학과 자연법을 혼동해서는 안 된다. 자연 신학은 하나님에 관해 알 수 있는 것을 특별 계시와 무관하게 탐구하는 철학적 연구다. 성경 자체가 가르치듯이, 우리는 하나님에 관해 무언가를 자연적으로 알 수 있다. 하나님이 존재하심을, 그분이 어떤 분이신지를, 그분이 무엇을 요구하시는지를 자연적으로 알 수 있다(시 19:1-4; 행 14:16-17; 17:26-27; 롬 1:19-20). 우리가 이 모두를 (불완전하게, 구원에 이르기에 불충분하게라도) 알 수 있는 이유는 하나님이 이런 지식을 자연 계시를 통해 그분의 피조물에게(거듭나지 못한 자에게까지) 계시하시기 때문이다.

그러므로 자연 신학이란 이성과 자연의 빛을 통해 알 수 있는 하나님을 아는 지식이다. 아치볼드 알렉산더(Archibald Alexander)가 말하듯이, 자연 신학은 "오로지 이성에서 도출된 지식, 곧 하나님의 존재와 속성, 인간 의무의 원리, 미래 상태에 대한 기대에 관한 진리를 아는 지식으로 구성된다."[1] 전형적으로, 신학자는 하나님에 관한 이러한 자연 지식이 '선천적'(하나님이 우리 안에 심으신 신성의 씨 또는 "우리의 마음에 새겨진 영원")이자 '후천적'(창조 세계의 일을 이성으로 관찰해 추론한 것)이라고 주장해 왔다. 후천적 지식은 셋으로 세분할 수 있다. 우리는 '창조 세계를 탐구함'으로써, '인간 본성을 연구함'으로써, '섭리의 일을 살핌'으로써 하나님을 얼마간 알 수 있다.

지난 세기에 어떤 프로테스탄트는 자연 신학에 의문을 품었다. 그렇더라도 교회사 내내, 대다수 신학자가 긍정적이고 변증적인 자연 신학의 목적을 믿었다.

아우구스티누스, 안셀무스(Anselm), 아퀴나스의 고전적 전통부터 장 칼뱅, 하인리히 불링거(Heinrich Bullinger), 프란시스쿠스 유니우스, 볼프강 무스쿠루스(Wolfgang Musculus), 피터 버미글리(Peter Martyr Vermigli), 윌리엄 퍼킨스, 아만두스 폴라누스(Amandus Polanus) 같은 초기 종교개혁 사상가까지, 윌리엄 트위스(William Twisse), 새뮤얼 러더퍼드(Samuel Rutherford), 토머스 굿윈(Thomas Goodwin) 같은 웨스트민스터 신학자와 이들의 동시대 동료 제임스 어셔(James Ussher)까지, 프란시스 튜레틴과 베네딕트 픽테(Benedict Pictet)부터 존 위더스푼(John Witherspoon), 아치볼드 알렉산더, 찰스 하지, A. A. 하지(A. A. Hodge), B. B. 워필드(B. B. Warfield)에 이르는 구 프린스턴 라인까지, 교회의 최고 지성들이 지난 2천 년 내내 자연 신학을 인정했다.[2]

하나님의 형상을 지닌 존재로서, 인간은 타락 이후에도 초자연적 계시와 무관하게 하나님에 관해 참된 것을 아는 능력이 있다. 이 때문에, "거룩한 저자들은 이방인과 논쟁할 때 하나님의 사역이 그분의 완전하심에 관해 제시하는 증거에 호소한다."[3] 따라서 하지는 이렇게 결론을 내린다. "그러므로 하나님의 존재뿐 아니라 그분의 영원한 능력과 신성이 자연 신학의 견고한 기초를 놓을 만큼 그분의 사역에 밝히 계시된다는 사실을 합리적으로 의심할 수 없다."[4]

1 Alexander, *God, Creation, and Human Rebellion*, 13.
2 다음을 보라. Haines, *Natural Theology*.

3 Hodge, *Systematic Theology*, 1:24.
4 Hodge, *Systematic Theology*, 1:25.

DAY 14

일반 계시와 특별 계시

우리가 초월적인 하나님을 아는 유일한 방법은 하나님이 자신을 알리시는 것이다. '일반 계시'에서, 하나님은 창조 사역과 섭리 사역으로 자신을 알리신다. "하늘이 하나님의 영광을 선포하고 궁창이 그의 손으로 하신 일을 나타내는도다"(시 19:1). 창조 세계가 온 세상을 향해 말하며 하나님의 능력과 위엄(그리고 존재)을 증언한다(시 19:2-6; 롬 1:19-20). 엄밀히 말해, 일반 계시(또는 자연 계시)는 그분의 피조물을 향한 하나님의 소통을 말하는 반면에 자연 신학은 그 계시에 대한 인간의 이해를 말한다. 올바로 이해한다면, 자연 신학은 순전히 이성만으로 하나님을 아는 지식에 이르려는 인간의 시도가 아니다. 자연 신학은 일반 계시를 통해 자신을 알리시려는 하나님의 주도적 행위를 보고 인간이 도출해 내는 것이다.

일반 계시는 하나님이 자신을 낮추시는 은혜로운 행위지만, 일반 계시가 은혜의 길을 알려 주지는 않는다. "자연의 빛, 그리고 창조와 섭리의 사역이 하나님의 선하심과 지혜와 능력을 아주 크게 나타내 사람들이 핑계할 수 없게 한다. 그렇더라도 이들은 하나님과 그분의 뜻을 아는 지식, 곧 구원에 이르는 데 필요한 지식을 주기에 부족하다"(웨스트민스터 신앙고백 1.1). 구원을 받으려면 특별 계시가 필요하다. 다시 말해, 하나님의 뜻이 그분의 백성에게 선포되어야 하는데, 그분의 뜻은 이전에 여러 방식으로 전달되었고 이제 그 뜻이 성경에 기록되어 있다(웨스트민스터 신앙고백 1.1).

"자연의 빛"(light of nature)이란 표현은 웨스트민스터 신앙고백에 5회 나타나고(1.1, 1.6, 10.4, 20.4, 21.1) 웨스트민스터 대요리문답에 3회 나타난다(문 2, 60, 151). 이 표현은 "말씀의 빛"과 대비되어 사용되는데, 모든 인간이 가지고 태어나는 하나님에 대한 의식을 줄여 표현한 것이다. 일반 계시에 따르면, 인간은 하나님의 존재, 하나님의 능력, 하나님의 심판, 일반적 의미의 하나님의 명령을 알 수 있다. 그러나 인간이 하나님 앞에서 어떻게 의롭게 되고 어떻게 하나님과 화해(화목)할 수 있는지 알려면 초자연 신학이 필요하다. 바꾸어 말하면, 하나님을 아는 지식은 이중적이다(duplex cognitio Dei). 다시 말해, 우리는 창조자 하나님을 자연 신학으로 알 수 있지만, 구속자 하나님은 특별 계시로만 알 수 있다.[1] 하늘이 하나님의 영광을 선포할 수 있지만, 여호와의 율법은 완전하고 여호와의 증거는 확실하며 우리는 여호와의 말씀을 순금보다 더 사모해야 한다(시 19:7-11).

기독교 계시에 대한 이해는 과학의 기초를 제공하는 동시에 과학을 제한한다. 세상은 하나님을 계시하고 그분의 창조성과 질서를 얼마간 계시한다. 그러므로 우리는 세상을 연구하고 분석할 수 있다. 평가와 탐구의 대상이 되는 객관적 우주가 있다. 우리가 가장 먼 은하와 가장 작은 입자에서 볼 수 있는 영적 진리가 있다. 그러나 우리는 보지 못하고 무지하기에 과학이 우리의 모든 질문에 답한다고 생각해서는 안 된다. 하나님이 우리에게 더 분명하게 말씀해 주셔야 하는 진리, 곧 우리를 향한 하나님의 뜻과 구원의 수단에 관한 진리가 있다. 과학은 좋고 필요하지만, 최종적이거나 절대적이지 않다. 하나님과 그분의 길을 알려면 성경이 필요하다. 성경은 자신이 말하려는 모든 주제에 관한 가장 확실하고 분명한 말이자 최종 결론이기 때문이다.

1 다음을 보라. Fesko and Richard, "Natural Theology and the Westminster Confession of Faith," 3:223–266.

DAY 15

영감

영감(inspiration) 교리는 성경이 수십 곳에서 가르치는데, 두 본문이 특히 중요하다.

첫째 본문은 디모데후서 3장 16–17절이다. "모든 성경은 하나님의 감동으로 된 것으로 교훈과 책망과 바르게 함과 의로 교육하기에 유익하니 이는 하나님의 사람으로 온전하게 하며 모든 선한 일을 행할 능력을 갖추게 하려 함이라." "하나님의 감동으로 된"(breathed out by God)이란 문구는 **데오뉴스토스**(*theopneustos*)라는 헬라어 단어 하나를 번역한 것이다. 라틴어 **아플라투스**(*afflatus*, 그 누구 또는 무엇에게 입김을 불어넣음)도 같은 뜻이다. 영감 교리는 성경이 능동적 의미에서 우리에게 영감을 '준다'(inspiring)는 뜻이 아니다(성경이 영감을 주는 것도 사실이지만). 성경의 영감은 과거에 일어난 사실일 뿐이지 미래에 일어나길 바라는 일이 아니다. 성경은 하나님의 날숨(exhalation)이며, 따라서 절대적으로, 완전히 신뢰할 수 있다.

우리는 성경이 일부만 영감되었다고 믿지 않는다. '모든' 성경이 하나님이 내쉬신 말씀(breathed-out word)이다. 명확히 신학적인 부분만 그런 게 아니다. 암송할 만한 구절만 그런 게 아니다. 우리가 공감하는 구절만 그런 게 아니다. 역사, 역대기, 인간론을 비롯해 성경의 모든 말씀이 성경에 있는 것은, 그 말씀이 성경에 있기를 하나님이 원하셨기 때문이다. 우리는 마치 하나님께 직접 듣는 것처럼(실제로 그렇다), 성경에 귀를 기울이고 성경의 가르침에 복종해야 한다. 누군가가 바울의 성경 개념에는 구약성경만 포함되었다며 이의를 제기한다면, 바울은 자신이 사도로서 했던 설교를 하나님의 말씀으로 여겼다는 사실을 상기시키고(살전 2:13) 베드로가 바울의 저작을 성경으로 여겼다는 사실도 상기시키라(벧후 3:15-16).

둘째 본문은 베드로후서 1장 19-21절이다. "또 우리에게는 더 확실한 예언이 있어 어두운 데를 비추는 등불과 같으니 날이 새어 샛별이 너희 마음에 떠오르기까지 너희가 이것을 주의하는 것이 옳으니라 먼저 알 것은 성경의 모든 예언은 사사로이 풀 것이 아니니 예언은 언제든지 사람의 뜻으로 낸 것이 아니요 오직 성령의 감동하심을 받은 사람들이 하나님께 받아 말한 것임이라." 이 단락에 관해 할 말이 많지만 두 가지만 짧게 살펴보겠다.

첫째, 베드로가 "모든 예언"이라 말할 때 그는 기록된 텍스트를 염두에 두었다. 이것이 성경의 기록(scripture)을 뜻하는 헬라어 **그라페**(graphe)가 의미하는 바이다. 이는 매우 중요하다. 칼 바르트(Karl Barth)

같은 신정통주의 신학자는 성경이 하나님의 말씀을 '담고 있다'(contains)거나 하나님이 성경을 통해 우리에게 말씀하시는 '사건'(event)에서 우리가 성경의 기록을 하나님의 말씀으로 만난다고 주장하기 때문이다. 어떤 그리스도인은 영감을 기꺼이 말하면서도 곧바로 이 개념을 성경의 기록된 말씀과 분리한다. 그러나 성경에 이러한 분리는 없다. 성경의 영감은 우리의 외부와 우리의 하나님 경험 외부에 존재하는 객관적 실체다. 성경이 하나님의 말씀이 되는 게 아니다. 성경은 하나님의 말씀**이다.**

둘째, 계시가 기록된 목적은 단순히 정보가 아니라 예배다. 베드로는 날이 새어 샛별이 우리의 마음에 떠오르기까지 말씀에 주목하라고 말한다. 이는 그리스도께서 재림의 날에 우리 안에서 높아지시는 일을 가리킬 것이다(민 24:17-19). 영감의 목적은 절대로 바른 교리(orthodoxy) 그 자체나 바른 실천(orthopraxy)이 아니라 궁극적으로 영광의 찬송(doxology)이다.

WEEK 4

DAY 16

공동 작업

성경의 영감을 확인했으니, 이제 성경이 어떻게 영감되었는지 살펴볼 차례다. 일반적으로 영감의 성격과 관련해 세 가지 견해가 있다.

어떤 사람은 '역동적 영감론'을 견지한다. 이는 프리드리히 슐라이어마허(Friedrich Schleiermacher)의 견해로, 자유주의 신학자가 자주 가르친다(대개 암묵적으로 가르친다). 이 견해에 따르면, 성경 저자들은 하나님의 영향 아래서 종교적 통찰과 생명을 주는 영성이 담긴 고귀한 작품을 썼다. 이 이론은 하나님이 성경 저자들에게 직접 영향을 미쳤다고 주장하지 않으며, 오히려 인간의 의식을 비추는 '일반적 조명'을 주장한다. 또 성경의 영감은, 성령께서 우리 삶에 하시는 일과 정도의 차이는 있지만 종류는 근본적으로 다르지 않다고 주장한다. 역동적 영감론은 성경이 특별한 책이라는 것을 부정하지 않지만, 성경의 단어 하나하나가 무류하거나(infallible) 무오해야(inerrant) 하는 것은 고사하고 신적이어야(하나님의 말씀이어야) 한다고도 보지 않는다.

반대쪽 끝에 '기계적 구술 영감론'이 있다. 이 견해에 따르면, 성경 저자들이 받아쓰기 하듯 성경의 단어 하나하나를 받아 적었다. 많은 훌륭한 신학자는 마치 성경 저자들이 하나님에게서 들은 것을 옮겨적은 것처럼 성경이 아주 믿을 만하다고 말했다. 그러나 '완전 축자 영감론'은 기계적 받아쓰기를 요구하거나 주장하지 않는다. 실제로, 완전 축자 영감론을 견지하는 신학자는 기술적 구술 영감론을 거의 언제나 논박했다. 이러한 견해는 역사적 기독교의 가르침보다 무슬림과 몰몬교의 계시관과 더 많은 공통점이 있다.

지금까지 살펴본 두 영감론과 대조적으로, 성경은 하나님의 말씀이 '공동 작업'을 통해 언표되고 기록되었다고 가르친다. 이 견해에 따르면, 하나님은 성경 저자들을 기계적으로 사용하지 않으셨다(예를 들면, 자판을 두드리듯이 이들이 쥔 펜을 사용하지 않으셨다). 하나님은 어떤 단어를 받아 적으라고 이들의 귀에 속삭이지 않으셨다. 대신에 하나님은 "유기적 방식으로, 이들의 내적 본질 및 질서와 조화를 이루는 방식으로 이들을 사용하셨다."[1]

하나님은 전혀 오류가 없는 것을 말하고 쓰기 위해 오류가 있는 사람들의 지성과 기술과 개성을 사용하셨다. 우리는 이렇게 말할 수 있다. '인간의'라는 말이 성경은 인간의 언어와 인간 저자들을 사용했다는 뜻일 뿐 인간의 오류를 내포한다는 뜻이 아님을 이해하는 한, 성경은 인간의 작품이자 하나님의 작품이다.

이번에도, 베드로후서 1장에 나오는 구절이 핵심이다. 21절은 "성령의 감동하심을 받은 사람들이 하나님께 받아 말한 것임이라"라고 말한다. "감동하심을 받아"로 번역된 헬라어 동사 **페로**(phero)는 같은 절 앞부분에서 "낸"(produced)으로 번역되었다. 이는 17절과 18절에서 "나기를"(borne)과 "난"(borne)으로 번역된 단어와 같다. (변화산에서) 하늘로부터 온 말씀과 선지자들로부터 온 말씀(성경에 기록된 말씀)이 같은 곳에서 왔다. 이 말씀이 모두 하나님으로부터 났다. 성경은 도구로 사용된 사람들을 통해 언표되고 기록되었지만, 그와 동시에 성령의 영감으로 되었으며, 하나님 바로 그분의 말씀이다.

1 Berkhof, *Introductory Volume*, 153.

DAY 17

성경의 완전성

하나님께 속성이 있듯이 성경에도 속성이 있다. 성경의 고전적 완전성을 두문자어 SCAN으로 기억할 수 있다. 충분성(sufficiency), 명료성(clarity), 권위(authority), 필요성(necessity).

충분성. 성경은 우리에게 모든 것에 관해 모든 것을 말해 주지는 않지만, 구원에 이르는 지혜를 얻는 데 알아야 할 모든 것을 말해 준다(딤후 3:15). 우리가 그리스도 안에서 갖는 하나님의 구속과 계시는 충만하고 최종적이다(히 1:1-4). 충만과 최종을 절대로 분리해서는 안 되며, 구속과 계시도 절대로 분리해서는 안 된다. 둘은 함께 서거나 함께 무너진다.

마지막 때에 하나님은 우리에게 숱하고 다양한 방법으로 말씀하지 않고 한 방법으로, 그분의 아들을 통해 말씀하신다. 하나님의 뜻을 계시하던 이전 방법은 이제 그쳤다(웨스트민스터 신앙고백 1.1). 그러면 하나님이 어떻게 그분의 아들을 통해 말씀하시는가? 아들이 행하신 구속 사역의 계시를 통해, 복음서에서 선포되었고 신약성경 나머지 부분에서 사도들을 통해 성령께서 설명하신 구원 사역을 통해서다(요 16:12-15). 아들의 구속과 아들의 계시 둘 다 충분하다. 그러므로 성경을 통해 그리스도에 관해서 보고 또 아는 내용 외에, 우리의 구원과 그리스도인의 삶을 위해 추가로 해야 하거나 알아야 할 내용이 전혀 없다. 성경이 충분한 이유는 그리스도의 사역이 충분하기 때문이다.

명료성. 성경의 명료성 또는 명확성(perspicuity)은 성경의 모든 것이 이해하기 쉽다는 뜻이 아니다(성경의 충분성이 성경이 우리에게 모든 것에 관해 모든 것을 말해 준다는 뜻이 아니듯이). 명확성은 배우지 못한 사람도 기꺼이 묵상하고 연구하며 기도하면 구원받고 하나님을 기쁘시게 하는 방식으로 성경을 이해할 수 있다는 뜻이다(웨스트민스터 신앙고백 1.7).

하나님의 말씀은 우리와 동떨어지지 않았다(신 30:11-14). 그래서 성경은 하나님의 말씀을 자주 등에 비유하거나(시 119:105, 130) 빛에 비유한다(시 19:7, 8). 요시야 시대에 율법책을 발견했을 때, 백성은 율법을 듣고 무엇을 해야 하는지 알았다(왕하 22장). 마찬가지로, 에스라가 포로 생활에서 돌아온 이들에게 예루살렘에서 율법을 낭독했을 때, 그들은 율법을 이해할 수 있었다(느 8:5-8, 12). 예수님은 자신의 대적들이 본문의 의미를 이해했어야 한다는 취지로 성경을 자주 언급하셨다(마 21:13, 42-44; 막 7:6-7, 10; 10:4-9; 요 3:10; 10:34-35).

권위. 모든 그리스도인과 모든 교회가 우리의 신학이 성경과 일치해야 한다고 단언할 것이다. 그런데 우리의 궁극적 권위는 무엇인가? 우리의 최종 결론을 어떻게 제시해야 하는가? 이성과 경험에 맡겨야 하는가? 과학에 맡겨야 하는가? 전통에 맡겨야 하는가? 우리의 양심에 맡겨야 하는가? 그리스도인에게 최종 권위는 성경에서 말씀하시는 성령이어야 한다(웨스트민스터 신앙고백 1.10). 이것이 우리가 말하는 **솔라 스크립투라**(sola Scriptura)의 의미다. 우리가 성경만 연구한다는 뜻이 아니라 최종 권위와 관련해 성경만 의지한다는 뜻이다. 베뢰아 사람처럼, 우리도 최종 결론을 성경에 맡겨야 한다(행 17:11).

필요성. 하나님을 계시할 만큼 충분한 지식이 있고 충분히 지혜로우며 충분히 능숙한 존재는 하나님뿐이시다(고전 2:6-13). 사도들이 살아 있는 동안에는 언표된 말씀과 기록된 말씀이 나란히 존재했다. 전통과 성경이 동등한 권위를 가졌다. 그러나 사도 시대가 끝나자, 사도들의 저작이 절대적으로 필요해졌다. 하나님과 그분의 길을 알려면 하나님의 책이 필요하다. 교회는 어떤 감명과 황홀한 계시 위에 세워지는 것이 아니라 사도들과 선지자의 말씀 위에 세워진다(엡 2:20).

DAY 18

성경의 무오성

성경이 오류가 없음을 보여 주는 데 사용되는 본문이 많지만, 그중 가장 단순한 논증은 성경의 그 어떤 부분도 사람의 뜻이 아니라 하나님에게서 나왔다는 것이다(벧후 1:21). 성경이 참으로 하나님의 말씀이라면 모두 참이어야 한다. 로마서 3장 4절이 말하듯이, "사람은 다 거짓되되 오직 하나님은 참되시다."

어떤 사람은 '무오성'이란 용어보다 '무류성'이란 용어를 선호한다. 그러나 두 용어는 거의 같은 뜻이다. 무류성은 틀릴 수 없다는 뜻이다. 무오성은 오류가 없다는 뜻이다. 나는 무류성이 "나는 무오성과 엮이고 싶지 않아"라는 뜻으로 사용되는 것을 우려한다.

어쨌든 용어보다 중요한 것은, 성경이 단언하는 모든 것에서 성경은 예외 없이 참이라는 확신이다. 예수님은 (확실하지 않은 어느 시편의 한 단어를 강조하며) 성경은 폐할 수 없다고 하셨다(요 10:35). 바로 예수님이 자신은 율법의 일점일획이나 선지자를 폐하러 온 게 아니라고 하셨다(마 5:17-19). 바로 예수님이 구약성경의 역대기와 기적들을 있는 그대로 읽어야 한다고 하셨다(마 12:38-42). 바로 예수님이 성경을 창조자의 말씀으로 인용하셨다(마 19:4-5; 참조. 12:36; 롬 9:17; 갈 3:8; 히 3:7).

하나님이 실패하거나 넘어지거나 오류를 범하실 수 없듯이, 성경도 실패하거나 넘어지거나 오류를 범할 수 없다. 칼뱅은 우리가 성경을 따르면 "오류를 범할 위험이 없다"고 했다. 우리는 "성경의 가르침이 무엇이든 거기서 오류를 찾으려 하지 말고" 받아들여야 한다. 우리는 "하나님을 향한 바로 그 경외심으로 성경을 대해야 한다." 성경에서 하나님은 "그분의 가장 거룩한 입술을 여신다." 사도들은 "성령의 확실하고 진정한 서기관"이었다.[1] 칼뱅의 저서에서 이런 부분을 얼마든지 더 인용할 수 있는데, 그의 영감론은 절대 새로운 게 아니다.

성경의 무오성은 하나님의 말씀이 언제나 우리 위에 있고 절대로 우리가 하나님의 말씀 위에 있지 않다는 뜻이다. 성경의 무오성을 거부한다는 것은 어떤 판단을 할 때 우리 자신을 하나님의 말씀 위에 둔다는 뜻이다. 하나님의 계시에서 어느 부분은 신뢰할 수 있고 어느 부분은 신뢰할 수 없는지 결정할 권리를 주장하는 것이다. 성경의 완전한 신뢰성을 부정하면 두 결론 가운데 하나를 받아들일 수밖에 없다. 성경 전부가 하나님에게서 온 것은 아니라거나, 하나님이 늘 신뢰할 수 있는 분은 아니라고 말이다.

어느 쪽이든 아류 기독교(sub-Christian)에 지나지 않는다. 이 두 결론은 아버지께 적절한 복종을 표현하지 못하고, 우리가 그리스도 안에서 기쁨을 누리지 못하게 하며, 사람에게 영감을 주어 하나님의 거룩한 책을 쓰게 하신 성령을 높이지 못한다. 패커(J. I. Packer)가 말했듯이, "성경을 의심하면 엄청난 것을, 충만한 진리와 충만한 생명을 잃을 수밖에 없다. 그러므로 사회와 교회와 우리 자신의 삶을 위해 영적으로 새로워진 마음이 있으면, 영감되고 자유롭게 하는 하나님의 말씀인 성경의 완전한 신뢰성, 곧 무오성을 아주 중요하게 여길 것이다."[2]

1 이 다섯 인용의 출처는 각각 다음과 같다. 칼뱅의 *Commentaries* 중에서 마 22:29; *Institutes*, 1.18.4; 1.6.1(참조. 1.8.5); *Institutes* 2.12.1(다음도 보라. 1.8.5; 3.22.8; 3.23.5; *Commentaries* 중에서 벧전 1:25); *Institutes*, 4.8.9; *Commentaries*, 3:50.
2 Packer, *Truth and Power*, 55; J. I. 패커, 「하나님의 대변자」, 서원교 역, 아가페출판사, 2000.

DAY 19

정경 문제

성경은 많은 책으로 구성된 하나의 책이다. 구약성경은 39권으로 구성되고 신약성경은 27권으로 구성된다. 모두 합쳐 66권이 기독교

성경을 구성한다. 이 권위 있는 책들의 모음집을 가리켜 정경(canon)이라 하는데, 정경은 고정된 규정이나 기준을 뜻한다.

어떻게 현재의 정경을 갖게 되었느냐는 문제는 복잡하지만 추적할 수는 있다. 구약성경에서 시작해 보자. 예수님과 사도들은 히브리어 성경의 영감을 인정했다. 이들의 히브리어 성경은 지금의 구약성경과 같은 39권으로 구성되었는데, 지금의 구약성경과 순서가 달랐고 때로 다른 이름으로 불렸다. 학자들은 오랫동안 얌니아 공의회(Council of Jamnia, 90)에서 구약 정경이 확정되었다고 생각했다. 그러나 이제는 정경이 이미 잘 확립되어 있었고, 얌니아 공의회는 한때 생각했던 것만큼 결정적이지 않았다고 믿는다.

로마 가톨릭 성경에 포함되며 '외경'이라 불리는 책들은 70인역(Septuagint, 히브리어 성경의 헬라어 번역본)에는 포함되었으나 히브리어 성경에는 포함되지 않았다. 교부 히에로니무스(Jerome)는 외경을 자신의 라틴어 불가타역에 포함시켰으나 외경의 책들은 다른 부류에 속하며 정경의 책들과 같지 않다고 분명히 했다. 시간이 흘러 불가타역 필사본들이 생겨나면서, 히에로니무스의 본래 구분은 간과되고 외경도 똑같이 권위 있는 책으로 여겨졌다.

신약성경으로 눈을 돌려 보자. 초기 교회는 확장되는 정경을 믿었다(딤전 5:18; 벧후 3:16). 유대인 그리스도인이 그들의 성경에 다른 책을 추가하다니 이상해 보일 것이다. 그러나 이는 그들의 이해, 곧 하나님이 그분의 백성과 새 언약을 맺으셨다는 이해와 일치했다(고후 3장).

전형적으로 언약은 새로운 계약 내용이 담긴 문서를 포함했다. 2세기 초 파피아스(Papias)부터 3세기 무라토리안 파편(Muratorian Fragment)

과 오리게네스의 저작들을 거쳐 4세기 초에 에우세비우스(Eusebius of Caesarea)가 제시한 목록까지, 새로운 정경 인식의 발전을 추적할 수 있다. 이 기간에 여러 책을 두고 논쟁이 벌어졌으나 이러한 의견 불일치의 정도를 과장해서는 안 된다. 지금의 신약성경을 구성하는 27권 가운데 어느 하나도 거부된 적이 없으며, 27권 외에 어느 하나도 분명하게 받아들여진 적이 없다.

지금의 정경은 동방에서는 아타나시우스(Athanasius)의 부활절 서신(Festal Letter, 367)이 나오면서 받아들여졌고 서방에서는 로마 공의회(Synod of Rome, 382)에서 받아들여졌다. 397년 카르타고 공의회(Synod of Carthage)에서, 전체 교회의 신약 정경이 공인되었다.

고정된 책 목록 개념(정경 개념)은 외부에서 성경에 주어진 것이 아니다. 신약 정경은 언제나 사도적 권위와 연결되었다. 왜 정경이 확대되어야 했는지(사도들은 신적 권위를 가지고 말했다) 그리고 왜 정경이 마침내 닫혔는지(사도들이 죽자, 이러한 수준의 신적 권위도 사라졌다) 사도성이 설명해 준다. 요한계시록 22장 18-19절("이 책에서 더하거나 빼지 말라")이 신명기 4장 2절을 어떻게 의도적으로 되울리는지 보고, 요한계시록이 창세기에서 도출한 풍성한 이미지를 가져와 어떻게 끝맺는지를 보면, 요한이 자신의 묵시록을 정경적 계시의 종결로 이해했다고 결론짓기란 어렵지 않다.

이제 영감된 하나님의 말씀이 영감된 텍스트의 권위 있는 모음집과 결합되었다.

DAY 20

어느 책이 성경에 적합한가?

정경에 대한 성경적 정당성을 살펴보았으나 훨씬 더 어려운 질문이 남았다. 어느 책이 정경에 '적합한지' 어떻게 아는가이다. 이를 알려면 누가 어떤 정경 목록을 언제 작성했는지 살펴보아야 할 뿐 아니라, 지금 성경에 포함된 책들이 어떻게 정경으로 결정되었는지 살펴보아야 한다.

첫째 답변은 정경이 '역사적으로 결정되었다'고 주장한다. 물론, 정경은 역사 속에서 과정을 거쳐 공식적으로 인정되었다. 그러나 이는 역사의 힘이 정경을 결정했다는 뜻이 아니다. 정경을 결정하는 데는 증거가 중요했고, 사도성과 보편성(catholicity, 공교회성)과 정통성이 있는지 텍스트를 샅샅이 살펴야 했다.

그러나 교회가 무엇이 정경인지 결정할 설명서를 작성하고 잠재적 후보들을 면접한 것은 아니었다. 그 어떤 교회 지도자나 교회 회의가 정경의 기준을 결정한 게 아니었다. 과정은 훨씬 유기적이었다. 교회는 절대로 자신이 여러 경쟁서들 가운데서 성경의 새로운 책을 뽑는다고 보지 않았다.

둘째 답변은 정경을 '공동체가 결정했다'고 주장한다. 로마 가톨릭은 개신교에는 영감된 책만 있을 뿐 영감된 목차가 없다며 자주 비판한다. 가톨릭 신학에서 정경의 등장은 무오한 교도권이 필요하다는 근거다. 이들은 우리가 정경을 신뢰할 수 있는 이유는 어느 책이 정경에 적합한지 결정하는 초자연적이며 무오한 권위를 교회가 받았기 때문이라고 주장한다.

이러한 접근 방식의 문제는 (교회의 권위를 성경에서 찾아야 한다면서도 성경의 기준을 결정하는 권위가 교회에 있다는 순환 논증 외에) 구속사에서 나타나는 여러 예와 충돌한다는 사실이다. 말씀이 아브라함을 불렀고, 말씀이 이스라엘을 하나의 민족으로 조직했으며, 말씀이 제자들을 불렀다. 언제나 하나님의 말씀이 하나님의 백성을 세웠지 하나님의 백성이 하나님의 말씀을 세운 게 아니다.

셋째이자 가장 좋은 답변은 교회가 성경의 책들을 선택한 게 아니라, 정경의 책들이 '자증적이었다'(self-authenticate)고 주장한다.[1] 이스라엘이 하나님께 무오한 계시를 받아 그들의 성경을 뽑았다(select)고 생각할 이유가 없다. 그러나 예수님은 이들의 성경을 신적이며 권위 있는 것으로 받아들이셨다. 왜인가? 이 저작들 자체가 영감되었다고 스스로 증명했기 때문이다.

아이작 뉴턴(Isaac Newton)이 우리에게 중력을 준 게 아니듯이, 교회가 우리에게 정경을 준 게 아니다. 이런 이유로, 에우세비우스는 정경의 책들이 '선택되었다'거나 '뽑혔다'고 하지 않고 '인정되었다'(recognized)고 말했다.

마지막 사도인 요한이 죽고 한 세대 안에, 복음서 네 권과 바울 서신 열세 권이 이미 정경적 계시로 널리 받아들여졌다. 교회가 정경과 관련해 승자와 패자를 결정한 게 아니다. 어린아이가 군중 가운데서 자신의 부모를 선택하는 게 아니라 부모를 발견하고 알아보듯이(recognize, 인정하듯이), 교회가 정경을 만든 게 아니다. 교회는 정경의 책들이 이미 가진 권위를 받아들였다.

1 Kruger, *Canon Revisited*.

신론

하나님의 존재와 하나님의 사역

WEEK 5

DAY 21

하나님의 존재

하나님의 존재는 도출해야 할 결론이 아니라 당연한 전제다. 성경은 "태초에 하나님이"로 시작한다(창 1:1). 우리는 모두 하나님에 대해 타고난 개념, 변명할 수 없는 하나님에 대한 인식이 있다(전 3:11; 행 17:24-28; 롬 1:19-20). 어리석은 자만이 마음으로 하나님이 없다고 말한다(시 14:1). 하나님의 존재는 인간적 추론의 종착점이 아니라 인간적 지식의 출발점이다.

그러나 하나님의 존재를 증명하는 일이 반드시 잘못은 아니다. 하나님의 존재를 증명하는 방식에는 인간 이성을 우위에 두고 논하는 방식도 있고, 하나님의 계시를 뒷받침하는 방식도 있다. 예를 들면, 아퀴나스는 논증을 성경에서 시작하는데, 출애굽기 3장 14절("나는 스스로 있는 자이니라")로부터 하나님의 존재를 확고히 한다. 그런 후에야 하나님의 존재를 "다섯 가지 방식으로" 증명할 수 있다고 주장한다.[1]

- **운동에 의한 증명.** 운동의 원인을 끝없이 거슬러 올라갈 수는 없다. 절대 존재(absolute actuality), 곧 부동의 동자(unmoved mover)가 있어야 한다.

- **작용인**(efficient cause)**에 의한 증명**. 모든 원인과 결과는 틀림없이 어떤 제일 원인(first cause)으로부터 시작되어야 한다.
- **가능성과 필연성에 의한 증명**. 존재는 무(無)로부터 나올 수 없다. 단순히 가능성이 아닌 그 자체의 필연성에 의해 존재하는 그 무엇이 반드시 있어야 한다.
- **단계에 의한 증명**. 가장 선하고, 가장 완전하며, 가장 참된 존재, 다시 말해 덜 완전함의 모든 단계를 결정하는 기준인 최고 존재가 있어야 한다.
- **세계 통치에 의한 증명**. 모든 자연적 사물이 각각 목적을 향해 질서 있게 나아가는 것을 보는데, 그들을 그 목적대로 이끄는 지적 존재가 있어야 한다.

프로테스탄트 신학자는 아퀴나스의 다섯 가지 방법을 기초로 활용했다. 예를 들면, 튜레틴은 하나님의 존재를 뒷받침하는 네 가지 증거를 제시했는데, 곧 우주적 본성의 목소리(아퀴나스의 증명 대부분을 요약했다), 복잡한 인간 설계, 양심의 증언, 어느 시대 어느 민족에게나 있는 종교성이다.[2] 이와 비슷하게, 셰드는 다섯 가지 주요 증명을 언급했다. 곧 존재론적 증명(완전한 존재, 그보다 큰 존재를 상상할 수 없는 존재가 반드시 존재해야 한다), 우주론적 증명[운동은 원동자(the prime mover)를 암시한다], 목적론적 증명(세상이 설계된 흔적이 있다), 도덕적 증명(양심의 증언), 역사적 증명(모든 민족이 일종의 최고 존재를 믿는다)이다.[3]

논쟁을 통해 사람들을 하나님 나라로 몰아넣으려 해서는 안 된다. 합리주의의 토대 위에 신학 체계를 세우려 해서도 안 된다. 성경을 통해 알듯이, 하나님의 존재는 궁극적으로 믿음의 대상이다(히 11:6). 그리스도인은 하나님의 존재 증명을 증거라기보다 증언으로 생각해야 한다. 그렇더라도, 하나님의 존재가 무신론적 불신앙보다 합리적이고 세상을 더 잘 설명한다는 사실을 보여 줄 필요가 있다. 철학과 인간의 이성은 믿음의 출발점일 수는 없어도 믿음을 변호하고 명확히 하며 뒷받침하는 데 활용될 수 있다.

1 Aquinas, *Summa Theologica*, 1.2.3; 아퀴나스, 『신학대전』.
2 Turretin, *Elenctic Theology*, 3.1.1-27; 투레티누스, 『변증신학 강요』.
3 Shedd, *Dogmatic Theology*, 201-216.

DAY 22

하나님을 알 수 있는가?

하나님에 관한 교리(신론)를 공부할 때, 기본적인 두 질문을 해야 한다. 첫째, 하나님은 어떤 분이신가? 둘째, 하나님은 누구신가?

첫째 질문은 하나님의 '본성'(nature) 탐구로 이어지고, 둘째 질문은 하나님의 '위격'(person) 탐구로 이어진다. 하나님의 속성을 살펴봄으로써 "하나님은 어떤 분이신가?"라는 질문에 답할 수 있고, 삼위일체 교리를 이해함으로써 "하나님은 누구신가?"라는 질문에 답할 수 있다.

"하나님은 어떤 분이신가?"라는 질문을 다루려면, 하나님이 어떤 분이신지를 알 수 있는지 먼저 확인해야 한다. 교회 전통은 하나님은 이해할 수 없는 분이라고 오랫동안 이야기해 왔다. 당연하게도, 이사야 40장 18절은 이렇게 묻는다. "너희가 하나님을 누구와 같다 하겠으며 무슨 형상을 그에게 비기겠느냐." 욥기 38-41장에서, 하나님은 폭풍우 가운데 연이은 질문으로 욥에게 답하신다. 욥은 왜 하나님이 그런 분인지, 왜 하나님이 그렇게 하셨는지 알고 싶었다. 하나님은 욥에게 답하면서 자신이 하나님이지 욥이 하나님이 아니라는 것을 일깨워주신다.

조직 신학은 하나님과 그분의 길에 관한 세밀한 정의와 구분을 다룬다. 그렇더라도 하나님이 자신을 아시는 만큼 우리는 하나님을 알 수 없음을 절대 잊지 말아야 한다. 루터는 하나님을 **데우스 압스콘디투스**(Deus absconditus), 즉 '감추어진 하나님'(hidden God)이라 했다. 칼뱅은 하나님의 본질이 인간의 감각과 이해를 완전히 초월한다고 믿었다. 특히, 천국의 이편에서 우리는 거울을 통해 희미하게 본다고 고백해야 한다(고전 13:12). 우리의 하나님 지식은 절대로 완전하거나 완벽할 수 없다. 우리는 부분만 알 뿐이다. 우리의 하나님은 이해할 수 없는 분이다.

그러나 이해할 수 없다는 말은 알 수 없다는 말과 다르다. 하나님의 피조물인 인간은 우리 이해를 초월하는 하나님을 알 수 있다. 이것이 성경 전체의 근거다. 우리는 하나님의 깊은 것을 헤아릴 수 없지만, 하나님이 자신을 알리시는 만큼 그분을 알 수 있다. "감추어진 일은 우리 하나님 여호와께 속하였거니와 나타난 일은 영원히 우리와 우리 자손에게 속하였나니"(신 29:29). 성경 전체가 자신을 알리시는 하나님에 관한 것이다. 예수님은 말씀하셨다. "영생은 곧 유일하신 참 하나님과 그가 보내신 자 예수 그리스도를 아는 것이니이다"(요 17:3).

하나님은 우리가 이해할 수 없지만 알 수 있는 분이다. 이를 인정하면 그리스도인의 삶이 실제로 영향을 받는다. 다른 한편으로, 하나님의 불가해성(incomprehensibility)은 절대로 하나님을 인간 지성이란 현미경으로 관찰하는 표본으로 삼아서는 안 된다고 말한다. 우리는 하나님이 형이상학적으로 지존하시며 우리는 그분의 길을 추적할 수 없다는 사실을 받아들이고 이를 참으로 기뻐해야 한다. 그와 동시에, 하나님에 관한 무지와 겸손을 혼동하지 말아야 한다. 하나님이 자신을 알리셨으므로, 조직 신학을 '하나님을 상자에 욱여넣는' 작업이나 '동결 건조물' 또는 '압축 포장물'을 다루는 일로 여겨서는 안 된다. 말씀하시는 하나님은 우리가 듣기 원하신다. 우리에게 들을 귀가 있다면 말이다.

DAY 23

하나님께
사용되는 단어들

우리가 하나님을 표현하는 말은 일의적(univocal), 다의적(equivocal), 유비적(analogical), 세 방식으로 사용될 수 있다.

동일한 단어가 단 하나의 의미를 가질 때, 언어는 '일의적'이다. 신학에서 이 말은 동일한 단어로 어떤 다양한 것들을 말하더라도 동일한 의미를 갖는다는 뜻이다. '하나님은 선하시다'라고 말할 때, '선하다'(good)라는 단어가 '샘은 착하다(good)', '저 꽃이 예쁘다(good)', '저 피자가 맛있다(good)'라고 말할 때와 같은 의미를 갖는다는 뜻이다. 금세 알 수 있듯이, 우리가 하나님에게 사용하는 언어는 다른 것들에 사용하는 언어와 일의적이지 않다. 여기에는 적어도 두 가지 이유가 있다.

1. '선'(goodness)과 같은 속성은 하나님께 적용될 때와 다른 것들에 적용될 때 의미가 다르다. 하나님은 본질적으로 선하시다. 하나님에게서 선을 제거하면 하나님은 하나님이 아니시다. 반대로, 샘이 착하지 않거나 꽃이 예쁘지 않거나, 피자가 맛있지 않아도, 샘은 여전히 샘이고, 꽃은 여전히 꽃이며, 피자는 여전히 피자다.

2. 하나님은 그분의 피조물과 동일한 부류에 속하지 않으신다. 하나님은 다른 무엇과도 같은 계층에 속하지 않으신다. 엄격히 말해, 하나님은 그 어떤 계층이나 부류에도 속하지 않으신다. 계층(class)이나 부류(genus)라는 용어는 그 수가 둘 이상일 가능성을 암시하기 때문이다. 이는 우리가 하나님께 사용하는 언어가 일의적일 수 없다는 뜻이다. '개는 행복하다'는 말과 '인간은 행복하다'는 말은 정확히 같은 것을 의미하지 않는다. 개와 인간은 다른 종류의 피조물이기 때문이며, 인간으로서 우리는 개가 행복할 때 정확히 무엇을 경험하는지 알 수 없기 때문이다. 개와 인간의 존재론적 간극 때문에 일의적 언어가 사용될 수 없다면, 인간의 언어를 사용해 하나님을 말할 때는 더더욱 그렇지 않겠는가?

동일한 단어가 서로 다른 둘을 의미할 때, 언어는 '다의적'이다. "남쪽 제방(bank)으로 노를 저어 가서 언덕 위에 있는 은행(bank)에 수표를 입금하라"고 말할 때, 이 문장에서 영단어 '뱅크'(bank)는 서로 다른 두 의미로 사용된다. 이 단어는 다의적으로 사용된다. 이 문장의 전반부와 후반부에서, '뱅크'는 발음이 같지만 의미는 다르다. 신학에서 다의적이라는 말은 동일한 단어를 하나님과 사람에게 사용할 때 단어의 두 용례가 일치하지 않는다는 뜻이다. 금세 알 수 있듯이, 우리의 신학적 언어는 순전히 다의적일 수는 없다.

'하나님은 선하시다'가 '샘은 착하다'와 같은 뜻이 아니라면, 어떻게 인간의 언어로 하나님에 관해 무엇이든 의미 있는 것을 말할 수 있겠는가? 이 질문의 답은 우리가 하나님께 사용하는 언어가 '유비적'이라는 것이다. 하나님과 인간 사이에는 엄청난 존재론적 거리가 있다. 이는 우리가 하나님께 사용하는 단어들을 인간에게 사용할 때 절대로 정확히 같은 것을 의미할 수 없다는 뜻이다. 그렇더라도 하나님과 인간 사이에 유사점이 있다. 인간은 하나님의 형상으로 창조된 피조물이다. 그러므로 우리가 인간에게 사용하는 단어들과 하나님에게 사용하는 단어들 사이에는 어떤 관계가 있을 수밖에 없다.

하나님의 영원한 능력과 신성을 피조 세계에서 분명하게 인지할 수 있다면(롬 1:20), 인간의 언어, 곧 말씀 자체에서 비롯된 은사는 하나님에 관해 의미 있고 지각할 수 있는 것을 더더욱 말할 수 있지 않겠는가? 인간의 언어는 하나님을 포착할 수 없지만 하나님에 관한 진리를 전달할 수 있다. 비록 무한하신 하나님이 우리의 유한한 이해를 초월하신 분이더라도 말이다.

DAY 24

하나님의 일체성

여러 진리가 똑같이 중요할 수 있다. 그러나 하나님에 관한 진리 가운데 가장 기본적인 것은 하나님의 일체성(unity)이다. "이스라엘아 들으라 우리 하나님 여호와는 오직 유일한 여호와이시니"(신 6:4). 하나님은 십계명의 첫 계명에서 이렇게 말씀하신다. "나는 … 네 하나님 여호와니라 너는 나 외에는 다른 신들을 네게 두지 말라"(출 20:2-3).

우리는 하나님이 수적으로 하나라고 말할 때, '하나'(one)라는 단어를 서로 다른 두 의미로 사용한다. 첫째 의미는 하나님이 나뉠 수 없다는 뜻이다. 육체적으로든(하나님께 문자 그대로 팔과 다리가 있다면) 영적으로든 (마치 하나님이 속성들의 총합인 것처럼) 하나님은 부분으로 나뉠 수 없다. 하나님은 본질에서 수적으로 하나이시다. 그러나 이것은 위격적인 수적 일체성(personal numerical unity; 위격에서도 수적으로 하나여야 한다)을 요구하지 않는다. 하나님의 일체성은 이러한 일체성이 삼위일체성이라는 것을 (우리가 이러한 삼위일체성을 하나님을 부분과 조각으로 나누는 것으로 생각하지 않는 한) 배제하지 않는다.

둘째 의미는 하나님이 다른 모든 것을 배제하는 하나라는 뜻이다. 여기서 문제는 세상에 사람들이 믿는 이른바 신이 많은가(고전 8:5), 또는 천사나 통치자를 은유적 의미에서 '신'이라 부를 수 있는가이다(시 82:6; 요 10:34). 정확히 말해, 문제는 지존하고 완전하며 무한하고 영원한 존재가 둘 또는 그 이상 존재하는가이다.

이는 논리적으로 불가능할 뿐 아니라(어떻게 여러 존재가 무한하고 지존할 수 있겠는가?), 성경은 여호와가 하나님이며 유일하신 하나님이라고 못 박는다.

오경은 이렇게 증언한다. "그런즉 너는 오늘 위로 하늘에나 아래로 땅에 오직 여호와는 하나님이시요 다른 신이 없는 줄을 알아 명심하고"(신 4:39). 시편은 이렇게 증언한다. "무릇 주는 위대하사 기이한 일들을 행하시오니 주만이 하나님이시니이다"(시 86:10).

대선지서는 이렇게 증언한다. "이스라엘의 왕인 여호와, 이스라엘의 구원자인 만군의 여호와가 이같이 말하노라 나는 처음이요 나는 마지막이라 나 외에 다른 신이 없느니라"(사 44:6). 소선지서는 이렇게 증언한다. "그런즉 내가 이스라엘 가운데 있어 너희 하나님 여호와가 되고 다른 이가 없는 줄을 너희가 알 것이라"(욜 2:27).

복음서는 이렇게 증언한다. "서기관이 이르되 선생님이여 옳소이다 하나님은 한 분이시요 그 외에 다른 이가 없다 하신 말씀이 참이니이다"(막 12:32). 서신서는 이렇게 증언한다. "하나님은 한 분이시요 또 하나님과 사람 사이에 중보자도 한 분이시니 곧 사람이신 그리스도 예수라"(딤전 2:5).

성경에서 다른 민족까지도 이스라엘의 하나님이 유일한 하나님이라고 자주 고백한다. "나아만이 모든 군대와 함께 하나님의 사람에게로 도로 와서 그의 앞에 서서 이르되 내가 이제 이스라엘 외에는 온 천하에 신이 없는 줄을 아나이다"(왕하 5:15).

하나님은 본질이 하나이며 비교 대상이 없으시다. 무신론자의 주장과 달리, 세상은 무정부(anarchy, 지존자가 다스리지 않는) 상태가 아니다. 그

뿐 아니라, 고대 이교도와 숱한 동방 종교의 주장과 달리, 세상은 복수 군주제(polyarchy, 숱한 지존자가 다스리는) 상태도 아니다. 세상은 단일 군주제(monarchy, 하나의 지존자가 다스리는) 상태다. 여호와는 크신 하나님이며 모든 신보다 크신 왕이다(시 95:3).

DAY 25

영이신 하나님

성경에는 하나님에 관한 정의가 여럿 있다. 그 하나는 예수님이 사마리아 여인에게 들려주신 정의다. "하나님은 영이시니"(요 4:24).

사람들 대다수는 '영'이 '물질'의 반대라고 생각하며 영이신 하나님을 이해한다. 이는 예수님이 하시는 말씀의 한 부분인 것은 분명하다. 하나님은 물질적 존재가 아니라 영적 존재시다. 하나님은 형태가 없으며 보이지 않으신다(신 4:15). 이사야 31장 3절은 이렇게 말한다. "애굽은 사람이요 신이 아니며 그들의 말들은 육체요 영이 아니라." 하나님은 육체가 아니라 영이시다. 그러므로 하나님을 향한 올바른 예배는 사마리아 여인의 (그리고 이 여인의 동시대 사람들 대다수의) 생각과 달리 물리적 장소의 문제가 아니라 영의 문제다. 영이신 하나님이란 표현은 하나님의 비물질성(immateriality)을 말하는 또 다른 방식이다.

그러나 이게 전부가 아니다. 하나님은 단순히 영 또는 영적 존재가 아니시다. 하나님은 영 자체, 곧 절대적으로 영이시다. 디모데전서 1장 17절이 영원성과 불멸성과 비가시성을 한 분 하나님의 속성으로 함께 제시하는 데는 이유가 있다. 하나님을 볼 수 없다는 것은 곧 하나님이 시간과 공간의 제약을 받지 않으신다는 뜻이다. 하나님께 불멸성과 영원성이 있는 것은 하나님만이 절대적으로 영이시기 때문이다. 하나님은 "가장 순수한 영"이시다(웨스트민스터 신앙고백 2.1).

영이신 하나님을 그분의 비육체성(nonphysicality)으로만 생각한다면 이 교리를 오해하기 십상이다. 윌리엄 셰드는 하나님이 영이심을 이해할 때 두 개념이 아주 중요하다고 주장한다. 본체성(substantiality)과 인격성(personality)이다.[1]

'본체성'이란 하나님이 본질(essence) 또는 본체(substance)시라는 뜻이다. 이는 하나님이 단순한 개념이거나 지성의 산물이 아니라는 뜻으로, 아주 중요한 핵심이다. 하나님은 단순한 능력이나 영향력이나 에너지로 축소되실 수 없다. 하나님은 어떤 성질이나 특성이 아니시다. 하나님은 **엔스**[ens, '존재하다'라는 뜻의 라틴어 동사 **에세**(esse)에서 왔다]이시다. 영적 본체로서, 하나님은 공간을 점유하지 않지만 실재하는 존재이시다. 사실, 독립되고 원인 없는(uncaused) 존재로서, 하나님은 가장 절대적 의미에서 존재하신다.

'인격성'이란 하나님이 인격적 존재시라는 뜻이다. 우리는 한 분이신 참 하나님의 인격성을 말할 때, 특히 두 특성을 언급한다. 하나님의 자의식(self-consciousness)과 자기 결정(self-determination)이다.[2] 자의식이 너무 추상적으로 들린다면, 하나님은 스스로를 알고(self-knowing) 스스로를 성찰하신다(self-contemplating)고 생각해 보라. 하나님은 앎의 주체이자 알려지는 객체라는 점에서 인격적 존재시다. 하나님은 자신을 알고 다른 존재들도 아신다. 하나님은 비인격적인 힘이 아니시다. 하나님의 자기 결정은 이해하기가 더 쉽다. 이 말은 하나님께 행위 주체성(agency)이 있다는 뜻이다. 하나님의 결정은 자유롭고 자기 주도적이다.

마지막으로, 두 개념이 서로 연결되지만 이 맥락에서 사용된 '인격성'(personality)과 삼위일체의 위격들을(persons) 혼동해서는 안 된다. 하나님은 뚜렷이 구분되는 세 신적 위격으로 영원히 존재하는 하나의 인격적 존재이시다. 하나님 안에, 단일한 의식이 있고 단일한 자기 결정 의지가 있다. 그렇더라도 신성 안에, 세 실재(subsistences)가 계시다. 그래서 한 분이신 하나님은 완전히 인격적이시다. 세 위격 때문에, 하나님은 본질적으로 "스스로를 성찰하고, 스스로를 인식하며, 스스로 소통하신다."[3]

1 Shedd, Dogmatic Theology, 156.
2 Shedd, Dogmatic Theology, 169.
3 Shedd, Dogmatic Theology, 178.

WEEK 6

DAY 26

하나님의 이름

성경에서, 이름은 단지 사람과 사람을 구분하는 수단이 아니다. 이름은 한 사람의 성품을 나타낸다. 이는 사람뿐 아니라 하나님께도 적용된다. 성경이 하나님의 이름을 말하는 방식을 통해 하나님의 본성이 얼마간 드러난다.

신학자는 흔히 하나님의 이름을 세 종류로 구분한다. 고유한 이름(proper names), 본질적 이름(essential names), 위격적 이름(personal names)이다. 둘째 범주는 하나님의 속성과 관련이 있고(본질적 이름), 셋째 범주는 삼위일체와 관련이 있다(아버지와 아들과 성령의 위격적 이름). 이 둘은 다른 곳에서 다루겠다. 여기서 우리의 관심사는 하나님의 고유한 이름이다.

성경에는 하나님의 이름이 아주 많이 나오는데, 일반적으로 일곱 가지 이름을 강조할 수 있다.

첫째, 구약성경에서 하나님을 가리키는 가장 단순한 이름은 **엘**(*El*) **엘로힘**(*Elohim*), **엘리온**(*Elyon*)인데, 셋 모두 '하나님'으로 번역된다. 이 단어들은 한 분이신 참 하나님에게만 사용되지 않고 우상들과 거짓 신들과 통치자들에게도 사용된다. 엘은 때로 다른 단어들과 짝을 이루어 성경의 하나님을 가리키는데, 창세기 16장 13절의 **엘 로이**(*El Ro'i*, 나를 살피시는 하나님)가 여기에 해당한다. 둘째, **아도나이**(*Adonai*)는 흔히 '여호와'(Lord, 주)로 번역되는데, 지극히 높고 존귀하신 통치자 하나님을 말한다. 셋째, **샤다이**(*Shaddai*) 또는 **엘-샤다이**(*El-Shaddai*)는 번역이 아주 어렵지만 대체로 '전능하신 하나님'(God Almighty)으로 번역된다(창 17:1; 28:3; 35:11; 출 6:2-3).

신약성경으로 넘어오면, 넷째, **데오스**(*theos*, 하나님)와 다섯째, **퀴리오스**(*kyrios*, 주)가 자주 사용된다. 하나님은 여섯째, **파테르**(*pater*, 아버지)이시기도 하다. 하나님은 구약성경과 신약성경 양쪽 모두에서 자주 아버지라 불리신다(신 32:6; 시 103:13; 사 63:16; 64:8; 고전 8:6; 엡 3:15; 히 12:9; 약 1:18). 중요하게도, 하나님은 때로 여성의 이미지로(예를 들면, 암탉과 '같은' 분으로) 묘사되는데, 하나님의 이름은 모두 남성형이다. 따라서 하나님은 왕이고(여왕이 아니다) 남편이며(아내가 아니다) 아버지시다(어머니가 아니다).

일곱째, 끝으로 살펴볼 이름은 특별한 언약적 이름 **야훼**[*Yahweh*, 또는 **여호와**(*Jehovah*)]이다. 야훼라는 단어는 '테트라그라마톤'(tetragrammaton, 하나님을 가리키는 히브리어 네 자음 문자) YHWH에서 왔으며, 성경에서 거의 7천 번 사용되는데, 대다수 영어 번역에서 '로드'(Lord; 작은 대문자로)로 번역된다(개역개정에서는 '여호와'로 번역된다-역주).

야훼라는 이름이 족장 시대에 알려져 있지 않았던 것은 아니다. 그렇더라도 야훼라는 이름이 공식적으로 계시된 것은 출애굽기 3장 13-15절의 불타는 떨기나무 사건 때였다고 할 수 있다. 모세가 하나님께 그분의 이름을 묻자, 하나님은 이스라엘 자손이 "너희의 조상의 하나님"의 이름이 무엇인지 물으면 "스스로 있는 자"(I Am Who I Am; *hyeh asher ehyeh*, 에흐예 아셰르 에흐예)가 보내셨다 하라고 답하신다. 이 이름은 15절에 나오는 언약적 이름 여호와(yhwh)와 연결된다. 야훼는 '존재하다'를 뜻하는 히브리어 동사 어근 **하야**(*hayah*)에서 왔으며, 하야는 바로 앞 절에 사용된 그 단어다(에흐예 아셰르 에흐예).

야훼는 구약성경에서 하나님의 가장 중요한 이름이다. 이 이름은 하나님이 그분의 백성에게 다음과 같이 일깨우시는 수단이기 때문이다. "나는 너희의 하나님이다. 나는 너희의 하나님이었다. 나는 너희의 하나님일 것이다. 나는 너희의 유일한 하나님이다. 이것이 내가 하나님이라는 뜻이다. 나는 자존하며 초월하고 독립적인 위대한 자존자(Great I Am)다. 나는 야훼다." 참으로, 하나님은 그분의 이름과 말씀을 만물보다 높이셨다(시 138:2).

DAY 27

하나님의 속성

하나님의 속성이란 하나님의 성품이나 특성을 말한다. 어떤 사람은 이를 하나님의 완전성이나 덕이나 탁월성이라고 부르기를 선호하고(벧전 2:9), 어떤 사람은 적절성(property, 속성)이라는 단어를 사용하는데, 이 단어는 하나님 특유의 속성을 강조한다. 동방 정교회 신학자는 흔히 하나님의 본질과 하나님의 에너지를 말하는데, 우리가 태양(본질)에는 착륙할 수 없지만 태양의 광선(에너지)을 경험할 수 있듯이, 비록 하나님의 신성 자체의 깊이를 가늠할 수는 없더라도 하나님에 관해 참된 것들을 알 수 있다는 것이다.

이 용어들은 각자의 자리가 있다. 그러나 '속성'(attribute)이 일반적인 용어로, 몇몇 안전장치를 둔다면 적절하게 사용될 수 있다. 하나님께 어떤 속성을 돌릴 때, 하나님 바깥에 있는 무언가를 하나님께 부가하거나 하나님의 본질에 무언가를 추가한다고 생각해서는 안 된다. 하나님의 속성은 하나님과 무관하게 존재하지 않을뿐더러, 한데 모여 하나님을 이루는 것도 아니다.

또한 우리는 절대적 의미에서 하나님의 속성과 하나님의 본질은 분리될 수 없다는 것도 인정해야 한다. '하나님이 어떤 분이냐'(what God is)는 '하나님이 무엇을 **지니셨느냐**'(what God has)와 분리될 수 없으며, '하나님이 무엇을 **지니셨느냐**'도 '하나님이 어떤 **분이냐**'와 분리될 수 없다.

하나님의 속성에 관해 공인된 목록은 없지만, 교회사에서 탁월하고 간결한 목록이 여럿 제시되었다.

벨직 신앙고백(Belgic Confession)은 하나님을 이렇게 기술한다. "단일하고 단순한 영적 존재 … 영원하고, 이해할 수 없으며, 보이지 않고, 변하지 않으며, 무한하고, 전능하며, 완전히 지혜롭고 공의로우며 선하고, 모든 선의 넘쳐흐르는 원천이시다"(1조).

웨스트민스터 신앙고백(Westminster Confession of Faith)은 좀 더 포괄적이며, 무한하고 완전하신 우리의 하나님을 이렇게 기술한다. "가장 순수한 영이며, 보이지 않고, 몸이나 부분이나 성정(passions)이 없으며,

불변하고, 지대하며, 영원하고, 이해할 수 없으며, 전능하고, 가장 지혜로우며, 가장 거룩하고, 가장 자유로우며, 가장 절대적이고, 자신의 불변하고 가장 의로운 뜻에 따라 자신의 영광을 위해 모든 일을 하시며, 가장 사랑하고 은혜로우며 자비롭고 오래 참으며 은혜와 진리가 풍성하시다"(2.1).

하나님의 속성에 관한 최고의 선언 중 하나는 다마스쿠스의 요한네스(John of Damascus)의 선언이다. 그의 부정 신학(apophatic theology)은 주로 하나님이 무엇이 아닌지로 하나님을 기술한다.

그러므로 우리는 이것을 알고 또 고백한다. 하나님은 시작이 없고, 끝이 없으며, 영원하고, 창조되지 않았으며, 불변하고, 단순하며, 복합적이지 않고, 형체가 없으며, 보이지 않고, 만질 수 없으며, 제한되지 않고, 무한하며, 파악할 수 없고, 인지할 수 없으며, 헤아릴 수 없고, 선하며, 공의롭고, 전능하며, 모든 피조물의 창조자이고, 만물의 주권자이며, 만물을 감독하고, 만물을 미리 알며, 만물을 다스리는 최고의 능력이 있고, 만물의 심판자시다.[1]

어떤 사람은 이러한 선언이 성경에서 만나는 하나님을 목록으로 축소한다며 비판할 것이다. 하나님의 속성은 하나님을 생각하는 유일한 방법이 아니지만, 하나님의 본성을 세밀하게, 감히 말하건대, 영광스럽게 생각하는 데 더없이 귀중하다.

---

[1] John of Damascus, *On the Orthodox Faith*, 61.

DAY 28

비공유적 속성과 공유적 속성

하나님의 속성을 분류하는 방법은 여럿이다.

- 어떤 사람은 '절대적 속성'(하나님이 다른 무엇과도 무관하게 자신 안에 본질적으로 갖고 계시는 속성)과 '상대적 속성'(하나님이 그분의 창조 세계 및 피조물과의 관계에서 표현하시는 속성)을 말한다.
- 어떤 사람은 '본질적 속성'과 '인격적 속성'이란 용어를 사용한다. 다시 말해서, 하나님의 고유한 속성과 도덕적·인격적 속성을 말한다.
- 어떤 사람은 '위대하심의 속성'(하나님의 위엄을 강조하는 속성)과 '선하심의 속성'(하나님의 뛰어남을 강조하는 속성)이란 범주를 선호한다.

세 분류 모두에서 동일한 시도를 발견할 수 있다. 하나님이 (이를 테면) 무인도에서 가지실 속성과 다른 존재를 향해 드러내실 속성을 구분하려는 시도다. 이러한 구분은 유용할 수 있지만 엉뚱한 곳으로 흐를 위험도 있다. 우리는 어떤 속성이 하나님께 더 본질적이라거나 어떤 속성이 실현되려면 하나님께 피조물이 필요하다고 생각해서는 안 된다. 하나님의 모든 속성은 하나님의 본성에서 비롯되며, 영원히 그리고 절대적으로 하나님께 속한다.

가장 일반적인 방식은 하나님의 '비공유적 속성'과 '공유적 속성'을 구분하는 것이다. 비공유적 속성이란 우리에게 '공유될' 수 없는 속성이다. 예를 들면 무량성(immensity), 영원성, 무한성은 비공유적 속성으로 분류되는데, 하나님의 피조물에서는 이러한 속성과 비슷한 것을 전혀 찾을 수 없기 때문이다. 마찬가지로, 사랑, 자비, 선하심은 공유적 속성으로 분류되는데, 우리도 사랑하고 자비로우며 선할 수 있기 때문이다. 전염병은 전염될 수 있는, 즉 옮을 수 있는 병이다. 우리는 이와 같은 방식으로 공유적 속성을 이해할 수 있다. 이는 곧 하나님의 피조물이 어느 정도 '닮을 수 있는' 성품이다. 반면, 비공유적 속성은 그렇지 않다.

물론, 이 구분도 완벽하지는 않다. 비공유적 속성은 비록 엄격하게는 공유적이지 않더라도, 인간의 특성과 비슷한 면이 있다. 예를 들어 우리는 불변할 수 없지만 어느 정도 일관될 수 있다. 그런데 다른 의미에서는 하나님의 속성 가운데 어느 하나도 '하나님이 가지신 그대로' 공유될 수는 없다. 우리가 하나님은 사랑이시라고 말할 때와 인류가 사랑한다고 말할 때, 사랑이란 말을 동일한 의미로 사용하지 않는다. 유비적으로 사용한다. 오직 하나님만이 그 속성을 무한하고 완전하게 소유하신다.

이 때문에 예수님은 오직 하나님만이 선하시다고 말씀하실 수 있었다(막 10:18). 분명히 성경은 온갖 종류의 사람에 관한 긍정적인 서술로 넘쳐난다. 그러나 인간의 선은 의존적이고 이차적이며 우연적이다(철학적 의미에서). 오직 하나님의 선하심만 독립적이고 원초적이며 본질적이다.

이러한 한계에도 불구하고 '비공유적'과 '공유적'이란 용어는 아주 널리 사용되기에 버릴 수 없다. 그뿐 아니라 이러한 구분은 중요한 차이를 드러낸다. 비공유적 속성은 우리가 하나님의 크심과 타자성을 기뻐하도록 돕는다. 공유적 속성은 우리를 이처럼 인자와 은혜로 대하시는 하나님이 도대체 어떤 분이신지 생각할 때 더욱 빛난다.

DAY 29

실체와 우연성

하나님의 속성 자체로 넘어가기 전에, 실체(substance)와 우연성(accidents, 부수적 속성)의 학문적 차이를 이해해야 한다.

아리스토텔레스의 논리에 따르면, 물(物) 자체(실체)와 이를 설명하는 성질(우연성)은 기본적으로 다르다. 실체는 그 자체로 존재하는 무언가다. 반면에 우연성은 실체를 수정하거나 변화시키는 속성이다. 철학적 범주에서 우연성은 충돌이나 "아차!" 하는 실수를 의미하지 않는다. '부차적인'이란 단어가 이 용어의 철학적 의미에는 더 가깝다.

앞 장에서 하나님의 속성을 그분의 본질과 분리해 생각해서는 안 된다고 했다. 신학자가 이 점을 강조하는 이유는 속성은 우연성과 다르다고 변호하기 위해서다. 우연성은 실체에 어떤 성질을 추가하지만 실체 자체의 종류를 바꾸지 않는다. 개를 예로 들어보자. 개에게는 '개다움'(doggy-ness)이 있다. 이것이 개의 실체다. 그러나 개는 갈색에

털이 많을 수도 있고, 점박이에 작을 수도 있으며, 그 외에 숱한 성질을 가질 수 있다. 이것들이 우연성이다. 개는 색과 크기가 어떻든 간에 개다. 구체적인 우연성을 제거하더라도 개는 여전히 개다. 하지만 우연성은 우리가 어떤 종류의 개를 말하느냐에 따라 달라진다. 간단히 말해, 우리는 우연성을 실체에 그 질과 양을 부여하는 일로 생각할 수 있다.

프로테스탄트 신학자는 로마 가톨릭이 화체설(transubstantiation)에 적용하는 것과 같은 실체와 우연성 구분을 거부한다. 그렇더라도 대다수 종교개혁 신학자나 종교개혁 이후 신학자는 실체와 우연성이 하나님의 본성을 바르게 이해하는 데 필수라고 보았다. 하나님은 단일한 존재로서 복합체가 아니며 부분들로 구성되지 않으신다. 하나님은 다양한 형태로 존재하는 개와 다르시다. 갈색은 개의 본성에 부수적이다. 개는 검더라도 여전히 개이기 때문이다. 그러나 하나님의 본질에서 그 무엇이라도 제거되면 하나님은 더는 하나님이실 수 없다.

자주 그렇듯이, 투레틴은 이 문제를 매우 예리하게 분석한다. 그는 "하나님께는 그 어떤 우연성도 존재할 수 없다"고 주장하는데, 그 이유를 하나님의 단순성, 무한성, 불변성에 근거한다. 첫째, 우연성은 하나님이 부분들로 구성된다고 암시하는데 이는 단순성과 충돌한다. 둘째, 우연성은 하나님의 실체에 새로운 성질이 추가될 수 있다는 뜻인데, 이는 무한성과 상충된다. 셋째, 우연성은 본질적으로 변화가 가능하다고 전제하는데, 이는 불변성에 어긋난다. 그러나 하나님은 위대한 자존자(Great I Am), 스스로 존재하는 자, 본질과 존재가 그 어떤 속성에 의해 증가되거나 보충될 수 없는 분이다.[1]

바꾸어 말해, 하나님이 가지신 모든 속성이 곧 하나님 그 자체라면, 즉 하나님의 모든 속성이 그분의 본질과 동일하다면, 하나님이 어떤 형태로든(시간 안에서든 시간 밖에서든, 본질적이든 비본질적이든) 변화를 겪는다는 말은 성립되지 않는다. 하나님은 그분의 모든 속성을 더없이 완전하게 소유하시며, 따라서 그분의 속성을 하나님 자신과 동일시할 수 있다. 따라서 하나님은 오직 실체이시다. 정의하자면, 신성이란 본질적으로 그 어떤 우연성도 허용하지 않는 참된 존재라는 뜻이다.

결론적으로, 하나님에 관한 모든 것은 하나님께 본질적이며 그 무엇도 부수적이지 않다.

1 Turretin, *Elenctic Theology*, 4.1.4; 투레티누스, 『변증신학 강요』.

DAY 30

기독교 신학과
그리스-로마 철학

이 시점에서 중요한 질문을 할 수 있겠다. 기독교 신학이 그리스 철학 전통, 특히 아리스토텔레스가 사용한 범주와 용어에 그렇게 심하게 의존해야 하는가? 정당한 질문이다. 우리는 최우선적으로 언제나 성경의 사람이어야 한다. 우리는 아리스토텔레스의 체계나 그 어떤 체계가 성경이 무엇을 의미하는지 결정하기를 원치 않는다. 우리는 성경을 희석하거나 성경의 진리를 바꾸어 결국 하나님의 말씀과 그리스 철학을 뒤섞게 되기를 절대로 원치 않는다. 그렇더라도 조직 신학이 형이상학의 개념과 언어를 지혜롭게 사용하는 것은 타당하다.

다섯 가지 핵심을 살펴보자.

1. 그리스 철학 전통의 영향이 서구 세계에 너무나 널리 퍼져서 우리가 노력하더라도 벗어날 수 있을지 의문이다. 영(soul), 로고스(logos), 텔로스(telos), 형상(form)과 질료(matter), 실체와 우연성, 유(genus)와 종(species), 가능(potential, 가능태)과 현실(actual, 현실태), 작용인(efficient cause)과 질료인(material cause)과 형상인(formal cause)과 목적인(final cause)의 차이를 말한다는 것은, 곧 이러한 용어를 사용한다는 것은(심지어 생각한다는 것은) 아리스토텔레스에게 빚을 지고 있다는 뜻이다.

2. 같은 맥락에서, 형이상학의 숱한 범주를 무시한 채 기독교 신학의 오랜 역사를 제대로 알거나 의미 있는 기여를 하기란 불가능하다. 예를 들어, 한두 신학자만 하나님을 '순수 행위'(Pure Act)라고 언급한 것이 아니다. 여러 대륙과 시대와 언어에서, 많은 신학자가 이 용어를 사용했다.

3. 둘 또는 그 이상의 성경적 진리가 동시에 입증될 수 있음을 보여주려면 세밀하게 조율된 철학적 구분이 필요하다. 하나님은 한 분이시다. 아버지와 아들과 성령은 각각 하나님이시다. 이러한 성경적 진리를 어떻게 설명해야 하는가? 여기서 '본질'(essence)과 '위격'(person)이라는 용어가 도움이 된다. 성육신한 아들은 아버지와 **호모우시온**(ho-

moousion, 동일 본질)으로 아버지가 창조하신 열등한 하나님이 아니라고 말할 수 있다. 본질이라는 개념은 니케아 정통 신앙의 핵심으로, 성경적 진리를 훼손하기 위해서가 아니라 수호하기 위해 사용되었다.

4. 우리의 생각보다 훨씬 더 자주 신약성경은 형이상학에서 비롯된 개념을 이미 사용하고 있으며 이 개념이 이후 한층 더 발전할 가능성을 보여 주고 있다. 빌립보서 2장 6절은 그리스도께서 하나님의 형상(*morphe*; 개역개정은 '본체'라고 옮겼고 난외주에 '형체'라고 덧붙였다.-역주)이시라 말하고, 히브리서 1장 3절은 아들이 하나님의 본체(*hypostasis*)의 형상이시라고 말한다. 신약성경은 다른 곳에서 "신성"(롬 1:20), 신성의 충만(골 2:9), "본질상 하나님이 아닌 자들"(갈 4:8)이라고 말한다. 디모데전서 1장 17절은 영광의 왕을 "썩지 아니하고 보이지 아니하고 홀로 하나이신 하나님"으로 찬양한다. 신약성경이 그리스 철학에 친숙한 개념을 전혀 사용하지 않은 것은 아니다.

5. 심지어 이렇게 말할 수도 있다. 이방 철학의 개념은 신약성경에서 기존의 의미를 뒤엎는 방식으로 완성되었다. 사도 바울이 사도행전 17장에서 그리스 시인을 인용하거나 "알지 못하는 신"에게 헌정된 신상을 말할 때 그는 단순히 그리스 문화와 연결 짓는 것이 아니었다. 그는 이들이 어둠 속에서 더듬어 찾는 몇몇 개념과 이상을 어떻게 그리스도와 그분의 말씀의 빛에서 알 수 있는지 설명했다. 종교개혁자는 이방 철학이 참된 계시는 아니지만 때가 차면 계시될 진리를 알기 위한 통찰과 준비일 수 있다고 보았다.

WEEK 7

DAY 31

하나님의 단순성

어떤 신학자는 하나님의 비공유적 속성을 아홉 개나 열 개까지 나열한다. 나의 목록은 다섯이다. 단순성(simplicity), 자존성(aseity), 무한성(infinity), 불변성(immutability), 무감동성(impassibility).

벨직 신앙고백은 이렇게 선언하며 시작한다. "단일하고 단순한 영적 존재, 우리가 하나님이라 부르는 분이 있다"(1조). 세 단어에 주목하라. 하나님은 '단일한'(single) 존재로, 하나님은 오직 한 분이시라는 뜻이다. 하나님은 '영적' 존재로, 하나님은 물질이 아니시라는 뜻이다. 그리고 하나님은 '단순한' 존재이시다.

하나님의 단순성은 중요한 진리다. 여기서 '단순하다'는 말은 하나님이 우둔하거나 느리다는 뜻이 아니다. 하나님은 이해하기 쉬운 분이라는 뜻도 아니다. 단순성은 하나님의 속성으로서, 복합성의 반대다. 단순성은 하나님이 부분들로 구성되지 않았다는 뜻이다. 벽돌 탑과 달리, 하나님은 여러 요소로 구성된 분이 아니시다. 하나님은 요리처럼 여러 재료가 혼합된 분이 아니시다.

단순성은 우리가 하나님을 선하심과 자비와 공의와 능력과 무한성과 불변성을 한 데 섞어 만든 하나의 신적 존재로 생각해서는 안 된다는 뜻이다. 그러면 하나님은 속성들의 총합이 되고 각각의 속성은 하나님의 한 부분이 된다. 그러면 어떤 속성은 다른 속성보다 더 중요하고 더 본질적이게 된다.

예를 들어, 하나님의 사랑은 하나님의 참 본성이며 하나님의 전능은(또는 거룩이나 주권이나 그 무엇이든) 하나님의 한 속성일 뿐이라고 주장해서는 안 된다. 사람들은 흔히 이렇게 말한다. "하나님께 공의나 진노가 있을 테지만, 그분은 사랑이시다." 이 말은 다른 속성보다 사랑이 하나님의 본성에 더 중요하고 그분의 진정한 정체에 더 알맞다고 암시한다. 그러나 이는 하나님을 단순한 존재가 아닌 복합적 존재로 생각하는 것이다.

성경이 하나님의 사랑을 핵심 주제로 삼을 때, 하나님의 사랑을 강조하는 일은 더없이 적절하다. 그러나 "하나님은 사랑이시라"(요일 4:8)는 선언이 "하나님은 빛이시라"(요일 1:5), "하나님은 영이시니"(요 4:24), "하나님은 소멸하는 불이심이라"(히 12:29)와 같은 하나님에 관한 그 어떤 성경의 선언('이다', '이시라'라는 단어가 있든 없든 간에)보다 형이상학적으로 더 중요한 것은 아니다. 하나님은 단지 이런저런 속성을 소유하시는 게 아니다. 배에 어패류가 붙듯이 속성이 하나님께 붙는 게 아니다. 하나님은 하나님의 속성들로 구성된 직소 퍼즐이 아니시다. 하나님은 수많은 속성이 붙은 강력 접착테이프가 아니시다.

하나님의 단순성은 하나님을 바르게 생각하는 데 도움이 된다. '신'이라 불리는 한 부류를 먼저 떠올리고 뒤이어 특정한 신에게 특정한 속성을 부여하는 식으로 하나님을 생각해서는 안 된다. 하나님은 홀로 한 부류이시다. 기린은 포유류의 한 유형(type)이다. 그러나 하나님은 이런 방식으로 신적 존재의 한 '유형'이 아니시다. 하나님 되심(to be God)에는 오직 한 가지 방식만이 있다. 이 한 분 하나님에 관한 모든 것이 하나님이심(being God)에 절대적으로 본질적이다. 하나님이 가지신 속성들이 곧 그분 자신이시다. 모든 속성은 그분의 본질과 일치한다. 하나님은 속성들의 복합체가 아니시며, 어떤 속성은 더 크고 어떤 속성은 더 작은 게 아니다. 하나님은 부분이나 조각이 없는 단순한 존재(simple being)이시다. 하나님의 속성들이 그분께 부착되는 게 아니다. 하나님의 속성들이 곧 하나님이다.

DAY 32

하나님의 자존성

성경에서 가장 먼저 마주치는 하나님의 속성은 그분의 자존(self-existence)이다. 우리는 창조자 하나님과 더불어 자존하는 하나님을 곧바로 만난다. 자존성(aseity)이란 단어는 라틴어에서 왔다. 아(a)는 '~로부터'(from)라는 뜻이고 세(se)는 '자신'(self)이라는 뜻이다. 하나님의 자존성은 하나님이 스스로 존재하신다는 뜻이다. 하나님은 만물보다 먼저 계시며 만물이 그분을 의지한다. 하나님은 그 무엇이나 그 누구도 의지하지 않고 완전히 독립적으로 존재하신다.

성경의 첫 구절을 생각해 보라. "태초에 하나님이 천지를 창조하시니라"(창 1:1). 이 한 문장은 성경책 한 장의 서론이나 창세기의 서론이나 오경의 서론이나 심지어 성경 전체의 서론에 불과한 것이 아니다. 이 한 문장은 우주 역사 전체의 서론이다. 우리가 세상을 보고 이해하며 그 속에서 살아가는 방식 전체의 기초가 되는 첫 벽돌을(사실 여러 벽돌을) 놓는다. 이 한 문장은 만물의 기원과 목적을 우리에게 들려준다.

태초에 하나님이 계셨다.

실제로, 태초가 있기 '전에' 하나님이 계셨다. 창세기는 하나님을 제외한 모든 것의 시작을 말한다. 하나님은 언제나 계셨고, 언제나 계시며, 언제나 계실 것이다. 하나님은 하나님이시다. 그 무엇도 그 누구도 하나님과 견줄 수 없다. 하나님은 외로워하거나 지루해하거나 겁먹지 않으신다. 하나님은 그 누구에게서 그 무엇도 필요로 하지 않으신다. 하나님은 위대한 자존자이시다. 성경은 결코 시작이 없는 하나님에서 시작한다.

성경의 첫 문장은 말하는 내용뿐 아니라 말하지 않는 내용 때문에 매우 중요하다. 창세기의 시작을 보면, 1절 앞에 어떠한 서문이나 배경 설명도 없다. 이야기가 시작되기 전 사전 정보나 서론 없이, 성경은 곧바로 행동으로 들어간다. 고대 중동 신화에 등장하는 신들의 싸움과 같은 내용이 전혀 없다. 하나님이 그 무엇이나 그 누가 필요하다는 내용이 전혀 없다. 선재하는 물질이 있어서 하나님이 그것을 빚어 형상을 만드셨다는 내용이 전혀 없다. 하나님이 이야기보다 앞선다. 선포된 이야기, 우리가 성경에서 읽는 이야기, 당신과 내가 그 속에서 살아가는 이야기는 하나님이 저자이고 대상이며 중심이시기 때문이다. 하나님은 이야기 '속으로 들어가지' 않으신다. 하나님 자신이 그 이야기의 저자이시기 때문이다.

하나님의 독립성과 자존성은 성경 전체에서 당연하게 여겨지며 여러 단락에서 강조된다. 예수님은 아버지 속에 생명이 있고 아버지께서 아들 속에도 생명이 있게 하셨다고 말씀하신다(요 5:26). 마찬가지로, 모세는 이렇게 기도한다. "주여 주는 대대에 우리의 거처가 되셨나이다 산이 생기기 전, 땅과 세계도 주께서 조성하시기 전 곧 영원부터 영원까지 주는 하나님이시니이다"(시 90:1-2). 자존성은 하나님이 그분의 창조 세계와 뚜렷이 구분된다는 뜻이다. 우리가 하나님 안에서 살고 움직이며 존재하지(행 17:28) 하나님이 우리 안에서 살고 움직이며 존재하시는 게 아니다.

세상은 우리를 향해 '나 자신을 표현하라' 그리고 '나 자신을 찾으라'고 끊임없이 말한다. 때로는 '나 자신을 창조하라'고까지 말하기도 한다. 그런 세상을 살며 우리는 오직 하나님 안에 생명이 있고, 오직 하나님만이 스스로 존재하며, 오직 하나님만이 그분의 존재를 그 누구나 그 무엇에게도 의존하지 않으신다는 것을 반드시 기억해야 한다.

DAY 33

하나님의 무한성

하나님의 무한성(infinity)을 세 방식으로 이해할 수 있다.

첫째, 하나님은 자신과 관련해 무한하다. 이것을 하나님의 '절대적 완전성'이라 부를 수 있다. 하나님이 가지신 모든 것은 곧 하나님 자신이며, 그 모두는 무한하다(하나님의 속성들 자체가 하나님이며, 그분의 모든 속성은 무한하다). 하나님은 사랑과 은혜와 주권을 많이 소유하거나 대부분 소유하거나 부분적으로 소유하지 않고 무한히 소유하신다. 하나님의 위대하심은 헤아리실 수 없다(시 145:3). 하나님의 능력과 완전함은 한계가 없다. 하나님은 원하면 무엇이든 하시며, 아무도 그분의 계획이나 목적을 방해할 수 없다. "우리 조상들의 하나님 여호와여 주는 하늘에서 하나님이 아니시니이까 이방 사람들의 모든 나라를 다스리지 아니하시나이까 주의 손에 권세와 능력이 있사오니 능히 주와 맞설 사람이 없나이다"(대하 20:6). 열방은 통의 한 방울 물과 같다(사 40:15). "오직 우리 하나님은 하늘에 계셔서 원하시는 모든 것을 행하셨나이다"(시 115:3).

둘째, 하나님은 시간과 관련해 무한하다. 이것을 하나님의 '영원성'이라 부를 수 있다. 하나님은 시작도 없고 끝도 없으시다(시 90:2; 딤전 1:17). 모든 피조물과 달리, 하나님은 기원도 없고 출발점도 없으시다. 따라서 '시간'이 사건 전후 순서를 의미한다면, 하나님은 시간 속에 살지 않으신다. 하나님이 존재하시지 않았던 때는 결코 없었다. 하나님은 언제나 하나님이었고 언제나 존재했으며, 물질이나 우주나 우리가 아는 시간이 있기 전에도 그러셨다.

하나님이 그분의 피조물을 그들의 시간과 날과 해 가운데서 대하실 때, 우리는 시간이란 단어에 주의해야 한다. 아우구스티누스를 따라, 개혁주의 신학자는 일반적으로 시간을 사물이 아니라 사물의 속성으로 이해했다. 시간과 영원은 '지속성'을 기술하는 서로 다른 두 방법이다. 하나님과 그분의 피조물 양쪽 다 지속성이 있다. 그러나 하나님의 지속성은 영원하며 비순차적이다(nonsuccessive). 하나님은 전개도 없고 우리가 아는 전후도 없다. 반대로, 피조물은 시간과 함께하는 지속성을 가지는데, 다르게 말하면 피조물은 순차성(succession)을 경험한다고 할 수 있다. 그러므로 영원성은 단순히 하나님의 속성이라기보다 우리가 '시간'이라 부르는 것, 사실은 '지속성'이라 불러야 하는 것을 하나님이 어떻게 경험하시는지 설명하는 방식이다. 이와 같은 설명을 통해, 옛 신학자는 하나님을 어떤 '변화하는 존재'(becoming)가 아닌 '있는 존재'(being)로 고백하여 모든 변화와 순차성으로부터 하나님을 보호하려 했다.

셋째, 하나님은 공간과 관련해 무한하다. 이를 하나님의 '무량성'(immensity)이라 부를 수 있다. 하나님은 물리적 위치나 지리적 위치에 제한되지 않으신다. 하늘과 땅의 만물을 창조하신 하나님은 사람의 손으로 지은 신전들에 거하지 않으신다(행 17:24). "여호와의 말씀이니라 나는 가까운 데에 있는 하나님이요 먼 데에 있는 하나님은 아니냐 여호와의 말씀이니라 사람이 내게 보이지 아니하려고 누가 자신을 은밀한 곳에 숨길 수 있겠느냐 여호와가 말하노라 나는 천지에 충만하지 아니하냐"(렘 23:23-24). 하늘과 가장 높은 하늘이라도 하나님을 담지 못한다(왕상 8:27).

'무소부재'(omnipresence)란 하나님이 모든 공간을 그분의 존재로 채우신다는 뜻이다(엡 1:23). 반면에, 무량성이란 속성은 하나님의 존재가 어떤 제한도 받지 않는다는 것을 강조한다. 무소부재는 하나님의 내재성(immanence)을 강조하고, 무량성은 하나님의 초월성(transcendence)을 강조한다. 하나님이 존재하시지 않는 곳이 없으며, 불완전함이든 시간이든 공간이든 그 무엇으로도 하나님을 제한할 방법은 없다. 하나님은 끝이 없고 다함이 없으며 제한되지 않으신다. 비록 우리는 유한한 존재지만, 무한하신 하나님을 알고 예배하는 특권을 누린다.

DAY 34

하나님의 불변성

하나님의 속성으로서, 불변성(immutability)은 하나님이 변하지 않으신다는 뜻이다. 불변성 자체는 좋을 수도 있고 나쁠 수도 있다. 당신이 무자비하게 악하거나 끔찍한 고통을 겪고 있거나 붐비는 은행에서 차례를 기다리는 중이라면, 불변성은 좋은 게 아니다. 그러나 하나님의 속성으로서 불변성은 신성의 완전성이다. 단지 하나의 완전성이 아니라 하나님의 모든 속성에 어울리는 영광이다. 하나님이 가지신 모든 것이 곧 하나님인데, 그분의 모든 어떠함과 그분이 가지신 모든 것은 절대 변할 수 없다.

불변성은 하나님이 하나님이시라는 말이 의미하는 것이다. 하나님은 늘거나 자랄 수 없을뿐더러 작아지거나 약해질 수도 없다. 왜냐하면 하나님 안에 어떤 변화가 가능하다는 것은 더 나아질 여지가 있음을 전제하기 때문이다. 튜레틴의 말처럼, "하나님은 더 좋게 변하실 수 없을뿐더러(그분은 최선이기 때문이다) 더 나쁘게 변하실 수도 없다(그러면 더는 가장 완전하지 않으실 터이기 때문이다)."[1]

하나님은 단지 한 존재가 아니시다. 하나님은 '존재 그 자체'이시다. 하나님이 모세에게 말씀하셨다. "나는 스스로 있는 자이니라"(출 3:14). 존재론적으로 하나님은 과거나 미래가 아니라 오로지 현재이시다. 하나님의 이름 자체(야훼, '존재하다'라는 뜻의 동사에서 왔다)가 하나님이 변하실 수 없다고 말한다. 존재(being)와 생성(becoming)의 차이는 창조자와 피조물의 차이다.

하나님은 결코 진리 이외의 다른 무엇이 될 수 없는 존재이시며, 또한 현재의 그분 이외의 다른 무엇일 수도 없는 존재이시다(민 23:19). 하나님은 자신이 말한 것을 언제나 행하며 자신이 선포한 것을 성취하신다. 하늘과 땅이 사라질지라도 하나님은 변하지 않으신다(시 102:25-28). 하나님 같은 분은 없다. 오직 하나님만이 처음과 끝을 선언하고 작정하신다. 오직 하나님의 계획만이 흔들리지 않으며(사 46:8-11), 오직 하나님의 목적만이 절대적으로 보증된다(히 6:17).

말라기 3장 6절이 핵심 구절이다. "나 여호와는 변하지 아니하나니 그러므로 야곱의 자손들아 너희가 소멸되지 아니하느니라." 이것은 단지 하나님이 윤리적으로 변함이 없다는 말이 아니다. 하나님이 도덕적으로 변함이 없다는 말은 하나님의 성품이 변함이 없음을 전제한다. 하나님의 성품이 변하지 않는 것은 하나님의 본질 자체가 변하지 않는다는 뜻이다. 바꾸어 말하면, 유다 자손이 하나님의 자비를 신뢰할 수 있던 것은 하나님이 지금의 그분 외에 다른 무엇이 되실 수 없기 때문이다.

하나님이 자주 반석이라 불리는 데는 이유가 있다(삼하 22:2-3; 시 31:3; 62:2, 6). 하나님은 흐르는 모래와 같지 않으시다. 하나님은 견고

하며 움직이지 않으신다. 우리가 하나님의 선하고 완전한 선물을 의지할 수 있는 이유는 하나님이 하나님 그 이상이나 이하가 되실 수 없기 때문이다. 하나님은 변하실 수 없을 뿐 아니라 변화의 그림자나 암시도 있을 수 없다(약 1:17). 하나님은 그 어떤 변형이나 변경이나 모호함을 허용하지 않으신다.

요약하면, 하나님은 그분의 본질과 지식과 의지와 목적에서 불변하시다고 말할 수 있다. 하나님의 본성은 더 나은 쪽으로든 더 나쁜 쪽으로든 바뀔 수 없다. 하나님의 지식은 절대로 늘거나 줄 수 없다. 무엇이든 하나님이 목적하시면 이루어진다. 하나님은 오로지 존재이며 생성이 아니시다. 하나님께는 잠재적 가능성이란 없다. 하나님께 아무것도 더할 수 없고 그분에게서 아무것도 뺄 수 없다. 하나님은 아무것도 배우지 않으며 아무것도 필요하지 않으시다. 하나님은 성장하지 않으신다. 하나님은 나아지지 않으신다. 하나님은 변하지 않으신다.

1 Turretin, *Elenctic Theology*, 3.9.4; 투레티누스, 『변증신학 강요』.

DAY 35

하나님의 무감동성

하나님의 무감동성(impassibility)은 하나님이 고난을 받지 않으신다는 뜻이다. 하나님은 외부의 영향을 받아 행동하실 수 없을 뿐 아니라, 그분의 내적 상태는 좋은 쪽으로든 나쁜 쪽으로든 바뀔 수 없다.

웨스트민스터 신앙고백이 말하듯이, 하나님은 "육체나 지체나 성정 (passions)이 없다"(2.1).

모든 고전적 속성 중에, 무감동성은 현대 그리스도인이 가장 많이 거부할 법한 속성이다. 이와 관련해 여러 질문이 자주 제기된다. 성경의 하나님은 감정(emotion)과 **파토스**(pathos, 연민)가 넘치시지 않는가? 무감동성은 그리스 철학의 잔재이자 부동의 동자(unmoved mover) 개념일 뿐이지 않는가? 이 고통으로 가득한 세계에서, 인간의 고통과 무관한 하나님을 누가 원하겠는가? 게다가, 십자가형은 하나님이 본성적으로 고난받는 하나님이심을 드러내지 않는가?

이러한 여러 반대에도, 왜 그리스도인은 하나님의 무감동성을 여전히 단언해야 하는가? 네 가지 이유가 있다.

첫째, 이것이 처음부터 교회의 입장이었다. 초기 교회는 하나님이 변할 수 없고 영원하며 내부나 외부의 영향을 받아 행동하실 수 없음이 자명하다고 여겼다. 이는 하나님이 정적이고 생명이 없다는 뜻이 아니다. 교부들은 무감동한 하나님이 완전히 활동적이기도 하다고 단호하게 말했다. 하나님은 흔들릴 수 없지만 가만히 계시는 게 아니다. 하나님은 우리와 같은 감정이 없지만 움직이시지 않는 게 아니다. 안셀무스부터 아퀴나스를 거쳐 칼뱅까지, 하나님이 고난을 받으신다고 믿은 신학자는 거의 없었다. 그와 동시에, 이들은 절대로 하나님이 멀리 계시거나 무관심하다고 생각하지 않았다.

둘째, 하나님의 감동성(passibility)**은 온갖 문제를 일으킨다.** 하나님이 우리처럼 고난을 받는다면 늘 비참할 뿐 아니라 끊임없이 변하셔야 한다. 그러면 하나님이 존재론적으로 그분의 피조물과 동일한 수준이 된다. 그럴 때 하나님은 이제 존재가 아니라 생성이다. 이는 과정 신학(process theology) 같은 오류로 이어지는데, 과정 신학에서 하나님은 우리와 함께 과정 중에 있으며 그분은 자신의 고난에서 벗어날 수 있도록 인간의 고통 문제를 해결하기 원하신다.

셋째, 하나님의 정서(affections)는 우리의 감정과 동일하지 않다. 성경이 신인동형론(anthropomorphisms, 하나님이 인간의 몸을 가지신 것처럼 묘사)으로 넘쳐나듯이 신인동감론(anthropopathisms, 하나님이 인간의 감정을 가진 것처럼 묘사)으로 넘쳐난다. 성경의 언어를 사용하길 두려워해서는 안 되지만, 하나님이 우리가 느끼는 방식으로 '느끼신다'고 생각해서도 안 된다. 우리는 감정에 휘둘리지만, 하나님은 외부의 힘에 의해 어떤 감정을 느끼시는 분이 아니다. 그뿐 아니라, 하나님은 그분의 내적 상태에 있어서도 변하지 않으신다. 하나님은 행동으로 충만해 변하실 수 없다. 무감동성은 하나님의 활력을 부정하지 않고 오히려 보호한다.

넷째, 무감동성은 성육신의 충만한 영광과 신비와 겸양을 유지한다. 하나님이 하나님으로서 고난받으실 수 있다면, 하나님의 아들이 하나님의 은혜로 모두를 위해 죽음을 맛보도록 잠시 천사보다 낮아지실 필요가 없었다(히 2:9). 찰스 웨슬리(Charles Wesley)가 지은 찬송가 "어찌하여"(And Can It Be)의 한 구절을 생각해 보라. "모든 것이 신비로다. 불멸한 분이 죽으시다니."

유한한 존재가 죽는 것은 전혀 놀랍지 않으며, 감동성을 가진 자(고난받을 수 있는 자)가 고난받는 것도 전혀 놀라운 일이 아니다. 참으로 경이로운 일은, 성육신 사건 속에서 하나님이 가장 하나님답지 않은 일, 곧 고난과 죽음을 스스로 감당하셨다는 데 있다..

성육신은 하나님이 영원히 고통받으신다는 계시가 아니다. 오히려 그것은 하나님의 사랑이 가장 깊이 표현된 사건으로, 하나님이 우리 가운데 하나로서 고통받기를 자발적으로 선택하신 것이다. 좋은 소식은 하나님이 우리의 아픔을 느끼신다는 게 아니라, 십자가에서 '하나님이자 사람이신 분'(God-man)이 인간의 아픔을 느끼셨고, 자신의 고난과 죽음으로 죄와 죽음과 마귀를 이기셨다는 사실이다.

WEEK 8

DAY 36

신 고난설과 성부 수난설

　지난 세기, 하나님의 무감동성 교리는 갈수록 세밀하게 검토되었다. 하나님이 고난을 받으실 수 있다는 주장이, 나아가 진정으로 사랑하려면 '반드시' 고난을 받으셔야 한다는 주장이 새로운 정통이 되었다. 그러나 기독교 역사 대부분에서 신학자들은 하나님이 고난을 받지 않고 받으실 수 없다고 이해했다. 사실, 하나님의 감동성은 고대의 두 이단, 곧 신 고난설(theopaschitism)과 성부 수난설(patripassianism)의 핵심이다.

　실제로, 어떤 신학자는 이 두 이단의 교리적 함의를 모두 인정하지는 않으면서 하나님이 고난을 받으신다고 가르친다. 존 스토트(John Stott)는 그러지 않았다면 탁월했을 저서 『그리스도의 십자가』(The Cross of Christ)에서 이런 입장을 취하면서 하나님이 그리스도 안에서 고난을 받으셨고 지금도 그분의 백성과 함께 고난을 받으신다고 믿었다.[1] 존 스토트의 미묘한 입장에도 불구하고, 교회사에서는 무감동성이 다수 견해였으며 하나님이 십자가에서 하나님으로서 고난을 받으셨다는 주장은 배제되어 왔음을 인식하는 게 중요하다. 신 고난설과 성부 수난설 둘 다 6세기에 교회로부터 거부되었는데, 동방에서는 콘스탄티노플 총대주교가 거부했고 서방에서는 호르미스다 교황(Pope Hormisdas)이 거부했다.

신 고난설은 두 헬라어 단어, '하나님'을 뜻하는 **데오스**(theos)와 '고난받다'를 뜻하는 **파스코**(pascho)에서 왔다. 따라서 신 고난설은 하나님이 십자가에서 하나님으로서 고난을 받으셨다는 믿음이다. 따라서 예수님이 죽으셨을 때 하나님이 고난을 받으셨다는 것이다. 신 고난설은 기독론 이단으로 안티오키아의 직조공 페트로스(Peter the Fuller of Antioch) 같은 단성론자(monophysites)가 옹호했는데, 그는 그리스도께서 오직 하나의 본성(mono + physis)을 가지셨다고 믿었다. 그러므로 그리스도의 신성과 인성이 엄격하게 구분되지 않기에 그리스도께서 십자가에서 죽으셨을 때 그분의 신성도 고난을 받았다는 것이다.

반면에, 성부 수난설은 삼위일체에 관한 이단이었다. 성부 수난설은 이렇게 주장했다. 아버지(patri)께서 십자가에서 아들과 함께 고난을 받으셨다(passian). 아들이 십자가에서 아버지께 버림받아 고난을 받았을 뿐 아니라 아버지도 죽어가는 아들 안에서 고난을 받으셨다. 성부 수난설은 본질적으로 양태론적(modalistic)이었는데, 아버지와 아들이 한 인격체이며 서로 다른 존재 형태로 나타난다고 믿었다. 그러므로 삼위일체의 위격들은 별개의 인격체가 아니기 때문에 무엇이든 아들이 경험한 것을 아버지도 경험하셨다는 것이다. 하나님은 하나이며 이 한 하나님이 아버지이기 때문에 아버지가 고난을 받지 않은 채 아들만 고난받을 수는 없다는 것이다.

6세기에 공식적으로 거부되기 오래 전에도 신 고난설과 성부 수난설은 완전히 이단은 아니더라도 위험하다고 여겨졌다. 이러한 이론에 내포된 바를 모두 받아들이지는 않더라도, 하나님의 고난을 주장한다면 삼위일체론과 기독론의 문제에 맞닥뜨릴 수밖에 없다. 성육신이 필요했던 이유와 성육신이 말할 수 없이 영광스러운 이유는 오직 사람의 육신을 취함으로써 하나님의 아들이 고난을 받게 되셨기 때문이다. 로마 공의회(382)가 이를 잘 표현했다. "누구든지 십자가의 고난에서 하나님이 아픔을 느꼈다고 말하면서 하나님의 아들 그리스도께서 취하신 몸과 영, 성경이 말하듯, 그분이 친히 취하신 종의 형태(참조. 빌 2:7)를 말하지 않는다면 올바르게 생각하지 않는 것이다."

1 Stott, *The Cross of Christ*, 155, 326; 존 스토트, 『그리스도의 십자가』, 정옥배 역, IVP, 2007.

DAY 37

지성적 속성

하나님의 공유적 속성은 목록이 매우 길 수 있는데, 대다수가 많게는 열 개, 열다섯 개, 스무 개에 이르기도 한다. 나는 공유적 속성 열한 개를 세 항목으로 분류하려 한다. 지성적 속성, 의지적 속성, 능력의 속성이다(즉, 하나님의 생각, 하나님의 선택, 하나님의 행위다). 먼저 지성적 속성으로는 지식, 지혜, 진실하심, 세 가지를 말할 수 있다.

1. 인간도 무언가를 안다는 점에서, '지식'은 공유적 속성이다. 그러나 하나님의 지식은 본질과 범위에서 우리의 지식과 다르다.

본질에서, 하나님의 지식은 원형적이고 우리의 지식은 모형적이다. 인간의 지식과 달리, 하나님의 지식은 내재적이며 즉각적이다. 다시 말해, 하나님은 관찰이나 학습이나 추론을 통해 지식을 습득하지 않으신다. 하나님의 지식은 늘어날 수 없다. 하나님은 자신이 아는 모든 것을 순차적 통찰이나 경험으로 아는 게 아니라 동시에 아신다.

범위에서도, 하나님의 지식은 우리의 지식과 다르다. 우리는 부분적으로 알고 하나님은 모든 것을 아신다. 하나님은 만물의 과거와 현재와 미래를 아시는데 이를 전지(omniscience)라 한다. 하나님은 마음을 아신다(시 119:1-4). 하나님은 사람의 길을 아신다(신 2:7; 시 1:6; 119:168). 그 무엇도 하나님의 눈을 피할 수 없다(사 29:15). 하나님은 우리의 거처를 알고(시 33:13), 우리의 머리카락이 몇 가닥인지 알며(마 10:30), 우리가 사는 나날을 아신다(시 37:18). 하나님은 모든 우발적 사건을 알고 (삼상 23:10-11; 왕하 13:19; 시 81:14-15; 사 42:9; 48:18; 렘 2:2-3; 마 11:21), 미래의 모든 사건을 아신다(행 2:23; 롬 9:16; 엡 1:11; 빌. 2:13). "지으신 것이 하나도 그 앞에 나타나지 않음이 없고 우리의 결산을 받으실 이의 눈 앞에 만물이 벌거벗은 것 같이 드러나느니라"(히 4:13). "우리 주는 위대하시며 능력이 많으시며 그의 지혜가 무궁하시도다"(시 147:5).

2. 하나님의 지혜란, "하나님이 자신의 지식을 자신의 목적에 적용할 때 그 결과를 하나님께 가장 큰 영광을 돌리는 방식으로 나타내는 하나님의 완전성"이다.[1] 성경은 하나님의 지혜를 자주 찬양한다(시 104:1-34; 잠 8장). 이 속성을 의심하고 싶은 유혹을 받을 때 다음을 생각해 보라. 인간의 부모조차도 자녀보다 더 많이 알며, 자녀에게 이

해되지 않을지라도 부모의 방식은 신뢰할 만하다. 그렇다면 비록 하나님의 방식이 이해되지 않을지라도, 우리는 그분의 무한하고 다양한 지혜를 더더욱 신뢰할 수 있지 않겠는가(엡 3:10). "깊도다 하나님의 지혜와 지식의 풍성함이여, 그의 판단은 헤아리지 못할 것이며 그의 길은 찾지 못할 것이로다"(롬 11:33).

3. 하나님은 모든 면에서 '진실'하시다. 하나님은 모든 거짓 신과 구분되시는데(시 115:4-8; 사 44:9-20), 이런 점에서 하나님의 진실하심은 형이상학적이다. 하나님은 거짓말을 하실 수 없는데(민 23:19; 롬 3:4; 히 6:18), 이런 점에서 하나님의 진실하심은 윤리적이다. 하나님은 늘 언약을 지키고 인애를 베푸시는데(신 7:9; 고전 1:9), 이런 점에서 하나님의 진실하심은 약속과 같다. 하나님은 만물과 모든 피조물을 실제 그대로 아신다. 하나님은 오로지, 언제나 진리만을 말하고 행하신다.

1 Berkhof, *Systematic Theology*, 69; 루이스 벌코프, 『벌코프 조직신학』, 권수경, 이상원 역, CH북스, 2017.

DAY 38

의지적 속성

'의지'의 범주에는 몇몇 도덕적 속성이 포함된다(이 속성은 계시된 하나님의 뜻을 나타내기에 이렇게 분류된다). 그중 일곱 가지 속성을 살펴보자.

1. 하나님은 **거룩하시다**. 이 속성은 성경에서 세 번 반복하여 언급되는 유일한 속성으로 유명하다. "거룩하다 거룩하다 거룩하다 만군의 여호와여 그의 영광이 온 땅에 충만하도다"(사 6:3). 거룩은 하나님의 완전한 윤리적 성품을 가리킨다(1:16). 거룩은 또한 하나님의 본성의 타자성을 가리킨다. 이스라엘에 구별된 제사장, 의복, 날짜, 기구, 건물, 장소, 기물이 있었듯이, 하나님은 구별된 존재시다. 우리의 거룩한 하나님은 완전히 타자(other)이시며, 전에도 계셨고 이제도 계시며 장차 오실 분이다(계 4:8).

2. 하나님은 **선하시다**. 존재론적 차원에서, 하나님 외에 진정으로 선한 자가 없다(막 10:18). 하나님의 선하심은 모짐, 잔인함, 가혹함, 혹독함, 난폭함의 반대다. 하나님은 오로지, 언제나 선을 행하신다(행 14:17). "여호와는 선하시니 그의 인자하심이 영원하고 그의 성실하심이 대대에 이르리로다"(시 100:5).

3. 하나님은 **사랑이시다**. 우리 문화는 이 속성을 빈번하게 오해하여 사랑을 무조건적인 긍정의 느낌으로 축소한다. 그렇더라도 성경은 하나님의 사랑을 기뻐하기를 사모한다(요일 4:7-12). 하나님의 사랑은 아들을 보내신 일과 그 아들의 희생에서 가장 잘 드러난다(요 3:16; 16:27; 롬 5:8; 요일 4:10). 우리는 하나님의 사랑을 하나로 생각하지만, 초기 신학자는 하나님의 사랑을 셋으로 구분했다. 자애의 사랑(사람을 향한 하나님의 선한 뜻), 자선의 사랑(그분의 피조물을 향한 하나님의 친절한 행동), 만족의 사랑(자신과 아들 및 아들과 연합한 모든 자를 향한 하나님의 만족스러운 기쁨).

4. **하나님은 은혜로우시다.** 하나님은 죄인에게 과분한 호의를 베푸신다(엡 1:6-7; 2:7-9; 딛 2:11; 3:4-7).

5. **하나님은 자비로우시다.** 하나님은 약한 자, 지친 자, 슬픈 자, 비참한 자에게 긍휼을 베푸신다(시 51:1; 145:9; 합 3:2; 엡 2:4; 벧전 2:10).

6. **하나님은 오래 참으신다.** 하나님은 엇나간 그분의 백성을 길이 참고 노하기를 더디하며 어떻게든 용서하기 원하신다(출 34:6; 롬 2:4; 벧후 3:9).

7. **하나님은 의로우시다.** '의'라는 속성은 하나님의 옳음 및 도덕적 탁월함과 관련해 하나님께 적용될 수 있다. 하나님은 늘 옳은 일을 행하신다. 그분의 피조물을 향해 표현될 때 하나님의 의는 각자가 마땅히 받아야 할 것을 주시는 일로 나타난다. 의라는 속성은 하나님의 공의와 밀접하게 연결된다. 보상적 공의는 하나님이 옳은 일에 상을 주신다는 뜻이고, 응보적 공의는 하나님이 악을 행하는 자에게 벌을 주신다는 뜻이다. 하나님은 언제나 공의로우시다. 의와 공의는 하나님의 보좌의 기초다(시 89:14). 십자가는 공의로우신 하나님이 경건하지 못한 자를 어떻게 의롭게 하실 수 있는지 보여 준다. 자비는 공의를 제거함으로써 승리하는 게 아니다. 하나님의 은혜와 자비는 하나님의 공의가 만족됨으로써 분명하게 드러난다. 그러기에 우리가 모든 불의에서 깨끗하게 될 수 있는 이유는 단지 하나님이 사랑이시기 때문이 아니라 하나님이 신실하고("미쁘시고") 공의로우시기 때문이다(요일 1:9).

DAY 39

능력의 속성

많은 그리스도인이 하나님의 성품을 짧게 기술하는 세 가지 **옴니**(omni)에 친숙하다. 하나님은 전지하시다(omniscient, 하나님은 모르시는 게 없다). 하나님은 무소부재하시다(omnipresent, 하나님은 계시지 않는 곳이 없다). 하나님은 전능하시다(omnipotent, 하나님은 못 하시는 일이 없다). 비할 데 없는 하나님의 능력은 이 중에서 마지막 속성인 전능과 관련이 있다.

전능은 공유적 속성으로 분류되었다(우리도 능력을 행사할 수 있기 때문이다). 그렇더라도 이 속성은 다른 의미에서 비공유적이다.

우리의 능력 행사는 하나님의 능력 행사와 다르다. 하나님이 능력을 행하실 때는 의지와 행위 사이에 아무런 단계가 필요 없다. 하지만 우리는 단지 그러길 원하는 것만으로 책이 존재하게 하거나 그림이 생겨나게 할 수 없다. 책을 내고 그림을 그리는 일은 의지에서 시작되지만, 실제로 책과 그림이 나오는 데는 상당한 시간이 걸린다. 그러나 하나님은 무엇이든 자신이 기뻐하는 일을 하겠다는 의지만으로 그 일을 하실 수 있다.

분명 하나님은 흔히 수단을 사용해 그분의 목적을 이루시지만 굳이 수단을 사용하실 필요가 없다. 하나님이 수단을 사용하실 때라도(예를 들면, 하늘에서 내리는 만나 대신 파종과 비와 해와 수확으로 그분의 백성을 먹이실 때라도), 하나님이 목적하시는 일이 일어나지 않을 가능성은 전혀 없다. 이것이 능력에 관해 우리가 생각할 수 있는 최고의 개념이다.

하나님의 경우, 어떤 결과에 대해 단순히 의지를 갖는 것만으로도 결과가 보장된다. 하나님의 능력은 제한을 받지 않는다. 하나님은 그분의 목적을 이루려고 쩔쩔매지 않으신다. 하나님께 너무 어려운 일이란 없다(렘 32:6). 하나님께는 모든 것이 가능하다(마 19:26). 하나님은 하늘에 계시며 원하는 모든 것을 행하신다(시 115:3). 하나님과 비교할 때, 땅의 모든 거민은 아무것도 아닌 것과 다름없다. 그 누구도 하나님의 손을 막을 수 없다(단 4:35). 하나님의 능력은 절대로 흔들리지 않기에 하나님의 목적과 하나님의 약속은 절대로 좌절되지 않는다.

하나님의 주권은 하나님의 전지하심과 연결된다. 절대 능력을 가지신 하나님만이 만물을 절대적으로 다스리실 수 있다. 하나님은 모든 일을 자기 뜻대로 행하신다(엡 1:11). 하나님은 별들의 수를 정하고 모든 별에 이름을 붙이신다(시 147:4). 하늘의 하나님이 모든 민족과 모든 나라를 다스리신다. 능력과 권세가 하나님의 손에 있으며, 그 누구도 그분에게 맞서지 못한다(대하 20:6).

하나님은 일어나는 모든 일을 행하시는 분이 아니다(우리는 근접 원인, 인간의 의지, 인간의 책임을 믿는다). 그렇더라도 일어나는 모든 일은 하나님의 주권에서 비롯된다. 그 무엇도 하나님의 통치를 벗어나지 못하며, 그 누구도 하나님의 의지와 능력을 벗어나 행동하지 못한다.

하나님의 주권을 받아들이는 일이 많은 그리스도인에게 힘들 수 있다. 하나님의 작정을 살펴볼 때 이 주제를 다시 다룰 기회가 있을 것이다. 지금은 하나님의 속성 가운데 어느 하나도 나머지 모든 속성과 분리될 수 없음을 기억하는 정도면 족하다. 예를 들면, 하나님의 절대 능력은 하나님의 선하심, 사랑, 자비, 지식, 진리, 불변, 지혜와 무관하게 존재하지 않는다. 우리의 능력 행사와 달리, 하나님은 절대로 능력을 변덕스럽게 또는 무자비하게 휘두르지 않으신다. 하나님이 그분이 기뻐하는 모든 일을 행하신다는 사실에 담긴 좋은 소식은 하나님이 언제나 그분의 백성의 유익과 그분의 이름의 영광을 위해 일하신다는 사실이다.

DAY 40

초월성과 내재성

숱한 신학적 오류의 핵심 원인은 하나님의 초월성이나 내재성에 관심을 기울이지 못한 데 있다.

하나님은 무한히 우리 위에 계시고 우리 너머에 계신다. 이것이 초월성이다. 우리에게는 강하고 주권적이며 모든 것을 알고 전능하며 독립적이고 변하지 않으며 거룩하고 우리와 전혀 다른 하나님이 필요하다. 그와 동시에, 하나님은 그리스도 안에서 우리를 가까이 이끄신다. 단순히 진영 가운데 계신 하나님으로서가 아니라 사람의 육신을 입은 하나님으로서 그렇게 하신다. 이것이 내재성이다. 우리에게는 돌보고 공감하며 선하고 사랑하며 인내하고 공의로우며 친절한 하나님이 필요하다.

참된 교리, 참된 헌신, 참된 종교는 초월성과 내재성을 동시에 인정하라고 요구한다. 초월성을 경시하는 거짓 종교 체계는 창조자보다 피조물을 닮은 약하고 감정적이며 변덕스럽고 한곳에 한정된 신을 만들어 낸다. 내재성을 경시하는 거짓 종교 체계는 사랑하기보다 두려워해야 하는 비인격적이고 알 수 없는 신을 만들어 낸다.

이사야 40장에서 선지자는 바벨론 포로민을 위로한다. 선지자의 말은 무엇보다도 하나님의 초월성과 내재성에 관한 긴 묵상이다. 이사야 40장의 하나님은 절대적 무량성이고(12절) 절대적 지성이며(13절) 절대적 독립성이다(14절). 하나님은 열방을 다스릴 능력과(15-17절) 우상을 다스릴 능력과(18-20절) 땅에 사는 사람과(21-24절) 모든 창조 세계를 다스릴 능력이 있으시다(25-26절).

이사야가 가장 좋아하는 하나님의 이름은 "거룩한 자"(또는 "거룩한 이")다. 이사야서에서, 하나님은 서른다섯 번 "거룩한 자"(또는 "거룩한 이")나 "야곱의 거룩한 자"(또는 "야곱의 거룩한 이")나 "이스라엘의 거룩한 자"(또는 "이스라엘의 거룩한 이")라 불리신다. 6장에서, 이사야는 자신의 경험에 깊은 영향을 받은 게 분명하다. 이사야는 주께서 높이 들린 보좌에 앉으신 것을 보았다. 천사들의 외침을 들었다. "거룩하다 거룩하다 거룩하다 만군의 여호와여 그의 영광이 온 땅에 충만하도다"(3절). 절대로 조그마한 하나님이 아니시다.

이것은 유다에게 반가운 위로다. 예루살렘이 복음을 선포하는 전령이 되라는 명령을 받았을 때, 그가 선포하는 분은 초월하는 하나님이시다. 완전히 타자이신 하나님이 우리에게 가까이 오신다니, 참으로 좋은 소식이 아닌가! 이사야 40장 28-29절에서 하나님은 그분의 백성에게 은혜가 충만하며 소망을 불어넣는 신학을 가지고 오신다. 하나님은 이스라엘에게 그분의 능력을 일깨우며, 마치 이렇게 말씀하시는 듯하다. "나는 영원한 하나님이다. 나는 모든 곳에 있는 모든 것의 창조자다. 나는 지치지 않는다. 나는 약해지지 않는다. 이것이 너희의 위로다. 나는 너희의 좋은 소식이다."

우리는 고난과 아픔을 겪을 때, 이 모든 일에 하나님이 당황하신다거나, 쩔쩔매신다거나, 우리를 돕고 싶지만 자신도 똑같은 궁지에 빠져서 그러실 수 없다고 생각해서는 안 된다. 하나님의 가까우심은 그분이 너무 약해 우리를 돕지 못하신다는 뜻이 아니며, 하나님의 크심은 그분이 너무 커서 우리를 돌보지 못하신다는 뜻이 아니다. 오히려 삶의 모든 고통 가운데 우리가 내려야 할 바른 결론은 초월하는 영광의 하나님, 친밀히 내재하시는 하나님이 너무나 좋은 분이기에 우리를 결코 잊을 수 없고, 너무나 큰 분이기에 결코 실패하실 수 없다는 사실이다.

WEEK 9

DAY 41

삼위일체 하나님

앞서 보았듯이, 하나님에 관한 교리(신론)를 공부하다 보면 두 가지 기본적인 질문을 하게 된다. "하나님은 어떤 분이신가?" "하나님은 누구신가?" 첫째 질문은 하나님의 '본성' 연구로 이어지고, 둘째 질문은 하나님의 '위격' 탐구로 이어진다. 우리는 지금까지 "하나님은 어떤 분이신가?"라는 질문에 답하면서 하나님의 속성을 살펴보았는데, 이제 "하나님은 누구신가?"라는 둘째 질문에 답하기 위해 삼위일체를 알아보려 한다.

기독교를 기독교답게 하는 교리가 있다면, 삼위일체 교리가 바로 그 교리일 것이다. 아우구스티누스는 『삼위일체론』(On the Trinity)에서 "이에 관한 오류보다 위험한 게 없고, 이에 관한 연구보다 수고스러운 게 없으며, 이에 관한 탐구보다 많은 열매를 맺는 게 없다"고 했다.¹ 최근에, 싱클레어 퍼거슨(Sinclair Ferguson)은 이렇게 말했다. "나는 자주 이런 분명한 생각을 하고는 한다. 제자들이 세상이 곧 무너질 것 같다고 느끼는 그 순간에, 우리 주님은 다락방에서 오랜 시간 그들에게 삼위일체의 신비를 말씀하셨다. 실천적 기독교에 있어 삼위일체론이 필수적인지 보여 주는 예가 있다면, 바로 이 장면이 분명하다."²

그러나 많은 그리스도인이 삼위일체 교리에 대한 이해력이 빈약하며 표현력은 더 빈약하고 실생활에 적용하는 면은 가장 빈약하다. 그러나 삼위일체 교리는 그리스도인을 좌절시키기 위한 것이 아니라 오히려 우리의 헌신과 기쁨에 깊이를 더하기 위한 것이다.

교회의 중요한 신경이나 신앙고백은 모두 삼위일체 하나님을 중심으로 구성된다.

- 사도신경은 삼위일체에 기초해 세 부분으로 나눠진다. 나는 하나님 아버지를 믿습니다. 나는 그 외아들 우리 주 예수 그리스도를 믿습니다. 나는 성령을 믿습니다.
- 아타나시우스 신경은 이렇게 고백한다. "우리는 삼위로 계시는 한 분 하나님과 일체이신 삼위를 예배하지만, 위격을 혼합하지 않으며 위격의 본질을 나누지 않습니다. 아버지의 위격이 다르고 아들의 위격이 다르며 성령의 위격이 다릅니다. 그러나 아버지와 아들과 성령의 신성이 하나이고, 영광이 동등하며, 위엄이 함께 영원합니다."
- 벨직 신앙고백은 이렇게 고백한다. "이 진리와 하나님의 말씀을 따라 우리는 한 분 하나님을 믿습니다. 그분은 단일 본질이며 그분 안에 공유될 수 없는 각자의 속성에 따라 실제로, 참으로, 영원히 구분되는 세 위격, 곧 아버지와 아들과 성령이 계십니다."

우리가 하나님을 역사적이고 견고하며 철저히 성경적으로 이해하려면 그분이 '하나인 셋이자, 셋인 하나'이심을 알아야 한다. 다시 말해, 그분이 삼위일체이심을 알아야 한다. 본질이나 위격, 동일(co-this)이나 동일(co-that)에 관한 모든 말은 철학자와 학자를 위한 난해한 신학 논쟁처럼 보일지 모른다. 그러나 복잡한 모든 어휘에도 불구하고, 삼위일체 교리는 (완전하게 이해할 수는 없더라도) 적잖게 이해할 수 있다. 다만 우리는 우리보다 앞서 이 진리를 지키기 위해, 곧 '한 분 하나님과 세 위격'에 대해 성경이 말한 모든 의미를 수호하기 위해 힘든 수고를 아끼지 않은 사람들을 생각하고 배우며 이들의 목소리에 귀 기울일 준비만 하면 된다.

---

1 Augustine, *On the Trinity*, 1.3.5; 아우구스티누스, 『삼위일체론』, 성염 역, 분도출판사, 2021(이 번역은 분도출판사에서 낸 책 115쪽에서 가져왔다.—역주).
2 다음에서 재인용했다. Letham, *The Holy Trinity*, 375; 로버트 레담, 『개혁주의 삼위일체론』, 김남국 역, 기독교문서선교회, 2022.

DAY 42

성경과 삼위일체

삼위일체 교리를 일곱 문장으로 요약할 수 있다.

1. 하나님은 오직 한 분이다.
2. 아버지는 하나님이다.
3. 아들은 하나님이다.
4. 성령은 하나님이다.

5. 아버지는 아들이 아니다.
6. 아들은 성령이 아니다.
7. 성령은 아버지가 아니다.

모든 신조의 형식, 정확한 신학 용어, 철학적 변증학은 일곱 문장 하나하나를 나머지 여섯 문장 중 어느 하나도 부정하지 않으면서 수호하는 것이다. 고대 신경들이 성경 밖 용어를 사용해 신학적 뉘앙스를 세밀하게 표현한 이유는 성경이 모호하게 둔 것을 명료하게 하기 위해서가 아니라, 성경의 본질적 명제들을 지키고 정의하며 그 경계를 정하기 위해서였다.

잘 알듯이, '삼위일체'(Trinity)라는 용어는 성경에 없다. 그렇더라도 그 뒤에 자리한 신학을 놀랍도록 많은 구절에서 찾을 수 있다.

첫째, 하나님의 단일성을 말하는 구절이 있다(신 6:4; 사 44:6; 딤전 1:17).

둘째, 하나님이 아버지라고 말하는 구절이 아주 많다(예를 들면, 요 6:27; 딛 1:4).

셋째, 예수 그리스도, 곧 아들의 신성을 증명하는 성경 본문이 수십 가지에 이른다. 몇 구절만 예를 들겠다. 요한복음 1장 1절("이 말씀은 곧 하나님이시니라"), 요한복음 8장 58절("아브라함이 나기 전부터 내가 있느니라"), 골로새서 2장 9절("그 안에는 신성의 모든 충만이 육체로 거하시고"), 히브리서 1장 3절("하나님의 영광의 광채시요 그 본체의 형상이시라"), 디도서 2장 13절("우리의 크신 하나님 구주 예수 그리스도"). 이 외에도 그리스도께서는 제자들의 경배를 기꺼이 받으셨고(눅 24:52; 요 20:28), 자신을 하나님과 동등하게 여기셨는데, 그로 인해 신성모독을 저질렀다는 비난을 사람들에게 받으셨다(막 2:7).

넷째, 성령의 신성을 전제하는 비슷한 본문이 있는데, 이 본문은 성령을 "영원하신 성령"(히 9:14)이라 부르고, '하나님'과 '성령'을 맞바꾸어도 조금의 어색함 없이, 설명이 필요 없을 만큼 자연스럽게 사용한다(행 5:3-4; 고전 3:16; 6:19).

정통 삼위일체 교리는 위격의 복수성을 암시하는 본문들(창 1:1-3, 26; 시 2:7; 단 7:9-14)과 주 예수 그리스도를 유대교의 쉐마 한가운데 두는 고린도전서 8장 6절을 비롯, 아버지와 아들과 성령을 동일한 문맥에서 함께 언급하여 위격의 구분을 전제하면서도 셋의 지위를 동등하게 보는 본문들(마 28:19; 고전 12:4-6; 고후 2:21-22; 13:14; 갈 4:6; 벧전 1:1-2)로 완결된다. 예를 들면, 에베소서는 '그리스도 · 성령 · 하나님'이나 '성령 · 주 · 아버지'와 같은 3인조 공식이(triad formula) 넘쳐나는데(1:13-14; 2:18, 20-22; 3:14-17; 4:4-6; 5:18-20; 6:10-18), 이는 각 위격이 동일한 존귀를 받기에 합당하며 한 위격은 나머지 두 위격과 구분될 수 있음을 의미한다.

앞서 일곱 문장으로 요약했듯이, 삼위일체 교리는 지나치게 열정적이고 지나치게 지적인 신학자가 만들어 낸 철학적 혼합물이 아니라 정통 신앙의 핵심 항목 가운데 하나로, 숱한 성경 본문을 통해 입증되며, 교회가 이해하고 분명하게 표현하며 기려야 하는 것이다.

DAY 43

삼위일체 용어

20세기 신학자 버나드 로너간(Bernard Lonergan)은 언젠가 이렇게 익살스럽게 말했다. "삼위일체는 다섯 개념이나 특성, 네 관계, 세 위격, 두 발출, 한 본질 또는 본성, 무(無)이해의 문제다."[1] 로너간의 말은 아퀴나스의 복잡함을 살짝 풍자한 것이었지만, 동시에 삼위일체 교리를 구성하는 신학적 용어의 세계로 들어가는 훌륭한 서막이기도 하다.

다섯 개념. 여기서 개념이란 우리가 신적 위격을 이해하는 인식의 틀을 말한다. 아퀴나스는 하나님 안에 다섯 개념, 곧 비출생성(innascibility), 아버지 되심(paternity), 아들 되심(filiation), 공동 출송(common spiration), 발출(procession)이 있다고 주장했다.[2]

아버지는 아무에게서도 태어나지 않으신다는 점에서 비출생성(태어날 수 없음)이 있다. 또 아들에게 아버지이기 때문에 아버지 되심(부성)이, 아들은 아버지에게 아들이므로 아들 되심(자성)이 있다. 아버지와 아들은 둘 다 성령을 내쉬기(출송하기) 때문에 공동 출송이란 개념이 나온다. 그리고 성령은 아버지와 아들로부터 발출하기 때문에, 발출은 성령께 속한 개념이다.

네 특성. 앞서 한 말에서 로너간은 개념(notion)과 특성(property)을 동일시한다. 그러나 아퀴나스에 따르면, 두 용어는 같은 게 아니다. 하나의 특성은 한 위격에만 고유하게 특정된다. 예를 들어, 공동 출송은 아버지 및 아들 모두와 연결된 개념이기에 특정 위격의 고유한 특성이라고 볼 수 없다. 그래서 특성으로 분류되지 않는다. 특성은 넷뿐이다. 비출생성과 아버지 되심은 아버지의 고유한 특성이다. 아들 되심은 아들의 고유한 특성이다. 발출은 성령의 고유한 특성이다.

네 관계. 다섯 개념을 다시 한번 보라. 이 가운데 관계는 넷뿐이다. 비출생성은 나머지 위격과의 관계를 말하지 않기에 관계가 아니다.

세 위격. 세 위격은 그 기원의 관계들, 곧 아퀴나스가 '위격적 개념'이라 부르는 것으로 구분된다. 예를 들어 비출생성과 공동 출송은 위격의 개념(a notion of person 위격과 관련된 관념)이지만, 아버지 되심과 아들 되심과 발출은 위격을 구성하기에 위격적 개념(personal notion)이다. 위격들을 구성하기 때문이다.

다시 말해, 삼위일체의 세 위격을 이렇게 구분한다. 우리는 아버지가 아버지인 것은 아들을 낳기 때문이고, 아들이 아들인 것은 아버지에 의해 났기 때문이며, 성령이 성령인 것은 아버지와 아들로부터 발출하기 때문이다. 여기서 주의할 것은 개념과 특성과 발출은 철학적 실재가 아니라는 사실이다(예를 들어, 하나님 안에 다섯 개념이 있다고 해서 그분을 오위일체라 부르지 않는다). 철학적으로, 단일한 신적 본체(single divine substance)는 하나의 실체(a reality)이고, 세 위격은 실체들(realities)이다.

두 발출. 발출이란 한 존재가 다른 존재에서 기원하는 것을 말한다. 발출은 성령의 위격적 개념이지만(성령은 아버지와 아들로부터 발출한다), 일반적으로 아들이 아버지로부터 발출한다고도 말할 수 있다. 이 관계는 아버지와 아들의 관계이기 때문에, 우리는 이를 '출생'(generation)이나 '아들 되심'(filiation, 자성)이라 부른다. 그러나 이 단어들은 아들이 아버지로부터 어떻게 발출하는지 설명할 뿐이다.

한 본체. 삼위일체의 세 위격은 동일 본체(same substance)를 갖는다. 세 위격 모두 동일 본질(same essence) 또는 '하나님 됨'(God-ness)을 갖는다. 한 위격이 다른 위격보다 더 많이 또는 더 적게 하나님이지 않다. 하나님은 오직 한 분이다. 아버지와 아들과 성령이 각각 완전히 하나님이며, 영광과 지위와 능력이 동등하다.

물론 어렵다. 그러나 '무이해'보다는 조금이라도 더 잘 이해할 수 있기를 바란다. 가장 중요한 것은 '하나이자 셋'임을 기억하는 것이다. 하나님은 본질의 일체성으로 인해 하나이며, 위격의 삼위일체로 인해 셋이다.

1 다음에서 재인용했다. O'Collins, "The Holy Trinity," 2.
2 Aquinas, *Summa Theologica*, 1.32.3; 아퀴나스, 『신학대전』.

DAY 44

하나이자 셋

웨스트민스터 신앙고백은 삼위일체 교리를 간결하게 정의한다.

하나님의 단일한 신성 안에 영원하고 본질과 능력이 동일한 삼위 하나님, 곧 아버지와 아들과 성령이 계시다. 아버지는 누구에게도 속하지 않고 나지도 않으며 발출하지도 않으신다. 아들은 영원히 아버지에게서 나셨고, 성령은 아버지와 아들로부터 영원히 발출하신다(2.3).

이 정의는 아퀴나스의 정의보다 덜 복잡하면서도 동일한 기본 윤곽을 제시한다. 삼위일체의 세 위격은 서로 독립된 세 존재가 아니다. 세 위격은 세 실재(subsistence)인데, 각 위격(hypostasis)이 동일한 본질을 가지고 동등하게 하나님으로 불린다는 뜻이다. 세 위격은 그 위격적 특성으로 인해 각 위격이 나머지 두 위격과 맺는 관계로 구분된다. 아버지는 누구에게도 속하지 않으며, 아들을 낳으신 분이다. 아들은 아버지에게서 나셨다. 성령은 아버지와 아들로부터 발출하신다.

때때로, 그리스도인이 무엇을 믿지 않는지 드러낼 때 우리가 무엇을 믿는지 더 쉽게 이해할 수 있다.

- 정통 삼위일체론은 양자론(adoptionism)을 거부하는데, 양자론은 예수님이 세례를 받을 때 하나님의 능력이 그분 위에 임했으며, 이로써 예수님은 신성에 '입양되어' 그분의 인성이 신격화되었다고 믿는다.
- 정통 삼위일체론은 단일신론(monarchianism)을 거부하는데 단일신론은 오직 하나의 최고 위격을 믿으며, 아들과 성령은 구분된 위격이 아니라 비위격적 속성으로 신적 본질 안에 존재한다고 주장한다.
- 정통 삼위일체론은 양태론(유명한 주창자의 이름을 따서 사벨리우스주의라고도 한다)을 거부하는데, 양태론은 아버지와 아들과 성령이 다

양한 역할을 하며 다양하게 현현하는 동일한 하나님의 다른 이름이라고 믿는다(의도는 좋지만 잘못된 비유인 '물, 얼음, 수증기' 비유처럼).

- 정통 삼위일체론은 아리우스주의(Arianism)를 비롯해 그리스도의 완전한 신성을 거부하는 모든 형태의 존재론적 종속주의(ontological subordinationism)를 거부한다. 아리우스주의에서, 완전한 신적 본질은 아버지에게만 있다. 아들과 성령은 신적 본질을 공유하지 않는 별개의 존재다. 아들과 성령은 지위와 능력과 영광과 존재에서 아버지에게 종속된다. 아들과 성령은 창조된 존재이며 영원하지 않다.

- 마지막으로 정통 삼위일체론은 모든 형태의 삼신론(tritheism)을 거부하는데, 삼신론은 신성의 세 구성원이, 몰몬교 신학에서처럼, 뚜렷이 다른 세 존재이며 각기 다른 세 하나님이라고 가르친다.

정통 삼위일체 신학에서 하나님은 한 분이며, 아버지와 아들과 성령이 동일한 본질을 가지신다. 세 위격은 동일 본체이고, 상호 내재하며, 서로 동등하고, 함께 영원하시다. 세 위격은 위격적 특성에서 구분될 수 있지만 권위나 지위나 능력이나 영광이 서로 다르지 않으시다. 4세기 카파도키아의 교부 나지안주스의 그레고리우스(Gregory of Nazianzus)는 이를 기억하게 쉽게 표현했다. "내가 하나를 생각하기가 무섭게 셋의 광휘가 나를 비추며, 나는 셋을 구분하기가 무섭게 하나에게 되돌려진다."[1]

---

1 Nanzianus, *Theological Orations*, 40.41.

DAY 45

영원한 출생

영원한 출생(eternal generation, 영원한 나심)은 성부 하나님이 성자 하나님에게 신적 본질을 주는 절대적으로 시작도 없고 끝도 없는 행위를 가리킨다. 달리 표현하면, 영원한 출생은 어떻게 아들이 모든 면에서 아버지와 동등하게 하나님이면서도 아버지와 동일 위격이 아닐 수 있는지 말한다.

어떤 복음주의 학자는 영원한 출생 교리가 필요 없으며 이 교리는 성경적이기보다 사변적이라고 주장했다. 그렇더라도 영원한 출생은 교회의 첫 세기로부터 종교개혁을 거쳐 오늘날에 이르기까지 대다수 개신교 전통에서 삼위일체 신학의 핵심 교리였다.

신약성경에서 헬라어 **모노게네스**[*monogenes*; KJV은 '독생자'(only begotten)로 번역했다]는 예수님에게 다섯 차례 사용된다(요 1:14, 18; 3:16, 18; 요일 4:9). 대다수 최근 번역본은 이 용어를 '유일한'(only) 또는 '그 부류에서 유일한'(one of kind)으로 옮겼으나 리 아이언스(Lee Irons)는 역사적으로, 어원적으로, 문맥적으로 이 용어는 일반적으로 '독생자'(only begotten)를 의미한다며 설득력 있게 논증했다. 아이언스가 옳다면, 사도 요한은 그리스도를 아버지의 유일하고 고유한 자손으로 보며, 그분의 신성은 아버지에게서 비롯된다고 본다.[1]

그러나 영원한 출생이 오로지 모노게네스에 근거한다고 생각해서는 안 된다(실제로, '모노게네스'가 '유일한'을 의미한다고 생각하는 많은 학자는 영원한 출생을 단언한다). 시편 2편 7절은 메시아를 가리켜 '나신 아들'(begotten Son)이라 말하고("내가 너를 낳았도다"), 잠언 8장은 여호와의 지혜를 가리켜 태초의 첫 행위라 말하며, 미가 5장 2절은 베들레헴에서 태어날 아기가 아득한 옛날, 곧 영원의 날들에서 왔다고 말한다. 이 구절들은 삼위일체의 둘째 위격이 첫째 위격에게서 나는(그러나 창조되지 않은) 영원한 행위를 암시한다. 영원한 출생 교리가 어려운 것은 하나님의 신비를 사람의 말로 설명해야 하기 때문이다.

- 영원한 출생은 한 본질이 동일한 본질을 낳는다는 점에서 인간의 출생과 같지만 물리적 생식(reproduction)을 포함하지 않는다는 점에서 인간의 출생과 다르다.
- 영원한 출생은 초물질적이고(물질이 아니다), 무한하며(시간 속에서 일어나지 않는다), 말로 표현할 수 없다(완전한 이해를 초월한다).
- 영원한 출생은 신적 본질의 전달을 의미하지, 신적 존재를 창조하는 행위나 아들이 하나님이 되는 행위가 아니다.
- 영원한 출생은 아버지가 아들의 위격을 낳는(그러나 본질을 낳지는 않는다) 변하지 않는 행위다.

혼란스러울 것이다. 그러나 정통 신학자가 영원한 출생 교리를 주장하는 이유는 어떻게 신성이 본질을 늘리지 않으면서 다중 실재(multiple subsistences)를 가질 수 있는지 이 교리가 설명하기 때문이다.

영원한 출생은 다음 질문에 답한다. 어떻게 아들이 아버지와 동일한 하나님 됨을 가지면서도 아버지는 아닐 수 있는가? 니케아 신경은 이 질문에 이렇게 답한다. "우리는 한 분이신 주 예수 그리스도를 믿는다. 그분은 하나님의 독생자이고, 만세 전에 아버지로부터 났으며, 하나님으로부터 나온 하나님이고, 빛으로부터 나온 빛이며, 참 하나님으로부터 나온 참 하나님이고, 났으나 창조되지 않았고, 아버지와 동일 본질이시다."

또는 성탄절 찬송을 생각해 보라. "하나님의 하나님, 빛의 빛. 보라, 그분은 동정녀의 태를 싫어하지 않으셨도다. 나셨으나 창조되지 않은 하나님 그 자체시라"(이 찬송은 "참 반가운 신도여"라는 제목으로 번역되었다.-역주). 이것이 영원한 출생 교리다. 우리는 이를 단언해야 하며, 더 나아가 노래해야 한다.

1 Irons, "A Lexical Defense."

WEEK 10

DAY 46

필리오케 조항

니케아 공의회에서(325) 공인된 교리적 표현과 뒤이어 콘스탄티노플 공의회(Council of Constantinople, 391)에서 채택된 니케아 신경은 성령이 "아버지로부터 발출하신다"고 단언했다. 나중에, 아리우스주의자는 아들의 완전한 신성을 계속 부정했고, 그래서 서방 교회는 성령이 "아버지와 아들로부터 발출하신다(나오신다)"고 고백하기 시작했다.

그래서 **필리오케**(filioque; and the son)라는 새 단어가 톨레도 공의회(Council of Toledo, 589)에서 니케아 신경에 추가되었으며, 그 이후 지금까지 서방 교회는 이를 받아들였다(처음에는 암묵적으로, 시간이 흐르면서 공개적으로 받아들였다). 그러나 동방 교회에서는 필리오케 조항이 늘 논쟁의 대상이었다. 먼저, 동방 교회는 서방 교회가 전체 공의회를 거치지 않고 독자적으로 니케아 신경에 필리오케 조항을 덧붙인 것에 반발했다. 신학적 이유에서, 동방 교회는 필리오케 조항이 아버지의 권위와 우선성을 훼손하고 아버지와 아들을 성령이 발출하시는 동등한 두 **아르케**(arche) 또는 두 원리가 되게 했다고 우려했다.

1439년, 피렌체 공의회(Council of Florence)는 성령이 아들을 통해 아버지에게서 발출한다고 결정했고, 이로써 동방 교회와 서방 교회의 분열이 얼마간 치유되었다. 이 표현은 아들이 아버지와 동일 본체라는 서방 교회의 주장을 받아들였으나 아버지가 아들과 성령의 기원이라는 동방 교회의 주장도 고려했다.

동방 교회가 초기에 필리오케 조항을 경계한 이유는 공감이 된다. 그렇더라도 성령이 아버지와 아들에게서 발출한다고 단언하는 데는 합당한 이유가 있다. 튜레틴은 네 가지 이유를 말한다.[1]

1. 성령은 아버지와 아들로부터 보냄을 받으신다(요 16:7). 이러한 시간적 사명(temporal mission, 보내심)은 영원한 발출을 어느 정도 반영하는 게 분명하다.
2. 성령은 자주 그리스도의 영이라 불리신다(롬 8:9; 갈 4:6; 벧전 1:11). 성령이 그리스도의 영이라면, 성령이 그리스도로부터 온 영이라고도 결론지어야 하지 않겠는가?
3. 예수님은 제자들에게 성령께서 자신을 영화롭게 하고, 자신의 것을 취하며, 그것을 제자들에게 알릴 거라고 하신다. 아들이 아버지를 영화롭게 하고 아버지께서 자신에게 주시는 것만 말씀하신다면(그리고 아들이 아버지로부터 나신다면) 아들을 영화롭게 하고 오직 아들이 자신에게 주시는 것만 말씀하시는 성령은, 어떤 면에서, 아들에게서 기원하는 게 틀림없다(요 16:13-15).
4. 그리스도께서는 시간 속에서 제자들에게 성령을 내쉬어 주셨다(요 20:22). 그러므로 그리스도께서는 영원에서 성령을 내쉬셨던 게 분명하다.

요한복음 15장 26절은 성령이 아버지로부터 나온다고 말하고 아들로부터 발출한다고는 말하지 않는다. 그렇더라도 후자의 진리는 요한복음 16장의 가르침, 곧 무엇이든 아버지께 있는 것이 아들에게도 있다는 가르침에서 암시된다. 성령은 마치 아버지와 아들이 별개의 두 근원인 것처럼 아버지와 아들로부터 발출하시지 않을 뿐 아니라 마치 아버지가 아들에게 내쉬고 아들이 다시 내쉬는 것처럼 둘 모두에게서 발출하시지도 않는다. 튜레틴이 말했듯이, 내쉬는 능력은 수적으로 하나다. '아들을 통해'라는 말은 성령이 아버지와 아들로부터 발출하더라도 아버지가 신성의 샘이며 아버지로부터 아들이 영원히 나신다는 뜻이다.

성령의 이중 발출은 복잡하고 논쟁적인 교리지만, 이는 성령이 이제와 영원히 그리스도의 영이시라는 것과 (말씀을 따르는) 우리의 신학과 (성령께서 인도하시는) 예배가 늘 연결되어 있다는 것을 일깨운다.

1 Turretin, *Elenctic Theology*, 1.309-310; 투레티누스, 『변증신학 강요』.

DAY 47
페리코레시스

아버지가 아들 안에 거하신다는 개념은 예수님이 되풀이해 말씀하신 주제다. "내가 아버지 안에 거하고 아버지께서 내 안에 계심을 믿으라"(요 14:11). 예수님이 대제사장 기도에서 구하시는 모든 것은 아들이 아버지 안에 거하고 아버지가 아들 안에 거하신다는 사실에 근거한다. 마찬가지로, 사도 바울은 아버지께서 성육신하신 아들 안에 "모든 충만으로 … 거하게 하신다"고 증언한다(골 1:19).

우리는 대체로 이런 구절들이 그리스도의 신성에 대해 말하고 있다고 이해한다. 맞는 말이다. 그런데 이 구절들은 삼위일체 위격들의 상호 내주도 말한다. 아버지와 아들과 성령은 뚜렷이 구분되는 위격이시다. 앞서 보았듯이, 아버지 되심(paternity)과 아들 되심(filiation)과 출송(spiration)으로 구분된다. 그러나 세 위격을 같은 졸업 앨범에 실린 세 얼굴로 생각해서는 안 된다. 아버지가 아들 안에 거하신다. 아들이 성령 안에 거하신다. 성령이 아버지 안에 거하신다(각각에서 순서를 바꾸어도 좋다).

삼위일체 위격들의 영원한 상호 내주를 표현하는 데 사용되는 헬라어 용어는 **페리코레시스**(perichoresis, 라틴어로 circumcessio)이다. **키르쿨라티오**(circulatio)라는 단어도 신적 본질의 끊임없는 순환, 곧 한 위격이 나머지 두 위격 안에 있고 나머지 두 위격이 한 위격 안에 있는 것을 은유적으로 설명하는 한 방식으로 이따금 사용된다. 위험을 감수하고 물리적으로 표현하면, 페리코레시스는 "세 위격 모두 동일한 신적 '공간'을 점유한다"는 뜻이다.[1] 바꾸어 말하면, 동시에 세 위격을 보지 않고는 하나님을 '볼' 수 없다.

페리코레시스의 상호 내주는 두 가지를 의미한다. 첫째, 삼위일체의 세 위격 모두 서로 안에 완전하게 거한다. 둘째, 삼위일체의 각 위격은 완전한 신적 본질을 갖는다. 분명히 아버지는 아들이 아니며, 아들은 성령이 아니고, 성령은 아버지가 아니다. 페리코레시스는 이러한 구분을 부정하지 않는다. 페리코레시스의 주장은 삼위일체의 나머지 두 위격을 빼놓고 한 위격만 취할 수 없으며, 하나님의 온전하심을 빼놓고 삼위일체의 한 위격만 취할 수는 없다는 것이다. 아우구스티누스가 말했듯이, "각자가 각자 안에 있고, 모두가 각자 안에 있으며, 각자가 모두 안에 있고, 모두가 하나다."[2]

삼위일체 신학의 많은 부분처럼, 이 조항도 구체적 유비가 아닌 세밀한 용어 정의에 의존해야 하기 때문에 이해하기 어려울 수 있다. 어떤 사람들이 이 용어의 어원에서 잘못 추론했듯이, 페리코레시스를 일종의 삼위일체적 춤으로 생각해서는 안 된다. 이런 유비는, 그리고 이것이 갖는 사회적 삼위일체론적 함의는, 페리코레시스가 보호하려는 진리를 훼손한다.

"어떻게 세 위격이 나뉘지 않는 동일한 본질을 동시에 가지실 수 있는가?"라는 질문의 답은 아버지와 아들과 성령께서 서로 발을 맞추어 왈츠를 추신다는 게 아니다. (우리가 말로 표현할 수 없는 신비를 이해할 수 있는 한에서) 이 질문의 답은 위격들이 언제나 그리고 영원히 서로 함께하고 서로 안에 거하지만 아버지와 아들과 성령께서 서로 합하거나 섞이거나 혼동되지 않는 방식으로 상호 내재하신다(coinhere)는 것이다. 각 위격이 각 위격 안에 내주하신다고 단언할 때에야, 참으로 셋이요 참으로 하나이신 우리의 삼위일체 하나님을 예배할 수 있다.

1 Bray, *The Doctrine of God*, 158.
2 Augustine, *On the Trinity*, 6.10; 아우구스티누스, 『삼위일체론』.

DAY 48

탁시스

탁시스(*taxis*)는 '순서'를 뜻하는 헬라어다. 삼위일체 신학에서 탁시스란 용어는 위격들의 계층 구조가 아닌 하나님의 내적-외적 생명이 '아버지로부터 아들을 통해 성령에 의해' 나오며 절대로 역순으로 나오지 않는 관계의 순서를 가리킨다.

자카리아스 우르시누스(Zacharias Ursinus)는 그리스도의 신성을 설명하고 변증하면서 "아들의 영원한 신성을 부정하는 이단의 궤변을" 여럿 제기하고 논박한다.[1] 여덟째 궤변은 이러했다. "아들은 머리를 가지며 아버지보다 못하시다. 그러므로 아들은 아버지와 하나가 아니며 동일 본질이 아니시다." 우르시누스는 이렇게 답한다. "아들은 그분의 인성과 중보자로서 그분의 직무와 관련해 머리를 가지신다. 그러나 이것들은 그분의 신성을 조금도 해치지 않는다." 나중에 우르시누스는 이렇게 주장한다. "그러므로 아버지가 아들보다 크시지만 본질에서 그런 것은 아니다. 아들은 본질에서 아버지와 동등하시지만 직무와 인성에서는 그렇지 않다." 즉 여기서 말하는 질서는 그리스도의 중보 사역과 지상 사명에 관한 것임을 이해할 때에만 올바르며, 그리스도의 위격이 아버지보다 열등하거나 종속된다는 의미는 아니다.

우르시누스는 신성의 위격을 두 방식으로 구분할 수 있다고 주장하는데, 첫째는 위격들의 내적 사역으로, 둘째는 위격들의 외적 활동의 양태로 구분한다.

첫째는 세 위격이 서로 연결되는 방식과 관련이 있다. 아버지가 첫째 위격인 것은 아버지가 신성의 샘이기 때문이다. 아들이 둘째 위격인 것은 신적 본질이 아버지로부터 아들에게 전달되기 때문이다. 성령이 셋째 위격인 것은 신적 본질이 아버지와 아들로부터 성령에게 전달되기 때문이다. 어느 하나도 아들이나 성령이 시간 속에서 어느 순간에 하나님이 되셨다는 뜻이 아니다. 출생과 발출은 영원부터다.

둘째는 세 위격이 피조물을 향해 어떻게 활동하느냐와 관련이 있다. 우루시누스는 세 위격이 피조물을 향해 하는 모든 사역이 아버지와 아들과 성령의 공동 의지와 능력에서 비롯되지만 이와 동시에 사역의 순서가 있다고 주장한다. 아버지는 아들을 통해 일하시고 아들은 성령으로 일하신다. 세 위격의 외적 활동에서, 아버지는 아들을 보내시고, 아들은 성령으로 구원하고 거룩하게 하신다.

이 모두는 우리가 삼위일체의 탁시스를 말할 수 있다는 뜻이다. 이런 방식으로, 제한된 의미에서, 어떤 사람은 아버지가 아들보다 크거나 아들이 아버지에게 종속된다고 했다. 그러나 이 용어를, 어쨌든 사용한다면, 하나의 본질과 하나의 뜻을 가지며 동일한 완전성을 공유하는 위격들의 일체성을 훼손하지 않도록 신중하게 사용해야 한다. 세 위격은 권위와 복종이란 역할로 구분되는 게 아니다. 위격들은 활동의 경륜적 방식(economic modes of operation)에 의해 외적으로 구분된다. 다시 말해, 삼위일체 하나님의 한 사역에서, 아버지는 아들을 통해 일하시고, 아들은 아버지와 함께, 성령을 통해 일하신다.

1 Ursinus, *Commentary*, 200-201; 자카리아스 우르시누스, 『하이델베르크 요리문답해설』, 원광연 역, CH북스, 2016.

DAY 49

나뉠 수 없는 활동

라틴어 문구 **오페라 트리니타시스 아드 엑스트라 순트 인디비사**(*opera Trinitatis ad extra sunt indivisa*, 삼위일체의 외적 사역은 나뉘지 않는다)는 삼위일체의 세 위격이 하나의 활동 원리를 공유한다고 단언한다. 세 행위자(three agents)가 있지만 셋은 한 행위(one agency)를 공유하며 이에 따라 행동한다. 아버지와 아들과 성령은 본질과 의지와 능력이 하나이며, 따라서 삼위일체의 한 위격이 무엇을 행하거나 결정할 때 다른 위격이 다른 일을 행하거나 결정하는 게 불가능하다. 하나님은 존재가 나뉠 수 없으며, 따라서 사역도 나뉠 수 없다.

성경은 창조, 구속, 섭리 세 가지 모두 온전한 삼위일체의 사역이라고 증언한다.

태초에, 하나님이 그분의 입에서 나오는 말씀으로 세상을 창조하셨고, 하나님의 영이 수면에 운행하셨다(창 1:1-5). 마찬가지로, 시편 33편 6절은 이렇게 외친다. "여호와의 말씀으로 하늘이 지음이 되었으며 그 만상을 그의 입 기운으로 이루었도다." 태초에 말씀이 하나님과 함께 계셨고, 만물이 말씀을 통해 창조되었다(요 1:2; 골 1:15; 히 1:2).

구속은 특히 삼위일체의 통일된 사역과 연결된다. 성육신은 어떤 의미에서 아들을 보내시는 아버지의 사역이지만(요 3:16-17), 종의 형체를 취하신 아들의 사역이자(빌 2:7) 새 생명을 내시는 성령의 사역이기도 하다(눅 1:34-35). 삼위일체의 세 위격이 예수님이 지상 사역을 시작하면서 세례를 받으실 때 거기 계셨고(마 3:13-17), 예수님의 지상 사역이 끝나는 시점에도 다시 분명하게 언급된다(마 28:19-20). 십자가에서, 아들이 자신의 피를 쏟아 "영원하신 성령으로 말미암아 흠 없는 자기를 [아버지] 하나님께 드리셨다"(히 9:14). 부활은 하나님의 영이 예수님을 죽은 자 가운데서 일으키신("살리신") 것으로 묘사된다(롬 8:11). 우리의 구속은 처음부터 끝까지 삼위일체 하나님의 사역이다(갈 4:4-6; 엡 1:3-14; 3:14-19).

이와 비슷하게, 섭리 사역도 하나님이 하시는데, 하나님은 만물을 그리스도 안에서 유지하고(골 1:17) "그의 능력의 말씀으로 만물을 붙드신다"(히 1:3). 성령도 자신이 원하는 곳으로 불어 하나님의 목적을 이루신다(요 3:8; 참조. 겔 36:22-32; 37:1-14).

나뉠 수 없는 활동 교리는 삼위일체 위격 간의 모든 구분을 제거하지 않는다. 성령이 마리아에게서 나신 게 아니다. 아버지가 십자가에서 죽으신 게 아니다. 아들이 오순절에 임하신 게 아니다. 나뉠 수 없는 하나님의 사역은 '무분별한' 사역이 아니다.

다시 말해, 특정 사역은 삼위일체의 개별 위격에게 전유되거나(appropriated) 돌려진다(attributed). 특정 사역은 한 위격에서 종결될 수 있다(다시 말해, 성육신은 아들에게서 종결된다). 그러나 외적(ad extra) 사역은 여전히 나뉘지 않는다. 외적 사역은 그 근원인 세 위격 모두에서 비롯되고 하나의 통일된 목적에 기여하는, 한 의지의 표현이기 때문이다.

'오페라 트리니타시스 아드 엑스트라 순트 인디비사'라는 단언은(명확한 전유 교리에 의해 분명해질 때) 하나 또는 그보다 많은 위격이 창조와 구속과 섭리에 참여하지 않았을 수 있다거나 위격들이 독립적으로 활동하거나 서로 대립해 활동했을 수 있다는 생각에 맞서 삼위일체의 일체성을 지킨다.

DAY 50

우리의 삼위일체 하나님과 그리스도인의 삶

왜 삼위일체 교리가 중요한가? 평범한 그리스도인, 곧 아퀴나스의 형이상학에 관한 전문가가 되거나 저녁 식탁에서 라틴어나 헬라어를 툭툭 내뱉을 일이 전혀 없을 그리스도인에게 삼위일체 교리는 어떤 '보상'이 되는가? 일곱 가지 요점을 제시하며 이 질문에 답하겠다.

1. 가장 중요하게도, 우리는 기뻐하며 단언해야 한다. 하나님이 삼위일체시라면, 어떤 의미에서 우리가 삼위일체 교리를 배워야 할 다른 어떤 합당한 이유도 필요하지 않다. 배우자를 좀 더 알고 자녀를 좀 더 이해하게 되었을 때, 어떤 '보상'이 필요한가? 깊이 사랑하는 사람을 좀 더 잘 알게 된 것으로 충분하지 않은가? 진정한 그리스도인이라면 하나님을 참 모습 그대로 아는 것에 전율해야 한다.

2. 삼위일체 교리는 창조에 중요하다. 고대 중동의 여러 신화와 달리, 우리의 하나님은 우주를 창조하려고 자신 밖으로 나가실 필요가

없었다(자신 외에 다른 어떤 재료가 필요하지 않으셨다). 대신에, 하나님이 우주를 창조하실 때, 말씀과 성령이 그분의 두 손 같았다(이레나에우스의 유명한 표현을 빌리자면). 거듭남처럼, 창조도 삼위일체의 행위인데, 하나님은 그 말씀의 행위와 신비로운 성령의 역사를 통해 창조하셨다.

3. 삼위일체 교리는 일치성과 다양성이 공존하는 세상을 이해하는 데 도움이 된다. 로버트 레담(Robert Letham)은 우리 시대에 기독교의 강력한 두 라이벌이 있다고 했다. 첫째는 이슬람이고(이슬람은 문화적 다양성을 포기하면서 문화적 일치성을 강조한다) 둘째는 포스트모더니즘이다(포스트모더니즘은 대상을 좀 더 넓은 메타 일치성에서 보려하지 않고 다양성을 강조한다). 하나님이 동일 본질을 공유하는 세 위격으로 실재하신다면, 하나님이 지으신 세상은 공유된 하나의 목적을 향해 나아가는 더 큰 이야기의 한 부분이면서 놀라운 다양성과 개성을 드러낼 가능성이 높다.

4. 삼위일체 교리는 예배에 중요하다. 기도와 예배와 성찬은 삼위일체적 행위다. 우리는 아들의 이름으로, 성령의 능력으로, 아버지께 기도한다. 예수님은 우물가의 여인에게 참 예배자가 아버지를 영과 진리로 예배할 때가 온다고 하셨다(요 4:23). 깊이 삼위일체적이지 않다면, 그 어떤 예배도 온전히 기독교적일 수 없다.

5. 삼위일체 교리는 사랑이 영원하다는 뜻이다. 하나님은 사랑받기 위해 창조하신 게 아니다. 하나님은 아버지와 아들과 성령 사이에 늘 존재하며 넘쳐흐르는 완전한 사랑으로 세상을 창조하셨다.

6. 삼위일체 교리는 우리가 서로를 어떻게 대해야 하는지 알려 준다. 삼위일체를 사회적 견지에서(마치 하나님을 어울려 다니는 세 친구로 이뤄진 한 그룹인 것처럼) 생각하지 않도록 주의해야 하지만, 하나님이 '하나 안에 셋'(three in one)이라는 사실은 사회적 의미를 내포한다. 삼위일체 교리는 사귐과 소통이 신적 존재에 내재한다는 뜻이며, 따라서 우리는 다른 사람과 사귀고 소통할 때 하나님을 투영한다. 더욱이, 삼위일체는 어떻게 서로 구별되면서도 관계될 수 있는지 보여 준다. 이 모본을 반영해, 우리는 자신만의 개성을 유지하면서도 서로를 알고 서로에게 알려질 수 있다.

7. 마지막으로, 삼위일체 교리는 우리가 하나님을 대하는 방식에 중요하다. 존 오웬이 주장했듯이, 우리는 각 위격과 뚜렷하게 교제하며 이를 누려야 한다. 우리는 아버지를 모든 선한 것의 샘이자 근원으로 안다. 우리는 아들을 우리의 대언자, 우리의 중보자, 우리의 희생 제물, 우리의 형제로 안다. 우리는 성령을 우리를 거룩하게 하는 분이자 우리를 위로하는 분으로 안다. 세 위격 모두에서, 우리는 안전과 만족과 달콤함과 기쁨을 발견한다.

WEEK 11

DAY 51

하나님의 작정

일반적 어법에서 작정(decree)은 공식 명령이나 칙령이나 지시를 말한다. 따라서 우리는 하나님의 작정(divine decrees)을 이런 뜻으로 사용한다. "하나님의 작정이란 하나님이 그분의 뜻대로 계획하신 하나님의 영원한 목적이며, 이 목적에 따라 하나님은 자신의 영광을 위해, 일어날 모든 일을 미리 정하셨다"(웨스트민스터 소요리문답 7).

하나님의 작정은 하나님의 뜻의 실행이자 하나님의 본성의 표현이다. 하나님의 작정은 하나님의 성품을 가져야 한다. 다음은 작정의 여섯 가지 속성이며, 이것들은 하나님 속성을 되비춘다.

1. **하나님의 작정은 단순하다.** 작정은 흔히 복수로 표현되지만, 엄격히 말하면 작정은 하나뿐이다. 우리가 많은 작정을 말하는 것은 인간 지성이 순서와 전후를 생각할 수밖에 없기 때문이다. 그러나 하나님의 경우, 그분이 작정하시는 모든 것은 "단일하고 모두를 포괄하며 동시적인 행위"에 근거한다.[1] 하나님은 부분들로 구성되지 않으시며, 만물을 향한 그분의 주권적 질서도 다르지 않다.

2. **하나님의 작정은 영원하다.** 하나님의 계획은 시간과 공간에서 실행되지만 시간과 공간에서 수립되는 게 아니다. 그리스도 예수 안에서 우리를 향한 하나님의 목적은 영원하다(엡 3:11). 우리는 세상의 기초가 놓이기 전에 선택되었다(엡 1:4). 하나님이 우리를 구원하고 부르신 것은 "오직 자기의 뜻(purpose)과 영원 전부터 그리스도 예수 안에서 우리에게 주신 은혜대로 하심이라"(딤후 1:9).

3. **하나님의 작정은 불변하다.** 하나님이 변하실 수 없듯이, 하나님의 작정도 변할 수 없다(히 6:17). 하나님은 자신이 정한 것은 무엇이든 완성하며 자신이 원하는 것은 무엇이든 행하신다(욥 23:13-14). 하나님의 계획은 영원히 선다(시 33:11; 사 46:10). 모든 일이 하나님이 결정하신대로 일어난다(눅 22:22). 하나님은 그분의 뜻을 따라 행하시며 "그의 손을 금하든지 … 할 자가 아무도 없다"(단 4:35).

4. **하나님의 작정은 절대적이다.** 다시 말해, 하나님의 결정적인 뜻은 예견된 믿음이나 예견된 선한 행위에 근거하지 않는다. 하나님이 영원 전에 뜻한 모든 것은 그분이 무조건적으로 뜻하셨을 뿐 그 어떤 식으로도 그분의 피조물에게 달려 있지 않다. 하나님은 그 어떤 다른 뜻이 아니라 자기의 기쁘신 뜻대로 예정하신다(엡 1:5).

5. **하나님의 작정은 지혜롭다.** 하나님의 작정이 절대적이라고 해서 하나님이 독단적이거나 변덕스러우신 것은 아니다. 자신이 하는 모든 것과 자신이 작정하는 것을, 하나님은 그분의 뜻의 결정대로 행하신

다(엡 1:11). '결정'(counsel, 의논, 상의)이란 단어는 숙고를 거친 계획과 신중함을 암시한다. 이 단어는 삼위일체 내부의 숙고(intra-Trinitarian deliberation)도 암시하는데, 이를 통해 (한 뜻을 가진) 세 위격 모두 작정에 참여하신다.

6. 하나님의 작정은 선하다. 하나님은 우리의 모든 날을 그분의 책에 기록하신다(시 139:16). 그렇더라도, 하나님은 죄를 짓거나 죄에 대해 책임이 있다는 의미에서 '죄의 조성자'(author of sin)가 아니시다. 하나님의 작정은 악한 사건들을 포함하지만, 그렇더라도 하나님의 작정 자체는 늘 선하다. 하나님께는 불의가 없다(시 92:15). 하나님은 "악을 행하는 것을 내가 견디지 못하겠노라"고 말씀하신다(사 1:13). "하나님은 빛이시라 그에게는 어둠이 조금도 없으시다"(요일 1:5). 죄악된 자들이 악한 방식으로 행할 때도, 이들이 악한 뜻으로 하는 바로 그 행위를 하나님은 동시에 선으로 바꾸신다(창 50:20).

1   Berkhof, *Systematic Theology*, 102; 벌코프, 『벌코프 조직신학』.

DAY 52

하나님의 뜻

'하나님의 뜻'이란 표현은 성경에서 서로 다른 두 방식으로 사용되기에 혼동을 일으킬 수 있다. 나는 하나님의 뜻이 둘이라고 말하고 싶지 않다(그러면 본질이 하나가 아니라고 암시하게 되기에). 그러나 신학자들은 하나인 하나님의 뜻이 갖는 두 측면을 자주 말한다.

한편으로, 하나님의 뜻은 '하나님이 작정하시는 뜻'(하나님의 작정적 의지)을 가리키는 표현으로 사용된다. 이는 하나님이 정하신 것, 하나님이 영원 전에 그분의 주권적 목적에 따라 계획하신 것이다. 이사야 46장 10절에서 하나님은 "내가 나의 모든 기뻐하는 것(purpose)을 이루리라"고 말씀하신다. 마태복음 10장 29-30절에서 예수님은 참새 한 마리라도 아버지의 뜻이 아니면 땅에 떨어지지 않는다고 하신다. 에베소서 1장 11절에서 바울은 하나님은 모든 일을 그분의 뜻의 결정대로("자기의 원하시는 뜻대로", 새번역) 행하신다고 말한다.

어떤 의미에서, 모든 곳에서 모든 사람이 언제나 하나님의 뜻을 따른다. 하나님이 작정하시는 일은 무엇이든 틀림없이 이루어진다. 그 누구도 하나님의 목적과 계획을 되돌릴 수 없다(단 4:35).

다른 한편으로, 성경은 또한 '하나님의 뜻'을 인간이 순종하거나 불순종할 수 있는 무언가로 말한다. 이것이 신학자들이 때때로 '하나님이 기뻐하시는 뜻'이라 부르는 것이다. 마태복음 7장 21절에서 예수님은 아버지의 뜻을 행하는 자만이 천국에 들어가리라고 말씀하신다. 히브리서 13장 20-21절에서 저자는 하나님이 그분의 백성을 모든 선한 일에 온전하게 하셔서 그분의 뜻을 행하게 하시길 기도한다. 요한일서 2장 15-17절에서 사도 요한은 하나님의 뜻을 세상의 길과 반대되는 것으로 묘사한다.

이런 의미에서 우리는 하나님의 뜻을 따를 수도 있고, 그분의 뜻을 거부하고 우리 자신의 길을 고집할 수도 있다. 하나님의 뜻의 이러한 두 측면, 곧 하나님이 작정하시는 뜻과 하나님이 기뻐하시는 뜻이 성경에 분명하게 나타난다.

하나님의 뜻에는 셋째 측면이 있는데, 이를 '하나님이 인도하시는 뜻'이라 부를 수 있겠다. 그리스도인이 하나님의 뜻을 분별한다고 말할 때 흔히 의미하는 바가 이것이다. 우리는 갈림길을 만날 때 어느 길로 가야하는지 알고 싶어 한다. 그러나 성경에는 일반적으로 하나님이 우리를 인도하시는 뜻을 우리가 미리 알게 하셨다는 암시가 전혀 없다. 분명히, 하나님은 우리 각자를 위한 구체적인 계획과 목적이 있으시다. 우리의 모든 날이 그 하루하루가 일어나기 전에 하나님의 책에 기록되었다(시 139:16). 그러나 하나님은 우리가 그 계획의 모든 걸음을 '미리' 보기를 원치 않으신다. 우리는 봄으로써 걸음을 옮기는 게 아니라 믿음으로 걸음을 옮겨야 한다.

이 모두는 하나님의 뜻을 이해하는 게 생각보다 쉽고도 어렵다는 뜻이다. 하나님을 따르려면 평생 성장하고 회개하며 믿고 노력해야 한다는 점에서 생각보다 어렵다. 그러나 하나님은 우리에게 무엇을 원하시는지 이미 말씀하셨다는 점에서 생각보다 쉽기도 하다. 하나님의 뜻은 우리가 거룩하게 살며 그분에게 구별되는 것이다(살전 4:3). 하나님의 뜻은 우리가 열매를 맺고 하나님과 그분의 길을 아는 지식이 성장하는 것이다(골 1:10). 하나님의 뜻은 우리가 성령으로 충만해지는 것이다(엡 5:18). 간단히 말해, 하나님의 뜻은 우리가 점점 더 경건해져 그분의 아들의 형상을 점점 더 닮는 것이다(롬 8:28-29).[1]

---

1   이 항목은 *ESV Teen Study Bible*에 동일한 주제로 실린 나의 글을 허락을 받아 수정해서 실은 것이다.

DAY 53

의지의 자유

적어도 아우구스티누스 때부터, 기독교 신학자는 타락한 인간 의지의 본성을 두고 논쟁을 벌였다. 타락한 인간 의지는 자유로운가 아니면 매여 있는가? 이 질문을 이해하기 위해, 피터 롬바르드(Peter Lombard)와 클레르보의 베르나르(Bernard of Clairvaux) 같은 중세 학자는 필연성을 다양한 유형으로 구분했으며, 후대에 장 칼뱅은 이러한 구분을 이용해 어떻게 인간이 죄의 노예가 되는 동시에 자신의 죄에 책임이 있을 수 있는지 설명했다.

타락한 인간 의지는 필연적으로 죄를 선택하지만, 이러한 우리의 죄는 자발적이기도 하다. 이러한 선택은 우리 자신의 부패에서 비롯되기 때문이다. 우리가 죄를 짓는 것은 외부의 강압이나 강요가 있어서가 아니다. 우리의 의지는 에덴의 이편에서 악에 매여 있지만 여전히 자발적이다.

튜레틴은 필연성의 여섯 가지 유형을 제시하며 동일한 주장을 폈다. 첫째, **강제적 필연성**은 어떤 것을 하라며 우리를 강요하는 외부 동인에서 비롯된다. 둘째, **물리적 필연성**은 불은 반드시 탄다거나 무릎 아래를 치면 다리가 펴지는 것과 같은 내재적 욕구와 반응을 포함한다. 셋째, **의존적 필연성**은 우리는 하나님과 무관하게 존재할 수 없고 그 무엇도 할 수 없다는 뜻이다. 넷째, **합리적 필연성**은 우리는 자신이 가장 좋다고 믿는 것을 선택한다는 뜻이다(우리의 믿음이 틀렸더라도 말이다). 다섯째, **사건의 필연성**은 미래의 사건이 하나님의 미리 아심과 작정에 따라 고정되어 있으며 확실하다고 단언한다. 여섯째, **도덕적 필연성**은 선하거나 악한 습관과 성향에서 비롯된다.

이 가운데 첫째와 둘째 유형의 필연성만이 자유로운 선택 및 인간의 책임과 양립할 수 없다. 다시 말해, 지성이 선택 능력을 가지고(물리적 필연성에서 자유롭다) 의지가 외부 강요 없이 작동될 수 있다면(강제적 필연성에서 자유롭다), 우리의 죄는 자발적이라 할 수 있으며 우리의 책임이다.

아르미니우스주의자는 때로 칼뱅주의자를 이렇게 비난한다. 칼뱅주의자는 사람이 장애인이 되거나 죽임을 당하거나 고문을 당할 때 틀림없이 모든 것을 결정하는 하나님이 이런 끔찍한 일을 하셨다고 믿는다는 것이다. 그러나 이런 비난이 놓치는 게 있는데, 멀리 있는 원인과 일차적 원인의 차이다. 생각이 깊은 칼뱅주의자라면 누구라도 하나님이 무죄한 사람을 학대하신다고 말하지 않을 것이다. 하나님은 절대로 악을 행하시는 분이 아니다. 개혁주의 신학자는 늘 이를 분명히 했다. 일어날 일을 정하시는 하나님의 역할과 정해진 것을 실제로, 자발적으로 수행하는 인간 행위자의 역할이 다르다는 것이다. 헤롯과 본디오 빌라도는 하나님의 예정에 따라 예수님께 맞서 음모를 꾸몄다. 그렇더라도 이들의 음모는 여전히 악했으며 이들의 책임이었다(행 4:25-28; 참조. 창 50:20).

때때로 이런 주장이 제기된다. 개혁주의 신학에서 인간 의지는 환상일 뿐이라는 것이다. 개혁주의 신학이 그리는 하나님은 강요하는 하나님, 사람이 원하든 원하지 않든 간에 그분이 원하는 것을 하라며 사람에게 강요하는 하나님이라는 것이다. 이는 개혁주의 신앙고백들이나 성경이 말하는 하나님이 아니다. 예수님에 따르면, 아버지께서 허용하신 자만 그분께 올 수 있지만, 그렇더라도 이들은 여전히 와야 한다(요 6:37, 44).

개혁주의 신학은 우리의 선택이 하나님의 작정에서 벗어날 수 있다거나 우리의 의지가 선한 것을 선택할 자유가 있다는 것을 부정하지만, 인간의 선택과 의지를 깡그리 부정하지는 않는다. 우리는 줄에 매달린 꼭두각시가 아니다. 꼭두각시는 자기 의지가 없기 때문이다. 도르트 신조(Council of Dort)는 하나님의 주권은 "마치 사람을 벽돌이나 돌인 것처럼 취급하지 않으며, 의지나 그 특성을 제거하거나 주저하는 의지에 거슬러 강제하지도 않는다"고 분명히 한다(3/4.16).

간단히 말해, 모든 인간 의지에 선행하는 하나님의 의지가 있다. 거듭나지 않은 자의 의지는 죄의 노예다. 그와 동시에, 우리의 악한 선택은 실제로 우리의 선택이며, 실제처럼 현실에서 결과를 가져온다.

DAY 54

하나님의 허용

하나님이 완전히 주권적이라면, 모든 일을 자기 뜻의 결정에 따라 행하신다면(엡 1:11), 하나님은 모든 일에서 동일하게 주권을 행사하시는가? 하나님은 선에 주권적인 것과 정확히 같은 방식으로 악에도 주권적이신가? 이를 테면, 인간을 구원하려는 하나님의 작정과 인간이 타락하리라는 하나님의 작정 사이에 그 어떤 차이가 있는가?

많은 그리스도인이 하나님이 어떤 일은 적극적으로 뜻하지만 어떤 일은 단지 허용하신다고 주장하며 이 질문들에 답하려 할 것이다. 이러한 차이에 대해 할 말이 있지만, 우리는 이를 세밀하게 이해하고 적용해야 한다. 웨스트민스터 신앙고백의 두 항목을 살펴보자.

하나님의 전능한 능력과 헤아릴 수 없는 지혜와 무한한 선하심은 그분의 섭리에서 아주 폭넓게 나타난다. 이러한 하나님의 섭리는 최초의 타락과 천사 및 사람의 다른 모든 죄에까지 미치는데, 단순한 허용을 통해서가 아니라 그분의 거룩한 목적을 위해 더없이 지혜롭고 강력한 제한과 조정과 통치를 통해 다양한 방식으로 이루어진다. 그러나 죄악은 하나님이 아니라 오로지 피조물에게서 비롯되며, 하나님은 더없이 거룩하고 의로우시기에 죄의 조성자나 승인자가 아니며 그러실 수도 없다(5.4).

이는 창세기 50장 20절, 이사야 10장 12절, 요한복음 12장 40절, 데살로니가후서 2장 11절 같은 본문에서 비롯되었으며 하나님의 주권을 강하게 선언한다. 하나님은 절대로 죄를 짓거나 죄를 승인하지 않으신다. 그러나 하나님은 우주를 지혜롭게 조정하시며, 이는 사람과 천사의 죄에까지, 심지어 타락에까지 확대되는데, "단순한 허용을 통해서가 아니다." 그러나 웨스트민스터 신앙고백은 타락에 관해 이렇게만 고백하는 게 아니다.

우리의 첫 부모는 사탄의 간계와 유혹에 넘어가 금단의 열매를 먹음으로써 죄를 지었다. 하나님은 이러한 이들의 죄를 자신의 영광을 목적으로 조정하신 후 자신의 지혜롭고 거룩한 뜻에 따라 허용하기를 기뻐하셨다(6.1).

이 두 항목은 모순처럼 보인다. 하나님의 허용을 하나는 부정하고 하나는 인정하는 것 같다. 그러나 웨스트민스터 신앙고백 5장 4항의 **'단순한 허용'**이란 표현을 보라. 그렇다. 하나님께는 허용적 작정이 있으나, 그렇더라도 여전히 하나님의 작정이다. 이런 이유로, 웨스트민스터 신앙고백 6장 1항은 목적과 조정을 말한다. 하나님은 가만히 앉아 타락이 일어나도록 수동적으로 허용하시는 게 아니다. 이야말로 단순한 허용이다. 그뿐 아니라, 하나님은 의로운 사건을 정할 때와 똑같은 능동적 결단으로 타락을 정하지도 않으신다. 하나님은 타락을 '허용'하기로 '의지'를 가지셨다.

그 무엇도 하나님의 주권에서 벗어나 있지 않다. 언제나 욥은 자신에게 닥친 모든 일의 배후에 하나님의 손이 있다고 생각했다(욥 1:21). 그러나 이를 하나님이 선과 악을 동일한 방식으로 지휘하신다는 뜻으로 받아들여서는 안 된다. 하나님은 우리 안에서 일하면서 그분의 목적에 따라 뜻하고 행하신다(빌 2:12-13). 하나님은 우리 안에서 일하면서 그분의 목적에 어긋나는 것을 뜻하고 행하시는 게 아니다. 우주의 역사에서 가장 악독한 행위, 곧 하나님의 아들을 십자가에 못 박은 행위는 분명하고 직접적인 하나님의 작정이었다. 그러나 그렇다고 해서 헤롯과 본디오 빌라도와 예루살렘 사람들이 그 죄에서 면책된 것은 아니다(행 2:23; 4:27-28). 행위를 작정하신 것(decree to act)과 행위 자체는 동일하지 않다. 모든 일이 하나님의 뜻에 따라 일어나지만, 하나님은 모든 일을 같은 방식으로 뜻하지 않으신다.

DAY 55

선택과 유기

'선택'(election)과 '예정'(predestination)이란 용어는 흔히 교차되어 사용되는데, 둘 다 하나님이 어떤 사람을 영생에 이르도록 선택하신다는 은혜로운 작정을 가리킨다. 로마서 8장 30절에서, 바울은 하나님이 미리 정하셨고(예정하셨고) 부르셨으며 의롭게 하셨고 (마지막에) 영화롭게 하신 자들을 말한다. 33절에서, 바울은 "택하신 자들"을 말하는데, 이는 몇 절 앞에서 말한 미리 정하신 자들과 동의어가 분명하다.

두 단어를 날카롭게 구분하는 것은 성경적으로 근거가 없다. 그러나 둘을 구분한다면, 예정은 하나님의 주권적 결정을 가리키는 일반적 용어이고, 선택은 하나님이 창세 전에 그리스도 안에서 우리를 선택하신 것을 가리키는 구체적 용어이다.

어떤 신학자에게 있어 선택은 구원이라는 정해진 '목적'에 대한 하나님의 작정이고, 예정은 구원의 '수단'에 관한 하나님의 작정이다. 칼뱅은 예정을 이렇게 정의했다. "하나님의 영원한 작정이며, 이 작정으로 하나님은 각 사람이 어떻게 될지를 자신과 약정하신다. … 그러므로 사람이 어느 목적에 이르도록 창조되었는가에 따라 우리는 그가 생명이나 사망에 이르도록 예정되었다고 말한다."[1] 칼뱅에게 예정은 영원한 작정 전체를 포함한다. 따라서 선택과 유기는 이 작정의 서로 다른 두 부분을 가리킨다. 도르트 신조는 이러한 차이를 분명히 하며 "선택과 유기"가 "하나님의 예정"을 구성하는 두 요소라고 말한다(1항).

이러한 설명은 장점이 있다. "택하신 자들"은 성경에서 언제나 긍정적 칭호이며(예를 들면, 마 24:31; 딛 1:1), 선택(택하심)이 영원한 생명을 암시한다고 보여 준다(롬 9:11은 예외일 수 있지만). 다른 한편으로, 예정은 좀 더 넓게 사용될 수 있다. "하나님의 권능과 뜻대로 이루려고 예정하신 그것을" 헤롯과 본디오 빌라도는 이방인 및 이스라엘 사람과 더불어 예수님께 행했다(행 4:27-28). 물론, 선택 교리는 단어 자체에 달려 있지 않다. 무수한 구절이 신자가 그리스도 안에서 택하심을 받았다거나(엡 1:4) 하나님이 신자를 택하셨다거나(살후 2:13), 신자가 아버지께서 아들에게 주실 선물로 준비되었다고 말한다(요 6:37).

선택의 반대는 '유기'(reprobation)인데, 유기는 때로 '이중 예정'이라 불린다. 이는 하나님이 구원받을 자를 미리 결정하실 뿐 아니라, 구원받지 못할 자도 미리 결정하신다는 믿음이다. 인정하듯이, 이것은 어려운 교리다. 칼뱅조차 이를 "무서운 작정"이라 불렀다. 그러나 유기는 선택에서 비롯된 논리적 추론이 아니다. 성경은 하나님께는 멸하기로 준비된 진노의 그릇이 있다고 말한다(롬 9:22). 유기된 자는 정죄를 받기로 정해졌으며(유 4), 그는 그렇게 정해진 대로 말씀에 불순종한다(벧전 2:8).

전형적인 개혁주의 신학에서 유기는 두 부분으로 구성된다. 간과(preterition, 어떤 자는 건너뛰겠다는 결정)와 정죄(condemnation, 건너뛴 자를 벌하겠다는 결정)이다. 이러한 구분은 유기된 자를 벌하겠다는 하나님의 작정이 독단적이거나 공의를 벗어나지 못하도록 막는다. 하나님은 무죄한 자가 아니라 유죄한 자를 벌하신다. 하나님의 작정은 인간의 이해를 완전히 초월한다(신 29:29). 그렇더라도 우리는 "그 기쁘신 뜻대로 … 그의 은혜의 영광을 찬송하게 하려"고 일하시는 하나님을 주저 없이 증언해야 한다(엡 1:5-6).

1 Calvin, *Institutes*, 3.21.5; 칼뱅, 『기독교 강요』.

WEEK 12

DAY 56

예정은 공정한가?

이중 예정 교리는 쉽지 않다. 로마서 9장은 야곱과 에서가 태어나기 전에, 그 어떤 선이나 악도 행하기 전에, 하나님이 야곱은 "사랑하고" 에서는 "미워하기"로 이미 결정하셨다고 말한다(11-13절). 이 말씀은 어려우며, 하나님의 공정성과 인간의 책임에 관한 질문을 유발한다. 감사하게도, 사도 바울은 두 질문을 모두 예상했다.

1. 로마서 9장 14절에서, 바울은 이렇게 묻는다. "하나님께 불의가 있느냐?" 그의 대답은 귓전을 울린다. "그럴 수 없느니라." 주목하라. 바울은 인간의 자유 의지에 호소하거나, 하나님의 택하심은 하나님이 우리의 선택을 미리 아신다는 데 근거한다고 주장하며 하나님을 변호하지 않는다. 대신에, 하나님의 택하심은 그분의 성품을 드러내고 그분의 목적에 기여하며, 따라서 택하시는 하나님은 불의하지 않으시다고 주장한다. 바울은 이 두 핵심을 같은 방법으로, 성경을 인용한 후 성경이 가르치는 바를 간결한 진술로 제시하여 분명히 한다.

첫째 핵심에서, 바울은 출애굽기 33장 19절을 인용하는데, 거기서 하나님은 누구든지 자신이 긍휼을 베풀기로 선택하는 자에게 긍휼을 베풀겠다고 선언함으로써 자신을 모세에게 계시하신다. 하나님이 하나님이시려면, 긍휼이 풍성해야 하고 주권적이어야 한다. 하나님은 자신의 의지 외부로부터 그 어떤 강압도 받지 않으면서 누구든지 자신이 원하는 자에게 긍휼을 베푸실 자유가 있다. 이러한 하나님의 자유가 '하나님이심'이 의미하는 핵심이다. 따라서 바울은 이렇게 요약한다. 어떤 사람은 믿고 어떤 사람은 믿지 않는 궁극적 이유는 우리에게 있지 않고 하나님께 있다(롬 9:16).

바울의 둘째 핵심은 같은 동전의 다른 면이다. 하나님은 자신이 긍휼을 베풀려는 자에게 긍휼을 베푸실 뿐 아니라 자신이 완악하게 하려는 자를 완악하게 하신다. 15절과 16절이 야곱을 사랑하시는 하나님의 의를 드러낸다면, 17절과 18절은 에서를 미워하시는 하나님의 의를 드러낸다. 이 때문에 바울은 출애굽기 9장 16절을 인용한다. 하나님이 바로를 세우신 이유는 그의 마음을 완악하게 함으로써 그분의 능력을 드러낼 기회를 마련하려는 분명한 목적 때문이었다.

2. 로마서 9장 19절에서, 바울은 다음과 같은 둘째 반대를 예상한다. "구원이 하나님께 달렸다면, 왜 하나님이 우리에게 책임을 물으시는가?" 바울은 이 반론에 물러서지 않고, 우리의 선택과 죄에 우리의 책임이 있음을 부정하지 않는다. 바울은 이 질문에 답하면서 과연 이 질문이 적절한지 되묻는다. 그러면서 바울은 세 가지 요점을 제시한다. 첫째, 우리는 하나님께 물을 권리가 없다(20절). 둘째, 하나님은 그분이 기뻐하는 것을 행하실 모든 권리가 있다(21절). 셋째, 예정은 하나님의 목적에 기여한다(22-23절).

선택과 유기는 하나님의 능력을 임의로 행사하는 게 아니다. 선택과 유기는 하나님의 거룩하심과 능력과 영광을 계시하는 선한 목적에 기여한다. 하나님의 강력한 진노를 배경으로 하지 않고는 영광된 하나님의 긍휼을 온전히 보고 경험할 수 없다.

언뜻 스스로 던진 원래 질문에 바울이 실제로 답하지 않은 것처럼 보일 수 있겠지만, 바울은 그 질문에 답을 했다. 바울의 '답'은 하나님을 그분의 자리에 두고 우리를 우리의 자리에 두는 것이다. 바울은 하나님을 측량할 수 있는 유이한 기준에서 하나님을 측량한다. 곧 성경과 하나님 자신이다.

바울은 도대체 의가 무엇인지 우리가 보도록 도움으로써 하나님의 의를 변호한다. 의는 공정함에 관한 우리의 불완전한 의견이나 하나님이 어떤 분이셨으면 하는 우리의 바람에 관한 게 아니다. 의는 성경에 계시된 하나님의 성품과 목적에 관한 것이다.

DAY 57

작정의 순서

타락 전 선택설(supralapsarianism)과 타락 후 선택설(infralapsarianism)만큼 유별난 단어도 없다. 이 둘은 너무나 난해하고 오직 전문가를 위한 단어처럼 들린다. 마치 하나님이 자신도 들 수 없을 만큼 무겁게 만든 바위 위에 꽂은 바늘 끝에서 얼마나 많은 천사가 춤을 출 수 있는지와 같은 말 같다. 어떤 신학생은 자신이 신학생이라는 사실을 대놓고 드러내려고 이 용어를 즐겨 사용한다. 어떤 목회자는 신학이 얼마나 실용적이지 못한지 드러내고 싶을 때 이 두 단어를 제시한다. 교인들은 이 두 단어를 듣고 눈살을 찌푸린다.

그렇다면 이름도 이상한 두 '설'은 도대체 무엇에 관한 것인가?

개혁주의 신학자는 하나님이 어떤 일이 일어나도록 작정하신 순서를 두고 자주 논쟁을 벌였다. 그러나 작정의 시간적 순서에 관한 논쟁이 아니다. 어쨌든 하나님이 영원에서 결정하신 것에 관해 말하고 있지만, 시간이 논제는 아니다. 그보다는 작정의 '논리적' 순서에 관한 논쟁이다. 하나님은 어떤 순서로 결정을 내리셨는가?

구체적으로, 어떤 결정이 논리적으로 앞서는가? 선택과 유기의 작정인가, 아니면 세상을 창조하고 죄를 허용하려는 작정인가? 타락 전 선택설[수프라(supra)는 '위' 또는 '전'을 의미하고 랩섬(lapsum)은 '타락'을 의미한다]은 구원하려는 하나님의 작정이 세상을 창조하고 죄를 허용하려는 하나님의 작정보다 논리적으로 앞선다고 주장한다. 반대로, 타락 후 선택설은 구원하려는 하나님의 작정이 창조 및 타락과 관련된 하나님의 작정에 논리적으로 뒤선다고 주장한다[인프라(infra)는 '아래' 또는 '뒤'를 의미한다]. 두 주장 모두 개혁주의 신학에서 잘 입증되지만, 타락 후 선택설이 더 일반적으로 보인다.

인정하듯이, 이 논쟁은 상당히 사변적이다. 그러나 이 논쟁이 어리석고 적실하지 못하다며 무시하기 전에, 작정의 순서에 대한 우리의 이해가 하나님에 대한 우리의 이해에 어떻게 영향을 미칠 수 있는지(또는 후자를 반영할 수 있는지) 살펴보아야 한다.

타락 전 선택설은 하나님의 지고한 주권을 강조한다. 쌍둥이가 그 어떤 선이나 악도 행하기 전에, 하나님은 야곱을 사랑하고 에서를 미워하셨다(롬 9:11). 그러므로 타락 전 선택설은 하나님이 어떤 자는 생명에 이르도록, 어떤 자는 죽음에 이르도록 가장 먼저 정하신 게 틀림없다고 주장한다. 그 후에(그분의 생각에서), 하나님은 선택과 유기에서 이 영광이 실현되도록 세상을 창조하고 타락을 허용하셨다.

반대로, 타락 후 선택설은 하나님의 자비를 강조한다. 타락 후 선택론자는 로마서 9장 11절이 공로에 관한 선언이라고 주장한다. 다시 말해, 한 아들이 다른 아들보다 구원받을 자격이 더 있었던 게 아니라는 뜻이다. 게다가, 로마서 9장 15절은 택하심을 하나님이 긍휼히 여길 자에게 긍휼히 여기시는 것으로 묘사한다. 그러므로 구원하려는 하나님의 작정이 타락을 허용하려는 하나님의 작정 뒤에 위치해야 한다. 그렇지 않다면, 어떻게 긍휼이 긍휼이겠는가?

결론적으로, 나는 도르트 신조가 가르치는 타락 후 선택설을 단언한다. 다시 말해, 예정은 하나님이 "동일하게 잃어버린 자들 중에서 구별하신 것"이며(1.6) 선택은 타락한 인류 중에서 특정한 사람을 그리스도 안에서 택하시려는 "하나님의 변할 수 없는 목적"이다(1.7). 그와 동시에, 나는 성경이 분명하게 설명하지 않는 문제에 지나치게 교리적이어서는 안 된다고 경고하는 사람의 주장에도 동의한다. 이 논쟁이 중요하지 않은 것은 아니지만 목숨을 걸고 지켜야 할 고지도 아니다. 결국, 하나님의 작정은 하나님의 긍휼**과** 하나님의 영광을 강조하려는 것이다.

DAY 58

아미라우트주의

도르트 공의회(Synod of Dort) 이후 17세기 상당 기간에, 모세 아미라우트(Moise Amyrautm)의 견해를 놓고 세계 개혁주의 진영이 분열되었다. 아미라우트는 프랑스 소뮈르아카데미의 신학 교수였으며, 지금은 (기억되고 있다면) 속죄의 범위에 관한 견해 때문에 기억되고 있다. 그는 제한적 선택을 믿었으나 또한 그리스도께서 십자가에서 모든 사람을 위해 죽으셨다고 믿었다. 그는 사람들이 믿는다는 '조건'하에 그리스도께서 모두를 위해 죽으셨다고 주장함으로써 두 개념(제한적 선택과 그리스도께서 모두를 위해 죽으심)을 조화시켰다. 아미라우트에게 그리스도의 죽음은 모두에게 충분한 것이 아니었다. 모두를 위해 '의도된' 것이었다. 아미라우트에게, 속죄의 범위는 보편적이었다.

4대 강령 칼뱅주의자(칼뱅주의 5대 강령 중에 제한 속죄 교리를 받아들이지 않기에 이렇게 불린다)의 견해는 아미라우트에게 의존하지 않거나 그의 견해와 일치하지 않지만, 이들은 때로 아미라우트주의자라 불리기도 한다.

아미라우트처럼, 영국 신학자 존 데버넌트(John Davenant)도 일종의 가정적 만인 구원론(hypothetical universalism)을 가르쳤다[하이포서티컬(hypothetical)은 '조건적'이란 뜻이고 유니버설리즘(universalism)은 속죄의 범위를 가리키는데, '가정적 만인 구원론'은 모든 사람이 구원받는 것은 아니라는 뜻이다]. 데버넌트는 하나님은 그리스도의 죽음이 오직 택함을 받은 자에게만 유효하기를 뜻하셨다고 주장했다. 그러나 '또한' 그리스도께서 모두를 위해 죽으려

하셨고, 이 죽음을 통한 구원의 성취가 조건적으로 적용된다고도 믿었다.

데버넌트의 가정적 만인 구원론과 달리, 아미라우트는 작정의 순서를 바꾸었다. 사소한 차이처럼 보일 수 있다. 그러나 데버넌트의 견해는 조건적 작정과 무조건적 작정이 공존한다는 데 주목해야 한다. 그의 주장에 따르면, 하나님은 택한 자를 유효하게 구속하기로 뜻하신 동시에 모든 믿는 자를 구속하기로 뜻하셨다. 반대로, 아미라우트는 하나님이 보편 속죄(universal atonement)를 먼저 작정하신 후, 뒤이어 이 작정만으로 그 누구도 구원받지 못하리라는 것을 알고 택함을 받은 자가 믿을 수 있게 하기로 작정하셨고 주장했다.

아미라우트는 아르미니우스주의자가 아니었다. 아르미니우스주의는 예지된 믿음(foreseen faith)에 기초해 하나님이 누군가를 선택하기로 작정하셨다고 가르쳤다. 이들의 설명에 따르면, 하나님은 믿는 자를 미리 아시고, 그들을 영원한 작정으로 선택하셨다. 곧 선택받았기 때문에 믿는 것이 아니라, 우리가 믿을 것을 알기에 하나님이 우리를 선택하셨다는 것이다.

아미라우트는 여기까지 나가지 않지만, 튜레틴을 비롯한 이들은 그의 견해가 위험할 만큼 비슷하다고 가르쳤다. 이들은 아미라우트의 견해가 조건적 작정을 암시한다고 믿었다. 아미라우트는 하나님이 무언가를 조건적으로 뜻하셨을 뿐 아니라(하나님의 약속이나 하나님의 위협 같은 것) 하나님의 뜻 자체가 조건적이라고 생각했다. 아미라우트의 신학은 (단명한) 헬베틱 일치 신조(Formula Consensus Helvetica, 1675)에 의해 고백적 개혁주의 경계 밖으로 밀려났다.

아미라우트주의를 둘러싼 논쟁은 속죄의 범위와 작정의 순서에 관한 것이었다. 아미라우트의 실수는 하나님의 선택에 두 작정, 곧 모두를 긍휼히 여기는 일반 작정과 일부에게 믿음을 유효하게 주는 특별 작정이 있다고 주장한 것이었다.

아미라우트주의는 그리스도께서 성취하신 속죄의 유효성과 작정의 불변성에 의문을 제기했다. 어떤 종류든 간에, 조건적 작정은 하나님이 미래를 알지 못했거나, 미래에 영향을 미칠 능력이 없었거나, 미래를 불확실한 채로 두기로 결정하셨음을 암시한다. 이러한 가능성 가운데 어느 하나도 주권적 하나님께 돌릴 수 없다. 하나님의 모든 작정은 영원하며, 따라서 시간 속에서 일어나는 조건에 의존할 수 없다. 하나님의 작정은 그분의 선한 뜻 외에 그 무엇에도 근거하지 않는다 (마 11:26; 롬 9:11; 엡 1:5).

DAY 59

중간 지식

하나님의 주권과 인간의 자유 의지를 조화시키려는 다양한 시도가 있었다. 그 가운데 예수회 신학자 루이스 데 몰리나(Luis de Molina)가 제시한 '해법'은 궁극적으로 설득력이 없었으나 아주 혁신적이었다.

몰리나는 자신이 '중간 지식'(middle knowledge; 몰리나주의라고도 알려져 있다)이라 이름 붙인 개념을 이용해 인간의 자유 의지를 자유의지론적

(libertarian)으로 설명하면 하나님의 작정의 유효성을 동시에 견지할 수 있다고 믿었다.

몰리나는 하나님의 지식을 논리적으로 세 유형으로 나눌 수 있다고 주장했다. 자연 지식('반드시 그러해야' 하고 '그럴 수 있는' 진리), 자유 지식('그렇게 될' 진리), 중간 지식('그럴 수 있을' 진리)이다.¹

자연 지식은 하나님이 그분의 본성이나 본질을 통해 아시는 것이다. '2 더하기 2는 4'나 '모든 미혼자는 결혼하지 않았다'와 같은 필연적인 진리가 이 범주에 속한다. 이것은 바뀔 수 없는 진리다. 하나님은 반드시 그러해야 하는 것 외에, 그렇게 될 수 있는 것(즉, 하나님이 작정하실 수 있는 모든 가능성)도 아신다. 중요하게도, 자연 지식은 선의지적(prevolitional)이다. 곧 하나님이 무엇이 그렇게 되거나 그렇게 되지 않기를 작정하는 결정 이전에, 논리적으로 앞서 이를 아시는 것을 가리킨다.

자유 지식은 하나님이 자신의 뜻을 알기 때문에 아시는 것이다. 중요하게도, 이런 유형의 지식은 후의지적(postvolitional)이다. 곧 이 범주의 진리는 하나님의 뜻에 달려 있다는 뜻이다. 자연 지식이 필연적 진리(반드시 그러해야 하는 것)를 다룬다면, 자유 지식은 우발적 진리(그렇지 않았을 수 있는 것)를 다룬다.

두 유형의 지식 사이에 중간 지식이 있다. 중간 지식은 피조물의 자유와 관련된 모든 반사실(counterfactuals, 일어나지 않았으나 일어날 수도 있었을 일을 말한다.—역주)에 대한 선의지적 지식을 가리킨다. 자연 지식의 진리처럼 이 범주에 속한 진리는 하나님의 뜻과 독립적으로 그 뜻에 앞서 존재한다. 이것이 중요한 이유는, 몰리나는 인간의 선택이 하나님의 작정에 의존하지 않는다고 말하기 때문이다. 그러나 동시에 하나님의 뜻이 주권적이라고 주장한다. 바로 이 지점에서 중간 지식이 등장한다. 하나님은 존재하는 모든 것과 자유로운 인간 존재가 특정 상황에서 내릴 모든 결정과 선택을 아신다. 하나님은 인간의 자유에서 비롯된 모든 가능한 우발적 사건을 아시며, 따라서 자신이 원하는 세상을 뜻하실 수 있고 무슨 일이 일어날지도 아신다.

중간 지식을 둘러싼 논쟁은 복잡하며 매우 전문적이지만, 개혁주의 관점에서 세 가지 문제에 주목할 수 있다.

첫째, 중간 지식은 인간의 자유 의지가 어느 정도 자율성이 있다고 가정하지만, 이는 요한복음 6장, 로마서 9장, 에베소서 1장을 비롯해 인류의 결정을 하나님이 주관하심을 강조하는 숱한 본문과 들어맞지 않는다.

둘째, 중간 지식은 애초에 반사실적 진리가 어디에 근거하는지 답하지 못한다. 정의상, 반사실적 진리는 하나님의 본성이나 하나님의 의지에 기초하지 않지만, 그렇다고 (존재하지 않는) 창조 세계에 기초할 수도 없다. 반사실적 진리의 존재 자체가 자유의지론적 자유 의지와 충돌한다.

셋째, 중간 지식은 하나님의 뜻이 그분의 지식에 기초하며 이 지식은 인간의 자유로운 선택과 관련이 있다고 가정한다. 이렇게 되면, 하나님의 뜻은 그분 외부에 있는 무언가에 의존하게 된다. 몰리나주의에서, 하나님은 순전히 자기 뜻의 계획에 따라 모든 것을 조정하시는 게 아니다. 대신에, 하나님의 뜻은 그분의 자유로운 피조물이 내릴 수 있는 결정들을 고려해야 한다. 이는 하나님의 지식과 하나님의 자존

성에 대한 전통적 이해를 적잖게 벗어날 뿐 아니라 성경이 말하는 주
권적 하나님과도 맞지 않는다.

1 이러한 표현 방식, '반드시 그러해야 하는'(must be), '그럴 수 있는'(could be), '그렇게 될'(will be), '그럴 수 있을'(would be)은 리폼드신학교 동료 교수인 제임스 앤더슨(James Anderson)에게서 빌려온 것이다.

DAY 60

복음 전파와
하나님의 주권

　선택 교리를 반대하는 주장 가운데 가장 널리 퍼진 주장은 하나님의 주권을 보는 개혁주의의 관점이 복음 전파와 선교를 약화시킨다는 것이다. 어떤 진영에서는, 칼뱅주의는 복음 전파에 대한 무관심을 암시하며 이는 부정할 수 없는 사실이라고 말한다. 이를 테면, 이런 식이다. "하나님이 선택하는 분이시고 모든 선택된 자, 오직 선택된 자만 구원받는다면 대위임(지상명령)이 왜 필요한가?"
　이러한 주장은 겉보기에 매우 논리적일지 몰라도 '성경적' 논리와 거리가 멀다. 성경은 하나님의 절대 주권과 복음 전파를 향한 열심을 아무 문제없이 연결한다. 예를 들면 로마서 9장에서, 바울은 "하나님께서 하고자 하시는 자를 긍휼히 여기시고 하고자 하시는 자를 완악하게 하시느니라"고(18절) 선포하기 전에 이렇게 고백한다. "나에게 큰 근심이 있는 것과 마음에 그치지 않는 고통이 있는 것을 내 양심이 성

령 안에서 나와 더불어 증언하노니 나의 형제 곧 골육의 친척을 위하여 내 자신이 저주를 받아 그리스도에게서 끊어질지라도 원하는 바로라"(2-3절). 바울은 선택과 유기를 믿었을 **뿐 아니라** 잃은 자들(the lost) 때문에 마음이 찢어졌고, 이 때문에 동족 유대인이 구원받길 간절히 바랐고 하나님께 기도했다(롬 10:1).

선택 교리는 복음 전파와 선교의 장애물이 아니다. 오히려, 선택 교리는 이 고귀한 일의 버팀목이다. 바울이 복음에 더 잘 반응하는 곳을 찾아 고린도를 떠나려 할 때, 하나님은 바울에게 고린도에 그분의 백성이 많다면서 그를 고린도에 묶어 두셨다(행 18:9-11). 하나님의 주권을 굳게 믿을 때 반대가 심하고 열매가 빈약해 보이는 선교 현장을 지킬 수 있다. 바울은 디모데에게 "내가 택함 받은 자들을 위하여 모든 것을 참았다"고 했다(딤후 2:10).

근대의 위대한 복음 전파자와 선교사 다수가 칼뱅주의자였다. 시어도어 프릴링하이젠(Theodore Frelinghuysen), 윌리엄 테넌트(William Tennent), 조너선 에드워즈, 조지 휫필드(George Whitefield)는 모두 대각성 운동에서 하나님의 도구였으며, 구원과 관련해 하나님의 결정적 선택을 믿었다. 존 엘리엇(John Eliot), 데이비드 브레이너드(David Brainerd), 윌리엄 캐리(William Carey), 헨리 마틴(Henry Martyn), 아도니람 저드슨(Adoniram Judson), 로버트 모펏(Robert Moffat), 데이비드 리빙스턴(David Livingstone) 로버트 모리슨(Robert Morrison)은 모두 근대 선교 운동의 선구자였고 칼뱅주의자였다.

성경뿐 아니라 교회사도 하나님의 주권을 높게 보면 선교와 복음 전파가 죽는다는 주장을 지지하지 않는다.

하나님은 수단 없이 또는 수단을 거슬러 일하실 수 있지만 대체로 수단을 통해 일하신다. 즉 하나님은 좋은 소식을 사람들과 나누도록 우리를 사용하신다.

예수님은 아버지께서 이끌지 않으시면 죄인이 그분께 올 수 없다고 가르치셨지만(요 6:44), 이러한 가르침이 그분이 진정으로 복음을 제시하는 데 걸림돌이 되지 않았다(55절). 택하심은 사람들이 나아올 **수 있는** 이유이지 결코 떠나가게 하는 이유가 아니다. 아버지께서 그리스도께 주시는 모든 자가 그리스께 올 것이며, 그리스도께 오는 자는 누구라도 절대로 내쫓기지 않을 것이다(37절).

하나님의 택하심에 대한 확고한 믿음은 절대로 복음 전파의 방해물이 아니다. 오히려 마음이 완악하고 불순종하는 세상에 복음의 소망을 제시한다. 하나님은 세상에서 양들을 택하셨다. 이들은 지금 우리를 멀리 떠나 있더라도 어느 날 주인의 음성을 듣고 믿을 것이다. 우리의 일은 입을 열어 선한 목자를 대신해 말하는 것이다.

WEEK 13

DAY 61
우리의 창조자 하나님

우주 창조를 생각할 때, 중요한 세 가지 질문을 할 수 있다. 바로 '누가', '어떻게', '왜'이다. 세 질문 중에 첫째 질문이 가장 본질적이며 가장 분명하기도 하다. 성경에 따르면, 하나님은 보이는 모든 것과 보이지 않는 모든 것의 창조자시다.

성경은 창조자 하나님에 관한 계시를 더없이 중요하게 여긴다. "태초에 하나님이 천지를 창조하시니라"(창 1:1). 여기서 우리가 하나님에 관해 가장 먼저 마주하는 것은 그분의 자존성이라 할 수 있다. 태초에(모든 것 이전에, 모든 것과 독립적으로) 하나님이 계셨다. 그런데 히브리어 본문에서는 동사 **바라**(*bara*, 창조하다)가 **엘로힘**(*Elohim*, 하나님)보다 먼저 나온다. 이것은 히브리어에서 특이한 문법 구조가 아닌데, 곧 우리가 하나님이란 단어를 듣기도 전에 그분이 창조자라는 사실을 안다는 뜻이다.

우리의 하나님은 존재하는 모든 것의 근원이시다. 하나님은 하늘과 땅을 지으신 분이다. 성경은 거듭거듭 이스라엘의 하나님이 지역 신이 아니시라고 일깨운다. 느헤미야 때 이스라엘이 고백했듯이, "오직 주는 여호와시라 하늘과 하늘들의 하늘과 일월 성신과 땅과 땅 위의 만물과 바다와 그 가운데 모든 것을 지으시고 다 보존하시오니 모든 천군이 주께 경배하나이다"(느 9:6). 창조자는 오직 한 분이며, 그러므로 하나님도 오직 한 분이다. "대저 여호와께서 이같이 말씀하시되 하늘을 창조하신 이 그는 하나님이시니 그가 땅을 지으시고 그것을 만드셨으며 그것을 견고하게 하시되 혼돈하게 창조하지 아니하시고 사람이 거주하게 그것을 지으셨으니 나는 여호와라 나 외에 다른 이가 없느니라"(사 45:18).

바울은 이방인에게 복음을 전할 때, 우상을 버리고 "천지와 바다와 그 가운데 만물을 지으시고 살아 계신 하나님께로 돌아"와야 한다고 힘주어 말했다(행 14:15). 만물의 창조자로서, 하나님은 그분의 피조물에게서 그 무엇도 필요로 하지 않으신다. 잘 알려져 있듯이, 바울은 아테네 사람에게 이렇게 설명했다. "우주와 그 가운데 있는 만물을 지으신 하나님께서는 천지의 주재시니 손으로 지은 전에 계시지 아니하시고 또 무엇이 부족한 것처럼 사람의 손으로 섬김을 받으시는 것이 아니니 이는 만민에게 생명과 호흡과 만물을 친히 주시는 이심이라"(행 17:24-25).

우주가 어디서 왔는가? 아주 오래된 이 질문에 하나님이 답하신다. 우주는 자유로운 인격적 행위자의 결과물인가 아니면 어떤 식으로든 스스로를 창조했는가? 성경 기사는 창조 세계가 하나님과 구별되는 (둘은 같은 존재가 아니다) 동시에 완전히 하나님께 의존한다고 가르친다. 하나님은 만물보다 먼저 계시며 만물이 그분께 의존한다. 앞서 보았듯이, 하나님이 없었던 때는 절대로 없었으나 물질이 없었던 때는 있었다. 어느 시편 기자가 외치듯이, "주여 주는 대대에 우리의 거처가 되셨나이다 산이 생기기 전, 땅과 세계도 주께서 조성하시기 전 곧 영원부터 영원까지 주는 하나님이시니이다"(시 90:1-2).

DAY 62

무로부터 창조

창세기의 창조 기사는 다른 고대 중동 문헌에 나오는 이야기와 매우 다른 이야기를 들려준다. 예를 들면, "에누마 엘리쉬"(*Enuma Elish*, 바벨론 창조 신화)에서, 민물의 신 압수(Apsu)와 바닷물의 여신 티아마트(Tiamat)가 한데 섞여 많은 신을 창조한다. 마침내 마두크(Marduk)란 신이 티아마트의 군대를 정복하고 티아마트의 시체로 세상을 지었다. 대조적으로, 성경의 하나님은 그 어떤 태고의 충돌이나 선재하는 그 어떤 물질도 없이 혼자 세상을 창조하셨다.

'선재하는 그 어떤 물질도 없이'라는 진리가 **엑스 니힐로**(*ex nihilo*)라는 라틴어 문구로 표현되는데, 하나님이 만물을, 보이는 것과 보이지 않는 모든 것을 무(無)로부터 창조하셨다는 뜻이다. 로마서 4장 17절은 하나님이 "죽은 사람들을 살리시며 없는 것들을 불러내어 있는 것이 되게 하시는 하나님"이라고 증언한다(새번역). 마찬가지로, 히브리서는 이렇게 증언한다. "믿음으로 모든 세계가 하나님의 말씀으로 지어진 줄을 우리가 아나니 보이는 것은 나타난 것으로 말미암아 된 것이 아니니라"(히 11:3). 하나님이 무형의 혼돈에 형태와 질서를 부여함으로써 세상을 창조하신 것이 사실이지만, 이 '물질'조차도 하나님의 인격적 창조 행위의 결과라는 것을 기억해야 한다.

'무로부터' 창조에서 말하는 무는 '절대적 무'이다. 그리스 철학의 일부 전통에서는 무를 '잉태적 무' 또는 '긍정적 무'로, 신의 활동을 제한할 수 있는 무언가로 이해하기도 했다. 그러나 성경은 그렇게 말하지 않는다. 창조 이전의 무는 '부정적 무'(없음의 무), 하나님의 일을 방해할 그 어떤 특징이나 성질도 없는 '공허'였다. 창조에는 하나님이 상대해야 할 그 어떤 라이벌도 없었고, 극복해야 할 그 어떤 장애물도 없었으며, 만물을 창조하는 재료라 할 수 있을 만한 그 어떤 무도 없었다.

무로부터 창조의 중요성을 깎아내려서는 안 된다. 성경에 따르면, 하나님은 자신의 창조 세계와 '연결'되시지만 어떤 식으로도 자신의 창조 세계와 '동일시'되지 않으신다. 피터 존스(Peter Jones)는 단재론(Oneism)과 양재론을 언급하며 이 진리를 강조했다. 단재론은 하나님과 물질세계가 기본적으로 같은 '것'(stuff)이라는 뜻이고, 양재론은 하나님과 물질세계가 같은 본질을 공유하지 않는다는 뜻이다. 차이는 우주에 하나의 '물'(物)이 있느냐, 두 가지 '물'이 있느냐다.

성경의 창조 기사(선하고 인격적인 하나님이 선한 세상을 친히 창조하셨다)는 이원론(dualism, 영적인 것은 선하고 물질적인 것은 악하다), 이신론(deism, 하나님이 세상을 창조했으나 지금은 세상에 관여하지 않는다), 범신론(pantheism, 하나님과 창조 세계가 하나다), 범재신론(panentheism, 하나님은 창조 세계 안에 있으며 동시에 창조 세계를 초월한다)을 허용하지 않는다. 과정 신학에 따르면 하나님이 창조 세계에 단단히 매여 있기에 하나님도 성장과 변화와 극복의 과정을 겪는다고 말하는데, 우리는 과정 신학도 전혀 받아들일 수 없다.

기독교의 창조 기사는 특별하며, 성육신에 관한 기독교 신앙과 짝을 이룰 때 특히 더 그렇다. 하나님의 내재성을 진정으로 경험할 수 있는 이유는 하나님의 초월성 때문이다. 자신의 피조물과 구별되시는 하나님만이 개인적 해방과 자기실현의 행위가 아닌 사랑과 자기희생의 행위로서 자신의 피조물과 진정한 인격적 관계를 가지실 수 있다.

DAY 63

창조의 날들

대다수 논쟁은 이 세 질문(누가, 어떻게, 왜) 중에 '어떻게'와 관련이 있다. '어떻게'라는 질문의 중심에 창조의 날들을 둘러싼 논쟁이 있다. 복음주의자는 이 문제에 전형적인 네 방식으로 접근한다.

1. 창조의 엿새는 '하루가 24시간으로 구성되는 일반적인 날들'이었다. 이 관점은 (반드시 같을 필요는 없더라도) 대체로 젊은 지구를 믿는다는 뜻이다(예를 들면, 지구의 나이가 수십억 년이 아니라 수천 년이다).

2. '날-시대(Day-Age) 관점'은 창조의 날들이 특정되지 않은 길이의 시간을 가리키며 하나님의 계산법에서 '하루'는 긴 기간을 가리킬 수 있다고 주장한다(사 11:10-11; 벧후 3:8).

3. '골격 해석'(Framework Interpretation)은 메러디스 클라인(Meredith Kline)이 대중화시켰는데, 창조의 첫째, 둘째, 셋째 날은 창조 세계의 왕국들(창조 영역들)을 상징하고 넷째, 다섯째, 여섯째 날의 창조 세계 왕들이 이러한 왕국들을 다스렸다(채웠다)고 주장한다.* 그러므로 창조의 날들은 시간 순서로 읽는 게 아니라 주제로 읽어야 한다는 것이다. 클라인은 창세기 2장 5절("여호와 하나님이 땅에 비를 내리지 아니하셨고")에 근거해 하나님이 일반 섭리를 통해 창조를 감독하셨다고 주장한다.

4. '유비적 접근법'은 창조의 날들을 하나님이 일하신 날들로 더 일반화하여 이해한다. 기록된 사건이 대체로 연속적일 수 있겠으나 시간의 길이를 말하는 것은 창세기 기사의 목적에 부합하지 않는다고 말이다. 창조의 날들은 하나님이 나누신 날들이거나 특별한 우주적 날들이다. 인간의 한 주는 이러한 창조의 한 주를 복사한 것이지만, '복사'를 문자적이 아닌 유비적으로 이해해야 한다는 주장이다.

각 관점은 상당한 이유가 있으며 각 관점을 지지하는 정통 개혁주의자를 열거할 수 있다. 그렇지만 내가 보기에, 창조의 날들은 하루가 24시간으로 이루어진 날들이었다는 관점이 가장 설득력 있다.

첫째, 창세기 1장에서 히브리어 단어 욤(yom, 날)이 24시간으로 구성된 하루라는 일반적 의미로 사용된다는 암시가 여럿 있다. 아침과 저녁이 언급되고, 어둠과 빛의 순환이 언급된다. 그리고 지금도 한 주는 7일로 구성된다. 가장 결정적으로, "징조와 계절과 날과 해"라는 후렴구는 창조의 날들이 달력에 표시되는 날들이라고 암시한다.

둘째, 해가 넷째 날 등장하는데, 이에 관해 훌륭한 설명들이 있다. 예를 들면, 특별하고 초자연적인 하나님의 임재가 우주를 비췄을 것이라는 주장이다. 또는 해가 이미 창조되었으나(창 1:1) 넷째 날에야 분리되었다고 주장할 수도 있다. 빛은 넷째 날 창조된 게 아니라, 큰 빛과 작은 빛으로 분리되었다(14절).

셋째, 창조의 날들이 일반적인 날들이었다고 보면 세계가 비교적 젊은데, 이는 타락 전에는 동물의 세계에 죽음이 없었을 가능성을 의미한다.

넷째, 하나님이 세상을 성숙한 상태로 창조하셨을 수 있다. 아담이 첫째 날 유아 상태가 아니었듯이, 우주도 일반적인 엿새 동안 창조되었으나 훨씬 오래되어 보일 수 있다.

다섯째, 창조의 날들을 보는 이러한 관점은 초기 주석자들(바실리오스, 암브로시우스), 중세 학자들(롬바르드, 아퀴나스), 종교개혁자들(루터, 칼뱅, 베자), 청교도들이(퍼킨스, 오웬, 에드워즈) 단언했으며, 웨스트민스터 신학자들이 알았던 유일한 관점이었다.

여섯째, 하나님은 일을 '설명하는' 방식만이 아니라 실제로 일을 '성취하는' 방식에서도 자신을 낮추셨다. 칼뱅이 말했듯이, 모세가 엿새를 말한 것은 "단순히 교훈을 전달하기 위해서가 아니다. 하나님이 그분의 일을 인간의 능력에 맞출 목적으로 자신을 엿새라는 공간에 맞추셨다고 결론지어야 한다."[1]

---

1 Calvin, *Commentaries*, 1:78.
• 창조 세계의 왕국들(creation kingdoms)은 '창조된 영역들'인데, 첫째 날은 빛(창 1:4), 둘째 날은 궁창 위의 물과 궁창 아래 물(7절), 셋째 날은 바다와 땅이다(9-12절). 창조 세계의 왕들(creation kings)은 이 영역을 채우는 것들인데, 넷째 날은 해와 달과 별(14-18절), 다섯째 날은 바다 생물과 공중의 생물(20-22절), 여섯째 날은 육지 동물과 식물과 사람이다(24-30절). -역주

DAY 64

역사적 아담

역사적 아담(historical Adam)에 대한 믿음은 성경의 논리적 일관성에 필수다. 아담이 직접적이고 즉각적이며 초자연적인 하나님의 행위로 창조된 역사적 인물이었다고 단언할 만한 든든한 이유가 많다.

1. 성경은 역사와 신학을 인위적으로 분리하지 않는다. 성경의 창조 이야기는 다른 고대 창조 이야기를 대체하지 않는다. 오경에는 이교도 세계와 타협하지 말라는 경고가 넘친다. 따라서 창세기가 고대 중동의 창조 이야기처럼 또 하나의 신화적 창조 기사로 시작한다면 놀라울 것이다. 더욱이, 창세기 2장의 아담부터 12장의 아브라함까지 역사가 솔기 없이 이어진다. 선사(prehistory)라는 용어가 '다른 종류의 역사보다 사실에서 더 멀다'라는 뜻이라면, 창세기 1-11장을 선사로 따로 떼어낼 수 없다. 모세는 아브라함과 그 이전 역사를 의도적으로 연결하며 에덴동산의 아담과 하와까지 거슬러 올라간다.

2. 역사적 아담이 없으면, 모든 민족 사이에 진정한 유기적 연결 고리가 있다고 말할 근거도 없다. 어떤 학자는 아담이 6-8천 년 전에 살았던 어느 신석기 농경 집단에서 선택되었다고 주장한다. 그 후에, 하나님이 이 원시인에게 하나님의 형상을 불어넣어 영적으로 살아 있는 존재가 되게 하셨다는 것이다. 이런 아담은 일종의 '역사적' 아담일

수 있을지 몰라도 대다수 그리스도인이 아는 아담이 아닐뿐더러 몇몇 심각한 문제를 내포한다. 아담이 어느 원시인 집단에서 선택되었다면 그의 첫 번째 죄는 무엇이었으며, 죽음이 이미 세상에 있었다면 그 첫 번째 죄 후에 무엇이 달라졌는가? 더욱이, 성경은 아담이 흙으로 창조되었고 하와가 아담의 갈비뼈로 창조되었다고 말하는데, 이 부분을 어떻게 처리해야 하는가? 마지막으로, 아담이 당시 세상에 살았던 숱한 신석기 농경 집단 가운데 하나에 속했다면, 우리 모두가 한 부부의 후손이며 그러기에 타고난 가치와 존엄을 동일하게 갖는다는 것을 어떻게 알 수 있는가?

3. 역사적 아담이 없으면, 바울의 원죄 교리도 무너진다. 그리스도께서 둘째 아담이시라는 바울의 가르침도 무너진다(롬 5:12-21; 고전 15:21-22, 45-49). 바울은 아담을 단순히 교훈적 모델이나 문학적 인물로 생각하지 않는다. 아담은 그리스도의 '모형'(*typos*)이며(롬 5:14), 구속사의 전개 속에 등장하는 실제 인물이다. 바울에게, 아담과 그리스도는 둘 다 대표자이며, 서로 다른 범주의 인류를 대표하는 머리다. 하나는 역사적이고 하나는 문학적일 수 없다. 둘째 아담의 부활이 역사적 실재이듯이, 상응하는 첫째 아담의 타락도 역사적 실재다.

4. 아담의 역사성은 구약성경과 신약성경 전체에서(그리고 제2성전기 유대교에서) 당연한 것이었다. 아담은 역대상 1장과 누가복음 3장의 족보에서 역사적 인물로 언급된다. 바울은 디모데전서 2장에서 아담과 하와를 실존 인물로 대한다(13-14절). 유다는 에녹이 "아담의 칠대 손"

이라고 말하는데(유 14절), 두 역사적 인물 사이에 특정한 거리가 있음을 암시한다. 창세기의 아담은 살과 피를 가진 인간이었다. 아주 최근까지, 모든 그리스도인은 성경을 이렇게 읽는 것을 상식으로 여겼다. 우리도 그래야 한다.

DAY 65

하나님이 세상을 창조하신 목적

살아 계신 하나님을 찬양할 영광스러운 이유를 창조 세계에서 보지 못한다면 우주를 제대로 보는 게 아니다.

시편 기자는 이렇게 말한다. "온 땅은 여호와를 두려워하며 세상의 모든 거민들은 그를 경외할지어다"(시 33:8). 왜인가? "그가 말씀하시매 이루어졌으며 명령하시매 견고히 섰도다"(8-9절). 시편 148편은 하나님의 천사들과 군대에게, 해와 달과 빛나는 별들에게, 하늘의 하늘과 하늘 위에 있는 물들에게 여호와의 이름을 찬양하라고 외친다(시 148:5). 그 이유는? "그가 또 그것들을 영원히 세우시고 폐하지 못할 명령을 정하셨도다"(5-6절). 간단히 말해, 하나님이 우리를 빚고 지으셨다. 하나님이 그분의 영광을 위해 우리를 창조하셨다(사 43:7).

조너선 에드워즈의 유명한 글에 나오는 표현을 빌리자면, 하나님의 영광은 "하나님이 세상을 창조하신 목적"이다. 절대로 하나님이 결핍 때문에(그분이 관계를 원했기 때문에, 즉 사랑할 대상을 원했기 때문에) 우주를 창조하셨다고 생각해서는 안 된다. 하나님은 어떤 갈증을 느껴 세상을 창조하신 게 아니다. 오히려 하나님이 세상을 창조하신 것은 넘쳐흐르는 것이 샘의 본성이기 때문이다. 창조 세계는 하나님의 선하심, 아름다움, 자비, 사랑, 지혜, 능력, 주권, 자족, 자존, 공의, 거룩, 신실하심, 자유가 콸콸 넘쳐흐른 결과다.

에드워즈는 이를 놀랍게 표현한다. 그의 글을 천천히 곱씹으며 읽어 보자.

> 하나님 안에 가능한 모든 선이 무한히 충만하게 존재한다. 다시 말해 모든 완전함이, 모든 탁월함과 아름다움이, 무한한 행복이 하나님 안에 충만하게 존재한다. 이러한 충만은 '외부로' 전달되거나 발산될 수 있다. 그러므로 이 무한한 선의 샘이 솟아 넘쳐흐르는 것이 아름답고 귀해 보인다. … 따라서 무한히 충만한 하나님의 선하심이 '외부로' 영광스럽고 풍성하게 발산되는 것이 하나님의 최종 목적이고, 하나님은 자신을 전달하거나 자신의 충만을 발산하려는 성향 때문에 세상을 창조하셨다고 생각하는 게 합리적이다.[1]

좀 더 쉽게 표현하면, 창조는 자신의 영광을 드러내려는 하나님의 결정이었다고 할 수 있다. 미시적 수준부터 우주적 수준까지, 하나님을 찬양할 이유가 있다. 생각해 보라. 어떤 과학자는 지구의 모래 알갱이보다 우주의 별이 더 많다고 한다. 은하수 하나에 별이 1,500억에서 2,000억 개이며, 우리가 속한 은하계는 수천 억 개에 이르는 은 하계 가운데 하나일 뿐이다. 이와 같은 추정에 따르면, 별의 개수는 100해(10^{22})개가 넘는다. 1 뒤에 0이 22개 붙은 수를 생각해 보라. 우주에 이만큼 많은 별이 있다. 인간이 이해할 수 없는 수다. 시편 147편 4절은 이렇게 말한다. "그가 별들의 수효를 세시고 그것들을 다 이름대로 부르시는도다"(그가 별들의 수를 정하시고 그 모든 별에게 이름을 주신다.-역자 직역).

좋은 신학은 모두 태초에서 시작한다. 창조 교리가 없으면 기독교도 없다. "우리 주 하나님이여 영광과 존귀와 권능을 받으시는 것이 합당하오니 주께서 만물을 지으신지라 만물이 주의 뜻대로 있었고 또 지으심을 받았나이다"(계 4:11).

1 Edwards, *Ethical Writings*, 432-434.

WEEK 14

DAY 66

천사

성경에서 천사는 우리 생각보다 중요하다. 구약성경은 열일곱 권에서, 신약성경은 일곱 권에서 천사를 언급하고, 성경 전체는 모두 합쳐 273회 천사를 언급한다. 그렇다면 천사는 무엇이고 무엇을 **하는지** 살펴보자.

1. 천사는 무엇인가?

첫째, 천사는 창조된 존재로, 창조자의 권위에 복종해야 한다. 몇몇 천사가 타락했는데, 이들을 귀신(demon)이라 부른다. 타락하지 않은 천사는 천사라 부른다. '선한' 천사와 '악한' 천사의 수가 고정된 것으로 보이는데, 성경은 천사와 관련해 더 이상의 변절이나 구속의 가능성을 말하지 않기 때문이다.

둘째, 천사의 본성은 영이다. 아우구스티누스는 말하기를 '천사'는 이들의 직무이고 영은 이들의 본성이라고 했다. 천사는 인격적 영이며, 때로 몸을 입고 나타난다(참조. 히 13:1).

셋째, 천사는 지적 피조물이다. 천사는 하나님의 형상으로 창조되지 않았으나 말하고 행동한다. 사실, 천사는 신자들에게 심판받을 것이다(고전 6:3). 천사는 초인(superhuman)이 아니라 초월인(suprahuman, 인간을 초월하는 존재)이다.

넷째, 천사마다 이름이 있다. 그중에 둘이 가브리엘과 미가엘이다. 외경에는 이 외에도 다섯 천사의 이름이 나온다. 라파엘, 사리엘, 우리엘, 라구엘, 레미엘이다(접미사 '엘'은 하나님을 뜻하는 '엘로힘'의 단축형이다).

다섯째, 천사는 여러 부류로 나뉜다. 미가엘은 유다서 9절에서 천사장이라 불린다. 그는 요한계시록 12장 7절에서 마귀와 싸운다. 가브리엘은 성경에서 미가엘 외에 이름이 언급된 유일한 천사이며, 전통적으로 천사장으로 여겨진다. 그룹(cherubim)과 스랍(seraphim)은 성막과 성전에서 하나님의 임재를 지키기 때문에 때로 '알현실의 천사'라 불린다.

여섯째, 천사는 몇몇 부분에서 사람보다 영광스럽지만(시 8:5) 천사의 영광을 과장해서는 안 된다. 천사는 지혜롭고 능력이 있지만 전지하지 않고 전능하지도 않다.

2. 천사는 무엇을 하는가? 이 부분도 여섯 가지 역할로 요약할 수 있겠다.[1]

첫째, 천사는 수호자다. 천사는 에덴동산을 지키고, 법궤를 지키며, 하나님의 백성을 지킨다.

둘째, 천사는 두 세계를 잇는 다리다. 야곱의 사다리나 또 천사들이 인자 위에 오르락내리락 하는 것을 보리라는 예수님의 말씀을 떠올려 보라.

셋째, 하나님이 율법을 주실 때처럼, 천사는 매개자다(갈 3:19).

넷째, 천사는 메신저다. 이것이 히브리어와 헬라어로 천사라는 단어의 의미이다. 천사는 야곱, 마리아, 바울에게 메시지를 전했고, 다니엘에게는 하나님의 메시지를 해석해 주었다.

다섯째, 천사는 순찰관이다. 천사는 이곳저곳을 다니며(슥 1장) 하나님의 공의를 행하는 대리인 역할을 한다(삼하 24장; 행 12:23).

여섯째, 천사는 종이다. 천사는 하나님의 백성을 인도하고(행 8:26) 돌본다(왕상 19:5-6). 천사는 또한 그리스도를 섬긴다. 그리스도의 삶과 사역의 중요한 순간마다, 천사들이 그리스도를 섬겼다. 다시 말해, 그리스도의 잉태, 탄생, 광야 유혹, 재판, 빈 무덤에 천사가 있었다.

천사를(성경의 역할 수행자를) 쇼의 주인공으로 만드는 것이 한 가지 위험이라면, 또 하나의 위험은 매년 성탄절 연극에서 보는 천사의 역할에 미소 지을 뿐 그 외에는 천사를 거의 생각하지 않고 완전히 무시하는 것이다. 이것도 잘못이다.

1 다음을 보라. Cole, *Against the Darkness*, 52-62. 콜은 열두 직무를 나열하는데, 내가 제시한 여섯 가지와 그가 제시하는 많은 부분이 겹친다.

DAY 67

귀신

하나님의 말씀을 그대로 받아들이고 성경을 진지하게 받아들인다면, 세상에 실제로 악이 존재할 뿐 아니라 세상에서 악을 필사적으로 조장하는 마귀와 귀신들이 존재한다고 결론지어야 한다.

에베소서는 네 단어 혹은 어구를 사용해 악한 영적 존재를 묘사한다. 바울은 이들을 마귀라 부르는 외에(엡 6:11) "통치자들", "권세들", "이 어둠의 세상 주관자들", "하늘에 있는 악의 영들"이라 부른다(12절). 용어가 일치하지는 않지만 모두 같은 생각을 표현한다. 악의 영역을 다스리는 강력한 영적 존재가 있다는 것이다(엡 1:21; 3:10).

이 세상의 어둠은 우연이 아니다. 이 어둠은 단순히 세속화나 성 혁명의 산물이 아니다. 우리 시대에(그리고 모든 시대에) 겉으로 드러난 악의 배후에 마귀(devil)와 그의 귀신들(demons)이 있다. 우리는 복음의 빛을, 그리스도의 얼굴에 있는 하나님의 영광의 빛을 등질 때마다 또 양심을 억압하고 빛보다 어둠을 좋아할 때마다, 마귀가 바라는 길에 들어서고 있다.

마귀가 어떻게, 왜 타락했는지 확신할 수 없지만 여러 본문이 (인간이 죄를 짓기 이전에) 천사가 교만해서 반역을 일으켰다고 암시한다. 디모데전서 3장 6절은 마귀가 "교만하여져서" 정죄를 받았다고 암시한다. 마찬가지로, 유다서 6절은 "자기 지위를 지키지 아니하고 자기 처소를 떠난 천사들을 큰 날의 심판까지 영원한 결박으로 흑암에 가두셨으며"라고 말한다. 에스겔 28장 11-19절에서 나오는 두로 왕에 관한 고상한 묘사를("너는 기름 부음을 받고 지키는 그룹임이여") 마귀에 대한 암시로 볼 수 있다면, 이 본문은 마귀가 죄를 지은 원인이 마음이 교만하고 허영에 차 있었기 때문이라는 또 하나의 증거가 된다.

마귀는 크게 두 가지 방법으로 하나님의 백성을 공격한다. 마귀는 속이는 자(꾀는 자)이고 고소하는 자(참소하는 자)이다. 두 단어는 마귀의 정체와 무기를 알려 준다. 마귀는 거짓말하고 비방한다. 요한계시록

12장은 마귀를 가리켜 "온 천하를 꾀는 자"(9절), "형제들을 참소하던 자"라 부른다(10절). 스가랴 3장에서 하나님은 사탄을 책망하시는데, 사탄이 대제사장 여호수아를 고소했기 때문이다(개역개정은 '그를 대적하는'으로 번역했다.-역주). 여호수아는 더러운 옷을 입었지만, 그슬린 나뭇가지를 불에서 꺼내듯이 하나님이 그를 구원하셨다.

우리는 마귀와 그의 귀신들에 관해 모르는 게 많다. 따라서 귀신의 계층 구조를 정교하게 그려내고 영들에게 영역을 할당하며 이름을 붙이는 일을 경계해야 한다. 예수님이 어느 귀신에게 이름을 물으시자 "군대"라는 답이 돌아왔을 때를 떠올려보라(막 5:9). 우리는 귀신들을 많이 알지 못하는데, 어쩌면 이 편이 우리에게 유익할 것이다.

그렇더라도 우리가 귀신들과 전쟁 중이라는 것은 알아야 한다. 에베소서 6장 10-18절에서 거듭 나타나는 주제는 '귀신을 쫓아내라'라거나 '요새를 점령하라'가 아니라 "서라"(개역개정은 '대적하라'라고 번역했다.-역주)이다. 우리는 지옥을 정복할 필요가 없다. 예수님이 십자가에서 지옥을 정복하셨다. 우리는 싸우고, 저항하며, 서야 한다.

DAY 68

섭리

성경의 이야기는 하나님의 섭리(providence) 이야기다. 페이지마다, 약속마다, 예언의 배후마다, 확실한 하나님의 손이 있다. 하나님이 그분의 뜻의 결정대로 모든 것을 유지하고, 모든 것을 지휘하며, 모든 것을 계획하고, 모든 것을 정하며, 모든 것을 감독하고, 모든 것을 행하신다(마 10:29-30; 엡 1:11).

신학자는 흔히 섭리가 세 요소로 구성된다고 말한다. 보존(preservation), 협력(concurrence), 통치(government)다. 하나님은 그분의 피조물을 지키고(보존), 그분의 피조물을 통해 일하며(협력), 그분의 피조물을 이끄신다(통치). 벌코프가 말하듯이, "섭리는 창조자가 그분의 모든 피조물을 보존하고 세상에서 일어나는 모든 일을 운영하며 모든 일을 그 지정된 목적으로 이끄는 데 사용하시는 신적 에너지의 지속적 실행이라고 정의할 수 있다."[1]

섭리는 성경에서 사소한 주제가 아니다. 섭리는 그저 모호한 몇몇 구절에서 추론한 암묵적 진리가 아니다. 하나님의 섭리 교리는 성경의 배경 음악이다. 섭리는 우리가 의식적으로 인지하지 못할 때라도 어디에나 있다.

이를 테면 하나님의 이름이 전혀 언급되지 않는, 에스더서 같은 책에도 모든 일이 하나님의 목적이 진전되도록 돕는 하나님의 섭리가 있다. 하나님은 우리의 유익을 위해 어려운 상황을 단지 바꾸시는 게 아니다. 하나님은 우리의 유익을 위해 어려운 상황을 정하신다(창 50:20).

하나님은 절대 능력과 절대 주권으로 만물을 다스리신다. "여호와께서 나라들의 계획을 폐하시며 민족들의 사상을 무효하게 하시도다"(시 33:10). "안개를 땅 끝에서 일으키시며 비를 위하여 번개를 만드시며 바람을 그 곳간에서 내시는도다"(시 135:7). 하나님은 사자의 입을 닫아 의인을 보존하고(단 6:22) 사자를 풀어 악인을 심판하신다(왕하 17:25). 하나님은 마음을 완악하게 하신다(출 14:17; 수 11:20).

하나님은 죄를 짓지 못하신다. 하나님은 악의 조성자나 실행자가 아니시다. 그와 동시에 그 어떤 일도 하나님의 선한 목적이나 뜻과 무관하게 일어나지 않는다. 역사상 가장 혐오스러운 행위, 곧 그리스도의 십자가 죽음도 하나님이 미리 정하신 계획대로 이루어진 일이다(행 4:27-30). 큰 부분에서 미세한 부분까지, 하나님이 우리의 모든 걸음을 인도하신다(잠 16:33; 20:24; 렘 10:23).

하나님이 섭리로 악을 다스리신다(삿 9:23; 삼상 16:14; 사 45:6-7; 암 3:6). 죽음도 하나님의 손에 있다(신 32:39; 삼상 2:6). 우리의 모든 날이 채 하루도 시작되기 전에 하나님의 책에 기록되었다(시 139:16). 우리의 하나님은 "하늘의 군대에게든지 땅의 사람에게든지 … 자기 뜻대로 행하신다"(단 4:3).

하나님이 하나님이신 것은 그분이 원하는 바를 행할 능력이 있고, 그것을 실행할 지혜가 있으며, 일어날 모든 일을 변할 수 없게 정할 주권적 권위를 가지시기 때문이다(사 46:9-10).

주권이 무엇이든 자신이 기뻐하는 것을 행할 수 있는 하나님의 능력이라면, 섭리는 이 능력이 우리를 위한 것이라는 놀랍도록 좋은 소식이다. "섭리란 어디에나 있는 하나님의 전능한 능력인데, 하나님은 이 능력으로 마치 그분의 손으로 하듯이 하늘과 땅과 모든 피조물을 붙들고 다스리시며, 그러기에 잎과 가지, 비와 가뭄, 풍년과 흉년, 음식과 음료, 건강과 질병, 번영과 가난 같은 모든 것은 우리에게 우연히 오는 게 아니라 아버지이신 그분의 손에서 온다."

그러므로 우리는 일이 잘 안 풀릴 때 인내할 수 있고 일이 잘 풀릴 때 감사할 수 있다. 그 무엇도 우리를 하나님의 사랑에서 끊을 수 없음을 알기에 미래를 확신할 수 있다(하이델베르크 요리문답 27, 28).

1. Berkhof, *Systematic Theology*, 166.; 벌코프, 『벌코프 조직신학』.

DAY 69

기적

하나님이 하시는 일은 세상에 한 가지 종류만 있는 것이 아니다. 섭리 가운데 하나님은 창조 질서의 평범한 수단을 통해 일하신다. 이러한 정의에 따르면, 아이의 출생은 (일반적으로) 기적이 아니다. 아이는 (일반적으로) 평범한 생물학적 과정을 통해 잉태되고 태어나기 때문이다. 화학 요법을 시술받은 후 암이 완치되는 것이 기도 응답일 수 있겠지만, 엄밀히 말해 기적은 아니다. 여객기를 허드슨강에 착륙시킨 조종사가 특별하고 영웅일 수 있겠지만, 이것이 기적은 아니다.

기적은 즉각적이고 초자연적인 개입이 있어야 한다. 기적은 하나님이 창조 세계를 유지하는 데 사용하시는 자연 질서에 따라 작동하지 않는다. 기적은 특별 섭리의 예다.

성경은 기적으로 넘쳐난다. 그러나 기적이 비교적 몇 곳에 집중되어 있다. 기적은 하나님의 구속 계획과 직접 연결되고, 구원사의 중요한 순간들에 집중된다. 따라서 출애굽 기간에, 엘리야 선지자와 엘리사 선지자의 사역 기간에, 특히 예수님과 사도들의 사역 기간에 즉각적이고 초자연적인 일이 많이 일어났다. 특별한 방식으로, 복음의 사건들과 그 메시지는 표적과 기사와 다양한 기적과 (기적적인?) 성령의 은사로 확증되었다(히 2:4).

그리스도인이 기적을 변호하기 위해 사용할 수 있는 방법이 많다. 예를 들면, 우리의 과학 지식이 갖는 한계를 강조하거나, 우리 시대의 설명되지 않는 현상을 제시하거나, 자연 질서를 벗어난 현상을 철학적으로 변론할 수 있다. 그러나 가장 좋은 방법은 성경에서 가장 중요한 기적, 곧 예수님의 부활에 초점을 맞추는 것이다.

사도행전 26장 19-29절에서, 바울은 베스도 총독과 아그립바왕 앞에서 부활을 변호하는데, 이 장면에서 세 부분에 주목하라.

1. 베스도 총독은 바울이 미쳤다고 생각했다. 바울이 죽은 자가 살아났다고 믿었기 때문이다(23-24절). 옛 사람이 원시적이고 뒤떨어졌으며 무엇이든 쉽게 믿었다고 생각하지 말라. 당신이 누구인지, 어디서 태어났는지, 언제 살았는지는 중요하지 않다. 전혀 본 적 없는 것을 믿는 일은 대다수에게 어렵다. 1세기 팔레스타인 사람 가운데 부활을 본 이는 아무도 없었다. 그들이 미신적일 수는 있겠지만(우리의 기준으로 볼 때) 죽은 사람이 살아난다는 것을 쉽게 믿지는 않았다.

2. 바울은 자신의 부활 믿음이 참되고 합리적이라고 주장했다(26절). 기적은 단순히 요행을 바란 결과가 아니라 하나님이 세상에 직접 개입하신 역사적 사례였다. 부활을 변호하면서 바울은 볼 수 있고 검증

할 수 있는 증거에 호소했다. 바울이 선포한 일은 어느 한 구석에서 일어난 게 아니었다. 바울의 메시지를 믿을 훌륭한 이유들이 있었다.

3. 아그립바는 기적을 받아들이는 것이 그리스도인에게 필수라고 이해했다(28-29절). 천지창조, 성경의 영감, 동정녀 탄생, 성육신, 부활처럼 우리 믿음의 가장 중요한 요소가 평범하고 자연스러운 설명을 거부한다. 기독교는 자연스러운 초자연주의다. 기적이 없으면 기독교도 없으며, 구속사에 나타난 기적을 믿지 않는다면 누구도 그리스도인일 수 없다.

DAY 70

기도

우리는 기도를 교리와 관련된 주제로 생각하지는 않는다. 그러나 최고의 조직 신학책 다수가 기도를 한 섹션으로 다루는데, 흔히 기도를 하나님의 섭리적 보살핌의 한 부분으로 다룬다. 이해가 된다. 궁극적 의미에서, 하나님은 우리의 기도가 필요하지 않으시다. 그러나 이차적 수단을 통해 세상을 다스리기로 선택하셨고, 그분의 백성이 드리는 기도는 이러한 수단 가운데 하나다. 하나님이 기도를 재정하신 데는 목적이 있다. 우리가 하나님을 의존하는 존재임을 깨닫게 하고 모든 좋은 선물을 주는 자로서 영광을 받으시기 위해서다.

칼뱅은 『기독교 강요』에서 70쪽을 기도에 할애한다. 그는 기도를 탐구하면서, 바른 기도의 네 가지 규범을 제시한다.

- 첫째 규범: 경외심
- 둘째 규범: 진실함과 인내
- 셋째 규범: 자기 신뢰를 포기하고 겸손하게 용서를 구한다.
- 넷째 규범: "기도가 응답되리라는 확실한 소망으로 기도한다."[1]

마가복음 11장 24절("그러므로 내가 너희에게 말하노니 무엇이든지 기도하고 구하는 것은 받은 줄로 믿으라 그리하면 너희에게 그대로 되리라")과 야고보서 1장 5-6절("너희 중에 누구든지 지혜가 부족하거든 … 하나님께 구하라 그리하면 주시리라") 같은 본문에 기초해, 칼뱅은 하나님이 신자에게 호의적이고 은혜를 베푸신다고 확신하라며 이들을 권면한다. 칼뱅은 이렇게 말한다. "우리가 기대하지도 않는 은혜를 하나님께 구할 때, 우리의 신뢰 부족에 하나님이 얼마나 더 진노하시겠는가?"[2]

물론, 우리는 겸손하게 기도하고 (우리의 변덕과 욕구가 아니라) 하나님의 말씀을 따라 하나님께 간구해야 한다. 경건한 그리스도인의 기도를 들어보라. 이들은 입에 발린 기도를 하지 않는다.

기도에는 두 가지 큰 위험이 있는데, 자신이 하나님인 양 기도하는 것과 하나님이 없는 것처럼 기도하는 것이다. 칼뱅은 이렇게 묻는다. "이것은 어떤 종류의 기도가 되겠는가? '주님, 당신께서 들으실지 의심스럽지만 불안에 짓눌려 당신께 도망하오니, 제가 그럴 만하다면 저를 도우소서.'" 성경에 기록된 성도의 기도는 이런 식이 아니다.

예수님이 기도에 관해 가장 자주 되풀이하신 명령은 기도의 방식이나 이유에 관한 게 아니라 단순히 '기도하라'는 것이다. 구하라, 찾으라, 두드리라. 예수님은 이를 원하신다(마 7:7). 예수님은 우리가 하나님의 돌보심을 믿고 하나님의 도우심을 확신하길 원하신다. 그러기에 기도하지 않는다는 것은 본질적으로 믿지 않는다는 것이다. 예수님이 다시 오실 때, 우리는 기도하고 믿는 모습을 보일 것인가(기도와 믿음은 서로 연결된다), 아니면 마치 하나님이 전혀 없는 것처럼 살고 행동하며 계획하고 불평하며 자신의 전략을 짜는 모습을 보일 것인가?

예수님은 항상 기도하고 포기하지 않는 게 어렵다는 것을 아신다(눅 18:1). 때로 결과가 보잘것없는데도 날마다, 해마다 공의를 위해 기도하기란 쉽지 않다. 기도는 믿음의 최우선 행위다. 여기서 말하는 믿음이란 하나님이 계시다는 믿음, 그분이 인격적인 하나님이시라는 믿음, 우리가 그분의 임재 안에 들어갈 수 있다는 믿음, 하나님이 기도를 통해 세상을 움직이신다는 믿음, 그리스도께서 하나님 오른편에서 우리를 위해 중보하신다는 믿음이다. 주님, 우리가 믿습니다. 우리의 믿음 없음을 도와주소서!

1 Calvin, *Institutes*, 3.20.11; 칼뱅, 『기독교 강요』.
2 Calvin, *Institutes*, 3.20.11; 칼뱅, 『기독교 강요』.

인간론

창조되고 타락한 인간

WEEK 15

DAY 71

창조된 존재와 최고봉

사람을 말할 때 두 가지를 명심해야 한다. 첫째, 사람은 하나님이 아니다. 이를 절대 잊지 말아야 한다. 둘째, 사람은 특별히 하나님을 **닮았다**. 이를 기억해야 한다. 사람은 남자와 여자로 창조된 존재일 뿐 아니라 하나님이 창조하신 세계의 최고봉이다.

두 진리 모두 시편 8편에 나온다. 다윗은 한편으로, 달과 별을 지으신 하나님이 사람을 생각하고 돌보신다며 놀라워한다. 다른 한편으로는 하나님이 우리에게 영화와 존귀로 관을 씌우셨다며 기뻐한다. 하나님은 그분의 손으로 만든 것을 사람이 다스리게 하셨고 만물을 그의 발아래 두셨다. 동일한 두 진리가 창세기 1장에도 나온다. 우리는 동물과 함께 여섯째 날에 창조된 피조물 부류에 속한다. 하나님처럼 창조되지 않은 부류가 아니다. 그러나 우리가 동물과 다르다는 사실은 부정할 수 없다. 하늘의 모든 새와 달리, 바다의 모든 물고기와 달리, 땅의 모든 짐승과 달리, 사람은 하나님의 모양대로 하나님의 형상을 따라 창조되었기 때문이다(창 1:26).

성경 이야기는 무엇보다도 하나님에 관한 이야기지만, 모든 면에서 하나님과 관련된 사람 이야기이기도 하다. 성경 이야기의 중심은 생명이나 지구가 아니라 사람이다. 다시 말해, 성경 이야기는 일반적인 생명이나 지구 자체에 관한 이야기가 아니다. 인간 존재에 관한 이야기다. 우리가 하나님께 중요한 존재인 이유는 단지 하나님이 모든 생명체를 돌보시고 우리가 그 가운데 하나이기 때문이 아니다. 하나님이 우리를 돌보시는 이유는 우리가 그분의 창조 작품 중에서 가장 중요하며 그분이 하신 일의 절정이기 때문이다.

현대의 환경 보호 운동이 놓치는 성경적 통찰이 있다. 인간은 창조 세계 이야기와 동떨어진 게 아니라 그 이야기의 가장 중요한 부분이라는 사실이다.

흔히 지구는 건강한 유기체이고 인간은 암세포라는 모델이 매우 자주 제시된다. 우리가 하는 짓이라곤 약탈과 오염과 소비와 파괴뿐이라고 말이다. 우리가 없으면 세상이 더 좋아질 테고, 따라서 어떤 희생을 치르더라도 우리의 '발자국'을 최소화하는 게 우리의 목표여야 한다고 말한다.

사실이다. 인간은 오염시키고 파괴할 수 있다. 그러나 생산하고 발전시킬 수도 있다. 우리는 창조자의 형상을 따라 지음 받은 하위 창조자로서, 낙원의 동산을 가꾸어야 했고 지금도 세상에서 일해야 한다. 우리는 아름다움을 창조하고, 문화를 건설하며, 황량한 행성을 인간의 번성에 더 적합하게 만들 수 있다. 하나님의 은혜로, 인간은 더 많은 사람을 먹이고 사람들이 더 오래, 더 건강하게, 더 편안하게 살도록 돕는 법을 배웠다.

우리는 인간을 다른 세계로부터 침입하여 순결한 환경을 파괴하는 존재로 생각하려는 유혹에 맞서야 한다. 그보다는 우리 자신을 청지기로, 타락한 창조 세계를 정복하고 보호하며 누리고 더 인간답게 만들도록 부르심을 받은 청지기로 보아야 한다. 그리스도인은 지구를 인간의 손길이 닿지 않는 이른바 낭만적 이상향으로 만들려 해서는 안 된다. 오히려 어떻게 우리 손을 사용해 지구를 더 많은 사람에게 더 포근한 곳으로 만들어 우리 아버지께서 지으신 세계의 아름다움과 장엄함과 창조성과 생산성을 누릴 수 있을지 곰곰 생각해야 한다.

DAY 72

사람, 몸과 혼

창세기 2장 7절을 보면, 여호와 하나님이 땅의 흙으로 사람을 지으신다. 하나님이 그의 코에 생명의 호흡을 불어넣으시자 그가 생명체(living creature, ESV역; 개역개정은 "생령"으로 번역했다.-역주)가 된다. '생명체'로 번역된 히브리어는 **네페쉬**(*nephesh*)인데, KJV에서는 "살아 있는 혼"(living soul)으로 번역되었다. 두 번역 모두 정당할 수 있다. 네페쉬는 구약성경에서 한 사람의 '혼'(soul)이나 내적 존재를 가리키는 일반적 단어지만, 좀 더 넓게 사용되어 살아 숨 쉬는 사람을 가리킬 수도 있다. 헬라어 **프쉬케**(*psyche*)도 비슷하게 넓은 의미로 사용될 수 있는데, 흔히 '생명'으로 가장 적합하게 번역된다(마 6:25). 네페쉬와 프쉬케 같은 일상적 단어의 모든 쓰임새에 전문적, 철학적 개념을 욱여넣어 해석해서는 안 된다.

그와 동시에, 어떤 종류든 몸과 혼의 이원론을 부정하는 이는 성경의 다른 많은 구절을 제대로 다루지 않는 것이다. 우리는 몸을 입은 존재만 경험했기에 개념화하기 어렵지만, 바울은 자신이 죽으면 몸을 떠나 그리스도와 함께 있으리라고 분명하게 가르쳤다(빌 1:23-24). 몸은 죽으면 무너지는 땅의 장막으로, 신자가 천국에서 하나님과 함께 할 새 집을 받을 때라도 다르지 않다(고후 5:1-10). 이런 이유로, 요한계시록 6장 9절은 우리 몸의 부활에 앞서 "하나님의 말씀과 그들이 가진 증거로 말미암아 죽임을 당한 영혼들"에 대해 말한다.

사람이 몸과 혼으로 구성된다고 단언하는 입장을 '이분설'(dichotomy, 두 부분)이라 한다. '삼분설'(trichotomy)과 같은 입장도 있는데, 사람이 몸과 혼과 영으로 구성된다는 주장이다. 특히, 두 본문이 삼분설을 뒷받침하는 듯하다. 데살로니가전서 5장 23절("너희의 온 영과 혼과 몸이")과 히브리서 4장 12절("혼과 영과 및…")이다.

삼분설이 비정통적 견해는 아니다. 그러나 교회사 내내 이분설이 다수 견해였고, 우리는 이분설을 받아들일 합당한 이유가 있다. 첫째, 바울은 자주 영(spirit)과 혼(soul)을 교차하여 사용한다(롬 8:10; 고전 5:5; 7:34; 고후 7:1; 엡 2:3; 골 2:5). 데살로니가전서 5장 23절에서 바울은 예수님이 마음을 다하고 목숨(soul)을 다하고 힘을 다하여 하나님을 사랑하라고 할 때와(마가복음에서) 아주 비슷하게 동의어를 하나씩 쌓고 있다. 누가복음 1장 46-47절에서는 혼과 영이 나란히 사용된다["내 영혼(soul)이 주를 찬양하며 내 마음(spirit)이 하나님 내 구주를 기뻐하였음은"].

예수님도 두 단어를 동의어로 사용하셨다. 요한복음 12장 27절에서 자신의 혼(soul; 개역개정은 '마음'으로 옮겼고 난외주에 '영혼'이라고 덧붙였다. –

역주)이 괴롭다고 하셨고, 요한복음 13장 21절에서는 영(spirit; 개역개정은 '심령'으로 번역했다.-역주)이 괴롭다고 하셨다. 히브리서 4장 12절은 "혼을 영**으로부터** 분리함"이라고 하지 않고 "혼을 나누고 영을 나눔"(개역개정은 '혼과 영 … 을 쪼개기까지'라고 옮겼다.-역주)이라고 한다. 히브리서 저자는 어떤 형이상학적 주장을 하는 게 아니다. 하나님의 말씀이 우리의 가장 깊고 내적인 부분을 뚫고 들어갈 수 있다는 뜻이다.

몸과 혼의 구분은 중요해 보이지 않거나 심지어 그리스 철학의 영향처럼 보일 수 있다. 그러나 성경은 우리가 (오로지) 몸을 위해 살고 자신의 혼과 영을 소홀히 한다면 어리석은 일이라고 자주 강조한다(마 10:28; 고전 5:5). 분명하게도, 우리 시대의 위험은 우리가 고대 사상에 지나치게 사로잡히는 게 아니다. 하나님의 형상을 지닌 자 중에 너무나 많은 수가 자신에게 혼이 있을 뿐 아니라, 몸의 욕구를 충족하는 것보다 더 중요하고 더 영원한 것이 있음을 잊었다는 사실이다.

DAY 73

우리의 영혼은 어디서 오는가?

쉽게 이해할 수 있듯이, 인간의 몸은 유성 생식(sexual reproduction)의 유기적 과정을 통해 번식한다. 정자와 난자가 결합해 새로운 생물학적 생명이 잉태된다. 그러나 영혼은 어떤가? 영혼은 어디서 오는가?

역사적으로, 영혼(sour)의 기원에 관해 세 가지 설명이 있다(앞 장과 연결하자면 'soul'을 '혼'으로 옮겨야 하지만 편의상 영혼으로 옮겼다.—역주).

첫째 설명은 영혼이 '선재한' 상태로 있다가 몸을 입었다고 주장한다. 이 견해에 따르면, 우리 각자는 몸을 갖기 전에 비물질적 존재를 가졌다. 교부 오리게네스는 지금 우리의 몸을 입은 삶(embodied life)이 우리의 앞선 비물질적 삶의 선과 악을 투영한다고까지 주장했다. 그러나 오리게네스 외에, 우리의 영혼이 이전 상태에서 왔다고 가르친 신학자는 거의 없다. 이러한 견해는 몸이 인간 존재에서 우연한 것이 되게 하고, 사람과 천사의 구분을 없애며, 성경의 지지를 전혀 받지 못한다.

둘째 설명은 인간의 영혼이 몸과 동일한 방식으로 번식된다고 가르친다. 다시 말해, 우리는 몸과 영혼 둘 다 부모에게서 받는다. 이 견해를 가리켜 '유전설'[traducianism; 트라둑스(*tradux*)는 포도나무의 순이나 싹을 가리키는 라틴어다]이라 한다. 유전설을 뒷받침하는 여러 논증이 제시될 수 있다.

1. 성경은 하나님이 아담에게 생기를 불어넣으셨다고 말하지만 하와에게도 동일하게 하셨다고 말하지 않는다. 이는 하나님이 첫 사람을 위해 영혼을 창조하셨으나 그 후에는 각 영혼이 자연적 과정을 통해 형성되었다는 암시가 아니겠는가?
2. 하나님은 여섯 째 날 이후에 일을 쉬셨다.
3. 성경은 후손들이 조상의 "허리"에 있었다고 말하는데(히 7:9-10), 그렇다면 우리의 전인(全人)이 부모에게서 오는 게 틀림없다.

4. 유전설은 보편적 죄와 부패를 가장 잘 설명한다. 하나님은 우리를 위해 부패한 영혼을 창조하신 게 아니다. 우리는 부패한 영혼을 부모에게서 물려받았다. 테르툴리아누스(Tertullian), 니사의 그레고리우스(Gregory of Nyssa) 같은 교부가 유전설을 주장했다. 좀 더 최근에, 개혁주의 신학자 윌리엄 셰드도 유전설을 강력하게 주장했다.

셋째 설명은 하나님이 각 개인의 영혼을 직접 창조하셨다고 가르치며, 이 때문에 '창조설'이라 불린다. 교회사에서 가장 일반적인 견해로, 동방 교회의 지배적 견해이고, 로마 가톨릭교회에서 우세한 견해이며, 적어도 프로테스탄트 사이에서 다수의 의견이다. 창조설을 뒷받침하는 핵심 논증은 다음과 같다.

1. 성경은 하나님을 가리켜 "모든 영의 아버지"라 말하며(히 12:9) 사람 안에 혼(spirit; 개역개정은 '심령'으로 번역했다.─역주)을 지으셨다고 말한다(슥 12:1).
2. 아담의 창조는 몸과 영이 두 본체임을 보여 주는데, 몸은 창조된 것들로 빚어졌고 영은 하나님이 직접 창조하셨다.
3. 창조설은 어떻게 그리스도께서 아담의 죄에서 비롯된 죄책과 오염을 물려받지 않은 채 참 인성을 소유하실 수 있는지 가장 잘 설명한다.
4. 우리는 부패한 본성을 몸의 물리적 결함 때문에 물려받는 게 아니라 하나님이 아담의 원 불순종(original disobedience)을 우리에게

전가하셨기에 물려받는다. 하나님은 우리를 위해 악한 성향을 지닌 오염된 영혼을 만드시는 것이 아니다. 원 의(original righteousness)라는 선물을 거두심으로써 죄가 자연스럽게 따라온다.

유전설과 창조설 둘 다 훌륭한 신학적·역사적 지지를 받는다. 그러므로 어느 쪽에 관해서든 독단적이지 않아야 한다. 그러나 창조설이 더 많은 지지를 받으며 그리스도의 죄 없음을 더 잘 설명하기에 나는 창조설을 선호한다. 어느 견해를 취하든, 몸과 영 둘 다 하나님이 주신 좋은 선물이며, 우리는 타락한 상태에서 구속이 필요하지만 몸과 영은 늘 하나님의 영광을 위해 사용해야 한다는 사실을 명심해야 한다.

DAY 74

능력 심리학

서구 철학 및 신학의 역사는 영혼이 어떻게 작동하는지 이해하려고 상당한 시간과 에너지를 쏟았다. 우리의 물질적인 부분이 다양한 요소를 갖듯이 (보는 눈, 듣는 귀, 말하는 입) 우리의 비물질적 부분도 다양한 요소를 갖는다. (비전문 용어를 쓰자면) 이 요소들을 능력(faculties)이라 한다. 따라서 능력 심리학(faculty psychology)은 우리의 비물질적 자아가 내적으로 어떻게 작용하는지와 관련이 있다.

능력을 영혼에서 특정 작업을 수행하는 어떤 힘으로 정의할 수 있다. 역사에서, 이러한 능력은 다양하게 이해되었다. 플라톤(Plato)은 지성(intellect), 정서(affections, 고상한 성향과 관련이 있다), 욕구(appetites, 감각적 욕망과 관련이 있다), 세 능력이 있다고 믿었다. 아리스토텔레스는 섭생 능력(유기적 생명을 유지하기 위한 능력), 욕구 능력, 감각 능력, 이동 능력, 이성적 능력, 다섯 가지 능력을 가르쳤다. 아리스토텔레스가 말한 다섯 가지 능력은 아우구스티누스와 아퀴나스와 개혁파 스콜라주의의 일반적 출발점이었다.

아퀴나스는 아리스토텔레스의 개념을 자주 빌려다 썼지만 자신만의 방식으로 능력 심리학을 이해했다.

1. 지적 능력이 있다(마음과 이해를 다룬다).
2. 욕구 능력이 있다(욕구를 다룬다). 이 부분은 다시 두 유형으로 구분된다. 지적 욕구(의지)와 감각적 욕구(욕망)이다.
3. 이성이 있는데, 이성은 지성과 의지의 결합으로 작동한다. 중요하게도, 아퀴나스가 사용하는 틀에서 이성은 하위 능력을 통제할 수 있다.

개혁주의 신학은 폭넓은 서구 전통을 따라 지적 능력[때로 '이해'(understanding, 오성) 또는 '이성'이라 불린다]이 다른 능력에 우선한다고 단언한다. 그러나 개혁주의 신학에 따르면, 이성은 늘 신뢰할 수 있는 게 아니다. 웨스트민스터 신앙고백은 원죄를 통해 우리가 "죄로 인해 죽었으며, 영혼과 몸의 모든 부분과 능력이 완전히 더러워졌다"고 말한다

(6.2.). 바꾸어 말하면, 우리의 어느 한 부분도 타락에 영향을 받지 않거나 타락으로 인해 오염되지 않은 곳이 없다.

개혁주의 신학자는 이러한 문제를 더 조심스럽고 덜 철저하게 탐구하는 경향이 있다. 그 결과, 흔히 능력을 둘, 곧 지성과 의지로 축소한다. 어떤 개혁주의 신학자는 마음, 기억, 양심을 별개의 능력으로 분류한다. 결정적으로, 개혁주의 신학자는 내면의 삶을 말할 때 정서(affections)와 격정(passions)을 조심스럽게 구분했다. 우리는 '감정'(emotions)을 내적 삶을 가리키는 포괄적 용어로 사용하는 경향이 있지만, 기독교 신학자와 철학자는 일반적으로 더 강력하면서도 미묘한 어휘를 사용했다.

사실 감정이란 단어는 19세기에 와서야 '일반화'되었다. 그 이전에, 사상가들은 감성(sentiments), 공감(sympathy), (특히) 정서와 격정을 말했다. 정서는 의지의 움직임이고, 격정은 감각적 욕구의 움직임이다. 격정은 우리를 수동적으로 만든다. 격정은 우리에게 와서 우리를 휩쓴다. 웨스트민스터 신앙고백은 하나님께서는 "몸이나 부분이나 성정(격정)이 없다"고 말한다(2.1).

능력 심리학은 난해한 논쟁처럼 보일 수도 있지만, 그 개념을 알면 내면 세계의 작동을 생각하는 데 도움이 된다. 특히, 격정과 정서라는 용어는 그리스도인의 삶이 결코 정적이지 않으며 참 믿음은 단순한 지적 동의에 불과하지 않다는 점을 강조하는 데 도움이 된다. 그와 동시에, 구원이 우리를 휩쓰는 그 어떤 감정적 느낌에 달려 있다고 생각하지 않도록 우리를 지켜 준다.

DAY 75

남자와 여자

인간은 단수이면서 복수이다. 인류는 단수로 '사람'(아담)이라 부를 수 있지만, 남자와 여자를 아울러 복수로 부를 수도 있다. "**우리의** 형상을 따라 … **우리가** 사람을 만들고"(창 1:26). 하나님이 복수이듯이, 유사한 방식으로 사람도 복수다. 하나님은 에덴동산에서 사람에 관해 언급하셨을 모든 것 가운데 성적(sexual) 차이가 사람의 특징이라는 것을 우리가 알기 원하셨다.

성경이 남자와 여자를 구분하는 다섯 가지 방법을 제시하겠다. 이러한 차이를 첫 글자들을 따서 ABCDE로 쉽게 기억할 수 있다.

외모(appearance). 고린도전서 11장 1-16절을 해석하고 적용하기가 쉽지 않을 수 있다. 바울이 남자에게 긴 머리는 부끄러움이 됨을 본성이 가르친다고 말할 때(14절) 그는 헤어스타일에 관해 보편적 선언을 하는 게 아니다. 그는 성별(gender)에 관해 보편적 선언을 하고 있다. 고린도전서 11장에 중요한 원리가 있는데, 세상과 교회는 이 원리를 들어야 한다. 남자는 여자가 아니며, 남자가 여자처럼 보이는 것은(또는 여자가 남자처럼 보이는 것은) 불쾌하고 부자연스럽다. 하나님은 일부러 우리를 남자와 여자로 지으셨고, 두 성이 혼동되길 원치 않으신다.

몸(body). 세상은 우리의 몸이 우리 자신에 대해 영구적이거나 필연적인 어떤 것도 말해 주지 않는다고 믿게 하지만, 성경은 정반대로 말한다. 우리 몸은 조화를 이루도록 설계되었다. 남자 됨은 한편으로 남자의 몸이 여자를 위해 설계되었다는 뜻이다. 여자 됨도 마찬가지로 여자의 몸이 남자를 위해 설계되었다는 뜻이다(레 18:22; 롬 1:26-27). 자신의 인식이나 성 정체성에 맞춰 몸을 변형해서는 안 된다. 우리의 몸은 우리가 정의하거나 선택하는 게 아니라 주어진 것이다. 하나님의 영광을 위해 사용되도록 우리에게 주어졌다(고전 6:19).

최고의 성품(crowning characteristic). 성경은 흔히 아름다움의 추구를 여성성과 연결하고(딤전 2장; 벧전 3장) 힘의 추구를 남성성과 연결한다(왕상 2:2; 고전 16:13-14). 분명히, 아름다움과 힘은 어느 한 성별의 특징이 아니지만, 각각은 하나의 성과 특별하게 연결된다. 하나님은 경건한 성품의 참 아름다움을 품도록 여자를 이끄시며 고귀한 용기와 자기희생의 참 힘을 품도록 남자를 이끄신다.

역할(demeanor). 데살로니가전서 2장 몇몇 구절에서, 바울은 자신의 목회 방식을 어머니 역할과(7-8절) 아버지 역할에 비유한다(11-12절). 사도 바울에게 어머니 역할은 부드러움과 애정과 희생을 암시한다. 아버지 역할은 권면과 위로와 영적 경고를 암시한다. 남자도 부드러울 수 있고 여자도 권면할 수 있다. 그렇더라도, 바울의 은유에는 기준이 있다. 역할에 차이가 있다. 바울에게 있어 하나님이 더하신 부드러움의 이미지는 어머니에게 어울리고, 하나님이 이끄시는 권면의 이미지는 아버지에게 어울린다.

적극적 자세(eager posture). 에덴동산에서 보이신 하나님의 계획에 따르면, 여자의 자세는 돕는 것이고(창 2:18) 남자의 자세는 이끄는 것이다. 아담이 먼저 창조되었고, 동물들의 이름을 지었으며, 부부의 죄에 책임이 있었다. 나는 '자세'(posture)라는 단어를 의도적으로 썼는데, 유연하지 않은 직무가 아닌 남자와 여자가 의도적으로 찾고 기쁘게 받아들이는 일을 말하기 위해서다. 이 역할은 결혼 생활에서 가장 분명하게 나타날 테지만, 결혼 관계 밖에서도 이러한 태도가 나타나야 한다. 성적 차이는 실수나 후천적인 게 아니라 태초부터 시작된 하나님의 선한 디자인이다.

WEEK 16

DAY 76

결혼

(한때) 기독교 사회였던 서구 사회에서 지금보다 더 결혼의 본질이 혼란스러웠던 때는 없었을 것이다. 감사하게도 우리는 세 가지 성경적 주제, 곧 상호보완성, 언약과 자녀, 그리스도와 교회에서 결혼에 관한 기본적인 이해를 도출할 수 있다.

세 주제의 출처는 창세기 2장 18-25절, 말라기 2장 13-16절, 에베소서 5장 22-33절이다.

1. **상호보완성**(complementarity, 창 2:18-25). 나는 상호보완론을 믿는다. 그러나 내가 말하는 상호보완성은 '상호보완론'의 이름으로 이루어지는 남자와 여자의 역할 전부를 의미하지 않는다. 내가 말하는 상호보완성은 창세기 기사에서 남자와 여자가 서로에게 특별히 알맞다는 뜻이다(18, 20절). 여자는 남자의 맞춤한 배필(helper)이다. 여자와 함께할 때에야 남자는 생육하고 번성하라는 창조 명령을 수행할 수 있다(창 1:28). 여자는 남자에게서 비롯되었으며(창 2:21-22) 남자와의 관계에서 여자라는 이름이 붙었다(23절). 여자는 남자의 갈비뼈로 창조되었기에, 결혼으로 둘이 한 몸으로 연합하는 일은 실제로 일종의 재

연합이다. 일부일처제와 배타성은 이러한 결혼 이해에 기초할 때에야 일관된 도덕적 논리를 갖는다.

2. **언약과 자녀**(말 2:13-16). 결혼은 언약적 결합이다(14절). 고대 세계에서(지금까지도) 언약으로서 결혼은 두 가지로 구성되었다. 구두 서약과 언약의 확인(즉, 성관계)이다. 하나님이 결혼을 재정하신 한 가지 목적은 경건한 자손이다(15절). 물론 번식이 결혼의 유일한 목적이라거나 성적 친밀감은 번식을 위한 수단일 뿐이라고 말하는 것은 아니다. 그러나 남편과 아내가 한 몸을 이루는 연합의 결과인 자녀를 빼놓고 결혼을 제대로 정의할 수 있다고 생각한다면 잘못이다.

이런 이유로, 개정된 웨스트민스터 신앙고백은 결혼이 부분적으로 "거룩한 씨"의 "증식"을 위해 재정되었다고 말한다. 성공회 기도서(Book of Common Prayer)는 거룩한 결혼이 "자녀 출산을 위해 재정되었다"고 말하고, 인간 생명(Humanae Vitae, 로마 가톨릭)은 "일치의 의미와 출산의 의의 … 모두 부부 행위(marriage act) 속에 내포되어 있다"고 말한다. 정의상, 결혼은 모든 생리적 조건이 정상으로 작동한다면 자녀를 잉태할 수 있는 연합이다. 결혼이 유효하려면 자녀를 낳아야 한다는 뜻이 아니다. 본질과 계획과 목적에서, 결혼은 두 사람의 언약이며, 두 사람이 한 몸이 되는 헌신은 자녀를 낳는 일종의 연합이다.

3. **그리스도와 교회**(엡 5:22-33). 그리스도와 교회의 신비한 연합은 한 남자와 한 여자가 그리스도인의 결혼에서 한 몸이 되는 것으로 표현된다. 바울의 권면은 결혼 연합 안에 차이가 있을 때만 유효하다

는 데 주목하라. 요한계시록 21-22장에서 하늘과 땅이 하나 되기 전에 19장에서 어린양의 혼인잔치가 열린다는 것은 앞뒤가 딱 들어맞는다. 결혼은 하늘과 땅, 또는 바울이 말하듯이 그리스도와 교회를 묘사하는 맞춤한 그림으로 재정되었다. 결혼의 의미는 상호 희생과 언약적 헌신 그 이상이다. 그리스도와 교회의 신비로운 연합(각 '부분'이 서로에게 속하지만 서로 맞바꿀 수 없다)은 남자와 여자의 차이가 없다면 결혼 연합으로 표현될 수 없다. 두 남자를 (또는 두 여자를) 에베소서 5장의 논리에 욱여넣는다면 온전한 복음의 그림은 고사하고 동일한 신비를 얻을 수 없다.

DAY 77

트랜스젠더리즘

성경은 하나님이 우리를 남자와 여자로 지으셨으며, 우리는 자신의 감정이나 욕구와 상관없이 하나님의 선한 설계, 곧 생물학적 성별에 따라 행동해야 한다고 가르친다. 트랜스젠더리즘(transgenderism)은 하나님의 영광에 미치지 못하며 그리스도께 순종하는 길이 아니다.

하나님은 인류의 첫 쌍을 자신의 형상으로 창조하실 때 남자와 여자로 창조하셨다(창 1:27). 하나님은 남자를 보완하고 돕는 존재로 여자를 창조하셨다(창 2:18-22). 남자와 여자의 존재는 절대로 단순한 문화적 구성물이 아니다. 하나님은 남자와 여자의 존재를 그분의 창조 계획에 필수적인 요소로 묘사하신다. 두 성은 일치하지 않을뿐더러 맞바꿀 수도 없다. 그러나 남자와 여자는 서로에게 속한다. 남자에게서 비롯된 여자가 성적 연합으로 다시 남자와 결합할 때, 둘은 한 몸이 된다(창 1:23-24). 간성인(intersex individuals)이라는 희귀한 변이는 창조 계획을 훼손하는 게 아니라 오히려 (주관적 정신 상태와 반대되는) 객관적인 의학적 상태로서 타락한 세상에서 피조물이 '탄식하고'(신음하고) 있음을 보여 주는 또 다른 예다.

(단순히 새로운 정체성을 가지려 애쓰는 사람과 반대로) 트랜스젠더 성향을 진지하고 깊이 느끼는 사람이 있을 때, 그리스도인은 인내와 친절과 진실로 반응해야 한다. 문제는 트랜스젠더라거나 트랜스젠더 성향이 있느냐 없느냐가 아니다. 문제는 우리의 감정적 또는 정신적 '상태'가 하나님의 설계의 '당위'와 동등한지 아닌지이다. 대다수 그리스도인이 식이 장애부터 비성경적 이혼까지 다른 영역에서는 이런 사랑 방식을 거부한다. 우리는 그리스도를 따른다는 것은 자신에 대해 죽고(마 16:24) 마음이 새로워지며(롬 12:2), 더는 이전처럼 행하지 않는 것이라고 이해한다(엡 4:17-18). '자신에게 진실하다'는 것이 하나님의 말씀을 거슬러 행한다는 뜻일 때, 이러한 진실함은 잘못된 선택이다.

성경은 생물학적 성과 성 정체성의 유기적 일치를 가르친다. 이 때문에 번성할 수 있는 (유일한) 형태의 한 쌍은 남자와 여자다(창 1:28; 2:20). 이 때문에 동성애(남자가 여자와 동침하듯이 남자와 동침하는 행위; 레 18:22)는 잘못된 것이다. 사도 바울은 동성애는 남자와 여자의 성적 결합이라는 자연스러운 관계 또는 자연스러운 기능에서 벗어났다고 말한다(롬 1:26-27). 각각의 경우에서 그 주장은 남자와 여자의 생물학적인 특성과 이에 상응하는 성 정체성이 일치한다고 전제할 때에만 성립된다.

남자와 여자의 이분법이 하나님의 생각이라면, 우리가 하나님의 설계에 따라 남자와 여자의 생물학적·창조적 차이를 받아들여야 한다면, 지금의 혼란스러운 현실이 하나님을 노하게 한다고 추론하는 것은 타당하다. 그러므로 성경은 분명하게 가르친다. 남자는 성적으로 여자처럼 행동해서는 안 되고(레 18:22; 롬 1:18-32; 고전 6:9-10), 여자처럼 옷을 입어서도 안 되며(신 22:5), 남자와 여자가 서로의 분명한 성 정체성 표현을 자신에게 적용한다면 부끄러운 일이다(고전 11:14-15). 우리는 자기 육체로 자신이 원하면 무엇이든 할 수 있는, 천부적인 권리를 갖고 있지 않다. 우리는 하나님께 속했으며, 우리 몸으로 하나님께 영광을 돌려야 한다(고전 6:19-20).

DAY 78

하나님의 형상

모든 사람은 하나님의 형상으로 창조되었고, 따라서 우리 각자는 하나님을 대리하고 하나님을 닮도록 창조되었다.

하나님의 형상은 창세기 첫 몇 장의 세 전환점에서 언급된다. 먼저 창조 때 하나님은 "우리의 형상을 따라 우리의 모양대로 우리가 사람을 만들"자고 선언하신다(창 1:26). 바로 다음 절은 이렇게 말한다. "하나님이 자기 형상 곧 하나님의 형상대로 사람을 창조하시되 남자와 여자를 창조하시고"(26-27절).

아담과 하와가 에덴동산에서 쫓겨나고 저주가 땅에 뿌리를 내린 후, 성경은 다시 한 번 "하나님이 사람을 창조하실 때에 하나님의 모양대로 지으시되"라고 말한다(창 5:1).

마지막으로 대홍수 후, 사람 속에 **이마고 데이**(*imago dei*, 하나님의 형상)가 있다는 게 세 번째 언급된다. "다른 사람의 피를 흘리면 그 사람의 피도 흘릴 것이니 이는 하나님이 자기 형상대로 사람을 지으셨음이니라"(창 9:6). 이 세 차례 언급에서, 사람이 하나님의 형상으로 창조되었고, 타락은 이마고 데이의 완전한 파괴를 의미하지 않으며, 대홍수의 형벌은 이마고 데이를 완전히 쓸어버리지 않았음을 알 수 있다.

이 개념은 기독교 신학에서 더없이 중요한데, 하나님의 형상이란 표현은 신약성경에 와서야 다시 나타난다. 고린도전서 11장 7절은 남자를 "하나님의 형상과 영광"이라 말하며, 야고보서 3장 9절은 "하나님의 형상대로 지음을 받은 사람을 저주하지" 말라고 경고한다. 야고보서 구절은 '이마고 데이'가 하나님의 백성에게만 있는 게 아니라고 강조한다. 우리가 저주하고 싶은 유혹을 받는 대상이 누구든 간에, 어떤 사람이든 간에, 우리에게 무슨 짓을 했던 간에, 그 사람이 하나님의 형상과 모양으로 지음 받았다는 사실을 명심해야 한다.

신약성경으로 넘어오면, 하나님의 형상을 말하는 방식에 두 가지 중요한 변화(그리고 관련된 변화)가 일어난다.

첫째, 신약성경은 하나님의 형상을 완전하게 드러내는, 사람이신 그리스도께 초점을 맞춘다. 복음은 그리스도의 영광에 관한 것인데 그리스도께서는 하나님의 형상이시다(고후 4:4-6). 우리는 이 복음으로 구원받을 수 있고(고후 5:17-21), 이 복음으로 그분과 같은 형상으로 변화되어 한 단계의 영광에서 다음 단계의 영광으로 옮겨갈 수 있다(고후 3:17-18). 마찬가지로 골로새서도 그분의 신성에 있어 그리스도께서는 보이지 않는 하나님의 특별한 형상이시라고 말한다(골 1:15-20). 골로새서는 또한 뒷부분에서 신자에게 땅에 있는 지체를 죽이고 자신을 창조하신 이의 형상을 따라 지식에까지 새롭게 하심을 입으라고 말한다(골 3:5-10).

둘째, 신약성경은 우리가 피조물로서 갖는 하나님의 형상보다 우리의 종말론적 목표인 하나님의 형상에 더욱 초점을 맞춘다. 이를 테면, 사도 바울은 로마서 8장 29절에서 이렇게 말한다. "하나님이 미리 아신 자들을 또한 그 아들의 형상을 본받게 하기 위하여 미리 정하셨으니." 그리고 고린도전서 15장 49절에서 다시 이렇게 말한다. "우리가 흙에 속한 자의 형상을 입은 것 같이 또한 하늘에 속한 이의 형상을 입으리라."

하나님의 형상은 우리가 소유하는 것이고 받은 것일 뿐 아니라, 우리가 점점 더 닮아가는 것이고 그리스도께 속한 모두에게서(이들에게서만) 어느 날 실현될 것이기도 하다. 그리스도인에게 하나님의 형상은 우리의 존엄이자 운명이다.[1]

1   다음을 보라. Kilner, *Dignity and Destiny*.

DAY 79
하나님의 형상으로 창조되었다는 것은 무슨 뜻인가?

기독교 사상과 서구 문명에서 갖는 의미를 고려할 때, 하나님의 형상을 정의하기란 늘 쉽지는 않았다.

옛 신학자는 하나님의 형상의 '구조적 측면'을 강조하는 경향이 있었다. 이들은 인간이 동물과 구분되는 것은 지성, 합리성, 도덕성, 아름다움, 예배와 관련된 능력 때문이라고 보았다. 태아나 심한 장애인이라도, 신체적 제약이나 심리적 제약 때문에 아무리 제한을 받더라도, 방금 말한 내용과 관련해 사람만 갖는 능력이 있다.

좀 더 최근 신학자는 하나님의 형상의 기능적 측면에 초점을 맞춘다. 다시 말해, 이들은 하나님의 형상을 우리의 본질보다는 우리의 윤리와 동일시했다. 로마서 8장 29절("그 아들의 형상을 본받게 하기 위하여 미리 정하셨으니")과 고린도전서 15장 49절("우리가 흙에 속한 자의 형상을 입은 것 같이 또한 하늘에 속한 이의 형상을 입으리라") 같은 구절에 따르면, 하나님의 형상은 단지 우리가 가진 것이 아니라 우리가 행하고(do) 되어야(be) 하는 것이다(요일 3:2-3).

두 측면 모두 하나님의 형상에 관해 중요한 것을 가르치지만, 우리는 성경을 토대로 구조적 측면(우리가 가진 것)보다 기능적 측면(우리가 하는 것)을 더 말할 수 있다. 그러므로 우리가 하나님의 형상을 어떻게 살아내야 하느냐와 관련해 세 측면을 더 살펴보겠다.

첫째, 인간은 하나님의 '대리자'다. 고대 왕이 자기 형상을 영토 곳곳에 세워 소유권과 통치권을 표시했듯이, 우리는 하나님의 형상을 지닌 자로서 세상에 존재함으로써 이 땅이 하나님의 것이라고 표시한다. 더 나아가, 우리는 하나님의 대리자로서 통치자와 청지기가 되어야 한다. 우리는 "주의 손으로 만드신 것을 다스리는" 권한을 받았으며, 이런 점에서 동물과 구별된다(시 8:6; 참조. 창 1:28).

둘째, 인간은 하나님과 '관계'를 맺도록 창조되었다. 하나님의 그 어떤 피조물과도 달리, 아담은 언약을 위해 창조되었다(호 6:7). 하나님의 형상은 우리 '안에' 있는 무엇이며 또 우리에 '관해' 사실인 무엇일 뿐 아니라 우리와 하나님 '사이에' 존재하는 무엇이기도 하다. 하나님은 그분의 모든 피조물과 달리 우리 안에서 자신의 무언가를 보실 수 있다. 하나님의 형상을 지닌 자라는 말은 창조자를 알고 섬기며 의식적으로 예배할 수 있는 피조물이라는 뜻이다.

셋째, 인간은 하나님의 의를 투영하도록 창조되었다. 신약성경은 하나님의 형상을 참 지식, 의, 거룩으로 정의한다(엡 4:24; 웨스트민스터 신앙고백 4.2). 죄가 사람 속에 있는 하나님의 형상을 망가뜨렸지만, 하나님은 여전히 우리를 새롭게 하여 우리가 그리스도를 닮음으로써 하나님의 형상을 점점 더 투영하게 하실 수 있다(골 3:9-10).

이 마지막 핵심을 강조해야겠다. 우리는 인간 본성을 그리스도와 무관하게 존재론적으로 어느 정도 이해할 수 있지만, 순종하는 사람의 삶이 어떠한지는 오직 성육신을 통해 알 수 있다. 복음은 "그리스도의 영광"에 관한 것인데 "그리스도는 하나님의 형상"이시다(고후 4:4). 그리스도의 영으로, 우리는 그분과 같은 형상으로 변화되어 한 영광에서 다음 단계의 영광으로 옮겨갈 수 있다(고후 3:17-18). 우리가 하나님의 형상으로 창조되었다는 말은 그리스도의 형상으로 다시 창조되어야 하고, 그럴 수 있다는 뜻이다.

DAY 80

하나님의 형상으로 창조되었다는 것은 어떤 의미를 내포하는가?

이마고 데이는 더없이 중요하다. '이마고 데이'의 의미는 삶의 모든 영역에 미친다. 하나님의 형상으로 창조되었다는 말은 여섯 가지 의미를 내포한다.

1. 하나님의 형상으로 창조되었기에 인간은 하나님의 모든 피조물 중에서 특별하다. 우리는 식물이나 동물과 질적으로 다르고 구조적으로도 다르다. 하나님은 우리를 천상의 존재들보다 조금 못하게 창조하고 우리에게 영화와 존귀로 관을 씌우셨다(시 8:5). 모든 피조물의 정점은 산이나 강이나 오소리나 딱정벌레나 화산이나 물고기나 별이 아

니다. 우리가 모든 피조물의 절정이다. 오로지 우리만 하나님의 형상을 가졌기 때문이다.

2. 하나님의 형상은 모든 인간에게 타고난 가치와 존엄이 있다는 뜻이다. 이것이 낙태가 잘못인 한 가지 이유다. 키가 어떠하든 간에, 발달 상태가 어떻든 간에, 환경이 어떠하든 간에, 다른 사람에게 얼마나 의존하든 간에, 사람은 사람이다. 그 생명이 늙었거나 병들었을 때라도, 그 사람이 자신의 생명을 끝내길 원할 때라도 무고한 인간의 생명은 반드시 보호되어야 한다. 모든 인간은 하나님의 형상으로 창조되었고 한 인간 부부의 후손이기에, 인종 차별이나 편파주의나 인종 우월주의를 위한 자리는 없다.

3. 하나님의 형상을 정확히 이해하면, 온전히 인간이라는 게 무슨 뜻인지 알 수 있다. 우리는 우리의 가장 깊은 정체성을 자기표현이나 성적 성취를 통해서가 아니라 우리를 지으신 분께 순종하고 그분을 사랑함으로써 살아낸다. 아담과 하와에게 금단의 열매를 먹는 날 하나님처럼 되리라고 했던 뱀의 말은 거짓말이다. 이들은 하나님의 형상으로 창조되었기에 이미 하나님처럼 되어 있었다.

4. 하나님의 형상 교리는 세상이 하나님께 속했다고 일깨운다. 고대 세계 정복 왕들은 영토 곳곳에 자신의 형상을 세워 그곳이 자신의 소유라고 분명히 했다. 마찬가지로, 고대 세계 이교도 신전마다 그곳에 거한다는 신의 형상이 있었다. 하나님의 형상을 지닌 자로서 세

상에 존재하는 우리는 곧 세상이 하나님의 소유라는 증거다. 모든 것을 지으신 하나님은 사람의 손으로 지은 신전에 거하지 않으신다(행 17:24). 우리는 땅에 두루 퍼진 하나님의 "신상"이다(26절). 땅과 거기 충만한 것이 모두 하나님의 것이다(시 24:1).

5. 우리 안에 있는 하나님의 형상은 우리가 하나님의 것이라는 뜻이다. 예수님이 바리새인들에게 데나리온에 새겨진 형상이 누구의 것이냐고 물으셨을 때, 바리새인들은 가이사의 것이라고 답했다(마 22:20-21). 이들은 자신 속에 누구의 형상이 새겨져 있는지도 생각했어야 했다. "그런즉 가이사의 것은 가이사에게, 하나님의 것은 하나님께 바치라"(21절). 세금은 가이사에게 줄 수 있다. 그러나 인간은 가이사가 아니라 하나님의 것이다.

6. 하나님의 형상은 진정으로 예배하는 법을 가르친다. 구약성경 전체에서, 하나님의 백성은 새긴 형상을 예배하지 말라는 경고를 받았다(출 20:4-6, 23). 이스라엘의 하나님은 눈에 보이지 않았다. 그런데 어느 날 그분이 눈에 보이도록 오셨다. 이제 예배는 예수 그리스도, 우리와 같은 사람(죄를 제외하고), 아버지 하나님의 아들, 보이지 않는 하나님의 형상께 초점을 맞춰야 한다(골 1:15).

WEEK 17

DAY 81

죄의 본질

죄는 섬뜩한 반역, 하나님을 향한 도전, 창조자를 향한 가증스런 반대를 가리키는 또 다른 이름이다. 타락한 인간의 모든 마음 문 앞에 죄가 도사리고 있다. 죄는 아담에게서 물려받은 상태이자(롬 5:12-21) 생각과 말과 행위로 나타나는 행동이고, 죄가 장성하면 사망을 낳는다(약 1:15).

가장 간단히 말해, 죄는 불법이다(요일 3:4). 죄는 우리가 하나님의 명령을 어겼고 하나님의 영광에 이르지 못했다는 뜻이다(롬 3:23). 그러나 죄는 단지 과녁을 빗나가는 게 아니다. 죄는 우상 숭배다(골 3:5; 요일 5:21). 명백하고 물리적이든 미묘하고 내적이든 간에, 죄는 거짓 신을 예배하는 것이다. 또한 죄는 간음, 곧 다른 연인과 놀아나며 만족과 의미의 다른 근원을 찾아다니는 영적 매춘이라 할 수 있다(겔 16:15-42). 죄는 더러움이다(약 1:27). 죄는 누구에게나 해당된다(롬 3:9-20). 죄는 우주적 문제다.[1]

죄가 천사의 반란에서 나타났다는 것 외에 우리는 최초의 죄에 관해 아는 게 거의 없다. 유다서 6절은 "자기 지위를 지키지 아니하고 자기 처소를 떠난 천사들"이 있었으며, 하나님이 이들을 "큰 날의 심판까지 영원한 결박으로 흑암에 가두셨다"고 말한다. 디모데전서 3장 6절은 마귀의 타락이 교만의 결과였다고 암시한다(겔 28:11-19에서 또 다른 암시를 볼 수 있다). 그러나 사탄(대적)은 타락했다. 죄가 인간의 세계가 아니라 영의 세계에서 비롯되었다는 데 주목해야 한다. 더욱이, 이 영들이 그 어떤 외부의 힘이나 유혹 때문에 죄를 지은 게 아니라 스스로 죄를 지었다는 데도 주목해야 한다. 마귀의 죄는 그 자신의 뒤틀린 오만과 거짓에서 비롯되었다(요 8:44).

우리는 인간 세계의 첫 죄에 관해서는 훨씬 많이 안다. 이 첫 죄를 한마디로 말할 수는 없지만, 이 첫 죄가 나머지 모든 죄의 원형이라고는 말할 수 있다. 아담이 에덴동산에서 지은 죄에는 하나님의 말씀에 대한 불순종과 자신이 하나님보다 많이 안다고 생각하는 교만이 있었다. 아담은 불법적인 즐거움을 추구하고 죄의 결과를 무시함으로써 죄를 지었다.

구약성경은 죄를 말할 때 여러 히브리어 단어를 사용한다. 기본 단어는 **핫타**(*chatta'ath*)인데, '과녁을 벗어나다'라는 뜻이다. 이 외에도 **아온**(*hawon*, 악), **페샤**(*pesha*, 반역), **아바르**(*habhar*, 위반), **레샤**(*resh*, 사악), **라**(*ra*, 악), **마알**(*ma'al*, 범죄), **아웬**(*awen*, 우상 숭배)이 사용된다. 신약성경에서도 죄와 관련해 다양한 헬라어 단어가 사용된다. **하마르티아**(*hamartia*, 미치지 못함), **아노미아**(*anomia*, 불법), **파라프토마**(*paraptoma*, 범죄), **파라바시스**(*parabasis*, 경계를 넘어감), **아세베이아**(*asebeia*, 불경건), **파라코에**(*parakoe*, 하나님께 귀를 기울이지 않음), **아디키아**(*adikia*, 불의)이다.

성경의 날카롭고 직설적인 표현은 주목할 만하다. 죄를 깨어짐이나 분투나 단순한 연약함으로 축소한다면, 죄가 가진 불편한 도덕적 차원과 영적 긴급성을 놓치게 된다. 인간의 문제는 단지 실수를 한다거나 행동해야 하는 대로 행동하지 않는다거나 일반적으로 불완전하다는 게 아니다. 우리의 문제는 우리 안에 악, 범죄, 불법, 반역이 가득하다는 것이다.

1 이 항목의 일부는 DeYoung, "Sin"에 수록된 것으로, 허락을 받고 사용했다.

DAY 82

죄의 기원

선악을 알게 하는 나무는 시험하는 나무였다. 이 나무는 아담을 시험하려고 거기 있었다. 하나님이 말씀하셨다. "이것을 행하면 산다. 불순종하면 죽는다." 아담은 불순종했기에 죽었으며, 우리도 죽는다. 타락의 결과, 수치심이 세상에 들어왔다. 아담과 하와는 그들이 벌거벗은 것을 깨달았다(창 3:7). 두려움이 세상에 들어왔다. 아담과 하와가 하나님을 피해 숨었다(10절). 비난이 세상에 들어왔다. 남자가 여자를 주신 하나님을 비난했고, 여자는 자신을 속인 뱀을 비난했다(11-13절). 고통도 세상에 들어왔다(16절). 관계가 나빠졌다(16절). 일이 고역이 되었다(17절).

아담의 죄 때문에, 하나님이 뱀을 저주하고 땅을 저주하셨다. 남자와 여자는 직접 저주를 받지 않았으나 책임이라는 구체적 영역에서 저주를 경험하게 되었다. 그래서 뱀은 기어다니고, 여자는 출산의 고통을 겪으며, 남자는 일에 치이고, 땅은 가시와 엉겅퀴를 낸다. 다시 말해, 모든 피조물이 허무한 데 굴복하며, 창조 세계 전체가 썩어짐의 종노릇하는 데서 해방될 날을 간절히 기다린다(롬 8:20-25).

원죄(original sin)의 정의에 인간이 에덴동산에서 지은 첫 죄가 포함되기는 하지만, 전문 신학 용어로서 원죄는 이 첫 죄를 말하는 게 아니다. 더 정확히 말하면, 원죄는 우리를 하나님 앞에서 유죄이게 하며 우리 안에 죄악된 생각과 욕망과 행동을 낳고 부모에게서 물려받는 부패와 오염을 말한다. '원죄'란 인류 전체가 아담 안에 묶였기에 타락한 피조물인 우리에게 들러붙어 있는 것이다. '자범죄'(actual sin)란 영혼의 행위로서 우리가 지금 짓는 죄를 말한다. '자범'(actual)이란 용어는 가상의 죄(supposed sin)와 반대되는 실제 죄(real sin)를 말하는 게 아닐뿐더러 내적인 죄와 반대되는 외적인 죄를 말하는 것도 아니다. 자범죄는 아담에게서 물려받은 죄와 반대로 우리의 의지로(생각과 말과 행동으로) 짓는 죄다.

우리의 근본 문제는 나쁜 부모나 나쁜 학교나 나쁜 환경이 아니다. 우리의 근본 문제는 나쁜(악한) 마음이다. 그 누구도 예외 없이 나쁜 마음을 가지고 세상에 태어난다. 하이델베르크 요리문답은 이 문제를 아주 간결하게 표현한다. "나는 본성적으로 하나님과 이웃을 미워하는 성향이 있습니다." 성경이 아주 분명하게 말하듯이, 의인은 없다(롬 3:10). 모든 사람이 죄를 범했고 하나님의 영광에 이르지 못한다(23절). 인간의 마음은 만물보다 거짓되고 심히 부패했다(렘 17:9). 육에 속한 사람은 허물과 죄로 죽는다(엡 2:1). 본질상, 우리는 악독과 투기를 일삼으며 서로 미워하고 미움을 받는다(딛 3:3). 우리는 죄 중에서 잉태되었고 죄악 중에서 출생했다(시 51:5). 우리는 악으로 기운다(창 6:5). 우리는 다 양 같아서 그릇 행했다(사 53:6). 범죄하지 않는 사람이 없다(왕상 8:46). 여인에게서 난 자 가운데 그 누구도 하나님 앞에서 의로울 수 없다(욥 15:14). 그 누구도 "내가 내 마음을 정하게 하였다 내 죄를 깨끗하게 하였다"라고 말할 수 없다(잠 20:9). 성경이 모든 사람을 죄 아래 가두었다(갈 3:22).

육에 속한 사람이 물려받은 만연한 죄성보다 성경이 더 강하고 빈번하게 가르치는 교리는 사실상 없다. 우리가 세상과 주변에서 이보다 더 분명하게 보는 교리도 없다. 우리 가운데 누구라도 이렇게 부르짖는 외에 아무 소망이 없다. "화로다 나여 망하게 되었도다 나는 입술이 부정한 사람이요 나는 입술이 부정한 백성 중에 거주하면서 만군의 여호와이신 왕을 뵈었음이로다"(사 6:5).

DAY 83

죄의 전이

지금까지 죄의 본질(죄의 본성은 무엇인가?)과 죄의 기원(죄는 어디에서 왔는가?)을 살펴보았다. 이제 죄의 전이(죄가 어떻게 퍼지는가?)를 살펴보자.

어떤 사람은 죄악된 행위만 있을 뿐 죄악된 성향은 없다고 생각한다. 다시 말해, 우리는 아담의 죄악된 본성을 물려받은 게 아니라 아담의 죄악된 행위를 모방할 뿐이라는 것이다. 이 견해에 맞서, 성경은 우리가 단지 모방으로 죄를 짓는 게 아니라 전가(imputation)로 인해 죄를 짓는다고 가르친다. 바꾸어 말하면, 우리가 죄를 짓는 것은 죄인이기 때문이며, 우리가 죄인인 것은 (옛말을 인용하자면) "아담이 타락할 때 우리 모두 죄를 지었기" 때문이다.

로마서 5장은 죄의 전이를 다루는 고전적 본문이다. 12절은 이렇게 말한다. "그러므로 한 사람으로 말미암아 죄가 세상에 들어오고 죄로 말미암아 사망이 들어왔나니 이와 같이 모든 사람이 죄를 지었으므로 사망이 모든 사람에게 이르렀느니라." 바울이 "모든 사람이 죄를 지었으므로"라고 말할 때, 그의 말은 "모든 사람이 그의 평생에 죄를 짓는다"라는 뜻이 아니다. "모든 사람이 에덴동산에서, 아담 안에서 죄를 지었다"라는 뜻이다. 죄가 아담을 통해 세상에 들어왔다. 이 죄의 결과로 사망이 왔다. 사망이 나머지 인류 전체에게 퍼진다. 나머지 인류 전체가 창세기 3장의 에덴에서 그 순간 아담 안에서 죄를 지었기 때문이다.

바울의 말이 이런 뜻이라는 근거는 그가 18절에서 한 범죄(아담이 선악과를 먹음)와 한 의로운 행위(그리스도의 십자가 죽음)를 비교하기 때문이다. 하나의 불순종 행위가(단지 우리가 뒤이어 지은 죄의 결과로서가 아니라) 우리와 아담의 연합을 통해 정죄와 사망을 가져왔듯이, 하나의 순종 행위가(우리가 뒤이어 행한 선한 행위의 결과로서가 아니라) 우리와 그리스도의 연합을 통해 칭의와 생명을 가져온다.

흔한 유비를 사용하자면, 이것은 풋볼 게임과 같다. 풋볼 게임에서 우리는 선수를 직접 뽑고, 그 선수들이 몇 야드를 전진하거나 패스를 받거나 터치다운을 할 때 우리의 팀이 점수를 얻는다. 우리는 물리적으로 아무것도 하지 않았다. 태클을 뚫지 않았다. 엔드 존으로 달려 들어가지도 않았다. 그러나 우리는 '우리의' 팀을 말하고, '우리의' 점수를 말하며, '우리의' 승리와 패배를 말한다. 선수들이 우리의 대리자다. 이것이 바울이 로마서에서 펼치는 논증이다. 과거와 현재와 미래의 모든 인간은 자신의 팀에 아담이 있다. 곧 우리 모두 잃은 자라는 뜻이다. 아담이 범죄했을 때 우리가 범죄했다. 아담이 받은 죽음의 형벌이 우리의 형벌이기도 하다.

신학자는 때로 복음을 세 가지 전가의 이야기라고 말한다.

1. 아담의 죄와 죄책이 우리에게 전가되었다.
2. 우리의 죄와 죄책이 그리스도께 전가되었다.
3. 그리스도의 순종과 완전한 의가 신자에게 전가되었다.

각 거래에서, 다른 사람의 죄책이나 순종이 우리에게 돌려지거나 우리의 것으로 여겨졌다. 전가란 바로 이런 뜻이다. 첫 사람 안에서, 우리는 죄인이 되었다. 둘째 사람 안에서, 우리는 의로워진다. 첫 사람 안에서, 우리는 죄에 참여했고 정죄되었다. 둘째 사람 안에서, 우리는 죄에 대한 죽음과 생명에 이르는 부활에 참여했고 거룩하다고 여겨진다.

인간의 역사 전체가 두 아담 이야기다. 문제는 믿음으로 우리가 첫째 아담의 어둠의 나라에서 둘째 아담의 영원한 나라로 옮겨질 것인가이다. "죄의 삯은 사망이요 하나님의 은사는 그리스도 예수 우리 주 안에 있는 영생이니라"(롬 6:23).[1]

1 이 항목의 일부는 허락을 받고 다음 책의 내용을 다시 쓴 것이다. DeYoung, *The Good News We Almost Forgot*, 33-35; 케빈 드영, 『왜 우리는 하이델베르크 교리문답을 사랑하는가』, 신지철 역, 부흥과개혁사, 2012.

DAY 84
전적 무능

펠라기우스(Pelagius)는 당시에 경건과 금욕으로 유명한 영국 수도사였다. 그러나 그 이후 대다수 그리스도인에게는 그의 신학으로 악명이 높다. 펠라기우스는 인간은 자신의 죄를 극복할 능력이 있다고 가르쳤다. 그는 이렇게 생각했다. "우리가 저항할 능력이 없는 죄에 대해 어떻게 비난받을 수 있겠는가?" 그는 유전된 죄책과 부패를 믿지 않았다. 특히, 펠라기우스는 아우구스티누스의 『고백록』(*Confessions*)에 나오는 이 문구에 반대했다. "주께서 명하시는 것을 이루어 주시고, 주께서 원하시는 것을 명하소서." 그는 인간의 무능에 대한 아우구스티누스의 시각이 인간을 지나치게 수동적으로 만들고 인간의 책임을 약화시킨다고 생각했다.

아우구스티누스는 펠라기우스와 논쟁하는 내내 자신이 주권적 은혜를 지키는 교회의 수호자임을 증명했다. 아우구스티누스는 타락한 인간의 의지가 죄에 속박되어 선을 선택할 능력이 전혀 없다고 가르쳤다. 우리는 오직 은혜로 구원받는다. 더 나아가 오직 은혜 자체의 거듭나게 하는 능력으로 하나님의 은혜를 받아들일 수 있다.

많은 그리스도인이 인간의 타락을 말할 때 '전적 타락'(total depravity)이라는 친숙한 표현을 사용한다. '전적'이란 단어는 타락의 범위(예를 들어, 우리의 의지, 우리의 바람, 우리의 이성, 우리의 모든 능력)를 가리킬 뿐 타락의 깊이(즉, 우리 모두 최대한으로 악하다는 것)를 가리키지 않음을 깨닫는다면, 이것은 적절한 표현이다. '전적 무능'(total inability)이 더 나은 표현일는지 모른다. 이 표현은 그리스도 없는 인간의 의지가 무력함(소망이 없음)을 잘 포착하기 때문이다.

어떤 개혁주의 신학자는 자연적 무능(natural inability)과 도덕적 무능(moral inability)을 구분한다. 프란시스 튜레틴은 이 구분을 좋아하지 않았으나 그의 조카이자 후계자 베네딕트 픽테는 이 두 용어를 사용했고, 존 위더스푼도 이 두 용어를 사용했다. 조너선 에드워즈의 제자들은 이 구분을 좀 더 자유주의적인 방향으로 받아들여 인간 의지를 좀 더 장밋빛으로 보는 시각의 씨를 뿌렸다. 그러나 픽테와 위더스푼은 이 구분을 사용해 죄인의 무능은 육체적 결함이나 자연적 결함에서 비롯된 게 아니라 타락한 본성에서 비롯되었다고 강조했다. 이들은 인간의 죄는 자발적이고 도덕적이기에 인간이 자신의 죄를 변명할 여지가 없다고 분명히 하려 했다.

도르트 신조는 다음과 같이 단언하면서 전적 무능을 아주 간결하면서도 훌륭하게 정의한다. "모든 인간은 죄 가운데 잉태되고, 진노의 자녀로 태어나며, 자신을 구원할 그 어떤 선도 행할 수 없고, 오히려 악으로 기울며, 자신의 죄로 죽었고, 죄의 종이다. 그러므로 거듭나게 하는 성령의 은혜가 없으면, 하나님께 돌아가려 하지도 않고 돌아갈 수도 없으며, 자신의 뒤틀린 본성을 고치려 하지도 않고 고칠 수도 없다"(3/4.3). 이처럼 낮은 인간관은 우리 시대 많은 사람에게 잘 맞지 않지만, 도르트 신조의 가르침은 매우 성경적이다. 우리는 허물과 죄로 죽었다(엡 2:1). 육에 속한 사람은 하나님의 성령의 일을 받지 않는다(고전 2:14). 육신의 생각은 하나님의 법에 굴복할 수 없다(롬 7:18, 24; 8:7). 아버지께서 이끌지 않으시면 그 누구도 예수님께 나올 수 없다(요 6:44; 참조. 8:34; 15:4-5).

우리는 자신을 구원할 능력이 전혀 없다는 결론을 피할 수 없다. 그뿐 아니라, 우리는 자신을 진정으로 고칠 능력도 없다. 우리는 위로부터 태어나야 한다. 성령으로 태어나야 한다(요 3:5). 내버려두면, 우리는 그분의 동족 유대인처럼 그리스도를 거부할 것이다(요 1:12). 그러나 우리에게 소망이 있다. 죄 가운데 태어난 우리는 "혈통으로나 육정으로나 사람의 뜻으로 나지 아니하고 오직 하나님께로부터" 다시 태어날 수 있기 때문이다(13절).

DAY 85

인간 본성의 4중 상태

1720년, 스코틀랜드 목회자이자 신학자 토머스 보스턴(Thomas Boston)은 가장 잘 알려진 자신의 저작 『인간 본성의 4중 상태』(*Human Nature in Its Fourfold State*)를 출간했다. 이 책은 스코틀랜드에서 엄청나게 인기가 있었고 1800년에 60쇄를 돌파했으며, 18세기 스코틀랜드와 개혁주의 경건의 주요 수출품 가운데 하나였다. 보스턴의 저작은 인간과 죄의 관계에 관한 아우구스티누스의 그 유명한 4중 묘사에 뿌리를 두었다.

- 에덴동산에서, 인간은 죄를 지을 수도 있었고 죄를 짓지 않을 수도 있었다(posse peccare, posse non peccare).
- 타락 후, 인간은 죄를 짓지 않을 수 없었다(non posse, non peccare).
- 성령으로 거듭나면, 인간은 죄를 짓지 않을 수 있다(posse non peccare).
- 구속받은 자는 천국에서 죄를 짓지 못할 것이다(non posse peccare).

보스턴은 이러한 아우구스티누스 인간론의 분류를 이렇게 기술했다. 원시적 완전(primitive integrity), 완전한 타락(entire depravity), 시작된 회복(begun recovery), 완전한 행복(consummate happiness). 더 간단하고 기억하기 쉽게 말하면, 보스턴은 인간 본성의 네 가지 상태를 말한다.

첫째, 아담은 '무죄의 상태'로 창조되었다. 아담은 에덴동산에서 하나님의 명령에 순종할 능력이 있었다. 아담 안에는 시험 명령을 지키고 하나님을 기쁘시게 하는 삶을 방해하는 그 어떤 결핍도 없었다. 아담은 원죄와 자범죄 모두에서 무죄였다.

둘째, 아담은 하나님께 불순종함으로써 자신이 '본성의 상태'에 빠졌을 뿐 아니라 온 인류를 이 상태에 빠뜨렸다. 보스턴에 따르면, 죄악과 비참함과 무능이 이 상태의 특징이다. 이는 혈통으로 난 모든 인간이 물려받은 기질이다. 우리는 악의 노예이며, 참으로 선한 것을 행할 능력이 없고, 하나님을 기쁘시게 할 수 없으며, 자신을 구원할 수 없다.

셋째, 성령의 주권적 사역으로, 오직 그리스도를 믿는 믿음으로 구원받은 자들이 '은혜의 상태'에 들어간다. 다시 말해, 우리는 거듭나며, 그리스도와 신비롭게 연합한다. 사실, 우리는 내재하는 죄와 여전히 싸워야 한다. 은혜의 상태라고 유혹이 없고 회개가 필요 없는 게 아니다. 그러나 우리는 예전 위치에 있지 않다. 우리 안에 새 원리가 작동한다. 우리는 이제 죄의 종이 아니라 의의 종이다.

넷째, 우리는 죽어 '영원한 상태' 들어간다. 보스턴은 의인의 죽음과 악인의 죽음을 구분하지만(그리고 천국과 지옥을 말하지만), 이 최종 상태는 일반적으로 신자와 연결된다. 이 영화로운 상태에서, 우리는 완전히 회복되고 더는 죄를 짓지 않을뿐더러 지을 수도 없다. 이 최종 상태는 인간의 첫 상태보다 훨씬 나을 것이다. 아담은 죄를 지을 능력이 있었던 반면, 영원한 상태에서 구속받은 자는 되돌릴 수 없이 성별되고 새로워져 죄를 범할 가능성이 더는 없을 것이기 때문이다. 하나님의 영광이 우리에게 빛을 주고 어린양이 등잔처럼 비추듯이, 우리는 밝은 햇빛 가운데 행하고 어둠으로 절대 돌아가지 않을 것이다.

WEEK 18

DAY 86

하나님이 보시기에 모든 죄는 같은가?

많은 그리스도인이 모든 죄가 하나님이 보시기에 똑같다고 잘못 생각한다. 어떤 그리스도인은 신학적 계산을 잘못해 이렇게 확신한다. "모든 죄가 영원한 심판을 받아 마땅하다면, 모든 죄가 똑같이 가증스러운 게 분명하다." 어떤 그리스도인은 변증적 추론을 통해 이러한 생각을 부추긴다. "친구야, 걱정하지 마. 네 죄는 그 누구의 죄보다 무겁지 않아!" 또 어떤 그리스도인은 진정으로 겸손해서 모든 죄의 무게가 같다고 믿는다. "내가 누구라고 내 죄가 그 누구의 죄보다 가볍다고 생각하겠는가?"

이런 추론은 이해가 되며 어떤 의미에서 칭찬할 만하다. 그러나 성경의 증언은 다르다. 몇몇 예를 살펴보자.

- 모세 율법은 위반 행위에 따라 형벌을 다르게 규정하고 배상을 위해서도 각기 다른 희생 제물과 현물을 요구했다.
- 모세 율법은 또한 비고의적 죄와 고의적 죄를 구분했다(민 15:29-30).

- 이스라엘과 유다 왕들이 심각하게 우상을 숭배하고 고의적으로 하나님의 말씀을 거역한 것은 '산당'을 그 땅에서 제거하지 못한 것보다 훨씬 중한 죄였다.
- 하나님의 진노는 특히 백성의 지도자를 향하기 일쑤였다. 왕이나 제사장이나 장로의 죄는 일반 백성의 죄보다 더 큰 심판을 의미했다.
- 예수님은 자신이 기적을 행한 성읍이 소돔과 고모라보다 더 엄한 심판을 받으리라고 경고하셨다(마 10:15).
- 예수님은 유다의 배신이 다른 죄보다 중하다고 보셨다(마 26:24).
- 하나님은 특히 어린아이나 약자나 의지할 데 없는 자에게 짓는 죄에 진노하신다(렘 32:35; 마 18:6; 눅 20:47).
- 출교는 가장 중한 죄에만 해당되었던 것으로 보인다(고전 5:1-13).
- 고넬료는 아직 구원받지 못했는데도 하나님을 경외하는 경건한 사람으로 여겨졌다(행 10:2). 비그리스도인 중에도 품위 있는 사람과 더럽고 썩어 빠진 불한당은 다르다.
- 사망에 이르는 죄가 있지만, 모든 죄가 사망에 이르지는 않는다 (요일 5:16).

모든 죄가 하나님이 보시기에 똑같이 중하다면, 성경은 앞뒤가 맞지 않는다. 모세 율법도, 포로 생활도, 교회 권징도, 구체적 범죄에 대한 빈번한 심판의 경고도 앞뒤가 맞지 않는다.

사실, 모든 죄가 같다면 삶이 이해되지 않는다. 부모는 모든 불순종에 자녀를 똑같이 징계하지 않는다. 고용주는 직원이 회사 정책을 위반할 때마다 동일하게 처벌하지 않는다. 법을 집행하는 사람은 모든 범법 행위를 똑같이 취급하지 않는다. 우리의 사법 체계는 모든 범죄를 똑같이 처벌하지 않는다. 일상생활에서 참인 것을 우리의 영적 삶에서도 잊지 말아야 한다. 그런 태도가 비록 훌륭한 겸손을 보여 주더라도, 모든 죄가 하나님이 보시기에 똑같은 것처럼 행동하거나 가르쳐서는 안 된다.

DAY 87

더 가증스러운 죄

웨스트민스터 대요리문답은 이렇게 가르친다. "하나님의 법을 어기는 모든 범법이 똑같이 가증스러운 것은 아니다. 어떤 죄는 여러 가중 요인 때문에 그 자체로 하나님 보시기에 다른 죄보다 더 가증스럽다"(150). 웨스트민스터 신학자에 따르면, 죄에는 네 범주의 가중 요인이 있다.

1. "범죄자가 누구인가?" 목회자나 부모나 공적 인물이 지은 죄, 가르치고 책을 쓰는 자가 지은 죄, 더 잘 알고(또 행해야) 하는 그리스도인이 지은 죄는 더 무겁다.
2. "피해자가 누구인가?" 하나님을 대놓고 모독하거나 그리스도와 복음을 깎아내리는 죄, 성령의 역사를 거부하는 죄, 부모와 권위

자를 경시하는 죄, 더 연약한 형제자매를 무시하는 죄, 많은 사람을 어긋난 길로 이끄는 죄는 더 무겁다.

3. "범죄의 성격과 질이 어떠한가?" 회색이 아니라 흑백 문제와 관련된 죄, 단지 속으로가 아니라 겉으로 지은 죄, 빈번하게 짓는 죄, 미화되는 죄, 돌이킬 수 없는 죄, 본성을 거스르고 양심을 거스르며 사람의 경고를 거스르는 죄가 더 무겁다.

4. "상황, 곧 시간과 장소가 어떠한가?" 예배를 위해 모인 하나님의 백성과 관련된 죄, 짓지 않을 수 있었던 죄, 사람들이 알도록 대놓고 짓는 죄가 더 무겁다.

이것들이 왜 중요한가? 여기에는 적어도 세 가지 유익이 있다. 공적 유익이 있고, 목회적 유익이 있으며, 개인적 유익이 있다.

공적으로. 어떤 죄는 다른 죄보다 무겁다고 말할 용기가 있어야 한다. 목회자의 죄가 교인의 죄보다 무겁다. 많은 사람이 따르는 공인의 죄가 개인의 죄보다 무겁다. 성적인 죄는 모두 심각하지만 본성의 빛을 거스르는 죄가 특히 가중스럽다는 것을, 이런 죄를 기쁘게 짓고 공동선을 해칠 때 특히 가중스럽다는 것을 주저 없이 가르쳐야 한다.

목회적으로. 다양한 수준의 죄를 구분하면 성경의 위로와 경고를 좀 더 신중하게 적용하는 데 도움이 된다. 어떤 설교자는 성경의 엄중한 경고를 약화시키고 어떤 설교자는 모든 잘못에 대해 심판을 외치려 한다. 마찬가지로, 어떻게 '죄가 가중되는지' 알게 되면, 사람들에게 작은 죄에 대해 책임을 물으면서도 이들이 큰 죄의 피해자가 될 때 동정할 수 있는 적절한 기준을 갖게 될 것이다.

개인적으로. 너무나 많은 그리스도인이 성경의 도덕적 고저를 평지로 만들어 죄에 빠지는 것과 죄에 뛰어드는 것을 더는 구분하지 않는다. 어떤 사람은 스스로에게 지나치게 엄격하고(유혹에 빠지는 것과 노골적 불순종이 다를 게 없다고 본다), 어떤 사람은 스스로에게 지나치게 관대하며(우리의 가증스러운 죄가 '분투'나 '실수'에 지나지 않는다고 믿는다), 많은 사람이 우리가 언제나 죄인인 것을 알기에 거룩해지려는 노력을 포기한다. 그러나 거룩하게 된 죄인은 그리스도 안에서 하나님의 은혜로 육의 행위를 죽이고 경건에서 자라며 하나님이 기뻐하시는 일을 할 수 있다. 이를 알고 믿음의 선한 싸움을 계속하자.

DAY 88

정욕

개혁주의 전통에 따르면, 우리는 자기 의지의 행위로 짓는 죄뿐 아니라 아담에게서 물려받은 원죄에 대해서도 책임이 있다. 웨스트민스터 신앙고백은 이렇게 말한다. "본성의 부패는 거듭난 자가 이생을 사는 동안 그들 속에 남아 있다. 이 부패는 그리스도를 통해 용서되고 억제되지만, 부패 자체와 여기서 비롯된 모든 행동은 정확히, 당연하게도 죄라 불린다"(6.5). 다음 항에서, 웨스트민스터 신앙고백은 이렇게 선언한다. "모든 죄, 원죄와 자범죄 둘 다 하나님의 의로운 법을 위반하는 것이요 … 본질상 죄인에게 죄책을 안긴다"(6.6). 타락은 단순히 우리를 깨지고 뒤틀리게 하는 게 아니라 우리를 하나님 앞에서 정죄한다.

많은 사람이 스스로 선택하지 않은 욕망을 느낀다. 우리는 어느 날 일어나 동성애에 매력을 느끼겠다거나 노출이 심한 옷을 입은 해변의 여인에게 성적으로 끌리겠다거나 도박에 중독되겠다거나 늘 화를 내겠다고 의식적으로 결정하는 게 아니다. 이러한 뜻하지 않은 욕망에 연민을 느끼거나 이해하려 해야겠지만, 이러한 욕망에 대한 도덕적 평가가 달라져서는 안 된다. 죄는 선택하지 않은 속박인 동시에 고의적인 거역이라는 게 개혁주의 인간론의 표식 가운데 하나다. 우리 모두에게는 속에서 저절로 일어나는 뒤틀린 욕망이 있다.

이러한 비자발적이고 뒤틀린 욕망을 어떻게 볼 것인가? 이 부분에서 로마 가톨릭의 죄 이해와 개혁주의 죄 이해가 크게 다르다. 가톨릭 교회 교리서(Catholic Catechism)에 따르면, "전통이 정욕(concupiscence)이라 부르는 … 죄로 기우는 경향 … 우리가 싸워야 할 대상으로 남은 정욕은 거기에 굴복하지 않고 … 맞서는 사람에게 해를 끼칠 수 없다."[1] 다른 곳에서는 이렇게 설명한다. "정욕은 최초의 죄를 낳은 불순종에서 유래한다. 이는 인간의 도덕적 기능을 문란하게 하며, 그 자체가 죄는 아니지만, 인간을 범죄로 기울게 한다."[2] 다시 말해, 뒤틀린 욕망은 타락의 결과지만 의지가 동의하지 않으면 죄가 되지 않는다.

개혁주의 전통은 정욕에 대한 이러한 이해에 한목소리로 동의하지 않았다. 바빙크는 말한다. "종교개혁은 이러한 입장을 반박하며, 우리 안에서 일어나는 부정한 생각과 욕망도 우리의 의지에 앞서, 우리의 의지와 상관없이 죄라고 단언한다."[3] 칼뱅은 이러한 "뒤틀린 욕망들"(concupiscentiis)을 단지 "연약함"이 아니라 "죄"라고 불러야 한다고 주장한다. 그는 말한다. "우리는 우리 안에 이러한 욕망을 낳는 부패성 자체를 '죄'라고 부른다. 그러므로 우리는 성도에게 죽을 몸을 벗을 때까지 늘 죄가 있다고 가르친다. 그들의 육체 안에 의를 거슬러 싸우는 뒤틀린 욕망의 부패가 자리 잡고 있기 때문이다."⁴

그러므로 우리는 자신의 죄를 슬퍼하고 미워하며 "이 모두에서 하나님께로 돌이키는"(웨스트민스터 신앙고백 15.2) 그만큼 그 죄를 회개하는 것이다. 부정한 목적을 위한 모든 욕망은 그 자체로 부정한 욕망이다. 우리가 그 욕망을 선택했다는 것을 알든 모르든 다르지 않다. 정욕은 단지 뒤틀린 게 아니라 죄악된 것이다. 좋은 소식은 정욕이 치유되고 용서될 수 있다는 것이다.

---

1 Catechism of the Catholic Church, 1264; 『가톨릭교회 교리서(개정판)』, 주교회의 교리교육위원회 역, 한국천주교중앙협의회, 2003. 이 번역은 concupiscence를 "사욕"(邪慾)이라 옮겼다.
2 Catechism of the Catholic Church, 2515; 『가톨릭교회 교리서(개정판)』. 여기서는 concupiscence를 "탐욕"이라 옮겼다.
3 Bavinck, *Reformed Dogmatics*, 3:143; 바빙크, 『개혁교의학』 전 5권.
4 Calvin, *Institutes*, 3.3.10; 칼뱅, 『기독교 강요』.

DAY 89

유혹

야고보서 1장 14-15절은 죄와 유혹의 본성을 이해하는 핵심 본문이다. "오직 각 사람이 시험을 받는(tempted, 유혹받는) 것은 자기 욕심에

끌려 미혹됨이니 욕심이 잉태한즉 죄를 낳고 죄가 장성한즉 사망을 낳느니라." 여기서 야고보가 말하지 '않은' 것을 이해하는 게 중요하다. 욕심이 죄를 낳는다고 말할 때, 그는 눈에 보이며 겉으로 드러나는 죄를 말하고 있다. 그는 모든 유혹이 죄와 무관하다고 선언하는 게 아니다.

야고보의 말을 이해하려면 '유혹'(temptation, 시험)이란 단어를 세밀하게 들여다보아야 한다. 야고보가 13-14절에서 '유혹하다'(*peirazei*)와 '유혹받다'(*peirazetai*)라는 뜻으로 사용한 단어는 야고보서 1장 2절에서 "시험"(trials, 시련)으로 번역된 단어(*peirasmois*; 명사형)와 같다("내 형제들아 너희가 여러 가지 시험을 당하거든 온전히 기쁘게 여기라"). 어떤 '유혹'은 도덕적으로 중립적인 시험의 형태로 하나님이 우리에게 허용하시는 게 분명하다. 그러나 어떤 '유혹'은 우리 안에서 일어나는 도덕적으로 부정한 욕망이며, 따라서 절대로 하나님이 주시는 게 아니다. 자기 욕망(*epithumias*)에서 비롯된 유혹을 경험하는 사람은 내주하는 죄의 실재를 이미 경험하고 있다. 그러나 (그리스도인 안에) 내주하는 죄가 눈에 보이는 죄를 낳지 못하도록 그 죄에 저항할 수 있다.

존 오웬은 두 방식으로 유혹받을 수 있다고 설명한다. 수동적으로 유혹받을 수 있고(약 1:2에서 보듯이) 능동적으로 유혹받을 수 있다(약 1:13-14에서 보듯이). 대체로, 수동적 유혹은 밖에서 우리를 꾀고, 능동적 유혹은 안에서 일어난다. 오웬은 야고보서 1장 14-15절을 해석하면서 이렇게 주장한다. "외부로부터 그런 시험이 올 때 그것은 영혼에게 본래 중립적인 것으로, 동의하지 않는 한 선하지도 악하지도 않다. 그러나 내면으로부터 오는 제안은 영혼 자체의 행위이기에 곧 죄다."[1]

같은 단락 뒷부분에서, 오웬은 내면으로부터 오는 유혹의 제안을 "마음속에 실제 악의 형태와 개념을 낳는 죄의 힘"이라고 말한다. 다시 말하면, 이러한 종류의 '유혹', 곧 내면에서 일어난 유혹은 마음의 정욕 및 내주하는 죄 자체와 다르지 않다.

이런 구분(수동적 유혹과 능동적 유혹, 또는 외부에서 오는 유혹과 내면에서 일어나는 유혹)은 그리스도께서 겪으신 유혹(시험)을 이해하는 데 도움이 된다. 그리스도께서는 실제로 유혹(시험)을 받으셨으나(히 2:18; 4:15), 이는 시련과 마귀의 꾐이라는 형태로 그분께 닥친 유혹이었을 뿐 뒤틀린 욕망 때문에 일어난 유혹이 아니었다. 오웬은 말한다. "유혹받을 때, 그리스도께서는 **고난받았을** 뿐이지만 우리는 **죄도 짓는다**."[2]

야고보서 1장 14-15절은 그 과정을 설명한다.

1. 마음이 끌린다.
2. 감정이 뒤얽힌다.
3. 의지가 자범죄에 동의한다.
4. 죄가 행동으로 나타난다.
5. 완악한 과정이 죄를 완성하고 죽음으로 끝난다.[3]

과정의 각 단계는 전 단계보다 악하다. 감정이 뒤얽히는 것과 고집스럽게 죄의 삶을 좇는 것이 같다고 생각하면 안 된다. 각 단계 사이에 도덕적 공간이 **있다**. 그러나 이는 무죄에서 죄로 옮겨 가는 과정이 아니라, 내재하는 죄가 마음에서 시작해 감정과 의지를 거쳐 마침내 한 사람의 삶(과 죽음)에서 겉으로 드러나는 과정이다.

1 Owen, *Overcoming Sin and Temptation*, 276.
2 Owen, *Overcoming Sin and Temptation*, 183.
3 Owen, *Overcoming Sin and Temptation*, 297-298.

DAY 90

죄의 교리는 어떤 차이를 만드는가?

개혁주의 신학은 견고한 죄의 교리로 유명하다(악명이 높다). 우리는 하나님의 은혜 밖에 있는 인간의 부패와 상실, 전적 무능을 자주 성경을 토대로 정확히 강조한다. 또한 그리스도인으로 살면서 유혹과 싸워야 한다는 것과 내주하는 죄의 힘을 말한다. 어떤 사람은 죄에 대한 말이라면 인상부터 쓴다. 그러나 바르게 이해하고 지혜롭게 전달된다면, 죄에 관한 올바른 교리는 성숙한 그리스도인의 제자도에 없으면 안 되는 것이다.

죄의 교리는 네 부분에서 우리의 삶과 생각에 변화를 가져온다.

첫째, 죄의 교리는 세상의 현실을 직시하게 한다. 죄인을 구원하시는 하나님의 은혜와 우리 모두를 위한 그분의 일반 은혜(일반 은총) 덕분에, 세상에서 누리고 기념할 게 많다. 그러나 사람들이 죄를 지을 때 놀라서는 안 된다. 그래서 중재 기관이 필요하며, 그래서 사람들이 자기 이익에 따라 행동하리라고 예상하는 경제 시스템이 필요하고, 그래서 집중된 권력을 견제하는 안전장치가 필요하다. 신중한 정치 철학이 타락한 현실을 인정하고 그에 맞게 계획을 세우듯이, 가장 좋은 정부는 그 타고난 성향, 곧 폭정으로 기우는 성향을 견제하도록 설계된 정부다. 인간 역사 내내, 최악의 독재자와 가장 잔인한 정권은 자신이 하늘과 땅을 창조할 수 있다고 생각하는 자들이었다.

둘째, 죄의 교리는 우리 자신의 타락한 성향을 인식하게 한다. 대다수 사람은 인간의 죄성을 믿는다. 그러나 내가 아니라 다른 사람들이 죄악되다고 믿을 뿐이다. 개혁주의 신학은 강한 자가 약한 자를 억압하기 일쑤라는 사실을 일깨울 뿐 아니라 우리 모두 "본성적으로 하나님과 (우리의) 이웃을 미워한다"는 사실도 일깨운다(하이델베르크 요리문답 Q/A 5). 숱한 근대 이데올로기가 특정 인종과 성(性)과 계급과 성적 취향에 두는 것을 개혁주의 전통은 모든 인간의 마음에 둔다. 알렉산드로 솔제니친(Aleksandr Solzhenitsyn)이 소련의 감옥 시스템을 설명하며 남긴 유명한 말처럼 "선과 악을 나누는 경계선이 … 모든 사람의 마음을 관통한다."

셋째, 죄의 교리는 우리의 사명을 확고히 하게 한다. 우리가 죄인에게 구원을 전파하지 않는다면 성경의 사람이 아닐 것이고, 예수님의 사람이나 복음의 사람도 아닐 것이다. 어떤 사람은 이를 화재 보험 같은 복음이나 개인주의 복음이라고 조롱할지 모른다. 그러나 피할 수 없는 성경의 진실은 십자가 메시지의 핵심이 그리스도께서 당신과 나 같은 죄인을 구원하신다는 단순하고 놀라우며 영광스러운 좋은 소식이라는 것이다. 그리고 만일 이 메시지와 그것이 선포하는 내용을 이루기 위해 일어난 모든 사건이 구속사의 절정이라면(실제로 역사의 전부가 구속에 관한 것이다) 이토록 강조되는 구원론이 우리가 하는 설교의 내용과 사역의 우선순위와 교회의 사명을 형성해야 한다고 결론지어야 마땅하다.

넷째, 죄의 교리는 우리의 구원을 기뻐하게 한다. 우리 중 누구라도 주 예수 그리스도를 믿음으로써 다가오는 진노에서 구원받는 일은 그야말로 기적이다. 어디서든 진정한 회개와 믿음을 본다면, 아버지께서 정하신 모든 것에, 그리스도께서 성취하신 모든 것에, 성령께서 하나님이 택하신 자에게 적용하시는 모든 것에 감사해야 한다. 18세기 찬송가 작사자 존 스토커(John Stoker)의 표현처럼 말이다. "하나님의 자비는 우리 노래의 주제, 내 마음의 기쁨, 내 혀의 자랑. 주님의 값없는 은혜가 처음부터 끝까지 내 마음과 영혼을 사로잡네."

언약 신학

하나님은 그분의 피조물을 어떻게 대하시는가?

WEEK 19

DAY 91

언약이 중심이다

"그들이 먹을 때에 예수께서 떡을 가지사 축복하시고 떼어 제자들에게 주시며 이르시되 받으라 이것은 내 몸이니라 하시고 또 잔을 가지사 감사 기도 하시고 그들에게 주시니 다 이를 마시매 이르시되 이것은 많은 사람을 위하여 흘리는 나의 피 곧 언약의 피니라"(막 14:22-24).

대다수 그리스도인은 이 말씀을 수백 번도 더 들었다. 최후의 만찬 이야기가 나올 때마다 듣고 주의 만찬에 참여할 때마다 듣는다. 그러나 우리는 구속사와 교회에서 아주 중요한 이 말씀에 거의 주목하지 않는다. 더 구체적으로, 우리는 이 말씀 가운데 '하나'에 거의 주목하지 않는다. 존티 로즈(Jonty Rhodes)가 지적했듯이, 많은 사람이 예수님의 선언에서 '언약'(covenant)이란 단어를 가려도 이 구절의 의미가 전혀 달라지지 않는다고 생각한다.[1] 예수님은 죄인을 구원하는 자신의 죽음이 어떤 의미인지 언약 신학의 관점에서 아주 분명하게 설명하셨으나 우리는 이 사실을 놓친다.

어느 조직 신학에서든, 언약이 중심 주제여야 한다. 언약이란 단어는 성경에서 300회 이상 사용된다. 성탄절 이야기에서 사용되고(눅 1:7, '맹세'), 그리스도의 수난 이야기에서도 사용된다(눅 22:20). 성경의 첫 장들에서 사용되고(창 6:18; 9:17; 참조. 호 6:7), 성경의 뒷부분에 배치된 책에서도 사용되는데, 거기서 우리는 그리스도의 대제사장 사역을 배운다(히 8:6). 유대인을 "언약의 자손"이라 부른 것은 놀랍지 않다(행 3:25). 우리는 "집에서 '언약들'에 관해 대화했던 훌륭한 조상들을" 생각하며 향수에 젖었던 스펄전(Charles Spurgeon)을 본받아야 한다.[2]

네덜란드 신학자 헤르만 비치우스(Hermann Witsius)가 쓴 고전적 저작 『언약의 경륜』(Economy of the Covenants)의 서문에서, 제임스 패커는 언약 신학은 해석학이며, 성경 전체를 읽는 한 방식이라고 주장한다.[3] 곧 성경의 구속은 삼위일체 세 위격 간의 언약 관계에서 시작한다. 성경의 교리는 하나님과 사람의 언약 관계와 관련이 있다. 성경의 윤리는 우리와 타인의 언약 관계와 관련이 있다. 이들을 언약의 틀에서 보지 않으면 하나님의 복음이나 하나님의 말씀이나 하나님의 실재를 이해하지 못한다.[4]

패커에 따르면, 성경은 언약 신학의 중요성을 네 가지 방식으로 강조한다.[5]

1. 성경이 들려주는 이야기를 통해
2. 언약이 예언한 분이자 우리의 죄를 위해 언약을 지키시는 메시아, 곧 예수 그리스도께 성경이 부여하는 자리를 통해
3. 두 언약의 머리, 곧 아담과 그리스도의 구체적 유사성을 통해
4. 예수님이 요한복음에서 친히 가장 분명하게 가르치신 영원한 구속 언약을 통해

성경은 연속되는 언약들에서 펼쳐지는 일관된 이야기, 곧 은혜 이야기를 들려준다. 언약 신학은 개혁주의 신학자가 성경에 억지로 갖다 붙인 이질적 체계가 아니다. 오히려 언약 신학은 누구든지 성경을 처음부터 끝까지 철저히, 겸손하게 읽는다면 발견하지 않을 수 없다.

1 Jonty Rhodes, *Raiding the Lost Ark: Recovering the Gospel of the Covenant King* (Nottingham, UK: Inter-Varsity Press, 2013), 17-18.
2 다음에서 재인용했다. Golding, *Covenant Theology*, 9; 피터 골딩, 『현대인을 위한 언약신학』, 박동근 역, 도서출판그나라, 2015.
3 Packer, "Introduction," 27.
4 Packer, "Introduction," 31-34.
5 나의 말로 표현한 것이지만, 이 네 개념은 Packer, "Introduction," 39-42에서 빌려왔다.

DAY 92
언약의 정의

언약이란 정확히 무엇인가? 튜레틴은 성경의 '언약'을 이렇게 정의한다. "하나님과 사람이 맺은 협정과 계약으로, 의무를 규정(또는 해야 할 일에 관한 규정)하는 부분과 보상을 약속하는 부분으로 구성된다."¹ 좀 더 길게, 비치우스는 언약이란 "완전한(consummate) 행복을 얻는 길에 관해 하나님과 사람이 맺은 계약이며, 이렇게 주어지는 행복을 모욕하는 자(contemner)가 받게 될 영원한 멸망의 저주 선언(commination)을 포함한다."² 바꾸어 말하면, 하나님과 사람의 언약은 영원한 행복의 약속에 관한 것이고, 영원한 심판의 경고에 관한 것이며, 약속을 거부하는 자가 어떻게 심판을 받게 되는지에 관한 것이다.

좀 더 현대적인 정의도 있다. 리처드 벨처(Richard Belcher)는 언약이란, 계약의 구속력을 강조하는 특정 의식을 통해 비준되는 쌍방 간의 법적 계약을 가리킨다고 주장한다.³ 제임스 패커는 언약을 "서로를 서로에게 묶는 자발적 상호 약속"으로 정의한다."⁴ 어쩌면 가장 잘 잘 알려진 팔머 로버트슨(O. Palmer Robertson)의 정의는 "주권적으로 시행되는 피로 맺은 연대"이다.⁵

나의 정의는 로버트슨의 정의와 조금 다르다. 로버트슨의 정의는, 언약이 언어적 맹세 및 상징적 행위로 맺은 관계와 관련 있음을 상기시킨다는 점에서 간결하고 널리 유용하다. 또 성경에 나오는 모든 언약의 조건을 하나님이 제시하신다고 정확하게 강조한다. 그러나 성경의 모든 언약이 피로 맺어지는지는 확인해 보아야 한다. 피 흘림이 없으면 분명 죄 사함도 없다(히 9:22). 그러나 노아 언약과 다윗 언약이 어떻게 피 흘림을 포함하는지, 구속 언약이 어떻게 피로 시행되는지(비록 구속 언약에서 보증이신 분이 피를 흘리며 죽더라도 말이다) 알기 어렵다. 우리는 이 모두를 염두에 두고 '언약'을 좀 더 단순하게 "둘 또는 그보다 많은 당사자의 약속 계약"으로 정의해야 한다.

성경의 언약은 정치 조약과 공식적인 관계 계약이 널리 시행되던 고대 세계에서 비롯되었다. 성경의 다양한 언약은 동시대의 많은 언약처럼 식별할 수 있는 요소로 구성되었다. 일반적으로, 성경의 언약은 일곱 가지 요소로 구성되는데 약속(promises), 규정(prescriptions), 형벌(penalties), 맹세(swearing), 보기(seeing), 선언(statement), 서명(signs)이 그것이다. 물론 모든 언약에 일곱 요소가 다 나타나는 것은 아니며 언약의 요소가 이런 식으로만 구분되는 것도 아니다. 그렇더라도 이들 요소는 함께 하나의 일반적 틀을 제시한다. 성경의 언약에서 하나님이 약속을 하고, 명령을 하며, 형벌을 경고하신다. 언약 관계를 맺을 때 흔히 맹세, 증인, 기록된 문서, 비준을 나타내는 상징이 등장한다. 성경 어디서든 하나님은 이러한 약속 계약을 통해 그분의 피조물과 관계를 맺으신다.

1 Turretin, *Elenctic Theology*, 2:172; 투레티누스, 「변증신학 강요」.
2 Witsius, *Economy of the Covenants*, 1:45.
3 Belcher, *Fulfillment of the Promises of God*, 18.
4 Packer, "Introduction," 29.
5 Robertson, *Christ of the Covenants*, 4; 팔머 로벗슨, 「계약신학과 그리스도」, 김의원 역, 개혁주의신학사, 2011.

DAY 93

베리트와 디아데케

언약에 해당하는 히브리어 단어는 **베리트**(*berith*)이고 헬라어 단어는 **디아데케**(*diatheke*)이다. 현대 영어 번역본에서, 두 단어 모두 일반적으로 '언약'으로 번역되지만, 늘 같은 의미로 이해되지는 않는다.

베리트를 '언약'으로 번역해야 한다는 데는 모두 동의한다. 그러나 디아데케의 개념이 언약, 유언장(testament, 사망 시 재산 처분 방식을 명시한 유언장처럼), 또는 그 사이의 무언가를 가리키는지는 의견이 늘 일치하지는 않았다. 신약성경에서의 쓰임새를 볼 때 디아데케는 (적어도 한동안) 유언장을 가리킬 수 있다고 보았다. 실제로, KJV는 디아데케를 자주 '언약'(covenant)으로 번역하면서도 '유언장'(testament)이라는 단어를 14회 사용한다. RSV는 히브리서 9장 16절을 제외하고 디아테케를 모두 '언약'(covenant)으로 번역한다[히 9:16에서는 '유언'(will)으로 번역했다]. ESV는 16-17절에서 디아테케를 '유언'(will)으로 번역한다. "디아테케는 그 사람이 죽은 후에야 유효하다"(17절)는 구절을 고려할 때, '유언'(will)이나 '유언장'(testament)을 염두에 두었을 것이다.

그러나 히브리서 9장에서도 저자가 유언장이 아니라 언약을 생각하고 있다고 볼만한 다른 이유들이 있다.

첫째, 15절과 18-21절에서, 디아테케는 언약을 가리키는 게 분명하다. 16-17절에서 같은 단어로 다른 의미를 가리키려는 사람은 자신의 주장을 입증할 책임이 있다.

둘째, 17절 전반부에 나오는 "죽은"(*nekroi*)이라는 단어는 고대 언약 체결 의식에 자주 등장하는 죽임 당한 짐승을 가리키는 '사체'로 번역될 수 있다.

셋째, 17절 후반부는 상징적인 죽음을 가리킬 수 있다. 다시 말해, 언약을 맺는 자는 언약을 어기면 어떻게 하겠다는 자기 저주의 맹세를 하는데, 그에 따라 반드시 죽어야 한다.

넷째, 결정적으로, 더욱 최근의 신약학자는 당시 그리스의 유언장은 오늘날 우리의 유언장처럼 작동하지 않았다고 주장한다. 그리스의 유언장은 유언한 자가 죽어야 유산을 분배할 수 있는 게 아니었다(예를 들면, 탕자의 비유를 생각해 보라).

바꾸어 말하면, 신약성경의 모든 디아테케는 구약성경의 베리트와 대체로 동의어라고 보아야 한다.

신약성경 몇 곳에서 언약 대신 유언의 개념을 사용한 경우를 보더라도(많은 최고의 신학자가 이렇게 보았다. 예를 들면, 칼뱅, 튜레틴, 비치우스) 두 개념을 혼동해서는 안 된다. 둘 다 죽음과 연결된다. 그러나 언약에서는 죽음이 계약의 첫머리에 자리하는(잠재적 저주를 상징했다) 반면 유언장에서는 죽음이 관계의 끝에 자리한다. 한편으로, 죽음으로 유언장이 효력을 발휘한다. 다른 한편으로, 죽음으로 언약이 입증된다. 유언장에서는 죽음이 전제된다. 언약에서는 삶이냐 죽음이냐는 선택이 있다. 가장 중요하게도, 그리스도께서 자신의 죽음을 언약적 견지에서 이해하셨다는 것을 기억해야 한다. 우리의 구원은 언약 신학의 성취다. 언약을 지켰으나 은혜 언약의 피를 흘리신 그리스도의 죽음은 언약을 깨뜨린 하나님의 백성을 위한 대속적 희생이었다.

DAY 94

언약 갱신으로서의 예배

출애굽기 24장은 언약을 확정하는 장면을 보여 준다. 하나님은 언약을 시작하고(출 19장), 언약의 헌법적 의무(십계명)를 제정하며(출 20장), 이 헌법을 사례법으로 적용한 후(출 21-23장) 언약을 모세와 더불어 확정하신다. 그런데 출애굽기 24장은 언약이 확정되는 장면뿐 아니라 언약 갱신으로서의 예배라는 놀라운 장면을 제시한다.

출애굽기 24장은 예배하라는 부르심으로 시작하는데, 하나님이 모세와 아론, 나답과 아비후, 이스라엘의 장로 70명을 가까이 부르신다. 뒤이어 모세는 백성을 예배 의식, 곧 언약을 확정하는(그리고 후에 언약을 갱신하는) 의식이라 할 수 있는 일에 참여시키는데, 이 의식은 세 요소에 초점을 맞춘다.

첫째, 시내산 의식의 중심은 '언약서'였다. 모세는 백성에게 하나님의 모든 말씀(십계명)과 이 말씀을 적용하는 모든 율례를 전했다(3절). 뒤이어 모세는 언약서를 백성에게 낭독하면서 이 율례의 본질을 되풀이 했다(7절). 중요하게도 모세는 구전에 그치지 않았다. 이미 구속사의 이러한 초기 단계에, 모세는 하나님의 계시를 기록해 백성에게 전했다(4절). 이 단락에서 두 차례, 백성은 하나님의 말씀에 순종하겠다는 다짐으로 답했다. 언약 갱신으로서 예배의 핵심은 이것이다. 하나님의 말씀(규정, 약속, 축복, 저주)을 읽고 가르치면, 하나님의 백성이 듣고 받아들이며 이해하고 반응한다.

둘째, 시내산 의식은 '언약의 피'도 포함했다. 제단을 쌓고(4절) 제사를 드리며(5절) 피를 뿌렸는데(6절), 피는 단지 언약의 시행에 수반될 뿐 아니라 언약의 조항을 가능하게 했다. 피흘림은 대속(substitution)을 상징하고(이스라엘 열두 지파를 상징하는 열두 기둥이 있다) 화목 제물(propitiation)을 상징한다[그래서 번제와 화목제(peace offerings)가 언급된다]. 백성이 말씀으로 구별되었고 말씀에 순종하기 위해 구별되었으며(8절), 따라서 언약의 피는 성별(聖別, consecration)을 가리켰다.

셋째, 마지막으로, 시내산 의식은 '언약의 떡'을 포함했다. 모세, 아론, 나답, 아비후를 비롯해 70명의 장로가 영광의 하나님을 뵙고는 먹고 마셨다(11절). 언약 의식은 흔히 식사로 마무리되었다(창 26:30; 31:44, 46). 먹고 마시는 일은 교제를 표현했고, 백성이 서로 가까우며 그들의 하나님과 가깝다는 표식이자 도장이었다.

출애굽기 24장은 예배 의식으로, 성경에 묘사된 최초의 연합 예배 모임이었다. 이 의식은 공예배의 기본 요소를 포함하며 성경적 예배의 본을 제시한다. 예배로의 부르심이 있고, 피 제사로 가능해진 예배로 나아감이 있으며, 하나님의 말씀 낭독이 있고, 하나님의 말씀에 대한 반응이 있으며, 교제의 식사가 있고, 하나님이 예배 가운데 가까이 오신다는 임재의 약속이 있다. 우리가 주일마다 모여 하나님의 언약적 약속과 공급을 되새길 때(고전 11:23-26), 우리의 예배에도 이러한 요소가 늘 있어야 한다.

DAY 95

구속 언약

구속 언약(covenant of redemption), 또는 라틴어로 **팍툼 살루티스**(*pactum salutis*)는 만세 전에 그리스도 안에서 선택된 한 백성을 구원하려는 아버지와 아들 간의 영원한 계약이다. 전통 개혁주의 신학에서, 팍툼(계약)은 매우 중요한 교리로, 그리스도 안에서 택하심, 역사 안에서 일어나는 하나님의 활동, 삼위일체 하나님 간의 사랑을 이해하는 데(그리고 아우르는 데) 도움이 된다. 팍툼은 신자에게 확신을 주는, 곧 우리와 하나님의 언약 관계는 시간이 시작되기 전에 아버지께서 아들과 맺으신 언약에서 기원하므로 우리는 우리의 보증이신 그리스도 안에서 안전을 누릴 모든 이유를 가진다는 확신을 주는 목회 교리이기도 하다.

팍툼은 개혁주의 교리사의 중심에 자리하는데도 자주 비판을 받는다. 이러한 비판은 개혁주의 전통의 외부뿐 아니라 내부에서도 일어나는데 세 가지 비판이 가장 일반적이다.

첫째, 팍툼은 성령께 아무 역할도 주지 않는다는 점에서 하위 삼위일체적(sub-Trinitarian)이라는 것이다. 팍툼은 대체로 아버지와 아들 간의 계약으로 이해되는 게 사실이지만, 이 때문에 삼위일체가 훼손될 필요는 없다. 예수님의 대제사장 기도에서 아버지와 아들 관계가 강조되었다고 해서 삼위일체가 훼손될 필요가 없는 것과 마찬가지다. 새로운 많은 신학자가 성령을 영원한 팍툼의 동등한 파트너로 보면서 삼위일체적 견지에서 구속 교리를 분명하게 변호한다. 그리고 옛 신학자 사이에서도, 성령은 배제되지 않았다. 예를 들면, 빌헬무스 아 브라켈(Wilhelmus a Brakel)은 "성령의 모든 은혜와 영향이 바로 이 (구속) 언약에서 비롯되어 나타난다"고 가르쳤다.[1]

둘째, 팍툼은 하나님의 뜻이 하나라는 사실을 훼손한다는 점에서 비정통 신학을 수반한다는 것이다. 아버지께서 실제로 아들과 언약을 맺으시려면 아버지와 아들이 서로 다른 뜻을 가져야 한다는 것이다. 개혁주의 신학자는 이러한 반론을 예상하고, 하나인 하나님의 뜻을 두 관점에서 볼 수 있다고 주장했다. 아버지와 아들은 목표와 목적이 같지만, 아버지는 아들을 보증으로 삼아 구속하려 하시고 아들은 보증이 되어 구속하려 하신다.[2]

셋째, 가장 결정적으로, 팍툼은 형이상학적 사변이라며 조롱받았다. 유명하게도, 칼 바르트는 구속 언약을 "신화"로 여겼고, 좀 더 최근에 어느 복음주의 신학자는 팍툼이 "성경의 분명한 지지를 받지 못하며 … 학문적 땜질"일 뿐이라고 주장했다.[3]

그러나 좀 더 들여다보면 알듯이, 성경에는 아버지와 아들 사이의 구원 계약을 뒷받침하는 강력한 증거가 있다. 그리스도께서 약속을 받으셨다. 아버지께서 한 백성을 그리스도께 주겠다고 하셨다(요 6:38-40; 참조. 5:30, 43; 17:4-12). 그리고 둘째 아담으로서, 그리스도께서는 자기 백성의 언약적 머리이시다(롬 5:12-21; 고전 15:22). 이뿐 아니라, '작정'이 있었는데, 영원히 난 아들이 이 작정을 통해 열방을 유업으로 받았고 땅의 끝을 소유로 받으셨다(시 2:7; 참조. 시 110). 이런 이유로, 스가랴 6장 13절은 여호와와 싹 사이의 평화 언약(평화의 의논)을 말하고, 예수님은 누가복음 22장 29절에서 아버지께서 자신에게 맡기신 나라를 말씀하신다. 우리의 구원은 확실하다. 시간 속에서 은혜 언약이 가능했던 것은 영원 전에 체결된 구속 언약 때문이다.

---

1 A Brakel, *The Christian's Reasonable Service*, 1:262; 빌헬무스 아 브라켈, 『그리스도인의 합당한 예배』, 김효남, 서명수, 장호준 역. 지평서원, 2019.
2 A Brakel, *The Christian's Reasonable Service*, 1:252; 아 브라켈, 『그리스도인의 합당한 예배』.
3 Williamson, "The Pactum Salutis," 281.

WEEK 20

DAY 96

행위 언약

행위 언약(covenant of work)은 에덴동산에서 하나님과 아담이 맺은 계약을 가리키며, 이 계약을 통해 아담은 인류를 대표하는 머리로서 하나님의 명령에 순종하면 살고 불순종하면 죽으리라는 약속을 받았다.

하나님과 아담이 맺은 언약은 다양한 이름으로 불린다. 자연 언약[하나님이 창조하신 첫 사람의 '본질적 성질'(natura)에 기초해], 에덴 언약(에덴동산에서 시작되었기 때문에), 창조 언약(인간 창조 때 맺어졌기 때문에), 생명 언약(완전하게, 영원히 순종하면 생명을 주겠다고 하셨기 때문에)이라 불린다. 그러나 행위 언약이란 이름이 더 적합하다. 행위 언약이란 이름은 은혜의 원리가 아니라 행위의 원리에 따라 복이나 저주가 따른다는 점을 강조하기 때문이다.

유명하게도, 존 머리(John Murray)는 하나님과 아담이 에덴동산에서 맺은 계약이 행위 언약이었다는 것을 부정하고, 대신에 이를 "아담 체제"(Adam's administration)라고 불렀다.¹

첫째, 그는 언약이란 단어가 사용되지 않았다고 주장했다. 둘째, 그는 이 계약에 행위 원리가 있다고 믿지 않았다. 머리의 주장에 따르면, 하나님은 아담에게 생명을 주겠다는 약속을 이루실 테지만, 행위에 근거해 이루지는 않으실 터였다. 이 약속은 하나님의 공의가 아니라 하나님의 신실하심을 따라 이루어질 터였다.

이를 비롯해 여러 반론에도 불구하고, 개혁주의 신학자가 하나같이 행위 언약을 변호하고 강조한 데는 충분한 이유가 있다. 첫째, 성경의 언약들과 관련된 대다수 요소가 에덴동산에 나타난다. 먹지 말라는 규정, 영생의 약속, 죽음의 형벌이 있다. 맹세("반드시 죽으리라"), 증인들("우리가 사람을 만들고"), 생명나무의 표징도 있다. 더 나아가, 창세기 1-3장과 신명기 28-34장이(특히 33-34장에서 창조 이미지가 다시 나타남으로써) 모세오경의 양쪽 끝에서 북엔드 역할을 한다는 사실을 볼 때 창세기 첫 몇 장이 아담이 행위 언약을 어긴 사실로 끝나듯이 오경도 이스라엘이 모세 언약을 어기리라는 전망으로 끝나리라고 암시한다.

행위 언약을 뒷받침하는 데 사용되는 본문은 호세아 6장 7절이다. "그들은 아담처럼 언약을 어기고 거기에서 나를 반역하였느니라." 어떤 사람은 이 구절의 '아담'을 지명(地名)이나 인류 전체를 가리키는 말로 이해하기도 하지만, 아담 한 사람을 가리킨다고 보는 게 가장 적절하다. 이 구절과 평행한다고 볼 수 있을 욥기 31장 33절(여기서 "사람"으로 번역된 히브리어는 '아담'이다)과 호세아서 다른 곳에서 나타나는 창조 이미지 외에, 호세아 6장 7절을 둘러싼 맥락이 결정적이다. 이스라엘의 죄를 인류의 죄와 비교한다면 이스라엘의 죄를 '축소하는' 일이 될 것이다. 호세아의 핵심은 아담을 이스라엘이 범한 죄의 기원과 본보기로 지목함으로써 이스라엘이 범한 죄의 크기를 강조하는 것이다.

마지막으로, 창세기 1-3장에 언약 개념이 있다는 강력한 증거를 로마서 5장과 고린도전서 15장에서 찾을 수 있다. 바울에게 아담은 오실 분의 모형이기에(롬 5:14), 예수님의 성취의 본질과 아담의 실패의 본질을 연결할 이유가 충분하다. 아담과 예수님이 대표자로서 평행을 이룬다면, 예수님의 대표 행위(representative work, 대표 사역)를 언약적 견지에서 이해할 때(고전 11:25-26; 고후 3:4-11), 아담의 대표 행위도 언약의 견지에서 보아야 한다.

1 Murray, *Collected Writings*, 4:217-222.

DAY 97

은혜 언약

타락 후, 인간은 행위 언약으로 생명을 얻을 수 없게 되었다. 그러나 은혜의 하나님이 다른 언약, 곧 은혜 언약(covenant of grace)을 세우셨다. 은혜 언약에서 하나님은 "예수 그리스도를 통해 죄인에게 생명과 구원을 값없이 주셨다"(웨스트민스터 신앙고백 7.3). 벌코프는 은혜 언약을 이렇게 정의한다. "피해자 하나님과 범죄자이지만 택함을 받은 죄인이 맺은 은혜로운 계약으로, 이 계약에서 하나님은 그리스도를 믿음으로 얻는 구원을 약속하며, 죄인은 믿음으로 이 약속을 받아들이고 믿음과 순종의 삶을 약속한다."[1] 여기에는 세 가지 핵심이 더 있다.

1. 은혜 언약은 사용하는 용어의 의미에 따라 조건적일 수도 있고 무조건적일 수도 있다. 조건이 일종의 공로를 암시한다고 이해하면,

은혜 언약은 무조건적이다. 은혜 언약에서 우리는 그 무엇을 획득하거나 그 어떤 자격을 갖추는 게 아니다. 은혜 언약은 행위 언약이 아니다. 다른 한편으로, 많은 개혁주의 신학자는 주저 없이 은혜 언약을 조건적 언약이라 부른다. 은혜 언약에는 값없이 들어가지만, 그와 동시에 은혜 언약의 모든 유익을 누리려는 자에게 믿음이 요구된다(웨스트민스터 신앙고백 7.3). 중요하게도, 이 믿음 자체는 성령의 선물이다.

2. 은혜 언약 안에 두 존재 방식이 늘 있다. 구약성경의 언약은 본질적으로 늘 영적이었다. 육체의 할례에 상응하는 마음의 할례가 있어야 했다(레 26:40-42; 신 30:6; 렘 9:25). 바울은 로마서 4장 11절에서 이를 강하게 강조하면서 할례를 가리켜 아브라함이 믿음으로 의롭다 하심을 얻었다는 표와 인(印)이라고 말한다. 이 표가 생후 8일된 사내아이에게 주어졌다는 게 이상해 보이겠지만, 모든 내적인 복을 소유하지 않고도 외적으로 언약에 연결될 수 있다는 사실을 볼 때 어느 정도 이해가 될 것이다(참조. 롬 2:25-29; 9:6-8).

동일한 사실을 새 언약에도 적용할 수 있다. 그리스도의 피에 외적으로 연결되고 언약적 의미에서 구별된 자들이 결국 "자기를 거룩하게 한 언약의 피를 부정한 것으로 여기"게 될 수 있다(히 10:29). 어떤 신학자는 이 역학을 언약의 시행과 언약의 본질, 조건적 언약과 절대적 언약, 또는 법률적 관계로서의 언약과 생명의 교통으로서의 언약이라 부른다. 무엇이라 부르든 간에, 핵심은 구약성경과 신약성경에서 은혜 언약은 객관적 요소도 있고 주관적 요소도 있다는 것이다.

3. 은혜 언약은 전체 구속사에서 다르게 시행되지만 "하나이고 동일하며, 다양한 세대에서" 시행된다(웨스트민스터 신앙고백 7.6). 새 언약은 은혜 언약의 더 완전하고 더 분명한 표현이지만, 본질이 구약성경의 이전 언약들과 다르지 않다. 언약의 가장 근본적이고 기본적인 복(하나님의 임재 약속)은 성경 전체를 관통하는 붉은 줄이다. 창세기 17장의 할례 언약부터 출애굽기 20장의 율법 수여, 신명기 29장의 언약 갱신, 사무엘하 7장의 다윗왕이 받은 약속, 예레미야서와 에스겔서에 나오는 새 언약의 소망, 요한계시록 21장의 새 하늘과 새 땅의 완성까지, 우리는 하나님의 은혜로운 언약의 약속을 본다. 그분이 우리의 하나님이 되시고 우리가 그분의 백성이 되리라는 약속이다.

1 Berkhof, *Systematic Theology*, 277; 벌코프, 『벌코프 조직신학』.

DAY 98

노아 언약

노아 언약은 창세기 9장에서 체결되며 기본적으로 보존 언약(covenant of preservation)이다. 하나님이 날과 계절에 대해 예측 가능한 규칙성을 약속하신다. 다시는 세상을 물로 심판하지 않겠다고 약속하신다. 하나님은 에덴동산에서 인간이 범죄한 후 땅을 저주하셨으나(창 3:17) 홍수 후에는 땅을 "저주하지" 않으셨다(창 8:21). 창세기 9장의 언약 협정은 물로 멸하는 전쟁이 끝났음을 모든 생명체에게 보여 준다.

잘 알려져 있듯이, 이 약속의 표는 무지개다. 무지개는 자연의 표이며(창세기 9장 이전에도 하늘에 무지개가 나타났는지는 알 수 없다) 피와 무관한 표이다(이런 점에서 오경 뒷부분에서 계시되는 할례 및 유월절과 다르다). 무지개는 오늘날 성 혁명의 상징으로 사용되지만, 애초에 유대-기독교의 상징이었다. 따라서 이 상징을 포기해서는 안 된다. 무지개는 우리에게 하나의 표이며, 더 분명하게는 하나님을 떠올려 주고(창 9:16) 하나님이 다시는 세상을 물로 멸하지 않으시리라는 것을 떠올려 주는 기념물이다. 하나님이 그분의 활을 하늘에 거셨으며, 마지막 때까지 무서운 심판의 화살을 땅에 쏘지 않으실 것이다(창 8:22). 최후의 심판이 다가오고 있지만, 그 심판의 도구는 물이 아니라 불일 것이다(벧후 3:3-10).

성경의 주요 언약 가운데 독특하게도, 노아 언약은 오로지 하나님의 백성과 맺은 언약이 아니다. 이 언약은 노아와 그의 가족, 이들의 후손, 모든 생명체와 맺은 것이다(창세기 9:10-12, 15, 17의 '모든'이란 단어를 보라). 노아 언약은 특별 은총이 아니라 일반 은총의 언약이다. 노아 언약은 경건한 자와 경건하지 못한 자를 모두 포함한다. 노아 언약은 동물까지 포함한다. 확실히, 노아 언약은 은혜 언약의 시행이지만, 직접적으로 구속에 관한 게 아니라 하나님이 나중에 행하실 구속 사역을 가능하게 하는 우주적 보존에 관한 것이다. 바빙크가 말하듯이, "노아 언약(창 8:21-22; 9:1-17)은 하나님의 은혜에 뿌리가 있고 실제 은혜 언약을 유지하고 준비하기 때문에 은혜 언약과 밀접하게 연결되지만, 일치하지는 않는다. 노아 언약은 오히려 하나님이 모든 사람과 심지어 모든 피조물과 맺으신 '오래 참음의 언약'(covenant of long-suffering)이다."[1]

노아 언약은 하나님이 아담과 맺으신 언약과 같으면서도 다르다. 노아 언약과 창세기의 창조 명령 사이에 부정할 수 없는 유사점이 있지만, 세상에 죄가 들어왔기 때문에 언약 협정이 변경되었다(창 8:21). 창세기 9장에서는 충족해야 할 언약의 조건이 없고, 저주 선언도 없으며 '~하면 ~하리라'(if-then) 공식도 없다. 대신에, 하나님이 세상을 보존하겠다고 일방적으로 약속하시며, 사람이 하나님의 형상으로 창조되었고(6절), 생육하고 번성해야 하며(1절), 사람이 땅에서 하나님의 대리자라는 것을 재확인하신다(2절). 창세기 9장의 언약은 창세기 1장의 복과 지배를 재확립하지만, 죄가 없는 낙원이었던 에덴동산 대신 타락한 세상을 전제하는 방식으로 한다.

1 Bavinck, *Reformed Dogmatics*, 218; 바빙크, 『개혁교의학』 전 5권.

DAY 99

아브라함 언약

아브라함 언약, 곧 믿음을 통해 은혜로 세상에 복을 주겠다는 하나님의 약속은 창세기 여러 장에 걸쳐 전개된다.

첫째, '언약의 서막'이 창세기 12장에 나온다. 금세 알 수 있듯이, 선택의 원리가 작동한다. 왜 아브라함이(엄격히 말하면, 이 시점에서는 아브람이) 부르심을 받았는가? 그와 그의 가족은 참 하나님을 섬기지 않았다. 이들은 우상 숭배자였다(수 24:2). 신비로운 멜기세덱이 더 합당한 선택으로 보이지 않는가? 또는 의인 욥이 더 합당한 선택이었는지 모른다(욥은 이 시대 사람이었을 것이다).

그러나 하나님은 아브라함을 선택하셨다. 하나님은 자신의 계획과 목적에 따라 일하시기 때문이다. 하나님은 아브라함에게 일곱 가지 약속을 하시는데, 세 가지 축복의 원이 갈수록 커진다. 하나님은 아브라함에게 복을 주실 것이고, 아브라함에게서 나올 민족에게 복을 주실 것이며, 아브라함을 통해 땅의 모든 민족에게 복을 주실 것이다. 갈라디아서 3장 8-9절은 이 선언이 복음 선포였다고 말한다. 하나님께는 아브라함을 위한 좋은 소식이 있었는데, 아브라함처럼 이 약속을 믿는 모두를 위한 좋은 소식이기도 하다.

둘째, '언약의 비준'이 창세기 15장에 나온다. 아브라함이 복을 약속 받기가 무섭게 이 약속이 위협받는다. 이 약속은 기근에 위협받고(창 12장), 롯에게 위협받으며(창 13장), 동쪽 왕들에게 위협받는다(창 14장). 그러나 아브라함은 각 시련을 겪은 후 한 단계 성장한다.

아브라함은 모든 부분에서 복을 받는다. 그러나 정작 가장 복을 받지 못한다. 그는 아직 자식이 없다. 그래서 하나님은 아브라함에게 다시 약속하신다. 그에게 자식을 주고 그가 강한 민족이 되게 하시겠다는 것이다. 아브라함은 하나님을 믿었고, 이 믿음으로 의롭다고 선언되었다(창 15:6). 하나님은 아브라함을 의롭다고 선언한 후 그와 언약을 맺으셨다. 아브라함과 언약을 맺을 때, 하나님은 반으로 쪼개 놓은 동물 사이로 지나감으로써 자신의 약속을 비준하셨는데, 이는 자신이 약속을 지키지 않으면 반으로 쪼개 놓은 동물처럼 자신도 둘로 쪼개지리라는, 그분 자신을 향한 맹세였다(렘 34:18-20).

셋째, '언약의 의미'가 창세기 17장에 나온다. '베리트'라는 단어가 아홉 개 절에서 13회 사용되어 언약의 성격이 더 분명하게 드러난다. 이번에도 언약은 아브라함에게 하나님과 동행하라고 요구한다. 이번에도 하나님이 땅과 후손과 (무엇보다도) 그분의 임재를 약속하신다. 그리고 중요하게도 언약의 표가 등장한다.

이 언약, 곧 아브라함 및 그의 후손과 맺는 언약은 할례로 서명되는데 이를테면 도장이 찍히는 것이다. 여기서 할례는 복 받은 자에게는 죄악된 육신을 베어 냄을 상징하고, 저주받은 자에게는 하나님에게서 끊어짐을 상징한다.

넷째, '언약의 확증'이 창세기 22장에 나온다. 하나님은 아브라함에게 그의 외아들을 번제물로 바치라고 명하며 그의 믿음을 시험하신다. 아브라함이 시험을 통과했을 때 하나님은 약속을 지키겠다고 재확인하신다.

이삭이 (거의) 번제물이 된 이야기는 아브라함의 믿음에 관한 이야기를 넘어 하나님의 공급하심에 관한 이야기다. 아브라함의 하나님은 약속을 지키시는 분이라고 믿을 수 있다. 그래서 아브라함 언약은 구약성경에서 아주 빈번하게 기준점 역할을 하고(출 2:24; 3:6; 6:8; 32:13) 신약성경에서 아주 빈번하게 복음의 약칭으로 사용된다(롬 4:13; 갈 3:16, 26, 29). 마태가 자신의 복음서를 아브라함의 아들의 족보로 시작하고, 하나님의 아들이 모든 민족에게 복을 주는 그분의 사명을 선언하는 장면으로 끝맺는 것은 우연이 아니다(마 28:19-20).

DAY 100

모세 언약

모세 언약은 시내산에서 맺은 협정인데, 이 언약에서 이스라엘은 하나님의 규례에 순종하면 복을 받으리라는 약속과 함께 끈질기고 고집스럽게 불순종하면 저주를 받으리라는 경고를 받았다. 모세 언약은 범죄한 하나님의 백성에게 죽음의 도구가 되었다. 그러나 모세 언약 자체는, 여기에 포함된 무수한 제사와 죄에 관한 규정과 더불어, 기본적으로 은혜 언약의 시행이었다(웨스트민스터 신앙고백 7:4-6을 보라).

모세 언약은 이전 언약을 능가했으나 이후 언약에 미치지 못했다. 한편으로 모세 언약은 이전 언약들보다 포괄적이고 모형론적으로 풍성하다는 점에서 하나님의 구속 계획 가운데 한 걸음 전진했다. 모세 언약은 하나님의 거룩한 성품을 드러내는 포괄적·민족적 언약을 제시했는데, 이 언약은 하나님의 백성의 죄를 보여 주어 이들을 겸손하게 할 터였다. 그와 동시에 모세 언약은 이를 대체할 새 언약에 비해 훨씬 덜 영광스러웠다(고후 3장). 벤자민 워필드의 유명한 말이 생각난다. 그는 구약성경이 가구가 잘 채워졌으나 조명이 희미한 방 같다고 했다. 복음을 통해 더 많은 빛이 비춰져 가구가 더 많이 보인다 해서, 하나님의 은혜라는 방에 새 가구가 추가된 것은 아니다. 다만 하나님의 은혜를 더 분명하게 보고 더 온전히 누리게 되었을 뿐이다.

모세 언약은 율법에 초점을 맞추었으나 율법주의적이지는 않았다. 법은 모세 이전의 모든 체제에서 중요했고(노아와 아브라함도 명령을 받았

다) 모세 이후의 모든 체제에서도 중요했다. 새 언약에도 순종해야 할 명령이 있었다(지상명령이나 "나를 사랑한다면 내 계명을 지키라"고 하신 예수님의 말씀을 생각해 보라). 분명히, 모세 언약에도 조건이 있었으나 행위 언약의 조건과 다르게 기능했다.

행위 언약은 절대 순종이란 시험이었고 모세 언약은 감사의 반응이었다. 행위 언약은 실패를 허용하지 않았고 모세 언약은 범죄와 부정(不淨)을 위한 풍성한 해결책을 제시했다. 행위 언약은 영생에 이르는 길을 열 터였고 모세 언약은 언약적 삶의 완전한 복을 줄 터였다. 에덴동산에서, 아담과 하와는 한 가지 시험에 불순종해 추방되었다. 모세 언약에는 불순종을 위한 해결책이 있었다. 그들이 추방된 것은 단 하나의 죄 때문이 아니라 죄의 해결책을 사용하지 못했기 때문이다. 옛 언약 아래서 추방은(새 언약에서 교회 권징처럼) 끈질기게 회개하지 않은 일에 대한 형벌이었다.

율법은 적법하게 사용되면 선한 것이다(딤전 1:8). 모세 언약은 교사여야 했으나 하나님 백성의 역사에서 때때로 엄한 감독관이 되었다. 인간의 노력 및 자기 구원과 관련해, 율법은 믿음에서 난 게 아니었다(갈 3:12). 그러나 모세 언약에 계시된 도덕 규범으로서, 율법은 아브라함에게 전파된 좋은 소식을 대체하려 하지 않았다(웨스트민스터 신앙고백 19:6-7). 모세 언약은 약속을 무효화하는 게 아니라 도리어 그 약속 안에서 살기 위한 은혜로운 수단이었다.

WEEK 21

DAY 101

재공표

　재공표(republication)란 에덴동산에서 아담이 받은 행위 언약을 모세 언약이 어떤 의미에서 재공표했다는 개념이다. 논증은 이렇게 전개된다. 모형론적으로, 이스라엘은 또 하나의 아담 같았다. 그래서 이스라엘도 언약의 시험을 통과하지 못했을 때 그 땅에서 쫓겨났다. 레위기 18장 5절("너희는 내 규례와 법도를 지키라 사람이 이를 행하면 그로 말미암아 살리라")은 모세 언약을 행위 원리에 기초한 체제로 확립했다. 그래서 바울은 로마서 10장과 갈라디아서 3장에서 레위기 18장 5절을 인용하며 이스라엘이 오용한 율법이 아닌, 이스라엘이 받은 그대로의 율법을 다룬다.

　시내산 언약은 은혜 언약에 속하지만, 재공표론을 지지하는 사람은 바울이 아브라함 언약과 모세 언약을 날카롭게 대비한다고 주장한다. 이들에 따르면, 아브라함 언약은 약속의 언약이고 모세 언약은 율법과 정죄가 특징인 언약이다. 이런 식으로, 모세 언약은 행위 언약처럼 기능한다.

　우리는 재공표론에 어떻게 반응해야 하는가? 핵심은 둘이다. 첫째는 주석이고, 둘째는 신학이다.

주석적으로. 전통 개혁주의는 사도 바울이 로마서 10장과 갈라디아서 3장에서 자신을 반대하는 자들이 틀렸다고 전제하며 주장을 펼친다고 보았다. 바울이 율법을 부정적으로 평가하는 이유는 일종의 귀류법(reductio ad absurdum)으로 논증을 펼치기 때문이다. "너희가 율법으로 살기 원한다면 어떻게 해야겠는가? 율법을 하나님 앞에서 자신을 의롭게 하는 도구로 사용할 수는 없다."

칼뱅은 로마서 10장 5절을 주석하면서 "모세의 가르침 전체"와 "특별히 그의 사역과 관련된 부분"을 구분한다."[1] 보편적 직무에서 모세는 복음에 어긋나는 것을 가르친 적이 없다. 그러나 또한 모세는 시내 산 언약 아래서 백성에게 그들의 의무와 책임을 가르치는 특별한 직무를 맡고 있었다. 그러므로 율법은 복음 전체와 대비되는 것이 아니라, 특히 유대주의자가 하나님 앞에서 의롭게 서는 방법으로 오해했던 명령들의 체계로서의 율법과 대비되는 것이다.

신학적으로. 재공표가 언약 신학에 대한 이중 언약적 이해와 어떻게 어울릴 수 있는지 알기는 어렵다. 전통적 이중 언약 구조에서 은혜 언약은 근본적·본질적으로 행위 언약과 동일시될 수 없다. 둘은 전혀 다른 원리로 작동한다. 어떻게 언약의 한 형태가 '어떤 의미에서' 나머지 한 형태를 포함할 수 있는가?

모세 언약은 율법이 중심일 수 있으나 은혜를 따라 또는 행위를 따라 작동해야 한다. 더욱이, 어떤 의미로든 도덕법(즉, 모세 체제 아래서 주어진 십계명)을 행위 언약과 동일시한다면, 어떻게 율법의 셋째 용도(율법은 구원받고 감사하는 백성에게 의의 완벽한 규범이다)를 주장할 수 있겠는가? 튜레틴이 행위 언약과 모세 언약을 구분한 데서 이것을 잘 알 수 있다. 행위 언약에서는 행위가 "생명을 얻는 원인으로 작동하는 선행 조건으로" 요구되었다. 그러나 모세 언약에서는 행위가 "이미 얻은 생명의 열매와 결과로 작동하는 후속 조건일 뿐"이었다. 간단히 말해, 행위가 행위 언약에서는 "칭의 행위에 앞서지만" 모세 언약에서는 "칭의 행위에 뒤따른다."[2]

1 Calvin, *Commentaries*, 386.
2 Turretin, *Elenctic Theology*, 2:191; 투레티누스, 『변증신학 강요』.

DAY 102

다윗 언약

다윗 언약은 왕권 언약이다. 다윗 언약은 이스라엘에 영광의 왕국이 도래했음을 알리고, 장차 오실 영광의 왕을 고대한다. 다윗 언약은 이전 언약들의 모든 약속을 통합하고, 앞으로 있을 더 풍성한 성취를 위해 무대를 세운다.

핵심 본문은 사무엘하 7장과 역대상 17장에 나오는 평행 단락(둘이 일치하지는 않는다)이다. 어느 쪽에서도 '베리트'가 사용되지 않지만, 다른 여러 곳에서 이 용어가 다윗 언약에 분명하게 적용된다(삼하 23:5; 시 89:3, 28, 34; 132:11-12). 사무엘하 7장의 정황이 중요하다. 하나님의 보좌를 위한 영구적 장소가 마련되었고(삼하 5장), 법궤가 예루살렘으로 옮겨졌으며(삼하 6장), 하나님이 다윗을 그의 모든 원수에게서 벗어나

안식을 누리게 하셨다(삼하 7:1). 전례 없는 왕국이 도래했다. 하나님이 그분의 옛 약속을 강화하고 새로운 약속을 할 준비가 되셨다.

다윗 언약은 이전 언약들에 기초한다. 후손이 많아지고 이름을 위대하게 하겠다는 약속이 다윗에게 새롭게 주어지는데(삼하 7:9-10), 이는 솔로몬 통치 초기에 성취된다(참조. 왕상 4:20, 24-25). 솔로몬의 불순종 때문에 이 복은 지속되지 못했으나(왕상 11:1-8) 하나님은 왕국 전체를 쓸어버리지 않으셨다(34-36절). 안식(신 28:1-14; 왕상 4:25), 민족들이 하나님의 복을 목격함(신 29:10; 왕상 4:30), 하나님의 임재 약속(출 6:7; 삼하 7:9; 겔 34:24)을 비롯해 모세 언약의 여러 약속도 성취된다.

하나님은 이전에 아브라함과 모세에게 하신 이러한 약속들에 기초해, 왕국이 다윗의 아들 아래서 전성기를 맞으리라 약속하신다. 두 주제가 특히 중요하다. 아들 됨(sonship)과 왕권(kingship)이다. 하나님은 자신의 보좌를 예루살렘에 세우고 그 보좌에 왕과 같은 아들(kingly son)을 앉히겠다고 약속하신다. 이스라엘은 전에 하나님의 장자로 부르심을 받았으나(출 4:23) 이제 이스라엘 왕도 하나님의 아들이 될 것이다. 이 왕은 하나님 백성의 왕 같은 대표(a royal representative)이자 하나님의 아들로서 특별한 지위를 부여받을 것이다.

구약성경의 많은 부분처럼, 다윗 언약의 약속도 모형과 원형에서, 그림자와 실체에서, 가까운 성취와 궁극적 성취에서 성취된다. 왕국은 솔로몬 아래서 영광을 누리고 확장된다. 그러나 궁극적으로 언약은 더 큰 아들(greater Son)에게서 가장 완전하게 성취된다(사 9:7; 11:1). 유대인이 약속된 메시아에 관해 확실하게 이해했을 법한 것은 단 하나, 메시아가 다윗의 후손이라는 것이다. 이런 이유로, 무리는 놀라서

"이는 다윗의 자손이 아니냐"고 물었고(마 12:23), 종려 주일에 순례자가 "호산나 다윗의 자손이여"라고 외쳤다(마 21:9). 마태는 "아브라함과 다윗의 자손 예수 그리스도의 계보"를 언급하며 자신의 복음서를 시작한다(마 1:1). 마가복음 12장 35절과 요한복음 7장 42절은 이와 동일한 메시아적 기대를 분명하게 언급하는데, 사도 바울도 다르지 않다(롬 1:3; 딤후 2:8).

아브라함에게 복을 주고 그분의 계명을 모세에게 계시하신 하나님은 도래할 왕이자 아들인 중보자(a kingly and filial mediator)께 구원 계획이 달려 있음을 다윗을 통해 분명히 하셨다. 다윗 언약의 핵심은 그리스도 예수를 맞이하도록 하나님의 백성을 준비시키는 것이었다.

DAY 103

새 언약

새 언약이란 그리스도 안에서 '예와 아멘'을 성취하는 약속들의 모임을 가리킨다. 이 약속들은 이전 모든 언약에 뿌리를 두지만, 그리스도의 사역과 성령의 시대에서 성취된다. 궁극적으로, 새 언약의 좋은 소식이 도래할 시대에 온전히 실현될 것이다.

베리트 하다쇼(berith khadashah, 새 언약)라는 표현은 구약성경에서 단 한 번, 예레미야 31장 31절에 나온다. 이 구절을 둘러싼 더 넓은 범위는(렘 30-33장) 때로 위로의 책이라 불리는데, 예레미야서가 거의 나쁜 소식으로 구성된 데 반해 이 부분만 좋은 소식을 전하기 때문이다. 이 네 장은 장차 있을(렘 30:3; 33:14; 31:27, 31, 38) 자비를 통한 이스라엘의 회복에(렘 33:26), 무엇보다도 새 언약에 초점을 맞춘다(31-34절).

예레미야 31장 31-34절을 정확히 해석하고 이를 통해 새 언약의 성격을 정확히 이해하려면, 세 가지를 명심해야 한다.

첫째, 새 언약은 새롭지만 어떤 의미에서 새롭지 않다. 새 언약은 모세 언약에 비해 새롭지만, 이전의 모든 것을 지워 버리지는 않았다. 하나님은 새 언약을 설명하면서 옛 언약들이 만들어 낸 범주와 상징을 사용하셨다. 새 언약은 완전히 신상품이라기보다 새로워진 것이라 할 수 있겠다. '새'(new)라는 말은 '이전에 전혀 없었다'거나 '이전에 전혀 약속되지 않았다'는 뜻이 아니다. 오히려, 새 언약은 이미 은혜 언약에 있는 요소를, 특히 아브라함 언약에서 보듯이, 강화하고 완성한다. 아브라함 언약이 변하지 않듯이 새 언약도 변하지 않는다(갈 3:15-18). 모세 언약이 약속했고(신 30:6) 시편 기자들이 자주 약속했듯이(시 1; 19; 119), 새 언약은 마음의 종교를 약속한다. 하나님이 구약성경 전체에서 약속하셨듯이(시 32), 새 언약은 죄 용서를 약속한다. 새 언약은 하나님을 직접 아는 지식을 약속하는데, 이와 같은 믿음이 기존에 없었다는 게 아니라 다가오는 날에 유일한 중보자를 통해 하나님께 직접 나아가게 되리라는 것이다.[1]

둘째, 새 언약은 개인적이고 집단적이다. 분명히 새 언약은 개인적인 측면이 있다. 법이 우리 마음에 기록되고 각 사람이 하나님을 알게 될 것이다. 그러나 새 언약은 개개인과 맺은 게 아니다. 새 언약은 공동체, 곧 이스라엘 집 및 유다 집과 맺었다(렘 31:31). 예레미야 32장

39절은 가족적 원리를 강화하면서 새 언약이 강조하는 좋은 소식이 "자기들과 자기 후손의 복을 위한" 것이 되리라고 단언한다.

셋째, 새 언약은 '이미'와 '아직'이다. 아브라함 언약에 가까운 성취가 있었고(이삭, 번성, 가나안) 먼 성취가 있었듯이(그리스도, 영적 풍요, 하늘의 기업), 새 언약에도 시작되었으나 완전히 성취되지는 않은 요소가 있다. 우리는 정말로 새 언약에는 가르침도 없고 선생도 없다고 말하려는 것인가(렘 31:34), 혹은 이 선언의 문자적 성취는 미래의 일인가? 우리는 하나님과 사람 사이의 중보자인 선생이 필요하지 않지만, 우리의 지식이 완전해질 최종 완성에는 아직 이르지 못했다(고전 13:9-10). 우리는 새 언약의 복을 지금 누리지만 아직 오지 않은 것이 더 많다.

1 다음을 보라. R. Scott Clark, "On the New Covenant," The Heidelblog(2011년 1월 1일 접속), https://heidelblog.net.

DAY 104

아버지가
신 포도를 먹었으므로

예레미야 31장 29-30절은 옛 언약과 달리 새 언약에는 집단적(공동체적) 측면이 없다고 믿는 사람을 위한 또 하나의 핵심 본문이다. 이 본문은 이렇게 말한다. "그 때에 그들이 말하기를 다시는 아버지가 신 포도를 먹었으므로 아들들의 이가 시다 하지 아니하겠고 신 포도를 먹는 자마다 그의 이가 신 것 같이 누구나 자기의 죄악으로 말미암아 죽으리라." 이는 새 언약에서 새 협정이 마련되고, 이것으로 하나님이 사람들을 오로지 개개인으로 대할 뿐 더는 집단으로 대하지 않으시리라는 뜻인가?

이 질문에 답하면서 몇 가지를 생각해 볼 수 있다.

첫째, 이 속담은 에스겔 18장 2절에서도 인용된다. 유다 백성은 하나님이 그들의 죄가 아니라 조상의 죄 때문에 그들을 벌하시므로 불의하다고 믿은 것 같다(25절). 이들은 이렇게 물었다. "왜 아버지의 죄 때문에 자식이 벌을 받아야 하는가?" 그러나 예레미야와 에스겔은 이 속담을 인용하며 반박했다. 이들은 하나님이 그분의 백성을 이렇게 대하지 않으셨다고 말한다.

둘째, 하나님이 이렇게 약속하신 것은 사실이다. "나를 미워하는 자의 죄를 갚되 아버지로부터 아들에게로 삼사 대까지 이르게 하거니와 나를 사랑하고 내 계명을 지키는 자에게는 천 대까지 은혜를 베푸느니라"(출 20:5-6). 하나님이 하신 약속이 정확히 어떻게 표현되었는지 살펴보라. 하나님은 '나를 미워하는 자'의 죄를 갚으며 '나를 사랑하고' 내 계명을 지키는 자에게 은혜를 베풀겠다고 말씀하신다. 하나님은 이들이 어떻게 살든 간에 다음 세대를 저주하거나 복 주겠다고 약속하시는 게 아니다. 하나님은 그분의 복이 그분의 저주보다 얼마나 더 넓은지 일반적으로 선언하신다.

셋째, 이미 모세 언약에 하나의 원리가 있었는데, 모세 언약에는 집단적 성격이 있었음에도 아버지에게 돌아갈 벌을 자녀에게 돌리지 않았다. "아버지는 그 자식들로 말미암아 죽임을 당하지 않을 것이요 자식들은 그 아버지로 말미암아 죽임을 당하지 않을 것이니 각 사람은 자기 죄로 말미암아 죽임을 당할 것이니라"(신 24:16). 자녀들이 어떻게 살든 간에 아버지의 죄 때문에 벌을 받는 일은 절대 없었다.

넷째, 구약성경 전체에서 하나님은 남은 자들로 더 큰 집단이 마땅히 받은 멸망을 피하게 하실 때가 많았다. 하나님은 그곳에 의인 열 명만 있어도 소돔을 구원하려 하셨고, 롯의 가족에게 피할 길을 주셨다(창 19장). 엘리야는 마지막으로 남은 신실한 선지자로서 은혜를 입었다(왕상 19:10). 하나님은 바알에게 무릎 꿇지 않은 7천 명의 생명을 보존하셨다(왕상 19:18). 하나님은 복 받을 자격이 없는 자에게 자주 복을 주셨고, 저주받아 마땅한 자에게조차 피할 길을 주셨다.

요약하면, 예레미야와 에스겔이 신 포도에 관한 속담을 인용한 것은 구약성경의 하나님이 무죄한 자녀를 아버지의 죄 때문에 벌하시는 습관이 있기 때문이 아니다. 오히려, 두 선지자는 하나님의 백성이 유죄이지만 그들의 죄를 용서받고 하나님을 따를 새 마음을 받을 때가 오리라는 것을 유다가 알기 원했다.

DAY 105

새 언약의 새로움

새 언약은 이전 모든 언약과 다르지 않다. 새 언약과 옛 언약 사이에는 연속적인 요소가 많다.

예를 들면, 이스라엘 가운데 참 이스라엘이 아니라고 드러나는 자가 있었듯이(롬 2:28-29; 9:6-8), 새 언약의 체제에 속하면서도 새 언약의 본질에 참여하지 못하는 자가 있다. 우리는 우리를 거룩하게 한 "언약의 피를 부정한 것으로 여길" 수 있다(히 10:29). 그런 자는 '구원을 잃는 것'이 아니라, 애초에 구원이 없었던 것이다. 우리의 거듭남이 취소되거나 우리의 칭의가 취소될 수는 없다. 그러나 우리는 새 언약 공동체의 구성원으로 구별되고도, 하나님의 아들을 짓밟고 언약의 피를 부정하게 여기며 은혜의 성령을 진노하게 하는 거짓 자녀로 드러날 수 있다.

새 언약과 옛 언약 사이에 '불연속적인' 요소도 많다. 프란시스 튜레틴은 옛 언약과 새 언약의 다른 점 여덟 가지를 제시한다.[1] 옛 언약(구약)과 새 언약(신약)은 이렇게 다르다.

1. **시간에서.** 옛 언약은 그리스도보다 앞섰고 새 언약은 그리스도를 뒤따른다.
2. **명료성에서.** 옛 언약이 감추었던 것을 새 언약이 드러낸다.
3. **용이함에서.** 옛 언약 아래서 요구되는 표적과 의식이 더 부담스러웠다.
4. **달콤함에서.** 새 언약 아래서 은혜가 더 크고 더 확장된다.
5. **완전함에서.** 옛 언약의 그림자가 새 언약의 실체에 자리를 내주었다.
6. **자유에서.** 새 언약 아래서 우리는 자녀로서 양자의 영을 더 온전히 안다.

7. **범위에서**. 옛 언약은 대체로 한 민족에 국한되었으나 새 언약은 모든 민족으로 확대된다.
8. **지속성에서**. 옛 언약은 일시적이었으나 새 언약은 무한하다.

히브리서 8장은 예레미야 31장을 인용해 그리스도께서 더 나은 약속에 기초한 더 나은 언약의 더 나은 중보자라고 강조한다(히 8:6). 이로써 첫 언약은 쓸모없게 되었다(13절). 마찬가지로, 히브리서 10장은 예레미야 31장을 인용해 그리스도의 죽음이 한 번으로 영원히 유효하다고(once for all) 강조한다. 다른 속죄 제사가 필요 없다(히 10:14, 18).

히브리서는 모든 언약이 무효화된 게 아니라 모세 언약만 폐지되었다고 가르친다. 율법이 틀렸기 때문이 아니다. 히브리서에 나오는 모세에 관한 긴 설명은 둘 다 긍정적이다(히 3:1-6; 11:23-28). 모세는 나쁘지 않았으나 예수님이 더 낫다. 히브리서는 우리가 예수님이 실행하시는 언약에 관해 바로 이를 알기 원한다. 그리스도 안에서 세워진 언약은 새롭다[히 8:8, 13, 9:15의 카이노스(*kainos*), 12:24의 네오스(*neos*)]. 이것은 둘째 언약이며(히 8:7; 10:9), 더 좋은 언약이고(히 7:22; 8:6), 영원한 언약이다(히 13:20). 성령으로 거듭난 그리스도인에 대해 한 말을 더 넓게 성령의 시대에도 적용할 수 있다. "이전 것은 지나갔으니 보라 새 것이 되었도다"(고후 5:17).

---

1 Turretin, *Elenctic Theology*, 2:237-240; 투레티누스, 『변증신학 강요』.

WEEK 22

DAY 106

율법과 그리스도인

그리스도인과 율법의 관계를 어떻게 이해해야 하는가? 신약성경에서도, 하나님과 그분의 말씀에 순종하는 것은 더없이 중요하다(요 14:15, 21; 15:10-11). 율법 준수는 그리스도인에게 추가 선택 사항이 아니며, 참 복음의 기독교와 대립하지도 않는다(요일 2:3; 3:24).

그러면 구약의 율법은 어떤가? 모세 언약의 명령들을 어떻게 해야 하는가? 우리는 이제 율법의 저주 아래 있지 않다("그리스도는 모든 믿는 자에게 의를 이루기 위하여 율법의 마침이 되시니라", 롬 10:4). 율법이 이스라엘에게는 민족적 언약이었으나 우리에게는 그렇지 않다. 그러나 다른 한 편으로, 계명은 거룩하고 의로우며 선하고(롬 7:12) 율법도 적법하게 사용하면 선하다(딤전 1:8). 새 언약의 그리스도인으로서, 우리는 구약의 율법에 순종해야 하는가, 아니면 순종하지 않아도 되는가?

예수님이 산상 설교에서 하신 말씀에 주목하면 이 질문의 답을 찾을 수 있다. 예수님은 분명하게 말씀하신다. "내가 율법이나 선지자를 폐하러 온 줄로 생각하지 말라"(마 5:17). 예수님은 이렇게 말씀하고 계신다. "나는 구약성경을 패대기치거나 파괴하러 온 게 아니다." 여기에 우리는 이렇게 답할 수 있다. "그러면 우리가 더는 따르지 않는 구약의 모든 명령은 어떻게 되나요?" 어쨌든, 예수님은 모든 음식이 깨끗하다고 선언하셨고(막 7:19), 음식법과 거룩한 날이 상대적이 되었으며(롬 14:14), 성전 제사장 제도와 제사 제도 전체가 폐지되었다(히 7:1-9:10). 분명히, 율법의 일부는 폐기된 것으로 보인다.

"내가 율법이나 선지자를 폐하러 온 줄로 생각하지 말라"는 예수님의 말씀이 무슨 뜻인지 이해하는 열쇠는 뒤이어 하신 "폐하러 온 것이 아니요 완전하게 하려 함이라"(마 5:17)는 말씀에 주목하는 것이다.

여기서 '완전하게 하다'로 번역된 헬라어 **플레로오**(*pleroo*)는 마태복음에서 매우 중요한 단어인데, 마태복음에서 모두 15회 사용된다(1:22; 2:15, 17, 23; 3:15; 4:14; 5:17; 8:17; 12:17; 13:35, 48; 21:4; 23:32; 26:54; 26:56). '완전하게 하다'는 단순히 구체적 예언을 성취한다는 뜻이 아니다. 플레로오는 예수님이 성경을 완성하신다는 뜻이다. 예수님은 율법이 절정에 이르고 의도된 목적을 이루게 하신다. 그러므로 율법의 그 무엇도 없어지지 않았다(마 5:18). 우리는 모든 율법을 새로운 모세이자 메시아적 입법자이신 예수 그리스도와 그분의 사역을 따라 이해해야 한다.

율법 전체는 여전히 우리와 관련이 있다. 무엇보다도 우리로 그리스도를 향하게 하기 때문이며, 또한 초월적 도덕 원리를 제시하기 때문이고, 율법의 모든 명령이 전체적으로 공평하기 때문이다. 그래서 바울은 신명기 25장 4절("곡식 떠는 소에게 망을 씌우지 말지니라")을 인용해 복음 전파자에게 삯을 지불하는 게 정당하며(고전 9:8-10; 딤전 5:17-18), 신명기 19장 15절을 염두에 두고 두세 증인이 없다면 장로에 대한 고발을 받아들이지 말아야 한다고 주장할 수 있었다(딤전 5:19). 모세 율법은 버려야 하는 게 아니라 그리스도께서 오심으로써 변화되었으며 그 목적이 새로워졌다.

DAY 107

삼중적 율법 구분

웨스트민스터 신앙고백은 모세 율법을 세 부분으로 나눌 수 있다고 가르친다. 십계명에 주어진 도덕법(moral laws), 그리스도께서 오심으로써 폐기된 의식법(ceremonial laws), 이스라엘 민족과 함께 소멸된 재판법(judicial laws)이다(19.2-4). 이러한 삼중적 구분은 특히 개혁주의 교회에서 일반화되었다. 그러나 우리 시대의 많은 학자가 절대로 신약성경은 모세 율법을 이렇게 구분하지 않으며 모세 율법 아래 살았던 그 누구도 이런 구분을 생각하지 않았으리라고 주장한다. 삼중적 구분은 지나치게 깔끔하고 지나치게 임의적이며 지나치게 편리하다는 것이다. 그렇다면 율법을 도덕법, 의식법, 재판법으로 나누는 게 옳은가?

한마디로, 옳다.

이 구분은 적어도 아퀴나스까지 거슬러 올라가는데, 아퀴나스는 신명기 4장 13-14절과 6장 1절에 서로 다른 용어(명령, 규례, 법도)가 나온다는 사실에 기초해 모세 아래에서 세 종류의 율법이 있었다고 주장했다. 이보다 수 세기 전, 알렉산드리아의 클레멘트(Clement of Alexandria)는 율법을 역사적, 입법적, 제의적, 신학적 네 부분으로 나눴다.

테르툴리아누스는 도덕법과 의식법을 구분했다. 아우구스티누스는 구속력 있는 도덕 계율과 그렇지 않은 상징을 구분했다.¹

이러한 역사의 선례 외에, 삼중적 율법 구분을 받아들일 성경적 이유가 충분하다.

첫째, 십계명은 특별하다. 대다수 율례와 달리 십계명은 이미 시내산 이전에 세상에 알려져 있었다(예를 들면, 창세기와 출애굽기에서 사람들은 살인이 잘못이며, 간음이 잘못이고, 거짓말이 잘못이라는 것을 안다). 더 나아가 시내산에서 하나님은 십계명을 직접 말씀하셨다. 십계명은 절대적인 형태로 주어졌고, 민족이 아니라 개개인을 향한 것이었다. 십계명은 하나님이 친히(손가락으로) 쓰셨고, 하나님 백성의 헌법으로 돌에 새겨져 보존되었다.

둘째, 십계명은 모세 율법 안에서 다른 명령들과 구분된다. 십계명이 헌법이라면 나머지 명령들은 판례법으로 기능했다(출 21:1). 모세 아래서도, 하나님의 백성은 613개 계명 모두가 본질적으로 동등하다고 보지 않았다. 더 가벼운 문제와 더 무거운 문제가 있었고, 위반마다 처벌도 달랐다. 선지자들은 흔히 하나님이 제사가 아니라 긍휼을 원하시며, 이스라엘의 제사가 하나님을 기쁘시게 하지 못한다고 선언했다. 하나님은 심지어 이들의 절기와 성회를 "미워하신다"(암 5:21)고까지 말씀하셨지만, 그분이 십계명에 대한 순종을 미워하신다는 말은 그 어디에도 없다.

셋째, 모세가 사용한 용어는 의식법과 재판법 같은 것을 암시한다. 모양(pattern, 양식, 본)이란 단어가 출애굽기에서(그리고 히브리서에서) 매우 자주 사용되는데 이는 예배와 관련된 명령들이 언젠가 수명이 다하리라는 것을 암시한다. 땅의 것들이 마침내 하늘의 실체에 자리를 내줄 것이다. 마찬가지로, "땅에서"(신 4:5, 14)라는 표현은 어떤 명령들이 특별히 가나안에서 이스라엘 민족에게 해당됐다는 것을 암시한다. 간단히 말해, 그들은 모세 율법을 구분할 수 없는 하나의 전체로 보지 않았다. 모세는 삼중 구분을 분명하게 가르치지 않았겠지만, 오늘날 십계명에 특별히 구속력이 있으나 예배와 관련된 계명과 이스라엘의 삶에 관한 규정이 그때와 다르게 적용된다는 우리의 주장에 놀라지 않을 것이다.

1 다음을 보라. Philip S. Ross, *From the Finger of God: The Biblical and Theological Basis for the Threefold Division of the Law* (Ross-shire, UK: Mentor, 2010), 1-50.

DAY 108

세대주의

세대주의(dispensationalism)는 성경을 해석하는 한 방법으로, 이스라엘과 교회가 분명하게 구분된다고 보며 구약성경의 예언을 문자적으로 해석해야 한다고 믿는다. 언약 신학처럼(많은 면에서 세대주의와 정반대다), 세대주의는 단순히 몇몇 특정 교리와 관련된 문제가 아니라 성경 전체를 읽는 일관되고 독립적인 방식이다.

세대주의의 역사는 존 넬슨 다비(John Nelson Darby)에서 시작한다. 다비는 영국 성공회에서 서품을 받았으나 국왕에게 충성을 맹세하라는 요구를 거부하며 사제직을 내려놓고 플리머스 형제단 설립을 도왔다. 그는 이사야 32장을 연구하고 이를 토대로 이스라엘이 교회와 다른 복을 경험하리라고 가르쳤다. 또한 다니엘서 9장에 나오는 일흔 이레 이전에 은밀한 휴거가 있으리라는 생각을 널리 퍼트렸다. 휴거 후에, 7년 대환난이 있을 것이다. 다비는 이렇게 가르쳤다. 7년 대환난이 끝나면, 예수님이 재림하시고 성전이 재건되며 유대 민족이 그리스도께 돌아오고 이스라엘 왕국이 재건되어 영광스러운 신정(神政)이 천 년간 지속될 것이다.

의심할 여지 없이, 세대주의의 가장 중요한 보급로는 1909년 처음 출판된 스코필드 관주성경(Scofield Reference Bible)이었다. 사이러스 잉거슨 스코필드(Cyrus Ingerson Scofield)의 이름을 딴 이 성경은 성경에 무죄 시대(창 1:28), 양심 시대(창 3:23), 인간 통치 시대(창 8:20), 약속 시대(창 12:1), 율법 시대(출 19:8), 은혜 시대(요 1:17), 왕국 시대(엡 1:10) 이렇게 일곱 세대가 있다고 가르쳤다. 웨스트민스터 신앙고백은 "다양한 세대" 아래 존재하는 단 하나의 은혜 언약을 말한다(7.6). 그러나 스코필드는 더 구체적인 것을 의미했다. 그는 세대(dispensation)라는 단어를 '하나님의 뜻에 관한 특정 계시에 따라 인간이 시험받는 일정 기간'이라는 뜻으로 사용했다. 각 세대마다 특정 계시가 있고 시험이 있으며, 그 시험에 실패하면 이를 위한 하나님의 자비와 새로운 구속 장치가 있다고 말이다.

세대주의의 역사는 흔히 세 단계로 설명된다. 다비와 스코필드의 고전적 세대주의를 이어, 이 운동은 20세기 후반에 수정되었다. 찰스 라이리(Charles Ryrie) 같은 '본질주의자'는 성경의 문자적 의미뿐 아니라 자연적 의미 또는 평범한 의미를 말했다. 이 시기에 많은 세대주의자가 산상 설교는 미래의 천 년 통치를 위한 것일 뿐이라거나, 하나님 나라와 천국이 다르다는 등 좀 더 특이한 교리들에서 발을 뺐다.

좀 더 최근에 크레이그 블레이징(Craig Blaising)과 데럴 복(Darrell Bock) 같은 학자가 세대주의를 한층 더 수정했는데, 그 결과물이 이른바 '점진적 세대주의'(progressive dispensationalism)다. 이 새로운 형태의 세대주의는 구속사에서 하나님이 인간사를 각기 다르게 다스리시는 구분이 뚜렷한 세대들 대신에, 지속적인 발전(곧, 점진)을 본다. 점진적 세대주의자는 또한 하나님의 백성은 하나이며 하나님의 계획도 하나라고 주장한다. 이 운동이 전통적 스코필드 스타일의 세대주의에서 벗어났더라도, 언약 신학자는 세대주의가 자신의 문자적(또는 평범한) 해석을 일관되게 적용하는지 여전히 의문을 제기하며, 구약의 하나님 백성과 신약의 하나님 백성 사이에 더 많은 연속성이 있다고 주장할 것이다.

우리가 교회로서 하나님의 복을 받아 "하나님의 이스라엘"로 세워졌다는 것은 분명히 축하할 좋은 소식이다(갈 6:16).

DAY 109

침례교 언약 신학

언약 신학은 일반적으로 고백적 개혁주의 교회 및 고백적 장로교인과 연결되지만, 침례교 전통에도 긴 언약 신학의 역사가 있다.

1658년 10월, 한 그룹의 독립파와 회중파가 런던의 사보이 궁에서 만나 웨스트민스터 신앙고백 수정본을 작성했는데, 여기에 회중교회 정치에 대한 이들의 신념이 반영되었다. 그 결과물이 (지금은 거의 알려지지 않은) 사보이 선언(Savoy Declaration)이다. 이 문서는 20년 후에 재수정되어 고전적인 침례교 신앙 요약이 되는데, 이것이 바로 1689년 침례교 신앙고백(Baptist Confession of Faith)이다. 이 신앙고백은 런던 침례교 신앙고백(London Baptist Confession) 또는 1644년에 작성된 또 다른 침례교 신앙고백과 구분하기 위해 제2차 런던 침례교 신앙고백(Second London Baptist Confession)이라고도 불린다. 런던 침례교 신앙고백은 1677년에 웨스트민스터 신앙고백 수정본의 수정본으로 작성되었고, 많은 면에서 개혁주의 문서다. 이 문서는 구원론에서 칼뱅주의적이며, 개혁주의 그리스도인이 반기는 몇몇 추가 사항까지(예를 들면, 삼위일체에 관한 확대된 선언) 포함한다.

예상하듯이, 가장 중요한 차이는 교회와 성례에 관한 교리다. 이러한 차이는 언약 신학에도 해당된다. 중요한 예를 하나 들면, 런던 침례교 신앙고백은 하나의 은혜 언약이 구속사 전체에서 다양한 방편들로(웨스트민스터 신앙고백 7.5의 표현처럼 시행되는 게 아니라) 계시된다고 말한다(런던 침례교 신앙고백 7.3). 침례교 신학에서, 구약성경의 다양한 언약은 은혜 언약을 증언하지만, 은혜 언약은 오직 새 언약에서 최종적이자 진정으로 시행된다. 구약성경의 다양한 언약은 그리스도와 교제한다는 점에서가 아니라 그리스도에 관한 정보를 준다는 점에서 그리스도의 은택을 '전달'한다. 반면에, 전통적 개혁주의 언약 신학에서는 그리스도께서 구약성경의 모형 안에, 모형과 함께, 모형 아래 있다.

좀 더 최근에, 일부 침례교인이 세대주의와 언약 신학을 절충하려 했다. 이러한 절충을 '새 언약 신학' 또는 조금 다른 형태로 '점진적 언약주의'(progressive covenantalism)라고 한다. 전통적 세대주의와 달리, 점진적 언약주의는 하나님이 성경에 하나의 통일된 계획을 두셨고, 이 계획이 일련의 언약을 통해 계시되며, 이 언약들이 성경의 구속 이야기의 등뼈를 이룬다고 강조한다. 그러나 웨스트민스터 언약 신학과 달리, 점진적 언약주의는 이중적 언약 구조(즉, 행위 언약과 은혜 언약)를 받아들이지 않으며, 십계명을 구속력 있는 하나님의 도덕법의 표현으로 여기지 않고, 새 언약과 달리 이전 언약들은 하나님의 구속 계획의 시행이라고 여기지 않는다.

개혁주의 그리스도인은 점진적 언약주의가 강조하는 몇몇 부분을 인정할 수 있지만, 어떻게 새 언약이 새로운가에 관해 기본적으로 여전히 동의하지 않는다. 비유하자면, 새 언약이 세워짐으로써 하나님의 구속 경륜에서 우리가 쥐에서 고양이로 옮겨 가는지 아니면 강아지에서 개로 옮겨 가는지 물을 수 있겠다. 언약 공동체의 성격, 세례(침례)를 받는 자들, 교회가 가시적이 되는 방식(하나님의 약속에 의해서인가, 아니면 우리의 헌신에 의해서인가?)은 모두 "새 언약이 근본적으로 다른가, 아니면 본질적으로 동일하지만 충만함과 완전함에 이른 것인가?"라는 질문과 연결된다. 언약 신학은 새 언약을 전혀 다른 종류의 동물이 아니라 다 자란 개로 봄으로써 이 질문에 답한다.

DAY 110

하나님의 이스라엘

하나님은 이스라엘 백성을 그분의 특별한 보화이자 구속의 대리자로 선택하셨다(신 7:6; 참조. 창 12:3). 구약성경에서, 하나님의 이스라엘에 속한다는 것은 모두가 아니라 대체로(창 17:12), 인종적으로 유대인이라는 뜻이다. 신약성경은 하나님의 계획이 여전히 이스라엘을 향하고 있다고 단언하지만, 이제는 참 이스라엘이 예수 그리스도를 중심으로 정의된다. 이것은 하나님이 인종적 이스라엘과 결별하셨거나 유대 민족의 광범위한 회심을 일으킬 계획이 없으시다는 뜻이 아니다(로마서 11장을 어떻게 해석하느냐에 달렸다).

언약 신학은 때때로 '대체 신학'으로 조롱받거나 '교체'(supercession)를 가르친다며 조롱받는데, 개혁주의 신학은 스스로를 이렇게 말하지 않는다. 인종적 유대인 가운데 신실한 남은 자가 있으며, 이방인이 이들에게 접붙여졌다. 이스라엘은 대체된 게 아니라 메시아 예수를 중심으로 재구성되었다.

예수님은 이스라엘을 꾸짖고 갱신과 회복의 길을 제시한 수많은 선지자 가운데 한 분이셨다. 기본 메시지는 비슷했다. 예수님이 특별했던 것은 자신이 이러한 갱신과 회복에 이르는 길이라고 하셨기 때문이다. 예수님은 사실상 '너희가 나를 따르면 이스라엘에 속하리라'고 말씀하셨다. 그래서 예수님은 열두 사도를 선택하셨고, 이로써 자신이 새 이스라엘을 세우고 있다는 신호를 보내셨다. 예수님은 그 유명한 자기 선언(I am statements)을 통해 바로 이를 전달하셨다. 하늘에서 내려온 만나이고, 광야의 불기둥이며, 유월절 문인 예수님은 사람들이 자신에게 주목하게 하셨다.

일부 그리스도인은 구원의 길이 둘이라고, 유대인을 위한 길이 있고 이방인을 위한 길이 있다고 믿는다. 또는 구약성경에서 이스라엘에게 주어진 모든 약속이 교회 시대에도 유효하다고 가르친다. 두 견해 모두 같은 이유로 틀렸다. 예수님을 따르는 자가 하나님의 참 이스라엘 백성이 된다(갈 6:16).

이 진리를 수십 개 단락에서 확인할 수 있다. 로마서 2장 28-29절에 따르면, 참 유대인을 판가름하는 것은 몸의 육체적 문제가 아니라 마음의 영적 문제다. 유대인이요 유대인의 언약적 복의 상속자라는 말의 뜻이 예수 그리스도에게서 다시 정의되고 그분에게 다시 집중된다(롬 9:6-7, 32-33). 갈라디아서 3장 29절에 따르면, 그리스도께 속해야만 참 유대인이고 적법한 아브라함의 자손이다. 빌립보서 3장 3절은, 참 할례자란 "하나님의 성령으로 봉사하며(worship) 그리스도 예수로 자랑하고 육체를 신뢰하지 아니하는" 사람이라고 말한다.

더 나아가, 이스라엘을 가리키는 구약의 표현이 신약성경에서는 교회에 적용된다. 교회는 하나님이 택하신 자라고 불린다(엡 1:11). 교회는 하나님의 소유라고 불린다(엡 1:14). 교회는 택하신 백성, 왕 같은 제사장, 거룩한 나라라고 불린다(벧전 2:9). 요한계시록을 보면, 출애굽기 19장 6절의 약속, 곧 이스라엘이 시내산에서 받은 약속이 모든 민족 가운데서 그리스도를 따르는 자들에게 적용된다(계 1:6; 5:10). 이사야 62장 2절과 65장 15절의 약속이 요한계시록 2장 17절과 3장 12절에서 버가모 교회와 빌라델비아 교회에 적용된다. 시편 2편에서 이스라엘 민족과 이들의 왕에게 주어진 약속이 요한계시록 2장 26-27절에서 두아디라 교회의 이기는 자들에게 적용된다.

  간단히 말해, 하나님의 이스라엘은 사람들이 모여 이스라엘의 '이 땅에 오신 하나님'을 예배하고 믿으며 순종하는 어디에나 있다.

기독론 1

그리스도의 위격

WEEK 23

DAY 111

로고스

요한복음은 의도적으로 창세기 1장 1절을 되울리며 시작한다. 유대인이라면 누구나 히브리 성경의 첫 줄을 잘 알았을 것이다. "태초에 하나님이 천지를 창조하시니라." 그러므로 요한의 청중은 요한복음 첫 줄을 접했을 때 틀림없이 매우 놀랐을 것이다. "태초에 말씀이 계시니라." 70인역의 창세기 1장 1절은 **엔 아르케 에포이에센 호 데오스**(*en archē epoiesn ho theos*)로 시작하고 요한복음 1장 1절은 **엔 아르케 엔 호 로고스**(*en archē ēn ho logos*)로 시작한다. 요한복음은 태초에 **데오스**(*theos*, 하나님)가 계셨다고 말하는 대신 **로고스**(*logos*, 말씀)가 계셨다고 말한다.

헬라어 로고스는 '말'이나 '대화'로 번역될 수 있다. 로고스는 그리스 철학에서 흔히 사용되는 용어다. 더 중요하게도, 로고스는 구약성경과 연결된 개념이 분명했다. 요한은 3절에서 창조를 말하고, 4절에서 생명을 말하며, 5절에서 빛과 어둠을 말한다. 이는 창세기의 사고 체계다. 그러므로 요한복음 1장에서 말씀은 창조의 도구로 선언된다.

결정적으로, 요한은 데오스와 로고스의 연결을 독자에게 맡겨 두지 않는다. 그는 분명하게 선언한다. "이 말씀이 하나님과 함께 계셨으니

이 말씀은 곧 하나님이시니라"(요 1:1). 말씀은 하나님이 창조하신 만물 가운데 첫째가 아니었다. 말씀은 하나님이 만물을 창조하신 수단이었다(3절). 말씀이 없었던 때가 없었다. 창세기에 나타난 하나님의 영원성에 관해 무엇을 말하든 요한복음의 말씀에 관해서도 똑같이 말할 수 있다.

어떤 사람은 요한복음 1장 1절 마지막에 나오는 데오스에 정관사가 없기 때문에 요한복음 1장의 말씀이 온전히 하나님은 아니라고 주장한다. 특히 여호와의 증인이 단호하게 이렇게 주장하면서 그들의 신세계역(New World Translation, NWT)에서 요한복음 1장 1절의 후반부를 "그 말씀은 하나의 신이었다"로 번역한다. 그러나 이 번역이 신세계역에서 일관되게 유지되지 않는다. 데오스라는 단어는 신약성경에서 정관사 없이 282회 사용되는데, 신세계역은 16회만 '한 신'이나 '신'이나 '신들'로 번역한다. 사실, 데오스는 요한복음 프롤로그에서 8회 사용되는데(1절에서 2회, 2절, 6절, 12절, 13절에서 각 1회, 18절에서 2회) 단 2회만 정관사와 함께 사용된다. 그러나 신세계역은 이 가운데 여섯 곳에서만 '하나님'으로 번역한다.

요한복음 1장 1절 끝부분의 문법 구조(관사 없이 동사 앞에 오는 서술적 주격)는 거의 전혀 부정(不定) 구문이 아니다. 곧 데오스를 '한 신'으로 번역하는 게 문법적으로 타당하지 않다는 뜻이다. 오히려 데오스는 질적 명사(다시 말해, 데오스는 말씀의 질을 서술한다)로 이해하는 게 가장 좋다. 이런 식으로 요한은 이 말씀이 **호 데오스**(ho theos, 아버지 하나님)와 함께 계셨을 뿐 아니라 이 말씀이 데오스(하나님의 본성과 본질을 가졌다고)라고 말할 수 있었다.

말씀이 아버지 하나님이 아닌데도 여전히 하나님이시라는 놀라운 신학적 진리를 요한복음 1장 1절보다 더 간명하게 표현할 수 있을까? "이 말씀은 곧 하나님이시니라"는 구절은 아리우스(Arius; 그리스도의 완전한 신성을 부정했다)를 반박하고 "이 말씀이 하나님과 함께 계셨으니"라는 구절은 사벨리우스(Sabellius; 아버지와 아들은 양태만 다를 뿐이라고 믿었다)를 반박한다. 시작부터, 요한복음은 도마가 부활하신 그리스도를 가리켜 "나의 주님이시요 나의 하나님이시니이다"라고(요 20:28) 말할 때 도달하는 바로 그 결론으로 우리를 거침없이 인도한다.

DAY 112

동정녀 탄생

예수님의 탄생 기사는 마태복음 1장과 누가복음 1-2장에 나오는데, 모호하지 않고 분명하다. 예수님의 탄생은 평범하지 않았다. 예수님은 평범한 아이가 아니었으며 평범한 방식으로 잉태되지 않으셨다. 예수님의 어머니 마리아는 처녀였고, 예수님을 잉태하고 낳기 전에 성관계가 전혀 없었다. 성령으로, 마리아의 태가 아들이 성육신하는 요람이 되었다(마 1:20; 눅 1:35).

동정녀 탄생 교리(또는 더 정확하게 동정녀 잉태 교리)는 교회 밖에서 많은 사람에게 의심을 받았고 현대에는 교회 안에서 적지 않은 사람에게 의심을 받는다. 이들은 일반적으로 두 주장을 제기한다.

첫째, 처녀가 잉태하여 아들을 낳으리라는 이사야 7장 14절의 예언은 실제로 처녀가 아니라 젊은 여자를 말한다는 것이다. 많은 사람이 이사야서에 사용된 히브리어 단어는 처녀를 가리키는 전문적 용어 **브툴라**(bethula)가 아니라 **알마**(almah)라고 지적했다. 알마가 브툴라보다 의미의 범위가 넓은 것은 사실이다. 그러나 구약성경에서 알마가 명확하게 처녀를 의미하지 않는 사례는 없다. 알마는 구약성경에서 9회 사용되었는데, 그때마다 문맥상 의미가 분명하며 처녀를 가리킨다. 더 중요하게도, 70인역은 알마를 헬라어 **파르데노스**(parthenos, 이사야 7장 14절을 인용하는 마태복음 1장 23절에 사용된 단어와 같다)로 번역하는데, 파르데노스가 '처녀'를 의미한다는 데 모든 사람이 동의한다.

둘째, 많은 사람이 동정녀 탄생을 전형적 이교도 신학의 일부라고 보며, 그래서 동정녀 탄생을 받아들이지 않았다. 이러한 대중적 논증은 언뜻 보면 그럴듯하지만 여러 문제가 있다.

1. 이방 종교에 특정 칭호를 가지며, 특정 기적을 행하고, 처녀에게서 났으며, 자기 백성을 구원하고, 그런 후에 부활한 원형적 신인(God-man)이 있었다는 가설은 근거가 희박하다. 사실 기독교가 등장하기 이전에는 그러한 원형적 '영웅'은 존재하지 않았다.
2. 어느 유대교 분파가(처음에 기독교는 유대교의 한 분파였다) 자신의 복음 이야기에 이교도 요소를 추가해 새로운 회심자를 얻으려 했겠는가? 그런 생각은 불가능하다.
3 다른 이야기에 나오는 여러 동정녀 탄생은 설득력이 없다. 알렉산드로스 대왕(Alexander the Great)부터 디오니소스와 미트라(1-4세

기 로마 군인 사이에 퍼졌던 밀교—역주)까지 비슷한 이야기들은 기독교 이후의 것이거나 그리스도의 초자연적 탄생과 겉보기만 유사할 뿐이다(예를 들면, 미트라는 처녀가 아니라 바위에서 태어났고, 알렉산드로스의 어머니는 처녀가 아니었으며, 디오니소스는 제우스와 인간 공주 사이에 태어났다).

동정녀 탄생은 교회가 생겨났을 때부터 기독교 이야기의 본질적인 요소였다. 그럴 만한 이유는 충분하다. 동정녀 탄생은 예수님이 참으로 사람이며 참으로 하나님이심을 보여 준다. 동정녀 탄생은 또한 예수님이 아담 종족에게 깃든 타락의 저주를 물려받지 않으셨다고 증언한다. 예수님은 모든 면에서 우리와 같이 되셨으나 죄는 없었다(히 4:15; 7:26-27). 죄인은 죄인을 낳는다(시 51:5). 그래서 예수님의 탄생에서 성령의 기적적인 역할이 매우 중요하다. 동정녀 탄생은 모든 시대, 모든 곳에서 그리스도인이 믿어 온 바이며, 성육신이 '우리를 위해, 우리의 구원을 위해' 갖는 의미의 핵심 요소다.

DAY 113

메시아 예언

예수 그리스도께서는 세상에 예고 없이 오신 게 아니다. 귀 있는 자가 듣도록, 하나님은 구원자를 보내겠다고 오랫동안 약속하셨다. 다시 말해, 하나님이 보내겠다고 약속하신 구원자는 뱀의 머리를 상하게 할 여자의 후손이고(창 3:15), 아브라함의 자손이며(창 12:3), 유다 지파의 사자이고(창 49:10), 야곱에게서 나오는 한 별이고 이스라엘에게서 나오는 한 규이며(민 24:17), 모세와 같은 선지자이고(신 18:15-19), 왕이신 아들이며(시 2:7), 다윗의 자손이고(시 132:11; 삼하 7:12-13), 처녀에게서 날 아들이며(사 7:14), 평강의 왕이고(사 9:6), 이새의 줄기에서 나올 싹이고(사 11:1), 여호와의 영광의 계시이고(사 40:3-5), 이방의 빛이며(사 49:6), 영원 전부터 계셨고 베들레헴에서 태어날 분이며(미 5:2), 화평을 전하며 바다부터 바다까지 통치할 분이고(슥 9:10), 공의의 하나님이며 자신의 성전에 임하실 주님이다(말 3:1).

특히 마태복음은 예수님을 구약 예언의 성취로 묘사하면서, 이스라엘 이야기를 다시 들려주되 예수님을 주인공으로 제시한다. 첫 절에서 보듯이, 마태는 예수님을 새로운 세대로, 곧 이스라엘 민족을 위한 새로운 시작으로 이해한다(마 1:1). 예수님은 새로운 창세기이실 뿐 아니라 그분의 삶은 새로운 출애굽기를 구현한다. 예수님은 태어나고 얼마 지나지 않아 안전한 곳으로 급히 피신하셨다. 질투심에 불타는 왕이 모든 사내 아기를 죽이라 명했기 때문이다. 어머니가 애굽에서 숨긴 덕분에, 예수님도 모세처럼 왕의 칙령에서 살아남았다.

출애굽 이후, 시간이 흘러 예수님은 요단강에서 세례를 받으신다(마 3장). 이스라엘이 애굽을 떠나 홍해를 건넜듯이 말이다(고전 10:2에 따르면 이들은 바다에서 세례를 받았다). 홍해를 건넌 후, 이스라엘은 40년간 광야를 헤맸다. 마태복음 4장에서 예수님은 어디 계시는가? 광야에서 40일을 밤낮으로 금식한 후 시험(유혹)을 받으신다.

예수님은 이스라엘 역사를 성취하며 절정으로 이끌어 가신다. "이스라엘이 어렸을 때에 내가 사랑하여 내 아들을 애굽에서 불러냈거늘"(호 11:1). 마태는 이 구절이 예수님과 그 가족이 애굽으로 갈 것을 직접 예언한다고 생각하지 않았다. 호세아 또한 이런 뜻으로 말하지 않은 게 분명하다. 이 구절은 이스라엘의 출애굽과 뒤이은 우상 숭배 및 음란에 관한 것이다. 마태는 그렇게 이해했다.

마태는 호세아 11장에 새로운 의미를 부여하려 했던 게 아니라, 호세아의 말에서 메시아와 관련된 무언가를 정확히 본 것이다. 예수님은 애굽에서 불러냄을 받은 신실한 아들로서 신실하지 못한 첫째 아들 이스라엘이 부족했던 부분을 채우실 터였다.

예수님은 자신을 하나님의 언약 백성과 동일시하셨다. 그래서 마태는 "이는 선지자 이사야를 통하여 하신 말씀 ⋯ 을 이루려 하심이더라"라고 말했다(마 8:17). 비록 첫 이스라엘은 언약을 어겨 하나님의 진노를 받아 마땅했지만, 하나님의 독생자 예수 그리스도께서는 "이는 내 사랑하는 아들이요 내 기뻐하는 자라"는 말씀을 들으셨다(마 3:17).

DAY 114

예수님의 이름과 칭호

'예수'라는 이름은 헬라어 **이에수스**(Iesous)에서 왔는데, 이는 히브리어 **예호슈아**(Yehoshua, 여호수아는 구원이시다) 또는 **예슈아**(Jeshua, 구원자)에서 왔다. 예수는 1세기 유대인에게 흔한 이름이었다. 마태복음 1장 21절이 말하듯이 예수는 구원의 주(야훼)를 가리킨다.

신약성경에는 간략하게 살펴보거나 심지어 거명하기도 어려울 만큼 예수님의 이름과 별칭이 아주 많다. 예수님은 육신이 되신 말씀이고(요 1:1-18), 임마누엘, 곧 우리와 함께하시는 하나님이시다(마 1:23). 예수님은 하나님의 어린양이고(요 1:29), 생명의 떡이며(요 6:35), 유대인의 왕이시다(요 19:21). 예수님은 보혜사(Helper)이고(요 14:26), 크신 자 존자(I am)이시다(요 8:58). 예수님은 길이요 진리요 생명이시다(요 14:6). 예수님은 보이지 않는 하나님의 형상이며(골 1:15), 하나님의 영광의 광채요 그 본체의 형상이시다(히 1:3). 예수님은 우리의 대언자이며(요일 2:1), 우리의 큰 대제사장이고(히 4:14), 우리 믿음의 주(author)요 우리의 믿음을 온전하게 하시는 분이다(히 12:2). 예수님은 충성된 증인이고, 죽은 자 가운데 먼저 난 분이며, 땅의 임금들의 머리시다(계 1:5). 예수님은 알파와 오메가요 이제도 있고 전에도 있었고 장차 올 자요 전능한 분이시다(계 1:8). 예수님은 처음이요 나중이며, 살아 있는 분이시다(계 1:17-18). 예수님은 만왕의 왕이요 만주의 주이시다(계 19:16).

이 영광스러운 이름의 목록과 설명 외에도 예수님께는 많은 칭호가 있다. 그 가운데 가장 중요한 다섯을 살펴보겠다.

예수는 그리스도이시다. 신약성경에서 이 칭호가 500회 넘게 예수님께 사용된다. '그리스도'는 '기름부음 받은 자'(anointed one)라는 뜻이며, 히브리어 '메시아'에 상응하는 헬라어다. 그리스도는 개인의 이름이 아니라 공식 명칭이며, 예수님이 구약의 왕과 제사장처럼 다스리고 섬기도록 하나님이 택하신 자라는 것을 말한다.

예수는 하나님의 아들이시다. 예수님의 아들 되심은 흔히 아버지와 연결된다. 예수님은 하나님이 사랑하시는 아들이며(마 3:17; 17:5), 하나님의 독생자이고(요 3:16), 아버지와 동등한 아들이시다(요 5:19-29). 예수님은 또한 하나님의 계시의 절정으로서(히 1:1), 그리고 능력으로 죽은 자 가운데서 살아난 분으로서 "아들"이라 불리신다(롬 1:4). 사복음서 각각에서, 이야기는 예수님이 하나님의 아들이심을 인정하는 데서 절정에 이른다(마 16:16; 28:16-20; 막 14:61; 15:39; 눅 22:70; 요 20:31).

예수는 인자(Son of Man)**이시다.** 이 칭호는 그리스도의 인성(人性)을 뒷받침하는 증거처럼 들리지만, 실제로 그분의 신성을 드러내는 최고의 선언 가운데 하나다. 인자의 이미지는 다니엘서 7장 9-10절에서 왔는데, 거기서 신적 인자(divine son of man)가 옛적부터 항상 계신 신적인 분 앞에 나온다. 예수님은 사역하실 때(막 2:10), 자신의 고난과 부활을 말씀하실 때(막 10:45), 자신이 다시 올 것을 말씀하실 때(막 8:38; 13:26; 14:62) 자주 자신을 가리켜 인자라고 하셨다.

예수는 주이시다. 퀴리오스(kyrios)는 단순히 존칭으로 사용될 수 있지만(마 8:2), 일반적으로 예수님의 고귀한 신적 신분을 말한다(막 12:36-37; 눅 2:11; 3:4). 성령님을 힘입지 않고는 아무도 예수님을 주님으로 고백할 수 없다(고전 12:3). 하나님은 예수님을 주와 그리스도가 되게 하셨다(행 2:36). 모든 입이 예수 그리스도는 주시라고 고백할 것이다(빌 2:11).

예수는 하나님이시다. 적어도 7회, 예수님은 분명하게 하나님이라 불리신다. 요한복음에서 이렇게 불리시며(요 1:1, 18; 20:28), 다른 책에서도 이렇게 불리신다(히 1:8). 그리스도께서는 만물 위에 계신 하나님이시다(롬 9:5). 그분은 우리의 크신 하나님이요 구주이시다(딛 2:13; 벧후 1:1). 아들은 하나님이시며, 그분의 보좌는 영원하다(히 1:8).

DAY 115
예수님의 자기 증언

누구라도 예수님을 이해하려면 그분이 자신을 어떻게 이해하셨는지 주목해야 한다. 특히 요한복음에서 보듯이, 예수님은 자신이 구약 예언의 성취이고, 오래 기다렸던 메시아이며, 아버지의 독생자이고, 신적 인자(the divine Son of Man, 하나님이신 사람의 아들)이며, 능력과 지위와 영광이 하나님과 동등하다는 것을 아셨다.

유명하게도, 요한복음에서 예수님은 자기 선언을 통해 자신의 정체성과 목적을 말씀하셨다.

예수님은 생명의 떡이시다(요 6:35, 41, 48). 하늘에서 온 만나이며, 주린 자의 양식이시다. 그분을 먹지 않으면 우리 안에 생명이 없다.

예수님은 세상의 빛이시다(요 8:12). 광야의 불기둥이고 캄캄한 세상의 구원이시다. 그분을 믿지 않으면, 우리는 자기 죄 가운데 죽는다.

예수님은 양의 문이시다(요 10:7, 9). 유월절 문이며, 우리로 들어가는 통로시다. 예수님을 통해 들어가지 않으면 도둑이고 강도다.

예수님은 선한 목자시다(요 10:11, 14). 자기 양 떼를 알고, 그들의 이름을 부르며, 양 떼를 위해 자기 목숨을 버리신다. 그분이 우리의 목자가 아니면, 우리는 늑대로부터 안전하지 못하고 푸른 초장에 눕지 못할 것이다.

예수님은 부활이요 생명이시다(요 11:25). 누구든지 그분을 믿으면 절대로 죽지 않을 것이다. 예수님께 속하지 않으면, 오는 세상에서 영원히 살지 못할 것이다.

예수님은 길이요 진리요 생명이시다(요 14:6). 메시아요 육신을 입은 하나님이시며, 다른 이는 없다. 아들을 알고 또 공경하지 않으면 아버지를 모르고 공경하지도 않는 것이다.

예수님은 참 포도나무이시다(요 15:1). 열매를 맺으려면 그분 안에 있어야 한다. 그분 안에 거하지 않으면, 죽은 가지처럼 모아다가 불어 던져져 타버릴 것이다.

덜 알려지긴 했으나, 요한복음 전체에 예수님의 자기 선언이 이 외에도 일곱 번 더 나오며, 각각은 서술어(보어)가 없다. 다시 말해, 예수님은 속성이나 은유로 자기 정체성을 말씀하는 대신에 '나는 ~이다'라고 단순하고 극적으로 말씀하면서 출애굽기 3장 14절의 자기 선언을 되울리신다.

"네게 말하는 내가 그라 하시니라"(요 4:26).

"내니 두려워하지 말라"(요 6:20).

"너희가 만일 내가 그인 줄 믿지 아니하면 너희 죄 가운데서 죽으리라"(요 8:24).

"너희가 인자를 든 후에 내가 그인 줄을 알고"(요 8:28).

"아브라함이 나기 전부터 내가 있느니라"(요 8:58).

"지금부터 일이 일어나기 전에 미리 너희에게 일러 둠은 일이 일어날 때에 내가 그인 줄 너희가 믿게 하려 함이로라"(요 13:19).
"너희에게 내가 그니라 하였으니"(요 18:8).

이 모두에서 예수님은 자신을 하나님과 동등하게 여기며 모든 구원하는 믿음의 대상이 되신다. 참으로, 예수님은 주저 없이 말씀하신다. "하나님을 믿으니 또 나를 믿으라"(요 14:1). 예수님은 자신이 누군지 아셨다. 들을 귀가 있다면, 우리도 그분을 알 수 있다.

WEEK 24

DAY 116

아우토데오스

요한복음 5장 19-26절은 예수 그리스도의 정체성에 관한 핵심 단락이다. 예수 그리스도께서는 자신에 관해 가르치셨는데, 이 단락 한가운데서 하신 말씀이 그 가르침의 중심이다. "아들을 공경하지 아니하는 자는 그를 보내신 아버지도 공경하지 아니하느니라"(23절). 핵심은 단지 그리스도께서 아버지의 아들이기 때문에 우리가 그리스도를 공경해야 한다는 게 아니다. 그보다는 아들이 아버지와 동등하기 때문에 우리는 아들을 공경해야 한다.

이 같은 선언은 1세기 유대인에게 너무나 당혹스러웠을 것이다. 이들이 알기에 하나님은 오직 한 분이시다. 그런데 지금 예수라는 자가 하나님을 자기 아버지라고 부르며 자신을 하나님과 동등하게 여긴다(18절). 이들이 예수를 죽이려 했다는 게 놀랍지 않다. 유대인이 그들의 종교와 예배에 관해 아는 모든 것에 의문이 제기되고 있었다.

어떻게 하나님이 한 분이면서 아버지와 아들이 동등하실 수 있는가? 어떻게 예수님은 아들을 공경하지 않는 자는 아버지를 공경하지 않는다고 말씀하실 수 있는가? 그 답을 이어지는 다섯 **가르**(*gar*, 왜냐하면) 선언에서 찾을 수 있다(19-22, 26절; 다음은 모두 '가르'로 시작한다).

"[왜냐하면] 아버지께서 행하시는 그것을 아들도 그와 같이 행하느니라"(19절).

"[왜냐하면] 아버지께서 아들을 사랑하사 자기가 행하시는 것을 다 아들에게 보이시고"(20절).

"[왜냐하면] 아버지께서 죽은 자들을 일으켜 살리심 같이 아들도 자기가 원하는 자들을 살리느니라"(21절).

"[왜냐하면] 아버지께서 아무도 심판하지 아니하시고 심판을 다 아들에게 맡기셨으니"(22절).

"[왜냐하면] 아버지께서 자기 속에 생명이 있음 같이 아들에게도 생명을 주어 그 속에 있게 하셨고"(26절).

26절의 마지막 선언이 특히 중요하다. "자기 속에 [있는] 생명"은 그분이 하나님이시기 때문에 하나님께 있는 생명을 가리킨다. 이는 하나님이 그분의 존재를 그 누구나 그 무엇에도 의존하지 않으신다는 뜻이다. 아버지 속에 이 생명이 있을 **뿐 아니라** 아들 속에도 이 생명이 있다. 아버지와 아들 모두 자존성을 가지신다.

26절은 아들이 **아우토데오스**(*autotheos*)라는, 즉 아들 스스로 하나님이시라는 칼뱅의 주장을 뒷받침한다. 칼뱅은 아버지가 아들을 하나님 되게 하신 게 아니라고 주장한다. 아들 스스로 하나님이시다. 아들의 신성은 절대로 아버지께 종속되지 않는다. 확실히, 아들의 '자기 속에 있는 생명'은 어떤 의미에서 아버지로부터, "영원한 부여"(eternal grant, 아우구스티누스의 표현을 빌리자면)를 통해 왔다. 그러나 "영원한 부여"라는 표현이 오직 아버지만 아우토데오스였고 아들은 아니었다는 주장을

(대표적으로 아르미니우스가 이렇게 주장했다) 뒷받침한다고 생각해서는 안 된다. 예상하듯이, 튜레틴의 구분이 도움이 된다. "그러므로 아들은 스스로 아들이 아니지만 스스로 하나님이시다." 다시 말해, 아들은 자신의 본질과 관련해 '스스로 하나님'(아우토데오스)이지만, 자신의 위격에 관해서는 그렇지 않으시다.

"자기 속에 [있는] 생명"은(26절) 완벽하고 의미 깊은 표현이다. 예수님은 18절에서 이를 분명히 하고 재확인하셨다. 예수님은 또 하나의 하나님, 독립적인 하나님, 또는 두 번째 하나님이 아니시다. 예수님은 아버지께서 하시는 일을 하실 뿐이다. 결과적으로, 예수님은 아버지께서 받으시는 것을 받으셔야 한다. 다시 말해, 영광과 존귀를 받으셔야 한다. 아들은 그 자신이 스스로 존재하는 분이기에 하나님의 심판을 행하고 우리 안에 부활 생명을 일으키실 수 있다. 하나님의 아들, 우리 주 예수 그리스도 안에서 그리고 그분을 통해서가 아니면 참 하나님을 찾을 수 없다.

DAY 117

그리스도의 신성

신약성경은 나사렛 예수, 곧 예수 그리스도께서 온전히 하나님이셨고 온전히 하나님이시라는 데 의문의 여지를 남기지 않는다. 먼저 많은 구절이 그리스도의 선재(preexistence)를 가르친다. 멜기세덱은 하나님의 아들을 닮았는데, 이는 하나님의 아들이 옛 살렘 왕보다 앞서 계셨다고 암시한다(히 7:3). 그리스도께서는 창세 전부터 미리 알린 바 되셨고, 인간의 몸을 입고 태어나기 오래전부터 계셨다. 이 그리스도께서 육신으로 나타나셨고(딤전 3:16), 말세에 우리를 위해 나타나셨다(벧전 1:20). 우리는 영원 전부터 그리스도 안에서 은혜를 받았으며, 따라서 그리스도께서는 영원하신 게 분명하다(딤후 1:9).

그리스도께는 하나님의 공유적 속성이 있다. 그리스도께서는 사랑이 충만하고(엡 3:17-19) 은혜와 진리가 충만하시다(요 1:14). 그리스도께서는 거룩하고 의로우시다(행 3:14). 그리스도께서는 하나님의 권위를 행사하며(엡 1:11) 영원하고 완전한 하나님의 형상이시다(골 1:15).

그리스도께는 하나님의 비공유적 속성도 있다. 그리스도께서는 영원하며(미 5:2; 요 17:5; 계 1:8; 22:13) 변하지 않으신다(히 1:11-12; 13:8). 그리스도께서는 무소부재하시다. 두세 사람이 모인 곳에 그분도 계신다(마 18:20). 그리스도께서는 전능하시다. 바람과 바다도 그분께 순종한다(마 8:26-27). 그리스도께서는 자신의 능력의 말씀으로 만물을 붙들며(히 1:3), 하늘과 땅의 모든 권세를 받으셨다(마 28:18). 그리스도께서는 또한 전지하시다. 그분은 사람의 마음을 알고(막 2:8), 사람이 어떠하며(요 1:48-49) 사람 속에 무엇이 있는지 알고(요 2:25), 누가 믿지 않을 것이며 누가 자신을 배신할지 처음부터 아신다(요 6:64). 간단히 말해, 그리스도 안에 하나님의 모든 충만이 육체로 거한다(골 2:9).

그리스도께서는 하나님의 통치와 권위를 보여 주신다. 그리스도께서는 사람과 천사를 비롯해(엡 1:21; 빌 2:10) 만물을 다스리신다(롬 14:9; 엡 1:22; 계 1:5). 그리스도께서는 하나님의 보좌에 앉아 계시며(고후

5:10), 높은 곳에 계신 지극히 크신 이의 우편에 앉아 계신다(히 1:3). 그리스도께서는 야훼와 함께 온 세상의 주로서 모든 통치와 권세와 능력과 주권을 다스리신다(롬 9:5; 엡 1:21).

그리스도께서는 또한 하나님의 일에 참여하신다. 첫째, 창조에 참여하신다. 만물이 그리스도를 통해 창조되었다(요 1:3). 만물, 곧 보이는 것들과 보이지 않는 것들이 그리스도를 통해 창조되었다(골 1:16-17). 모든 세계가 그리스도를 통해 창조되었다(히 1:2). 둘째, 섭리에 참여하신다. 그리스도께서 자신의 능력의 말씀으로 만물을 붙드신다(히 1:3). 만물이 그리스도 안에서 함께 선다(골 1:17). 그분의 아버지께서 일하시니 그리스도께서도 일하신다(요 5:17). 셋째, 심판에 참여하신다. 인자가 자신의 천사들과 함께 와서 각 사람이 행한 대로 갚으실 것이다(마 16:27). 그리스도께서 양과 염소를 구분하실 것이다(마 25:31-33, 41, 46). 아버지께서 심판을 다 아들에게 맡기셨기에 누구든지 아들을 공경하지 않는 자는 아버지를 공경하지 않는 것이다(요 5:22-23).

마지막으로, 그리스도께서는 여러 상황에서 자주 사람의 예배를 받으신다. 성경의 다른 곳을 보면, 사람들은 예배의 대상이 되길 거부하거나(행 14:14-15), 예배를 받음으로써 죽었거나(행 12:20-23), 피조물을 예배하는 행위가 최고의 우상 숭배로 여겨진다(롬 1:18-23). 그리스도 예수의 경우는 다르다. 그리스도께서 폭풍을 잠잠하게 하시자 배에 있던 제자들은 그분을 예배했다(마 14:33). 종려 주일에, 무리가 다윗의 자손에게 호산나를 외쳤다. "어린 아기와 젖먹이들의 입에서 나오는 찬미를 온전하게 하셨나이다"(마 21:15-16). 그리스도께서 부활하신 후, 여자들이 그분의 발을 붙잡고 그분을 예배했다(마 28:9). 나중에 제자들도 이렇게 했다(마 28:17). 예수 그리스도께서는 그저 사람일 뿐이신 게 아니시다. 그분은 육신을 입은 하나님이시다.

DAY 118
그리스도의 인성

신약성경은 나사렛 예수, 곧 그리스도 예수께서 온전히 사람이셨고 온전히 사람이시라는 데에도 의문의 여지를 남기지 않는다. 그리스도께는 두 본성, 곧 신성과 인성이 있으며, 따라서 그분을 하나님으로 부르는 것도 옳고 사람으로 부르는 것도 옳다.

그리스도의 인성은 그분의 외적 삶에서 볼 수 있다. 예수님은 몸이 있었고, 자라고 성장했으며, 가족과 비슷한 외형을 지니셨다(눅 2:16, 40, 43-45). 다른 아이들처럼, 예수님도 부모님께 순종했고, 성장하면서 지혜와 키가 자라셨다(눅 2:51-52). 예수님도 여느 사람과 똑같이 나이가 들어갔다(눅 3:23). 예수님은 여자에게서 났고(갈 4:4) 모든 면에서 여느 사람처럼 되었으나 죄는 없으셨다(히 2:17). 마지막 아담으로서, 예수 그리스도께서는 첫째 아담과 다름없이 사람이셨다(롬 5:14-16; 고전 15:21).

그리스도의 인성은 그분의 내적 삶에서도 볼 수 있다. 예수님은 정말로 슬픈 게 무엇이고(마 14:33), 노하는 게 무엇이며(막 3:5; 10:14), 이상히 여기는 게 무엇이고(막 6:6), 실망하는 게 무엇인지 아셨다(막

8:17). 예수님은 주리고 목마르고(마 4:1-2) 피로를 느끼셨다(마 8:23-24). 예수님은 유혹을 받으셨다(눅 4:2). 예수님은 울었고(요 11:35), 피를 흘리고 죽으셨다(요 19:28-37).

간단히 말해, 예수 그리스도께서는 사람의 실제 마음과 실제 몸과 실제 감정을 가진 실제 사람이셨다. 예수 그리스도께서는 여자의 후손(창 3:15), 아브라함의 씨(행 3:25), 다윗의 자손과 혈통(눅 1:32; 롬 1:3), 처녀의 아들이자 그 태중의 아이라 불리신다(눅 1:31, 42).

왜 하나님이신 하나님의 아들이 사람이 되셨는가? 이것이 안셀무스가 그의 유명한 책 『인간이 되신 하나님』(*Cur Deus Homo?*)에서 했던 질문이다. 이 질문에 올바르게 답하는 방법이 많지만, 가장 좋고 가장 분명한 설명은 히브리서 2장 5-18절일 것이다. 여기에 하나님이 사람이 되신 세 가지 이유가 나온다.

1. 예수님이 잠시 동안 천사들보다 못하게 되심은 하나님의 은혜로 모든 사람을 위하여 죽음을 맛보시기 위해서였다(9절).
2. 그리스도께서 우리의 살과 피를 함께 지니심은 죽음을 통하여 죽음의 세력을 잡은 자, 곧 마귀를 멸하시기 위해서였다(14절).
3. 그리스도께서 범사에 형제들과 같이 되심은 하나님의 일에 자비하고 신실한 대제사장이 되어 백성의 죄를 속량하시기 위해서였다(17절).

바꾸어 말하면, 하나님이 사람이 되심은 '하나님이자 사람'으로서 죽음을 이기고, 마귀를 멸하며, 우리 죄를 대속하시기 위해서였다.

안셀무스보다 수백 년 전, 아타나시우스는 자신의 책 『말씀의 성육신에 관하여』(On the Incarnation)에서 같은 질문에 답했다. 아타나시우스는 이렇게 주장했다. 왕께서 "우리의 나라에 와서 어느 몸에 거하셨고" 그 결과 "인류를 대적하는 원수의 계략이 수포로 돌아갔으며, 이전에 인류를 휘어잡던 죽음의 부패가 그쳤다. 만물의 주님이자 구주, 곧 하나님의 아들이 우리 가운데 와서 죽음을 끝내지 않으셨다면 인류는 완전히 멸망했을 것이다."[1]

1 Athanasius, On the Incarnation, 35; 아타나시우스, 『말씀의 성육신에 관하여』, 오현미 역, 죠이북스, 2021.

DAY 119

영원한 아들 되심

그분이 계시지 않은 때가 없었다. 이것이 아리우스 논쟁의 핵심이었다. 아리우스주의는 4세기 이단이었는데, 하나님의 아들의 완전한 신성을 부정했다. 문제는 '아들이 어떤 의미에서 하나님이냐 아니냐'가 아니라 '아들이 아버지와 동일 본질(homoousios)이냐 아니냐'는 것이었다. 구체적으로, 아리우스는 아들 되심(sonship)은 필연적으로 시작을 암시한다고 주장했다. 아리우스는 그리스도께서 선재하셨고 만물이 그리스도를 통해 창조되었다고 단언했으나 또한 아버지께서 아들을 창조하셨다고 믿었다. 아리우스에 따르면, "아버지께서 아들을 낳으셨다면 나신 분에게는 존재의 시작이 있다. 따라서 그분이 계시지 않은 때가 있었던 게 분명하다."¹ 아리우스는 아들이 시대가 시작되기 전에(천지 창조 이전에) 존재했다고 믿었기 때문에 '시간'이란 단어를 사용하지 않으려고 주의했다. 그러나 아리우스에게, 영원과 아들 되심은 함께할 수 없었다. 아들은 신적 존재였으나 파생된 신성을 가진 창조된 존재였다.

우리는 어떻게 답해야 하는가? 그리스도께서 예배를 받으시는 구절이나 아들의 신성을 널리 단언하시는 구절을 제시하는 것으로는 부족하다. 아리우스는 이러한 결론을 부정하지 않았고 현대 아리우스주의자도 다르지 않다. 하나님의 아들이 계시지 않은 때가 없었다는 믿음을 변호하려면 어디를 보아야 하는가? 네 구절이 아주 중요하다.

1. 요한복음 8장 58절에서, 예수님은 자신의 대적에게 "아브라함이 나기 전부터 내가 있느니라"고 말씀하신다. 예수님은 자신을 출애굽기 3장 14절에 나오는 야훼의 놀라운 자기 선언과 연결할 뿐 아니라 이사야 40-55장에 나오는 자기 선언을 암시하신다(예를 들면, "나 여호와라 처음에도 나요 나중 있을 자에게도 내가 곧 그니라", 41:4). 예수님은 구약성경의 하나님이 영원하시듯이 자신도 영원하다고 여기셨다. 믿지 않는 유대인이 예수님을 신성모독자로 생각하고 죽이려 했던 것은 그다지 놀랍지 않다(요 8:59).

2. 마찬가지로, 빌립보서 2장 5-11절은 그리스도 예수께 이사야 45-46장의 가장 숭고한 표현을 적용한다. 모든 무릎이 꿇고 모든 혀

가 예수 그리스도는 주라고 고백하리라는 예언은 이사야 45장 23절에서 왔다. 예수님은 "나는 하나님이라 다른 이가 없느니라"고 말씀하시는 하나님(사 45:22), 시초부터 종말을 알리시는 하나님과(사 46:9-10) 동일시되신다.

3. 히브리서 7장 3절은 창세기 14장에 등장하는 신비로운 살렘 왕 멜기세덱이 "시작한 날도 생명의 끝도 없다"고 말한다. 이것이 멜기세덱에 관해 무엇을 의미하든 간에(성육신 이전의 그리스도를 의미하든 아니면 단순히 그리스도의 모형을 의미하든 간에), 유비("하나님의 아들과 닮아서")가 유효하려면, 그리스도 또한 시작한 날도 없고 생명의 끝도 없어야 한다.

4. 가장 확실하게도, 예수님은 요한계시록 22장 13절에서 "나는 알파와 오메가요 처음과 마지막이요 시작과 마침이라"고 선언하신다. 요한계시록 첫머리에서, 하나님은 같은 말씀을 하시며, 이제도 있고 전에도 있었고 장차 올 자로서 자신의 영원성을 구체적으로 언급하신다(계 1:8; 21:6). 아버지가 어떤 의미에서 처음과 마지막이시든 간에, 아들도 처음과 마지막이시다. 아버지와 아들 가운데 어느 한 쪽이 더 영원하거나 덜 영원할 수 없다. 영원한 아들 되심이 없다면, '아버지는 언제나 아버지시다'라고 단언할 수 없다. 아들의 영원성이 없다면, 우리는 신성의 모든 속성을 공유하는 그리스도를 갖지 못하기에 우리를 온전히 구원할 수 있는 그리스도를 갖지 못한다.

1 Bettenson and Maunder, "The Arian Syllogism."

DAY 120

성육신

성육신이란 하나님이 사람의 형상으로 나타나심을 가리킨다. 더 구체적으로, 기독교 신학의 성육신 교리는 하나님이신 하나님의 아들, 곧 삼위일체의 둘째 위격께서 사람의 본성을 취해 이 땅에 '하나님이요 사람이신' 예수 그리스도로 오셨다고 단언한다. 성경은 성육신을 다음과 같이 다양하게 묘사한다. 우리 구주 그리스도 예수의 나타나심으로(딤후 1:10), 그리스도께서 자기를 비워 종의 형체를 가지심으로(빌 2:7), 그리스도께서 자신을 위하여 예비된 몸을 입고 세상에 오심으로(히 10:5), 하나님이 육신으로 나타나심으로(딤전 3:16).

오직 하나님의 아들만이 성육신하실 수 있었음을 강조하는 것이 중요하다. 아버지는 성육신하실 수 없었다. 아버지는 순서상 먼저이고, 그 누구에 의해서도 보냄을 받을 수 없고, 아들이나 성령에게 중보자가 되실 수 없기 때문이다. 아버지는 인간적 의미에서 아들이 되지 않고는 사람의 육신을 입고 동정녀에게서 나실 수 없는데, 아버지가 아들이 되면 그분의 신적 부성(divine Fatherhood)이 훼손될 터였다. 마찬가지로, 성령께서도 이를테면 둘째 아들이 되지 않고는 보내심을 받아 사람으로 나실 수 없었다. 신성(아버지와 아들과 성령의 신적 본질)이 성육신하지 않았다는 것도 강조해야 한다. 아퀴나스가 말하듯이, "신적 본성이 인간 본성을 취했다고 말하는 것보다 신적 위격이 인간 본성을 취했다고 말하는 게 더 적절하다."¹

성육신에서 일어난 일이 무엇이고 일어나지 않은 일이 무엇인지 이해하는 것도 중요하다. 성육신은 본체의 변화(transubstantiation)나 형태의 변화(transmutation)나 전환(conversion)이 아니다. 성육신은 수용(assumption, 취하심)이었다.

튜레틴은 로고스의 휘포스타시스(hypostasis, 위격적 실재)의 소통을 세 방식으로 이해할 수 있다고 설명한다. 실질적으로(로고스가 다른 휘포스타시스의 육신 안에서 지음을 받았다), 전환적으로(로고스가 자신의 휘포스타시스를 육신으로 전환했다), 또는 수용적으로(로고스가 동일한 휘포스타시스 안에 육신을 수용해 자신과 연합시켰다). 튜레틴은 셋째 의미가 참되며 정통이라고 주장한다.

성육신에서, 신적 본성은 그 어떤 본질적 변화도 겪지 않았다. 신적 본성은 무감동성과 전지성과 불변성을 그대로 유지했다. 성육신은 위격적 행위였고, 이를 통해 아들의 위격이 성육신했다. 이렇게 말하는 게 신적 본성이 인간의 육신을 취했다고 말하는 것보다 낫다. '사람이 되실' 때, 삼위일체의 둘째 위격은 하나님이길 그치지 않으셨다. 삼위일체의 둘째 위격은 '자신이었던 것'(what he was)이길 그치지 않은 채 '자신이 아니었던 것'(what he was not)이 되셨다. 새로운 무언가로 전환되신 게 아니라 인간 본성을 취하셨다는 게 바로 이런 뜻이다.

다소 평이하게 말하자면, 인간 본성이 아닌 신적 본성을 '기반'(base) 본성으로 생각해야 한다. 다시 말해, 사람이 신이 된 게 아니라 신적 위격이 인간 본성을 취하셨다. 그리스도께서는 신성이 된 인성(하나님이 된 사람)이 아니라 인성을 취한 신성(사람이 되신 하나님)이시다. 그리스도의 위격에서 인성이 아니라 신성이 지배한다.

이 모든 복잡한 신학은 요한복음 1장 14절("말씀이 육신이 되어 우리 가운데 거하시매")에 담긴 놀라운 진리를 설명하고 수호하기 위한 것이다. 셰드의 요약이 도움이 된다. "하나님이자 사람이신 예수 그리스도는 로고스의 신적 본성과 인간 어머니에게서 비롯된 인간 본성이 연합한 결과다."[2] 하나님의 아들이 성육신에서 시작된 것이 아니라, 예수 그리스도의 성육신한 위격성이 성육신에서 시작되었다. 성육신 이전에는 하나님이자 사람이신 분이 없었다. 삼위일체의 둘째 위격은 로고스로 내려와 **테안트로포스**(theanthropos, 하나님이자 사람)로 올라가셨다.

1 Aquinas, *Summa Theologica*, 3.2.1-2; 아퀴나스, 「신학대전」.
2 Shedd, *Dogmatic Theology*, 617.

WEEK 25

DAY 121

위격적 연합

'위격적 연합'이란 예수 그리스도의 한 위격 안에서 인간 본성과 신적 본성이 결합하는 것을 가리킨다.

용어를 정의해 보자. 본성(nature)이란 무언가의 본질적 특성을 의미한다. 개의 '개다움'이 개의 본성이다. 무언가의 본성이란 같은 본성을 가진 다른 존재와 똑같이 소유하는 본질을 가리킨다. 따라서 위격적 연합은 그리스도께서 여느 사람과 똑같이 참되고 완전한 인간다움을 소유하고 여느 신적 위격과 똑같이 참되고 완전한 신성을 소유하신다고 단언한다.

'위격'이란 단어도 중요하다. 우리는 삼위일체를 말할 때 위격이란 단어를 이미 접했다. 여기서는 하나의 위격인 성육신하신 아들이 강조된다. 그리스도께서는 두 '자아들'이 아니라 한 '자아'를 가지신다. 그리스도께서는 연합된 '위격'(휘포스타시스)이시며, 여기에 두 본성이 완벽하게 연합되어 속하며, 따라서 그리스도께서 행하고 말하며 겪고 느끼신 전부에서 행위자는 하나다. 어떤 특성은 인간 본성에서 찾고 어떤 특성은 신적 본성에서 찾을 수 있지만, 그리스도께서 행하신 일은 언제나 한 위격으로 행하신 것이다.

신성과 인성이 성육신하신 아들 안에서 연합한 것은 삼위일체의 세 위격이 하나 됨과 같지 않다. 후자에는 전자에 없는 '나-너 관계'가 있다. 아버지와 아들이 서로에게 하시는 것과 달리, 신적 본성과 인간 본성은 서로에게 말하거나 서로에게 영향을 미치지 않는다. 튜레틴이 말하듯이, "이 연합은 위격적이지만 위격의 연합은 아니며, 본성의 연합이지만 본성적(자연적)이지는 않다."[1]

더 복잡해지겠지만 있을 수 있는 신학적 문제를 피하기 위해, 관련 용어 둘을 살펴보아야 한다.

첫째 용어는 **안휘포스타시아**(anhypostasia, 무인격성)이다. 헬라어에서 **안**(an) 또는 **아**(a)는 흔히 부정(否定)을 의미하는 접두사다(예를 들면, a-theist는 하나님을 믿지 않는 사람이다). 여기서 안휘포스타시아는 로고스가 하나의 인간 인격체(human person)와 연합한 게 아니라 하나의 인간 본성(human nature)과 연합했다는 뜻이다. 예수 그리스도는 성육신하신 하나님의 아들의 이름이다. 신성과 결합하기 이전에 따로 존재하던 인간 개인의 이름이 아니다. 동정녀 마리아에게 받은 인성이 로고스와 연합해 인격화(personalized) 되었다. 하나님의 아들은 한 인간의 휘포스타시스(인격체)를 취한 게 아니라 인성을 취하셨다.

혼란스럽지만 꼭 필요한 둘째 용어는 첫째 용어의 논리에 자연히 따라 나온다. **엔휘포스타시아**(enhypostasia, 내위격성)라는 용어는 그리스도의 인성이 그리스도의 단일한 위격 안에서만 실재했다고 단언한다. 그리스도의 인성은 독립적으로 존재하지 않았다(독립적으로 존재했다면, 어떤 형태의 양자론을 수반할 것이다). 그리스도의 인성은 위격 안에(en) 존재했다. 우리가 그리스도의 인성을 안휘포스타시아라고 말하는 것은 맞지만, 그렇다고 그리스도의 인성이 결코 추상적이거나 포괄적인 인간 본성(generic humanity)으로 존재했다고 말해서는 안 된다. 그리스도의 인성은 비실재적이지 않았다.

로고스가 인간 인격체와 연합하지 않았음을 변호하는 말이 '안휘포스타시아'라면, 로고스가 인류 일반과 연합하지 않았음을 변호하는 말은 '엔휘포스타시아'다. 간단히 말해, 그리스도의 인성은 성육신에서 아들의 인성으로만 존재했다.

1 Turretin, *Elenctic Theology*, 2:311; 투레티누스, 『변증신학 강요』.

DAY 122

코뮤니카티오 이디오마툼

코뮤니카티오 이디오마툼(communicatio idiomatum)은 이디엄(idiom)의 교류 또는 속성들의 교통을 가리키는 라틴어다. '속성 교류'를 가리킨다고 이해하는 게 가장 쉽겠다. 이 개념은 알렉산드리아의 키릴로스(Cyril of Alexandria)까지 거슬러 올라가지만, 장 칼뱅을 비롯해 많은 신학자가 널리 사용했다.

코뮤니카티오 이디오마툼은 그리스도의 두 본성을 말하는 하나의 방식을 제시한다. 속성 교류에 따르면, 그리스도의 어느 한 본성을 표현하는 말은 그리스도의 위격에 관해서도 그렇게 표현될 수 있다. 그러나 그리스도의 위격을 표현하는 말은 그리스도의 어느 한 본성에 반드시 적용되는 것은 아니다. 또 그리스도의 어느 한 본성을 표현하는 말이 반드시 다른 본성에 적용되는 것도 아니다. 칼뱅의 정의가 도움이 된다.

성경도 그리스도를 그렇게 말한다. 성경은 때로 그리스도의 인성에만 해당되는 것을 말하고, 때로는 그분의 신성에만 해당되는 것을 말한다. 그리고 성경은 때로 두 본성 모두에 해당되지만 어느 한쪽에만 해당되지 않는 것을 말한다. 성경은 그리스도 안에 있는 두 본성의 이러한 연합을 아주 진지하게 표현하며 때로 둘을 교차하기도 한다. 옛 저자들은 이러한 표현법을 가리켜 속성 교류(communicating of properties)라고 했다.[1]

핵심적인 차이는 우리가 그리스도의 위격과 그리스도의 '두 본성'에 속성들을 돌리는 방식이다. 예를 들면, 그리스도께서 배에서 잠시 주무셨다고 말할 수 있다. 그러나 그리스도의 신성이 주무셨다고 말해서는 안 된다. 세상이 그리스도를 통해 창조되었다고 말할 수 있다. 그러나 세상이 그리스도의 인성을 통해 창조되었다고 말해서는 안 된다. 그리스도께서는 자신이 하신 일을 단일한 위격으로서, 두 본성의 연합으로서 하셨다. 그러므로 어느 한 본성에 관한 말로 위격에 관해 말할 수 있다. 그러나 위격에 관한 말로 자연히 두 본성에 관해 말할 수는 없다.

달리 표현하면, 그리스도의 속성에 대한 단정(predication)은 본성에서 위격으로 흐르지만, 자동적으로 위격에서 본성으로 흐르지는 않는다.

성경은 때때로 인간적 속성을 신적 칭호인 그리스도께 돌린다. 그래서 사도행전은 하나님의 피를 말할 수 있다(행 20:28). 하나님은 하나님으로서 몸이 없으며, 따라서 피도 없다. 그러나 성육신하신 하나님의 아들, 곧 정당하게 신적 칭호로 불릴 수 있는 신적 존재를 말할 때는 하나님의 피를 말할 수 있다.

같은 논리로, '하나님을 낳은 자'(God-bearer)라는 말이 삼위일체 하나님을 낳은 자 또는 신성을 낳은 자라는 뜻이 아니라, '하나님이자 사람이신' 예수 그리스도를 낳은 자라는 뜻이라면 마리아를 **테오토코스**(*theotokos*)라 부를 수 있다.

마찬가지로, '하나님이 십자가에서 죽으셨다'(십자가에서 죽으신 하나님)를 하나님이자 사람이신 예수 그리스도를 가리키는 칭호로 사용하는 것이라면 그렇게 말할 수 있다. 그러나 하나님의 본질이 죽었다거나 삼위일체 신격의 3분의 1이 죽었다는 의미를 전달하려고 '하나님이 십자가에서 죽으셨다'고 말해서는 안 된다.

예수님이 시간 속에서 하신 경험이 자동으로 어느 한 본성에 돌려지는 것은 아니다. 오히려 예수님의 경험은 하나님의 아들이 사람의 모양으로 존재하셨던 때에 그분께 돌려져야 한다. 이 모두에서 우리가 단언할 수 있는 말은, 성육신하신 아들의 위격은 가시적이고 비가시적이며, 유감동적이고 무감동적이며, 유변하고 불변하며, 시간적이고 영원하며, 필멸하고 불멸하다는 놀라운 신비다.

---

1 Calvin, *Institutes* 2.14.1; 칼뱅, 『기독교 강요』.

DAY 123

두 본성은
어떻게 연결되는가?

이미 보았듯이, 코뮤니카티오 이디오마툼에 따르면, 그리스도의 신성이나 인성 어느 쪽이든 그리스도의 위격에 적용할 수 있다. 속성이 본성에서 위격으로 흐른다고 말할 수 있다. 그러면 두 본성의 관계는 어떤가? 그리스도의 인성과 신성이 어떤 식으로든 서로에게 영향을 미치는가?

개혁주의 신학자는 그리스도의 인성이 신적 로고스와 연합함으로써 이중적 은혜(twofold grace, *communicatio gratiarum*, 은혜의 교통)를 받는다고 단언했다. 첫째, 인성은 연합의 은혜를 받는다. 다시 말해, 인성에 특별한 존엄성이 더해져 육신이 하나님의 아들의 속성이 되며, 따라서 예배의 대상일 수 있다. 인성은 둘째, 습성의 은혜(grace of habit)도 받는다. 다시 말해, 성령의 은사를(지성과 의지와 능력의 은사를) 받으며, 이로써 그리스도의 인성이 다른 인간 존재의 본성 위에 높아졌다. 이 두 방식으로, 그리스도의 신성이 그리스도의 인성에 특별한 존귀와 영광을 발한다.

그와 동시에, 개혁주의 신학은 이러한 은혜의 교통이 인성이나 신성의 본질적 속성에서 그 어떤 변화도 포함하지 않는다고 주장했다. 역사적으로 이는 개혁주의 전통과 루터교 전통이 날카롭게 대립한 부분이었다. 루터교 신학은 그리스도의 신성이 인성을 아주 영화롭게 하기에 그리스도의 인성이 무소부재와 같은 특정한 신적 속성을 갖게 된다고 가르친다. 이것은 다시 그리스도의 부활체의 편재성에 대한 루터교의 이해를 뒷받침하는데, 이러한 이해에 따르면 그리스도의 몸과 피가 성만찬에 실제 육체로 임재한다. 개혁주의 신학은 여기에 동의하지 않으며, 두 본성 사이에 진정한 속성 교류는 없다고 주장한다. 예를 들면, 존 오웬은 (앞서 언급한) 은혜들이 "성령에 의해" 그리스도의 인성에 교통된다(전해진다)고 강조한다. 은혜의 교통은 그리스도의 인성에 신적 속성이 주입되어 이루어지는 게 아니라 성령의 무한한 내주(內住)로 이루어진다.

프란시스 튜레틴은 그리스도의 두 본성 사이에 속성 교류가 일어나지 않는다며 설득력 있는 주장을 편다. 그의 주장은 복잡하지만, 서로 연결된 일련의 논증으로 나눌 수 있다.

1. 신성의 본질적 속성 가운데 어느 하나도 인성에 전달될 수 없다. 하나의 본성이 창조된 것이면서 동시에 창조되지 않은 것일 수 없다.
2. 두 본성에 공통적이라면 더는 고유한 속성이 아니다.
3. 신성의 속성은 분리될 수 없으며 하나다. 신성의 속성 가운데 일부를 전달할 수는 없다.
4. 진정한 속성 교류가 있다면, 그 교류는 상호적이어야 한다. 그렇게 되면 로고스가 육체의 속성을 가지게 된다.
5. 그렇다면, 우리는 어느 한 본성도 인성과 신성의 온전하고 구별된 속성을 갖지 못하는 유티케스주의(Eutychianism)에 빠진다.

6. 각 본성의 속성이 구별된다면 진정한 속성 교류는 있을 수 없다.
7. 특히 무소부재와 관련해, 그리스도의 몸은 부활 후에 편재하지 않았다(마 28:5-6).
8. 그리스도의 인성을 생각할 때 모든 것을 알지는 못하셨는데, 따라서 그분의 인성은 전지적 속성이 없었던 게 분명하다.
9. 마찬가지로, 그리스도께서는 고난을 받으셨고, 따라서 그리스도의 인성은 전능의 속성이 없었다.
10. 마지막으로, 그리스도의 인성에 신성의 속성이 있었다면, 그리스도의 죽음은 불가능했을 것이다. '하나님의 생명은 소멸될 수 없으며, 위격적 연합도 해체될 수 없기' 때문이다.

간단히 말해, 그리스도의 인성이 신성에 의해 특별히 탁월해졌으나 인성이 신성의 그 어떤 속성이라도 갖게 된 것은 아니다.[1]

---

1 Turretin, *Elenctic Theology*, 2:327; 투레티누스, 『변증신학 강요』.

DAY 124

엑스트라 칼비니스티쿰

엑스트라 칼비니스티쿰(*extra Calvinisticum*, 초칼뱅주의)은 아들의 성육신에서 신적 로고스가 인성과 완전히 연합했으나 결코 인성에 완전히 가두어진 것은 아니라고 가르친다.

이 용어는 본래 그리스도께서 주의 만찬에 실제로 임재하시느냐는 문제로 논쟁하면서 루터교 신학자가 개혁주의 신학자에게 경멸적으로 붙인 꼬리표였다. 루터교 신학자는 그리스도의 몸이 성찬의 요소 안에, 함께, 아래 육체적으로 임재한다고 단언했고, 반면에 개혁주의 신학자는 실제적인 영적 임재를 말했다. 나중에 '공재설'(consubstantiation)이라 불린 자신의 입장을 유지하기 위해, 루터교 신학자는 무소부재의 속성이 그리스도의 신성뿐 아니라 인성에도 적용되어야 한다고 주장했다.

반대로, 개혁주의 신학자는 코뮤니카티오 이디오마툼(속성 교류)을 다르게 이해했으며, 신적 로고스는 무소부재하나 그리스도의 인체는 그렇지 않다고 주장했다. 중요하게도, 이들은 또한 아들이 성육신 상태에서도 인성을 초월하는 신적 삶을 살 수 있었다고 단언했다. 또 하이델베르크 요리문답이 말하듯이, "신성은 제한되지 않고 어디에나 있으며, 따라서 그리스도의 신성은 그분이 취하신 인성의 경계를 확실히 초월하지만, 그와 동시에 그분의 신성은 그분의 인성 안에 있고 위격적으로 그분의 인성과 연합되어 있다."(Q/A 48).

엑스트라 칼비니스티쿰 교리가 특별한 주장처럼 보일 수도 있지만, 이는 고전적인 성육신 이해를 보호하는 데 아주 중요하다. 사실 이 교리는 장 칼뱅만이 아니라 아우구스티누스, 키릴로스, 아타나시우스 같은 교부들의 입장이었고 중세 내내 가르쳤던 내용이다. 엑스트라 칼비니스티쿰은 그리스도의 신성의 초월성(즉, 그리스도의 신성은 가둘 수 없다)과 인성의 순수성(즉, 신성의 속성을 갖지 않는다)을 변호한다는 점에서 중요한 교리다.

엑스트라 칼비니스티쿰은 또한 성육신에서 "아들은 자신이 여느 때의 자신(what he had always been)이길 그치지 않으셨다"고 일깨운다.¹ 아들은 우주를 계속 유지하고(골 1:15-17; 히 1:1-3), 자신의 신적 속성을 아버지와 성령과 함께 행사하신다. 마리아가 성령의 능력으로 잉태했을 때 그분의 신성에 그 어떤 본질적 변화도 일어나지 않았다. 아들의 신성이 인간의 육체를 취했다고 말하기보다 아들의 위격이 성육신했다고 말하는 게 낫다(전자는 신성의 본질적 속성의 변화를 암시하기 때문이다).

신성에 그 어떤 본질적 변화도 일어나지 않았기에, 이 모두는 결국 하나님의 아들이 이 땅에 오실 때 자신의 통치를 포기한 게 아니라 확대하셨다는 뜻이다. 신성이 인성을 삼키지 않았기에, 이는 곧 아들이 이 땅에서 자유롭게, 자발적으로 순종하셨다는 뜻이기도 하다. 간단히 말해, 엑스트라 칼비니스티쿰은 칼케돈의 성육신 이해, 곧 그리스도의 신성과 인성이 분리될 수 없게 연합되었으나 '혼합 없이' 그리고 '변화 없이' 그렇게 되었다는 이해를 뒷받침한다.

1 Wellum, *God the Son Incarnate*, 332.

DAY 125

기독론 이단들

성도에게 단번에 주신 믿음에서(유 3절) 벗어나면 큰 위험이 따른다. 우리는 진리를 굳게 잡고(딤전 2:4; 3:15; 4:3), 선한 유산을 지키며(딤전

6:20; 딤후 1:14), 바른 말을 본받아야 한다(딤후 1:13). 우리는 전통이나(살후 2:15), 사도들의 가르침이나(행 2:42; 딤후 2:2), 들은 것에서 벗어나지 말아야 한다(히 2:1; 요일 2:24). 바리새인과 사두개인의 누룩을 주의하고(마 16:6), "멸망하게 할 이단"을 경계해야 한다(벧후 2:1).

앞으로 몇 장에 걸쳐, 특히 네 가지 오류(아리우스주의, 가현설, 네스토리우스주의, 유티케스주의)에 초점을 맞추겠다. 그러나 단지 참고로만 활용하더라도, 초기 교회가 꼼꼼히 걸러야 했던 나머지 주요 기독론적 오류를 짚어 보는 것도 도움이 되겠다.

역동적 단일신론(Dynamic Monarchianism). 통치자(또는 아르케)는 오직 한 분, 아버지 하나님이시다. 예수 그리스도께서 아버지께 시험을 받고 그분의 아들로 입양되셨다. 그 결과, 그리스도께서는 지혜와 능력이 충만했고, 아버지께서 주신 능력(*dynamis*)으로 여러 기적을 행하셨다. 이 이단을 양자론이라고도 한다.

양태론적 단일신론(Modalistic Monarchianism; 한 하나님이 자신을 세 양태로 계시하신다. 경솔한 물, 얼음, 수증기 유비처럼). 양태론은 서방에서 (신학자 사벨리우스의 이름을 따서) 때로 사벨리우스주의라 불렸고 동방에서는 성부 수난설이라 불렸으며(아버지가 아들로서 십자가에서 고난을 받았다고 주장하기 때문에), 아버지와 아들과 성령 간의 위격적 차이를 부정한다.

에비온주의(Ebionism). 그리스도의 신성을 부정했던 유대교 이단이다. 에비온주의자는 예수님이 요셉과 마리아의 친 아들(natural son)이었으며, 율법에 순종했기에 메시아가 되었다고 믿었다. 예수가 세례를 받을 때 '그리스도'께서 그에게 내려오셨다. 우리는 예수를 본받아야 하며, 동일한 초자연적 도움을 받아 스스로 율법을 지켜야 한다.

단성론(Monophysitism). 그리스도는 오직 하나(*mono*)의 본성(*physis*)을 가졌다고 단언하는 여러 이단을 가리키는 이름이다. 예를 들면, 신 고난설은 안티오키아의 직조공 페트로스가 옹호한 단성론 이단으로, 그리스도의 신성과 인성이 한 본성 안에서 연합했고 그리스도께서 죽을 때 신성도 고난을 받았다고 주장했다.

단의론(Monothelitism). 이 오류에 따르면, 그리스도는 오직 하나(*mono*)의 의지(*thelema*)를 가졌다. 대체로 이는 그리스도께는 인간적 의지가 없었고 신적 의지만 있었다는 뜻이다. 이와 반대로, 정통적 입장은 의지가 위격의 속성이 아니라 본성의 속성이라고 믿었다. 이 때문에 삼위일체 하나님은(세 위격이 한 본성을 공유하신다) 하나의 의지를 갖지만, 성육신하신 하나님의 아들은(두 본성의 연합) 두 의지를 갖는다. 요한복음 6장 38절에서, 예수님은 "내가 하늘에서 내려온 것은 내 뜻을 행하려 함이 아니요 나를 보내신 이의 뜻을 행하려 함이니라"고 말씀하신다. 인간적 의지와 신적 의지 사이에 형이상학적 차이, 곧 인간 그리스도의 바람이 아버지의 신적 의지와 처음부터 늘 일치하지는 않았을 가능성이 있다.

이단들이 독(毒)일 수 있지만, 하나님은 이단들을 사용해 교회를 정화하고 진리를 분명히 하실 때가 많았다. 바울이 고린도 신자를 일깨웠듯이, 때로 교회 안에 분쟁과 파당이 있지만 이로 인해 "너희 중에 옳다 인정함을 받은 자들이 나타나게 된다"(고전 11:18-19). 2-4세기에 성령께서 교회들을 통해 일하면서 예수 그리스도께서 어떤 분이었고 어떤 분인지를 명확히 하신 과정이 여기에 해당하는 게 분명하다.

WEEK 26

DAY 126

아리우스주의

아리우스주의는 예수 그리스도의 완전한 신성을 부정하는 이단이다. 두 세기 동안 초기 교회는 그리스도의 위격에 관해 그리고 아버지와 아들과 성령의 어울림에 관해 정확히 어떻게 말해야 하는지 논쟁을 벌였다. 끓어오르던 논쟁은 313년 아리우스(Arius)가 이집트 알렉산드리아의 장로가 되었을 때 폭발했다. 아리우스는 교육을 잘 받았고 강한 금욕 훈련을 실천했다. 그의 연설은 확신에 차 있었고 감동적이었다. 가장 좋게 말하자면, 아리우스는 자신의 확신에 충실했고 그리스도인이 일상에서 그리스도를 본받는 데 관심이 있었다.

그러나 아리우스는 그리스도가 완전히 하나님이라고 믿지 않았다. 그의 문제는 "어떻게 사람이 하나님일 수 있는가?"가 아니라 "어떻게 하나님이 사람이 되실 수 있는가?"였다. 그는 하나님의 위엄과 주권과 일체성(unity)을 지키려 했다. 그래서 아리우스는 아들과 아버지가 동일한 본성을 공유한다면 이것은 아버지 하나님이 고난을 받을 수 있고, 변할 수 있으며, 죽을 수 있다는 것을 의미하는 게 틀림없다고 추론했다. 분명히, 아리우스는 이것들이 신성에 적용될 수 없다고 생각했다.

아리우스는 318년에 자신의 의견을 제시하기 시작했는데, 그리스도가 선재했으며 만물이 그리스도를 통해 창조되었으나 그리스도 또한 피조물이었다고 가르쳤다. 그리스도는 신적 존재였으나 파생된 신성(derivative deity)을 가졌다. 아들은 기원이 있다. 이것이 아리우스의 가장 유명한(악명 높은) 주장이었다. 아들이 없던 때가 있었다는 것이다. 그래서 아리우스는 자신이 쓴 찬송시 "연회"(Thalia)에서 삼위일체 구성원은 "동등하지 않은 영광을 갖는다"고 결론지었다.

동방 기독교 전체가 아리우스로 인해 혼란에 빠졌다. 주교와 주교가 충돌하고, 지역과 지역이 충돌하며, 교회와 교회가 충돌했다. 콘스탄티누스(Constantine)는 자신의 제국에서 맹렬하게 일어나는 충돌을 무시할 수 없었고, 325년 니케아 공의회를 소집했다. 니케아는 로마 제국의 수도 콘스탄티노플에서 가까운 작은 동네였다. 공의회에 318명의 주교가 참석했는데, 그 가운데 서방 교회(예를 들면, 프랑스, 스페인, 카르타고, 로마) 주교는 단 7명이었다. 나머지는 동방 교회 주교였다.

주교들은 세 진영으로 나뉘었다. 아리우스파, 정통파, 모두가 동의할 수 있는 일치점을 찾는 중도파였다. 저명한 역사가 카이사랴의 에우세비우스는 팔레스타인 신앙고백(Palestinian Confession)이라 불리며 그리스도의 신성을 가장 넓게 인정하는 고대 신앙고백을 채택하자고 제안했다. 그러나 정통파는 좀 더 구체적인 신앙고백을 원했다. 이들은 아리우스가 믿는 것을 덮은 채 '드러내지' 않으면 공의회가 실패로 끝나리라는 것을 알았다. 특히, 정통파는 '호모우시오스'라는 단어를 원했다. 이는 그리스도께서 아버지와 유사 본질이 아니라 동일 본질(동일 본체)을 가지신다는 단언이었다.

니케아 공의회에서, 논쟁의 가장 중요한 핵심은 한 단어였으나 그 한 단어가 너무나 중요했다. 마침내 주교들은 아들이 아버지와 동일 본질이시라고 단언했다. 그 결과, 아리우스주의는 니케아에서 열린 제1차 에큐메니칼 공의회(Ecumenical Council)에서 이단으로 규정되었다. 논쟁이 해결되지는 않았으나, 우리가 지금 니케아 신경으로 아는 니케아 정통이 콘스탄티노플에서 열린 제2차 에큐메니칼 공의회(381)에서 확립되었다. 하나님을 찬양하라. "한 분이신 주 예수 그리스도께서는 하나님의 독생자이시고, 만세 전에 아버지로부터 나셨으며, 하나님으로부터 나온 하나님이시고, 빛으로부터 나온 빛이시며, 참 하나님으로부터 나온 참 하나님이시고, 나셨으나 창조되지 않으셨으며, 아버지와 동일 본질이시다."

DAY 127

가현설

가현설(假現說, Docetism)은 하나의 구체적인 가르침을 가리키는 게 아니라 그리스도의 완전한 신성을 부정하는 신학들의 그룹을 가리킨다. 이 이단은 헬라어 **도케인**(*dokein*) 때문에 가현설이라 불리는데, 도케인은 '보이다' 또는 '나타나다'라는 뜻이다. 가현론자는 예수께서는 다만 인간으로 보였을 뿐이라고 믿었다. 아리우스주의자가 인간 예수가 완전히 하나님일 수 있음을 받아들이기 어려웠다면, 그리스인은 그들이 섬기는 하나님이 실제 인간이었을 수 있음을 받아들이기 어려웠다.

가현설의 주요 변종 가운데 하나는 라오디게아의 주교이자 아타나시우스의 친구인 아폴리나리우스(Apollinarius)의 이름을 딴 아폴리나리우스주의다. 아폴리나리우스는 경건하고 헌신적이며 지적인 사람이었다. 그는 아리우스주의를 강하게 반대하고 니케아 정통과 그리스도의 완전한 신성을 변호했다. 그는 초기 형태의 양자론을 가르친 사모사타의 파울로스(Paul of Samosata)의 가르침을 논박했다. 아폴리나리우스는 그리스도의 완전한 신성을 단언하고, 예수는 하나님이 된 인간일 뿐이라거나 세례 때 신적 로고스가 주입된 인간일 뿐이라는 그 어떤 개념도 거부했다.

그러나 아폴리나리우스에게는 그리스도의 완전한 인성을 단언하는 일이 불편했다. 어떻게 하나님이 인간 본성의 모든 연약함과 불완전함을 취하실 수 있단 말인가? 아폴리나리우스는 그리스도께서 완전한 신성과 완전한 인성을 가질 수 있을 유일한 방법을 생각해 냈다. 신성이 하나님의 친 아들이고 인성이 하나님의 아들이 되었거나 하나님의 아들로 입양되었다면 그럴 수 있다는 것이다. 그러나 이렇게 되면 그리스도는 두 아들이 될 터였다. 아폴리나리우스는 이것이 틀렸다는 것을 알았다.

그의 해법은 인간을 세 부분, 곧 몸, 혼, 영으로 보는 것이었다. 아폴리나리우스는 혼은 죄의 자리라고 생각했다. 영이라고 할 때, 그가 생각한 것은 합리성을 비롯한 고도의 능력이었다. 그리스도께서 완전히 인간의 마음을 가지신다면 아버지와 한 마음일 수 없을 테고, 따라서 죄를 지을 수 있을 것이다. 그래서 아폴리나리우스는 그리스도께서 인간의 몸 안에 마음이 아닌 신적 로고스를 가지셨던 게 틀림없다고 추론했다. 어쨌든, 마음은 변하지 않아야 하고, "더러운 생각들의 먹이가 되지" 말고 "신적인 마음, 불변하는 하늘의 마음으로 존재해야" 한다.

간단히 말해, 하나님의 아들이 불완전한 인성을 취했다. 아폴리나리우스는 성육신을 말씀이 사람이 된 것이 아니라 말씀이 몸이 된 것으로 보았다. 그리스도는 하나의 천상적 요소(로고스)와 하나의 지상적 요소(인간의 몸)의 실체적 연합이었다. 아폴리나리우스는 이렇게 썼다. "그분은 사람 같았으나 사람이 아니었다. 그분은 가장 중요한 요소에서 사람과 동일 본질이 아니었다."[1] 많은 부분에서 바실리오스(Basil)의 반대 덕분에, 교황 다마소(Pope Damascus)는 377년 아폴리나리우스를 출교했다. 아폴리나리우스주의는 381년 콘스탄티노플 공의회에서 이단으로 규정되었다.

아리우스주의와 가현설은 둘 다 좋은 의도에서 시작했다. 거의 모든 이단이 좋은 의도에서 시작한다. 아리우스주의는 하나님의 위엄을 지키려 했고, 그래서 인간 그리스도(human Christ)가 아버지 하나님과 똑같은 방식으로 동등하게 하나님일 수는 없다고 주장했다. 가현설은 하나님의 완전성을 지키려 했고, 그래서 하나님이신 그리스도(divine Christ)가 우리가 인간인 것과 똑같은 방식으로 완전히 인간일 수 없다고 주장했다. 두 이단 모두 진리의 일부분에 끌렸으나 그들의 인간적 논리와 철학적 추론에 막혀 진리 전체를 보지 못했다. 한 이단을 너무 열심히 피하려다 또 다른 이단에 빠지기 일쑤다. 성경이 하는 말에 주의를 기울여야 한다. 동시에 모든 방향을 살펴야 한다.

1 다음에서 재인용했다. MacLeod, *The Person of Christ*, 159; 도널드 맥클라우드, 『그리스도의 위격』, 김재영 역, IVP, 2001.

DAY 128

네스토리우스주의

아리우스 논쟁으로 아들이 완전히 하나님이며 아버지와 동일 본질이심이 분명해졌다. 가현설 논쟁(예를 들면, 아폴리나리우스주의 논쟁)으로 아들이 완전히 인간이며, 단지 사람으로 보인다거나 인간과 대부분의 면에서 같은 것(예를 들면, 인간의 마음이 없다)이 아니라, 모든 면에서 우리와 같은 인간이지만 죄는 없으심이 분명해졌다.

두 논쟁에 이어, 이단의 둘째 쌍이 등장했다. 네스토리우스주의 (Nestorianism, 두 본성이 분리된다는 주장)와 유티케스주의(Eutychianism, 두 본성이 혼합된다는 주장)다.

네스토리우스(Nestorius)는 콘스탄티노플의 총대 주교였다. 그의 가르침은 431년 에베소 공의회(Council of Ephesus)에서 정죄되었다. 네스토리우스의 오류는 사람들이 마리아를 '테오토코스', 즉 하나님을 낳은 자라 부르는 것을 우려한 데서 비롯되었다. 네스토리우스 이후, 필시 그가 살았던 때에도, 사람들은 '하나님을 낳은 자 마리아'에서 '하나님의 신적 어머니 마리아'로 한 발 더 나갔다. 테오토코스는 적절한 용어지만, 적절한 조건이 붙을 때만 적절한 용어다. 강조의 대상은 마리아가 아니라 아들이어야 한다.

어쨌든, 네스토리우스는 이 대중적 칭호에 반대했다. 그는 마리아가 누군가를 낳았고 그 누군가가 나사렛 예수라는 것은 인정할 수 있었다. 그러나 그는 마리아가 그리스도의 인성만 낳았다고 보았다. 신성은 영원한데 어떻게 태어날 수 있겠는가? 마리아는 예수의 어머니일 수 있어도 하나님의 어머니일 수는 없었다. 네스토리우스의 논리는 이러했다. 마리아가 테오토코스라면 아들에게 시작이 있다. 아들에게 시작이 있다면 아들이 피조물이라는 뜻이다. 아들이 피조물이라면 우리가 아리우스 이단으로 돌아갔다는 뜻이다.

네스토리우스의 해법은 두 본성 사이에 분리벽을 세우는 것이었다. 그는 아들이 하나님이심을 알았다. 그는 아들이 사람이며, 온전한 사람이신 것도 알았다. 그러므로 마리아는 오직 예수의 어머니였던 게 분명하다. 마리아는 로고스가 함께하는 사람을 낳았다. 그리스도의 두 본성은 존재의 연합이라기보다 동반자처럼 존재했다.

네스토리우스는 알렉산드리아의 키릴로스의 반대에 직면했는데, 키릴로스는 테오토코스라는 칭호를 지지하는 두 가지 결정적 논증을 폈다.

첫째, 마리아가 하나님을 낳은 자가 아니라면, 성육신이란 하나님이 사람이 되신 것이 아니라, 다른 것이라고 이해해야 한다. 다시 말해서, 하나님이 한 사람 곁에 오신 것으로 이해해야 한다. 그렇게 되면 예수 그리스도께서는 '하나님이자 사람'이 아니라, 자신 속에 하나님이 계신 사람일 것이다. 네스토리우스주의가 주장하는, 하나님이 우리 안에 계신 것과 같은 방식으로 그리스도 안에 계셨다는 게 이런 뜻일 것이다. 차이는 정도의 문제일 뿐이다. 키릴로스는 네스토리우스주의가 어떻게 예수님을 과소평가하고 우리를 과대평가했는지 보여 주었다.

둘째, 마리아가 하나님을 낳은 자가 아니라면 그리스도와 인간의 관계가 달라진다. 네스토리우스주의의 문제는 두 본성이 아니라 한 위격이다. 네스토리우스주의에서, 그리스도께서는 완전히 하나님이고 완전히 사람이지만, 실제로 단일 위격이 아니시다. 자의식이 있는 단일 위격에 두 본성이 있는 게 아니라 두 본성이 도덕적·공감적 연합으로 나란히 존재한다. 그러나 로마서 5장은 우리의 구원이 "한 사람이 순종하심"을 통해 성취된다고 분명히 한다(19절). 오직 한 사람, 예수 그리스도, 인성과 신성의 연합을 통해 우리가 의롭게 된다. 두 본성이 나뉜다면, 아들의 단일 위격이 "우리 사이에 손을 얹을" 방법이 없다(욥 9:33).

DAY 129

유티케스주의

유티케스(Eutyches)는 콘스탄티노플에 위치한 어느 큰 수도원의 늙은 수도사였으며, 378년경에 태어나 451년에 죽었다.

네스토리우스처럼, 유티케스가 실제로 무엇을 가르쳤는지, 어떤 사상이 그의 이름에 붙여졌을 뿐인 건지 판단하기는 어렵다. 논쟁을 벌일 당시, 유티케스는 더 늙었고 다소 혼란스러운 사상가였다. 그러므로 유티케스주의가 얼마나 유티케스에게서 비롯되었는지는 분명하지 않다.

우리가 아는 것은 유티케스가 강력한 반(反)네스토리우스 경향을 보였다는 것이다. 그는 그리스도의 신성에서 인성을 분리하는 오류에 빠지고 싶지 않았다. 그래서 분리 대신, 유티케스주의는 혼합과 혼란에 빠졌다.

유티케스는 연합 이전에 두 본성이 있었으나 그리스도의 신성과 인성이 연합한 후에는 그리스도 안에 하나의 본성만 있었다고 가르쳤다. 즉 유티케스주의는 그리스도께 하나의 본성만 있었다고 믿는 단성론의 한 형태다. 유티케스는 인성이 신성에 흡수되었고, 노란색과 파란색을 섞으면 녹색이 되듯이, 두 본성이 융합되어 **테르티움 퀴이드** (tertium quid, 제3의 것)가 되었다고 주장했다. 유티케스는 그리스도의 인성이 신성과 아주 강하게 연합했기에 그리스도의 인성이 우리의 인성과 동일하지 않았다(즉, 동일 본질이 아니다)고 믿었다. 그리스도께서는 '아버지와 동일 본질'이었으나 '우리와 동일 본질'이 아니셨다.

유티케스는 완고했고 주의 깊지 못했다. 그는 알렉산드리아의 키릴로스가 사용한 특정 어구를 오해해 곁길로 빠지기도 했다. 키릴로스는 431년 에베소 공의회에서 네스토리우스를 정죄받게 한, 정통의 기준을 가진 자로 여겨졌다. 키릴로스에게 동의한다면 정통이었고 그에게 동의하지 않는다면 정도에서 벗어난 것이었다.

안타깝게도 키릴로스는 특정 어구를 좋아했는데, "성육신하신 하나님의 말씀의 단일한 성육신한 본성"이라는 말이다. 그는 이 어구가 아타나시우스에게서 왔다고 생각했다. 누가 아타나시우스보다 더 정통적일 수 있겠는가? 그러나 이 어구는 실제로 아폴리나리우스에게서 왔으며, 그의 사상은 이단으로 판명되었다. 키릴로스가 이 어구를 좋아했던 것은 이것이 네스토리우스주의에 맞서 그리스도의 일치성을 지켜준다고 생각했기 때문이다. 나중에 키릴로스는 자신이 여전히 완전한 인성을 단언하며 두 본성의 연합을 손상시키지 않는 한, '두 본성'이란 어구를 받아들인다고 분명히 했다. 키릴로스는 불행한 그 표현으로 정통적인 의미를 의도했던 것이다. 그러나 유티케스는 섬세함이 없었다. 그는 속으로 이런 결론을 내렸다. '한 본성'은 좋은 신학이고 '두 본성'은 나쁜 신학이다.

유티케스는 448년 총대 주교 플라비아누스(Flavian)가 이끄는 공의회에서 면직되었다. 유티케스는 자신이 부당하게 면직되었다며 교황 레오 1세(Pope Leo)에게 호소했다. 교황 레오는 오락가락하다가 플라비아누스에게 편지를 썼고, 그와의 편지를 통해 모든 기독론 이단을 자세히 살핀 후 유티케스가 틀렸다는 결론을 내렸다. 그는 이렇게 썼다. "그리스도 예수 안에 참 신성 없는 인성도, 참 인성 없는 신성도 존재한다고 믿어서는 안 된다."

잠시 유티케스주의가 인정을 받았는데, 449년 에베소에서 열린 "강도들의 공의회"(Robbers' Synod)에서였다. 그러나 2년 후인 451년, 칼케돈 공의회(Synod at Chalcedon)는 유티케스주의를 분명하게 거부하고 정통 기독론을 확립했다. 하나님의 아들, 주 예수 그리스도는 두 본성이 결합해 한 위격(prosopon)과 실재(hypostasis)를 이룬다고 보아야 한다.

DAY 130

칼케돈 신조

칼케돈 신조(Chalcedonian Definition, 451)는 위격적 연합을 간결하고 세밀하게 정의했는데, 지금도 이를 능가하는 정의는 없다. 앞서 보았던 특별한 용어들과 네 가지 강조 표현에 특히 주목하라.

그러므로 거룩한 교부들을 따라, 우리 모두는 한 분이며 동일한 아들 우리 주 예수 그리스도를 이렇게 고백하라고 한마음으로 가르친다. 그분은 신성이 완전하고 인성도 완전하며, 참 하나님이요 참 사람이고, 이성이 있는 영혼과 육신을 가지되, 신성에서는 아버지와 동일 본질(호모우시온)이고 인성에서는 우리와 동일 본질이며, 모든 면에서 우리와 같지만 죄는 없고, 신성에서는 만세 전에 아버지에게서 났고 인성에서는 우리와 우리 구원을 위해 하나님을 낳은 자(테오토코스) 동정녀 마리아에게서 났으니, 한 분이며 동일한 그리스도, 아들, 주, 독생자는 **혼합 없이, 변화 없이, 분할 없이, 분리 없이** 두 본성을 가지신다.
두 본성의 연합으로 본성의 구분이 없어지는 게 아니라 오히려 각 본성의 속성이 보존되고 결합되어 한 위격과 실재(휘포스타시스)를 형성하고, 두 인격으로 나뉘거나 분리되지 않으며, 한 분이며 동일한 아들이요 독생자, 말씀 하나님, 주 예수 그리스도이시니, 이는 일찍부터 선지자들이 그분에 관해 말했고 우리 주 예수 그리스도께서 친히 우리에게 가르치셨으며 교부들의 신앙고백이 우리에게 전해 준 것이다.

이 신경의 중심에 네 가지 부정 선언이 있다.

- **혼합 없이**: 주 예수 그리스도는 파란색과 노란색을 섞어 녹색이 나올 때 얻어지는 게 아니다. 그분은 테르티움 퀴이드(제3의 것), 즉 신성과 인성을 혼합한 결과물이 아니다.
- **변화 없이**: 사람의 육신을 취할 때, 로고스는 여느 때의 자신이기를 그치지 않았다. 성육신에서, 아들의 신성에 그 어떤 본질적 변화도 일어나지 않으셨다.
- **분할 없이**: 그리스도의 두 본성은 신적 위격이 나뉜다는 뜻이 아니다. 예수 그리스도는 '하나님 반, 사람 반'이 아니시다.
- **분리 없이**: 예수 그리스도의 위격 안에서 인성과 신성의 연합은 실제적이고 유기적인 연합으로, 단순히 도덕적 공감이나 관계적 파트너십이 아니다.

이것이 불필요한 신학 논쟁처럼 보일 수 있겠지만, 칼케돈의 신중한 신조는 다음과 같은 성경의 가르침을 보존하기 위한 것이다.

첫째, 아들의 위격에서 신성과 인성이 연합되었다(요 1:14; 롬 8:3; 딤전 3:16; 히 2:11-14).

둘째, 두 본성이 오직 하나의 신적 위격 안에서만 연합되었다(롬 1:3-4; 갈 4:4-5; 빌 2:6-11).

칼케돈이 표현하듯이, 각 본성의 속성이 한 위격과 실재 안에서 연합하더라도 연합에 의해 절대로 없어지는 게 아니라 보존된다. 우리는 함께 일하는 두 본성에 의해 구원받는 게 아니라 인성과 신성으로 이뤄진 한 신적 위격에 의해 구원받는다.

WEEK 27

DAY 131

"무엇이든 취하지 않으신 것은 치유될 수 없다"

칼케돈이 모든 것을 해결하지는 못했다. 동방 교회 일부는 두 본성 교리를 여전히 수용할 수 없었다. 이들은 키릴로스의 유산을 존중하며 '한 본성 신학'(one nature theology, 그리스도의 본성이 하나라고 보는 신학)을 견지하려 했다. 이것이 최초의 심각한 교회 분열이다.

고대 오리엔트 정교회(Old Oriental Orthodoxy, 또는 비칼케돈 교회)로 알려진 여섯 교회가 있다. 시리아 정교회(Syriac), 콥트 정교회(Coptic), 에티오피아 정교회(Ethiopian), 에리트레아 정교회(Eritrea), 말란카라 정교회(Malankara, 인도), 아르메니아 정교회(Armenian)가 그것이다. 이 여섯 교회는 성직 제도가 달랐고 나머지 동방 정교회나 로마 가톨릭교회와 교류하지 않았다.

이 교회들은 단성론자라 불리지만, 그들도 유티케스주의를 부정한다며 이런 꼬리표를 거부한다. 이들은 합성론자(miaphysites, 주로 하나의 본성)로 불리길 선호한다. 교회 지도자들은 오리엔트 교회가 나머지 교회와 다른 신학을 가졌는지 아니면 말하는 방식이 다를 뿐인지를 두고 계속 논쟁했다.

그러나 5세기 이후, 절대다수 교회에게 칼케돈 신조는 정통 기독론의 결정적 진술로 자리 잡았는데, 수많은 이단적 신앙에 대항해 아주 효과적이고 간결하게 논박했기 때문이다.

- **가현설에 맞서**: 칼케돈 신조는 주 예수께서 참 사람이며 인성에서 우리와 동일 본질이시고, 그분의 인성은 동정녀 마리아에게서 났다고 단언했다.
- **양자론에 맞서**: 칼케돈 신조는 그리스도께서 만세 전에 아버지에게서 나셨다고 단언했다.
- **양태론에 맞서**: 칼케돈 신조는 아버지와 아들을 구분했는데, 아버지는 영원부터 아들을 낳은 분이시다(뒷부분은 니케아 신경의 내용이다.—역주).
- **아리우스주의에 맞서**: 칼케돈 신조는 그리스도께서는 신성이 완전하고, 참 하나님이며, 하나님의 말씀이시라고 단언했다.
- **아폴리나리우스주의에 맞서**: 칼케돈 신조는 그리스도께서는 참 사람이며, 이성이 있는 영혼과 육신을 가지고, 모든 면에서 우리와 같지만 죄는 없으시다고 고백했다.
- **네스토리우스주의에 맞서**: 칼케돈 신조는 마리아를 테오토코스라 부르며, 한 분이며 동일한 아들, 한 위격과 실재가 있으며, 두 본성이 분할이나 분리 없이 연합한다고 단언했다.
- **유티케스주의에 맞서**: 칼케돈 신조는 두 본성이 혼합이나 변화 없이 연합하며, 이 연합으로 본성의 차이가 사라지지 않는다고 단언했다.

- **단성론에 맞서**: 칼케돈 신조는 각자의 속성을 가진 두 본성이 한 위격과 실재 안에서 결합하여 보존된다고 단언했다.

이 모두가 왜 중요한가? 우리가 참 하나님을 진정으로 알기 위해 중요하며, 우리의 구원을 위해서도 중요하다. 나지안주스의 그레고리우스가 남긴 유명한 말을 되새겨 보라. "무엇이든 취하지 않으신 것은 치유될 수 없다."

아리우스주의는 우리를 하나님에게서 구원할 수 없다. 아리우스주의의 그리스도는 하나님이 아니기 때문이다.

가현설은 우리를 우리 죄에서 구원할 수 없다. 가현설의 그리스도는 온전히 사람이 아니기 때문이다.

네스토리우스주의는 하나님 사역의 일체성을 제거한다. 다리가 중간에서 연결되지 않는다. 하나님이 양쪽 모두에게 손을 얹을 수 있으나 동시에 그렇게 하지는 못하신다.

유티케스주의는 그리스도 사역의 인간적 측면을 제거한다. 다리가 실제로 어느 쪽에도 닿지 않는다.

모든 신학적 논쟁과 정의는 단순하고 뛰어난 성경 진리, 곧 예수 그리스도께서는 하나님이고 사람이며, 그러므로 우리와 같은 죄악된 인간을 구원할 수 있는 유일한 분이시라는 진리를 보존하기 위한 것이었다.

DAY 132

그리스도의 신적 자의식

그리스도께서는 자신에 관해 무엇을 아셨는가? 자신이 하나님의 아들임을 아셨는가, 아니면 이를 누군가로부터 또는 어디에선가 알게 되셔야 했는가? 우리는 예수님이 다섯 살 때 자신에 관해 무슨 말씀을 하셨는지 알 수 없지만, 열두 살 때 성전에서 선생들을 당혹스럽게 하고 부모에게 자신이 아버지 집에 있어야 한다고 말씀하시는 모습을 본다(눅 2:49). 분명히, 이미 소년 때, 예수님은 부모가 알지 못하는 것을 아셨다(눅 2:50). 어떤 사람의 주장처럼, 누군가가(그분의 부모 같은 사람) 어느 시점에 그분 곁에 앉아 성경을 인용하면서 그분이 누구인지를 그분께 보여 주었다고 생각해서는 안 된다. 모든 복음서에서 볼 수 있는 선명한 그림은 예수님의 부모를 비롯해 사람들은 그분이 누구인지를 두고 매우 혼란스러워했다는 것이다.

복음서에서 그리스도께서 소통하는 모든 장면에서 보듯이, 그리스도께서는 자신의 신적·메시아적 정체성을 아신다. 그분은 자주 자신을 사람의 아들이라고 하신다. 제자들에게 자신이 누구냐고 묻고, 자신이 그리스도요 살아계신 하나님의 아들이라는 제자들의 대답이 정확하다고 확인하신다. 자신이 누구이며 무엇이 드러날지 알고서 변화산에 오르신다.

그분은 "아브라함이 나기 전부터 내가 있느니라"고 말씀하신다(요 8:58). 사람들에게 "내가 그인 줄"(I am he) 믿어야 한다고 말씀하신다(요

8:24). 자신이 메시아, 하나님의 아들, 인자, 구약 예언의 성취, 모든 사람을 심판할 분, 예배를 받기에 합당한 분, 죽어 사흘 만에 살아나야 할 분, 자기 백성의 죄를 위해 죽어야 할 분, 영생의 유일한 통로, 태초부터 자기 아버지와 함께하는 분, 아버지와 하나이며 시간이 시작되기 전에 아버지와 영광을 공유했던 분이라는 사실을 아신다. 예수님은 자신이 누구인지를 두고 혼란스러워하지 않으셨다.

그와 동시에, 그리스도께서는 이중 의식을 경험하셨다(참조. 요 5:16-30; 마 11:25-27). 그분은 신적 지각과 인간적 지각을 경험하실 수 있었다. 그리스도께서는 "나와 아버지는 하나이니라"라고 말씀하실 수 있었고(신 의식; 요 10:30), "내가 목마르다"라고 말씀하실 수 있었다(인간 의식; 요 19:28). 셰드는 그리스도의 복합적 위격 안에는 신성이나 인성을 따라 일어나는 의식의 지속적 변동이 있었다고 말한다. "어느 순간, 그분은 전능하고 자존하며 무한한 존재로서 느끼고 말씀하셨다. 유한과 무한, 사람과 하나님, 피조물과 창조자, 시간과 영원이 오로지 하나님이거나 오로지 사람이 아니라 하나님이자 사람이신 놀라운 위격 안에서 만나고 섞였다."[1]

이는 자연스럽게 이런 질문으로 이어진다. 그리스도께서는 전지하셨는가? 다시 말해, 그리스도께서 이 땅에 계실 때 모든 것을 아셨는가? 그리스도께서는 지혜와 키가 자라셨다(눅 2:52). 사람으로서, 아들은 **파루시아**(parousia, 재림)의 날을 알지 못하셨다(막 13:32). 그리스도의 인간 지성은 신적 로고스가 알려 주는 것만 알았다. 그리스도께서는 사람 속에 있는 것을 아셨다. 나사로가 죽은 정확한 시간을 아셨다. 무화과나무 아래 있는 나다나엘을 아셨다. 누가 자신을 배신할지 아셨다. 만물의 신적 주님(divine Lord)으로서, 모든 것을 아셨다(요 21:17).

그리스도께서는 알아야 할 것을 알지 못하신 적이 없지만, 인간 육체의 한계와 인간 지성의 한계 안에서 자신의 직분을 수행하셔야 했다. 이번에도 답은 한 위격 안에 두 본성이 있다는 신비(비합리성과는 다르다)를 단언하는 것이다. 튜레틴은 이를 간결하게 잘 표현했다. "우리는 그리스도께서 하나님으로서는 참으로 전지하시지만, 사람으로서는 지식을 부여받으셨다고 인정한다. 그 지식은 다른 모든 피조물을 능가할 만큼 위대했으나, 여전히 유한하고 창조된 것이어서 여기에 무언가가 더해질 수 있었다고(실제로 더해지기도 했다고) 주장한다."[2]

1 Shedd, *Dogmatic Theology*, 652-653.
2 Turretin, *Elenctic Theology*, 2:349; 투레티누스, 「변증신학 강요」.

DAY 133

케노시스

빌립보서 2장 6-7절에 따르면, 그리스도께서는 "근본 하나님의 본체시나 하나님과 동등됨을 취할 것으로 여기지 아니하시고 오히려 자기를 비워(ekenosen) 종의 형체를 가지사 사람들과 같이 되셨다." 19세기에, **케노시스**(kenosis, 그리스도께서 자신을 비우심) 문제가 맹렬한 논쟁의 주제가 되었다. 신약성경이 묘사하는 그리스도, 특히 그분이 구약에 대해 당연하게 전제하신 내용들(예를 들면, 모세가 오경을 썼고, 이사야는 단 한 사람이었으며, 요나는 실제 역사였고, 구약 연대기는 명료하다)을 고등 비평의 결과와 어떻게 조화시킬 수 있는지 설명하려는 마음에서, 영국과 독일 신학자가 신적 전지의 속성이 완전히 빠진 그리스도를 제시하기에 이르렀다.

케노시스 이론이 모두 같지는 않았다. 어떤 신학자는 그리스도께서 신성의 상대적 속성을(전능성과 전지성) 버렸으나 거룩과 사랑 같은 본질적 속성은 유지하셨다고 주장했다. 어떤 신학자는 삼위일체의 삶을 막고 아들의 우주적 기능을 멈출 만큼 그리스도께서 상대적 속성과 본질적 속성을 스스로 비우셨다고 주장했다. 또 어떤 신학자는 정통의 테두리를 벗어나지 않으려고 애쓰면서 그리스도께서는 신적 기능을 수행하길 중단하고 땅 위의 삶을 완전히 인성의 조건 안에서 사셨다고 주장했다.

확실히, 그리스도께서는 모든 것을 알면서도 배워야 했고, 무소부재하지만 한 곳에 국한되었으며, 전능하지만 유한성을 받아들이셨다고 말할 수 있다. 하나님이자 사람이신 그리스도의 어떤 행동은 그분의 인성과 연결될 수 있고 어떤 행동은 그분의 신성과 연결될 수 있다. 그러나 케노시스주의는 여기서 더 나아가, 단지 그분이 이러한 신적 속성을 행사하지 않았거나 의지하지 않았다는 게 아니라, 실제로 이러한 신적 속성을 비우셨다고 말한다.

그렇다면 빌립보서 2장이 말하는 그리스도의 자기 비움을 어떻게 이해해야 하는가? 정확히 이해하면, 케노시스는 그리스도께서는 온전히 하나님이었으나 자신의 신성을 자신의 이기적 이익을 위해 사용해야 할 것으로 여기지 않고 여기에 매달리지 않으셨다는 뜻이다. 오히려 그리스도께서는 하나님으로서 신적 권리를 내려놓고 종으로서 이 땅에 오셨다. 그리스도께서는 사람으로 이 땅에 오셔서 잔혹한 십자가에서 수치스러운 죽음을 맞기까지 모든 일에 자신의 아버지께 기꺼이 순종하셨다.

간단히 말해, 그리스도 예수께서는 신성과 신적 속성을 비운 게 아니라 신적 특권을 비우셨다. 하나님으로서 그리스도께서는 신성에 국한된 어떤 권리나 특권이 있었으나 '육신을 입은' 하나님으로서 이러한 권리를 자주 내려놓으셨다. 케노시스를 다른 헬라어 단어로 가장 잘 설명할 수 있겠다. '숨겨진'이란 뜻의 **크립시스**(*krypsis*)다. 그분의 신적 영광이 잠시 가려졌고 모호했으며 숨겨졌다는 점에서, 그리스도께서는 자신을 비우셨다(요 17:5). 성육신에 있어 하나님의 아들인 분이 '자신'(완전한 하나님)이길 그치지 않은 채 '자신이 아니었던 것'(사람)이 되셨다. 이는 버림으로써가 아니라 (인성을) 취함으로써 일어난 일시적 자기 비하(self-abasement)였다.

십자가는 인류 역사의 전환점이다. 정확히 이 패배와 수치의 순간에 하나님이 승리하셨기 때문이다. 갈보리에서 낮아지심(humiliation)이 높아지심(exaltation)으로 향하는 길을 닦았다. 인류 역사의 이 시간에, 하나님의 목적과 성품이 모두에게 보이도록 마침내 완전히 계시되었다. 그러나 그날, 볼 눈을 가진 사람이 거의 없었고 보았더라도 불완전한 믿음으로 보았을 뿐이다. 그러나 이 땅에서 자기를 비우신 분이 곧 하늘에서 높아지실 터였다.

DAY 134
성령 기독론

성령 기독론(Spirit Christology)은 성령을 중심으로 그리스도의 위격과 사역을 이해하는 여러 신학을 포괄하는 용어다. 어떤 제안은 반(反)삼위일체적이지만, 어떤 제안은 전통적 삼위일체 신학과 아들의 본질적 신성을 곧바로 단언한다.

복음서에서 예수님이 어떻게 성령이 더없이 충만하며 성령의 능력을 받은 분으로 제시되는지 간과하기 쉽다. 예수님은 성령으로 잉태되셨다(눅 1:35). 예수님이 세례를 받으실 때, 성령께서 그분께 임하셨다(눅 3:22). 마찬가지로 누가는 예수님이 성령에 이끌려 광야로 들어가 시험을 받았고(눅 4:1), 성령의 능력으로 갈릴리로 돌아가셨다고 기록한다(14절). 나사렛에서 공적 사역을 시작하실 때, 예수님은 이사야의 예언에 맞춰 주의 성령이 자신에게 임했다고 선언하셨다(18절). 예수님은 성령으로 기뻐하셨고(눅 10:21), 성령으로 세례를 베푸셨으며(눅 3:16), 성령('성결의 영')으로 하나님의 아들로 선포되셨다(롬 1:4).

성령 기독론은 예수님의 삶에서 성령의 사역을 강조한다는 점에서 긍정적일 수 있다. 성령 기독론은 그리스도의 참 인성도 강조한다. 예수님은 궁지에 몰릴 때마다 간단하게 신성 스위치를 누르는 슈퍼히어로가 아니었다. 예수님은 인간의 실제 약점을 극복하셔야 했다. 마지막으로, 그리스도의 삶에서 성령의 사역을 강조함으로써, 동일한 성령께서 우리를 가르치고 인도하며 우리에게 힘을 주시기를 기도하게 된다. 우리도 성령을 믿고 의지하며 믿음의 삶을 살아야 한다(그리고 살 수 있다!).

그와 동시에, 성령 기독론으로 알려진 폭넓은 가르침에 관해 우리가 알아야 할 위험이 있다. 그리스도께서 행하신 기적이 그리스도의 신성을 뒷받침하는 증거로 사용될 수 없다는 주장이 때때로 제기된다. 엘리야와 엘리사도 큰 기적을 행했다. 이들은 양식이 불어나게 했다. 죽은 사람을 살렸다. 구체적인 사람과 상황을 보는 초자연적 통찰력을 받았다. 물론 이것은 사실이다. 그러나 우리의 해석을 과도하게 수정해 마치 그리스도의 강력한 사역이 모두 단지 성령의 능력에 의존한 것이었다는 듯 말해서는 안 된다.

요한복음에 나오는 일곱 표적은 그리스도의 메시아 정체성과 신적 능력을 가리키는 게 분명하다(요 20:31을 보라). 예수님이 5천 명을 먹이실 때 사람들은 "이는 참으로 세상에 오실 그 선지자라"고 했다(요 6:14). 제자들이 "그가 누구이기에 바람과 바다도 순종하는가?"라고 물을 때 예상되는 대답은 "우리도 받을 수 있는 능력을 성령께 받은 사람이다"가 아니다. 그 답은 "이 분은 전능하신 주 하나님이십니다"이다(막 4:41; 참조. 시 89:8).

신학적 위험도 있다. 그리스도의 삶에서 성령의 역할을 지나치게 강조해 기능적 케노시스주의(양자론을 암시하지 않더라도)에 빠져서는 안 된다. 기능적 케노시스주의에 빠지면, 인간 그리스도가 성령에 너무나 의존해 신성을 뒷받침할 명백한 증거가 없어진다. 마찬가지로, 그리스도의 사역에서 성령의 역할을 너무 강조하면 '나뉠 수 없는 활동'이라는 전통적 개념이 약화될 수 있다. 그뿐 아니라, 삼위일체의 구속 사역에서 그리스도께 주어진 우선순위와 충돌할 수 있다. 간단히 말해, 성령은 그리스도께서 행하신 구원 사역의 모든 부분에 필수지만, 우리의 구속을 성취하신 분은 (성령이 아니라) 여전히 그리스도이시다. 그리스도께서 완전히 하나님이 아니셨다면 그분이 성취하신 사역이 성취될 수 없었을 것이다.

DAY 135

범죄 불가능성

범죄 불가능성(impeccability) 교리란 그리스도께서는 죄가 없을 뿐 아니라 '죄를 지으실 수 없다'(*non posse peccare*)는 것이다. 성육신한 하나님의 아들로서, 그리스도께서는 실제로 유혹을 받으셨으나 이 유혹은 그리스도 안에 죄악된 욕망이 있어서 그로 인한 것이 아니었다. 그리스도께서는 유혹을 이길 수 있을 뿐만 아니라, 유혹에 질 수 없다.[1]

그리스도의 범죄 불가능성은 교회사 전체에서 널리 단언되었다. 그러나 지난 150년 동안, 많은 신학자가 그리스도께서 죄를 지을 수 없다는 생각을 받아들이지 않았고, 대신에 그리스도의 유혹이 진짜이고 그리스도께서 그분의 백성과 공감하려면 범죄 가능성이 필수라고 주장했다. 놀랍게도, 존경할 만한 찰스 하지마저 범죄 불가능성에서 흔들렸고, 이것이 동시대 인물인 셰드가 이 교리를 아주 강력하게 변호했던 이유 가운데 하나였다.[2]

셰드는 그리스도의 범죄 불가능성을 변호하면서 크게 세 가지를 강조했다.

첫째, 그리스도의 범죄 불가능성은 성경에서 추론될 수 있다. 예수 그리스도께서 어제나 오늘이나 영원토록 동일하다면(히 13:8), 거룩성에서도 변하지 않으셔야 한다. 거룩성이 변한다면 그리스도의 전지성과 맞지 않고 그리스도께서 우리 믿음의 창시자요 완성자라는 사실과도 양립할 수 없다(히 12:2). 그리스도께서 죄를 지을 수 있다면, 설령 그리스도께서 신실하다고 마지막에 증명되더라도 그분의 거룩은 정의상 변화될 가능성에(그분의 순종은 실패에) 열려 있을 것이다. 범죄할 수 있는 그리스도는 뒤늦게야(그분이 죄를 짓지 않았다는 게 확인될 때에야) 신뢰할 수 있는 구주다.

둘째, 그리스도의 범죄 불가능성은 그분의 위격의 구성과 연결된다. 둘째 핵심의 중심에는 그리스도께서는 무슨 일이든, 하나이며 나뉘지 않는 신인적 위격(one undivided theanthropic person)으로 하셨다는 칼케돈의 확신이 있다. 따라서 셰드는 그리스도의 죄 지을 능력은 "그분의 더없이 강력한 본성"에 따라 측정되어야 한다고 주장했다. 철사 자체는 구부러질 수 있지만 철봉에 용접되면 움직일 수 없듯이, 하나님이요 사람이신 예수 그리스도께서도 인성과 신성이 연합함으로써 죄를 지을 수 없게 되신다.

셋째, 범죄 불가능성은 유혹과 일치한다. 어떤 유혹은 외부로부터 시련과 고난으로 일어나는데, 그리스도께서는 이러한 유혹을 견디셨다. 그러나 유혹은 또한 내부로부터 죄악된 욕망으로도 일어나는데, 그리스도께서는 이런 유혹을 전혀 경험하지 않으셨다. 히브리서 4장

15절이 그리스도께서 모든 일에 우리와 똑같이 유혹(시험)을 받으셨으나 죄는 없으시니라고 말할 때, 우리는 "없으시니라"(choris)가 유혹의 결과(우리와 달리, 그리스도께서는 죄를 짓지 않으셨다)와 유혹의 본성(우리의 유혹과 달리, 그리스도의 유혹은 죄악되지 않았다) 둘 다에 해당한다고 이해해야 한다. 우리는 세상과 육신과 마귀의 유혹을 받지만, 그리스도께서는 육신의 유혹을 전혀 받지 않으셨다.

그리스도께서 죄를 지으실 수 없다고 해서 그분이 받은 유혹이 가볍다는 것은 아니다. 패배할 수 없는 군대라도 공격받을 수 있다. 그리스도께서 받으신 유혹은 우리가 받은 유혹보다 강했다. 그분은 한 번도 유혹에 굴복하지 않으셨기 때문이다. 우리가 때로 견디고 때로 굴복할 때, 우리의 유혹은 찼다가 기운다. 그러나 그리스도께서는 절대로 유혹에 굴복하지 않으셨고, 따라서 그분의 생애 내내 유혹은 점점 강해질 뿐이었다. 그리스도께서는 하나님이자 사람으로서 이러한 유혹들에 굴복할 수 없는데도, 유혹받는 우리 인간에게 공감하실 수 있다.

1 Shedd, *Dogmatic Theology*, 659.
2 다음을 보라. Hodge, *Systematic Theology*, 2:457. 셰드의 강조점은 다음에서 가져왔다. *Dogmatic Theology*, 660-662.

기독론 2

그리스도의 사역

WEEK 28

DAY 136

두 상태

그리스도의 사역은 서로 다른 두 상태(states, 신분)에서 이루어졌다. 신학적 의미에서 상태란 그리스도와 율법의 관계가 결정하는 그리스도의 위치와 이러한 상태에서 비롯되는 상황을 가리킨다. 한 상태에서, 그리스도께서는 율법 아래 사셨다. 율법이 요구하고 주는 모든 것을 마주하며 사셨다. 나머지 한 상태에서, 그리스도께서는 율법의 저주를 이기셨기에 율법으로부터 자유하며 사셨다. 이 두 위치를 가리켜 낮아지신 상태와 높아지신 상태라 한다.

'낮아지신 상태'(겸비 혹은 비하의 상태)는 그리스도께서 자신의 신적 위엄을 내려놓고(가려지거나 숨겨지게 하고) 종의 형체로 인성을 취하며 율법의 요구와 저주에 자발적으로 복종하신 상태다.

'높아지신 상태'(승귀의 상태)는 그리스도께서 율법의 형벌과 짐(하나의 행위 언약으로서)에서 벗어나 구원의 모든 복을 소유하고 영광과 존귀로 관을 쓰신 상태다.

낮아지신 상태는 전형적으로 성육신, 고난, 죽음, 장사, 지옥 강하, 이렇게 다섯 단계로 나뉜다. 그리스도께서 낮아지신 각 단계를 사도신경에서 볼 수 있다. "…동정녀 마리아에게 나시고, 본디오 빌라도에게 고난을 받으사, 십자가에 못 박혀, 죽으시고, 장사한 지 … (지옥에 내려가사)."

이와 비슷하게, 높아지신 상태도 부활, 승천, 좌정(session), 재림, 이렇게 네 단계로 나뉜다. 사도신경의 그다음 줄에서 그리스도께서 높아지신 각 단계를 볼 수 있다. "사흘 만에 죽은 자 가운데서 다시 살아나시며, 하늘에 오르사, 전능하신 하나님 우편에 앉아 계시다가, 저리로서 산 자와 죽은 자를 심판하러 오시리라."

두 상태, 곧 그리스도께서 낮아지신 상태와 높아지신 상태를 여러 성경 단락에서 확인할 수 있다. 히브리서 2장 7절은 (시편 8편 말씀을 적용하면서) 예수님이 잠시 동안 천사보다 못하게 되셨고(낮아지심) 영광과 존귀로 관을 쓰셨다고(높아지심) 말한다. 마찬가지로, 시편 118편 22절에 따르면, 건축자가 버린 돌이(낮아지심) 모퉁이의 머릿돌이 되었다(높아지심). 그리스도께서 먼저 고난을 받고 뒤이어 영화롭게 되시는 동일한 역학을 누가복음 24장 26절과 베드로전서 1장 10-11절에서도 볼 수 있다. 가장 분명한 예는 빌립보서 2장에 나오는데, 그리스도께서 자기를 비워 종의 형체를 취하고 죽기까지 복종하셨으므로 하나님이 아들을 지극히 높여 모든 이름 위에 뛰어난 이름을 그분에게 주셨다(7-9절).

그 어떤 인간도 주 예수님의 삶과 죽음만큼 부당하고 무자비하게 낮아지지 않았다. 그러나 낮아지심이 이야기의 전부가 아니다. 그리스도께서 우리 가운데 하나로서 고난을 받으심은 우리를 '위해' 고난을 받으시기 위해서였다. 다시 말해, 의로운 자가 의롭지 못한 자를 위해, 공의로운 자가 공의롭지 못한 자를 위해, 고난을 받기에 합당하지 않은 자가 합당한 자를 위해 고난을 받으셨다. 그분이 낮은 데로 던져지심은 우리로 일으킴을 받게 하시기 위해서였다. 그분이 낮아지심은 뒤이어 높임을 받으시기 위해서였다.

DAY 137

성육신과 고난

성육신을 그리스도의 낮아지심 가운데 한 부분으로 보아야 하는지를 두고 신학자 사이에 의견이 갈린다. 한편으로, 인성을 취하심은 전혀 비천한 게 아니다. 인성 자체가 비천한 것이라면, 성육신이 영원히 계속될 것이므로 그리스도께서 영원히 낮아지심의 상태에 처하실 것이다.

그러나 그리스도께 성육신은 단지 인성을 취하는 것만이 아니었다. 하나님의 아들이 사람의 육신을 취한다는 것은 가난 속에 태어나고 신성이 부분적으로 가려지는 것을 의미했다. 이는 그리스도께서 타락한 인간의 연약함에 종속되고 자신의 인성에 따라 결핍되고 슬픔을 느끼며 (지식과 능력이) 제한된 삶을 살게 되는 것이기도 했다. 그리스도께 성육신은 죄악된 육신의 모양으로 태어나고(롬 8:3) 율법 아래 태어나며(갈 4:4) 종의 형체를 취하는 일(빌 2:6-7)을 수반했다. 그렇게 실행되고 계획되었듯이, 성육신은 비하의 환경과 분리될 수 없다. 따라서 그리스도의 성육신을 낮아지심의 한 측면으로 볼 수 있다.

그리스도의 낮아지심에서 둘째 측면은 그분의 고난인데, 이에 관해 세 가지를 주목할 수 있다.

1. 그리스도의 삶 '전체'가 고난이었다. 하늘에 계셨던 하나님의 아들이 자신보다 까마득히 낮은 위치로 내려와 타락한 세상에서 죄악된 인간 사이에서 사셨다. 대적들의 적대감과 친구들의 오해를 마주하셨다. 자신이 젊은 나이에 평범하지 않게 죽을 것을 인지한 채 사셨다. 마귀에게 특별히 유혹을 받으셨다. 주리고 목마르며 울고 애통하는 게 무엇인지 아셨다. 가장 가혹하게도, 육신이 된 말씀이 자기 백성에게 오셨으나 이들이 그분을 영접하지 않았다(요 1:11).

2. 그리스도께서는 몸과 영혼으로 고난을 받으셨다(두 본성 모두를 따라 고난을 받으신 게 아니라 인성을 따라 고난을 받으셨다). 몸으로, 그리스도께서는 채찍질을 당하고, 맞으며, 침 뱉음을 당하고, 십자가에 못 박히셨다. 영혼으로, 그리스도께서는 다른 사람보다 깊이 괴로워하고(요 12:27) 죽을 만큼 고민하셨다(마 26:38).

3. 그리스도의 고난은 강도가 '특별'했다. 그 누구도 도덕적 악을 그리스도처럼 슬퍼하지 않았다. 그 누구도 그리스도처럼 가혹하고 무자비하게 유혹받지 않았다. 그 누구도 세상 죄를 향한 하나님의 진노를 그리스도처럼 마주하지 않았다. 그 누구도 주 예수보다 완전하고 고통스럽게 고난받지 않았다. **슬픔의 사람. 하나님의 아들의 놀라운 이름. 죽은 죄인 살리러 오셨네. 할렐루야, 참 좋은 구주!**

DAY 138

버림받음의 외침

숨이 붙어 있는 마지막 순간, 예수님은 십자가에서 잔혹한 고난을 견디며 소리치셨다. "엘리 엘리 라마 사박다니!" "나의 하나님, 나의 하나님, 어찌하여 나를 버리셨나이까"(마 27:46). 이 버림받음의 외침을 어떻게 이해해야 하는가?

십자가에서 그리스도께서는 하나님이 주시는 위로의 부재와 하나님이 쏟으시는 진노의 무게를 경험하셨다. 그분의 인간 의식으로, 그리스도께서는 하나님께 버림받는다는 게 실제로 어떤 느낌인지 경험하셨다. 십자가 죽음은 그리스도께서 우리를 위해 저주를 받으셨음을 상징한다(신 21:23; 갈 3:13). 그러나 이 판결의 무게 아래서도, 그리스도께서는 완전히 절망하지 않으셨는데, 곧 성경을 성취하며 하나님께 부르짖으셨기 때문이다(시 22:1).

십자가에서 터져 나온 그리스도의 외침에 담긴 아픔과 수난을 절대 축소해서는 안 되지만, 그것을 극복할 수 없는 신학 문제로 여겨서도 안 된다. 아 브라켈에 따르면, 그리스도께서는 아버지께 버림받으신 게 아니며, 그리스도와 아버지의 연합은 끊어질 수 없다. 그리스도께서는 성령께 버림받으신 것도 아니며, 그분은 성령으로 한없이 기름 부음을 받으셨다.

그보다 우리는 그리스도께서 "그분의 고통이 최고조에 이르렀고 빛과 사랑과 도움과 위로가 가장 절실히 필요했던 특정 순간에 모든 빛과 사랑과 도움과 위로가 철회되는 것을" 경험하셨다고 이해해야 한다.[1] 차이가 없는 구분처럼 보일는지 모른다. 그러나 아 브라켈은 삼위일체 간의 갈등이라는 개념을 피하려 한다. 나중에 그는 이렇게 말한다. "그리스도께서는 사랑의 아들이시며, 그렇기에 하나님은 아들에게 진노하지 않으셨다. 그러나 하나님은 죄를 향해 진노하셨고, 의로운 재판장으로서 공의를 시행할 때 죄를 짊어지신 그분이 이 진노를 느끼게 하셨다."[2]

프란시스 튜레틴의 견해도 버림받음의 외침이 무엇을 의미하는지 (그리고 무엇을 의미하지 않는지) 이해하는 데 도움이 된다. 튜레틴은 그리스도의 버림받음은 귀신들과 유기된 자들이 느끼는 것과 달리 절대적이지 않았다고 주장한다. 그분의 버림받음은 일시적이고 상대적이었으며, 본성의 연합이나 은혜와 거룩의 연합에 관한 게 아니었다. 하나님은 언제나 그리스도의 오른쪽에 계셨고(시 110:5), 따라서 그리스도께서는 진정한 의미에서 절대로 혼자가 아니셨다(요 16:32).

하나님은 사랑하는 아들을 떠나지 않으셨다(어떻게 신적 본질의 한 실재가 같은 본질의 다른 실재를 버릴 수 있겠는가?). 이는 '연합이 해체된 것'이 아니라 '시선이 철회된 것'이었다. 그리스도께서는 하나님의 진노와 심판에 압도되어 하나님의 사랑을 느끼지 못하셨을 뿐 실제로 아버지의 사랑이 사라진 게 아니었다. 스콜라 용어를 빌리자면, 그리스도께서는 "의의 정서"가 아니라 "유익의 정서"(affection of advantage)를 잠시 잃으셨다.[3]

영벌(永罰, damnation) 문제에 관해, 튜레틴은 많은 신학자가 정죄와 영벌을 어느 정도 맞바꿀 수 있도록 사용해 왔음을 인정하면서도 엄격하게 말하면 영벌이란 표현을 피해야 한다고 주장했다. 다시 말해 정죄는 사법적 선고를 뜻하는 반면, 영벌과 절망은 지옥에서의 실제적 체험을 가리키기 때문이다. "자신의 죄 때문에 지옥에서 형벌을 받는 자를 가리켜 영벌을 받는다고 말하는 것은 적절하지만, 이 용어는 그리스도께 적용될 수 없다. 그분은 자신의 죄 때문이 아니라 우리의 죄 때문에 고난을 당하셨고, 지옥이 아니라 땅에서 고난을 당하셨기 때문이다."[4]

그리스도께서는 지옥 같은 고통을 경험하셨고, 영벌을 받아 마땅한 자의 형벌을 지셨다. 그러나 영벌에 처해진 자의 자리에 들어가지 않으셨고 이들과 달리 지옥에서 고난을 받지 않으셨다.

1 A Brakel, *The Christian's Reasonable Service*, 1.579; 아 브라켈, 『그리스도인의 합당한 예배』.
2 A Brakel, *The Christian's Reasonable Service*, 1.580; 아 브라켈, 『그리스도인의 합당한 예배』.
3 Turretin, *Elenctic Theology*, 2.354; 투레티누스, 『변증신학 강요』.
4 Turretin, *Elenctic Theology*, 2.364; 투레티누스, 『변증신학 강요』.

DAY 139

죽음과 장사

기독교는 본질적으로, 그리고 특별하게 구주의 죽음과 연결된 종교다. 일요일마다, 지구촌 구석마다, 그리스도인은 주의 만찬에 참여하고, 이로써 주님의 죽음을 그분이 다시 오실 때까지 선포한다(고전 11:26). 몇 장에 걸쳐 죄를 사하는 그리스도의 죽음을 살펴볼 기회가 있을 것이다. 여기서는 그리스도께서 단지 우리의 죄 때문이 아니라 우리의 수치 때문에 십자가에서 고난을 받으신 것을 살펴보겠다.

우리는 십자가형의 육체적 고통에 초점을 맞추는 경향이 있는데, 십자가형은 실로 끔찍하기 이를 데 없었다. 십자가형은 믿을 수 없을 만큼 잔혹하게 사람을 죽이는 방법이었다. 십자가에 달리면 며칠 동안 숨이 붙어 있다가 마침내 심장이 멈춰 더는 숨을 쉬지 못해 질식사했다. 십자가형은 벌거벗은 범죄자가 극심한 고통을 당하다가 죽는 섬뜩한 형벌이었다. 로마인 중에도 십자가형이 끔찍하고 야만적이라며 반대하는 사람이 적지 않았다.

그러나 복음서는 이런 것에 전혀 초점을 맞추지 않는다. 그렇다. 예수님은 육체적 고통을 겪으셨다. 그러나 갈보리 언덕에서 다른 두 사람도 같은 고통을 겪었고, 로마가 십자가에 못 박은 수많은 사람도 같은 고통을 겪었다. 사실, 예수님의 십자가 죽음에서 육체적으로 주목할 만한 점은 그분이 아주 빨리 죽으셨다는 것이다(막 15:44). 복음서는 우리의 시선을 십자가의 고통에 맞추는 게 아니라 십자가 '수치'로 이끈다.

예수님은 두루 버림받으셨다. 유다는 예수님을 배신했다. 예수님께 도움이 가장 필요할 때, 세 친구는 잠이 들었다. 한 청년은 예수님을 위해 무언가를 하기는커녕 벌거벗은 채 밤의 어둠을 틈타 숲으로 달아났다. 베드로는 예수님을 부인했고, 공회는 예수님을 해하려고 계략을 꾸몄으며, 거짓 증인이 그분에 관해 거짓말을 했다. 무리는 그리스도를 죽이라며 소리쳤고, 빌라도는 겁에 질려 이들을 막지 못했다. 군병들이 예수님을 비웃었고, 대제사장과 서기관이 그분을 조롱했으며, 지나가는 자가 그분을 모욕했고, 함께 십자가에 달린 자가 그분을 욕했다. 이토록 철저하게 친구에게 버림받고 대적에게 기만당하며 엎드려 자신을 예배했어야 할 자에게 도리어 조롱당한 사람이 또 있을까? "그는 멸시를 받아 사람들에게 버림 받았으며 간고를 많이 겪었으며 질고를 아는 자라 마치 사람들이 그에게서 얼굴을 가리는 것 같이 멸시를 당하였고 우리도 그를 귀히 여기지 아니하였도다"(사 53:3).

사도신경은 그리스도께서 죽어 장사되셨다고 말한다. 불필요한 동어 반복처럼 보일 수도 있다. 그러나 우리는 장사를 그리스도의 낮아지심 가운데 또 다른 면으로 보아야 한다. 장사는 단지 그리스도의 죽음을 확인하는 게 아니라, 사람이 자기 죄 가운데서 받아야 마땅한 것을 그리스도께서 받으셨다는 표시이기도 하다. 저주 아래 있는 사람처럼, 그리스도께서 흙으로 돌아가셨다(창 3:19). 무덤(구약의 '스올')은 죽음의 자리, 부패의 자리, 육신이 썩는 자리였다(시 16:10; 참조. 행 2:27, 31; 13:34-35). 무덤은 불멸하는 영광의 왕을 위한 안식의 자리가 아니었다.

예수님의 삶은 처음부터 끝까지 고난이었다. 아 브라켈은 예수님의 고난에서 첫째 단계는 세례 이전, 둘째 단계는 세례부터 겟세마네까지, 셋째 단계는 겟세마네부터 십자가까지, 넷째 단계는 장사였다고 말한다. "앞서 사람들에게 조롱과 멸시를 당하신 분이 이제는 그들이 보기에 부적합한 자로서 그들의 시야에서 제거되셨다."[1]

---

1 A Brakel, *The Christian's Reasonable Service*, 1.582-583; 아 브라켈, 『그리스도인의 합당한 예배』.

DAY 140

지옥 강하

사도신경에서 예수님이 '지옥에 내려가셨다'(descend into hell; 한국어 번역에는 없다.-역주)는 단언만큼 복음주의 그리스도인 사이에 뜨거운 논쟁을 불러일으킨 어구도 없다.

사도신경의 가장 이른 버전에는 이 어구가 없다. 이 어구는 390년경에 처음 사용되었으나 이후 650년에 가서야 다시 사용된 것으로 보인다. 몇몇 초기 버전에 '장사되셨다'는 있지만 '지옥에 내려가셨다'는 없다. 어떤 버전에는 후자만 있고 전자가 없다. 로마 가톨릭의 공식 사도신경에는 둘 다 있고("묻히셨으며 저승에 가시어"), 교회사의 거의 모든 시대에 모든 곳의 그리스도인이 그리스도의 지옥 강하를 고백했고 지금도 고백한다. 인간이 만든 그 어떤 신앙고백도 무오하지 않음을 기꺼이 인정하더라도, 이 어구를 가볍게 무시해서는 안 된다.

'지옥에 내려가셨다'와 관련해 성경 구절 셋이 언급되는데, 어느 하나도 지옥 강하를 문자적으로 뒷받침하는 데 사용해서는 안 된다.

1. 에베소서 4장 9절은 그리스도께서 '더 낮은 지역'(개역개정은 '낮은 곳'으로 번역했다.-역주)으로 내려가셨다고 말한다. ESV는 '더 낮은 지역들, 곧 땅'으로 번역했다. ESV의 번역은 타당하다. 땅에서 하늘로 올라가심의 반대는 하늘에서 땅으로 내려오심이다. 하늘로 올라가심은 지옥 강하와 대비되는 게 아니라 성육신과 대비된다.

2. 베드로전서 3장 18-19절에 따르면, 그리스도께서는 옥에 있는 영들에게 선포하셨는데, 이는 '지옥 정벌'(즉, 그리스도께서 지하 세계의 림보에 있는 영들을 자유하게 하심)을 가리키지 않는다. 베드로의 주장은 그리스도께서 노아를 통해 그 시대의 불순종하는 자들, 곧 당시에 살아 있었으나 지금은 옥에 있는 영들에게 선포하셨다는 것이다(20절).

3. 마찬가지로, 베드로전서 4장 4-6절은 그리스도의 하데스(Hades) 강하에 관한 게 아니다. 이 구절은 그리스도께서 복음을 전파하신 죽은 자들을 말하는데, 그리스도께서 이들에게 복음을 전파하신 시점에는 이들이 죽은 자가 아니었다. 그리스도께서 복음을 전파하신 목적은 듣는 자가 심판을 받지 않게 하려는 것인데, 죽은 후의 회개를 뒷받침하는 증거가 성경에는 없다. 예수님은 그분의 죽음과 부활 사이에 문자 그대로 지하 세계에 내려가신 게 아니다.

예수님은 십자가에 달린 강도에게 그가 바로 그날 자신과 함께 낙원에 있으리라고 하셨다(눅 23:46). 만약 예수님이 지옥에 내려가셨다면 지키기 어려운 약속이었다. 그뿐 아니라, 예수님이 지옥에서 받아야 할 고난이 더 있었다면 "다 이루었다"(요 19:30)와 "아버지 내 영혼을 아버지 손에 부탁하나이다"(눅 23:46)라는 그분의 외침을 상상하기 어렵다.

그리스도께서 육체로 지하 세계에 내려가지 않으셨다면 강하(내려가심)를 어떻게 이해해야 하는가? 어떤 사람은 '지옥에 내려가셨다'와 '장사되셨다'가 같은 뜻이라고 믿는다. 사도신경의 서로 다른 초기 버전이 이러한 주장을 뒷받침할 수 있을지 모른다. 그러나 칼뱅은 '장사되셨다'와 '내려가셨다'가 중복이라면 로마 가톨릭의 사도신경에 둘 다 채택되지는 않았으리라고 주장했다. 신경은 매우 간결한 선언문이다. 같은 말을 되풀이할 이유가 있겠는가?

많은 해석자가 '지옥에 내려가셨다'를 그리스도께서 십자가에서 겪으신 지옥 같은 고통을 가리킨다고 이해하는데, 그럴 만한 이유가 충분하다. 칼뱅, 우르시누스, 튜레틴을 비롯한 많은 사람이 이렇게 이해했다. 칼뱅은 이렇게 썼다. "자신이 하나님께 버림받고 그분에게서 멀어졌으며 하나님을 불러도 대답이 없다고 느끼는 것보다 끔찍한 수렁을 생각할 수 없다."[1] 하이델베르크 요리문답이 설명하듯이, '지옥에 내려가셨다'는 표현이 포함된 이유는 "내가 개인적 위기에 처하고 유혹을 받을 때, 나의 주 예수 그리스도께서 말할 수 없는 괴로움과 아픔과 영혼의 공포를 특히 십자가에서 겪었을 뿐 아니라 이전에도 겪음으로써 나를 지옥의 괴로움과 고통에서 구원하셨다는 사실을 내게 확신시키기 위해서입니다"(Q/A 44).

1 Calvin, *Institutes*, 2.16.11; 칼뱅, 「기독교 강요」.

WEEK 29

DAY 141

부활

부활 주일은 그리스도의 사역이 낮아지심에서 높아지심으로 옮겨 간 일을 기념한다. 예수님은 이 땅에서 사역하는 동안 자신의 부활을 자주 예언하며, 자신이 부활이요 생명이라고 선언하고(요 11:25), 자신이 목숨을 버리고 다시 취하리라고 선포하셨다(요 10:18; 참조. 2:19-21). 그리스도께서는 자신의 능력으로 죽은 자 가운데 다시 살아나셨다.

그러나 그리스도의 부활은 그분만의 능력으로 일어난 일이 아니었다. 그리스도의 부활은 빈번하게 하나님의 능력이나(행 2:24, 32; 3:26; 5:30; 고전 6:14; 엡 1:20) 더 구체적으로 아버지 하나님께 돌려진다(롬 6:4; 갈 1:1). 마찬가지로, 성령의 사역이 로마서 1장 4절과("성결의 영으로는 죽은 자들 가운데서 부활하사") 로마서 8장 11절에 암시된다("예수를 죽은 자 가운데서 살리신 이의 영"). 그리스도의 부활은 삼위일체 각 위격의 활동에 따라 일어났다. 중요하게도, 그리스도의 부활은 단순히 생명의 소생이 아니었다. 이전에 예수님은 죽은 자를 여럿 살리셨다(예를 들면 청년, 야이로의 딸, 나사로). 그러나 이러한 '부활' 가운데 어느 하나도 역사의 전환점이 아니었다. 우리는 묻지 않을 수 없다. 그리스도의 부활은 무엇이 다른가? 여섯 가지로 말할 수 있다.

1. 그리스도께서는 썩지 않을 몸으로 부활하셨다. 예수님은 다시 죽지 않으실 터였다. 그분의 몸에 놀라운 변화가 일어났다(예를 들면, 제자들은 엠마오 가는 길에서 그분을 알아보지 못했다). 그리스도의 부활체는 벽을 통과하고 신비롭게 나타나거나 사라질 수 있었다. 그분의 몸은 비물질적이지 않았으나 그리스도의 육체성은 영적 쓰임새에도 완벽하게 맞춰졌다.

2. 부활을 통해, 그리스도께서는 생명을 주는 영이 되셨다(고전 15:45). 생명으로 부활했기에, 그리스도께서는 이제 제자들에게 성령을 주실 수 있었다.

3. 그리스도께서는 자신의 죽음과 부활로 이스라엘의 절기들을 성취함으로써(레 25장), 잠자는 자들의 첫 열매가 되고(고전 15:20) 죽은 자들 가운데 먼저 나신 이가 되셨다(골 1:18; 계 1:5). 예수님의 부활은 흔히 그리스도의 몸을 이루는 모든 지체가 기다리는 것의 본보기라 불린다(롬 6:4-9; 8:11; 고전 6:14; 15:20-22; 고후 4:10-14; 골 2:12; 살전 4:14).

4. 부활은 그리스도의 지상 중보 사역이 성취되었다는 것을 의미했다. 그리스도께서 "성결의 영으로는 죽은 자들 가운데서 부활하사 능력으로 하나님의 아들로 선포되셨다"(롬 1:4).

5. 부활을 통해 그리스도께서 죽음을 이기셨다. 사도행전 2장 24절을 주의 깊게 살펴보라. "하나님께서 그를 사망의 고통에서 풀어 살리

셨으니 이는 그가 사망에 매여 있을 수 없었음이라." 무덤은 하나님의 아들에 대해 아무 권리도 없었기에 그분을 붙잡아 둘 수 없었다. 죄의 삯은 죽음이지만, 죗값이 지불되면 죄의 삯을 지불할 의무가 없다. 부활은 죄인을 대신한 그리스도의 사역이 끝났고 지불해야 할 것이 조금도 남지 않다고 선언했다.

6. 마지막으로, 그리스도의 부활은 하나님의 공의가 만족되었다고 말한다. 로마서 4장 25절은 그리스도께서 우리를 의롭다 하기 위해 살아나셨다고 말한다. 죄수가 형기를 마치면 감옥에서 풀려나듯이, 그리스도의 부활은 형벌과 규범에 관해 율법이 요구하는 것들이 지불되었다고 증언한다. 예수님이 살아계시기에 우리도 살 수 있다.

DAY 142
승천

그리스도의 사역에서 높아지심의 상태와 관련된 모든 부분 중에서 승천(ascension)은 가장 많이 간과되는 부분에 속한다. 그러나 성경에서 그리스도의 승천은 많은 사람의 생각보다 두드러진다. 베드로의 오순절 설교는 부분적으로 그리스도의 승천과 즉위에 관한 것이다. 마찬가지로, 요한복음은 인자의 승천을 넘치도록 언급하고 예수님이 아버지께 돌아가시는 일의 중요성도 넘치도록 언급한다.

예수님이 하늘에 올라가신 것이 승천의 전부가 아니다. 예수님이 어떻게 승천하셨느냐가 중요하다. 예수님은 지역적으로(실제 지리적 장소에서), 가시적으로(많은 증인 앞에서), 육체적으로(이상하게 사라지신 게 아니라) 승천하셨다. 예수님은 승천한 방식 그대로 마지막 날에 내려오실 것이다. 우리 주님이요 구주의 복된 나타나심(다시 오심)은 실제적인 나타나심일 것이다. 육체로, 땅에, 무수한 사람이 보는 앞에서 나타나실 것이다.

똑같이 중요하게도, 승천은 부활 승리와 관련해 진전된 성취이자 입증이다. 신약성경 전체에서, 지금의 성령 시대에 주어지는 숱한 복의 필수 선행 조건으로 승천이 강조되는 것은 놀랍지 않다. 승천은 메시아께서 선물을 주시는 것과 연결되고(엡 4:8-10) 우리의 대제사장이 하시는 중보와 연결되며(히 4:14-16) 만물이 그리스도의 발아래 복종하는 것과 연결된다(벧전 3:22). 우리의 정복 왕이기에, 예수님은 승리의 전리품을 우리에게 선물로 줄 위치에 계시다. 아버지 하나님의 오른편에 앉아 계시기에, 예수님은 자신이 우리를 위해 마친 사역을 기뻐하실 수 있다. 높은 보좌에 오르셨기에, 예수님은 하늘과 땅의 만물을 다스리실 수 있다.

그렇다면 자주 간과되는 승천은 우리에게 어떤 의미가 있는가?

첫째, 승천은 하나님 앞에서 우리를 대언하시는 분(우리의 대언자), 곧 의로우신 예수 그리스도가 있다는 뜻이다(요일 2:1; 참조. 롬 8:34).

둘째, 승천은 하나님의 백성이 어떤 의미에서 이미 하늘에 있다는 뜻이다. 우리는 위의 것을 생각해야 한다. 우리의 생명이 높이 계신 그리스도와 함께 하나님 안에 감추어져 있기 때문이다(골 3:2-3).

셋째, 승천은 우리가 성령의 선물을 받을 수 있다는 뜻이다. 하늘에 올라가신 후, 예수님은 우리에게 하늘의 능력을 주고 우리와 영원히 함께하도록 또 다른 보혜사(Helper)를 보내셨다(요 14:16; 16:7).

넷째, 승천은 인간 육체가 하늘 보좌에 앉아 있다는 뜻이다. 하나님은 모든 능력과 권세를 한 사람에게 주셨다(마 28:19; 엡 1:21-22). 예수 그리스도께서는 인간이 창조될 때부터 갖도록 되어 있던 통치권을 행사하신다(창 1:28). 첫째 아담의 실패가 둘째 아담의 통치를 통해 회복되고 있다.

그리스도의 승천 덕분에 우리는 부활이 실재이며, 성육신이 계속되고, 그리스도의 인성이 하늘에 살아 있으며, 예수님의 영이 우리의 마음에 사실 수 있고, 살과 피를 가진 하나님이요 사람인 분이 우주를 다스리시는 것을 알 수 있다.

DAY 143

좌정

그리스도의 좌정(session)은 하늘에서 그리스도께서 아버지 오른편에 앉아 계심을 가리킨다. 재판을 받으실 때, 예수님은 자신이 권능의 우편에 앉으리라고 예언하셨다(마 26:64). 베드로는 설교를 하면서 좌정을 중요한 핵심으로 제시했다(행 2:33-36; 5:31; 다음도 보라. 엡 1:20-22; 히 10:12; 벧전 3:22; 계 3:21; 22:1). 시편 110편은 구약의 어느 예언보다 자주 언급되는데, 그리스도의 좌정이 중심 주제다. "내가 네 원수들로 네 발판이 되게 하기까지 너는 내 오른쪽에 앉아 있으라"(1절).

좌정이 그리스도를 왕으로 '만드는' 게 아니다. 오히려 좌정은 왕이신 그리스도께서 자신의 영광 가운데 공식적으로 즉위하심을 가리킨다. 그리스도께서 하늘에 앉으셨을 때, 그분의 통치와 다스리심이 그분께 공식적으로 맡겨졌다.

신적 로고스로서, 그리스도께서는 언제나 하나님 오른편에 계셔서 아버지의 전능한 능력과 일치되게 일하셨다. 그러나 성육신한 중보자로서, 그리스도께서는 시간의 어느 시점에 하나님 오른편에 앉으셨다. 그분의 신성에 있어, 그리스도께 부여된 새로운 것은 전혀 없다. 그러나 하나님이자 사람으로서, 그분의 중보 사역을 통해 능력이 새롭게 발현되고 통치가 새롭게 시작되었다.

물론, 하나님은 오른손(오른편)이 없기 때문에 오른편에 앉으셨다는 것은 문자적 진술이 아니다. 성경은 때로 그리스도께서 오른편에 계신다고 말하고(롬 8:34; 벧전 3:22), 때로 서 계신다고 말하며(행 7:56) 때로 거니신다고 말한다(계 2:1). 그러나 이런 표현에 신경 쓰지 말아야 한다. 그리스도의 좌정은 개인의 정확한 지리적 위치 표시가 아니라 비유적 표현이다.

그러나 비유적 표현으로서, 앉는 행위는 그리스도께서 완결하신 속죄 사역에 관해 무언가 중요한 것을 의미한다. 예수님은 계속해서 왕으로서 통치하고 제사장으로서 중보하며 선지자로서 말씀하신다. 그런데 이 모든 사역의 기초가 되는 만족 사역이 완결되었다. 히브리서 1장은 예수님이 죄를 정결하게 한 후에 어떻게 하셨는지 들려준다.

"높은 곳에 계신 지극히 크신 이의 우편에 앉으셨느니라 그가 천사보다 훨씬 뛰어남은 그들보다 더욱 아름다운 이름을 기업으로 얻으심이니"(3-4절).

놀라운 이미지다. 변호사가 배심원을 향해 최후 변론을 하면서 점점 더 설득력 있게 진술한 후 "이상으로 변론을 마칩니다"라고 말하고 자기 자리에 앉는 장면을 떠올려 보라. 또는 하루 종일 자기만의 시간이 없는 엄마를 생각해 보라. 요리를 하고, 집안을 청소하며, 기저귀를 갈고, 옷을 개며, 숙제를 돕고, 뒷마당에서 놀아주며, 식료품점에 다녀오고, 이제 마지막으로 아이들을 침대에 눕히고 재운다. 엄마는 지칠 대로 지쳐 아래층으로 내려간다. 열여섯 시간을 깨어 있은 후 처음으로 엉덩이를 붙인다. 두 경우 모두에서, 앉음은 쉬는 행위 그 이상이다. 완결을 의미한다. 필요한 모든 것이 완결되었다.

그러므로 예수 그리스도께서 하나님의 오른편에 '앉으셨다'는 생각을 하면 나는 전율이 인다. 그분의 구원 사역이 끝났다. 우리의 구원에 필요한 모든 것을 그분이 완결하셨다. 예수님은 자신이 죄와 죽음과 마귀를 이긴 승리자라는 것을 증명한 후에 앉으셨다. 그 어떤 옛 자리에 앉은 게 아니라 하나님 오른편, 곧 존귀와 높아지심(승귀)의 자리에 앉으셨다. 모든 것이 그분 발아래 놓였다(엡 1:20-22). 하늘과 땅의 모든 권세가 그분께 주어졌다(마 28:18). 그러므로 예수님은 앉으실 수 있다.

DAY 144

재림

그리스도께서는 과거에 성취한 모든 일에서뿐 아니라 앞으로 행할 마지막 심판에서도 높아지셔야 한다. 예수님은 하늘로 올라간 방식 그대로 땅에 다시 오실 것이다(행 1:11). 그분의 재림은 영적이거나 은밀하지 않을 것이다. 예수님은 왕이요 재판장으로 모두가 볼 수 있게 육체로 오실 것이다. 신약성경은 하나님이 그리스도를 산 자와 죽은 자의 재판장으로 정하셨다는 사실을 강조한다(행 10:42). 아버지께서 모든 심판을 아들에게 맡기셨다(요 5:22; 참조. 5:27).

높아지심의 상태에서 각 단계는 서로에게 필수다. 마태복음 24장에서 예수님은 인자가 하늘의 구름을 타고 능력과 큰 영광으로 오리라고 하신다(30절). 그다음 장에서 예수님은 인자가 자기 영광의 보좌에 앉아 모든 민족을 그 앞에 모으고 목자가 양과 염소를 나누듯이 사람을 구분하는 장면을 묘사하신다(마 25:31-32). 마찬가지로 사도행전 17장 31절은 하나님이 친히 지명한 사람을 통해 세상을 공의로 심판할 날을 작정하셨으며, 그 사람을 죽은 자 가운데서 다시 살림으로써 이에 관해 모든 사람에게 믿을 만한 증거를 주셨다고 말한다.

부활, 승천, 좌정, 재림은 서로를 강화하면서 그리스도의 능력과 영광을 드러낸다.

그리스도의 재림을 묘사하는 데 사용되는 중요한 헬라어 단어 셋이 있다.

- **파루시아**(*parousia*)는 '오심'(coming)을 뜻하는 단어다. 예수님은 자신의 재림을 묘사하며 파루시아를 사용하신다(마 24:3, 27, 37, 39). 마찬가지로 바울은 "그분의 오심"(개역개정은 "그가 강림하실"로 번역했다.-역주)을 말한다(고전 15:23). 이는 신약성경이 그리스도의 재림을 말하는 가장 일반적인 방식이다(살전 2:19; 3:13; 4:15; 5:23; 살후 2:1; 약 5:7-8; 벧후 3:4).

- **아포칼립시스**(*apocalypsis*)는 '나타나심'(revealing, 드러나심)을 뜻하는 단어다. 재림 때, 주 예수께서는 자신의 능력의 천사들과 함께 하늘로부터 나타나실 것이다(살후 1:7). 이 사건 자체를 "예수 그리스도의 나타나심"(개역개정은 "예수 그리스도께서 나타나실"로 번역했다.-역주)이라 할 수 있다(벧전 1:7, 13). 중요하게도, 이 사건에서 그리스도의 영광이 완전히 나타날 것이다(벧전 4:13).

- **에피파네이아**(*epiphaneia*)는 '나타나심'(appearing)을 뜻하는 단어다. 예수님의 재림은 "강림하여 나타나심"으로(살후 2:8), "우리 주 예수 그리스도께서 나타나심"으로 묘사된다(딤전 6:14). 하나님의 백성은 "주의 나타나심을 사모하는" 자들이요(딤후 4:8) "복스러운 소망과 우리의 크신 하나님 구주 예수 그리스도의 영광이 나타나심을 기다리는" 자들이다(딛 2:13).

이 세 단어는 우리가 단지 '하나님이 나타나시길' 기다리거나 '세상의 끝'을 기다리는 게 아니라고 일깨운다. 우리는 그리스도 예수라는 그분을 기다린다. 물론, 그분은 평범한 사람이 아니다. 그분은 '하나님이자 사람'이시다. 그런데 심판이 한 사람에게 맡겨졌다는 것은 의미가 크다. 이는 재판장이 눈에 보일 뿐 아니라 우리 가운데 하나이리라는 뜻이기 때문이다. 모든 심판이 아들에게 맡겨졌다는 것은 이 중보자가 우리의 재판장이실 것이며 믿지 않는 자는 자신이 거부한 분과 얼굴을 마주해야 하리라는 뜻이기도 하다.

주 예수를 가볍게 여겨서는 안 된다. 그분의 낮아지심을 건너뛰고 곧바로 높아지심에 초점을 맞춰서도 안 되지만, 이제와 영원히 그분이 높아지신 상태에 무관심하여 오로지 낮아지심의 상태에만 초점을 맞춰서도 안 된다.

DAY 145

선지자

적어도 칼뱅 때부터 신학자는 그리스도께서 세 직분을 수행하셨다고 이야기해 왔다. '그리스도'라는 말은 단지 '기름부음을 받은 자'(anointed one)라는 뜻인데, 구약성경에서 세 유형의 직분을 맡은 자들이 기름부음을 받았다. 곧 선지자, 제사장, 왕이다.¹ 예를 들면, 엘리야 선지자가 기름부음을 받았고(왕상 19:16), 아론 대제사장이 기름부음을 받았으며(출 29:7), 다윗왕이 기름부음을 받았다(삼상 16:13). 예수님께는 기름이 아니라 성령이 한량없이 주어지셨다(요 3:34).

이 세 직분은 다른 신학적 의미도 있다. 원래 상태의 인간은 일종의 선지자였고(지식과 이해력을 받았다), 제사장이었으며(의롭고 거룩하게 살도록 구별되었다), 왕이었다고 할 수 있다(동산을 가꾸고 땅을 다스려야 했다). 그래서 튜레틴은 타락한 상태의 인간은 무지(이 때문에 주님의 선지자적 말씀이 필요하다)와 죄책(이 때문에 제사장의 제사가 필요하다)과 폭정(이 때문에 자신을 해방시켜 줄 자애로운 왕이 필요하다)이라는 삼중적 불행에 빠졌다고도 했다.[2]

선지자 직분에는 수동적 기능과 능동적 기능이 둘 다 있다. 수동적으로, 선지자는 하나님의 계시를 받았다(꿈으로, 천사의 방문으로, 언어적 소통으로). 능동적으로, 선지자는 하나님이 자신에게 주신 것을 다른 사람에게 계시했다. 선지자의 역할은 넓었다. 선지자는 경고하고 훈계했다. 위로하고 격려했다. 꾸짖었다. 회개를 촉구했다. 은혜를 확신시켰다. 하나님의 뜻을 알렸다. 하나님의 명령을 선포했다. 다가오는 복을 말하고 다가오는 심판을 경고했다.

그리스도께서는 옛 선지자와 완전히 다르지는 않지만, 특별히 세 방식으로 자신의 직분을 수행하신다.

1. 그리스도께서는 완전한 권위를 갖고 오류 없이 말씀하시는 분으로서 선지자 직분을 '무오하게' 행하신다.
2. 그리스도께서는 직접적이고 개인적인 권위로 선지자 직분을 '즉시'(직접적으로) 행하신다.
3. 그리스도께서는 교회의 가르치는 사역을 통해 자신의 영으로 선지자 직분을 '중단 없이' 행하신다.

세 직분을 모두 수행하면서, 그리스도께서는 자신이 하나님의 백성이 오랫동안 기다린 선지자라고 보여 주셨다(신 18:18). 이 땅에서 사역하는 동안, 그리스도께서는 진리를 가르치고 복음을 전하며 미래를 예언함으로써 선지자 사역을 수행하셨다. 이 마지막 때의 표식 가운데 하나는 하나님이 이제 그분의 아들을 통해 우리에게 말씀하신다는 사실이다(히 1:2). 그리스도의 구속은 완전하고 최종적인데, 이는 그리스도의 계시가 완전하고 최종적인 것과 연결된다. 그리스도께서 선지자 사역을 더없이 탁월하게 계속하시기 때문에 우리는 다른 선지자가 필요하지 않다. "그리스도께서는 교회의 덕을 세우고 구원을 이루는 모든 것에 관해 하나님의 온전한 뜻을 자신의 영과 말씀을 통해 모든 세대에 교회에게 계시함으로써 선지자 직분을 수행하신다"(웨스트민스터 대요리문답 43).

1 Calvin, *Institutes*, 2.15.2; 칼뱅, 『기독교 강요』.
2 Turretin, *Elenctic Theology*, 2.393; 투레티누스, 『변증신학 강요』.

WEEK 30

DAY 146

제사장

구약의 제사장은 중재자였다. 선지자가 백성 앞에서 하나님을 대신했다면, 제사장은 하나님 앞에서 백성을 대신했다. 레위 제사장은 하나님이 사람들 중에서 택하여 세우신 사람이었다. 이들은 사람들을 대신해 행동하는 임무를 받았다. 이들의 일은 예물과 속죄하는 제사를 드리는 것이었다(히 5:1-9).

그리스도께서는 레위 제사장직을 수행하셨으나 신약성경은 그리스도께서 멜기세덱의 반차를 따르는 제사장이시라고 강조한다(시 110편; 히 7장). 튜레틴은 두 제사장직의 몇몇 차이를 강조한다. 하나는 아론에게서 나왔고 다른 하나는 멜기세덱에게서 나왔다. 하나는 모세 체제와 연결되고 다른 하나는 아브라함과 연결되었다. 하나는 파생된 능력을 가졌고 다른 하나는 고유한 능력이 있었다. 하나는 그 가치가 일시적이고 유한했으며 다른 하나는 그 가치가 영원하고 무한했다. 간단히 말해 둘은 사람, 제도, 효능, 완전성, 지속성이 다르다.[1]

그리스도의 제사장 사역은 무엇보다도 두 가지로 구성된다. 속죄와 중보다. "그리스도께서는 자신을 하나님께 흠없는 제물로 단번에 드려 자기 백성의 죄를 위한 화목 제물이 되고 이들을 위해 계속해서 중보함으로써 제사장 직분을 수행하십니다"(웨스트민스터 대요리문답 44). 속죄는 나중에 더 살펴볼 것이므로, 여기서는 제사장의 중보 사역에 초점을 맞추겠다.

그리스도의 지속적 중보는 여러 부분에서 이루어진다. 그리스도께서는 우리를 위해 기도하는 데서 그치지 않으신다. 그리스도께서 하늘에 영원히 계시는 것 자체가 중보 사역의 한 부분이다(히 7:25; 8:1-4; 9:24). 그리스도께서는 또한 하늘 법정의 아버지 앞에서 우리의 대언자가 되시고(요일 2:1) 우리를 고발하는 자의 고발을 물리치신다(슥 3:1-2; 롬 8:33-34). 이 모두에서, 그리스도의 속죄와 중보는 떼려야 뗄 수 없다. 그리스도의 고난과 죽음은 "그분의 중보를 위한 준비였고 중보보다 먼저 일어났다."[2] 고난은 그리스도께서 이 땅에서 수행하신 제사장 사역의 한 부분이었다. 중보는 그리스도께서 하늘에서 수행하시는 제사장 사역의 한 부분이다. 그리스도께서는 자신의 고난으로 구원을 이루셨고 자신의 중보로 이 구원을 계속 적용하신다.

그리스도께서는 또한 동정하는(공감하는) 대제사장으로서 우리를 돌보신다(히 2:18; 4:15). 그리스도께서 우리를 동정하신다는 것을 하나님의 아들이 하늘에서 우리를 위해 울고 계신다는 뜻으로 생각해서는 안 된다. 그리스도께서 지금도 고난을 당하신다고 생각한다면, 완결된 그분의 속죄 사역을 깎아내리는 것이며, 높아지심의 상태와 낮아지심의 상태를 혼동하는 것이다. 그리스도의 동정은 우리 시대의 감성 개념과 다르다. 흥미롭게도, 히브리서는 실제로 그리스도께서 우리를 동정하신다고 말하지 않고 우리의 연약함을 동정하신다고 말한다. 핵심은 아들이 자신의 형제들과 같이 되셨기에 우리를 도우실 수 있다는 것이다. 강조점은 예수님이 하늘에서 정확하게 느끼신다는 데 있지 않다. 오히려, 좋은 소식은 그분이 우리가 느끼는 것을 느끼셨기에 틀림없이 우리를 도우시리라는 것이다.

우리의 위로는 그리스도께서 지금도 우리의 슬픔에 매여 계신다는 게 아니라, 그리스도께서 우리를 위해 고난을 받으셨기에 우리가 그분의 영광에 참여할 수 있다는 것이다. 고난 자체는 거룩하지 않다. 그리스도께서 목적을 갖고 고난을 받으심으로써 고난을 거룩하게 하셨다. 그리스도께서 계속해서 제사장으로 중보하시는 목적은 자신이 땅에서 고난의 삶에 계속 참여하기 위해서가 아니라 신자가 하늘에서 하나님의 삶에 참여하도록 하시기 위해서다.

1   Turretin, *Elenctic Theology*, 2.406-8; 투레티누스, 「변증신학 강요」.
2   Turretin, *Elenctic Theology*, 2.406; 투레티누스, 「변증신학 강요」.

DAY 147

왕

예수 그리스도께서는 교회의 유일한 왕이요 머리이시다. 다시 말해, 그 어떤 세상 통치자나 종교 지도자도 교회를 다스리는 주권자가 아니다. 파생적 의미에서라도 그렇지 않다. 그리스도께서 왕이시며, 왕좌는 오직 그분의 것이다.

그리스도께서는 왕의 직분을 세 방식으로 수행하신다.

1. 교회를 세우고 다스림으로써
2. 자신이 택한 백성을 구원하고 지킴으로써
3. 하나님을 모르고 복음에 순종하지 않는 자에게 보응함으로써(웨스트민스터 대요리문답 45)

그리스도께서는 율법과 사랑과 당당한 보응의 왕으로서 통치하신다. 그리스도께서는 교회를 세상에서 불러내고, 교회에 직분자와 규범을 세우며, 교회를 꾸짖으신다. 그리스도께서는 택한 자를 구원하고, 이들의 순종에 상을 주며, 이들의 잘못을 바로잡고, 이들의 원수를 제지하신다. 그리스도께서는 거역하는 자를 심판하고, 자신의 충성스러운 백성이어야 했던 자에게 공의로운 진노를 쏟으신다.

여기서 국가와 교회의 관계를 짚고 넘어가야 한다. 둘은 동일하지 않으나 분리될 수 없다. 교회를 하나님 나라의 전초 기지나 대사관으로 생각할 수 있다. 대사관은 한 국가의 전진 기지로서 외국 땅에 자리한다. 대사관은 외국 땅에 평화롭게 자리하길 원하지만, 다른 나라(진정으로 속한 나라)의 이익을 확장하기 위해 존재한다. 교회도 다르지 않다. 교회는 이 땅에서 세상의 다양한 민족 가운데 거하며, 다른 나라, 곧 천국의 이익을 확대하기 위해 존재한다.

교회는 천국의 가치와 규범이 존중되고 지켜질 것으로 기대되는 장소이다. 교회는 땅에 있는 하늘의 전진 기지여야 하며, 그러기에 가난한 자가 '교회 안에서' 보살핌을 받고, 악하고 믿지 않는 자가 '교회 안에서' 발붙일 곳이 없어야 한다. 교회의 주된 목적이 사회 변혁이 아닌 이유는 교회가 죄인을 불못에 던지지 않는 이유와 같다. 우리가 땅에 세우려는 천국은 교회 안에서 하나님의 백성 가운데 실재하는 천국이다.

교회의 삶은 하나님의 구속적 임재를 온전히 누릴 영원한 삶을 고대한다. 도래할 시대에, 천국은 여기나 저기를 침노하는 게 아니라 완전하게 임할 것이다. 요한계시록 11장 15절의 좋은 소식을 생각해 보라. "세상 나라가 우리 주와 그의 그리스도의 나라가 되어 그가 세세토록 왕 노릇 하시리로다."

하나님 나라는 우리의 지상 세계를 침노해 들어오는 하늘 세계다. 하나님 나라를 우리가 가야 할 어떤 영역이 아니라 우리에게 다가오는 실재로 생각하라. 이제 그리고 미래에, 왕이 알려지실 때 그곳에 하나님 나라가 임한다.[1]

---

[1] 마지막 몇 부분은 DeYoung, *The Lord's Prayer*, 40-41(드영, 『주기도』)를 수정한 것이다. 허락을 받고 사용했다.

DAY 148

그리스도의 나라

그리스도의 나라는 세 방식으로 구분될 수 있다.

첫째, **레그눔 포텐티아**(*regnum potentiae*), 곧 능력의 나라가 있다. 이는 예수 그리스도의 우주 통치, 곧 그리스도께서 영원한 하나님의 아들로서 만물을 섭리와 사법으로 다스리심을 가리킨다.

둘째, **레그눔 그라티아**(regnum gratiae), 곧 은혜의 나라가 있다. 이는 그리스도께서 구원받은 그분의 백성을 다스리심을, 즉 그리스도께서 우리의 중보자와 교회의 머리로서 행사하시는 영적 왕권을 가리킨다.

셋째, **레그눔 글로리아**(regnum gloriae), 곧 영광의 나라가 있다. 이는 그리스도께서 도래할 세상에서 다스리심을 가리킨다. 영광의 나라는 완벽해지고 완결된 은혜의 나라다.

절대적 의미에서, 그리스도의 나라는 하나다. 이러한 구분을 토대로 서로 다른 세 나라가 있다고 생각해서는 안 된다. 그러나 이러한 구분은 중요하다. 하나님으로서, 그리스도께서 능력의 나라를 다스리시며, 모든 피조물이 이 나라에 속한다. 중보자로서, 그리스도께서 땅에 있는 은혜의 나라를 다스리시며, 택한 자들이 여기에 속한다. 정복자로서, 그리스도께서 하늘에 있는 영광의 나라를 다스리시며, 천사들과 구속받은 자들이 여기에 속한다. 온 우주에서 그리스도께서 "내 것이다!"라고 외치지 않으시는 곳은 손톱만큼도 없다. 그리스도께서는 손톱만 한 모든 영역을 똑같은 방식으로 다스리지 않으신다.

이러한 구분을 강조하는 한 가지 이유는 그리스도의 나라를 바르게 이야기하기 위해서다. 웨스트민스터 대요리문답은 "나라가 임하옵시며"라는 간구를(마 6:10) 설명하며 우리에게 이렇게 기도하라고 가르친다. "[우리는] 죄와 사탄의 나라가 멸망하고, 복음이 온 세상에 전파되며 … 교회가 복음의 직분자와 규례를 온전히 갖추고 … 그리스도의 규례가 순전하게 배포되어 여전히 자신의 죄 가운데 있는 자들을 회심시키고 이미 회심한 자들을 견고하게 하며 위로하고 세울 수 있게 되기를 기도합니다. 그리고 그리스도께서 이곳에서 우리의 마음을 다스리시고, 그분의 재림과 우리가 그분과 함께 영원히 다스릴 때가 속히 임하게 하시길 기도합니다"(191). 이 요리문답은 교회의 성장과 힘과 건강을 위한 훌륭한 기도를 제시한다.

그러나 이 요리문답의 답은 여기서 끝나지 않는다. 웨스트민스터 대요리문답 191의 마지막 줄은 다음과 같다. "…그리고 이러한 목적들이 가장 잘 이루어지도록 [그리스도께서] 그분의 능력의 나라를 온 세상에 기꺼이 이루시기를 기도합니다." 대요리문답의 교회 논리에 주목하라. 그리스도께서 교회의 유익을 위해 만물을 다스리신다. 능력의 나라가 영광의 나라로 향하는 은혜의 나라를 위한 목적에 기여하는 것이지 그 반대가 **아니다**.[1]

다시 말해 우리가 들려주는 그리스도의 나라 이야기가 그리스도께서 그분의 백성이 세상을 변화시키거나 문화를 바꾸거나 한 나라를 되찾도록 그들을 구원하시는 이야기가 아니라는 뜻이다. 대신에, 그리스도의 나라 이야기는 그리스도께서 교회가 세워지도록 세상 민족을 다스리시는 이야기다. 분명히, 우리는 캄캄하고 썩어가는 세상에 소금과 빛이 될 것이다. 그러나 웨스트민스터 신학자는 우리에게 하나님이 교회를 위해 세상을 다스리시도록 기도하라고 가르친다. 그러므로 우리는 능력의 나라가 성공하도록 기도하지만, 그 목적은 은혜의 나라가 번성하고 영광의 나라가 가까이 오는 것이다.

---

[1] 웨스트민스터 대요리문답이 교회가 "세상 통치자의 지지를 받고 이들에 의해 유지된다"고 말하는 것은 사실이다. 이것이 교회 문제에서 국가의 더 넓은 역할을 암시하더라도, 대요리문답은 여전히 능력의 나라가 은혜의 나라의 목적에 기여한다고 본다.

DAY 149

속죄란 무엇인가?

이제 성경 전체의 아주 큰 주제 하나를 살펴볼 차례다. 죄인을 위한 그리스도의 속죄(atonement) 사역이다. 우선 다섯 가지를 살펴보겠다.

1. 그리스도의 속죄 사역은 그분의 제사장 사역의 한 면이다. "대제사장마다 사람 가운데서 택한 자이므로 하나님께 속한 일에 사람을 위하여 예물과 속죄하는 제사를 드리게 하나니"(히 5:1). 그리스도께서 수행하신 세 직분 가운데 제사장 직분이 가장 본질적이라고 할 수 있다. 그러나 이는 제사장 직분이 더 중요하다는 말이 아니라 더 강조되며 나머지 두 직분보다 핵심적이라는 뜻이다. 그리스도의 선지자 사역은 대체로 그분의 제사장 사역을 선포하는 일이었고, 그리스도께서 제사장 사역을 완결하신 일이 그분이 왕으로 등극하신 토대다.

2. 그리스도의 속죄 사역은 주로 객관적이며, 이차적으로만 주관적이다. 다시 말해, 그리스도께서 십자가에서 죽으신 첫째 목적은 우리에게서 개인적 변화가 일어나게 하는 것이 아니었다. 물론 십자가의 결과로 나타나는 놀라운 주관적 요소가 있는 것은 사실이다. 그러나 속죄의 목적은 객관적인 무엇인가를 성취하는 것이다. 제사장이 제사를 드린 것은 예배자에게서 어떤 일이 일어나게 하기 위해서가 아니었다. 제사장이 제사를 드린 것은 죄와 관련해 어떤 일이 일어나게 하

기 위해서였다. 속죄 사역은 객관적이며, 믿음을 통해 주관적으로 자신의 것이 된다.

3. 속죄는 그리스도의 능동적 순종과 수동적 순종에 기초한다. 여기서 말하는 것은 그리스도의 사역의 서로 다른 시간적 구분이 아니라 서로 다른 측면이다. 그리스도께서 율법을 지키려고 하신 모든 일(능동적 순종)과 율법이 요구하는 빚을 청산하기 위해 하신 모든 일(수동적 순종)이 구분된다. 능동적 순종에서, 그리스도께서는 하나님의 명령에 완전하고 의도적이며 진심어린 순종을 보이셨다(롬 5:12-21; 히 4:14-16; 7:25-26; 10:1-5). 수동적 순종에서, 그리스도께서는 우리가 저주 아래 있는 죄인으로서 마땅히 받아야 할 고난을 대신 받으셨다(마 27:46; 눅 23:39-46; 빌 2:7-8; 히 5:7-10). 간단히 말해, 그리스도께서는 율법의 규범적 측면과 형벌적 측면을 모두 이행하셨다.

4. 속죄의 동기는 하나가 아니라 여럿이다. 그리스도께서 십자가에서 맞으신 희생적 죽음은 하나님의 사랑에서 비롯되었고(요 3:16; 롬 5:8; 요일 4:10), 하나님의 공의에서 비롯되었으며(사 53:10; 마 26:42; 고후 5:21), 하나님의 선한 뜻에서 비롯되었다(갈 1:4; 골 1:19-20). 이러한 세 동기 가운데 나머지 둘을 희생시켜 하나를 돋보이게 하려는 게 아니라면, 어느 하나를 강조해도 괜찮다. 특히 속죄와 관련해, 더 넓게는 하나님의 의지와 관련해, 하나님의 사랑과 하나님의 공의와 하나님의 선하신 뜻은 하나님의 성품에서 언제나 조화를 이룰 뿐 절대로 경쟁하지 않는다.

5. 그리스도의 속죄 사역은 복음의 중심이며, 사도들이 전한 구원 메시지에서 더는 줄일 수 없는 최소한이다. 복음서 시작부터, 예수님은 자기 백성을 그들의 죄에서 구원할 자로 선포되신다(마 1:21). 예수님은 세 차례, 자신의 죽음과 부활을 예언하신다. 다른 어떤 '전기'도 주인공의 마지막 한 주에 분량의 3분의 1을 할애하지 않는다. 우리는 십자가와 빈 무덤을 구속사의 절정으로 여기고 여기에 초점을 맞춰야 하는 게 분명하다.

바울의 설교를 "십자가에 못 박힌 그리스도"로 요약할 수 있을 만큼(고전 1:23) 속죄는 너무나 중요하다. 복음을 말하면서 속죄 외에 다른 것을 말할 수는 있지만, 절대로 속죄를 빼고 다른 것을 말해서는 안 된다.

DAY 150

속죄의 필요성

루이스 벌코프는 속죄의 필요성에 관한 세 가지 기본 견해를 간결하게 정리하여 제시한다.[1]

첫째 견해는 속죄가 '필수적이지 않다'는 것이다. 던스 스코터스(Duns Scotus)에 따르면, 속죄는 하나님이 임의로 선택하신 것이기에 불필요했다. 다른 신학자에 따르면, 죄는 반드시 처벌받아야 하는 것이 아니기 때문에(소시니우스), 또 하나님은 법정적 만족 없이도 죄를 용서

하실 수 있기 때문에(그로티우스) 불필요했다. 속죄는 도덕적 필요였을지 몰라도 법적 필요는 아니었다(슐라이어마허).

둘째 견해는 속죄가 '상대적으로 필요했다'는 것이다. 다시 말해, 속죄는 본래 필요하지 않았으나 하나님의 작정에 따라 필요했다. 하나님은 오로지 완전한 속죄제라는 조건하에서 죄를 용서하기로 결정하셨다. 아주 중요한 많은 신학자(예를 들면 아타나시우스, 아우구스티누스, 아퀴나스, 루터, 칼뱅, 바빙크)가 이 견해를 견지했는데, 그들은 속죄는 상대적이거나 가정적으로(하나님이 정하신 속죄의 조건 때문에) 필요했을 뿐이라고 주장했다.

셋째 견해는 속죄가 '절대적으로 필요했다'는 것이다. 이 견해에 따르면, 하나님의 거룩하심과 인간의 죄악됨은 죄를 속죄제로 벌하라고 요구한다. 속죄는 단지 하나님이 죄를 용서하기로 작정하신 방법이 아니다. 속죄는 죄가 용서될 수 있는 '유일한' 방법이다. 이 견해는 이레나에우스(Irenaeus)와 (더 분명하게는) 안셀무스에게로 거슬러 올라간다. 많은 개혁주의 신학자도(예를 들면, 튜레틴, 오웬, 보에티우스, 마스트리흐트) 이 견해를 견지했다.

루이스 벌코프는 속죄의 절대적 필요성을 뒷받침하는 몇 가지 이유를 다음과 같이 강조한다.

1. 하나님은 절대로 죄 있는 자를 죄 없다 하지 않겠다고 거듭 말씀하신다.
2. 도덕법의 불변성은 율법의 요구가 충족되지 않을 때 반드시 형벌이 필요하다는 뜻이다.

3. 하나님은 행위 언약에서 불순종의 벌은 죽음이라고 작정하셨는데, 그분은 도덕적 사실에 관한 이러한 선언에 충실하지 않으실 수 없다.
4. 죄는 불법이며, 우리로 율법에 빚진 자가 되게 하고 개인적·대리적 속죄를 반드시 하게 한다.
5. 하나님이 사랑하는 독생자를 보내셔야 했다는 것은 속죄제 외에 죄를 해결할 다른 방법이 없다는 것을 암시한다.

하나님이 죄를 용서하기 위해 만족을 요구하신다는 개념을 반박하는 중요한 두 주장이 있다.

첫째, 속죄가 필요하다면 하나님은 사람보다 덜 자비로워 보이리라는 것이다. 허물을 용서하는(간과하는) 것이 영광이라면(잠 19:11), 하나님도 사람이 지은 죄를 용서하고 잊어버리기로 단순하게 결정하시면 되지 않는가? 이 주장의 문제는 하나님이 재판장이며 그분이 공적 역할을 수행하는 데 있어 반드시 법을 따르셔야 한다는 사실을 놓친 것이다. 더욱이 우리가 다른 사람의 잘못을 간과할 수 있는 이유는 결국 하나님의 최종적 공의와 그분의 진노가 실행될 것을 믿기 때문이다(롬 2:14-21). 결론적으로, 하나님의 공의와 그분의 사랑을 맞세워서는 안 된다. 속죄가 가능한 것까지도 하나님의 사랑 때문이다(요 3:16; 롬 5:8; 요일 4:10).

하나님의 만족 개념을 반박하는 둘째 주장은 이 개념이 삼위일체 하나님의 삶에 분열이 있음을 암시한다는 것이다. 그러나 이 주장은 '팍툼 살루티스'(구속 언약)에 표현된 삼위일체 간의 합의를 무시한다.

아버지와 아들은 속죄에 관한 영원한 계획과 시간적 실행에서 가장 완벽한 조화를 보이신다. 아들은 자신의 목숨을 기꺼이 버리셨다(요 10:18). 속죄가 필요한 이유는 성부 하나님과 성자 하나님 사이에 화해할 수 없는 대립이 있었기 때문이 아니라, 하나님의 거룩하심과 우리 죄의 무게(심각성) 때문이다.

1   이 항목은 Berkhof, *Systematic Theology*, 368-372(벌코프, 『벌코프 조직신학』)를 따라가며 간추린 것이다.

WEEK 31

DAY 151

속죄의 완전성

속죄의 완전성이란 그리스도의 속죄제(죄를 위한 희생)에 부족한 게 전혀 없고 그 누구도 어떤 식으로든 그분의 만족 사역에 기여할 수 없다는 뜻이다. 그리스도의 보혈은 흠도 없고 점도 없다(벧전 1:19). 그 어떤 천사나 인간의 중보가 속죄의 효력에 기여할 수 있다는 생각은 무엇이든 복음을 왜곡하는 것이다. 설령 마리아의 중보가 그리스도의 중보에 미치지 못한다고 말하더라도, 우리는 마리아를 공동 구속자(coredemptrix) 또는 공동 중보자(comediatrix)로 인정할 수 없다. 하나님과 사람 사이에 중보자는 오직 한 분, 사람이신 그리스도 예수뿐이다(딤전 2:5). 그리스도의 속죄제는 단번이었고(한 번으로 그 효력이 영원했다), 절대로 반복되지 않으며, 하나님의 아들이 그러했듯이 유일무이하고 완전했다(히 9:25-26; 10:1-14).

그러나 속죄의 완전성은 "그리스도의 남은 고난을 그의 몸된 교회를 위하여 내 육체에 채우노라"는 바울의 주장과 맞지 않아 보인다(골 1:24). 바울의 말은 속죄가 어떤 면에서 부족했다는 뜻이 아니었던 게 분명하다. 골로새서 1장 전체가 그리스도의 위격과 사역의 탁월함을 말하기 때문이다. 그리스도께서 십자가에서 "다 이루었다"고 하셨을 때(요 19:30) 우리는 그분의 말씀을 액면 그대로 받아들여야 한다. '남은'이란 말은 속죄 사역이 아니라 다른 것을 가리키는 게 분명하다.

한 가지 선택은 교회가 채워야 할 정해진 고난의 양이 있다고, 하나님이 정하신 일종의 분량, 곧 그리스도의 고난이 완결되었다고 여겨지려면 반드시 완결되어야 할 고난의 분량이 있다고 생각하는 것이다. 어쨌든, 채워져야 할 순교자의 수가 정해져 있는 것으로 보인다(계 6:11). 더욱이, 교회 박해는 그리스도 박해이기도 하다(행 9:4). 그러므로 바울은 골로새서 1장 24절에서 자신의 고난이 정해진 전체 분량의 일부를 채운다고 말하는 것일지도 모른다.

그러나 바울은 그리스도의 몸이 정해진 분량의 고난을 채운다고 말하지 않는다. 오히려, 바울은 자신이 그리스도의 남은 고난을 그리스도의 몸(곧 교회)을 '위해' 채우고 있다고 말한다. 앞 단락의 설명이 틀린 것은 아니지만 '고난'을 일반적 고난으로 본다면 범위를 너무 넓힌 것이다. '남은 고난을 채운다'는 말은 복음을 위해 고난을 받으면서 복음을 개인적으로 제시하는 것을 구체적으로 가리킨다. 실제로, 골로새서 나머지 부분을 살펴보면 24절은 선교적 맥락 안에 위치한다. 바울은 하나님의 말씀을 온전히 알려야 하는 하나님의 청지기(일꾼, 25절)로서 온 힘을 다해 복음을 강력하게 선포하고 있다(28-29절). 에바브로디도가 바울에게 온 일이 마게도니아 신자가 보낸 선물의 나머지를 채웠듯이, 바울은 골로새 신자 가운데서 복음을 위해 고난을 받음으로써 그리스도의 고난을 채운다.

간단히 말해, 그리스도의 사역은 양이나 질에서 부족함이 없다. 골로새서 1장 24절에서, 고난은 구속적 속죄를 말하는 것이 아니라 더 넓은 고난을 말하며, 더 구체적으로는 복음의 메신저로서 당하는 고난을 말한다. 그리스도의 속죄에는 불완전함이 없다. 남은 부분은 우리가 그리스도의 고난을 세상에 알리는 것이다. 어떤 희생이 따르더라도 말이다.

DAY 152

속죄론 1

지난 여러 세기, 신학자는 다양한 속죄 이론과 속죄 모델을 제시했다. 대다수 모델은 어느 정도 옳았으나 어떤 모델은 다른 모델보다 훨씬 정확했다. 앞으로 두 장에 걸쳐 열 개 모델을 살펴본 후 마지막으로 형벌 대속론(penal substitution)을 살펴보겠다. 형벌 대속론이 속죄의 핵심이며, 나머지 모든 이론의 성경적 통찰을 아우르는 '이론'이기 때문이다.

총괄 갱신론(recapitulation theory, 이레나에우스). 이 모델에 따르면, 그리스도께서는 순종하는 자신의 삶으로 불순종한 아담의 삶을 보상하는 방식으로 인간 삶의 모든 단계를 살아내셨다. 그리스도께서는 아버지께 순종하셨고, 이로써 아담의 저주를 되돌리고 우리를 마귀의 폭정에서 해방하셨다. 속죄에 관한 이러한 이해는 이것이 단언하는 부분에서는 옳지만, 하나님의 진노가 만족되었다는 것을 전혀 말하지 않고 그리스도께서 죄의 형벌을 받으셨다는 것도 거의 말하지 않는다.

사탄 속전설(ransom to Satan, 오리게네스). 대중적이고 잘 제시된 이 모델에서, 그리스도의 죽음은 인간의 자유를 사기 위한 속전이다. 속죄는 사탄을 향하며, 사탄은 미끼에 속은 물고기처럼 십자가를 자신의 승리로 생각했으나 사실 십자가는 그의 패배였다(나니아에서 아슬란이 자신을 하얀 마녀에게 제물로 바친 것을 생각해 보라). 이 모델의 현대판을 흔히 **크리스투스 빅토르**(Christus Victor)라 하는데, '지옥 권세를 이기신 그리스도'라는 뜻이다. 이것이 속죄의 중요한 측면인 것은 분명하다. 그러나 이 이론은 사탄을 지불 대상으로 여김으로써 그에게 지나친 권세를 돌린다.

상거래설(commercial theory, 안셀무스). 안셀무스의 속죄 신학은 성경 고찰의 중요한 진전을 보여 주었다. 안셀무스에 따르면, 그리스도의 죽음은 하나님께 무한한 영광을 안겼다. 그래서 하나님이 그리스도께 상을 주셨는데, (상이 전혀 필요 없었던) 그리스도께서 이를 용서와 영생의 형태로 인간에게 넘기셨다. 중요하게도, 안셀무스는 속죄가 하나님을 향하며, 인간의 주요 문제는 하나님을 욕되게 하는 것이라 이해했다. 그러나 거래의 본질이 다소 모호하다. 그리스도의 죽음은 헌물로 드려질 뿐(하나님의 공의 대신 하나님의 영광에 뿌리를 둔다) 죄의 형벌에 대한 대리적 고난인지 분명하지 않다.

도덕 감화설(moral influence theory, 아벨라르). 중세 신학자 피에르 아벨라르(Peter Abelard)에 따르면, 그리스도의 죽음은 하나님의 큰 사랑을 보여 주었고, 이는 인간이 회개하고 믿도록 자극을 주었다. 아벨라르의 이론에서, 인간의 주된 문제는 영적 결핍이며, 속죄가 인간을 향하는 것은 인간이 하나님의 사랑을 깨닫게 하기 위해서다. 그러므로 그리스도의 속죄 사역은 하나님의 공의 논리에 따른 필연이 아니라 철저히 자발적이다.

모범설(example theory, 소시니우스). 파우스투스 소시니우스(Faustus Socinus)는 모든 분파의 교회가 반대한 16세기의 반(反)삼위일체 이단이었다. 그에 따르면, 그리스도의 죽음은 순종과 경건의 모범이었으며, 이 모범이 인간을 감동시켜 동일한 덕을 행할 수 있게 되었다. 소시니우스주의의 속죄관은 그 개념이 펠라기우스적일 뿐 아니라 그리스도의 신성을 깎아내리고 성육신 자체의 필요성에 의문을 제기한다. 인간에게 필요한 것이 감동뿐이라면, 왜 하나님이 사람이 되셔야 했고, 왜 십자가에서 잔혹하게 죽으셔야 했는가? 소시니우스는 인간을 향하는 모든 속죄론이 실패하는 곳에서 실패한다. 다시 말해, 소시니우스주의의 속죄론은 죄인의 고통을 과소평가하고 인간의 능력을 과대평가하며, 하나님의 거룩과 공의를 전혀 설명하려 하지 않는다.

DAY 153

속죄론 2

속죄 이론 또는 속죄 모델을 다섯 개 더 살펴보겠다. 그중에 마지막이 그리스도의 죽음이 성취한 것을 가장 잘 설명한다.

통치설(governmental theory, 그로티우스). 이 속죄론은 17세기 정치 이론가 휴고 그로티우스(Hugo Grotius)와 자주 연결된다. 이 속죄론에 따르면, 십자가는 율법이 지켜져야 하고 죄가 처벌받아야 한다는 것을 보여 준다. 그리스도의 죽음은 대리적 희생이 아니라, 하나님이 우주에 대한 도덕적 통치를 유지하시는 한 방식이다. 그로티우스는 하나님의 보응적 공의(retributive justice, 이러한 도덕적 통치를 따라 살지 못하는 자에게 벌을 내리심)를 배제할 만큼 하나님의 통치적 공의(rectoral justice, 도덕적 통치를 유지하심)를 지나치게 강조했는데, 그로 인해 그리스도께서 다른 사람과 달리 구체적으로 어떤 근거로 죽으셔야 했는지 알기 어렵게 만들었다.

신비설(mystical theory, 슐라이어마허). 도덕 감화설처럼 이 모델에서도 속죄의 목적은 인간 내면에 변화를 일으키는 것이다. 도덕 감화설에서 감동은 윤리적일 뿐이다. 이와 달리, 신비설은 인간의 깊은 곳, 곧 잠재의식에서 변화가 일어난다고 주장한다. 그가 영감을 준 자유주의 신학처럼, 슐라이어마허의 속죄론은 인간의 타고난 죄책과 타락을 실재라고 보지 않았다.

대리 회개설(vicarious repentance, 캠벨). 19세기 스코틀랜드 신학자 존 매클라우드 캠벨(John McLeod Campbell)에 따르면, 속죄는 그리스도께서 우리와 하나 되셨음을 보여 준다. 그리스도께서는 자신을 희생하는 삶을 살고, 십자가 고난을 받음으로써 우리와 하나가 되며, 우리를 대신해 회개하고, 이로써 하나님이 죄인에게 자비를 베풀 수 있게 하셨다. 캠벨의 이론은 문제가 있다. 그의 이론에 따르면, 자비는 하나님의 필수 속성이지만, 공의는 임의적 속성이다. 그러나 (만족되는 게 아니라) 무시될 수 있는 공의는 사실상 공의가 아니며, 반드시 베풀어야 하는 자비는 사실상 자비가 아니다.

선택과 유효설(Elect and effective, 바르트). 칼 바르트에 따르면, 그리스도께서 인성을 취하셨기에 그분의 죽음은 인성을 가진 모두를 위한 것이었던 게 확실하다. 이와 비슷하게, 하나님이 그리스도 안에서 자신을 세상에 알리기로 작정하셨기 때문에 속죄는 모든 사람에게 유효해야 한다. 바르트와 그를 따르는 이들의 속죄론이 보편 구원론을 암시하는지 정확히 판단하기란 매우 어렵다. 그러나 바르트의 이해에 따르면, 성육신과 속죄가 모든 사람을 유효하게 구원하지 않는다고 보기 어렵다.

형벌 대속론(penal substitution, 프로테스탄트 종교 개혁자들). 이 견해는 칼뱅과 루터가 강조했으나 순교자 유스티노(Justin Martyr)와 테르툴리아누스에게서도 찾아볼 수 있다. 이 견해는 고백적 개혁주의 그리스도인을 비롯해 복음주의자 사이에서 지배적인 속죄론이다. 이 속죄론에 따르면, 그리스도의 죽음은 하나님의 공의를 만족시키려는 대속적 희생이다. 인간의 핵심 문제는 부패이며, 따라서 속죄는 율법의 규범적·형벌적 요구에 대한 지불로서 하나님을 향한다.

속죄에 대한 이러한 이해는 다른 속죄론의 모든 면을 배제하지 않으면서도 십자가의 의미에 대한 성경의 자료를 가장 완전하게 설명한다. 속죄는 대속적 희생 그 이상일 수 있어도 그 이하일 수는 없다. 그리스도께서 하나님의 진노를 누그러뜨리려고 우리를 대신해 죽으신 게 아니라면, 나머지 이론 가운데 어느 하나도 앞뒤가 맞지 않는다. 존 스토트가 말하듯이, "대속은 '속죄 이론' 중 하나가 아니다. 대속은 다른 속죄 이론 옆에 선택지로 추가되는 또 다른 이미지가 아니다. 오히려 대속은 각 이미지의 본질이며 속죄 자체의 핵심이다."[1]

형벌적 대리 속죄(penal substitutionary atonement)에서, 우리는 죄인을 위한 소망을 발견하고, 복음의 핵심을 발견하며, 좋은 소식을 발견한다. 좋은 소식이 없으면, 십자가에 관한 나머지 모든 소식은 헛되고 공허할 뿐이다.

1 Stott, *The Cross of Christ*, 199; 스토트, 『그리스도의 십자가』.

DAY 154

순종과 정복

열 가지 속죄 이론 또는 속죄 모델을 살펴보았다. 이제 속죄의 본질을 좀 더 자세히 살펴볼 차례다. 이미 보았듯이, 속죄는 하나가 아니라 여럿이다. 속죄가 성취한 것은 하나가 아니고 여럿이었다. 속죄의 본질을 살펴보면 알 수 있듯이, 다양한 모델의 많은 통찰이 그리스도의 사역에서 중요한 여러 측면을 강조한다. 속죄는 그리스도의 순종을 나타내는 한 표현이다. 튜레틴이 이를 잘 표현했다.

어떤 사람은 (만족을) 그리스도께서 우리를 위해 견디신 고난이나 형벌로 제한한다. … 그러나 일반적이며 우리의 교회가 받아들이는 견해는 그리스도의 만족, 곧 우리가 하나님 앞에서 의롭다 함을 얻도록 우리에게 전가된 그리스도의 만족은 그분이 삶이나 죽음에서 겪은 고난뿐 아니라 그분이 온 삶에서 보이신 순종, 곧 우리를 대신

해 율법의 요구를 완전하게 성취하는 데 사용하신 그분의 공의롭고 거룩한 행위까지 포함한다는 것이다.[1]

그리스도의 순종 사역이 갖는 중요성을 성경 여러 곳에서 볼 수 있다. 성경은 한 사람의 순종을 말하고(롬 5:19), 그분이 율법의 의로운 요구를 성취하셨다고 말하며(롬 8:3-4), 그분이 죽기까지 순종하셨다고 말한다(빌 2:8). 그리스도의 의에는 만족이 있다(롬 1:17; 3:21; 5:8; 빌 3:9). 그리스도께서 우리를 대신해 죄가 되실 수 있는 것은 죄를 알지 못하셨기 때문이다(고후 5:21). 예수 그리스도께서는 주, 우리의 의이시다(렘 23:6).

하나님의 아들의 순종은 바울의 둘째 아담 기독론을 구성하는 핵심 요소이며(롬 5장; 고전 15장), 복음서의 중요한 주제다. 예를 들면, 누가는 예수님과 그분의 가족이 율법을 엄격히 지키는 방식에 세밀하게 주목한다. 누가는 또한 예수님을 아담의 자손(눅 3장)으로, 아담이 (그리고 이스라엘이) 통과하지 못한 시험을 통과함으로써 행위 언약을 성취하신 분으로 제시한다(눅 4장).

속죄는 그리스도의 마귀 정복이 표현된 것으로도 볼 수 있다. 이는 구스타프 아울렌(Gustaf Aulen)이 1931년에 낸 책의 제목을 따라 때로 '크리스투스 빅토르'라 불린다. 아울렌은 속전론(ransom theory)을 모든 악의 세력(즉, 죄와 사망과 마귀)에 대한 그리스도의 승리로 재해석했다. 크리스투스 빅토르 모델은 때로 이 이론을 사용해 대속과 화목 제물의 전통적 모델을 대체하려는 일부 옹호자로 인해 문제가 될 수 있으나, 그리스도께서 악의 세력을 정복하심이 그분의 대속 사역의 (자주 간과되는) 한 측면인 것은 분명하다. 구약성경은 야훼께서 애굽의 신들을 정복하셨다고 강조한다(출 12:12; 15:1-21). 시편은 하나님이 원수를 밟으셨다고 자주 노래한다(시 44:5; 47:3; 92:8-11). 성경은 메시아께서 뱀의 머리를 부수고(창 3:15) 승리의 전리품을 받으시리라고 약속한다(사 53:12). 마찬가지로, 신약성경은 그리스도의 사역을 바알세불을 압도하고(눅 11:15-20), 마귀의 일을 멸하며(요일 3:8), 통치자들과 권세들을 이김으로써 이들을 무력화하고 이들이 공개적으로 수치를 당하게 하시는 것으로 묘사한다(골 2:15).

최종 정복이 남아 있지만, 큰 용은 이미 패배하고 내쫓겼다(계 12:8-9). 큰 싸움이 있을 테지만, 최종 승리는 확실하다. 그리스도께서 마귀와 그의 군대에게 참패를 안기셨다.

---

1 Turretin, *Elenctic Theology*, 2.445; 투레티누스, 『변증신학 강요』.

DAY 155

화해와 구속

'속죄'(atonement)는 서로 소원해진 사람이 어떻게 하나가 되는지(at-one-ment) 표현하기 위해 틴들이 만든 단어다. 그리스도 사역의 본질은 '화해'(reconciliation, 화목)와 분리될 수 없다. 하나님이 우리의 죄를 우리에게 돌리지 않음으로써 그리스도 안에서 세상과 화해하신다(고후 5:18-21). 이 화해는 무엇보다 전적으로 개인적이고 수직적이지만(하나님과 연결된다), 다른 사람을 향해 수평적으로도 이루어진다(엡 2:11-22). 하나님의 화해 사역은 그 범위가 궁극적으로 우주적이다(골 1:19-20).

중요하게도, 신약성경은 하나님이 화해하게 '되셨다'고 말하지 않는다. 다시 말해, 우리 쪽에서 화해를 가로막고 있다는 뜻이다. 그렇다. 하나님의 공의는 어떤 의미에서 '장애물'처럼 작용하지만, 하나님과 죄인이 서로 조금씩 양보해 화해를 배워야 한다는 뜻은 아니다. 우리는 고린도후서 5장 20절에서 하나님과 화목하라는 명령을 받는데, 이는 제물을 제단에 두고 가서 형제와 먼저 화목하라고 하신 예수님의 말씀과 같은 맥락이다. 곧 이런 뜻이다. "하나님이 문제를 제기하시는 데는 합당한 이유가 있다. 그러니 내가 가서 화해를 구해야 한다." 엄격히 말해, 하나님은 언제나 화목하게 하시는 분(화해의 주체)이지, 화목하게 되시는 분(화해의 대상)이 아니시다.

하나님이 속죄 때문에 우리를 사랑하신 게 아니라는 점도 분명히 해야 한다(롬 5:8). 적대감은 우리의 것이다. 화해를 향한 움직임은 모두 하나님 쪽에서 이루어졌다. 어떤 의미에서, 우리의 화해는 그리스도의 죽음에서 성취되었지만(10절), 우리는 개인적으로 이 화해를 받아들여야 한다(11절). 화해는 내적 상태가 아니라 하나님 앞에서 우리의 신분이 객관적으로 변하는 것이다.

속죄는 구속 사역이기도 하다. '구속'(redemption)은 경제 용어인데, '구입하다', '되사다', '해방하다'라는 뜻이다. 구약성경에서 구속은 출애굽을 가리키는 데 자주 사용되다가(출 6:6; 신 7:8; 개역개정은 두 구절 모두 '속량'으로 옮겼다.-역주), 마침내 더 넓게 사용되어 하나님의 건지심과 구원을 가리키게 되었다. "너는 두려워하지 말라 내가 너를 구속하였고 내가 너를 지명하여 불렀나니 너는 내 것이라"(사 43:1). 고멜이 스스로 창녀가 되자 호세아가 그녀를 경매에서 되샀듯이, 주님은 그분의 백성을 죄와 마귀에 매인 속박에서 사서 건져내신다.

신약성경도 우리의 구속이 중요하다고 강조한다. 그리스도께서 우리를 우리 죄에서 해방하고(계 1:5-6) 우리를 율법의 저주에서 구속(속량)하셨다(갈 3:13). 우리는 흑암의 권세에서 건짐을 받고(골 1:13) 헛된 삶에서 구속받았다(벧전 1:18; 개역개정은 '대속함을 받은'으로 번역했다.-역주).

마지막으로, 우리의 자유는 값없이 산 게 아니라는 데도 주목해야 한다. 우리는 값으로 산 것이 되었다(고전 6:20). 성경은 그 값이 그리스도의 피였다고 거듭거듭 말한다. 우리는 그리스도의 피로 구속(속량)받았다(엡 1:7). 하나님이 자신의 피로 교회를 사셨다(행 20:28). 우리 죄의 악독함과 그리스도의 고난과 우리가 지금 누리는 (그리고 앞으로 누릴) 약속된 복을 생각할 때, 구속하는 그리스도의 피가 그 무엇보다 "보배로운 피"라고 노래하는 것은 놀라운 일이 아니다(벧전 1:18-19).

WEEK 32

DAY 156

제물과 만족

이미 보았듯이, 형벌 대속은 그리스도께서 십자가에서 이루신 사역의 핵심이다. 따라서 속죄의 본질을 생각할 때, 제물(sacrifice, 희생, 제사)과 만족이 핵심 개념인 것은 놀랍지 않다. 화해가 관계 용어이고 구속이 경제 용어라면, 희생과 만족은 제의 용어이다. 여기서 '제의'(cultic)란 악한 것이나 비정통적인 것을 의미하지 않는다. 제의라는 단어는 종교 의식 및 전례와 관련이 있다. 희생과 만족은 구약의 예배에서 온 것이다.

예수 그리스도께서는 단지 '제물'이 아니시다. 그분은 대속 제물이시다. 예수님이 친구를 위해 자기 목숨을 버리심은(요 15:13) 단지 자신을 버리신 게 아니라 다른 사람이 살 수 있도록 기꺼이 죽으신 것이다. 과거와 현재의 숱한 영웅이 이렇게 했다. 예수님의 희생(sacrifice)이 그 무엇과도 달랐던 이유는 그분이 우리를 위해 저주를 받으셨기 때문이다(갈 3:13). 대제사장의 일은 예물과 속죄하는 제사를 드리는 것이었다(히 5:1; 8:3). 그러나 그리스도께서는 최고이고 참되며 최종적인 대제사장이시다. 영원하신 성령을 통해, 흠 없는 자신을 하나님께 드리셨기 때문이다(히 9:14).

성경은 그리스도께서 죄인을 대신해 죽으셨다고 거듭거듭 말한다. 그리스도께서는 우리의 죄를 위해 죽었고(고전 15:3), 우리의 죄를 위해 자기 몸을 주었으며(갈 1:4), 친히 나무에 달려 자신의 몸으로 우리의 죄를 담당하셨다(벧전 2:24). 그리스도께서 자기 목숨을 많은 사람의 대속물로 주셨다(막 10:45; 참조. 딤후 2:6). 그리스도께서 교회를 사랑해 교회를 위해 자신을 주셨다(엡 5:25). 죄인 중의 괴수 사도 바울이 말하듯이, "하나님의 아들"이 "나를 사랑하사 나를 위하여 자기 자신을 버리셨다"(갈 2:20).

그리스도의 죽음은 만족이기도 했다. 훌륭한 식사와 갈증을 해소하는 음료가 주는 충족감을 생각해 보라. 더 낫게는 시행된 형벌과 청산된 빚을 생각해 보라. 만족이란 하나님이 그리스도의 속죄 죽음을 기뻐하신다는 뜻이다. 구약성경의 제물처럼, 그리스도의 죽음은 "여호와께 향기로운 냄새" 곧 하나님을 기쁘시게 하는 향기다(레 1:9, 13, 17). 하나님은 황소와 염소의 피 자체를 기뻐하지 않고, 이들이 예표했던 것을 기뻐하실 뿐이다(엡 5:2).

그리스도의 죽음은 하나님의 진노를 가라앉히고 우리가 그분께 인정받게 하기에 충분하다. 죄는 불법이다(요일 3:4). 그러나 그리스도의 죽음 때문에, 하나님은 신실하고 '공의롭게' 우리 죄를 용서하고 우리를 모든 불의에게 깨끗하게 하실 것이다(요일 1:9). 우리는 그리스도 안에서 마땅한 용서를 받는다. 그리스도의 죽음은 아버지의 의로운 요구를 모두 만족시킨 대속적 희생이었기 때문이다. 그리스도의 속죄 사역은 창세기 1장 31절의 표현처럼 "심히 좋았고", 하나님이 기뻐하신 '잘한' 일이며, 그러기에 우리도 기뻐할 수 있다.

DAY 157

보속과 화목제

속죄의 본질과 관련된 마지막 두 단어는 함께 사용된다. 어떤 성경 신학자는 '보속'(補贖, expiation) 개념을 '화목제'(propitiation) 개념 위에 두는데, 두 개념 모두 성경적이며 따라서 하나를 배제하고 나머지 하나만 사용해서는 안 된다.

'보속'이란 그리스도께서 우리의 죄를 덮고, 우리의 죄책을 지우며, 우리의 허물을 우리에게서 제거하시는 일이다. 보속을 죄에 대한 하나님의 출구 전략으로 생각할 수 있다. 보속은 깨끗하게 하는 속죄의 능력을 가리키는 일반적인 용어다. 그리스도의 희생이 죄를 정결하게 했고(히 1:3), 죄를 제거했으며(9:26), 죄를 없앴다(10:4). 예수님은 세상 죄를 지고 가는 하나님의 어린양이시다(요 1:29).

보속이 일반적이고 도덕적인 용어라면, '화목제'는 개인적이고 관계적인 용어다. 화목제는 신약성경에서 하나님의 진노를 가라앉히거나 달래거나 진정시키는 것을 묘사하는 데 사용된다. 보속과 달리, 화목제에는 관계적 요소가 있다. 그리스도의 죽음은 죄의 도덕적 얼룩을 제거했을 뿐 아니라 죄의 개인적 위반도 제거했다.

화목제를 가리키는 영단어는 헬라어 **힐라스모스**(hilasmos) 단어군에서 왔는데, 고대 세계에서는 이 단어가 (하나님께 적용될 때) 거의 언제나 하나님의 진노를 가라앉히거나 피하는 것을 가리켰다. 단어의 기본 형태가 신약성경에서 여러 차례 사용된다. 힐라스모스(요일 2:2; 4:10),

힐라스코마이(hilaskomai; 눅 18:13; 히 2:17), **힐라스테리온**(hilasterion, 롬 3:25; 히 9:5). 이 용어는 의심할 여지 없이 성경적 단어이며 성경적 개념이다.

여러 해, 많은 사람이 화목제에 반대하며, 하나님의 진노 개념이 사랑의 하나님과 어울리지 않는다고 주장했다. 비평학자는 화목제가 하나님을 뇌물로 매수해야 하는 쩨쩨하고 피에 주린 이교도 신처럼 보이게 한다고 생각한다. 그러나 하나님의 진노는 임의적이고 변덕스러운 게 아니다. 하나님의 진노는 불변하는 공의와 거룩하심의 일부다. 구약성경에서 야훼의 진노를 표현하는 단어는 20개 이상인데, 이 단어들이 모두 합쳐 580회 이상 사용된다. 신약성경에서 세례 요한은 임박한 진노를 경고했고(마 3:7), 예수님은 믿지 않는 자들 위에 하나님의 진노가 머물러 있다고 선언하셨으며(요 3:36), 사도 요한은 어린양의 진노를 말했다(계 6:16). 그러므로 하나님의 진노와 관련해 구약성경은 '나쁜 경찰'이고 신약성경은 '좋은 경찰'이라고 볼 수는 없다.

성경의 진노하시는 하나님은 화난 이교도 신과 적어도 세 부분에서 뚜렷이 구분된다.

1. 성경의 하나님은 영원하고 불변하며, 절대로 흥분하거나 발끈하거나 자신의 피조물을 멋대로 판단하지 않으신다.
2. 성경의 하나님은 뇌물이 아니라 그분 자신의 피로 누그러지신다 (행 20:28).
3. 성경의 하나님은 죄와 죄인에게 공의롭게 진노하시는데도 우리를 사랑하기에 그분의 아들을 화목 제물로 보내셨다. 하나님이

우리를 사랑하시는 것은 그리스도의 죽음 때문이 아니다. 우리를 택하신 하나님의 사랑이 예수님의 단번에 드리는 제사를 계획했다. "사랑은 여기 있으니 우리가 하나님을 사랑한 것이 아니요 하나님이 우리를 사랑하사 우리 죄를 속하기 위하여 화목제물로 그 아들을 보내셨음이라"(요일 4:10). 영원부터 언제나 우리를 위하는 하나님이 우리가 그분과 영원히 평화를 누리도록 그분의 아들을 시간 속에 보내 진노를 흡수하는 희생제물이 되게 하셨다.

DAY 158

제한 속죄

제한 속죄(limited atonement) 교리는 그리스도께서 모든 사람 중에서 "구원에 이르도록 영원 전에 선택된 자만" 유효하게 구속하신다고 가르친다(도르트 신조 2,8). 그리스도의 죽음은 온 세상 죄를 속하기에 충분하지만 하나님은 영원 전에 선택되어 아버지께서 아들에게 주신 자만 그 죽음을 통해 유효하게 구속하기로 뜻하셨다.

'특별 구속' 또는 '확정적 속죄'라는 용어가 자주 선호되는데, 하나님의 자비를 제한하려는 게 아니라, 예수님의 죽음은 땅의 모든 죄인이 아닌 그분의 특별한 백성을 위한 것이라고 분명히 하는 것이 이 교리의 핵심이기 때문이다. 그래서 요한복음 6장은 예수님이 아버지께서 자신에게 주신 자를 구원하러 오셨다고 말하며, 마태복음 1장 21절은 자신의 백성을 위해, 요한복음 15장 13절은 자신의 친구들을 위해, 사도행전 20장 28절은 교회를 위해, 에베소서 5장 25절은 자신의 신부를 위해, 에베소서 1장 4절은 하나님이 그리스도 안에서 택하신 자들을 위해 예수님이 죽으셨다고 말한다.

성경 해석을 토대로 제한 속죄를 거부할 때 가장 강력한 반론은 '세상'(kosmos)이라는 단어에 집중한다. 성경은 하나님이 세상을 사랑하신다고 말하고(요 3:16) 예수님이 온 세상 죄를 위한 화목 제물이시라고 말하는데(요일 2:2), 이러한 표현을 어떻게 이해해야 하는가?

대부분의 경우, 세상은 범위가 아니라 '타락한 상태'를 가리킨다. 세상이 범위를 가리킬 때는 '예외 없이 모두'라는 뜻이 아니라, '구별 없이 모두'라는 뜻이다. 그러므로 요한일서 2장 2절이 그리스도께서 "온 세상의"(holou tou kosmou) 죄를 위한 화목 제물이라고 말할 때 온 세상은 온 인류가 아닌 모든 지역이나 모든 민족을 가리킨다.

성경에서 이 어구는 땅 위의 모든 사람이란 뜻으로 사용되지 않는다. 그래서 바울은 로마 신자에게 세상의 모든 개개인이 그들의 믿음을 알았던 것은 아니지만 "너희 믿음이 온 세상에 전파됨이로다"라고 말할 수 있었고(롬 1:8), 누가는 황제의 칙령이 로마 제국에만 해당되었는데도 "가이사 아구스도가 영을 내려 천하로 다 호적하라 하였으니"라고 말할 수 있었다(눅 2:1). 세상은 모든 지역의 사람이나 모든 부류의 사람을 의미할 수 있지만, 모든 사람을 의미하지는 않는다.

제한 속죄 교리는 복음의 핵심과 연결되기 때문에 정의를 내리고 변호할 가치가 있다. 속죄가 특별히(특정적으로) 양들만을 위한 것이 아니라면, 우리는 다음에서 둘 중 하나를 받아들여야 한다. 하나는 보편 구원론(universalism; 그리스도께서 모든 사람을 대신해 죽으셨고 따라서 모든 사람이 구원받는다)이고, 다른 하나는 완전한 대속에 미치지 못하는 그 무언가 이다.

그리스도께서는 단지 이렇게 말하려고 우리에게 오신 게 아니다. "나는 내 몫을 다했다. 내게는 온 세상 사람 모두를 구원하는 사랑이 있으며, 그래서 나는 모든 사람을 위해 내 목숨을 버렸다. 이제 네가 믿고 내게 오기만 하면 내가 너를 구원할 수 있다."

대신에 그분은 우리에게 이렇게 말씀하신다. "내가 찔림은 너희 허물 때문이다. 내가 상함은 너희 죄악 때문이다"(사 53:5을 보라). "내가 모든 족속과 방언과 백성과 나라 가운데서 나의 피로 사람들을 사서 하나님께 드렸다"(계 5:9을 보라). "내가 너희 죄를 지고 나무에 달렸으니, 너희가 죄에 대하여 확실하게 죽고 의에 대하여 확실하게 살게 하기 위해서다. 나의 상처는 단순히 치유를 가능하게 한 게 아니다. 나의 상처가 너희를 치유했다"(벧전 2:24을 보라).

선한 목자는 염소들을 위해 무분별하게 죽으신 게 아니다. 그분은 하나님의 진노를 자기 몸과 영혼에 지고, 저주를 받으며, 양들을 위해 자기 목숨을 버리셨다(요 10:11).[1]

---

1   이 항목의 일부는 DeYoung, *The Good News We Almost Forgot*, 82-84(드영, 왜 우리는 하이델베르크 교리문답을 사랑하는가)와 DeYoung, *Grace Defined and Defended*, 59에서 발췌했다. 둘 모두 허락을 받고 사용했다.

DAY 159
도르트와 확정적 속죄

때때로 확정적 속죄 교리가 16세기와 17세기 종교개혁 시대에 시작되었다고 생각하지만, 이 개념은 교부 시대와 중세 시대까지 거슬러 올라갈 수 있다. 확정적 속죄 교리가 후대에서만큼 분명하게 표현되지는 않았더라도, 이 교리의 여러 버전을 아우구스티누스부터 고트샬크(Gottschalk)라는 신학자를 거쳐 피터 롬바르드(라틴어 이름은 '페르투스 롬바르두스'이고 프랑스어 이름은 '피에르 롱바르')와 토마스 아퀴나스와 같은 중세 신학자에게서 볼 수 있다.

롬바르드의 고전적 정의가 특히 중요하다. 그리스도의 죽음은 모두에게 충분하나 택한 자에게만 유효하다. 롬바르드의 속죄관은 개혁주의 속죄관과 전체적으로 일치했으나 충분성, 유효성의 구분 자체가 아주 모호해 대다수 교회가 받아들이지 않았다. 아르미니우스주의자와 전통적 개혁주의자가 도르트 공의회에서 그 값(그리스도의 죽음)의 충분성과 택한 자를 위한 유효성의 관계를 두고 논쟁을 벌였다.

두 핵심 단어는 '의도'와 '유효하게'이다. 문제는 다음 두 질문이었다. 하나님은 십자가를 통해 어떤 결과를 성취하려 하셨는가? 그리스도의 십자가 죽음은 실제로 무엇을 성취했는가?

첫째 질문에, 도르트 신조는 이렇게 답했다. "아들의 값비싼 죽음은 생명을 주고 구원하는 효력이 있는데, 이것이 택하신 자 모두에게 작동해 오직 이들에게만 의롭게 하는 믿음을 주고 이로써 이들을 실패

없이 구원으로 인도하는 것이 아버지 하나님의 전적으로 자유로운 계획이며 매우 은혜로운 뜻이었다"(2.8). 문제는 그리스도의 죽음이 모든 사람을 구원할 능력이 충분했느냐가 아니라, 하나님의 '의도'가 그리스도를 모든 사람을 위한 유효한 속죄 제물로 세우셨느냐이다.

아르미니우스주의자는 속죄가 오직 택하신 자에게 유효하다고 인정했다. 그러나 도르트 신조는 인간의 뜻이 아닌 하나님의 뜻이 그리스도의 죽음이 오직 일부에게만 유효하게 적용되는 결정적 요소라고 주장했다. 아르미니우스주의자는 결과(속죄 제물은 택하신 자를 위한 것이다)에 동의했을지 몰라도 그리스도의 죽음에 하나님이 정하신 특정한 의도가 있다고 보지 않았다. 이 문제는 충분성과 유효성으로 명확해질 수 없었으나 충분성과 '의도성'으로 명확해질 수 있었다.

핵심적인 둘째 질문은 그리스도의 죽음과 이 죽음이 실제로 성취한 것과 관련이 있다. 여기서 핵심 단어는 '유효하게'이다. "아버지께서 구원에 이르도록 모든 민족과 족속과 나라와 방언에서 영원 전에 선택하셨고 아들에게 주신 모두를, 오직 이들만을 그리스도께서 십자가의 피를 통해(그분은 이 피로 새 언약을 확증하셨다) 유효하게 구속하시는 것이 하나님의 뜻이었다"(2.8).

도르트 공의회의 양측 모두 실제로 '제한' 속죄를 가르쳤다. 개혁주의자는 유명하게도 속죄의 범위를 제한했고, 아르미니우스주의자는 속죄의 본질을 제한했다. 아르미니우스주의자에게 그리스도의 죽음은 원죄를 제거하고 믿는 데 필요한 선행적 은혜를 사람에게 주는 도구가 되었다. 그러나 누구라도 구속하는 십자가의 능력을 누릴 거라는 보장이 없었다. 하나님의 작정은 고사하고 인간의 경험도 이를 보장하지 않았다. 아르미니우스주의자는 그리스도께서 "모든 사람과 각 사람을 위해" 죽으셨다는 개념을 변호하려고 모든 사람의 잠재적 구원을 허용하지만, 결과적으로 그 누구의 구원도 보장하지 않는 속죄를 주장하게 되었다. 그러므로 확정적 속죄는 단지 죄인이 구원을 얻을 가능성을 주는 게 아니라, 구원을 주기에 참으로 좋은 소식이다.[1]

---

1 이 항목의 일부는 DeYoung, *Grace Defined and Defended*, 50, 56-57에서 발췌했다.

DAY 160

우리의 죄악 때문에 상함을 받으셨다

이사야 53장은 질문으로 시작한다. "우리가 전한 것을 누가 믿었느냐"(1절). 고난받는 종에게 일어나는 모든 일을 고려할 때, 이는 공정한 질문이다. 어떻게 이러한 폭력이, 이러한 비극이, 이러한 불의가 용납될 수 있는가? 어떻게 의인이 고난을 받고 죄인이 자유로워질 수 있는가? 왜 약속된 해방자가 우리의 죄악 때문에 상함을 받아야 했는가? 10절은 겹겹이 쌓이는 이러한 질문들에 답한다. "여호와께서 그에게 상함을 받게 하시기를 원하사"("야훼께서 그를 때리고 찌르신 것은 뜻이 있어 하신 일이었다", 공동번역-역주).

만족스럽지 못한 대답일지 모른다. 우리는 이렇게 생각할 수 있다. "이런 말은 상황을 악화시킬 뿐이야. 나라면 무고한 사람이 이런 벌을 받는 상황을 받아들이기 힘들 거야. 의인이 죄인을 대신해 고난을 받는다는 생각을 받아들이기 힘들 거라고. 이건 너무 하잖아! 그가 상함을 받는 게 **하나님의** 뜻이라는 것을 안다고 무슨 도움이 되겠어?"

그러나 이는 좋은 소식**이며**, 그리스도의 사역을 다루는 이 전체 항목을 요약하는 적절한 결론으로서 숙고할 가치가 있다.

그로 상함을 받게 하는 것이 하나님의 뜻이었기에, 우리의 구속을 계획하고 성취하시는 데서 삼위일체 하나님의 영광을 볼 수 있다. 아버지께서는 아들을 우주적 아동 학대의 무기력한 희생자로서 벌하신 게 아니다. 아들은 자유롭게, 기꺼이 십자가로 **가셨다**. 마찬가지로 아들은 일종의 좋은 경찰 역할을 하면서 나쁜 경찰인 아버지의 화를 달래신 게 아니다. 아버지께서 아들을 자유롭게, 기꺼이 십자가에 **보내셨다**. 성 금요일의 좋은 소식은 아버지께서 아들을 아끼지 않고 우리 모두를 위해 내주셨으며(롬 8:32) 아들이 우리를 위해 아버지의 진노의 쓴 잔을 마시셨다는 것이다(막 14:36).

그로 상함을 받게 하는 것이 하나님의 뜻이었기에, 우리는 하나님의 사랑 안에서 안전하게 안식할 수 있다. 십자가 때문에 하나님의 마음이 바뀐 게 아니다. 성 금요일이 있었기 때문에 하나님이 우리를 사랑**하실 수** 있었던 게 아니다. 성 금요일이 있었던 것은 하나님이 그리스도 안에서 택하신 자를 **이미** 사랑하셨기 때문이다. 하나님이 세상을 사랑하셨기 때문에 독생자를 주셨고, 그 아들을 믿는 자는 누구든지 멸망치 않고 영생을 얻는다(요 3:16). 우리가 여전히 죄인이었을 때 그리스도께서 우리를 위해 죽으심으로, 하나님이 우리를 향한 그분의 사랑을 보여 주셨다(롬 5:8). 사랑은 여기 있으니, 우리가 하나님을 사랑한 게 아니라 그분이 우리를 사랑하사 우리 죄를 위하여 화목 제물로 자기 아들을 보내셨다(요일 4:10).

마지막으로, 그로 상함을 받게 하는 것이 하나님의 뜻이었기에, 우리 죄를 위한 완전한 만족이 이루어졌다고 확신할 수 있다. 십자가 죽음이 하나님이 자기 아들에게 내리신 심판이 아니었다면, 예루살렘 성문 밖 언덕에서 실행된 성 금요일의 사건이 하나님의 영원한 구속 계획이 아니었다면, 우리 죄가 진정으로 용서되었는지 알 수 없다. 그리스도의 죽음이 충분했는지 확신할 수 없다. 다 이루어졌는지 확신할 수 없다.

그러나 이사야 53장 10절이 1-9절에서 겹겹이 쌓은 모든 문제의 해답이라면, 우리는 예수님이 친히 인용하신 시편 기자처럼 말할 수 있다. "건축자가 버린 돌이 집 모퉁이의 머릿돌이 되었나니 이는 여호와께서 행하신 것이요 우리 눈에 기이한 바로다"(시 118:22-23; 막 12:10-11). 그러면 우리는 같은 시편의 그다음 절을 온 힘을 다해 말하고 온 마음으로 음미할 수 있다. "이 날은 여호와께서 정하신 것이라 이 날에 우리가 즐거워하고 기뻐하리로다"(24절).

구원론

그리스도 안에 있는 구원

WEEK 33

DAY 161

오르도 살루티스

구원론(soteriology)은 성경의 큰 주제다. 성경의 줄거리가 창조-타락-구속-완성이라면, 창조가 두 장이고, 타락이 한 장이며, 완성이 성경 마지막 두 장이고, 그 사이에 1,184장이 구속에 관한 것이다. 간단히 말해, 성경은 구원에 관한 책이다. 우리가 어떻게 구원받고, 구원받은 후 어떻게 살아야 하며, 구원받은 상태를 어떻게 유지하느냐를 말하고 있다.

이 큰 구원을 이해하는 아주 좋은 방법은 **오르도 살루티스**(*ordo salutis*)를 연구하는 것인데, 이 라틴어는 '구원의 서정'(order of salvation)이라는 뜻이다. 이것이 정교한 신학 용어로 사용된 것은 300년 정도에 지나지 않지만, 그 개념은 교회사 전체에서 찾아볼 수 있다.

사실 오르도 살루티스의 근거를 신약성경에서 찾아볼 수 있다. 에베소서 1장 3-14절은 구원을 예정, 입양, 믿음, 견인의 견지에서 말한다. 더 정확하게 로마서 8장 29-30절은 구원의 '단계'를 예정, 부르심, 칭의, 영화로 요약한다. 보통 우리가 오르도 살루티스를 말할 때는 로마서 8장에 등장하는 '황금 사슬'의 좀 더 정교한 버전을 말하는 것이다.

모든 사람이 오르도 살루티스가 유익하다고 보는 것은 아니다. 비평학자는 성경이 정교한 '오르도'를 자세히 말하지 않으며, 구원을 '단계'로 설명하면 그리스도인의 삶을 구성하는 모든 면이 시간적 순서로 깔끔하게 정리된다는 잘못된 인상을 줄 수 있다고 지적한다. 더욱이, 비평학자는 우리가 이른바 오르도 살루티스에 초점을 맞춤으로써 성경의 구속사적 줄거리에 충분히 주목하지 못하고, 바울의 종말론적 초점에 부합하지 못하며, 그리스도의 죽음과 부활을 구원의 기초로 삼지 않게 될까 걱정한다. 이러한 염려는 일리가 있으나 결정적이진 않다. 확실히, 구원 이야기와 구원의 서정을 '함께' 말할 여지가 있고, 구원의 논리적 구분을 엄격한 시간적 구분으로 이해하지 '않으면서' 설명할 여지가 있다.

오르도 살루티스는 구원이 다양한 측면과 단계를 포함하는(우리가 각 단계를 의식하지 못할 수도 있지만) 단일 과정이라고 일깨운다. 우리는 사람이 하는 일(믿음과 회개)과 하나님이 홀로 하시는 일(거듭남과 칭의)을 구분할 수 있다. 우리는 법정적 행위(칭의), 부모-자식 간의 행위(입양), 도덕적 갱신의 행위(거듭남과 성화)를 구분할 수 있다. 우리는 구원의 즉각적 요소(거듭남, 확정적 성화)와 지속적 요소(점진적 성화, 견인)를 구분할 수 있다. 웨스트민스터 신앙고백은 아홉 장에 걸쳐 구원의 다양한 측면을 설명한다. 유효한 부르심, 칭의, 입양, 성화, 구원하는 믿음, 생명에 이르는 회개, 선행, 성도의 견인, 은혜와 구원의 확신. 우리는 열두 범주를(그리고 여러 하위 개념을) 살펴보려 한다. 성령의 사역, 그리스도와의 연합, 부르심, 거듭남, 회심, 회개, 믿음, 칭의, 입양, 성화, 보존 그리고 영화이다.

성경은 두꺼운 책이고, 많은 내용이 담긴 책이다. 그러나 중심 줄거리가 있다. 성경의 큰 개념은 우주가 새로워지리라는 것이나(새로워지겠지만) 하나님께 반드시 순종해야 한다는 게 아니다(반드시 순종해야 하지만). 탐구해야 할 신비나 경험해야 할 여정에 관한 책은 더더욱 아니다. 성경의 중심 줄거리는 죄인이 구원받는다는 것이다. 구원이 우리 설교의 주제여야 하고, 교회의 사명이어야 하며, 우리 사역의 최우선 순위여야 한다.

DAY 162

성령의 사역 1

성령의 사역은 오르도 살루티스(구원의 서정)와 무관한 측면이 아니다. 그리스도께서 성취하신 모든 것을 성령께서 택하신 자에게 유익이 되게 하신다. 성령님은 우리의 구원에서, 우리의 구원을 위해 (적어도) 일곱 가지를 하신다.

1. 성령님은 책망하신다. 흔히 '책망하다'(convict, 정죄하다, 꾸짖다)로 번역되는 헬라어 **엘렝코**(elegcho)는 요한복음 3장 20절에서 죄를 드러낸다는 뜻으로 사용된다. "악을 행하는 자마다 빛을 미워하여 빛으로 오지 아니하나니 이는 그 행위가 드러날까(elegchthe, 엘렝크데) 함이요." 성령님은 거대한 서치라이트처럼 세상 곳곳의 악을 드러낼 뿐 아니라,

사람을 회개로 이끌며, 죄와 의와 심판에 대해 세상을 책망하신다(요 16:8-11).

2. 성령님은 회심하게 하신다. 예수님이 니고데모에게 하신 유명한 말씀처럼 "사람이 물과 성령으로 나지 아니하면 하나님의 나라에 들어갈 수 없다"(요 3:5). 디도서 3장 5절은 이 사역을 "중생의 씻음과 성령의 새롭게 하심"이라 말한다. 성령님의 회심 사역이 없으면 그리스도인의 삶도 없다. 성령님은 우리가 하나님의 일을 이해하고 영적으로 분별할 수 있게 하신다(고전 2:12-14). 성령님은 우리에게 생명 얻는 회개를 주신다(행 11:18). 성령님은 하나님의 사랑을 우리 마음에 부어 그리스도 안에서 하나님이 우리를 위하며 우리를 대적하지 않으신다는 것을 확신하게 하신다(롬 5:5). 성령님은 우리가 하나님의 약속을 믿을 수 있게 하신다(요 1:12-13; 3:36; 6:63-65).

3. 성령님은 적용하신다. 칼뱅은 『기독교강요』 3권을 시작하며 이렇게 묻는다. "아버지께서 독생자에게 주신 여러 은택을, 그리스도께서 자신을 위해 쓰도록 주신 게 아니라, 불쌍하고 가련한 사람을 부요하게 하도록 주신 복을 우리는 어떻게 받는가?" 칼뱅은 이렇게 답한다. "그리스도께서 성령이라는 끈으로 우리를 자신에게 유효하게 연합시키신다."[1] 이것이 로마서 8장 9-11절의 논리다. 우리에게 성령이 있을 때 우리에게 그리스도가 있다. 우리에게 그리스도가 있을 때 우리에게 성령이 있다. 성령님은 그리스도께서 얻으신 은택을 신자에게 적용하신다. 성령님은 그리스도의 영이시기 때문이다.

4. 성령님은 영화롭게 하신다. 예수님이 제자들에게 말씀하셨다. "그가 내 영광을 나타내리니 내 것을 가지고 너희에게 알리시겠음이라"(요 16:14). 이 진리는 성령님과 그리스도를 맞세우는 흔한 실수를 피하는 데 도움이 된다. 이런 실수는 그리스도께 무한히 초점을 맞춤으로써 마치 성령님을 욕되게 하는 것 같다.

성령님은 섬기는 영이시다. 성령님은 들은 것만 말씀하신다(13절). 성령님은 받은 것을 알리신다(14절). 성령님의 사명은 다른 존재를 영화롭게 하시는 것이다(14절). 삼위일체의 세 위격 모두 온전히 하나님이시다. 그러나 삼위일체의 경륜에서, 아들은 아버지를 알리고 성령은 아들을 영화롭게 하신다.

그렇다. 우리가 성령님을 전혀 모르면 실수하는 것이다. 그러나 우리가 그리스도께 초점을 맞출 때 성령의 사역을 증언하게 된다. 성령의 사역이 없다면 그리스도를 예배할 수 없다. 성령님은 그리스도를 드러내는 경우가 아니라면 높임을 받길 원치 않으신다.

그러므로 익명의 그리스도인 개념(자신이 그리스도인임을 의식하지 못하거나, 무신론자일지라도 진리와 도덕적 양심을 실천하면 구원이 있다)은 아주 잘못된 것이다. 성령의 사역은 그리스도(그분의 가르침, 그분의 죽음과 부활에 관한 진리)를 그대로 드러냄으로써 그리스도를 영화롭게 하는 것이다. 성령님은 그리스도를 계시하려는 의도 없이 마구잡이로 일하지 않으신다.

1 Calvin, *Institutes*, 3.1.1; 칼뱅, 『기독교 강요』.

DAY 163

성령의 사역 2

책망하고, 회심하게 하며, 적용하고, 영화롭게 하는 성령의 사역을 간략히 살펴보았다. 이제 구원과 관련해 성령의 사역 셋을 살펴볼 차례다.

5. **성령님은 거룩하게 하신다.** 성령님은 신자에게 그리스도 안에서 새로운 지위를 주시고(그리스도 안에서 신자는 구별되고 그분의 피 뿌림을 얻는다) 그리스도 안에서 새로운 능력을 주신다(엡 3:16). 성령님은 "예수 그리스도께 순종하도록"(ESV 직역) 우리 안에서 일하신다(벧전 1:2).

베드로는 다른 곳에서 하나님의 보배롭고 지극히 큰 약속을 통해 우리가 "신성한 성품에 참여하는 자가 되게 하려 하셨느니라"고 말했는데(벧후 1:4), 이것은 동방 정교회가 자주 강조하는 **테오시스**(*theosis*) 교리, 곧 신화(神化, deification) 교리다. 그리스도인이 신이 되거나 존재론적 의미에서 하나님 안에 흡수된다고 생각하지 않는 한에서, 이 교리를 우리 구원의 중요한 측면으로 인정해야 한다. 베드로가 말한 "신성한 성품"은 신적 본질(*essence*)이 아니라 하나님의 성품(*character*)이다. 그러기에 그는 바로 앞에서 "정욕 때문에 세상에서 썩어질 것을 피하여"라고 말한다. 여기서 핵심은 우리가 하나님의 성품에 참여할 수 있다는 것이다.

6. 성령님은 준비시키신다. 성령의 사역으로, 신자는 직분을 위한 은사를 받는다. 이러한 은사는 때로 '섬김'이나 '활동'이라 불리는데, 은사가 주어지는 목적은 교회를 세우는 것이다. 성령을 나타내심(성령의 은사를 주심)은 공동선을 위해서이고(고전 12:7) 교회의 덕을 세우기 위해서다(14:12, 16).

7. 성령님은 약속하신다. 에베소서 1장 13-14절은 그리스도 안에서 우리가 "약속의 성령으로 인치심을 받았으니 이는 우리 기업의 보증이 되사 그 얻으신 것을 속량하시고"라고 말한다(ESV는 "우리가 그것을 소유할 때까지"로 번역했다.-역주). 고대 세계에서 인치심(seal, 인장)은 세 가지 역할을 했다. 진짜임을 증명했고, 보장했으며, 소유권을 표시했다. 바울은 이 구절에서 세 요소 모두 염두에 둔 것 같다. 성령의 인치심은 우리가 진짜 신자라는 것을 증명하고, 우리의 영원한 안전을 보장하며, 우리가 하나님의 소유임을 표시한다.

이러한 인치심은 구원에 뒤따르는 이차적 복이 아니다. 이러한 인치심은 우리가 그리스도인이 되는 순간 일어난다. 에베소서 1장 13절 끝에 나오는 인치심은 같은 절 앞부분에서 진리의 말씀을 듣고 복음을 믿는 것과 연결된다. 이때 인치심이 일어난다. 성령으로 인치심을 받는다는 것은 하나님이 그분의 양각기를 우리 위에 눌러 찍어 그분의 가장 값진 소유를 보호하고 보존하듯이 우리를 보호하고 보존하겠다고 약속하신다는 뜻이다. 성령님은 우리의 보증이신데(고후 5:5), 결혼 전에 받는 약혼 반지나 최종 입주 전에 지불하는 계약금을 생각해 보라(엡 4:30).

인치심은 무엇보다도 모든 그리스도인에게 적용되는 선언적 사실이다. 그러나 이 말이 경험적 측면이 있을 수 없다는 뜻은 아니다. 주관적으로, 성령으로 인치심을 받았다는 것은 우리가 참으로 하나님께 용서받고 사랑받는다는 내적 증거를 경험한다는 뜻이다. "성령이 친히 우리의 영과 더불어 우리가 하나님의 자녀인 것을 증언하시나니"(롬 8:16). 또는 바울이 로마서 앞부분에서 말하듯이, "성령으로 말미암아 하나님의 사랑이 우리 마음에 부은 바" 되었다(롬 5:5). 성령께서 우리가 하나님께 속했다는 것을 확인시켜 주신다. 이상적으로, 이러한 확인이 믿어지며 '또한' 느껴질 것이다.

DAY 164

그리스도와의 연합

그리스도와의 연합이 오르도 살루티스(구원의 서정)에서 어디에 위치해야 하느냐를 두고 최근 여러 해 상당한 논쟁이 있었다.

어떤 사람은 그리스도와의 연합이 오르도 살루티스를 대체해야 한다고 생각한다. 어떤 사람은 그리스도와의 연합을 지나치게 강조하면 종교개혁 전통에서 칭의의 중추적 역할이 약화되지 않을지 우려한다. 나는 이것이 그리스도와의 연합을 인정할지, 아니면 오르도 살루티스를 유용하게 활용할지를 결정하는 양자택일의 문제라고 생각하지 않는다.

우리는 웨스트민스터 신앙고백이 오르도 살루티스를 어떻게 설명하는지 보았다. 그러나 이 신앙고백은 그리스도와의 연합을 말하지 않는다. 그러나 웨스트민스터 대요리문답은 오르도 살루티스를 더 자세히 설명하는데, 다른 점이라면 그리스도와의 연합에서 '시작한다'는 것이다. 존 머리는 그리스도와의 연합을 견인(perseverance)과 영화(glorification) 사이에 둔다.

우리는 그리스도와의 연합을 마지막에 살펴볼 수도 있겠지만, 대요리문답처럼 가장 먼저 살펴보고, 구원의 다른 은택들이 그리스도 안에서 오직 우리의 것이라고 주장하려 한다.

그리스도와의 연합은 우리의 구원에서 받는 단 하나의 특별한 복이 아니다. 오히려 그리스도와의 연합은 영원(선택), 역사(구속), 현재(유효한 부르심, 칭의, 성화), 미래(영화), 그 어디서든 나머지 '모든' 구원의 복을 설명하는 데 필요한 표현이다. 성경의 은유로 표현하자면, 그리스도와의 연합은 결혼 같고(그리스도가 신랑이고 교회는 신부다), 몸 같으며(그리스도는 머리고 우리는 그 몸의 지체다), 식물 같다(우리는 그리스도께 접붙여져 그분에게서 새로운 활력과 새로운 생명과 새로운 능력을 받는다).

구원의 서정에서 모든 복은 우리와 그리스도의 연합에서 나온다. 존 머리가 말하듯이, "이것은 단지 구속의 적용과 관련된 한 단계가 아니다. 성경의 가르침에 따라 더 넓은 측면에서 볼 때, 이는 구속의 적용과 관련된 모든 단계의 밑바탕에 자리한다. 그리스도와의 연합은 실제로 **구원 교리 전체의 핵심 진리**인데, 구원 교리의 적용에서만 그런 것이 아니라, 그리스도께서 완결하신 사역에서 단번에 이루어진 구원의 성취에서도 그러하다."¹

그리스도와의 연합 교리는 신약성경에 매우 자주 나오기에 쉽게 놓칠 수 없다. "그리스도 안에서", "주 안에서", "그 안에서"라는 표현이 바울 서신에서 200회 넘게 나오고, 요한의 저작에서도 20회가 훌쩍 넘게 나온다. 몇몇만 예를 들면, 우리는 그리스도 안에서 발견되고(빌 3:9), 그리스도 안에서 보존되며(롬 8:39), 그리스도 안에서 구원받아 거룩하게 된다(고전 1:30; 딤후 1:9). 우리는 그리스도 안에서 행하고(walk, 골 2:6), 그리스도 안에서 수고하며(고전 15:58), 그리스도 안에서 순종한다(엡 6:1). 우리는 그리스도 안에서 죽고(계 14:13), 그리스도 안에서 살며(갈 2:20), 그리스도 안에서 이긴다(롬 8:37).

이 외에도 바울은 32회에 걸쳐, 그리스도와 함께 십자가에 못 박힘이든, 그리스도와 함께 장사됨이든, 그리스도와 함께 다시 살아남이든, 그리스도와 함께 좌정함이든 간에, 신자가 구속의 어떤 면에서 그리스도와 함께 참여한다고 말한다.

선택부터 칭의와 성화와 최종 영화에 이르기까지, 그리스도인의 삶 전체가 그리스도와의 연합으로 가능하며, 이 연합을 나타낸다. 이런 이유에서 예수님은 대제사장 기도에서 마지막으로 "나도 그들 안에 있게 (하소서)"라고 간구하셨다(요 17:26). 사도 바울 또한 이런 이유에서 "너희 안에 계신 그리스도"가 영광의 소망이라고 말했다(골 1:27).

---

1 Murray, *Redemption*, 161; 존 머레이, 『구속』, 장호준 역, 복있는사람, 2011. 머리의 말을 인용한 것을 포함해 이 항목의 내용은 DeYoung, *The Hole in Our Holiness*, 94-96(드영, 『구멍 난 거룩』)에도 나온다. 허락을 받고 사용했다.

DAY 165

일반적 부르심

일반적 부르심(general calling)이란 모든 죄인, 곧 하나님이 택한 자와 택하지 않은 자에게 복음이 값없이 제시되는 것을 가리킨다. 이 부르심은 유효하지 않고 일반적이며, 내적이지 않고 외적이며, 비가시적이지 않고 가시적이다(말씀이 선포되는 것을 우리가 '본다'는 점에서).

교회는 가서 모든 민족으로 제자를 삼아야 하고(마 28:19-20), 우리는 땅끝까지 이르러 증인이 되어야 한다(행 1:8). 하나님은 이제 모든 곳의 사람들에게 회개하라고 명하신다(행 17:30). 그러나 모두가 아들에게 순종하지는 않을 것이다(요 3:36). 바울이 가는 거의 모든 곳에서 큰 무리가 그를 거부하고 그의 메시지를 거부했다(행 13:46). 복음이 누군가에게는 생명에 이르는 냄새이고 누군가에게는 사망에 이르는 냄새이다(고후 2:15-16). 복음의 향기는 같은데 사람마다 다르게 느낀다.

신약성경 전체에서 불신자의 죄가 여러 번 언급된다(마 10:15; 11:21-24; 요 5:40; 16:8-9; 요일 5:10). 혼인 잔치 비유에서 청함을 받은 자는 많으나 택함을 입은 자는 적다(마 22:1-14). 큰 잔치 비유에서 청함을 받은 자가 하나도 오지 않았다(눅 14:16-24). 바꾸어 말하면, 예수님은 복음의 일반적·외적 부르심이 있겠지만, 이에 상응하는 특별하고 내적이며 유효한 부르심은 없을 때가 많으리라고 가르치셨다.

중요하게도, 일반적 부르심은 진실한(bona fide) 복음의 부르심이다. 용서와 영생의 약속은, 하나님이 그분의 은밀한 뜻 안에서 그들에게 믿음의 은사를 유효하게 줄 의도를 가지지 않으셨다 해도, 유기된 자에게도 똑같이 참되다. 어떤 칼뱅주의자는(흔히 초칼뱅주의자라 불린다) 선택과 유기의 이중 작정 교리가 하나님은 모든 사람이 믿음과 회개에 이르기를 바라신다는 뜻이 아니라고 주장하면서, 우리가 복음을 보편적으로 선포해야 할 의무가 없다고 부정해 왔다. 하나님의 뜻은 단지 유기된 자를 멸망에 이르도록 준비하는 데 있을 뿐이라고 주장하며, 따라서 설교는 복음의 사실을 제시하고 구원의 길을 선포하는 것이지만, 회개하고 믿으라는 호소는 아니라고 말한다.

이 논리는 성경의 예에 맞지 않을뿐더러 개혁주의 신앙고백의 가르침에서 나온 것도 아니다. 예를 들면, 도르트 신조는 이렇게 단언한다. "(복음의) 이 약속은, 회개하고 믿으라는 명령과 함께, 모든 민족과 모든 사람에게, 즉 하나님이 그분의 선하신 뜻을 따라 복음을 전하는 모두에게 구별이나 차별 없이 알려지고 선포되어야 한다"(2,5). 아르미니우스주의자는 죄인의 유기가 무조건적으로 작정되었다면 하나님이 이들을 구원으로 진지하게 부르실 수 없다고 믿었다. 그래서 도르트 신조는 "진지한" 복음의 부르심이란 표현을 사용했다(3/4,8).

약속은 여전히 유효하다. 초청은 여전히 참되다. 이것이 예수님이 요한복음 6장에서 가르치시는 것이다. "나는 생명의 떡이니 내게 오는 자는 결코 주리지 아니할 터이요 나를 믿는 자는 영원히 목마르지 아니하리라 … 아버지께서 내게 주시는 자는 다 내게로 올 것이요 내게 오는 자는 내가 결코 내쫓지 아니하리라"(35, 37절). 이것이 일반적 부르심이다. 그러나 유효한 부르심도 필요하다. 아버지께서 이끌지 않으시면 아무도 아들에게 올 수 없다(44절).

WEEK 34

DAY 166

유효한 부르심

유효한 부르심(effectual calling)은 구원을 적용하는 첫 행위이며, 이로써 우리는 그리스도와 연합되어 그분의 모든 은혜에 참여하는 자가 된다. 일반적 부르심과 대조적으로, 유효한 부르심은 우리가 그리스도를 받아들일 수 있게 할 뿐 아니라 확실히 그렇게 되게 한다(웨스트민스터 신앙고백 10.1). 하나님은 택하심을 따라 아는 자를 부르시고, 부른 자를 의롭게 하시며, 의롭게 한 자를 영화롭게 하신다(롬 8:29-30). 유효한 부르심이란 영원 전에 작정된 은혜가 시간 속에서 드러나기 시작하는 지점이다.

신약성경은 복음의 유효한 부르심을 여러 방식으로 설명한다. 이는 거룩한 부르심이고(딤후 1:9), 하늘의 부르심이며(히 3:1), 위에서 부르심(high calling)이다(빌 3:14). 이는 어둠에서, 죄에서, 정죄에서, 세상에서 부르심(불러내심)이다. 거꾸로 이는 빛으로, 거룩으로, 영생으로, 그리스도로 부르심(불러들이심)이다. 웨스트민스터 소요리문답은 유효한 부르심을 이렇게 설명한다. "유효한 부르심은 하나님의 영이 하시는 일인데, (성령께서는) 이 부르심을 통해 우리가 우리 죄와 비참함을 깨닫게 하시고, 우리 마음을 밝혀 그리스도를 알게 하시며, 우리의 뜻을 새롭게 하시고, 우리를 설득해 복음 안에서 우리에게 값없이 제시되는 예수 그리스도를 받아들일 수 있게 하신다"(웨스트민스터 소요리문답 31).

유효한 부르심을 생각하는 한 방식은 하나님이 우리의 모든 기능 속에서, 또 우리의 모든 기능에 어떻게 일하시는지 생각하는 것이다. 그분은 우리 마음의 눈을 밝히신다(엡 1:18). 돌 같은 마음을 제거하고 살처럼 부드러운 마음을 주신다(겔 11:19; 36:26-27). 우리 마음에 성령을 주어 성령께서 하시는 일을 이해하게 하신다(고전 2:12-13). 긍휼히 여기시는 하나님이 우리의 뜻을 움직여 새롭게 하신다(롬 9:16).

'유효한 부르심'과 '거듭남'은 거의 맞바꿔 쓸 수 있을 정도로 밀접하게 연결되어 있다. 예를 들면, 웨스트민스터 신앙고백은 거듭남을 별개의 장에서 설명하지 않는데, 성령의 새롭게 하시는 사역을 유효한 부르심을 다루는 장에서 설명한다(10.2). 나중에 '성화'를 설명하는 장에서는 "유효하게 부르심을 받았고, 거듭났으며, 자신 속에 창조된 새 마음과 새 영이 있는 자들"에 대해 말한다(13.1). 적어도 두 용어는 서로 뗄 수 없이 긴밀하게 연결되어 있다.

그렇더라도, 유효한 부르심과 거듭남을 구분하는 것이 어느 정도 타당할 것이다. 유효한 부르심을 하나님이 인간의 의식에 하시는 알려진 일로, 거듭남을 하나님이 인간의 무의식적인 삶에 하시는 은밀한 일로 생각할 수 있겠다. 두 용어를 구분한다면, 유효한 부르심은 오르도 살루티스(구원의 서정)에서 대체로 거듭남 앞에 온다. 한편으로, 거듭남이 먼저라고 주장할 수도 있다. 마음에 새 생명이 없다면 부르심이 유효할 수 없기 때문이다. 다른 한편으로, 유효한 부르심이 먼저이고 거듭남이 부르심의 결과라고 생각하는 것도 일리가 있다.

두 순서 모두 성경적으로 참일 수 있다. 하나님이 마음을 여시기에 죄인이 복음에 반응할 수 있다고 말할 수도 있고, 하나님이 복음 전파를 통해 죄인에게 새 생명을 유효하게 주신다고도 말할 수 있다. 우리는 하나님의 살아 있고 항상 있는 말씀을 통해 거듭난다(벧전 1:23). 그와 동시에, 하나님이 우리 마음을 여셔야 우리가 복음 전파(전파되는 복음)에 주목할 수 있다(행 16:14).

DAY 167
저항할 수 없는 은혜

일부 사람만 복음의 부르심에 반응한다는 사실을 어떻게 설명해야 하는가? 도르트 공의회의 칼뱅주의자처럼, 아르미니우스주의자도 죄인이 믿고 회개하려면 성령께서 이들의 삶에서 일하셔야 한다고 가르친다. 차이는 두 진영이 회심에서 성령의 사역을 어떻게 이해하느냐에 있다. 아르미니우스주의자는 모든 사람이 회심하기에 충분한 은혜를 받았다고 주장했다. 믿음은 모두에게 제시되는 선물이지만 그 누구에게도 일방적으로 주입되지 않는다.

대조적으로, 도르트 공의회는 죄인에게는 단순히 깨우치는 은혜 그 이상이 필요하다고 결론지었다. 하나님은 "부드러운 설득"으로 회심을 일으키지 않으신다(3/4 오류 논박 7). 오히려 하나님은 "가장 깊은 곳까지 뚫고 들어가 닫힌 마음을 열고 굳은 마음을 부드럽게 하며 할례

받지 못한 마음에 할례를 베푸신다." 하나님은 회심할 기회를 주는 데 그치지 않으신다. 하나님은 "의지에 새로운 자질을 주입하고, 죽은 자를 살리며, 악한 자를 선하게 하고, 고집불통인 자를 자발적이게 하며, 완고한 자를 유순하게 하신다"(3/4.11). 하나님은 사람의 마음에 은혜를 부어 믿을 수 있게 하고 믿**으려 하게**(will) 하신다.

이 질문에 접근하는 또 다른 방법은 유효한 은혜가 사람 속에서 작동할 때 사람이 이 은혜를 받아들이거나 거부할 수 있는지 묻는 것이다. 질문은 우리가 복음을 거부하거나 진리의 빛을 무시하거나 성령을 근심하게 하거나 하나님의 약속을 믿지 않을 수 있느냐가 아니다. 우리는 사람들이 이 모두를 할 수 있다는 것을 성경과 경험을 통해 안다. 튜레틴이 말하듯이, 질문은 이것이다. "모든 은혜가 작동하는데도 … 회심은 여전히 사람의 능력에 달려 있어 사람이 문을 닫거나 닫지 않을 수 있고(즉, 은혜를 받아들이거나 거부할 수 있고) 따라서 스스로 회심하거나 회심하지 않을 수 있는가?"[1]

이 질문의 답은 '아니오'이다. 그 누구도 스스로 회심할 수 없을뿐더러 회심을 일으키는 하나님의 은혜를 거부할 수도 없다. 성경은 태동시키고 살아나게 하며 유효하게 부르는 은혜에 협력할 그 어떤 능력도 사람에게 부여하지 않는다. 하나님이 우리를 살리신다(엡 2:5). 하나님이 우리로 회개하게 하신다(행 11:18). 하나님이 우리 안에서 일하며 우리로 소원을 두고 행하게 하신다(빌 2:13). 창조되지 않은(존재하지 않았던) 우주가 하나님 명령의 전능한 능력에 저항할 수 없었듯이, 하나님은 우리 마음을 저항할 수 없게 비추어 예수 그리스도의 얼굴에 있는 하나님의 영광을 아는 빛을 우리에게 주신다(고후 4:6).

이는 구원하는 믿음이 하나님의 은혜로 우리 안에서 일한다는 뜻이다. 우리는 의지의 행위로 믿음을 행사해야 하지만, 믿음은 "하나님의 선물이다. 믿음을 사람이 선택하도록 하나님이 제시하셨다는 의미에서 그렇다는 게 아니라, 믿음이 실제로 사람에게 부여되었고 불어넣어졌으며 주입되었다는 사실에서 그렇다"(도르트 신조 3/4.14). 믿음은 우리가 충분히 똑똑하면 취할 수 있는 해독제 같은 선물이 아니다. 믿음은 우리가 스스로를 전혀 도울 수 없을 때 우리 혈관에 주입되는 피와 같다. 바꾸어 말하면, 믿음은 우리의 외부에 있어 우리가 붙잡을 수 있는 무언가가 아니다. 믿음은 하나님이 우리 안에서 "믿으려는 의지와 믿음 자체 둘 다"를 일으키며 하시는 일이다(3/4/14).[2]

1 Turretin, *Elenctic Theology*, 2.547-548; 투레티누스, 『변증신학 강요』.
2 이 항목의 일부는 DeYoung, *Grace Defined and Defended*, 73-75에서 발췌했으며, 허락을 받고 사용했다.

DAY 168

거듭남

과거에 '거듭남'(regeneration)은 때때로 그리스도인의 삶 전체에서 일어나는 전인(全人)의 도덕적 갱신을 가리켰다. 장 칼뱅을 비롯해 초기 프로테스탄트가 흔히 이런 방식으로 이 용어를 사용했다. 나중에, 이 용어는 더 좁게 사용되어 그리스도인의 삶이 시작될 때 일어나는 신생(新生, new birth)이라는 초자연적 일을 가리키게 되었다. 오늘날 대다수 조직 신학자가 이 용어를 이렇게 사용하며, 나도 여기서 이 용어를 이렇게 사용한다.

거듭남은 흔히 새로움이란 개념과 연결된다. 디도서 3장 5절에서 "중생"(거듭남)으로 번역된 **팔링게네시아**(*palingenesia*)는 마태복음 19장 28절에서 인자가 여는 새로운 세상을 묘사하는 데 사용된다. 그리스도인은 "새로운 피조물"(new creation, 고후 5:17; "새로 지으심을 받는 것", 갈 6:15) 또는 "새 사람"(new self, 엡 4:24)이라 불린다.

또 하나의 핵심 개념, 곧 새로움과 밀접하게 연결되는 개념은 생명 또는 태어남이다. 신약성경은 다시 태어남의 중요성을 자주 강조한다 (요 1:13; 3:3-8; 벧전 1:23; 요일 2:29; 3:9; 4:7; 5:1, 4, 18). 그리스도인은 하나님이 낳으셨고(약 1:18), 새롭게 지으셨으며(엡 2:10), 살리신 사람이다(엡 2:5; 골 2:13).

거듭남의 두 요소를 구분할 수 있다. 새 생명의 생성과 새 생명의 출생이다. 전자는 흔히 '거듭남의 씨'라 불린다. 욕심이 잉태한즉 죄를 낳고 죄가 장성한즉 사망을 낳는 것처럼(약 1:15), 하나님이 마음에 새 생명을 보이지 않게 태동시키며 '또한' 진리의 말씀으로 우리를 낳으신다고 생각할 수 있다(8절). 생물학적 유비를 지나치게 적용하는 게 아니라면, 신적 잉태(divine conception)와 초자연적 출생 둘 다 말할 수 있다. 거듭남에서 죄인은 새로운 영적 생명을 받는데, 이 생명이 처음으로 활동한다.

이러한 구분은 추정적 거듭남(presumptive regeneration, 중생 전제설)에 관한 논쟁에서 중요한 역할을 한다. 이 논쟁은 19세기 말 네덜란드에서 특히 뜨거웠다. 아브라함 카이퍼(Abraham Kuyper)는 추정적 거듭남을 주장했고, 헤르만 바빙크는 세례의 적절한 근거로서 추정적 거듭남을 반대했다. 중요하게도, 바빙크는 유아가 거듭날 '가능성'을 부정하지 않았을 뿐 아니라, 교회가 '거듭나지 않음'을 전제하길 원하지도 않았다. 그는 언약의 자녀들이 하나님의 약속과 관련해 나그네와 이방인이 아니라고 믿었지만, 언약의 가정에게 거짓 확신을 주게 될까 봐 염려했다.

구약성경에 빈번하게 나타나는 경고와 간청, 신약성경에서 언약 공동체를 향해 선포되는 믿음과 회개의 설교, 예수님이 니고데모에게 말씀하신 방식, 이 모두는 외적으로 언약에 속한 자가 내적으로도 새로워졌다고 보아야 한다는 생각을 반박한다. 거듭남의 씨가 어린 나이에도 있을 수 있지만, 신생의 첫 징후를 보려면 대체로 수년을 기다려야 한다.

이것은 언약의 자녀가 이른 나이에 죽을 때 신자가 확신을 가질 수 없다는 뜻이 아니다. 도르트 신조가 말하듯이, "경건한 부모는 하나님이 유아기에 이 세상에서 불러 가신 자녀의 택하심과 구원을 의심하지 말아야 한다"(1.17). 자신과 밧세바 사이에 태어난 아들이 죽은 후, 다윗은 밧세바를 위로하고(삼하 12:24) "나는 그에게로 가리라"는 소망을 표현했다는 사실이(23절) 도르트 신조의 결론을 뒷받침한다. 마찬가지로, 다윗, 예레미야, 세례 요한의 예는 말씀 전파라는 일반적 수단이 없더라도 거듭남이 가능하다는 것을(늘 그렇다고 추정해서는 안 되겠지만) 가르쳐 준다.

DAY 169

단독설

거듭남에서 하나님의 일은 협력적(synergistic, 협력 사역)이지 않고 단독적(monergistic, 단독 사역)이다. 다시 말해 거듭남은 하나님의 일이며 하나님만의 일이다. 우리는 자기 죄와 허물로 죽었기에 신생에서 하나님과 함께 일하지 않고, 수동적이고 무력한 행동의 대상일 뿐이다. 개혁주의 신앙고백은 하나님의 은혜가 인간의 의지를 "자극하고 돕는다"고 말하는 트렌트 공의회의 협력설(synergism)을 하나같이 거부한다. 성경은 영화 "프린세스 브라이드"(The Princess Bride)에 등장하는 미라클 맥스의 신학을 말하지 않는다. 우리는 '거의 죽은' 게 아니다. 우리는 완전히 죽었다. 우리가 자신의 거듭남에 어떤 식으로든 기여하거나 협력한다면, 우리는 그 구원에 조금 기여한 것을 자랑스러워할 수도 있겠다. 그러나 바울은 이에 관해 "내게는 우리 주 예수 그리스도의 십자가 외에 결코 자랑할 것이 없으니"라고 말한다(갈 6:14).

신생이 단독적이라면, 거듭남이 믿음에 선행한다고 결론지어야 한다. 우리는 믿어 새 생명에 들어가는 게 아니다. 우리는 새 생명을 받으며, 그래서 믿을 수 있다. 우리가 그리스도를 믿으려면, 하나님이 우리의 마음에서 일해 우리가 "분명하게, 실패 없이, 유효하게 거듭나게" 하셔야 한다(도르트 신조 3/4.12). 거듭남의 기적에서 우리는 아무것도 기여하지 않는다. 그래서 바울은 거듭남을 새로운 창조("새로운 피조물", 고후 5:17)와 부활에 비유했다("일으킴을 받았느니라", 골 2:12). 기적을 보고 싶다면 아무 주일에 어느 교회든 가 보라. 죽었으나 이제 살아 있는 사람들을 볼 것이다. 도르트 신조가 말하듯이, 이 "표현할 수 없는 일"은 "능력 면에서 창조나 죽은 자를 살리는 일에 뒤지지 않는다."

덧붙일 중요한 사항이 있다. 거듭남은 사람 안에 새 본질이 아닌 새 원리를 투입한다. 우리는 새로운 성향과 기질과 방향과 동기를 얻는다. 거듭남에서 인간의 의지는 제거되지 않고 새로워진다. 사람들은 개혁주의 신학이 인간을 로봇이나 꼭두각시 취급을 한다고 자주 비판하지만, 이런 비판은 정확하지 않다. 꼭두각시는 자기 의지가 없다. 꼭두각시의 움직임은 외부 힘이 조종한다. 이는 칼뱅주의자가 하나님의 주권에 관해 믿는 게 아니다. "거듭나게 하는 하나님의 은혜는 사람 속에서 작용할 때 마치 그들이 나무토막이나 돌덩이인 양 작용하지 않을뿐더러, 그들의 의지와 특성을 제거하거나 저항하려는 의지를 힘으로 누르지도 않고, 도리어 영적으로 되살리고 치료하며 교정하고 즐겁고 강력한 방식으로 되돌린다"(도르트 신조 3/4.16).

이것이 핵심이다. 칼뱅주의자는 선택을 믿는다. 그러기에 회개하고 믿으라고 주저 없이 외쳐야 한다. 우리는 인간 의지와 행동을 믿는다. 우리가 하나님을 기쁘시게 하는 어떤 일을 하려 하거나 실제로 하려면, 하나님이 우리의 의지에 새로운 속성을 주입하셔야 하는 것도 믿는다. 거듭남은 성령의 내적이며 유효한 능력을 통해 하나님이 초자연적으로 성취하시는 것이지, 하나님이 외적 강압과 강제를 동원해 우리에게 강요하시는 게 아니다.[1]

---

1 마지막 두 단락은 DeYoung, *Grace Defined and Defended*, 78-79에서 발췌했다.

DAY 170

회심

옛 신학자는 거듭남(regeneration)과 회심(conversion)을 자주 동의어로 사용했다. 그러나 이제 두 용어는 더 구체적으로 하나님이 우리 안에서 하시는 일과 그 결과로 우리가 취하는 행동을 가리키는 데 사용된다. 거듭남은 우리 안에서 일방적으로 이루어지는 행위다. 반면에, 회심은 우리가 협력적으로 밟아가는 하나의 과정이다. 튜레틴은 두 종류의 회심을 구분한다.[1] 첫째는 수동적 회심이며, 여기서 성령께서 초자연적 습관을 주입하신다. 우리는 이를 거듭남이라 부른다. 둘째는 능동적 회심이며, 여기서 이 새로운 습관들이 실행된다.

성경에는 적어도 세 가지 유형의 회심이 나온다. 가장 분명한 것은 참된 개인적 회심이다. 우리는 주로 이 회심을 말하고 싶어 한다.

그러나 국가적 회심도 있는데, 이때 국가를 대표하는 지도자나 인구의 상당 비율이 하나님께로 돌아서기에 우리는 국가나 민족이나 종족이 하나님께로 돌아섰다고 말할 수 있다. 모세, 여호수아, 히스기야, 요시야, 요나 시대에 나타난 회심처럼, 이러한 회심은 핵심 지도자의 도덕적 실천과 모범에 달려 있기에 수명이 짧은 경향이 있다.

성경은 거짓 회심이 있으리라고도 말한다. 하나님의 말씀이라는 씨가 한동안 잘 자라지만, 환난이나 박해 때문에 시들거나 세상의 염려와 재물의 유혹에 막혀 열매를 맺지 못할 수 있다(마 13:20-22). 히브리서는 한 번 빛을 받고 하늘의 은사를 맛보며 성령에 참여한 바 되고 하나님의 선한 말씀을 맛본 자들이 타락할 수 있다고 말한다(히 6:4-6). 마찬가지로, 요한은 신실한 자들 가운데서 시작했으나 이들 가운데 남아 있지 못하고 이로써 애초에 진정으로 회심한 자들 가운데 있지 않았다고 드러나는 자들이 있다고 말한다(요일 2:19). 디모데후서에서 바울은 후메내오와 빌레도가 진리에서 떠났다며 슬퍼하고(딤후 2:17-18) 데마가 이 세상을 사랑하여 그를 버렸다며 슬퍼한다(딤후 4:10). 사람들이 일시적으로 하나님께 돌아섰다가 그분에게서 영구히 돌아서는 게 가능하다(처음에 하나님께 돌아섰던 게 진짜가 아니라는 게 드러난다).

가장 기본적으로, 회심은 돌아섬을 가리킨다. 성경은 이 개념을 다양한 용어로 표현한다. 구약성경에서 이 개념을 표현하는 가장 일반적인 단어는 **슈브**(shub)인데, 돌아서다(turn), 돌이키다(turn about), 돌아가다(return)라는 뜻이다. 신약성경은 **에피스트로페**(epistrophe, 돌아섬, 돌아감), **메타메레이아**(metameleia, 마음을 바꿈), **메타노이아**(metanoia, 회개)라는 단어를 사용한다. 메타노이아는 흔히 마음의 변화로 설명되지만, 삶을 대하는 새로운 시각과 성향을 가리킨다. 이는 지성과 정서와 의지의 변화를 의미한다. 회심은 반드시 위기의 순간으로 기억되거나 깊은 감정이 동반되는 경험으로 나타나지 않을 수도 있다. 회심의 증거는 느낌이 아니라 죄에서 돌이켜 하나님을 향해 돌아서는 것이다.

---

1 Turretin, *Elenctic Theology*, 2.522-523; 투레티누스, 『변증신학 강요』.

WEEK 35

DAY 171

회개

회심은 죄에서 돌이켜서 하나님을 향하는 것이다. 이는 회심이 회개와 믿음을 수반한다고 말하는 또 다른 방식이다. 나는 둘 중 회개를 먼저 다루려고 하는데, 믿음은 자연스럽게 칭의 교리로 이어지기 때문이다.

회개를 믿음보다 앞서 다룰 때의 위험이 있다. 먼저 자기 죄에 충분한 슬픔을 느껴야만 사람이 구원을 얻고자 그리스도께 달려갈 거라 잘못 생각하게 된다. 하지만 복음은 법적 회개가 아니라 복음적 회개를 요구한다. 회개는 죄를 슬퍼함과 죄를 버림을 수반하지만(고후 7:10-11), 인색한 하나님 앞에서 굽실거리는 것이 아니며, 우리를 용서하도록 하나님을 설득하는 덕행도 아니다. 생명에 이르는 회개는 구원하는 은혜이며, 이 은혜로 죄인은 자기 죄뿐 아니라 그리스도 안에 있는 하나님의 자비도 깨닫는다(웨스트민스터 소요리문답 87).

그리스도인의 삶에서 회개는 두 측면이 있다. 구원하는 믿음의 한 행위로 그리스도께로 돌아서는 회개와 그리스도의 제자로 사는 삶에서 지속적으로 일어나는 회개다. 우리는 이 둘을 구분해야 한다. 마르틴 루터는 95개조 반박문을 시작하면서 신자의 삶 전체가 회개의 삶이어야 한다고 주장했다. 회개는 그리스도인이 되는 데 필요하고 그리스도인으로 사는 데도 필요하다.

신약성경을 가볍게 훑어만 보아도 알 수 있듯이, 회개를 이해하지 못하면 복음 메시지를 이해하지 못한다. 세례 요한은 주님의 길을 예비하면서 회개하라고 외쳤다(마 3:8, 11). 예수님도 갈릴리 사역을 시작하면서 "회개하라 천국이 가까이 왔느니라"고 외치셨다(마 4:17). 예수님은 자신이 하는 사역의 목적이 무엇인지 아셨다. 죄인을 불러 회개시키는 것이었다(눅 5:32). 부활하신 그리스도께서는 승천하시기 직전, 제자들에게 자신의 증인이 되어 자신의 이름으로 "죄 사함을 받게 하는 회개"를 모든 족속에게 전파하라고 명하셨다(눅 24:47). 사실, 마가는 예수님의 전파를 한 문장으로 요약해 자신의 복음서 첫머리에 제시한다. "요한이 잡힌 후 예수께서 갈릴리에 오셔서 하나님의 복음을 전파하여 이르시되 때가 찼고 하나님의 나라가 가까이 왔으니 회개하고 복음을 믿으라 하시더라"(막 1:14-15).

이 한 쌍을 주목하라. **회개**하고 **믿으라**. 신약성경에서 이 둘은 사실상 동의어이다. 두 단어가 같은 의미여서가 아니라, 똑같이 성령의 역사로 되는 일이며, 똑같은 종말론적 유산으로 이어지기 때문이다. 엄격히 말해 복음을 향한 적절한 반응은 믿음과 회개 둘 다를 포함한다(마 21:32; 행 20:21). 둘 중 하나만 언급된다면(신약성경에서 이런 경우가 자주 있다) 나머지 하나는 당연히 전제됨을 알아야 한다. 회개하지 않으면 진정 믿는 게 아니고, 믿지 않으면 진정 회개한 게 아니다.

회개를 말하지 않는 복음은 진짜가 아니다. 복음의 메시지는 때때로 회개하라는 직접 요청으로 제시된다. 때때로 용서가 단 한 번의 회개 행위와 연결된다(행 5:31; 롬 2:4; 고후 7:10). 사도들이 전한 좋은 소식의 메시지는 회개가 생명으로 이어진다는 것이었다(행 11:18). "그러므로 너희가 회개하고 돌이켜 너희 죄 없이 함을 받으라"(행 3:19).

DAY 172

믿음

성경은 때때로 믿음을 말하면서, 믿어지는 그것, 곧 '믿음의 내용'(*fides quae creditur*)을 다룬다. 믿음(개역개정은 '믿음의 도'로 번역했다.−역주)을 위해 싸우라는 유다의 권면을 생각해 보라(유 3절; 참조. 갈 1:23; 딤전 4:1). 그러나 오르도 살루티스(구원의 서정)의 한 측면으로, 우리가 여기서 생각하는 믿음은 믿는 그것, 곧 '믿음의 행위'(*fides qua creditur*)로서의 믿음이다.

신약성경은 믿음의 필요성을 분명히 강조한다. 믿음이 없이는 하나님을 기쁘시게 하지 못한다(히 11:6). 우리는 믿음을 통해 구원을 받는다(롬 10:9). 하나님은 우리에게 믿으라고 명하신다(요일 3:23). 요한복음의 목적은 예수님이 하나님의 아들 그리스도이심을 우리가 믿게 하여, 그분의 이름을 힘입어 생명을 얻게 하려는 것이다(요 20:31).

믿음의 중요성은 얼마든지 강조해도 좋다. **피스티스**(*pistis*, 믿음, 신실함)이란 명사와 **피스튜오**(*pisteuo*, 믿다)라는 동사는 신약성경에서 240회 이상 사용된다. 정의와 명칭에 따르면, 그리스도인은 믿는 사람이다

(행 2:44). 아브라함이 하나님을 믿었고 하나님이 이를 그의 의로 여기셨다(창 15:6). 믿음의 사람으로서 아브라함은 믿는 모든 자의 조상이다(롬 4장; 갈 3장; 히 11장; 약 2장). 실제로, 복음의 시대는 "믿음의 때"라 불린다(갈 3:23, 25을 보라).

믿음을 다양하게 설명할 수 있다. 히브리서의 정의가 가장 유명하다. "믿음은 바라는 것들의 실상이요 보이지 않는 것들의 증거니"(히 11:1). 신약성경은 믿음을 이렇게만 말하지 않는다. 믿음은 택하심의 열매이고(행 13:48), 거듭남의 결과이며(요일 5:1), 성령의 사역이고(고전 12:3), 아버지께서 가능하게 하시는 것이며(요 6:65), 예수님이 그 주인(author, 창시자)이시다(히 12:2). 믿음은 하나님의 선물이고(엡 2:8; 빌 1:29), 사람의 책임이다(요 3:16; 요일 3:23).

성경에 나오는 믿음을 네 유형으로 나눌 수 있다.

역사적 믿음. 하나님에 관한 수많은 사실에 머리로 동의한다는 뜻이다. 아그립바왕은 회심하지 않았겠지만 선지자를 믿었다(행 26:27-28). 머리로 동의한다는 수준에서, 귀신들도 믿고 떤다(약 2:19).

기적에 대한 믿음. 수동적 의미("나는 하나님이 내게 기적을 행하시리라 믿어") 또는 능동적 의미로 볼 수 있다("나는 기적이 방금 일어났다고 믿어"). 이러한 유형의 믿음은 구원하는 믿음을 수반할 수도 있고 수반하지 않을 수도 있다. 무리가 예수님이 행하신 이적과 기사에 자주 놀랐으나 제자가 되어 그분을 따르지는 않았다. 예수님 때문이 아니라 오로지 표적 때문에 예수님을 '믿는' 자들이 있다(요 2:23-25).

일시적 믿음. 수명이 짧고, 잠시 반짝 하다가 시들거나 말라버린다(막 4:16-19).

의롭게 하는 믿음. 구원하는 믿음으로, 성령과 하나님의 말씀이 우리 마음에 일으킨다. 이로써 우리는 자기 죄와 비참함을 깨닫고 복음의 진리에 동의하며 그리스도와 그분의 의를 받아들이고 의지한다(웨스트민스터 대요리문답 72).

마지막으로, 믿음의 대상에 관해 말해야겠다. 일반적 믿음(fides generalis)이란 하나님의 말씀을 받아들이고(요 2:22) 성경을 신뢰하는 것을 의미한다(요 5:45-47). 특별한 믿음(fides specialis)은 그리스도와 구원의 약속을 신뢰하는 것을 포함한다(창 15:6; 히 11:6). 이는 예수께 굶주리며 목마름을 느낀다는 의미이다(요 6:50 - 58). 특별한 믿음을 행사할 때 죄인은 예수님께 나와 그분과 그분의 모든 은택을 받아들인다(요 1:12; 5:40; 6:44, 65; 7:37).

DAY 173

믿음의 행위

칭의에서 믿음이 도구적 원인으로 갖는 중요성을 고려할 때 개혁주의 신학자들이 믿음이 정확히 무엇을 '하는지' 더없이 신중하게 기술한 것은 놀랍지 않다. '믿음의 행위'와 '믿음의 경험'은 같은 게 아니다.

1. 영혼의 행위는 능동적이지만, 경험은 우리에게 수동적으로 일어나는 참된 무언가를 암시한다.

2. 영혼의 행위는 기능들 가운데 하나, 곧 지성이나 의지에서(또는 둘 다에서) 비롯된다. 경험은 지성과 의지를 포함할 수 있지만, 반드시 여기에서 비롯되는 활동은 아니다.
3. 영혼의 행위는 대상(우리가 아는 것, 우리가 동의하는 진리, 우리가 신뢰하는 사람)에서 종결되지만, 경험은 우리 자신이 바로 그 대상이라고 암시한다.

이는 신학의 난제가 아니다. "믿음은 그리스도를 보화로 여긴다"라고 말하는 것은 행동의 언어다. 그러나 암시적이든 명시적이든 "믿음은 그리스도를 보화로 여기는 경험으로 나타나야 하며 그래야만 참된 구원하는 믿음이다"라고 말하는 것은 또 다른 차원이다.

간단히 말해 믿음은 **노티티아**(*notitia*, 지식), **아센수스**(*assensus*, 동의), **피두키아**(*fiducia*, 신뢰)로 구성된다. 이러한 고전적 정의는 믿음이 무엇을 하는지 설명하는 유익한 방법이다. 다시 말해 믿음은 알고, 믿음은 동의하며, 믿음은 신뢰한다. 마지막 요소인 신뢰가 핵심이다. 의자가 존재한다는 것을 알거나, 의자가 당신을 감당할 수 있다고 믿는 것으로는 부족하다. 의자가 당신을 감당하리라고 신뢰하며(믿으며) 실제로 의자에 앉아야 한다.

어떤 신학자는 이 기본 범주를 다른 방식으로 설명했다. 튜레틴은 의롭게 하는 믿음의 여섯 가지 행위로 지식, 이론적 동의, 실천적 동의와 확신, 확신에서 비롯된 피난처 찾기(예를 들면, 그리스도께 달려감), 수용(예를 들면, 그리스도를 받아들임), 반사적 행위(이로써 그리스도께서 분명히 나를 위해 죽으셨다고 결론 내림)를 열거한다. 그는 그리스도를 소유하는 데서 비롯되는 위안과 위로의 행위도 언급한다. 그러나 엄격히 말해, 일곱째 행위는 믿음의 본질적 요소가 아니다.[1] 이와 비슷하게, 우르시누스는 이렇게 말한다. "믿음에 속하는 행위는 그리스도의 의를 이해하고 자신에게 적용하는 것이다. 그렇다. 믿음은 그리스도의 공로를 받아들이거나 이해하는 것 자체다."[2]

마찬가지로, 존 오웬은 믿음에 필수인 두 행위가 있다고 주장한다. 마음의 동의(그는 이것이 '우선'한다고 말한다)와 승인(포기, 동의, 묵종, 하나님에 대한 신뢰, 영혼의 안정이 여기에 포함된다)이다.[3] 오웬은 다양한 믿음의 경험을 더없이 흔쾌히 말하지만, 정형적인 믿음의 '행위'를 설명할 때는 그의 정의가 좁아진다. 빌헬무스 아 브라켈은 구원하는 믿음의 여덟 가지 측면을 훌륭하게 설명하지만, 구원하는 믿음의 경험을 믿음의 행위에 포함시키지 않으며, 믿음의 행위를 "예수를 신뢰하고 그분께 자신을 맡기는 것"으로 정의한다."[4]

간단히 말해, 개혁주의 전통은 때로 믿음의 행위를 정서적 언어로 설명하지만(단순한 인지나 마음 없는 동의를 막기 위해), 전통적으로 사랑의 경험이나 기쁨의 경험이나 소중히 여기는 경험을 의롭게 하는 믿음의 구성 요소에 포함시키지 않는다. "구원하는 믿음의 주된 행위는 오직 그리스도만을 영접하고 받아들이며 의지하는 것이다"(웨스트민스터 신앙고백 14.2). 자신에게서 눈을 돌리는 것이 구원하는 믿음의 본질이다. 믿음은 자신의 행위나 경험을 의지하지 않는다. 믿음은 그리스도를 의지하고, 그리스도께서 우리를 위해 성취하신 모든 것에서 비롯된 복을 받아들인다.

1 Turretin, *Elenctic Theology*, 2:560-564; 투레티누스, 『변증신학 강요』.
2 Ursinus, *Commentary*, 332; 우르시누스, 『하이델베르크 요리문답해설』.
3 Owen, *Doctrine of Justification by Faith*, 113-115; 존 오웬, 『칭의론』, 박홍규 역, 처음과나중, 2020.
4 A Brakel, *The Christian's Reasonable Service*, 2:282; 아 브라켈, 『그리스도인의 합당한 예배』.

DAY 174

믿음과 확신

많은 프로테스탄트가 종교개혁이 주로 칭의에 관한 것이었다고 생각하는데, 이러한 일반적 추정은 진실을 담고 있다. 그러나 목회적으로, 종교개혁이 무엇보다 확신에 관한 것이었다고도 주장할 수 있다. 트렌트 공의회는 이렇게 선언했다. "그 누구도 자신이 하나님의 은혜를 받았다는 것을 오류 없는 믿음의 확신으로 알 수 없다." 마찬가지로, 어느 현대 가톨릭 신학 사전은 '구원의 확신'을 이렇게 정의한다. "프로테스탄트 신학의 한 개념으로, 인간의 궁극적 구원에 관한 그 어떤 의심과도 일치하지 않는, 칭의에 관한 아주 확고한 믿음을 의미한다." 이 사전은 하나님이 그리스도 안에서 행하신 일을 의심해서는 안 되지만, 자신의 영원한 구원에 관해 절대적 확신을 가질 수 없다고 주장한다.[1]

종교개혁자는 확신에 대한 이러한 부정을 강력히 반대했다. 칼뱅에게 믿음은 "우리를 향한 하나님의 선하심을 아는 확고하고 분명한 지식"이다.[2] 또는 하이델베르크 요리문답에 나오듯이, "참된 믿음이란"

하나님의 말씀이 참되다는 "지식과 확신일 뿐 아니라 … 나도 나의 죄를 용서받았기에 하나님 앞에서 영원히 의롭게 되었고 구원을 받았다는 뿌리 깊은 확신"이기도 하다(QA 21). 성경은 우리가 그리스도를 안다는 것을 우리가 알 수 있다고 가르친다(요일 2:3). 우리는 우리를 향한 하나님의 은혜를 확신해야 한다(딤후 2:12). 믿음은 확신을 낳고(엡 3:12), 담대함을 낳으며(고후 3:12; 히 3:6; 4:16), 완전한 확신을 낳는다(살전 1:5; 히 6:11).

도르트 신조에 따르면, 구원의 확신은 세 근원에서 온다. 첫째는 하나님의 약속을 믿는 믿음에서, 둘째는 우리가 하나님의 자녀임을 우리 영혼에 증언하시는 성령의 증언에서, 셋째는 깨끗한 양심과 선한 행위를 진지하고 거룩하게 추구함에서(5.10)이다. 이는 구원**받는** 세 방법이 아니라 구원**받았음**을 확신하는 세 방법이다.

확신은 참 신자라면 누구나 받을 수 있는 선물이다. "위선자와 거듭나지 못한 자가" 영생에 대한 거짓 소망으로 스스로를 속이는 게 가능하더라도, 하나님은 그분의 자녀가 "자신이 은혜의 상태에 있음을 분명히 확신하길" 원하신다. 주 예수를 믿고 그분을 진심으로 사랑하며 그분 앞에서 선한 양심을 따라 행하길 힘쓰는 자는 이러한 확신을 가질 수 있다(웨스트민스터 신앙고백 18.1). 확신은 그리스도인에게 권면이자 위로다. 우리는 힘쓰고 추구하는 것까지도 우리 안에 하나님의 은혜가 있다는 표시임을 늘 기억하면서 선한 일과 선한 양심을 위해 힘써야 한다.

물론, 신자가 이생에서 확신을 늘 경험하는 아니다. 거듭난 자라도 흔들리고 절망하고픈 유혹을 받을 수 있다(웨스트민스터 신앙고백 18.4).

무오한 확신은 "믿음의 본질"에 속하지 않기 때문이다(웨스트민스터 신앙고백 18.3). 우리는 양심에 상처를 주고 성령을 근심하게 할 수 있다. 하나님이 그분 얼굴의 빛을 우리에게서 잠시 거두실 수도 있다. 그러나 확신을 추구하는 것은 모두의 의무다. 우리에게 필요한 것은 "비상한 계시"가 아니라 "평범한 수단을 바르게 사용하는 것"이다(웨스트민스터 신앙고백 18.3). 이는 확신의 합당한 열매인 평안과 기쁨, 사랑과 감사, 순종하는 능력과 기쁨이 우리 마음에서 더 커지도록 우리의 부르심과 택하심을 부지런히 확인해야 한다는 뜻이다.

1 Rahner and Vorgrimler, *Dictionary of Theology*, 63.
2 Calvin, *Institutes*, 3.2.7; 칼뱅, 『기독교 강요』.

DAY 175

칭의

고린도후서 5장 18-20절에서, 바울은 자신이 화해의 직분(개역개정은 '화목하게 하는 직분'으로 번역했다. -역주)을 받았다고 말한다. 그의 말에 궁금한 게 있다. 우리는 어떻게 하나님과 화해하는가? 어리석은 질문처럼 보일는지 모른다. "'우리는 어떻게 화해하는가'라는 게 무슨 뜻인가요? 우리는 우리 죄에 대해 죄송하다고 말하고 하나님은 괜찮다고 말씀하세요. 모든 게 다 좋아졌어요." 그러나 하나님의 용서는 이렇게 작동하지 않는다. 이렇게 작동한다면 그분의 본성에 어긋날 것이다.

하나님은 사랑이 풍성하지만 공의로우시기도 하다. 하나님은 그러고 싶다고 해서 우리의 죄를 단순히 넘어가실 수 없다.

죄는 하나님을 향한 개인적 범죄다. 하나님이 단지 우리를 정말로 좋아한다고 해서 우리의 죄를 그냥 넘어간다면 자신의 이름을 모욕하시는 것이다. 우리의 잘못에 대해 일종의 보상이, 하나님의 공의에 대해 일종의 만족이 있어야 한다. 잠언 17장 15절은 악인을 의롭다고 하는 자는 여호와께 미움을 받는다고 말한다. 그렇다면 어떻게 하나님은 우리를 미워하지 않으면서 의롭다고 하시는가? 이 질문의 답은 큰 맞바꿈에 있다(고후 5:21). 하나님이 우리를 사랑하셨다. 그래서 우리를 위해, 자신의 아들 예수 그리스도를 보내셨다. 그분은 그 어떤 잘못도 하지 않았고 하늘에 계신 아버지를 눈곱만큼도 실망시킨 적 없는데도 죄가 되셨다. 하나님께 자신의 죄 외에 아무것도 드릴 게 없는 우리가 그리스도처럼 의가 되게 하시기 위해서였다.

칭의의 선물은 부정적(제거적)이기도 하고 긍정적(부여적)이기도 하다. 부정적으로, 칭의는 우리의 죄가 용서되었고 우리의 죄책이 제거되었다는 선언이다. 이러한 하나님의 무죄 선고는 과정이 아니라 단번에 이루어지는 법정적 무죄 판결이다(롬 5:1; 8:30). 이 선언은 그리스도의 대속 사역에 기초하고(갈 3:13-14) 외부의 의에 근거하는데, 우리의 의에 근거하는 게 아니라 우리의 의이신 그리스도에 근거한다(고전 1:30). 긍정적으로, 칭의는 우리가 하나님의 자녀로 입양되는 것을 수반하고(엡 1:5-6; 요일 3:1) 영생에 이르는 우리의 법적 권리를 수반한다(딛 3:7). 우리는 이제 종이 아니라 상속자다(갈 4:7). 영생이 지금 우리에게 있고(요 3:36), 그 영생에 이르도록 우리가 보존된다(요 12:25).

우리가 볼 수 있듯이, '칭의'(justification)는 법정 용어다. 그래서 칭의는 재판 상황에서 사용되거나 정죄의 반대어로 사용된다(신 25:1; 롬 4:5; 8:33). '의롭게 하다'에 해당하는 헬라어 **디카이오오**(dikaioo)는 변형적인 것이 아니라 선언적인 것을 말한다.

칭의는 한 사람이 의롭다거나 하나님의 율법의 요구 앞에서 의롭다는 법정적 선언이다. 우리는 순종 테스트에서 F를 받았다. 그리스도께서는 이 테스트에서 A+를 받으셨다. 하나님은 공정한 선생님이시다. 하나님은 단지 우리를 기분 좋게 하려고 우리에게 A+를 주실 수는 없다. 우리는 우리에게 마땅한 것을 받아야 한다. F에 마땅한 것은 하나님의 진노다. 그러나 이야기는 여기서 끝나지 않는다. 믿음으로 우리가 그리스도와 연합하기 때문이다. 그 결과, 하나님은 F에 주어져야 마땅한 진노를 우리에게 주는 대신에 그리스도의 A+를 우리에게 돌리고 우리의 F를 그리스도께 돌리기로 결정하셨다.

우리에게 마땅한 것을 그리스도께서 받으셨다. 그분께 마땅한 것을 우리가 받게 하려고 말이다. 이런 식으로, 하나님과 죄인이 화해한다. 우리는 하나님 앞에서 의로워지고 하나님의 공의가 만족된다.

WEEK 36

DAY 176

전가

"칭의란 하나님의 값없는 은혜의 행위로서, 그분이 우리의 모든 죄를 사하고, 우리가 오직 믿음으로, 우리에게 전가된 그리스도의 의를 받아들임으로써 그분의 눈에 의롭게 여겨지는 것이다"(웨스트민스터 소요리문답 33). '전가된'(imputed)라는 단어가 칭의를 성경적으로 이해하는 데 필수다. 종교개혁자와 로마 가톨릭 사이 논쟁은, 우리가 용서받고 하나님 앞에서 의롭다 하심을 얻게 하는 의가 우리 안에서 작동하는 의인가 아니면 우리에게 돌려진 의인가라는 것이었다. 이는 주입된(또는 내재적, 분여된) 의와 전가된 의의 차이다.

문제는 그리스도의 내재적 의가 우리 안에 주입되느냐 아니냐가 아니다. 의롭게 하시는 하나님은 언제나 우리를 거룩하게 하신다. 하나님은 우리 안에서 일하면서 우리를 생각과 말과 행동에서 거룩하게 하신다. 문제는 이러한 주입된 의의 어느 한 부분이라도 우리의 칭의에 기여하거나, 우리가 하나님 앞에서 받는 용서의 기초 가운데 일부를 이루는가이다. 가톨릭교회 교리서(Catholic Catechism)에 따르면, "의화(justification, 칭의의 가톨릭식 표현)는 단순히 죄를 용서받는 것뿐만 아니라, 또한 성화와 내적 인간의 쇄신도 내포한다." 또한 "의화는 하느님 사랑을 거스르는 죄에서 인간을 풀어 주고, 인간의 마음을 죄에서 정화시켜 준다. "의화는 당신[하느님의] 자비의 능력으로 우리를 내적으로 의롭게 한다."[1] 따라서 트렌트 공의회가 누구든지 "사람이 성령께서 그의 마음에 부으신 은혜와 사랑을 배제하고, 오직 그리스도의 의의 전가만으로 혹은 오직 죄 사함만으로 의롭다 하심을 받는다"고 말하는 자는 파문을 받아야 한다고 결정한 것은 놀랍지 않다(Art. 11).

대조적으로, 종교개혁자는 우리가 의롭다 하심(칭의)을 받는 공식적인 근거는 오직 믿음으로 신자에게 전가되는 그리스도의 의와 순종이라고 주장했다. 우리의 내재적 의는 우리가 의롭다 하심을 받는 원인일 수 없다. 우리의 가장 좋은 행위라도 언제나 불완전하기 때문이다. 바리새인은 자신이 하나님의 은혜로 선한 행위를 했다고 고백했으나 선한 행위로 의롭다 하심을 받을 수는 없었다(눅 18:9-14). 더욱이, 우리의 행위가 (조금이라도) 우리가 의롭다 하심을 얻는 근거로 작동한다면, 우리는 자랑할 이유가 있을 것이다. 전가를 통한 칭의 외에는 그 무엇이든 그리스도의 사역과 공로를 훼손하는데, 이는 그리스도의 사역과 공로가 부족하거나 불완전하다는 것을 암시한다.

전가는 성경 이야기에서 본질적인 요소다. 아담의 불순종은 전가되었고, 우리의 죄가 그리스도께 전가되었으며, 그리스도의 순종이 택한 자들에게 전가된다. 아브라함이 믿었고, 이것이 그의 의로 '여겨졌다'(credited, 창 15:6; 롬 4:23-25; 갈 3:6). 고린도후서 5장 21절의 논리는 그리스도께서 죄가 되신 바로 그 방식으로 우리가 의로워져야 한다고 가르친다. 죄가 그리스도의 영혼의 도덕적 특성이 아니었듯이, 의는 의롭게 된 영혼의 도덕적 특성이 아니다. 죄가 없는데도, 그리스도께서 죄인으로 여겨지셨다. 동일한 방식으로, 여전히 죄인인데도, 우리는 의인으로 여겨진다.

우리의 칭의는 법적인 허구 행위가 아니다. 하나님은 우리의 죄에 눈을 감은 채 우리를 우리 아닌 무엇으로 선언하지 않으신다. 바르게 이해하면, 칭의는 선언적·구성적 행위라고 할 수 있다. 의가 전가를 통해 우리의 것이 되어, 우리가 '의롭다'고 정당하게 선언된다. 하나님은 우리를 심판하면서 율법을 제쳐 두지 않으셨다. 율법을 성취하셨다. 그리스도께서 율법의 저주를 받으셨다. 그분 안에서 우리가 하나님의 의가 되게 하시려고 말이다. 우리는 죄인이지만 그와 동시에 의롭게 되게(simul iustus et peccator, 의인인 동시에 죄인) 하시기 위해서였다.

1 Catechism of the Catholic Church, 1989, 1990, 1992(『가톨릭교회 교리서(개정판)』의 번역을 그대로 인용했다.–역주).

DAY 177

솔라 피데

그 어느 그리스도인도 이신칭의(믿음으로 의롭다 하심을 얻는다)를 부정하지 않는다. 이신칭의는 분명한 성경의 가르침이다. 논쟁은 '오직 믿음으로'(sola fide, 솔라 피데) 의롭다 하심을 얻느냐는 것이다.

로마 가톨릭 신학에서, 칭의(가톨릭 용어로는 '의화')는 세례에서 시작되는 하나의 과정인데, 세례를 받고 나면 삶이 끝날 때 하나님께 유리한 판결을 받길 바라며 순순히 협력해야 할 의무가 있다. 가톨릭 신학의 매력적이고 명료한 대변자 피터 크리프트(Peter Kreeft)는 "프로테스탄트의 이신칭의 교리는 성경과 모순된다"라고 썼다. 그런데도 그는 프로테스탄트 신학이 "우리 가운데 그 누구도 천국에 갈 자격이 없다"는 것을 일깨우고, 하나님이 우리에게 "왜 우리를 천국에 들여보내야 하느냐"고 물으시면 "우리의 대답은 '제가'라는 단어가 아니라 '그리스도'라는 단어에서 시작해야 한다"는 것을 일깨워 준다고 했다.[1]

이 문장에서 '시작하다'라는 단어를 간과하지 말라. 결국 행위가 이 방정식에 들어가기 때문이다. 나중에 크리프트는 이렇게 썼다. "세상에서 가장 실제적인 질문 '제가 구원받으려면 무엇을 해야 하나요?'에 하나님은 분명하게 답하셨다. 회개하고, 믿으며, 자선을 베풀고 살아라."[2] 의롭다 하심은 오직 믿음으로 얻는 게 아니라는 그의 말은 바로 이런 뜻이다.

정반대로, 성경은 우리가 율법의 행위와 무관하게 믿음으로 의롭다 하심을 얻는다고 힘주어 말한다(롬 3:28). "율법의 행위로 그의 앞에 의롭다 하심을 얻을 육체가 없나니"(롬 3:20). "사람이 의롭게 되는 것은 율법의 행위로 말미암음이 아니요 오직 예수 그리스도를 믿음으로 말미암는 줄 알므로"(갈 2:16). "또 하나님 앞에서 아무도 율법으로 말미암아 의롭게 되지 못할 것이 분명하니 이는 의인은 믿음으로 살리라 하였음이라"(갈 3:11).

간단히 말해, 우리가 무죄 선고를 받게 하는 의는 그리스도를 믿는 믿음을 통해 얻는 것이지 우리 자신의 의 때문에 율법을 통해 얻는 게 아니다(빌 3:9).

믿음 자체가 덕이 아니라는 데 주목해야 한다. 믿음은 우리가 의롭다 하심을 얻는 기초나 근거가 아니다. 마치 '믿는다는 의로운 행동'이 우리의 모든 불의한 행위를 능가한다는 듯 말이다. 믿음이 가치 있는 것은 믿음이 우리를 연결하는 대상 때문이다. 꽁꽁 언 연못에서 스케이트를 탄다고 생각해 보라. 믿음은 우리가 얼음을 지치는 수단(스케이트)이지, 우리가 물에 빠지지 않는 이유가 아니다. 우리가 믿는 '대상'이 발아래 위험한 물에서 우리를 지켜준다. 우리를 구원하는 것은 두꺼운 얼음이다.

아리스토텔레스의 용어로 표현하면, 믿음은 우리가 의롭다 하심을 얻는 '도구적 원인'이다. 칼뱅은 이렇게 썼다. "우리는 믿음을 일종의 그릇에 비유한다. 우리는 비워진 상태로 나아와 영혼의 입을 벌려 그리스도의 은혜를 구하지 않으면 그리스도를 받을 수 없다."[3] 믿음은 그리스도와 그분의 모든 은택을 받을 준비를 하고 내뻗는 빈손이다. 믿는 행위 자체가 우리를 구원하지는 못한다. 믿음은 "우리가 그리스도를 우리의 의로 받아들이는 도구일 뿐이다"(벨직 신앙고백 22조).

마지막으로, 오직 믿음으로 의롭다 하심을 얻더라도 의롭게 하는 믿음은 절대로 혼자가 아니라는 사실을 분명히 해야 한다. 선한 행위는 의롭다 하심의 뿌리에 아무 기여를 하지 못하지만, 의롭다 하심의 열매로는 나타나야 한다. 튜레틴이 말하듯이, "의롭다 하심을 얻은 사람에게서 행위와 믿음이 연결되는 것과, 의롭다 하심을 얻는 문제에서 행위와 믿음이 연결되는 것은 다른 문제다."[4] 다시 말해, 죄인이 행위로 의롭다 하심을 얻지는 않지만, 의롭다 하심을 얻은 죄인의 삶에서는 행위가 언제나 분명하게 나타난다.

1   Kreeft, *Catholic Christianity*, 26.
2   Kreeft, *Catholic Christianity*, 130.
3   Calvin, *Institutes*, 3.11.7; 칼뱅, 『기독교 강요』.
4   Turretin, *Elenctic Theology*, 2.682; 투레티누스, 『변증신학 강요』.

DAY 178

야고보와 바울은 모순되는가?

야고보서는 프로테스탄트의 '솔라 피데' 교리를 부정하는 것으로 보인다. 로마서 3장 28절("그러므로 사람이 의롭다 하심을 얻는 것은 율법의 행위에 있지 않고 믿음으로 되는 줄 우리가 인정하노라")과 야고보서 2장 24절("이로 보건대 사람이 행함으로 의롭다 하심을 받고 믿음으로만은 아니니라")이 어떻게 양립할 수 있는가? 분명한 모순으로 보인다. 바울은 오직 믿음으로 의롭다 하심을 얻는다고 생각한다. 야고보는 믿음과 행위로 의롭다 하심을 얻는다고 생각한다. 루터는 야고보서를 "지푸라기 서신"이라 불렀는데 놀랍지 않다.

그러나 올바로 이해하면, 바울과 야고보 사이에는 아무 모순이 없다. 다섯 가지 이유를 들어보겠다.

1. 야고보와 바울은 다른 관심사를 다룬다. 야고보서 2장 20절의 "허탄한 사람"은 사도 바울이 아니다. 야고보서는 바울의 로마서나 갈라디아서보다 먼저 쓰였을 것이다. 바울은 "우리가 어떻게 하나님

과 바른 관계를 갖는가?"라고 묻고, 야고보는 "참 믿음은 어떤 모습인가?"라고 묻는다. 바울의 문제는 "어떻게 이방인이 교회에 들어오는가?"이다. 야고보의 문제는 "왜 사람들이 교회 안에 있는 형제자매를 돌보지 않는가?"이다.

2. 야고보의 논증은 믿음의 중요성을 전제한다. 믿음의 필요성이 17절과 20절에 전제되고, 22절과 23절에 나오는 아브라함의 예에서 다시 전제된다. 야고보는 믿음이 행위로 '대체되거나' 심지어 보충되는 것도 원치 않는다. 그는 믿음이 행위로 '증명되길' 원한다. 야고보에게 등식은 '믿음 + 행위 = 칭의'가 아니라 '믿음 - 행위 ≠ 칭의'이다. 구원을 '믿음 = 칭의 + 행위'라고 생각하라. 바울은 "행위를 등식의 좌변에 두지 말라"고 말한다. 야고보는 "행위를 등식의 우변에서 제거하지 말라"고 말한다.

3. 바울과 야고보는 '행위'를 서로 다른 방식으로 사용한다. 바울은 율법의 행위를, 특히 할례, 성일, 음식과 관련된 유대교 의식을 말한다. 유대인 청중에게 이것들은 그리스도 외에 다른 것에 확신을 두도록 유혹하는 전형적인 방식이다. 야고보는 믿음의 행위를, 그리스도의 몸 안에서 특별 대우 없이 이루어지는 자선 행위를 말한다.

4. 바울과 야고보는 '의롭게 하다'라는 단어를 서로 다른 방식으로 사용한다. 바울은 하나님과의 관계에서 율법의 행위를 의지하는 사람에게 말한다. 야고보는 단순한 지적 동의를 진정한 기독교로 생각하

는 사람에게 말한다(약 2:19). 바울은 의롭다는 법정적 선언을 말한다. 야고보는 믿음이 진짜라는 실제적 증거를 말한다(16, 18절).

5. 바울과 야고보는 같은 것을 가르친다. 바울은 믿음의 순종을 말하고(롬 1:5) 사랑으로써 역사하는 믿음을 말한다(갈 5:6). 바울은 죽은 믿음은 전혀 믿음이 아니라고 이해한다(고전 6:9-11; 갈 5:16-26). 야고보는 귀신들도 갖는 종류의 '믿음'을 말한다(약 2:19). 바울도 야고보도 이런 공허하고 신뢰하지 않는 믿음이 의롭게 하는 믿음이라고 믿지 않는다.

결국, 바울과 야고보는 충돌하지 않는다. 의롭게 하는 믿음이 언제나 사랑으로 나타난다는 것을 이해한다면, 율법의 행위와 무관하게 오직 믿음으로 의롭게 된다고 말하는 것은 옳다.

DAY 179

바울에 관한 '새 관점'을 받아들여야 하는가?

"바울에 관한 새 관점"이란 용어는 바울과 그의 구원 신학에 관한 프로테스탄트의 전통적 이해가 루터의 개인적 회심 이야기와 그의 칭의 이해에 지나치게 매여 있다고 비판하는 이론이다.

바울에 관한 새 관점은 처음에 유대교에 관한 새 관점이었다. 이 새로운 시각의 선구자는 샌더스(E. P. Sanders)였다. 1970년대, 샌더스는 신약성경의 칭의 논쟁이 언약에 들어감이 아니라 언약 안에 머묾에 관한 것이었다고 주장하기 시작했다. 유대인의 율법관은 샌더스가 말하는 '언약적 율법주의'(covenantal nomism, 율법 준수는 언약에 충실함의 표현이다)였다. 그러므로 유대인은 천국에 들어가려 애쓰는 원시 펠라기우스주의자가 아니었다. 유대인은 언약을 지킨다는 게 무슨 뜻인지를 두고 논쟁하는 하나님의 언약 백성이었다.

샌더스는 제2성전기 유대교(Second Temple Judaism)를 새롭게 평가했고, 신약학자 제임스 던(James Dunn)과 톰 라이트(N. T. Wright)는 이러한 샌더스의 평가에 기초해 바울 신학의 재해석을 대중화했다. 이들은 칭의에 관한 바울의 가르침이 그의 이방인 선교 맥락에서 나왔다고 지적했다. 이들의 주장에 따르면, 당시의 문제는 하나님과 바른 관계를 갖는 방법에 관한 추상적 이론이 아니라, 식탁 교제와 관련된 실제적 현실에 관한 것이었다. 마찬가지로, '율법의 행위'를 둘러싼 논쟁은 영원한 생명을 얻는 일에 관한 게 아니었다. 논쟁은 분명히 유대인의 의식 및 예식에 관한 것이었고 하나님의 언약 백성으로서 해야 하는(또는 하지 말아야 하는) 의무에 관한 것이었다. 간단히 말해, '새 관점'은 우리가 바울을 1세기 유대인으로 읽어야 했지만 너무도 자주 루터파 신학자처럼 읽었다는 주장이다.

바울에 관한 새 관점은 몇몇 지점에서 신약성경의 유대적 성격을 일깨우는 데 도움이 된다. 그러나 전체 개념과 목적을 살펴보면 여러 문제가 있다.

첫째, 제2성전기 유대교는 하나가 아니라 여럿이었다. 현존하는 일부 자료가 은혜로운 어조를 낸다고 해서, 이것이 대다수 유대인이 구원을 전적인 은혜라 생각했다는 뜻은 아니다. 율법이 하나님의 호의를 얻는 수단이 되면 안 된다는 것은 사실이다. 그러나 많은 유대인은 사람들이 흔히 그렇듯 율법 준수를 율법주의적 방향으로 왜곡했다. 마찬가지로, 율법의 행위는 가장 직접적으로 유대인을 가리키는 경계 표시가 될 수 있지만, 밑바닥에 깔린 핵심 문제는 이러한 경계 표시를 자랑하고 그 율법의 행위를 하는 데서 확신을 찾는 것이었다.

결정적으로, 새 관점은 중요한 신학 문제에 의도적으로 모호하고 부정확한 입장을 취할 때가 많다. 예를 들면, 톰 라이트는 언약적 복이 세상에 흘러들어 가도록 메시아께서 언약적 저주를 짊어지셨다고 주장한다. 그와 동시에, 라이트는 예수께서 우리의 것으로 "여겨질" 수 있는 방식으로 율법을 성취하셨다고 말하길 원치 않는다.[1] 이와 비슷하게, 라이트는 미래의 칭의 판결은 현재의 칭의 판결과 틀림없이 일치하리라고 주장한다.[2] 그러나 라이트는 어떤 근거에서 이러한 미래의 무죄 선언이 내려질지 분명하게 말하지 않는다. 그는 '근거'(basis)라는 단어를 둘러싼 논쟁이 도움이 되지 않는다고 생각한다.[3]

전통적 개혁주의 신학은 한 번의 칭의와 최후의 심판을 가르치는데, 그 심판에서 우리의 행위는 보강 증거로 작용할 것이다. 새 관점이 이를 단언하는지, 아니면 오직 믿음에 의한 첫 칭의(initial justification)와 우리의 순종에 기초한 후속 칭의(subsequent justification)를 단언하는지 알기 어렵다. 이러한 차이는 사소한 논쟁이 아니며, 복음의 핵심 및 하나님 앞에서 갖는 확신과 연결된다.

1 Wright, *Justification*, 135-136; 톰 라이트, 『톰 라이트, 칭의를 말하다』, 최현만 역, 에클레시아 북스, 2016.
2 Wright, *Justification*, 251, 260n11; 톰 라이트, 『톰 라이트, 칭의를 말하다』.
3 Wright, *Justification*, 258n7; 톰 라이트, 『톰 라이트, 칭의를 말하다』.

DAY 180

시간과 부가적 요소들

우리는 오르도 살루티스(구원의 서정)에서 칭의(의롭다 하심)를 살펴보고 있다. 이제 두 가지를 더 살펴보고 입양으로 넘어가겠다.

첫째 문제는 칭의의 '시간'과 관련이 있다. 어떤 신학자는 칭의가 영원에서(in eternity, 영원 전에) 이루어진다고 주장한다. 하나님의 자비가 영원부터라면 우리의 칭의도 영원부터여야 한다. 어쨌든, 팍툼 살루티스(구속 언약)는 구속 계획을 영원에 두며, 따라서 칭의도 영원에서 이루어져야 하지 않겠는가? 이러한 이해에 따르면, 거듭남의 은혜는, 죄인이 의롭다 함을 받고 하나님의 호의를 '받을 만한 자격을 얻었다'(위치적 의미에서)고 선언된 결과로 주어진다.

그러나 대다수 신학자는 칭의가 죄인이 실제로 믿을 때 이루어진다고 주장한다. 이러한 입장이 훨씬 낫다. 실제로, 작정은 영원부터지만, 칭의와 작정이 시간 속에서 실행되는 것을 혼동해서는 안 된다. 칭의는 성령께서 우리를 그리스도께 연합시킴으로써 우리에게 적용되는 그리스도의 은택(benefits) 가운데 하나다. 칭의는 '영원에서' 이루어지는 게 아니라 우리의 개인적 역사에서 이루어진다. 더욱이, 칭의는 믿음으로 이루어지며, 믿음에는 인간의 행동이 필요하다. 마지막으로, 로마서 8장 30절에 나오는 논리적·시간적 순서에 주목해야 한다. 칭의는 시간 속에서 일어나는 두 행위, 곧 부르심과 영화 사이에 위치한다. 구원의 요소에서 가운데 요소(칭의)가 영원에서 실행되었다는 것은 이치에 맞지 않다.

둘째 문제는 칭의에 수반되는 부가적 요소 또는 특성과 관련이 있다. 이와 관련해 셋을 언급할 수 있겠다.

동일성(unity). 칭의의 동일성에는 두 면이 있다. 첫째, 신자 사이의 동일성이다. 어느 참 그리스도인도 다른 그리스도인보다 더 의롭거나 덜 의롭지 않다. 칭의는 하나뿐이며, 모든 신자, 모든 시대, 모든 장소에서 동일하다. 둘째, 의롭다 하심을 받은 개인과 관련된 동일성이다. 다가오는 심판은 새로운 칭의를 시행하는 게 아니라 이미 이루어진 칭의를 최종적으로 확증한다. 우리의 선한 행위는 두 번째 칭의를 위한 근거로 제시되는 게 아니라 첫 번째(그리고 유일한) 칭의의 표시와 표식과 결과로 제시될 것이다.

완전성(perfection). 칭의에 무엇을 더하거나 뺄 수 없다. 칭의에 대한 우리의 이해는 널뛰기를 할 수 있다. 그렇더라도 우리가 받은 칭의의 정도나 본질이 달라질 수는 없다. 칭의를 통해, 부정적 측면에서 저주가 제거되었고 긍정적 측면에서 의가 우리에게 돌려졌는데, 이는 증대되거나 감소될 수 없다.

확실성(certainty). 신자는 그리스도께서 산 자와 죽은 자를 심판하러 다시 오실 것을 두려워할 필요가 없다. 한 번 의롭다 하심을 받았으면 언제나 의롭다. 우리는 자신의 신앙고백이 진짜라고 증명해야 하지만 이는 '전 생애'를 토대로 한 최종 심판이 있다는 뜻이 아니다. 이미 그리스도 안에서 의롭다고 선언된 자에게는 '의롭다' 외에 그 어떤 법정적 판결도 있을 수 없다. 하나님의 은사와 부르심에는 후회함이 없다 (되돌릴 수 없다. 롬 11:29).

WEEK 37

DAY 181

입양

이미 살펴보았듯이, 칭의를 통해 우리는 두 가지 긍정적 권리를 갖는다. 자녀로 입양될 권리와 영생을 얻을 권리다. 이제 입양 자체를 짧게 살펴보겠다. 웨스트민스터 신앙고백은 오르도 살루티스(구원의 서정)에서 입양을 단 한 단락으로 다루지만, 이 항목은 내용이 아주 풍성하다.

하나님은 의롭다 하심을 얻은 모든 자가 그분의 독생자 예수 그리스도 안에서, 그리고 그 아들 때문에 입양의 은혜에 참여하는 자가 되게 하신다. 이로써 이들은 하나님의 자녀의 수에 포함되고, 그분의 이름이 붙으며, 하나님의 자녀로서 모든 자유와 특권을 누리고, 양자의 영을 받으며, 은혜의 보좌에 담대하게 나아가고, 하나님을 아빠 아버지라 부를 수 있으며, 아버지에게 받는 것 같이 그분께 불쌍히 여김을 받고, 보호를 받으며, 공급을 받고, 징계를 받지만, 절대로 버림받지 않고, 오히려 구속의 날까지 인치심을 받으며, 영원한 구원의 상속자로서 약속을 유업으로 받는다(12.1).

'누가', '왜', '무엇'에 주목하라.

누가. 의롭다 하심을 받은 모든 사람이다. 입양은 특별한 소수를 위한 게 아니라 참으로 의롭다 하심을 얻은 모든 사람을 위한 것이다. 입양은 칭의와 구분되지만 절대로 분리되지 않는다. 칭의가 법적 판결의 변화라면 입양은 법적 신분의 변화다. 입양은 우리의 법적 신분의 변화와 결합된 가족적 신분의 변화다. 입양은 하나님이 단지 우리의 심판자가 아니라 아버지이시기도 하다는 점을 일깨운다.

왜. 우리의 입양은 그리스도 안에서 이루어지며 그리스도를 '위한' 것이다. 그리스도께서는 우리의 맏형이고 하나님의 친아들이며, 우리가 은혜로 하나님의 자녀 되는 길을 여신다. "영접하는 자 곧 그 이름을 믿는 자들에게는 하나님의 자녀가 되는 권세를 주셨으니 이는 혈통으로나 육정으로나 사람의 뜻으로 나지 아니하고 오직 하나님께로부터 난 자들이니라"(요 1:12-13).

무엇. 다음 고백은 우리가 입양된 하나님의 자녀로서 누리는 열세 가지 복이다.

1. 우리는 하나님의 자녀의 수에 포함된다.
2. 우리는 이제 종이 아니라 자유민이다.
3. 우리는 하나님 집에서 살 특권이 있다.
4. 우리는 하나님의 가족 구성원으로서 하나님의 이름이 붙는다.
5. 우리는 은혜의 보좌에 나아갈 수 있다.
6. 우리는 '아빠 아버지'라 부르며 하나님께 친밀하게 말할 수 있다.
7. 우리는 하늘에 계신 우리 아버지께 불쌍히 여김을 받는다.

8. 우리는 하늘에 계신 우리 아버지께 보호를 받는다.

9. 우리는 하늘에 계신 우리 아버지께 징계를 받는다.

10. 우리는 절대로 버림받거나 의절당하지 않을 것이다.

11. 우리는 인치심을 받았으며 영원히 안전하다.

12. 우리에게는 말할 수 없는 복이 넘치는 미래의 유산이 있다.

13. 우리는 영생의 상속자다.

그래서 우리는 기뻐 외친다. "보라 아버지께서 어떠한 사랑을 우리에게 베푸사 하나님의 자녀라 일컬음을 받게 하셨는가"(요일 3:1).

DAY 182

성화는 칭의와 어떻게 다른가?

성경은 전형적으로 '거룩해진'(성화된) 또는 '거룩하게 하다'(성화하다)라는 표현을 사용해 하나님께 구별된 자로서의 신자의 위치적 거룩(positional holiness)을 말한다. 그러나 조직 신학에서, 성화(sanctification)는 대체로 그리스도께 연합되어 의롭게 된 신자를 하나님이 그분의 형상으로 점점 더 변화시키시는 것을 의미한다. 이 장과 이어지는 여러 장에서, 성화라는 용어를 이런 의미로, 곧 확정적 성화가 아니라 점진적 성화의 의미로 사용하겠다.

성화를 수동적으로 이해할 수도 있고 능동적으로 이해할 수도 있다. 변화가 '우리 안에서 하나님에 의해 일어난다'는 측면에서 성화는 수동적이다. 또 변화는 '우리가 해야 하는 것이며, 하나님이 우리 안에서 우리를 통해 일으키신다'는 측면에서 성화는 능동적이다.¹ 이것이 아주 중요하다. 성화에서, 하나님이 우리 안에서 일하시지만 그와 동시에 우리도 일하고 있다. 성화의 수동적 측면이나 능동적 측면 가운데 어느 하나를 무시한다면, 그 신학은 한쪽으로 기울어진 비성경적인 신학이 될 것이다.

이러한 정의만으로도, 칭의와 성화가 서로 연결되지만 서로 다른 은사라는 것을 알 수 있다. 칭의와 성화를 세밀하게 구분하지 않을 때, 가장 심각하고 파멸을 초래할 수 있는 오류가 일어난다.

튜레틴에 따르면, 칭의와 성화는 적어도 다섯 가지 부분에서 서로 다르다.²

1. 칭의와 성화는 '대상'이 다르다. 칭의는 죄책과 관련이 있고, 성화는 오염과 관련이 있다.
2. 칭의와 성화는 '형식'이 다르다. 칭의는 우리의 죄가 용서받고 그리스도의 의가 우리에게 전가되는 법정적 행위다. 성화는 의가 신자에게 주입되고 개인적 갱신이 시작되어 오랜 과정을 거쳐 완성에 이르는 도덕적 행위다.
3. 칭의와 성화는 '수혜자'가 다르다. 칭의에서, 인간은 하나님의 무죄 판결을 근거로 새롭고 객관적인 신분을 받는다. 성화에서, 우리는 하나님에 의해 주관적으로 새롭게 된다.

4. 칭의와 성화는 '정도'가 다르다. 칭의는 이생에서 온전하게 주어지며 더 커질 가능성이 전혀 없다. 성화는 이생에서 시작되지만 내세에서야 완성된다. 칭의 선언은 한 번으로 영원하다. 성화의 내적 사역은 단계적으로 일어난다.
5. 칭의와 성화는 '순서'가 다르다. 하나님은 이미 믿음으로 화해되고 의롭게 된 자만을 거룩하게 하신다.

어떤 그리스도인은 성화도 '오직 믿음으로' 된다고 주장했다. 물론 성화는 그리스도를 믿는 자에게만 주어지는 선물이며, 하나님의 약속을 믿음으로써 우리의 경건이 성장한다는 사실을 강조하는 것은 옳지만, '오직 믿음으로'라는 어구는 도움이 되지 않는다. 칭의와 성화 둘 다 믿음으로 된다. 그러나 칭의에서 믿음은 우리가 그리스도의 의를 받는 '도구'인 반면에, 성화에서 믿음은 성화가 자라는 뿌리이자 '원리'다.[3] 우리가 이신칭의를 말하는 것은 칭의를 그 어떤 노력이나 행위적인 개념으로부터 보호하고 싶기 때문이다. 그러나 성화는 이러한 협력을 분명히 포함하며, 따라서 '오직'이란 표현은 잘해야 오해를 낳고 최악의 경우 부정확하다. 칭의와 성화를 너무 비슷한 방식으로 설명하면 둘을 오해하기 쉽다.

1 Turretin, *Elenctic Theology*, 2:689; 투레티누스, 『변증신학 강요』.
2 Turretin, *Elenctic Theology*, 2:690-691; 투레티누스, 『변증신학 강요』.
3 Turretin, *Elenctic Theology*, 2:692-693; 투레티누스, 『변증신학 강요』.

DAY 183

율법의 세 가지 용도

하이델베르크 요리문답은 주로 크게 세 가지 요소로 구성된다. 사도신경(7-22째 주일), 십계명(33-44째 주일), 주기도문이다(45-52째 주일). 하이델베르크 요리문답은 이러한 전통적 요소를 다루면서 세 항목에 유명한 제목을 붙인다. 바로 죄책, 은혜, 감사다. 또는 비참함, 구원, 감사다.

많은 사람이 그렇게 했듯이, 하이델베르크 요리문답이 죄책을 다루는 항목이 아니라 감사를 다루는 항목에서 율법을 설명한다는 사실은 주목할 만하다. 이러한 선택은 널리 퍼진 개혁주의의 믿음, 곧 이른바 율법의 셋째 용도와 관련이 있다.

- 율법의 첫째 용도는 우리에게 우리의 죄책을 보여 주고, 우리로 죄를 깨닫게 하며, 우리를 그리스도께 인도하는 것이다.
- 율법의 둘째 용도는 불순종에 따르는 형벌에 대한 두려움을 통해 악을 삼가하게 하는 것이다.
- 율법의 '셋째이자 주된 용도'는(칼뱅이 말했듯이) 하나님의 뜻을 배우는 도구로 활용되는 것이다.[1] 율법은 우리에게 우리 죄를 보여 주어 우리가 그리스도께 이끌리게 할 뿐 아니라, 그리스도께 속한 자로서 어떻게 살아야 하는지도 보여 준다.

어떤 의미에서, 그리스도인은 이제 율법 아래 있지 않다. 우리는 은혜 아래 있다(롬 6:14). 우리는 율법에서 벗어났고(롬 7:6) 율법의 감시에서 벗어났다(갈 3장). 다른 한편으로, 우리는 믿음으로 의롭게 되었기에 율법을 굳게 세운다(롬 3:31). 그리스도께서도 자신이 율법과 선지자를 폐하러 왔다고 생각하는 자들을 논박하셨다(마 5:17). 그리스도인은 율법의 저주 아래 있지 않다는 의미에서 율법으로부터 자유하다. 다시 말해, 그리스도께서 모든 믿는 자에게 의가 되려고 율법의 마침이 되셨다(롬 10:4). 이뿐 아니라, 율법은 이스라엘에게 민족적 언약이었으나 우리에게는 그렇지 않다.

그러나 일반적으로 율법, 특히 십계명은 우리가 어떻게 살아야 하느냐에 관해 여전히 청사진을 제시한다. 십계명은 신약 윤리의 핵심이었다. 예수님은 율법의 후반부 대부분을 부자 청년에게 되풀이하셨다(막 10:17-22). 사도 바울도 이 부분을 되풀이했으며(롬 13:8-10) 이 부분을 토대로 디모데에게 도덕적 교훈을 주었다(딤전 1:8-11). 새 언약 아래서도 계명들이 거룩하고 의로우며 선하다는 데는 조금의 의심도 있을 수 없다(롬 7:12).

그러므로 우리가 계명들에 순종하는 것은 하나님의 은혜를 얻기 위해서가 아니라 그분의 은혜에 감사하기 때문이다.

하나님이 이스라엘을 애굽에서 건져내신 후에야 이들에게 십계명을 주셨다는 사실을 잊지 말라. 율법은 구속의 원인이 아니라 구속에 대한 반응이었다. 절대로 율법을 복음에서 분리해서는 안 된다. 어떤 의미에서, 율법은 우리의 죄를 보여 주고 우리를 복음으로 인도한다. 그러나 다른 의미에서, 십계명을 주신 일이 애굽에서 구원받은 일을 뒤따랐듯이, 율법은 복음을 뒤따라야 한다. 마찬가지로, 에베소서 2장은 은혜로 받는 구원을 먼저 설명하고 뒤이어 우리를 위해 준비된 선한 일을 하라고 교훈한다(10절). 로마서는 칭의와 선택(택하심)을 먼저 설명하고 뒤이어 우리가 이러한 기적에 답해 어떻게 살아야 하는지 말한다(롬 12:1).

간단히 말해, 우리는 복음에 대한 감사로 율법에 순종한다. 루이스 벌코프가 말했듯이, 우리는 율법과 복음을 구분하지만 언제나 "은혜의 방편인 하나님 말씀의 두 부분으로" 구분한다.[2]

1 Calvin, *Institutes*, 2.7.12; 칼뱅, 『기독교 강요』.
2 Berkhof, *Systematic Theology*, 612; 벌코프, 『벌코프 조직신학』.

DAY 184

신뢰와 노력

J. C. 라일(Ryle)의 고전 『거룩』(*Holiness*)은 19세기 말 영국에서 유행했던 "더 높은 삶 신학"(Higher Life theology)에 대한 반응이었다. "더 높은 삶 운동"은 케직 사경회(Keswick Conventions)와 관련이 있었기에 때로 케직 신학이라 불렸으며, 한 수준의 그리스도인에서 다른 수준의 그리스도인으로 옮겨 가면 죄가 치유된다고 가르쳤다.

위기의 순간, 곧 일종의 두 번째 회심에서 신자는 육체적 그리스도인에서 영적 그리스도인으로, 그리스도 안에 거하지 않음에서 그리스도 안에 거함으로, 신자에서 제자로, 예수님을 구주로 받아들임에서 예수님을 주님으로 받아들임으로, 패배하는 그리스도인에서 승리하는 그리스도인으로, 간단히 말해 낮은 삶에서 높은 삶으로 옮겨 가야 했다.

결정적으로, 원래의 케직 신학에서 승리하는 삶의 조건은 내어 맡김(surrender)과 믿음, 둘 뿐이었다. 성화는 성별(consecration)을 통해 일어났다. 다시 말해, 성화는 예수님의 다스림에 자신을 무조건적으로 내어 맡김으로써 일어났다. 승리는 노력을 통해 얻는 게 아니라 자신의 성별과 내어 맡김을 확인하고 또 확인함으로써 얻는 것이었다. 성화는 노력하기가 '아니라' 신뢰하기를 의미했다.

이와는 대조적으로, 신약성경의 일관된 가르침은 경건이 자라려면 그리스도인의 노력이 필요하다고 말한다. 로마서 8장 13절은 영으로써 육의 행실을 죽여야 한다고 말한다. 에베소서 4장 22-24절은 옛 사람을 벗어버리고 새 사람을 입으라고 말한다. 에베소서 6장은 하나님의 전신갑주를 입고 마귀를 능히 대적하라고 말한다. 골로새서 3장 5절은 땅에 있는 지체를 죽이라고 명한다. 디모데전서 6장 12절은 선한 싸움을 싸우라고 촉구한다. 누가복음 13장 24절은 좁은 문으로 들어가기를 힘쓰라고 권면한다. 베드로후서 1장 5절은 분명하게 말한다. "모든 노력을 다 하라"(개역개정은 "더욱 힘써"로 번역했다. -역주).

그리스도인은 노력한다. 죄를 죽이려 노력하고 성령 안에서 살려고 노력한다. 그리스도인은 복음 안에서 안식하지만, 육체와 싸우고 마귀와 싸울 때는 전혀 안식하지 못한다. 라일이 말했듯이, 하나님의 자녀는 큰 표식이 둘 있다. 그는 내적 싸움을 하고 내적 평안을 누린다.[1]

물론, 의롭게 하시는 하나님의 은혜는 절대로 우리의 노력으로 쟁취할 수 없다. 우리가 무엇이라도 이룬다면 그것이 우리 안에서 이루어지도록 하나님이 뜻하셨기 때문이다(빌 2:12-13; 참조. 고전 15:10; 히 2:11). 그리스도인의 삶은 참으로 처음부터 끝까지 모두 복음이다. 그러나 복음 중심이 무슨 뜻인지 오해하지 말아야 한다. 복음적 그리스도인으로서 우리는 노력하고 싸우며 일하길 두려워하지 않는다. 이들은 성경에 나오는 좋은 단어다. '스스로를 의롭다 함'에서 우리를 자유롭게 하는 복음은 순종을 **위해**서도 우리를 자유롭게 한다. 하나님은 이스라엘에게 "열심히 노력하라. 그러면 내가 너희를 애굽에서 자유하게 하리라"고 말씀하지 않으셨다. 이는 복음 없는 율법이다. 또 하나님은 이들에게 "내가 너희를 사랑한다. 내가 나의 은혜로 너희를 자유롭게 했다. 나는 너희가 이 좋은 선물을 믿는 것 외에 아무것도 너희에게 요구하지 않는다"라고도 말씀하지 않으셨다. 이는 율법 없는 복음이다. 대신에, 하나님은 그분의 자비로 그들을 구속하셨고, 그 자비가 순종을 위한 길을 냈다.

"내려놓고 하나님이 하시게 하자"(Let go and let God)라는 슬로건을 내걸었던 옛 케직 신학의 실수를 되풀이 하지 말자. 칭의는 율법의 행위와 무관하게 전적으로 믿음에 달려 있다. 그러나 성화는 믿음에서 비롯되고 믿음에 의지하며 믿음으로 작동하지만 도덕적 노력이 필요하다. 옛 신학자는 이를 표현하면서 죽이다(mortify)와 살리다(vivify)라는 표현을 사용했다. 경건의 성장에서, 신뢰가 노력에 마침표를 찍는 게 아니다.[2]

1 Ryle, *Holiness*, 69; J. C. 라일, 『거룩』, 장호준 역, 복있는사람, 2009.
2 이 항목의 일부는 DeYoung, *Hole in Our Holiness*, 88-91(드영, 『구멍 난 거룩』)에서 발췌했으며, 허락을 받고 사용했다.

DAY 185

선한 행위와 구원

선한 행위가 구원에 필요한가? 단순한 질문이 아니다.

이 문제를 다루면서, 튜레틴은 선한 행위의 필요성과 관련해 중요한 세 견해가 있다고 주장한다. 어떤 사람은 현대의 리버틴(Libertine, 난봉꾼) 같아서 선한 행위를 임의적이고 대수롭지 않은 것으로 여긴다. 어떤 사람은 고대의 바리새인 같아서 선한 행위가 칭의에 필수라고 주장한다. 튜레틴은 두 극단 사이에서 정통적인 중간 지점을 견지하려 노력하면서, 선한 행위가 필요하지만 공로를 세우기 위해서가 아니라고 주장한다. 문제는 "선한 행위가 구원을 당연한 권리로 얻거나 획득하는 데 필요하냐"가 아니라 선한 행위가 "구원을 누리는 수단과 방법으로 필요하냐"이다. 후자의 의미에서, 튜레틴은 선한 행위의 필요성을 단언한다.¹

튜레틴에 따르면, 선한 행위의 필요성은 여러 사실로 입증된다. 첫째, 하나님이 선한 행위를 명하신다. 둘째, 은혜 언약은 선한 행위를 요구한다. 셋째, 복음은 믿음과 삶의 규범이다. 넷째, 은혜의 상태는 선한 행위를 하도록 우리를 자유하게 한다. 다섯째, 하나님의 복은 선한 행위로 이어지는 성화를 포함한다.

은혜 언약에도 여전히 규정과 의무(어떤 사람은 조건이라 부른다)가 있다. 사람이 하나님께 수행해야 하는 의무가 있고, 이러한 의무 수행과 연결된 복이 있다. 비록 (그리고 이것이 중요하다) 하나님이 이러한 의무가 실행되게 하시는 분이더라도 말이다. 선한 행위 없이 하늘에 이를 수 없으며(히 12:14; 계 21:27), 그러기에 우리 안에서 착한 일을 시작하신 분이 그 일을 충실하게 완결하시리라는 말씀은 참으로 좋은 소식이다 (빌 1:6).

선한 행위의 필요성을 강조한다는 말이 율법주의자나 신율법주의자(neonominian)가 된다는 뜻은 아니다. 그리스도인은 선한 행위의 필요성에 관한 질문에 당혹해하기 일쑤다. 한편으로, 선한 행위가 필요 없다고 말하면 신약성경의 경고나 도덕 명령을 거의 이해할 수 없다. 그러나 선한 행위가 구원에 필요하다고 말하면 마치 천국을 우리의 노력과 순종으로 획득하는 것인 양 많은 그리스도인에게 큰 짐을 지운다. 그러나 이는 히브리서 12장 14절("거룩함을 따르라 이것이 없이는 아무도 주를 보지 못하리라")이 의미하는 바가 아니며 튜레틴이 의미하는 것도 아니다.

행위를 세 가지 방식으로 생각할 수 있다. 칭의나 성화나 영화와 연결해서 생각하는 것이다. 행위는 칭의와 연결되지만, 선행적으로, 유효하게, 공로적으로 연결되는 것이 아니라 결과적으로, 선언적으로 연결된다. 행위는 성화와 구성적으로 연결된다. 행위가 성화를 구성하고 증진하기 때문이다. 행위는 영화에 선행적으로, 순서적으로 연결된다. 행위는 결과에 대한 수단으로서 영화와 연결되기 때문이다.[2]

꽤 밀도 있으면서도 놀랍도록 간결하고 결정적으로 중요한 문단이다. 선한 행위는 각기 다른 방식으로 연결된다. 선한 행위는 결과와 선언으로서 칭의 뒤에 온다. 선한 행위는 성화의 정의와 격려자로서 성화와 동일시된다. 선한 행위는 하나님의 확실한 목적에 이르는 하나님이 정하신 수단으로서 영화 앞에 온다. 튜레틴이 말하듯이, "은혜는 영광의 시작이고 영광은 은혜의 완성이다."

1 Turretin, *Elenctic Theology*, 2:702; 투레티누스, 「변증신학 강요」.
2 Turretin, *Elenctic Theology*, 2:705; 투레티누스, 「변증신학 강요」.

WEEK 38

DAY 186

선한 행위와 신자

신자의 선한 행위는 이생에서 절대로 완전하지 않지만, 여전히 참으로 선할 수 있다.

완전함(perfection)을 먼저 살펴보자. 흥미롭게도, 율법에 순종함과 관련해 튜레틴은 특정한 종류의 완전함이 가능하다고 생각했다. 율법의 성취는 절대적으로 '성실의 완전함'(온 마음으로 하나님을 섬김)도 아니고 '부분의 완전함'(몸과 영혼이 거룩해짐)도 아니다. 또 '상대적 완전함'(어떤 신자는 다른 신자보다 더 성숙함)도 아니고 '복음적 완전함'(하나님이 아버지로서 오래 참으며 그분의 은혜로 우리의 행위를 완전하게 하심)도 아니다. 튜레틴은 "이 모든 종류의 완전함"을 단언하며, 성경은 신자가 "완전하고"(온전하고) "정직하다"고 자주 말한다는 사실을 지적한다. 튜레틴에게 문제는 바로 '법적 완전함'에 관한 것으로, 그 대답은 분명하게 '아니오'이다. 새롭게 난 신자는 하나님이 그를 고소하고 정죄하실 만한 게 전혀 없을 만큼, 하나님의 법에 절대로 완전하게 순종할 수 없다.[1]

우리는 율법을 절대적으로 성취할 수 없으며, 이는 성경이 분명하게 가르치는 여러 사실에서 확인할 수 있다. 요한일서 1장은 신자 안에 남아 있는 죄를 말하고, 로마서 7장은 육신과 성령의 싸움을 말하며, 사도행전 15장은 감당할 수 없는 율법의 멍에를 말하고, 주기도문은 죄를 사하여 달라고 날마다 기도하라고 말하며, 성경 전체에는 성도들의 본보기가 나온다. 여러 방식으로, 성경은 신자가 순종하고, 의로우며, 거룩하다고 말한다. 그러나 우리는 이 가운데 어느 하나도, 하나님의 엄격한 법적 심판에서 하나님이 우리에게 불리한 그 어떤 것도 제시하지 못하실 만큼, 우리가 율법을 완전하게 성취할 수 있다는 뜻이라고 이해해서는 안 된다.

이제 선한 행위의 완전함(법적 의미에서, 신자에게 불가능하다)에서 선한 행위의 가능성으로 옮겨 가겠다. 신자가 믿음의 마음으로 하나님의 명령을 하나님의 영광을 위해 행할 때 하나님은 우리를 기뻐하신다(롬 12:1; 골 1:10; 요일 3:22). 개혁주의 그리스도인이 때때로 하는 실수가 있다. 자신이 '진정으로' 개혁주의자라면 그리스도인으로서 하는 모든 일을 철저히 깎아내려야 한다고 생각하는 것이다. 이제껏 보았듯이, 우리가 율법을 절대적으로 성취할 수 없는 것은 확실하다. 그러나 여기서 주의 깊은 구분이 도움이 된다. 선한 행위는 '완전하게' 선하지 않고서도 '참으로' 선할 수 있다.

거룩을 평범한 그리스도인이 다다를 수 없는 이상인 양 취급하는 것은 성경이 사가랴와 엘리사벳 같은 사람을 말하는 방식에 맞지 않다. "이 두 사람이 하나님 앞에 의인이니 주의 모든 계명과 규례대로 흠이 없이 행하더라"(눅 1:6). 이런 행동은 하나님이 욥에게 하신 "온전하고 정직하여 하나님을 경외하며 악에서 떠난 자"라는 칭찬이나(욥 1:8) 바울이 순종하고 경건한 모범을 보인다며 교회들에게 자주 했던 칭찬을 진지하게 받아들이지 않는 것이다.

마찬가지로, 예수님은 지혜로운 사람은 그분의 말씀을 듣고 행한다고 가르치셨다(마 7:24). 야고보도 같은 말을 한다(약 2:22-25). 하나님의 말씀을 행하는 일은 어떤 가정일 뿐이라는 암시가 전혀 없다. 정반대로, 예수님은 우리에게 모든 민족을 제자로 삼아 자신이 명한 모든 것을 '지키게' 하라고 명하신다(마 28:19-20).[2]

그리스도인은 선한 행위에 있어 부요할 수 있다(행 9:36; 딤전 6:18). 우리는 우리의 부르심에 합당한 길로 행할 수 있다(엡 4:1). 하나님은 그분의 아들 안에서 우리의 선한 행위를 보시며 "약점과 불완전함이 많아도 진실하다면 기뻐 받으시고 상을 주신다"(웨스트민스터 신앙고백 16.6).

1 Turretin, *Elenctic Theology*, 2:694-695; 투레티누스, 『변증신학 강요』.
2 이 단락은 DeYoung, *Hole in Our Holiness*, 65-66(드영, 『구멍 난 거룩』)에서 발췌했다.

DAY 187

선한 행위와 공로

이미 살펴보았듯이, 선한 행위는 필요하며(칭의의 근거가 아닌 결과로서) 참으로(완전히는 아니더라도) 선할 수 있다. 이제 공로 문제를 살펴보자.

로마 가톨릭 신학은 공로를 세 종류로 구분한다. 먼저 '엄격한 공로'는 주어진 보상과 수행된 행위가 상응하는 경우다. 이러한 종류의 공로는 제공된 서비스에 대한 급여와 같다. 이는 받을 자격이 있으며 스스로 획득한 것이기도 하다. '적절한 공로'는 보상이 행동의 본래 가치가 아니라 약속에 따라 주어지는 경우다. 신자는 적절한 공로를 따라 선을 행한다. 다시 말해, 그리스도의 존엄을 따라 은혜의 상태에서 선을 행한다. 이 공로는 받을 자격이 있지만, 엄격히 말해 스스로 획득한 것은 아니다. '일치하는 공로'는 적절한 공로와 비슷하지만, 은혜의 상태에서 시행되지 않는다. 이는 거듭나지 못한 사람을 위한 공로의 범주다. 누군가가 가치 있으나 하나님이 상 주겠다고 약속하지 않으신 일을 할 때, 그 공로는 받을 자격이 있어서 주어진 것이 아니며, 스스로 획득한 것도 아니다.

이러한 체계의 문제는 이러한 구분 자체가 비논리적이거나 완전히 무익하다는 데 있는 게 아니라 '공로'라는 단어가 더 고상한 행동이나 그리스도인의 선한 행위를 묘사하기에 적합한 범주가 아니라는 데 있다. 튜레틴이 설명하듯이, '공로'는 두 방식으로 사용될 수 있다.[1] 넓게는 '공로'를 단지 연속되는 사건을 가리키는 데 사용할 수 있다. 이런 의미에서, 교부들은 '공로를 쌓다'(to merit)라는 동사를 '얻다'(to gain), '손에 넣다'(to obtain), 또는 '획득하다'(to attain)라는 뜻으로 사용했다. 이러한 넓은 용례는 이해되지만 오해의 여지가 있다. 엄격하고 적절하게 말하면, '공로'는 그 본래 가치 때문에 마땅히 상이 주어져야 하는 행위를 가리킨다. 대다수 사람이 공로를 말할 때 떠올리는 것은 바로 무언가를 획득하거나 받을 자격이 있는 어떤 것이다.

이런 의미에서, 선한 행위는, 의롭다 하심을 받은 신자의 행위라도 아무 공로가 없다. 선한 행위가 엄격하고 적절한 의미에서 공로가 되려면 적어도 다섯 가지 특성을 반드시 갖춰야 한다.

1. 행위는 반드시 '넘쳐야' 한다. 다시 말해, 해야 하는 일만 해서는 안 된다.
2. 행위는 반드시 자신의 것이어야 하며, 다른 사람의 행위에 기대서는 안 된다.
3. 행위는 절대적으로 완전해야 한다.
4. 행위는 받은 값에 상응해야 한다.
5. 받은 값이나 상은, 행위의 본래 가치 때문에 받을 자격이 있는 것이어야 한다.[2]

우리의 선한 행위는 이러한 요건 가운데 어느 하나도 충족하지 못한다. 우리의 가장 선한 행위라도 첫째, 우리가 마땅히 해야 하는 것일 뿐이며 둘째, 우리 안에 있는 하나님의 은혜에서 비롯되고 셋째, 불완전하며 넷째, 영생이란 상에 비하면 아무것도 아니고 다섯째, 그 자체로 가치가 없다. 선한 행위는 구원에 필요하지만, 구원을 권리로 성취하거나 획득하기 위해 필요한 게 아니다. 선한 행위의 필요성은 인과성과 유효성에 관한 게 아니라 연결과 순서에 관한 것이다.

간단히 말해, 우리의 선한 행위는 성경에서 자주 칭찬받을 만하지만(다시 말해, 하나님을 기쁘시게 하고 참으로 선하지만) 우리에게 하늘의 상을 안겨 주지는 않는다. 하나님은 그분의 약속에 늘 참되지만, 절대로 우리에게 아무것도 '빚지지' 않으신다. 선한 행위와 최종 영화 사이에는 참되고 필수적인 연결이 있지만, 공로를 통한 연결은 아니다.

1 Turretin, *Elenctic Theology*, 2:710-11; 투레티누스, 「변증신학 강요」.
2 Turretin, *Elenctic Theology*, 2:712; 투레티누스, 「변증신학 강요」.

DAY 188

견인

칼뱅주의 5대 강령(TULIP)이라는 게 있다. '전적 부패'(total depravity), '무조건적 선택'(unconditional election), '제한 속죄'(limited atonement), '저항할 수 없는 은혜'(irresistible grace, 불가항력적 은혜), 성도의 견인(perseverance of the saints)이다. 이 중 사람들 대다수가 확언하고 싶어 하는 것은 '성도의 견인'이다. 성도의 견인은 많은 사람이 오해하는 것이기도 하다. 많은 그리스도인이 '영원한 안전' 교리 또는 '한 번 구원은 영원한 구원' 교리를 기꺼이 붙잡으려 할 것이다. 그러나 이러한 슬로건은 오해될 수 있고 잘못 적용되기 쉽다. 그러므로 성도의 견인을 좀 더 주의 깊게 이해해야 한다.

구원에 관해 기계적인 시각을 가지며, 따라서 영원한 안전에 관해 비성경적인 시각을 갖는 그리스도인이 허다하다. 이들은 '구원'을 자신이 통로로 나가 손을 들고 죄인의 기도를 할 때 틀림없이 일어난 일로 본다. 우리는 이러한 마법 같은 구원의 걸음을 떼자마자 '감옥에서 풀려나는' 카드를 영원히 손에 넣게 되고, 하나님은 마지막 날에 우리를 구속하실 의무를 진다.

이는 성경의 가르침이 아니다. "하나님의 아들의 이름을 믿는" 자들에게는 이미 "영생이 있다"(요일 5:13). 그러므로 우리는 한 번 거듭나면 절대로 거듭나지 않은 사람이 될 수 없으며, 한 번 의롭다 하심을 얻으면 절대로 의롭다 하심을 얻지 못한 사람이 될 수 없다. 그와 동시에, 계속 "우리와 함께 거하지" 않는 자는 그 자신이 "우리에게 속하지 아니함을" 드러내는 것이다(요일 2:19을 보라). 우리는 구원을 잃을 수 없지만, 애초에 구원받았는지에 관해서는 속을 수 있다.

성도의 견인은 영적 나태함과 도덕적 방종을 부추기는 교리가 아니다. 성도의 견인은 믿음과 회개와 경건에서 능동적으로 '견인하라'(인내하라)고 그리스도인을 독려하는 교리인데, 이는 하나님이 택하신 자를 틀림없이 '견인하시리라'고 우리가 확신하기 때문이다.

찬송가 작시자가 옳았다. "주님, 나 방황하기 쉽고, 사랑하는 하나님을 떠나기 쉽습니다"(새찬송가 28장 "복의 근원 강림하사", 한국어 가사는 "우리 맘은 연약하여 범죄하기 쉬우니"로 번역되었다. –역주) 내버려두면, 우리는 하나님의 은혜 안에 머물지 않을 것이다. 도르트 신조는 하나님의 개입이 없으면 사람들이 구원하는 믿음을 버리는 일이 일어날 수 있을 뿐 아니라 "의심할 여지 없이 그런 일이 일어날 것이다"라고 말한다(5.8).

그러니 하나님을 찬양하라. 하나님은 우리를 내버려두지 않으신다. 우리가 죄를 짓고 분투하며 심지어 길에서 벗어나더라도, 우리를 택하신 하나님의 뜻은 흔들리지 않는다(롬 9:11). 결국, 택하신 자를 멸하거나 속이는 일은 가능하지 않다(마 24:24; 벧전 1:5). "참 신자에게 은혜로 힘을 주고 이들을 견인하시는 하나님의 능력은 육신이 상대할 수 없다"(도르트 신조 5.4). 또는 요한이 말하듯이, "너희 안에 계신 이가 세상에 있는 자보다 크시다"(요일 4:4).

이 견인하는 은혜는 수동적인 보호에 그치지 않는다. 하나님은 우리가 그리스도와 늘 동행하는 데 필요한 일을 적극적으로 하셔서 **우리가 견인하게**(인내하게) **하신다**. 말씀의 씨는 택하신 자에게서 완전히 제거될 수 없다. 하나님은 우리 안에 있는 말씀의 씨가 죽게 두지 않으신다. 하나님은 설교와 성경 공부와 성경 암송이 우리 마음에서 저마다 선한 일을 하게 하신다.

하나님은 또한 우리 마음을 새롭게 해 회개에 이르게 하신다. 참 신자는 늘 돌아와 "자신의 죄를 진심으로, 경건하게 슬퍼할 것이다." 그러면 우리는 "믿음을 통해 통회하는 마음으로" 중보자의 피로 용서를 구하고 얻을 것이다. 그리고 마침내 우리는 "하나님과 화목하게 되고 그분의 은혜를 다시 경험할" 것이다(도르트 신조 5.7). "나 같은 죄인 살리신"이란 찬송가가 일깨우듯이, 나 같은 죄인을 살린 은혜는 나를 본향으로 인도할 은혜이기도 하다.[1]

---

1 이 항목의 일부는 DeYoung, *Grace Defined and Defended*, 81-82, 86-87에서 발췌했으며, 허락을 받고 사용했다.

DAY 189

경고 구절

신약성경에 하나님의 백성을 향한 숱한 위협과 경고가 있다. 예수님은 제자들에게 비가 오면 쓸려 내려갈 것이기에 모래 위에 집을 짓지 말라고 하셨다(마 7:26-27). 바울은 고린도 신자에게 불의한 자는 하나님 나라를 유업으로 받지 못하고(고전 6:9) 누구든지 선 줄로 생각하거든 넘어지지 않도록 조심하라고 했다(고전 10:12). 특히, 히브리서는 경고 구절로 넘쳐난다. 하나님의 백성이 경고를 받는다. 큰 구원을 등한히 여기지 말고(히 2:1-4), 이스라엘이 거역하며 했던 것처럼 마음을 완고하게 하지 말며(히 3:7-4:13), 하늘의 은사를 맛보고도 타락한 자처럼 되지 말고(히 5:11-6:12), 언약의 피를 부정한 것으로 여기지 말며(히 10:19-39), 에서처럼 장자의 명분을 파는 자가 되지 말라(히 12:14-29).

이러한 경고 구절을 어떻게 이해해야 하는가? 우리는 믿음이 파선하는 일이 가능함을 알고(딤전 1:19) 이런 자는 애초에 믿음의 사람이 아니었다고 인식해야 한다(요일 2:19). 그러나 이를 인식한다고 해서 참 신자가 성경의 위협과 권면을 어떻게 활용해야(또는 활용하지 말아야) 하는지 알게 되는 것은 아니다. 택함받은 자는 어김없이 끝까지 견인하실 것이므로 타락에 관한 이러한 경고를 단순히 무시해야 하는가? 히브리서의 이 다섯 구절을 비롯해 이와 비슷한 구절들은 거듭나고 의롭다 하심을 얻은 하나님의 백성이 살아가는 데 어떤 역할을 하는가? 도르트 신조는 이 질문에 더없이 간결하게 답한다.

복음 선포를 통해 우리 안에서 이 은혜의 사역을 시작하기를 기뻐하신 하나님은 복음 듣기와 읽기를 통해, 복음 묵상을 통해, 복음의 권면과 위협과 약속을 통해, 또한 성례의 시행을 통해 그분의 사역을 보존하고 지속하며 완성하신다(5.14).

두 가지를 주목하라. 첫째, 하나님은 여러 수단으로 우리가 견인하게 하신다. 하나님은 우리에게 약속하실 뿐 아니라 우리에게 경고하신다. 하나님은 복음 듣기와 성례 시행을 통해 일하신다. 하나님은 한

가지 방법을 고집하지 않으신다. 이러한 사실은 히브리서를 비롯해 신약성경에 나오는 여러 경고를 이해하는 데 도움이 된다. 경고와 권면은 견인을 약화시키지 않는다. 오히려 견인을 완성하도록 돕는다. 하나님은 우리가 넘어지지 않게 붙드는데("능히 너희를 보호하사", 유 24절), 그 한 방법은 하나님의 사랑 안에 거하라("하나님의 사랑 안에서 자신을 지키며", 유 21절)고 우리에게 말씀하시는 것이다.

둘째, 도르트 신조가 복음을 폭넓게 이해하는 방식에 주목하라. 엄격한 의미에서, 복음은 어떻게 구원받느냐에 관한 좋은 소식이라 할 수 있다. 그러나 넓은 의미에서, 복음은 구원 이야기 전체를 포함하는데, 구원 이야기는 복음의 약속뿐 아니라 십자가의 메시지에 내재된 경고와 권면도 포함한다. 우리를 지키시는 하나님은 수단을 통해 우리를 지키시는데, 여기에는 성례와 징계뿐 아니라 "복음의 거룩한 훈계"도 포함된다(도르트 신조 3/4.17).

DAY 190

영화

하나님이 미리 아신 자를 또한 미리 정하셨고(예정하셨고), 미리 정하신 자를 또한 부르셨으며, 부르신 자를 또한 의롭다 하시고, 의롭다 하신 자를 또한 영화롭게 하셨다(롬 8:29-30). 영화(glorification)는 성화의 완성이고, 칭의의 열매이며, 입양을 누리는 것이다.

오르도 살루티스(구원의 서정)의 나머지 부분처럼, 영화도 그리스도 안에서, 그리스도와 함께 이루어진다(롬 8:17). 영화는 신성에 흡수된다는 뜻이 아니라 땅에서 아직 누리지 못하는 완전함을 천국에서 누린다는 뜻이다(히 12:23). 우리는 만물의 시작으로 돌아가지 않을 뿐더러 윤회의 쳇바퀴를 돌지도 않을 것이다. 사람은 존재하는 목적이 있으며, 그리스도인에게는 그 목적이 하나님이자 사람이신 예수 그리스도의 형상으로 새롭게 되어 지금껏 가졌던 것보다 완전한 인성을 갖는 데서 끝난다.

성경적으로, 영화를 서로 다르며 상호보완적인 여러 방식으로 생각할 수 있다. 로마서 8장은 우리의 최종 영화를 가리켜 "하나님의 아들들이 나타나는 것"이라고 말한다(19절). 피조물은 이 나타남을 간절히 바라고 기다리는데, 그때에야 피조물이 썩어짐의 종 노릇 한 데서 해방되어 하나님의 자녀의 영광에 이른다는 것을 알기 때문이다(21절). 우리가 피조물의 영광에 이르는 것이 아니라 피조물이 우리의 영광에 이른다는 데 주목하라. 우리가 헤드라인이다. 우주의 회복은 지면 하단에 있다.

요한계시록 21장 1-8절도 영화를 언뜻 보여 준다. 만물이 새롭게 될 때, 우리의 삶이 마침내 세 실재로부터 해방될 것이다. 우리는 고난에서 해방될 것이고(눈물이 없고, 죽음이 없으며, 아픔이 없을 것이다), 죄에서 해방될 것이며(천성에서는 모두가 거룩할 것이다), 분리에서 해방될 것이다(하나님이 우리와 함께 거하시고 우리는 그분의 백성이 될 것이다).

신학적으로 말하자면, 영화는 우리를 육체적으로, 도덕적으로, 개념적으로 완전하게 한다고 할 수 있다. 육체적으로는 우리가 영광과 능력으로 다시 살아날 때(고전 15:43-44) 우리 몸의 구속을 경험할 것이다(롬 8:23). 도덕적으로는 우리가 거룩함의 상태에 불변하게 고정되어 의가 거하는 새 하늘과 새 땅에 살기에 적합해질 것이다(벧후 3:13). 개념적으로는 우리가 하나님과 하나님의 것들을 완전하고 분명하게 알게 되어 지금은 거울로 희미하게 보는 분을 얼굴을 맞대고 볼 것이다(고전 13:12).

이 최종 영화는 때때로 지복직관, 곧 더없이 복되신 하나님을 보는 능력이라 불린다. 물론, 하나님은 여전히 하나님이실 테고 우리는 여전히 그분의 피조물일 것이다. 이러한 존재론적 간극은 사라지지 않을 것이다. 우리는 하나님의 본질에 침투하지 못할 것이다. 그러나 지성이 완전해지고 의지가 완벽해져 초자연적 시각을 갖게 되어 눈으로 보지 못했던 것을 볼 것이다(고전 2:9). 이 시각은 사랑을 낳을 것이다. 우리가 더없이 사랑스러운 것을 보게 될 것이기 때문이다. 이 시각은 또한 기쁨으로 이어질 것이다. 기쁨이 소망에게 답하고, 우리는 영화롭게 되어 소망하던 것을 갖게 될 것이기 때문이다. 우리의 기쁨은 "하나님을 소유하는 데서 비롯될 것이며, 하나님은 최고선이시므로, 여기에는 보편적이고 영구적인 복이 포함된다."[1] 또는 택함받은 자가 받을 상에 대해 벨직 신앙고백이 한 표현처럼, "주님이 이들로 사람이 절대로 상상할 수 없는 영광을 소유하게 하실 것이다"(37조).

---

1 Turretin, *Elenctic Theology*, 3:612; 투레티누스, 『변증신학 강요』.

교회론

교회의 본질, 사명, 질서

WEEK 39

DAY 191

교회

그리스도인에게 '교회'보다 친숙한 단어도 없다. 목사로서 나는 매주 교회라는 단어를 수백 번 말한다. '교회'는 우리 아이가 말을 배울 때 가장 먼저 배운 단어 가운데 하나다. 매주 우리는 교회에 가는 것, 교회의 지체인 것, 교회에서 배운 것을 이야기한다.

하지만 이 단어가 무엇을 의미하는가?

'교회'를 가리키는 영단어(church)를 살펴보기 전에, 히브리어 단어와 헬라어 단어부터 살펴보자. 구약성경에서 회중(assembly)이나 모임(gathering)이란 뜻으로 사용된 히브리어 단어가 둘 있다. **카할**(qahal)은 '부르다'를 뜻하는 어근에서 왔으며, **에다**(edhah)는 '지명하다' 또는 '모이다'를 뜻하는 어근에서 왔다. 두 단어는 나란히 사용될 때 흔히 '회중'으로 번역된다(ESV, 출 12:6; 민 14:5). 때로 두 단어는 백성을 대표하는 자의 모임을 의미한다(왕상 8:1-5).

두 히브리어 단어는 70인역(헬라어로 번역된 구약성경)에서 대체로 **쉬나고게**(synagoge)나 **에클레시아**(ekklesia)로 번역되었다. 쉬나고게는 '모이다'라는 뜻이며, 모임 장소(마 4:23) 또는 모임 자체라는 뜻으로도 사용될 수 있다(행 13:43). 에클레시아라는 단어는 '불러냄을 받은 자들'로

교회론   517

직역할 수 있지만, 1세기 무렵에는 단순히 대중 집회를 가리켰다(행 19:32, 39, 41). 예수님은 다음과 같이 말씀하시며 이 단어를 분명한 기독교적 의미로 처음 사용하셨다. "내가 이 반석 위에 내 교회를 세우리니"(마 16:18).

스코틀랜드어 '커크'(kirk)와 독일어 '키르헤'(kirche)처럼, 영어 '처치'(church)도 어원적으로 헬라어 에클레시아가 아닌 '주님께 속함'을 뜻하는 **퀴리아케**(kuriake)와 연결된다. 건물을 '교회'라고 부르면 때로 화를 내는 사람이 있는데, 건물을 교회라 부르는 데는 그만한 이유가 있다. 교회는 '에클레시아'(회중, 모임)일 뿐 아니라 **퀴리아콘**(kuriakon, 주님께 속한 장소)이기도 하다.

신약성경은 교회에 여러 이미지를 적용한다. 가장 두드러지게도, 교회는 세 개의 알파벳 B에 비유된다. 먼저 교회는 '건물'(building)과 같은데, 그리스도께서 모퉁이돌이시고 사도들과 선지자들이 기초이며 우리 각자가 하나님이 거하실 처소로 함께 지어져 간다(엡 2:19-22; 참조. 고전 3:16-17). 교회는 '몸'(body)과 같은데, 그리스도가께서 머리이시고 우리 각자는 서로 연결되어 있으며 이 몸의 지체다(롬 12:4-5; 고전 12:12; 엡 5:23). 교회는 '신부'(bride)에도 비유될 수 있는데, 그리스도께서는 신랑이시고 하나님의 백성이 함께 어린양의 신부다(엡 5:31-32; 계 19:7-8; 21:9).

이러한 이미지 가운데 어느 하나를 지나치게 강조해서는 안 되지만, 어떻게 건물이 그리스도 안에서 교회의 견고함을 강조하고, 어떻게 몸이 우리가 그리스도께 연결되어 있음을 강조하며, 어떻게 신부가 우리와 그리스도의 관계를 강조하는지 볼 수 있다.

교회는 선택적 추가 요소가 아니라 그리스도인이 되는 것과 그리스도 안에서 성장하는 데 필수 요소다. 우리는 사도신경에서 "거룩한 공회"(공교회)를 믿는다고 고백하는데, 이는 성령을 믿는다는 고백의 일부로, 죄를 사하여 주심과 몸의 부활과 영원히 사는 것을 믿는다는 고백 바로 앞에 자리한다. 교회를 믿는다는 것은 절대로 작은 일이 아니다. 이 믿음은 구원 자체와 분리될 수 없고 삼위일체 하나님을 향한 신뢰와도 분리될 수 없다.

DAY 192

교회의 본질

오늘날 그리스도인 사이에 오가는 가장 뜨거운 논쟁 가운데 다수가 교회론(ecclesiology)으로 귀결된다. 우리는 흔히 교회의 사명이나 교회의 증언이나 교회의 자세에 관해 논쟁하는데, 이는 교회의 본질을 제대로 이해하지 못했기 때문이다. 건강한 교회론의 중심에는 교회에 관해 둘 중 하나가 아닌 '양쪽 모두'여야 하는 일련의 구분이 있다.

전투하는 교회와 승리하는 교회. 하나님의 백성은 여기 땅에서 싸우고 수고해야 한다. 그와 동시에, 영광스러운 안식 가운데 모이는 하늘의 교회가 있다. 교회는 죄와 싸우고 육신과 싸우며 마귀와 싸워야 하지만, 그러면서도 그리스도 안에서 우리를 위해 확보된 안식일의 쉼을 누린다.

보이는 교회와 보이지 않는 교회. 이 중요한 구분은 분리된 두 교회를 가리키지 않는다. 다시 말해 보이지 않는 교회에 속하기로 선택했다고 해서 보이는 교회에 속하지 않아도 되는 게 아니다.

대신에 이 구분은 우리의 주의를 '지금 그대로의 교회'(보이는 교회)와 '그렇게 되어야 하는 교회'(보이지 않는 교회)로 이끈다. 이 구분은 또한 그리스도와 표면적이고 외적인 관계에 있는 교회와 그리스도와 내적이고 영적인 관계에 있는 교회를 서로 대비하기도 한다. 마지막으로, 이 구분은 하늘과 땅에 있는 모든 택하신 자로 구성된 볼 수 없는 교회와는 대조적으로 땅에서 볼 수 있고 고백하는 교회를 설명하는 데 때때로 사용된다.

공교회와 지교회. 한편으로, 교회는 그 어떤 장소나 그 어떤 사람에게 국한될 수 없다. 교회는 보편적이다('공교회'가 바로 이런 뜻이다). 다른 한편으로, 교회는 식별 가능한 그룹의 사람들 사이에서 만져질 수 있도록 표현된다. 하나님은 우리에게 지교회에 속하지 않은 채 보편 교회에만 속하는 선택권을 주지 않으신다.

유기적 교회와 조직적 교회. 어떤 그리스도인은 '교회'라는 단어를 들으면 건물과 재정밖에 생각나지 않는다. 이들에게는 교회가 살아 있고 숨 쉬며 성장하는 유기체라는 것을 일깨워 주어야 한다. 또한 교회는 직분자와 교리와 의식과 질서가 있는 조직이기도 하다.

모이는 교회와 흩어지는 교회. 주일에 구체적 시간과 장소에서 만나는 교회가 모이는 교회다. 그러나 교회는 주일 마지막 예배 후에 사라졌다가 그다음 주일에 다시 나타나는 게 아니다. 교회는 각자의 가정과 일터와 지역 사회에 널리 흩어져 있는 신자로 존재한다.

교회의 숱한 실수는 지금까지 살펴본 각 쌍의 한쪽을 희생시켜 나머지 한쪽을 부각시킨 결과다. 우리는 양쪽 모두가 필요하다. 양쪽 모두 있어야 교회의 방향성에 있어 비현실적이 되거나 그리스도께서 말씀하신 교회에 대해 회의적이지 않을 수 있다. 교회는 우리가 자리한 물리적 위치보다 크지만, 우리는 어디에 있든지 교회에 속해야 한다. 교회는 기관 그 이상이지만, 그 이하일 수 없다. 교회는 지지대와 덩굴이 필요하다. 그리스도인의 삶에서 의미 있는 일이 모두 주일에 또는 교회 울타리 안에서 일어나리라 기대해서는 안 된다. 그러나 전체 모임은 덕을 세우고 언약을 갱신하며 하늘의 영광을 생각하는 특별한 시간이다.

냉소주의에 빠지지 않는 현실주의를 위해, 생명력을 잃지 않는 구조를 위해, 큰 그림과 작은 장소를 기뻐하기 위해, 우리는 '양쪽 모두'의 광휘를 갖춘 교회가 필요하다.

DAY 193

일체성

우리 가운데 대다수가 하나님의 속성을, 하나님의 하나님 되심을 설명하는 특성과 성격을 생각해 본 적이 있다. 그러나 교회의 속성을 생각해 본 그리스도인은 훨씬 적다. 다행히, 우리 가운데 많은 사람이 자신도 모르게 교회의 속성을 배웠다. 니케아 신경은 이렇게 고백한다. "우리는 하나이고 거룩하며 보편적이고 사도적인 교회를 믿습니다." 교회의 네 속성이 한 문장에 들어 있다. 일체성(unity, 하나됨, 통일성), 거룩성(holiness), 보편성(catholicity, 공교회성), 사도성(apostolicity)이 그것이다.

하나님은 한 분이시며, 따라서 교회도 하나다(요 17:11). 여러 면에서 다양하지만(고전 12:4-31), 교회는 한 몸으로 묶여 있다. 유대인과 이방인을 나누는 적대감의 벽이 무너졌으며(엡 2:14-18), 멀어졌던 다른 민족도 하나 되게 하는 동일한 보혈로 그리스도 안에서 화해할 수 있다. 교회의 일치가 너무나 중요하기에, 예수님은 대제사장의 기도에서 이를 중심 주제로 삼으셨다(요 17:21).

교회의 일체성은 주로 외적인 게 아니라 내적이고 영적이다. 다시 말해, 수많은 교회가 있고 심지어 수많은 교단이 있다는 사실이 '하나인' 교회와 반드시 배치되는 것은 아니다. 모든 나뉨이 분열은 아니다. 많은 나뉨이 어쩔 수 없는 언어와 문화와 장소의 차이에서 비롯된다. 벌코프가 잘 표현하듯이, "교회라는 유기체의 타고난 부요함은 단일한 외적 조직에서보다 현존하는 다양한 교회들에서 더 잘 표현되고 더 완전하게 표현된다."[1] 더욱이, 사도 바울에 따르면, 어떤 나뉨은 (도덕적 해이나 신학적 이단성의 결과일 때) 참 그리스도인과 참 교회가 가짜들과 갈라서는 기회일 수 있다(고전 11:19). 교회의 하나 됨은 교회의 거룩성과 보편성과 사도성에도 달려 있다.

에베소서 4장 1-16절의 논리가 매우 중요하다. 일체성이란 참된 영적 일치가 이미 있는 곳에서 우리가 유지해야 하는 관계적 선이다. 바울은 복음의 신비가 어떻게 유대인과 이방인을 하나 되게 하는지 설명한 후, 곧바로 에베소 신자를 권면한다. "평안의 매는 줄로 성령이 하나 되게 하신 것을 힘써 지키라"(3절). 모든 시대 모든 곳에서, 모든 참 그리스도인에게는 몸이 하나이고 성령도 한 분이며 소망도 하나이고 주님도 한 분이며 믿음도 하나이고 세례도 하나이며 하나님도 한 분이니 만유의 아버지시다(4-6절). 이것이 바로 신학자가 '교회의 본질적 일체성'(essential unity of the church)이라 부르는 것이다.

바울은 에베소 교회의 유대인 그리스도인과 이방인 그리스도인이 서로 역사와 인종과 문화가 다르지만 이러한 깊고 본질적이며 영적인 사실을 공유하며 서로 잘 어울리기를 바란다. 그러므로 목적은 오래 참음과 사랑으로 서로 용납하는 것이다(2절).

한 분이신 우리 주 예수 그리스도께 함께 충성하고 우리 믿음에 함께 헌신하지 않는다면 성령으로 하나 되지 못한다(13절). 예를 들어, 우리는 몰몬교도나 자유주의자나 유니테리언(Unitarian)과 '한 믿음'을 공유하지 않는데, 그렇기 때문에 그들과 유지해야 할 일체성(하나 됨)이 전혀 없다.

바울은 다양성 가운데 일체성(통일성)을 강조했다. 여기서 그가 말하는 다양성은 신학적 다양성이 아니다. 일체성은 참되고 정통적인 그리스도인이 그리스도 안에서 갖는 것이며, 우리가 교회 안에서 유지하려 노력하는 것이고, 우리가 성장하여 현재와 미래에 이르는 것이다(13절).

---

1 Berkhof, *Systematic Theology*, 574; 벌코프, 『벌코프 조직신학』.

DAY 194

거룩성

교회의 거룩성은 그리스도와의 연합을 통해 이른 현재적 상태이자, 앞으로 이르도록 수고해야 할 이상이다. 교회와 신자에게 거룩성은 선물이자 부르심이다. 우리는 그리스도 안에서 온전하면서도 그리스도 안에서 거룩해지고 있다(히 10:14). 교회는 이미 거룩하고(10절), 장차 거룩해질 것이며(히 12:10), 이를 위해 지금 노력해야 한다(14절).

교회의 거룩성에 관해 위치적 측면과 점진적 측면을 염두에 두어야 한다. 교회는 '이미' 거룩하다. 교회는 그리스도의 몸이고 그리스도의 신부다. 우리는 택하신 족속이고, 왕 같은 제사장이며, 하나님의 소유 된 백성이다. 우리는 전에 백성이 아니었으나 이제 하나님의 백성이다(벧전 2:9-10). 교회는 숱하게 실패하고 죄를 짓지만 여전히 주 안에서 성전이며, 하나님이 거하실 처소로 함께 지어져 간다(엡 2:21-22).

그와 동시에, 교회는 거룩하도록 부르심을 받는다(벧전 1:16). 그리스도께서 다시 오시는 날에 교회를 비방하는 자들이 틀렸다는 게 증명될 만큼 우리는 육신의 정욕을 제어하고 행실을 바르게 하며 선하게 살아야 한다(벧전 2:11-12). 권위보다 '진정성'을 더 높이 사고 경건보다 '난잡함'을 더 높이 사는 시대에, 그리스도께서 교회를 위해 자신을 내주셨다는 사실을, 우리를 죄의 형벌에서 '그리고' 죄의 권세에서 구원하기 위해 그렇게 하셨다는 사실을 절대 잊지 말아야 한다. 그리스도께서 죽으신 것은 우리가 자신의 상함으로 허우적대며 자신의 반역으로 인해 속수무책이 되게 하기 위해서가 아니다. 주 예수께서 죽으신 것은 우리를 거룩하게 하고, 깨끗하게 하며, 말씀으로 씻기 위해서다 (엡 5:25-26). 하나님이 불러 존재하게 하신 교회와 하나님이 복 주시는 교회는 하나님의 성품이 투영된 교회다.

이와 비슷하게 참 교회는 '결점이 없다'고 단언할 수 있다. 다시 말해 하나님의 거룩한 교회는 궁극적으로 실패하지 않는다. 이는 교회가 그 본성을 거슬러 행동할 수 없다거나, 보이는 교회가 다양한 시대와 장소에서 (박해나 배교로) 사라질 수 없다는 뜻이 아니다. 그러나 온 세상에 흩어진 모든 교회가 함께 실패할 수는 없다. 하나님의 약속과 성령의 보존하심과 그리스도의 능력 때문에, 참 교회는 땅에서 절대로 사라지지 않는다(마 16:18; 28:19-20). 나라들이 일어나고 사라질 것이다. 위인들이 일어나고 스러질 것이다. 권력들이 흥하고 쇠할 것이다. 예수님이 세우기로 약속하신 교회를 제외하고, 그 어떤 기관이나 조직의 성공도 절대적으로 보장되지 않는다. 교회는 지속된다. 교회의 거룩함처럼, 교회의 영속성도 그리스도께서 친히 보장하신다.

DAY 195

보편성

우리는 예배 때 사도신경으로 신앙을 고백한다. 그런데 개신교 목사로서, 나는 신자에게 이런 질문을 수도 없이 받는다. "왜 거룩한 **공**

회(catholic church)를 믿는다고 고백하나요?" 대답은 단순하다. 헬라어 **카톨리코스**(katholikos)는 '일반적'(general), '보편적'(universal), 또는 '전체와 관련된'이란 뜻이다. 우리는 '로마 가톨릭'을 믿는다고 고백하는 게 아니라 '보편적 교회'를 믿는다고 고백한다.

교회의 보편성(catholicity, 공교회성)을 네 가지로 생각할 수 있다.

장소와 관련해. 교회는 특정 장소에 제한되지 않는다. 신자는 어디서나 영과 진리로 하나님을 예배할 수 있다(요 4:21). 하나님의 백성은 전 세계에 흩어져 있지만, 그리스도 안에서 참으로 하나다. 더 나아가, 우리가 땅에서 속한 교회는 하늘에서 다스리는 동일한 보편적 교회의 일부다.

사람과 관련해. 교회는 늘 글로벌한 몸이며 과거에도 늘 그러해야 했다. 지금도 다양한 족속과 방언과 백성과 나라에서 나온 예배자가 보좌 주위에 모인다(계 5:9). 참 교회의 구성원은 종족이나 인종이나 성별이나 사회적 지위의 제한을 받지 않는다(갈 3:28; 골 3:11).

시간과 관련해. 교회는 지리적·정치적·문화적 경계를 넘어 확산된다. 교회는 또한 세기를 넘어 확산된다. 우리는 세상의 시작부터 존재했으며 만물이 완성될 때까지 존재할 교회의 일부다. 개인의 나이나 자신이 속한 교회나 교단의 역사가 얼마나 되든 간에, 그리스도인은 지구상에서 가장 오래되고 가장 다양하며 가장 글로벌한 기관에 속한다.

진리와 관련해. '보편적'(catholic)이란 단어는 신약성경에 없지만, 교부들은 사도들의 가르침과 연결된 교회와 다양한 분파 및 이단 집단을 구분하는 데 이 단어를 자주 사용했다. '보편적'이라는 말은 우리가 교회의 계층 구조와 땅의 교황에게 충성한다는 뜻이 아니다. 성도에게 단번에 주신 믿음에 충성한다는 뜻이다(유 3절).

보편성을 정확히 이해하면 교회가 여러 죄와 오류를 피하는 데 도움이 된다. 예를 들면, 교회의 보편성은 인종 차별을 근본적으로 거부한다. 오로지 특정한 부류의 사람으로 구성된 교회를 세우려는 교회의 성장 전략도 마찬가지다. 국가적 관심사가 그리스도인의 당연한 관심사로 혼동될 때도 보편성이 위협받을 수 있다.

적절한 자리에 있을 때, 애국심은 이웃을 사랑하고 기꺼이 자신을 희생하며 존경할 만한 자를 존경하는 기독교적 표현일 수 있다. 그러나 목사로서, 나는 주일 아침에 성도들을 인도하면서 이들이 오직 미국인만 믿을 뿐 폴란드나 일본이나 멕시코의 그리스도인이 믿는 것과는 아무 공통점이 없는 것을 설교하거나 기도하거나 찬양해서는 안 된다.

심각한 신학적 오류를 변호하고 조장하는 것은 교회의 보편성에 가장 큰 위협이다. 교회가 역사 속에서 교리적 잘못과 윤리적 잘못을 숱하게 저지른 것은 사실이다. 그러나 우리는 교회사 내내 교회를 가르치시는 성령의 사역을 기본적으로 신뢰해야 한다. 예를 들면, 동성 간 연합을 축복하거나 모든 경우에 낙태를 허용하려는 움직임을 보일 때, 이는 20세기 후반 이전의 그리스도인보다 오늘날 교회가 더 많이 안다고 전제하는 것으로, 교회의 보편성에 큰 해를 끼친다. 서구 교회가 실제로 하나이며 거룩한 보편 교회를 믿는다면, 수십 년 전까지만 해도 모든 시대 모든 곳에서 그리스도인이 지켜온 교리적 약속을 허무는 짓을 중단할 것이다.

WEEK 40

DAY 196

사도성

사도성(apostolicity)이란 주교가 사도직을 계승했다는 뜻이 아니라 사도들이 가르친 진리가 계승되었다는 뜻이다. 신약성경을 보면, 베드로에게서 대물림된다는 교회 최고 지도자의 성직자 계급에 관심이 없다. 그보다는 교회가 사도들이 물려준 복음을 늘 단단히 붙잡는 데 무한히 큰 관심을 둔다. 처음부터, 교회는 사도들의 가르침에 전념했다(행 2:42). 참으로 하나이며 거룩하고 보편적인 교회는 사도들과 선지자들의 터 위에 세워진 교회다(엡 2:20).

특히 목회 서신은 교회가 사도들이 놓은 진리의 터 위에 서는 것이 얼마나 중요한지 보여 준다. 바울은 디모데에게 "어떤 사람들을 명하여 다른 교훈을 가르치지 말라"고 말한다(딤전 1:3). 바울은 거짓 선생을 조심하라고 경고하는데, 그들은 진리에서 떠났으며 사실상 스스로도 자기 말을 이해하지 못하면서 확신에 넘쳐 단언한다(딤전 1:6-7; 딤후 3:7; 딛 1:16). 바울에 따르면, 이러한 거짓 선생은 믿음에 관하여 파선했으며(딤전 1:19-20), 미혹하는 영과 귀신의 가르침을 따름으로써 믿음에서 떠났다(딤전 4:1). 이들은 진리를 대적하고 마음이 부패했으며 믿음에 관하여 버림받은 자들이다(딤후 3:8). 이들의 가르침은 "경건하지 아니함에 점점 나아가나니 그들의 말은 악성 종양이 퍼져나감과 같다"(딤후 2:16-17).

사도들의 가르침(사도적 교리)은 아무리 강조해도 좋을 만큼 중요하다. 누구든지 교리가 중요하지 않다고 생각한다면 성경에 주의를 기울이지 않는 것이다.

디모데는 자신에게 맡겨진 사도적 진리를 지키고(딤전 6:20; 딤후 1:13, 14) 그 진리를 다른 사람에게 건네주라는 명령을 거듭 받았다(딤후 2:1-2). 디모데는 자신의 삶과 가르침을 세밀하게 살펴 자신과 자신의 가르침을 듣는 사람이 구원에 이르게 해야 한다(딤전 4:16). 주님의 종으로서, 디모데는 가르칠 줄 알아야 하고(딤전 3:2), 거역하는 자를 온유함으로 훈계할 줄 알아야 하며(딤후 2:25), 성경으로 꾸짖고 책망하며 권면할 줄 알아야 한다(딤후 4:2; 3:16). 간단히 말해, 그는 "능히 바른 교훈(건전한 교리)으로 권면하고 거슬러 말하는 자들을 책망할" 줄 알아야 한다(딛 1:9, 13). 교인들이 바른 교훈을 늘 받아들이지는 않을 테지만, 바른 교훈은 교인들에게 절실히 필요한 것이다(딤후 4:1-5).

그러므로 바울이 볼 때, 그리스도인이 반드시 받아들여야 하는 사도들의 핵심적 가르침, 곧 우리의 복음을 복음이게 만드는 기본 진리가 있다. 초기 교회는 정통이 매우 중요하다고 믿었는데, 정통이란 단순히 바르게 사는 게 아니라 하나님과 그리스도와 구원에 관해 다음과 같은 특정 진리를 붙잡는 것이기도 했다.

하나님은 영광스러우시며, 우리는 죄인이고, 예수 그리스도께서는 우리의 구주요 하나님이시다. 예수 그리스도께서는 다윗의 자손이며 육신을 취한 하나님이시다. 그분은 죽은 후에 다시 살아나셨으며, 하늘에 올라가셨고, 다시 오실 것이다. 구원은 주권적 은혜로, 회심하게 하시는 성령의 능력을 따라, 행위가 아니라 믿음으로 얻는다. 예수 그리스도께서 우리를 죄에서 구원하고, 영원한 생명을 위해 구원하며, 거룩에 이르도록 구원하신다. 이것이 초기 교회의 복음이다. 이 복음은 성경에 뿌리를 두며, 성경에서 벗어나서는 안 된다. 사도적 권위를 가졌다고 주장하는 교회라면 변하지 않는 이 메시지를 확신을 갖고 선포해야 한다.

DAY 197

교회의 표지

"교회를 어머니로 두지 않은 자는 하나님을 아버지로 둘 수 없다."[1] 3세기 카르타고의 주교 키프리아누스(Cyprian)가 했던 유명한 말이다. 그의 말이 옳다. 교회는 하나님의 구원 계획에서 우연이 아닐뿐더러 우리 그리스도인의 삶에서도 우연일 수 없다.

키프리아누스의 유명한 말은 중요한 질문으로 이어진다. 그렇다면 어느 교회 말인가?

교회가 시작될 때부터 지금까지, 기독교는 늘 이단과 분열과 분파에 에워싸였다. 그러므로 참 교회와 거짓 교회의 구분이 언제나 매우 중요했다. 종교개혁 시대에, 프로테스탄트 신학자가 로마를 경계하고 성경과 복음의 논리를 토대로 교회의 교회 됨에 절대적으로 필요한 것이 무엇인지 결정하려 노력할 때 이 구분은 특히 중요했다. 교회의 필수 표지(mark)는 몇이며 무엇인가?

교회의 표지에 관한 논쟁은 교회의 '안녕'(bene esse)이 아니라 교회의 '본질'(esse)에 관한 것이다. 무엇이 건강한 교회를 구성하는지 꼽으라면, 기도부터 선교와 강해 설교까지 수십 가지를 꼽고 싶을 것이다. 종교개혁자는 교회의 사역과 예배의 모든 부분을 개혁하려 했다.

그러나 표지와 관련된 문제는 범위를 좁혀 교회라고 불리는 공동체가 실제로 교회이게 하는 것이 무엇인지에 초점을 맞춘다. 어떤 로마 가톨릭 신학자는 단 하나의 표지를 가르쳤는데(로마 교황에 복종하고 로마 교황과 교제함), 벨라르미노(Bellarmine) 추기경 같은 신학자는 그 수를 열다섯까지 늘렸다. 놀랍지 않겠지만, 개혁주의 신학자는 일련의 다른 표지를 주장했다.

개혁주의 신학자는 바른 교리가 교회의 근본적인 표지라는 데 동의했으나 표지의 정확한 수에 관해 의견이 늘 일치하지는 않았다. 어떤 사람은 세 가지 표지를 제시했다. 올바른 말씀 선포, 올바른 성례, 올바른 권징(우루시누스, 드 브레). 어떤 사람은 두 표지, 말씀 선포와 성례를 선호했다(칼뱅, 불링거, 튜레틴, 마스트리흐트, 아 마르크). 어떤 사람은 교회의 표지는 오직 하나, 하나님 말씀의 순전한 선포라고 주장했다(베자, 배너먼).

마지막으로, 튜레틴은 이런 다양한 조합이 표지의 수에 상관없이 바른 교리에 초점을 맞춘다면 불협화음보다는 하모니를 이룬다고 보았는데 그의 말은 옳다.

최고로 필요한 것은 순전한 말씀 선포와 고백이다. 이것이 없으면 교회가 존재할 수 없기 때문이다. 성례의 시행은 전자에 크게 의지하기에 동일한 수준으로 필요하지는 않으며 한동안 없더라도 괜찮을 것이다. … 권징도 마찬가지다. 권징은 교회의 방어와 관련이 있지만, 제거되거나 오염되더라도 교회가 즉시 사라지지는 않는다.²

바꾸어 말하면, 성례와 권징도 필수이나 이들은 말씀에 의존한다. 그러나 말씀은 이들에 의존하지 않는다. 참 교회의 본질은 하나님의 온전한 뜻을 선포하고 고백하는 것이다.

1 Cyprian, *Unity of the Catholic Church*, chap. 6.
2 Turretin, *Elenctic Theology*, 3.87–88; 투레티누스, 「변증신학 강요」.

DAY 198

설교

설교는 참 교회의 유일한 표지는 아니더라도 여러 표지 가운데 하나로서 중요하다. 설교의 중요성을 좀 더 살펴보자.

설교는 이교도에게서 훔쳤거나 계몽주의에게 물려받은 게 아니다. 설교는 유대교에서 왔으며, 유대교는 그리스도에 이르기까지 오랜 세월 주해와 강해 설교를 발전시키고 다듬었다. 유대교 예배의 주요 특징은 영감된 성경을 읽고 설교하는 것이었다.

이것의 초기 형태를 구약성경 전체에서 볼 수 있다. 레위 지파는 이스라엘에게 율법을 가르쳐야 했다(신 33:10). 참 제사장은 제사를 드리기만 했던 게 아니다. 그는 가르치는 제사장이었다(대하 15:3). 에스라는 포로 생활에서 돌아온 사람들에게 율법을 낭독하고 이들로 깨닫게 했다(느 8:6-8).

동일한 발전이 신약성경에도 나온다. 세례 요한이 설교를 했고 예수님도 설교를 하셨다. 바울은 자신이 설교를 했을 뿐 아니라 제자 디모데에게 설교를 하라고 엄히 명했다(딤후 4:1-2). 예수님도 설교자를 훈련시키셨으며, 제자들을 그저 그룹 토론이나 귀납적 성경 공부를 이끄는 것이 아닌 설교하라고 보내셨다(막 3:14). 사도들은 말씀 사역을 전임 사역으로 여겼고 교회의 물질적 필요를 돌보는 일은 다른 사람을 세워 그들에게 맡겼다(행 6:1-7).

동일한 우선순위를 초기 교회에서 찾아볼 수 있다. 『디다케』(*Didache*)는 가장 이른 시기의 비정경 저작들 가운데 하나인데, 말씀이 있는 매일의 예배와 설교하고 가르치는 일에 전적으로 헌신된 많은 선지자와 선생과 감독과 집사를 언급한다. 마찬가지로, 순교자 유스티노는 이렇게 회상했다. "일요일이라 불리는 날에, 도시와 시골에 사는 모든 사람이 한곳에 모이고, 사도들의 어록이나 선지자들의 저작을 시간이 허락하는 대로 낭독하고, 낭독이 끝나면 인도자가 가르치고 이 좋은 것을 본받으라며 권면한다." 처음부터 설교는 하나님께 모인 백성들이 드리는 예배의 중심이었다.

하나님은 언제나 계시하는 하나님이시며, 자기 백성에게 말씀하는 하나님이시다. 말씀으로 하나님은 천지를 창조하셨다. 말씀으로 하나님은 시내산에서 이스라엘 민족을 이루셨다. 말씀으로 하나님은 선지자를 통해 그분의 백성을 가르치셨다. 말씀으로 하나님은 교회를 모으고 가르치신다. 육신이 된 말씀이신 그리스도께서 하나님이 그분의 백성에게 하시는 말씀 가운데 현존하신다. 그래서 데살로니가 사람은 바울의 설교를 "사람의 말로 받아들이지 아니하고, 실제 그대로, 하나님의 말씀으로 받아들였"는데 그것은 옳았다(살전 2:13, 새번역).

하나님은 그분의 말씀을 선포하는 권위 있는 설교를 통해 그분의 백성을 만나고 다스리신다. 설교자(선포자)에 해당하는 헬라어는 **케룩스**(kerux)인데 이는 선생이나 사도를 가리키는 단어와 다르다(딤후 1:11). 케룩스는 전령, 곧 왕의 메신저다. 아모스가 "여호와의 말씀을 듣지 못한 기갈"을 예언했을 때(암 8:11), 그는 개인적 감동의 부재나 하나님의 작고 세미한 음성이 없으리라고 말한 것이 아니었다. 그는 하나님의 지명을 받아 그분의 말씀을 선포하는 대언자의 부재를 뜻했다. 충실한 복음 선포는 교회를 향한 하나님의 계획에서 추가 선택 사항이 아니다. 충실한 복음 선포가 없으면 참 교회도 없다.

DAY 199

교회 구성원

보이지 않는 교회의 구성원은 누구인가? 그러나 우리 눈앞의 문제는 이것이 아니다. 보이지 않는 교회는 택하신 자들 전체로 구성된다.

그렇다면 우리 앞에 놓인 문제는 무엇인가? 그것은 곧 "누가 보이는 교회의 구성원인가?"이다.

웨스트민스터 신앙고백은 이 문제에 간결하게 답한다. "보이는 교회는 … 참 종교를 고백하는 전 세계 사람과 그 자녀로 구성된다"(25.2). 이 두 진술을 차례로 살펴보자.

첫째, 웨스트민스터 신앙고백은 보이는 교회가 참 종교를 고백하는 이들로 구성된다고 말한다. 이 말은 교회의 권위와 성례 제도를 겉으로 따르는 정도로는 보이는 교회의 구성원이 되기에 충분하지 않다는 뜻이다(적어도, 성인의 경우는 그렇다. 어린아이의 경우는 잠시 후 살펴보겠다). 참 교회의 본질이 올바른 복음 선포라면, 보이는 교회의 구성원이 되는 데 필요한 한 가지가 이 참 복음을 믿는다는 고백인 것은 당연하지 않겠는가? 교회에서 예배를 드리고 기독교 의식에 참여하며 교회에 헌금까지 한다 해도, 이것만으로 보이는 교회의 구성원이 되는 것은 아니다.

웨스트민스터 신앙고백이 거듭남 자체보다 올바른 고백을 교회 구성원의 자격으로 삼는다는 데 주목하라. 물론 우리는 위선자와 이름뿐인 그리스도인이 교회 구성원이 되어 거짓된 자기 확신을 갖게 되길 원하지 않는다. 그러나 이 고백은 내적 확신과 경험을 판단하기가 극도로 어렵다. 우리는 볼 수 없는 마음보다 보고 들을 수 있는 것을 더 잘 판단한다. 교회의 성인 구성원은 각자의 성품과 삶에서 나타나는 신뢰할 만한 신앙고백을 해야 한다.

둘째, 자녀(어린아이)는 어떤가? 나는 새 언약은 주님을 진정으로 아는 자들만 포함한다는 점에서 옛 언약과 다르다고 주장하는(렘 31:34을 인용하면서) 침례교 형제자매를 존중하지만, 우리는 새 언약이 아브라함 언약을 대체한 게 아니라 모세 언약을 대체했다는 것을 기억해야 한다(31:32; 참조. 갈 3:17). 예레미야가 약속하는 것은 아브라함이 받은 "나는 그들의 하나님이 되고 그들은 내 백성이 될 것이라"는 약속의 성취다(렘 31:33; 참조. 창 17:7-8).

옛 언약에서 새 언약으로 옮겨오면서, 자녀(어린아이)에 관한 새로운 원리가 추가되지는 않았다. 언약의 약속은 여전히 자녀를 포함하고(행 2:39), 신자의 자녀는 여전히 주님께 거룩하게 여겨지며(고전 7:14), 하나님은 여전히 가솔 전체를 대하신다(행 16:13-15).

아브라함에서 그리스도까지 2천 년 동안, 보이는 교회는 신자와 그 자녀를 포함했다. 하나님 가족의 구성원에서 자녀가 갑자기 제외된다면, 초기 교회에는 혼란에 빠진 부모의 항의가 빗발쳤을 것이다. 우리가 알듯이, 초기 교회에서는 보이는 교회를 확대해 이방인을 받아들이는 문제를 두고 큰 논쟁이 있었다. 그러나 교회를 축소해 자녀를 배제하려는 논쟁은 없었다.

사실상 모든 교회와 기독교 가정이 자녀를 교회 구성원으로 대한다. 설령 이들의 신학은 자녀들이 교회 구성원이 아니라고 말하더라도 말이다. 의심할 여지 없이, 우리는 자녀가 그럴 나이가 되면 자신의 신앙을 고백하게 해야 한다고 주장해야 하지만, 그리스도 이전 언약의 자녀와 달리 오늘날 언약의 자녀는 보이는 교회에 속하지 않는다고 생각할 합당한 이유가 없다.

DAY 200

교회와 국가

1802년, 토머스 제퍼슨(Thomas Jefferson)은 코네티컷에 자리한 댄버리 침례교연합회(Danbury Baptist Association)에 보낸 편지에서 헌법이 "교회와 국가 사이에 분리 벽"을 세웠다는 자신의 해석을 제시했다. 제퍼슨의 표현은 자주 잘못 적용되었고, 수정헌법 1조에 대한 그의 해석은 비판할 만하지만, 그렇더라도 제퍼슨이 교회와 국가는 서로 다른 기관이며 둘의 목적과 방식을 혼동하거나 혼용해서는 안 된다고 인식한 것은 옳았다.

교회는 이 땅에서 고백하는 그리스도인으로 이루어진 보이는 사회다. 이 사회는 공동체의 현세적 관심사를 완전히 외면하지 않지만, 무엇보다 구성원의 영적 안녕을 위해 계획된 질서와 통치 체제가 있다. 이와 대조적으로, 국가는 모든 사람으로 구성된 보이는 사회다. 이 사회는 구성원의 영적 안녕을 완전히 외면하지 않지만, 무엇보다 구성원의 현세적 안녕을 위해 계획된 질서와 통치 체제가 있다.[1]

교회와 국가는 목적과 기능이 때로 중첩되며 두 사회 모두 궁극적으로 하나님을 향해 책임이 있고 하나님의 법에 따라 심판을 받을 테지만, 두 기관은 근본적으로 다르고 독립적이다.

첫째, 교회와 국가는 기원이 다르다. 교회는 중보자 그리스도에게서 기원한다. 국가는 은혜가 아니라 본성에 기초한다. 다시 말해, 국가는 모든 사람에게 공통이지만, 교회는 하나님의 구속 계획의 일부다.

둘째, 교회와 국가는 설립된 주 목적이 다르다. 교회는 하나님이 영혼 구원과 하늘 시민의 영적 유익을 위해 세우셨다. 국가는 하나님이 인간 사회의 외적 질서와 유익을 위해 세우셨다.

셋째, 교회와 국가는 맡겨진 권한(권력)이 다르다. 교회의 권한은 물리력 행사를 포함하지 않는다. 교회는 진리의 힘으로 사람의 확신과 양심에 권한을 행사한다. 국가의 통치자는 칼의 권력을 갖는다.

넷째, 교회와 국가는 권위 행사가 다르다. 교회는 교회의 일에 권위를 행사하는 자체적인 직분자가 있다. 성경이 특정 정부 형태를 규정하지는 않지만, 국가는 정부로서 피통치자에게 권위를 행사하도록 하나님이 세우신 자체적인 직분자가 있다.

이 네 가지가 사실이라면, 국가가 교회에 최고 권위를 행사하는 그 어떤 에라스투스주의 체제[Erastian; 스위스 외과 의사 토머스 에라스투스(Thomas Erastus)에 근거한 체제]라도 거부해야 하고, 교회가 국가에 최고 권위를 행사하려는 그 어떤 중세 체제도 거부해야 한다. 최선의 환경에서, 교회와 국가는 고유한 목적을 서로를 강화하는 방식으로 추구할 테지만, 교회와 국가가 동일한 것으로 혼동되어서는 안 된다.

---

1 이러한 정의와 뒤이은 요점은 Bannerman, *The Church of Christ*, 101-113을 요약한 것이다. 그러나 여기서 짚고 넘어가야 할 것이 있는데 배너먼은, 국교 원칙(establishment principle)을 옹호하면서, 참 종교를 설립하고 지원하며 증진하는 데서 국가가 더 분명한 역할을 해야 한다고 주장한다.

WEEK 41

DAY 201

교회 권한의 본질과 범위

하나님은 땅에서 신적 권위를 가진 큰 기관 둘을 세우셨다. 국가와 교회다. 둘 다 하나님의 다스림을 받고 하나님을 향해 책임이 있지만, 하나님이 국가와 교회를 통해 그분의 힘을 행사하시는 방식은 매우 다르다. 마태복음 22장 16-21절이 제시하는 구분에 따라("가이사의 것은 가이사에게, 하나님의 것은 하나님께 바치라"), 국가는 인간의 외적·현세적 권리 및 특권과 관련해 권한을 행사할 권위를 부여받았다. 대조적으로, 교회는 인간의 내적·영적 상태 및 양심과 관련해 권한을 행사할 권위를 부여받았다.

교회 권한의 본질은 '사역적'이고 '선포적'이다. 즉 교회 전체가 행사하든, 강단에서 선포되든, 대표 직분자가 행사하든, 모든 교회 권한은 그리스도인을 섬겨야 하며(사역적) 하나님 말씀의 선포와 실행을 포함한다(선언적). 장로교 정치에서, 교회 권한을 행사하는 장로의 모임을 교회의 '치리회'(court, 당회)라고 하는데, 교회 직분자에게 주어진 권한은 입법과 전혀 무관하기 때문이다. 장로들은 그리스도의 마음을 선포해야 할 뿐 무엇이든 자신이 중요하다고 여기는 것에 관한 자신의 마음을 선포해서는 안 된다. 교회 권한은 영적 권한이며, 신자와 관련

이 있고, 도덕적·영적 방식으로 행사되며, 절대로 무력에 기대지 않는다.[1]

개혁주의 신학자는 일반적으로 세 범주로 교회 권한을 설명했다.

교리에 관한 권한(*potestas dogmatike*). 교회가 교리와 신앙에 관해 갖는 권위다. 이 권한은 절대적인 게 아니라, 성경을 해석하고 하위 기준(즉, 신앙고백)을 작성하며 그리스도의 주장을 인간의 양심에 새기는 교회의 사명에 있다. 교회는 하나님의 진리를 교회 안팎의 사람에게 증언할 권한(능력)을 부여받았다.

임직에 관한 권한(*potestas diataktike*). 교회가 임직 및 정치와 관련해서 갖는 권위다. 교회는 양심을 인간이 만든 그 어떤 법에도 맬 수 없지만, 효과적인 교회 운영을 위해 성경의 가르침에 부합하는 규범을 채택할 권한이 있다. 모든 사회처럼, 교회도 "모든 것을 품위 있게 하고 질서 있게" 할 때 잘 돌아간다(고전 14:40; 참조. 14:26).

분별할 권한(*potestas diakritike*). 교회가 구성원의 권징과 관련해 갖는 권위다. 교회는 (국가와 달리) 칼을 받은 게 아니라 교회에서 구성원 자격을 열고 닫을 수 있는 열쇠를 받았다(이는 그리스도의 하늘나라에 들어가는 것이나 거기서 배제되는 것을 가리키는 한 표현이다). 교회의 기능은 국가의 기능과 뚜렷이 구분되는데, 곧 "성경에 계시된 그리스도의 법을 선포하고, 시행하며, 집행하는 것"이다.[2]

교회가 교회**로서** 갖는 권한(즉, 교회가 교회로서 하는 역할)은 모든 주제를 다루거나 모든 논쟁을 해결하거나 모든 잘못을 바로 잡을 권위를 포함하지 않는다. 교회 권한의 본질은 교회의 보살핌을 받는 모두에게 미치지만, 교리와 질서와 권징으로 제한된다.

1 Berkhof, *Systematic Theology*, 594; 벌코프, 『벌코프 조직신학』.
2 PCA *Book of Church Order*, 3-3.

DAY 202

국가 교회 원리와 자유 교회 원리

근대에 개혁주의 교회론이 발전하면서, 국가가 교회에 대해 최종 권위를 갖는다고 주장하거나 교회가 국가에 대해 최종 권위를 갖는다고 주장하는 신학자는 거의 없었다. 전자에 너무 가까운 주장은 교회 문제에 대한 국가의 우위성을 주장하는 에라스투스주의로 여겨졌고 후자에 너무 가까운 주장은 위험한 가톨릭으로 여겨졌다.

그러나 이는 교회와 국가의 관계가 이해하기 쉬웠다는 뜻이 아니다. 전혀 그렇지 않다. 프로테스탄트의 뿌리가 깊은 나라에서도, 교회 지도자와 신학자는 교회가 국가 교회 원리(establishment principle)를 따라 조직되어야 하는지 아니면 자유 교회 원리(voluntary principle)를 따라 조직되어야 하는지를 두고 의견이 갈리기 일쑤였다.

국가 교회 원리에 따르면, 국가가 교회를 지원하고 보호하며 증진해야 한다. 오랫동안 교회와 국가를 두 왕과 두 왕국으로 구분하고 이러한 구분을 강조해 온 스코틀랜드 같은 나라에서도, 전제는 스코틀랜드가 기독교 국가이며 경건한 나라로 통치되어야 한다는 것이었다. 교회의 예배와 교리와 권징을 결정할 권위는 오로지 교회에 있었지만, 국가는 세수(tax revenue)를 통해 그리고 참 경건의 기본 원리(예를 들면, 안식일 준수)를 견지함으로써 교회를 인정하고 지원할 의무가 있었다. 국가 공직자는 종교에 '관한 권한'(circa sacra)이 있었지만 종교 '안에서의 권한'(in sacris)은 없었다.

대조적으로, 자유 교회 원리를 견지하는 사람은 교회와 국가를 좀 더 날카롭게 분리해야 한다고 주장했다. 가장 실제적으로, 이것은 교회가 국가 지원금이 아니라 교회 구성원의 자발적 헌금으로 운영되어야 한다는 뜻이었다. 마찬가지로, 그 누구도 한 나라의 국민이라는 이유만으로 교회 구성원으로 여겨지지 않을 것이었다. 교회는 특정 교회에 속하길 원하는 사람의 자발적 연합으로 형성될 것이었다. 유아세례 지지자의 경우, '그들'에는 부모와 그 자녀가 포함되었다.

역사상 가장 위대한 프로테스탄트 신학자 가운데 국가 교회 체제를 지지한 사람이 많았다. 이를 고려할 때 국가 교회가 성경적 원리와 조화를 이루지 않는다고 주장하기가 주저된다. 그러나 나는(장로교인으로서) 미국 장로교인이 1788년에 전국 교단을 형성하면서, 웨스트민스터 표준문서(Westminster Standards)를 여러 곳 수정해 교회의 일에서 국가 공직자의 역할을 크게 축소하고(웨스트민스터 신앙고백 20.4, 23.3, 31.1; 웨스트민스터 대요리문답 109), 국교 폐지(개별 주에서 시행되기까지 이때부터 거의 50년이 더 걸렸다)의 씨를 뿌려서 기쁘다. 이런 공식적 변화는 웨스트민스터 신앙고백의 20장과 23장이 1729년의 채택안(Adopting Act of 1729)에서 축소되었을 때 이미 비공식적으로 일어난 것을 공고히 했다.

교회와 국가의 분리가 교회를 국가**로부터** 분리하는 것으로(또는 좀 더 최근에는 교회를 향한 국가의 적대감으로) 자주 오해되었다. 그렇더라도 나는 자유 교회 원리를 지지할 충분한 이유가 있다고 본다. 첫째, 국가 교회 원리에서 교회는 일반적으로 국가의 세수에 어느 정도 의존한다. 이렇게 되면 교회의 진정한 독립이 불가능하다. 국가가 주는 것을 국가가 빼앗을 수도 있다. 둘째, 나의 종교를 세울 수 있는 국가라면 나중에 마음을 바꿔 다른 누군가의 종교를 세울 수 있다. 우리는 인간이 타락하고 부패했다고 믿으며, 따라서 나는 종교 문제에 관한 권위를 국가에 부여하지 않는 쪽을 선택하고 싶다. 셋째, 초기 교회는 국가 교회가 아니었던 게 분명하다. 교회와 관련된 모임과 소속과 헌금의 자발성(이러한 자발성이 없으면 교회가 번성할 수 없다)이 신약성경의 정신에 더 부합하며, 따라서 이러한 자발성을 그리스도인의 제자도를 구성하는 중요한 부분으로 여겨야 한다.

DAY 203

양심의 자유

루터는 보름스 국회(Diet of Worms)에 소환되어 신학과 교회에 관한 견해를 철회하라는 요구를 받자, 양심을 거스르는 것은 "옳지도 않고 안전하지도 않다"며 거부한 것으로 유명하다. 한 세기 넘게 지난 후, 웨스트민스터 신앙고백은 똑같이 힘주어 "오직 하나님만이 양심의 주인이시다"라고 선언했다(20.2). 이후로 양심의 자유는 프로테스탄트 기독교의 표식일 뿐 아니라 서구 세계를 정의하는 표식이 되었다.

그렇다면 마르틴 루터와 웨스트민스터 신학자가 말한 양심의 자유란 무엇인가? 첫째, 루터는 자신의 양심이 "**하나님의 말씀**에 사로잡혀 있다"고 선언했다. 루터는 '양심'을 '무엇이든 내가 하고 싶은 대로 하는 것'의 단축형으로 사용하지 않았다. 그의 선언은 어떤 희생이 따르더라도 성경에 충실하겠다는 신앙고백이지, 인생을 마음대로 살아가기 위한 '면죄부'처럼 '양심'을 사용하겠다는 의미가 아니었다.

더 나아가, 웨스트민스터 신앙고백은 '양심'이 죄와 불법에 대한 변명일 수 없다고 분명히 한다. 우리가 "그리스도인의 자유를 구실 삼아 그 어떤 죄라도 범하거나 그 어떤 정욕이라도 품는다면" 하나님을 욕되게 하고 그리스도인의 자유를 파괴하는 것이다(20.3). 마찬가지로, 그리스도인의 자유는 합법적인 세상 권세와 교회 당국의 권한을 전복하기 위한 게 아니다(20.4). 하나님이 세상 정부와 교회에 주신 권위는 개개인의 양심에 주신 권위와 조화를 이루며 작동하도록 계획되었다. 서로를 지원하고 때로는 서로를 제한하면서 말이다.

이 모두는 실제로 복잡하게 작동할 때가 많지만, "오직 하나님만이 양심의 주인이시다"라는 원리는 보존할 가치가 있다. 이는 다른 사람을 압박해 그들의 양심(또는 우리의 양심)이 성경을 통해 옳지 않다고 결론 내린 것을 행하게 해서는 안 된다는 뜻이다. 이는 교회가 구성원에게 (예배에서나 다른 어떤 부분에서라도) 성경이 요구하지 않는 것을 요구해서는 안 된다는 뜻이다. 이는 시민이 진심으로 믿는 것들을 수용하기 위해 가능한 모든 노력을 다해야 한다는 뜻이다.

종교개혁의 양심관은 종교의 자유가 단순히 계몽주의적 가치나 실용주의적 고려가 아니라는 뜻이다.

존 로크(John Locke)는 유명한 저서 『관용에 관한 편지』(Letter Concerning Toleration)에서 주로 기독교에 근거해 유럽의 프로테스탄트 국가가 모든 사람에게 사랑과 관용과 선의를 보여 주어야 한다고 주장했다.[1] 로크는 "오직 하나의 진리, 천국에 이르는 하나의 길"이 있지만, 강요하거나 양심을 어기게 함으로써 사람을 그곳으로 인도할 수는 없다고 했다.[2]

영혼을 돌보는 것은 국가의 일이 아니다. 국가의 일은 사람들의 재산을 지키는 것이고, 교회의 일은 사람들의 구원을 지키는 것이다. 국가와 교회는 서로 다른 영역에서 서로 다른 역할을 해야 한다. 분명히, 이는 국가가 거짓 종교에 관용을 베풀어야 한다는 뜻일 수도 있다. 그러나 로크는 "국가가 우상 숭배적 교회를 억압할" 어떤 권한이라도 갖게 되면 시간이 흐르면서 그 권한을 "정통 교회를 무너뜨리는" 데 사용할 수 있다고 우려했다.[3]

개인의 양심이 존중받고 종교적 신념과 실천의 자유가 있어야 한다는 혁명적 생각은 종교개혁 원리의 위대한 유산 중 하나다. 하나님이 은혜를 베풀어 우리 시대와 이어지는 세대 대대로 이 자유를 지켜주시길 기도한다.

---

[1] 인정하듯이, 로크는 주로 모든 '프로테스탄트'에 관해 생각했지만, 실제로 가톨릭보다 유대인과 무슬림에 대한 관용에 더 호의적이었다. 당시의 거의 모든 프로테스탄트처럼, 그는 가톨릭이 프로테스탄트 유럽의 이익에 적대적이고 위험한 지정학적 세력이라고 보았기 때문이다.
[2] Locke, *Two Treatises of Government*, 153; 존 로크, 『관용에 관한 편지』, 최유신 역, 철학과현실사, 2009.
[3] Locke, *Letter Concerning Toleration*, 175; 로크, 『관용에 관한 편지』.

DAY 204

규정적 원리

규정적 원리(regulative principle)는 "참 하나님을 예배하는 합당한 방식은 하나님이 친히 제정하셨고 따라서 계시된 그분의 뜻에 따라 제한된다"(웨스트민스터 신앙고백 21.1)는 것이다. 바꾸어 말하면, 공동 예배는 성경에 비춰볼 때 적절한 요소로, 오직 이러한 요소로 구성되어야 한다. 규정적 원리는 이렇게 말한다. "하나님이 원하시는 대로 하나님을 예배하자"(예를 들면, 하이델베르크 요리문답 96을 보라).

최악의 경우, 이 원리는 신자가 주일 예배의 모든 요소를 분석하려 할 때 신자 간의 끊임없는 마찰로 이어질 수 있다. 하나님을 기쁘시게 하는 하나의 전례를 신약성경이 정확히 제시해 주길 기대한다면, 성경이 답하지 않는 질문을 성경에게 하는 것이다. 규정적 원리가 잘못 적용될 수 있다.

그러나 규정적 원리의 핵심은 제약이 아니라 자유다.

문화의 속박에서 벗어나는 자유. 공동 예배를 전반적으로 계획하는 일을 맡으면, 우리는 어떻게든 최신 트렌드를 따라잡으려 한다. 창의성과 관련성(적실성)과 새로움이 강조된다. 그러나 새로움은 절대로 오래가지 않는다. 처음에는 첨단적이고 혁신적으로 보였던 것이, 결국에는 피하려 했던 시대적인 것이나 문화적 포로 상태에 빠지고 만다.

선호를 둘러싼 끊임없는 싸움에서 벗어나는 자유. 내가 섬겼던 어느 교회의 예배 위원회는 새로운 아이디어를 꿈꾸길 좋아했다. 문제는 이들의 개인적 꿈이 그 어떤 객관적 기준에도 매이지 않았다는 것이다. 그래서 예배 위원회는 텔레비전 시트콤 시리즈 "치어스"(Cheers)의 테마송으로 예배를 시작하기로 결정했다. 노동자의 날에 드린 예배에서, 교인은 작업복을 입고 와서 각자의 직업에 관해 이야기했다. 어떤 아이디어가 예배 위원회의 누군가에게 의미 있어 보이면, 위원회는 그 아이디어를 실행에 옮겼다. 그러나 합당한 예배의 잣대는 진지함과 좋은 의도 그 이상이어야 한다.

양심의 자유. 성경과 무관한 의식으로 넘쳐나는 로마 가톨릭교회에서 벗어난 종교개혁 시대의 교회는 자신만의 예배 방식을 찾아야 했다. 어떤 교회는 미사의 여러 요소를 거부감 없이 유지했다. 어떤 교회는 이러한 요소를 거짓 종교 체계와 연결했다. 이러한 역학 때문에 규정적 원리가 아주 중요했다. 개혁주의 그리스도인은 사실 "우리는 교회 구성원에게 양심에 어긋나는 것을 하라고 요구하고 싶지 않다"고 했다. 이는 그리스도인이 모든 노래나 모든 설교를 '좋아할' 것이라는 뜻이 아니라, 적어도 규정적 원리에 따라 그 누구에게도 하나님이 그분의 말씀에서 계시하지 않으신 것을 말하거나 행하라고 요구하지 않으리라는 뜻이다.

문화를 넘어서는 자유. 많은 사람이 규정적 원리를 따르는 예배는 문화의 제약을 받는다고 생각한다. 그러나 최선의 경우, 규정적 원리란 우리가 찬양, 기도, 성경 봉독, 설교, 성례가 있는 단순한 예배, 곧 기본 틀이 세계 어디서나 '적용될' 수 있는 예배를 드린다는 뜻이다.

중심에 집중하는 자유. 우리는 초기 그리스도인의 예배에 관해 무엇을 알고 있는가? 거기에는 드라마도 없었고 애완동물에 대한 축복도 없었으며 춤도 없었다. 주로 찬양과 성례, 설교와 기도가 있었다. 하나님을 기쁘시게 했던 초기 교회에서 사용된 예배 요소를 개선하려 애쓸 이유가 있을까? 규정적 원리는 우리에게 기본으로 당당하게 돌아가 거기 머물 자유를 준다.

DAY 205

교회의 선교

교회의 선교(mission, 사명)는 그분의 백성이 세상에서 성취하도록 하나님이 맡기신 일이다. 간단히 말해, 교회의 사명은 대위임이다(마 28:19-20). 그리스도의 몸으로서 우리의 과제는 성부 하나님의 영광을 위해 성령 하나님의 능력으로 성자 예수 그리스도를 증언함으로써 사람들을 제자 삼는 것이다.[1]

우리가 교회의 선교를 말할 때, 그리스도인이 이웃을 사랑하며 세상의 소금이 되도록 해야 하는 모든 선한 일을 열거하는 게 아니다. 당면한 문제는 교회로서의 교회와 관련이 있다. 세상에서 우리를 향한 하나님의 목적을 충실하게 성취하려면, 하나님의 백성인 우리가 조직된 기관으로서 함께 집중해야 할 일은 무엇인가?

'교회'라는 단어가 중요하다면 '선교'라는 단어도 중요하다. 선교는 성경에 나오지 않지만 성경적 단어다. 라틴어 동사 **미테레**(*mittere*)는 헬라어 동사 **아포스텔레인**(*apostellein*; 보내다, 파송하다)에 상응한다. 가장 넓은 의미에서 사도(apostolos)는 보냄을 받은 자였다. 마찬가지로, 예수님이 자신의 선교(사명)에 관해 가장 먼저 하신 말씀은 자신이 가난한 자에게 복음 메시지를 선포하도록 '보냄을 받았다'는 것이었다(눅 4:18). 우리는 우리 안에 있는 소망에 관해 대답할 준비가 늘 되어 있어야 하고(벧전 3:15), 우리의 선한 일로 복음을 빛나게 해야 하며(딛 2:10), 그리스도를 알리기 위해 최선을 다해야 한다(살전 1:8; 살후 3:1). 그러나 거기에 더해 '선교'와 '선교사' 같은 단어는 한곳에서 다른 곳으로 옮겨가는 의도적인 이동을 암시한다.

교회의 선교를 정의할 때 주의해야 할 도랑이 양끝에 있다. 한편으로, 우리의 선교를 너무 작게 만드는 위험이 있다. 일부 선의의 그리스도인은 개종만이 중요한 것처럼 행동한다. 이들은 모든 노력을 기울여 최대한 빨리 현장에 나가 최대한 많은 사람에게 복음을 전하고 최대한 신속하게 그곳을 떠난다. 그러나 바울은 급습하듯 복음을 전하지 않았을뿐더러, 파송 교회에 숫자를 보고해야 한다는 조급한 마음으로 복음을 전하지도 않았다.

다른 한편으로, 우리의 선교를 너무 넓히는 위험이 있다. 일부 선의의 그리스도인은 '모든 일'이 선교로서 중요하다는 듯 행동한다. 이들은 모든 노력을 기울여 직업 기술을 향상하고, 우물을 파며, 병원을 세우고, 큰 학교를 설립하며, 정치적 승리를 달성하려 한다. 이 모두가 그리스도인의 사랑의 놀라운 표현일 수 있지만, 사도행전에서 바울과 바나바가 선교사로 보냄을 받고 해야 했던 일을 닮지는 않았다.

바울의 선교 여정과 서신들에서 보고 또 보듯이, 바울이 부르심을 받아 해야 했던 핵심적인 일은 예수 그리스도께서 구주와 주님이라고 선포하는 것이었다(롬 10:14-17; 15:18; 고전 15:1-2, 11; 골 1:28). 그래서 바울은 사도행전 14장 27절에서, 자신이 막 완수한 선교 사역을 요약하며 하나님이 이방인에게 믿음의 문을 여셨다고 말한다. 선교사로서 바울의 목적은 유대인과 이방인이 회심하고, 마음과 생각이 바뀌어 성숙하고 잘 조직된 교회의 구성원이 되게 하는 것이었다(21-23절). 바울이 1세기 선교사로서 이루려 한 목표는 어느 시대에나 교회의 선교에 적합하다.

1 이 항목은 DeYoung, "The Mission of the Church"을 요약한 것이다.

WEEK 42

DAY 206

본질적 통치와 중보적 통치

"**만물**의 주인인 그리스도께서 인간의 영역 전체에서 '내 것이다'라고 외치지 않으시는 곳은 손톱만큼도 없다."

이는 국적을 막론하고 그리스도인이 가장 좋아하는 글귀 가운데 하나다. 아브라함 카이퍼가 1880년 암스테르담자유대학(Free University Amsterdam) 개교 연설에서 한 말인데, 때로 오용되고 많은 경우 잘못 인용되지만, 만물이 그리스도에 의해, 그리스도를 통해, 그리스도를 위해 창조되었다는 것을 놀랍도록 선언한다(골 1:16). 참으로 그리스도께서는 손톱만 한 부분까지 남김없이 모두 다스리신다.

그러나 그리스도께서 만물의 모든 영역을 정확히 똑같은 방식으로 다스리시는 것은 아니다. 그리스도께서는 우주의 주권자로서 능력 면에서 만물의 머리시지만, 구속하는 구주로서 교회를 특별하게 다스리신다.

앞 문장의 전반부는 그리스도의 자연적 또는 본질적 통치를 가리키고, 후반부는 흔히 그리스도의 경륜적 또는 중보적 통치라 불린다. 그리스도의 통치를 구성하는 두 부분은 앞서 그리스도의 나라에 관해 보았던 세 구분과 비슷하다(능력의 나라, 은혜의 나라, 영광의 나라).

그리스도의 이중적 통치, 곧 본질적 통치와 중보적 통치는 궁극적으로 분리될 수 없지만, 둘을 혼동해서도 안 된다.

그리스도의 본질적 통치에 따르면, 그리스도께서는 모든 피조물을 영광과 위엄으로 다스리신다. 신적 로고스로서, 그리스도께서는 만물을 섭리의 작정으로 동등하게 다스리신다. 그 어떤 피조물도 그리스도의 본질적 통치를 더 받거나 덜 받지 않는다. 그리스도의 본질적 통치는 그리스도께서 하나님이신 것과 연결되기 때문이다.

자신의 중보적 통치를 따라, 그리스도께서는 영원한 하나님으로서뿐 아니라 자기 백성의 죄를 위해 죽은 성육신하신 '하나님이자 사람'으로서 교회를 다스리신다. 교회에 대한 그리스도의 통치는 항상 섭리의 인도를 받으며, 더 구체적으로는 선택의 작정에 기초한다. 이를 '중보적 통치' 또는 '경륜적 통치'라 부르는데, "이 통치는 중보자 고유의 권한으로, 은혜의 경륜을 따라 그분께 속한 것"이기 때문이다.[1]

그리스도의 본질적 통치와 중보적 통치의 구분은 중요한 두 가지 진리를 강화한다.

첫째, 이 구분은 교회에 대한 그리스도의 통치가 단순히 만물에 대한 주권의 하위 범주가 아니라고 상기시킨다. 즉, 그리스도께서 '모든 것의 왕이시기 때문에 교회의 왕이 되신다'는 식으로 이해해서는 안 된다. 오히려 그리스도의 본질적 통치는 그분의 중보적 통치를 확장하고 증진하기 위한 것이지, 그 반대로 이해되어서는 안 된다(웨스트민스터 대요리문답 191을 보라). 하나님이 그리스도를 만물 위에 '교회의' 머리로 삼으셨다(엡 1:22). 다시 말해, 만물을 그분의 발아래 두신 것은 그분의 몸인 교회의 안녕과 승리를 위해서다.

둘째, 이러한 구분은 그리스도께서는 만물의 주인이시므로 그분의 주 되심이 모든 곳에서 똑같은 모습으로 행사되리라는 잘못된 생각을 피하는 데 도움이 된다. 땅의 나라들은 그리스도의 다스림을 받지만, 그리스도의 나라는 땅의 나라가 아니다(요 18:36). 아무리 작은 부분이라도 모두 그리스도께 속하니, 이 세상 나라도 이미 우리 주님과 그리스도의 나라가 되었다고 생각해서는 안 된다(계 11:15). 그리스도께서는 "경건한 자와 악한 자를 다르게" 다스리시며, 양쪽 모두를 "땅의 통치가 아니라 영적 통치로" 다스리신다.² 죄와 사망을 이기고 부활하신 아들로서, 그리스도께서는 하늘과 땅의 모든 권세를 받으셨다(마 28:18). 그러므로 그리스도의 중보적 통치는 보편적이지만, 본질적 통치와 달리, 선포와 제자 삼기를 통해 확장된다(19-20절).

1 Turretin, *Elenctic Theology*, 2:486; 투레티누스, 『변증신학 강요』.
2 Turretin, *Elenctic Theology*, 2:489-90; 투레티누스, 『변증신학 강요』.

DAY 207

교회의 영적 본질

교회의 영적 본질(spirituality of the church)은, 그리스도의 중보적 통치를 받는 교회의 본질을 고려할 때, 교회의 권한에는 제한이 있으며 국가의 권한(권력)과 혼동해서는 안 된다고 가르친다. 교회의 목적은 무엇보다도 영적이며 영원하다. 개혁주의 역사의 대부분, 교회의 영적 본질은 모든 정치 문제에 대한 침묵이 아니라, 교회의 고유한 사명에 헌신하게 하고, 또 교회의 영원한 관심사가 국가의 일시적 관심사에 흡수되어서는 안 된다는 원론적 확신에 헌신하게 했다.

교회의 영적 본질을 뒷받침하는 신학은 제네바의 칼뱅과 베자(Theodore Beza)에게 있었지만, 이 교리는 스코틀랜드에서 결정적 형태를 갖추었다. 남쪽의 이웃과 달리, 스코틀랜드 장로교[제2치리서(Second Book of Discipline, 1578)에서 초기 형태를 갖추었다]는 교회의 영역과 국가의 영역을 혼동해서는 안 되며, 교회의 머리와 국가의 머리가 같지 않다고 주장했다. 목사가 "교회의 유일한 왕이요 머리이신 예수 그리스도의 이름으로"라고 선언할 때, 이는 교황의 권위를 부정할 뿐 아니라 교회에 대한 모든 지상 군주의 권위를 거부하는 것이다.

교회의 영적 본질에 관한 (이름으로는 아니더라도 본질적으로) 고전적 선언 가운데 하나가 웨스트민스터 신앙고백에 나온다.

총회와 공회의는 교회와 관련된 문제만 다루거나 이것에 관해서만 결정해야 하며, 특별한 상황에서 겸허한 청원이 있는 경우나 국가 공직자의 요청으로 양심껏 조언하는 경우가 아니라면 국가와 관련된 사회 문제에 개입해서는 안 된다(31.4).

원칙에 주목하라. 교회는 사회 문제에 개입해서는 안 되며, 극단적 상황이 아니라면 교회 문제만 다루어야 한다. 물론 미국 남부에서 교회의 영적 본질 교리가 노예제 문제에 대한 침묵과 외면을 정당화하는 데 이용되었음을 인정한다. 이런 불행한 적용 때문에, 이 교리에 나쁜 이름이 붙었다. 그러나 모든 19세기 장로교 신학자가 이 교리를 이렇게 이용한 것은 아니다. 예를 들면, 찰스 하지는 성경이 교회에게 관세와 국립 은행과 각 주의 권리에 관여할 권리를 주지 않지만, 노예무역과 노예법에 관해 말할 원리는 주었다고 주장했다. 교회의 영적 본질은 정치 문제에 관해 성경이 할 말이 확실히 있을 때에도 교회가 침묵을 지키라는 명령이 아니다.

바르게 적용하면, 교회의 영적 본질은 성경적·개혁주의적 교회론의 중요한 부분이다. 이 교리는 첫째로 사역자에게 사회적 관심사에 휩쓸려 복음을 전할 책임을 잊지 말라고 경고하고, 둘째로 교회에게 하나님이 주신 권한을 넘어서지 말라고(그리고 자신의 전문 영역을 벗어나지 말라고) 요구하며, 셋째로 교단과 교회 기관에게 성경 외적인 지식과 신중한 판단이 필요한 문제에 지나치게 정확하고 자신 있게 말하지 않도록 일깨운다. 교회의 영적 본질 교리는 교회 내부의 정치화나 양극화를 해결하는 만병통치약이 아니지만, 지혜롭게 사용하면 숱한 논쟁에 병든 교회에 유익한 해독제일 수 있다.

DAY 208

신경과 신앙고백

이 책 전체에서, 교회의 다양한 신경(신조)과 신앙고백과 요리문답을 여러 번 인용했다. 특히 웨스트민스터 신앙고백이나 하이델베르크 요리문답 같은 다양한 개혁주의 신앙고백을 인용했다. 나는 목회를 시작하고 13년 동안, 하이델베르크 요리문답과 벨직 신앙고백과 도르트 신조(3대 일치 신조)를 따랐다. 2015년부터, 임직 서약을 할 때 웨스트민스터 신앙고백과 웨스트민스터 대·소요리문답(웨스트민스터 표준문서)이 가르치는 교리 체계를 믿는다고 선언해야 했다. 즉, 나는 신앙고백적 장로교 목사로서 신앙고백적 교회를 섬기고 있다는 뜻이다.

그러나 많은 그리스도인과 기독교 전통이 신조와 신앙고백과 요리문답을 사용하지 않는다. 사실, 일부 기독교 전통은 이러한 하위 기준에 적극 반대한다. 이들의 모토는 "신경이 아니라 성경!"이다(자주 지적되듯이, 이 자체가 신경이다). 철저히 성경적이 되려는 바람은 인정할 수 있지만, 신경과 신앙고백을 성경의 하위 기준으로 활용할 합당한 이유가 있다.

1. 초기 신경과 신앙고백 형식의 발전이 이미 신약성경에 나타난다. 목회 서신에 나오는 "미쁜 말"(딤전 1:15; 3:1; 4:7-9; 딤후 2:11-13; 딛 3:7-9)이나 신앙고백의 진실성에 대한 요한의 시험을 생각해 보라(요일 4:2-3; 요이 7절). 사도행전 15장에 기록된 예루살렘 공의회는 말할 것도 없는데, 이 회의가 소집된 것은 논쟁을 불러일으킨 신학 문제를 해결하고 그 문제에 관해 공식적으로 선언하기 위해서였다.

2. 신경과 신앙고백이 없었다면 교회에서 일어난 가장 중요한 교리적 발전 가운데 상당 부분이 불가능했을 것이다(그리고 뒤이어 사라졌을 것이다). 아타나시우스는 처음에 니케아 신경이 성경의 언어로만 표현되

길 원했으나 이렇게 하면 사람들이 신조를 부정직하게 고백할 여지가 있다는 것을 깨달았다. 신조를 통해 아들의 완전하고 동등한 신성에 관한 성경의 가르침을 보호하려면 '호모우시오스'(동일 본질) 같은 성경 밖 단어가 필요했다.

3. 하위 기준이 성경에서 비롯된 것이라면 이를 사용하더라도 양심의 자유가 훼손되지 않는다. 보름스에서 자신의 양심에 호소했던 바로 그 루터가 뒤이어 신앙고백과 요리문답을 작성했다. 교회 홈페이지에 게시된 가장 단순한 신앙 선언문이라도 '성경 밖' 언어를 사용하게 된다.

4. 신경과 신앙고백과 요리문답을 올바르게 사용하면 교회 안에서 중요한 덕목이 강화된다. 첫째는 겸손이다. 우리는 좀 더 오래된, 많은 경우 고대의 신앙 선언을 받아들임으로써 성령께서 우리를 이끄시며 우리는 우리보다 큰 전통의 일부라고 인정하게 되기 때문이다. 둘째는 명확성이다. 우리는 교리적 선언을 받아들임으로써 우리의 신학 색채를 명확하게 하기 때문이다. 셋째는 일치성이다. 우리는 다른 사람과 동일한 신앙고백을 함으로써 우리가 다른 정통 그리스도인(그리고 우리와 교단적 전통이 같은 그리스도인)과 하나라고 표현할 뿐 아니라, 우리의 지교회에 "이것이 여러분이 이 강단에서 배우리라고 기대할 수 있는 것입니다. 이것이 여러분의 지도자가 믿는 바이며 수호하려는 것입니다"라는 메시지를 전달하기 때문이다.

우리는 처음부터 끝까지 성경의 사람이어야 한다. 그러나 그 사이에서 우리는 믿음을 전하고 지키기 위해 과거로부터 배우고 신경과 신앙고백과 요리문답을 활용해야 마땅하다.

DAY 209

성령의 은사

성령의 은사를 이해하는 핵심 본문은 고린도전서 12장 4-11절이다. 이 단락에서 성령의 은사에 관해 다섯 가지를 살펴보자.

1. 성령의 은사에 관해 논쟁이 있을 수 있다. 성령의 은사에 관한 대다수 정보의 출처는 고린도전서 12장과 14장인데, 바울이 이 두 장에서 성령의 은사에 관해 아주 자세히 말하는 이유는 고린도 그리스도인이 성령의 은사 문제를 두고 싸우고 있었기 때문이다. 이것은 우리에게 경고가 되어야 한다. 다시 말해, 우리보다 많은 은사를 가진 사람이나 우리보다 더 두드러진 은사를 가진 사람에게 관심을 둔다면, 고린도 신자의 오류에 빠져 성령의 은사를 주신 목적을 완전히 놓칠 것이다.

2. '은사'(*charisma*)는 유연한 용어다. 이 단어는 신약성경 전체에서 나타나며(롬 1:11; 5:15-16; 6:23; 11:29; 고후 1:11; 히 2:4), 고린도전서 12장

에서 가장 분명하게 나타난다. 삼위일체적 구조에 주목하라. 바울은 은사가 여러 가지나 성령은 같고, 직분이 여러 가지나 주님은 같으며, 사역이 여러 가지나 하나님은 같다고 말한다. 은사와 직분과 사역은 사실상 동의어다. 은사는 삼위일체 하나님이 교회에서 하시는 일 그 이상도 이하도 아니다.

3. 바울의 은사 목록은 완전하지 않다. 고린도전서 12장 8-10절에서 바울은 지혜의 말씀, 지식의 말씀, 믿음, 병고침, 능력 행함, 예언함, 영들 분별함, 각종 방언 말함, 방언을 통역함까지 아홉 가지 은사를 말한다(병 고침에만 은사라는 이름표가 붙지만 말이다). 이 외에 중요한 은사 목록이 셋 있는데(롬 12:6-8; 고전 12:28; 엡 4:11), 일부 은사를 반복해 언급하면서 그 외의 은사를 추가하고 있다. 고린도전서 7장 7절과 베드로전서 4장 11절은 다른 은사도 언급한다. 이 목록은 엄격하지 않으며, 완전하지도 않다. 바울은 "교회는 하나님의 은혜로 온갖 종류의 일을 하는 온갖 종류의 사람으로 구성되며, 여기 몇몇 예가 있습니다"라고 말할 뿐이다. 간단히 말해, 하나님의 은혜가 분명하게 나타나는 곳마다 성령의 은사가 작동한다.

4. 은사의 목적은 교회를 세우는 것이다. 각 사람에게 성령을 나타내심은 공동선을 위해서다(고전 12:7). 하나님의 은사를 교회에 주심은 그 은사를 행하는 사람을 높이기 위해서가 아니다. 하나님이 은사를 나누어 주심은 그리스도인 개개인이 사역에서 성취감을 느끼거나 하나님과의 친밀함을 체험하게 하기 위해서가 아니다. 이러한 것은 성

령의 은사의 부수적 효과일 수 있겠지만, 은사의 목적은 교회를 세우는 것임을 늘 명심해야 한다(고전 14:12, 26).

5. 모든 그리스도인에게 성령의 은사가 있다(고전 12:7). 이것은 도전이자 격려다. 여기서 도전은 우리가 **섬겨야 한다**는 것이다. 교회는 대접을 받거나 다른 사람에게 받기만 하는 곳이 아니다. 또 격려는 우리가 **섬길 수 있다**는 것이다. 고개를 떨군 채 다른 사람을 위해 아무것도 할 수 없다거나, 하나님을 위해 유익한 일을 전혀 할 수 없다고 항변한다면 겸손한 게 아니다. 성령께서 실재하며 사역하도록 우리에게 힘을 주신다는 사실을 의심하는 것이다. 우리는 모두 그리스도의 몸을 이루는 지체이며, 각 지체는 몸이 제대로 기능하도록 저마다 해야 할 역할이 있다(고전 12:12-27).

DAY 210

기적의 은사

이른바 기적의 은사를 어떻게 이해해야 하는가? 하나님은 지금도 그리스도인에게 병을 치유할 능력을 주시는가? 또는 다른 언어로 말할 능력을 주시는가? 또는 황홀한 기도의 언어로 말할 능력을 주시는가? 지금도 하나님은 살아 있는 선지자를 통해 계시로 말씀하시는가? 지금도 하나님은 꿈, 느낌, 성령이 이끄는 자극을 통해 우리를 인도하시는가? 그리스도인마다 이러한 은사에 대한 평가가 다르다.

한쪽에 신약성경의 모든 은사를 지금도 받을 수 있다고 말하는 은사지속론자(continuationist)가 있다. 이들은 이렇게 주장한다. 첫째, 그렇지 않다는 명확한 말씀이 없다면, 모든 은사가 여전히 유효하다고 보고 간절히 구해야 한다(고전 14:1). 둘째, 고린도전서 13장의 "온전한"은 그리스도의 재림을 가리키며, 따라서 그때까지 은사들은 사라지지 않을 것이다. 셋째, 계시의 은사는 여전히 존재하지만 성경과 동일한 권위를 갖지는 않으며, 언제나 검증되어야 한다. 넷째, 은사들이 1세기와 동일하든 그렇지 않든 간에, 우리 가운데서 성령께서 일하심을 반겨야 한다.

반대쪽에 방언과 예언 같은 일부 은사는 사도 시대 이후에 중지되었다고 말하는 은사중지론자(cessationist)가 있다. 이들은 이렇게 주장한다. 첫째, 기적의 은사는 처음 복음과 교회를 세울 때 확증하는 표적으로 필요했을 뿐이다(히 2:2-4). 둘째, 고린도전서 13장 8-10절은 "온전한 것이 올 때에는" 예언도 폐하고 방언도 그치고 지식도 폐하리라고 말하지만, 이 말씀은 그전에 그칠지 혹은 아닐지에 관해 여지를 남긴다. 셋째, 방언과 예언 같은 계시의 은사는 성경의 충분성과 하나님이 마지막 때에 우리에게 말씀하시는 유일무이한 방식을 약화시킨다(히 1:1-2). 넷째, 오늘 우리가 보는 기적의 은사는 신약성경에서 나타난 은사와 다르다.

두 입장의 차이가 중요하지만, 두 입장의 최고 대표자들이 동의할 수 있는 부분을 간과하지 말아야 한다. 첫째, 모든 선포는 성경에 비추어 검증되어야 한다. 둘째, 성경에 그 무엇도 더할 수 없다. 셋째,

그것이 예언이라 불리든, 지식의 말씀이라 불리든, 성경에 대한 성령의 조명과 인도라고 불리든 간에 성령께서 비언어적 방식으로 일하신다는 사실에 열려 있어야 한다.

나는 여러 사항을 추가로 살펴본 끝에 은사중지론의 입장을 받아들이기로 했다. 그 이유는 먼저 고린도전서 12-14장 전체에서처럼 사도행전 19장 6절에서도 방언과 예언이 연결된다. 고린도전서의 방언이 사도행전의 방언과 달랐다고 생각해서는 안 되는데, 사도행전의 방언은 사람들이 알고 있는 외국어였다. 그러나 우리 시대의 거의 모든 방언은 정확한 통역이 불가능한, 내용 없이 무아지경에서 내뱉는 중얼거림에 지나지 않는다(과연 두 방언이 동일하게 통역될 거라고 생각하는 사람이 있을까?). 사실, 고든 피(Gordon Fee)는 은사지속론을 지지하는 탁월한 학자인데도, 현대의 방언은 바울 시대 교회의 방언과 유사할 뿐이라고 인정했다.[1]

가장 중요하게도, 에베소서 2장 20절은 예언을 교회 기초의 한 부분, 곧 단번에 주셨고 되풀이될 수 없는 기초의 한 부분으로 포함시킨다. 이제 새로운 사도가 세워지지 않듯이 새로운 계시의 말씀도 없고 더 이상 선지자도 없다. 더 이상 예언이 없다면 더 이상 방언도 없다. 하나님의 말씀을 통해 말씀하시는 하나님의 영이 우리의 삶과 경건에 필요한 모든 것을 넉넉하게 공급하신다.

---

[1] Fee, *Empowering Presence*, 890; 고든 피,『성령』(상/하), 박규태 역, 새물결플러스, 2013.

WEEK 43

DAY 211

성령 세례

"우리가 유대인이나 헬라인이나 종이나 자유인이나 다 한 성령으로 세례를 받아 한 몸이 되었고 또 다 한 성령을 마시게 하셨느니라"(고전 12:13). 그리스도인은 이 구절의 의미를 두고 계속해서 논쟁을 벌인다. 성령 세례는 모든 그리스도인이 경험하는 것인가 아니면 일부 그리스도인만 받는 특별한 복인가? 대답은 아주 간단하다.[1]

'성령으로 세례'(*en pneumati*, 성령 세례)라는 표현은 신약성경에 일곱 번 나온다. 그중 네 번은 복음서에서 예수님이 성령으로 세례를 베푸시리라고 세례 요한이 예언하는 장면에 나온다(마 3:11; 막 1:8; 눅 3:16; 요 1:33). 다섯째 용례는 사도행전 1장 5절에 나오는데, 거기서 예수님은 요한의 예언을 암시하신다. 여섯째 용례는 사도행전 11장 16절에 나오는데, 여기서 베드로는 예수님이 사도행전 1장 5절에서 승천하기 전에 하신 말씀을 떠올리며 이 표현을 사용한다. 그러므로 성령 세례를 언급하는 여섯 경우 모두 동일한 사건, 곧 오순절 성령 강림을 내다보거나 되돌아본다.

일곱 번째 구절, 곧 고린도전서 12장 13절은 오순절을 직접적으로 가리키지 않는다는 점에서 특별하다(고린도 신자와 바울은 오순절에 예루살렘에 없었고, 따라서 거기서 성령으로 세례를 받지 않았다). 그러므로 어떤 그리스도인은 고린도전서 12장 13절이 '두 번째 복' 체험, 곧 회심 이후에 일어나며 일부 그리스도인만 누리는 체험을 말한다고 가르쳤다.

그러나 이 구절은 '두 번째 복'을 설명하지 않는다. 먼저 이 구절은 '모두' 성령으로 세례를 받았으며, '모두' 성령을 마시게 되었다고 강조하는데, 바울은 고린도 교회의 모든 신자가 이를 경험했다고 생각하는 것은 분명하다. 나아가 더 넓은 문맥을 고려할 때, 바울이 일부 그리스도인만 경험하는 특별한 두 번째 복을 말했을 가능성이 없다. 바울은 몸 안에 다양한 은사가 있음을 강조한 후, 이제 고린도 신자가 공유하는 일치의 본질로 초점을 옮긴다. 이들은 모두 서로 다른 은사를 가졌지만, 모두 한 성령으로 세례를 받았다.

성령 세례는 모든 그리스도인이 하는 경험이다. 그리스도인은 모두 성령의 내주하심을 통해 거듭나고 그리스도와 연합되기 때문이다. 성령 세례는 곧 우리와 그리스도의 연합이다. 오순절에 처음 강림하신 바로 그 성령께서 이제 모든 신자 안에 거하시며, 우리를 그리스도와 연결하고 그리스도의 모든 은택에 잠기게 하신다. 예수님은 우리가 그분의 능력을 알고 그분의 복에 잠기도록 우리에게 성령으로 세례를 베푸신다. 또는 존 스토트가 요약하듯이, 성령 세례는 (오직 새 언약에서 실현되는) 특별한 복이고, (회심 때 주어지는) 초기의 복이며, (모든 참 신자에게 부어지는) 보편적 복이다.[2]

성령 세례로 그리스도인이 분열되어서는 안 된다. 성령 세례는 모든 그리스도인이 받는 복이고, 오순절에 성령을 강력하게 부어주신 하나님께 감사하며 하나 되게 하는 복이다.

1 이 항목은 DeYoung, *The Holy Spirit*에서 발췌했으며, 허락을 받고 사용했다.
2 Stott, *Baptism and Fullness*; 존 스토트, 『성령세례와 충만』, 김현회 역, IVP, 2024.

DAY 212

성령 충만

성령 충만이란 성령의 영향 아래 있거나 성령의 지배 아래 있다는 뜻이다. 충만은 때로 일반적이고 때로 구체적이다(예를 들면 사도행전 4장에서 제자들이 성령이 충만해 담대하게 말했다). 그러나 각각의 경우 '충만'은 경건한 삶을 살도록 누군가에게 능력을 주시는 성령의 사역을 가리킨다. 성령이 충만하면 담대함과 용기가 생길 뿐 아니라 지혜와(행 6:3) 믿음과(행 11:24) 기쁨도 생긴다(행 13:52).

성경은 에베소서 5장에서 성령 충만을 가장 직접적으로 가르친다. 15-18절에서, 바울은 서로 대비되는 세 쌍의 행동을 강조한다. 신자는 지혜 없는 자 같이 행하지 말고 오직 지혜 있는 자 같이 행해야 하며(15절), 어리석은 자가 되지 말고 오직 주의 뜻이 무엇인지 이해해야 하고(18절), 술에 취하지 말고 성령으로 충만함을 받아야 한다(18절). 나머지 두 쌍처럼, 마지막 쌍도 상반된 두 행동을 나란히 둔다. 술취함과 성령 충만은 둘 다 전인(全人)에 영향을 미친다. 그러나 술취함은 우리로 통제를 벗어나게 하는 반면, 성령의 영향은 우리로 스스로를 통제하게 한다. 과음은 진정제인 반면에 성령은 사랑과 선행의 자극제다. 술취함은 방탕을 부르는 반면에 성령의 사역은 헌신을 부른다.

18절은 사실상 이 단락의 핵심이며, 몇몇 부분에서 4-6장의 주요 명령이다. 4-6장은 모두 경건에 관한 내용이고, 성숙과 정결과 그리스도인의 성품으로 특징되는 삶에 관한 내용이다. 성령 충만은 감성이 풍부한 사람이 되거나 즉흥적인 사람이 되거나 아주 열정적인 예배자가 되는 것이 아니다(한 그리스도인이 셋 모두 일 수 있지만). 성령 충만은 우리가 하나님을 본받는 자이며 그리스도처럼 보인다는 뜻이다. 에베소서에 나타나는 '충만'의 삼위일체적 구조는 주목할 만하다. 첫째, 그리스도로 충만을 말하고(엡 1:23), 뒤이어 하나님으로 충만을 말하며(엡 3:19), 마지막으로 성령으로 충만을 말한다(엡 5:18).

성령이 충만한 예배는 그리스도를 높이는 예배이자 하나님께 헌신하고 그분의 명령에 순종하도록 그리스도인을 준비시키는 예배다. 다시 말하건대, 에베소서 5장의 "성령 충만"은 특정한 성격이나 체험이나 감정을 암시하지 않는다. 그보다는 19-22절에서 성령 충만의 네 가지 결과를 말한다(네 분사 형태로). 우리는 성령으로 충만할 때 첫째, 시와 찬송과 신령한 노래들로 서로 화답하고 둘째, 우리의 마음으로 주께 노래하고 찬송하며 셋째, 범사에 우리 주 예수 그리스도의 이름으로 항상 아버지 하나님께 감사하고 넷째, 그리스도를 경외함으로 피차 복종한다. 바꾸어 말하면, 밖으로 말하고, 안으로 노래하고, 위로 찬양하며, 우리 위에 있는 권위자를 적절하게 존중한다(5장과 6장 나머지 부분에 자세히 나와 있듯이).

성령과 보조를 맞추자. 우리의 삶에 성령 충만을 구하자. "너희가 악할지라도 좋은 것을 자식에게 줄 줄 알거든 하물며 너희 하늘 아버지께서 구하는 자에게 성령을 주시지 않겠느냐"(눅 11:13).

DAY 213

부르심

교회에는 '사역으로 부르심'에 관해 말하는 오랜 전통이 있다. 어쨌든, 바울은 사도로 부르심을 받았다거나 복음을 전하도록 부르심을 받았다는 말을 자주 한다(롬 1:1; 고전 1:1). 그러나 목사로(또는 선교사로?) '부르심을 받기' 전에 하나님이 주시는 확실한 감동이 있으리라 기대하지 않도록 조심해야 한다. 거꾸로, 강력한 영적 체험을 했으니 전임 사역자로 부르심을 받은 게 틀림없다고 생각해서도 안 된다.

신약성경에서 부르심의 언어는 거의 언제나 모든 그리스도인에게 적용된다. 우리는 그리스도 안에서 위에서 부르신 부르심을 받는데, 그리스도와 함께하고 그리스도를 닮으라는 것이다(빌 3:14). 우리는 속박이 아니라 자유를 위하여 부르심을 받았다(갈 5:13). 하나님은 우리를 구원하사 거룩한 부르심으로 부르셨다(딤후 1:9). 하나님은 우리를 그분의 영광과 덕으로 부르셨다(벧후 1:3). 우리 가운데 (세상의 눈에) 고귀한 일에 부르심을 받은 자가 많지 않지만, 놀랍게도 우리는 그리스도께로 부르심을 받았다(고전 1:26). 부르심을 받으면 의롭다 하심을 얻고, 의롭다 하심을 얻으면 영화롭게 된다(롬 8:30).

그렇다면 '사역으로 부르심'이란 표현 자체를 버려야 하는가? 나는 그렇게 생각하지 않는다. 다만 부르심의 의미를, "하나님이 특별히 내게 '너는 반드시 목사가 되어야 한다'는 말씀을 주셨는가?"와 같은 식으로 받아들이는 게 아니라, "내가 이 길을 선택하는 것이 현명하고 적절한가?"라는 식으로 이해하기를 바란다. 바울이 사도로 '부르심'을 받은 것은 사실이다. 또 한 번은 마게도냐로 가라는 특별한 부르심을 받기도 했다(행 19장). 따라서 '부르심'을 단순히 구원으로의 부르심 이상이라 이해할 근거는 성경에 분명히 있다. 단 바울의 사도적 부르심이 모든 사람에게 '일반적'으로 나타나지 않음을 기억해야 한다.

대다수 신학자와 사역자는 부르심의 세 측면을 내적 부르심("나는 이것을 하고 싶어"), 외적 부르심("나는 사역을 위한 은사가 있다고 인정받았고 확실한 사역의 열매가 있어"), 공식적 부르심("나는 특정 교회나 사역 단체에서 자리를 제안받았어")으로 말한다. 이와 비슷하게 제임스 배너먼은 사역으로의 부르심을 하나님의 뜻(지레짐작을 방지하는 안전장치), 직분자의 뜻(광신주의를 방지하는 안전장치), 교회의 뜻(침해를 방지하는 안전장치), 이렇게 세 가지 뜻의 일치로 설명한다.

'부르심'이 어떤 자극을 기다리면서 세밀하고 작은 음성에 귀를 기울이고, 소명에 관한 자신의 결정에 대해 하나님의 승인을 받는 것을 포함한다면, 부르심이라는 표현을 쓰지 않는 게 낫겠다. 그러나 '부르심'이 자신을 알고 경건한 사람과 교회에 귀를 기울인다는 뜻이라면, 사역으로의 부르심을 지혜롭게 분별해야 한다. 배너먼이 이를 잘 요약했다. "초자연적이고 직접적인 부르심이 있어야 그리스도의 교회를 섬길 자격을 갖췄다고 확신할 수 있는 게 아니다. 바울이 다메섹으로 가는 길에서 경험한 기적적인 빛과 하늘에서 들리는 음성 같은 것이 이제는 한 사람을 찾아와 공적으로 그리스도를 섬기라고 명하지 않는다. 그러나 어떤 직분을 위한 은사와 은혜가 주어졌다면, 이는 하나님이 그에게 그 직분을 위임하고 그를 그 직분으로 부르신 것이다."[1]

자신이 사역으로 부르심을 받았는지 어떻게 아는가? 그 일을 할 은사와 은혜를 확인하고 교회를 통해 전달되는 하나님의 위임에 귀를 기울이면 된다.

1 Bannerman, *Church of Christ*, 452.

DAY 214
은혜의 수단

하나님은 무수히 다양한 방법으로 우리에게 은혜를 베푸실 수 있으며, 무수히 다양한 것을 활용해 그분의 백성이 은혜의 유익을 누리게 하실 수 있다. 그러나 이것이 우리가 의미하는 '은혜의 수단'은 아니다. 하나님은 정기적이고 믿을 수 있는 특정 수단을 사용해 그분의 은혜를 베푸는 게 적절하다고 보셨다. 그리스도께서는 그분의 백성을 구원하고 거룩하게 하기 위해 이러한 객관적 은혜의 수단이 교회의 사역을 통해 사용되게 하셨다.

외적이고 일반적인 은혜의 수단은 그리스도께서 우리에게 구속의 은택을 전달하시는 의식이다. 웨스트민스터 소요리문답은 이러한 의식을 "특별히 말씀과 성례와 기도"로 열거한다(88). 대조적으로, 하이델베르크 요리문답은 기도를 은혜 항목이 아니라 감사 항목에 두며(116문), 구원하는 은혜의 전달과 관련해서는 두 의식, 곧 "거룩한 복음의 선포"와 "성례"만 언급한다(65문). 기도의 중추적 중요성을 약화시키려는 것은 아니지만(행 6:4), 대위임을 토대로 하여 말씀과 성례가 은혜의 수단임을 더 분명하게 주장할 수 있다(마 29:19-20). 이 외에 여러 구절이 말씀 선포 및 성례 시행을 우리를 구원하고 거룩하게 하는 은혜의 전달과 직접적으로 연결한다(롬 10:17; 고전 10:16; 딛 3:5; 벧전 1:23-25). 이에 관해 네 가지를 차례로 살펴보겠다.[1]

첫째, 말씀과 성례는 일반 은혜의 수단이 아니라 특별 은혜의 수단이다. 우리는 국립공원을 하이킹하거나 미술관을 거닐면서 진선미를 감상하는 그런 차원의 은혜를 말하는 것이 아니다. 우리는 구속하는 은혜를 말하고 있다.

둘째, 말씀과 성례는 그 자체가 은혜의 수단이다. 많은 신자가 갓난아기를 안을 때, 친구들과 웃을 때, 석양을 볼 때 하나님의 은혜를 증언할 것이다. 그러나 이러한 경험은 아무리 즐겁고 유익하더라도 그 자체가 은혜의 수단은 아니다(그리고 전혀 은혜의 통로가 아닐 것이다). 어떤 경험은 하나님이 사용하실 수 있지만, 이는 하나님의 말씀의 빛 안에서 해석되거나 말씀을 떠올리게 할 때에만 은혜를 전달한다. 모든 경우에 있어서 졸졸 흐르는 개울이나 눈 덮인 봉우리가 아닌 '말씀'이 특별 은혜의 통로이다.

셋째, 은혜의 수단은 단순한 외적 적용을 통해 은혜를 주지 않는다. 하나님의 말씀은 절대로 헛되이 돌아오지 않지만 구원하는 은혜를 늘 주는 것은 아니다. 태양은 버터를 녹이기도 하지만 땅을 굳히기도 한다. 마찬가지로, 성례가 은혜의 통로이려면 믿음과 결합되어야 한다. 다시 말해, 은혜의 수단은 그 일을 함으로써(ex opere operato, 실행된 행위로부터) 효력을 발휘하는 방식으로 작동하지 않는다. 단순히 설교나 성례가 행해졌다는 이유만으로 자동적으로 사람이 구원을 받거나 거룩하게 되는 게 아니다. 하나님만이 구원의 유효한 원인이시다.

넷째, 말씀과 성례는 하나님의 은혜를 전달하는 지속적인 도구다. 말씀과 성례는 (그리고 당신이 좋아한다면 기도는) 이따금 또는 우연히 하나님의 은혜를 전달하는 통로가 아니라, 항상 그리고 영구적으로 하나님의 은혜를 전달하는 통로다. 우리가 은혜의 수단을 '평범하다'고 말하는 이유는 하나님이 은혜의 수단을 구원의 은혜를 베푸는 일상적이며 영구적인 수단으로 제정하셨다고 믿기 때문이다. 우리의 교회는 무엇보다도 이 평범한 수단에 집중하고 다른 모든 수단은 부수적인 것으로 여겨야 한다.

1 다음을 보라. Berkhof, *Systematic Theology*, 605-608; 벌코프, 『벌코프 조직신학』.

DAY 215
셈페르 레포르만다

성(性) 문제나 성경의 권위, 아담과 하와의 역사성 등과 같이 교회의 전통적 신앙 이해를 바꾸려는 움직임이 있을 때마다, 사람들은 종종 **셈페르 레포르만다**(*semper reformanda*, 항상 개혁되어야 한다)라는 종교개혁의 구호를 들고 나온다. 성령께서 새 시대를 위한 새로운 진리를 계시하시고, 예수님이 묵은 포도주를 새 부대에 붓고 계시니, 교회는 "항상 개혁해야" 한다는 것이다.

사실, 우리는 모두 거울을 통해 희미하게 보며, 따라서 생각을 바꾸는 데 열려 있어야 한다. 그러나 라틴어 셈페르 레포르만다는 교회의 신앙고백을 시대에 맞게 개혁해야 한다는 뜻이 아니다. 이 표현은 1674년에 나온 요도퀴스 판 로덴슈타인(Jodocus van Lodenstein)의 묵상집에서 처음 사용되었다. 로덴슈타인은 제2차 네덜란드 종교개혁(Dutch Second Reformation)의 핵심 인물이었는데, 이 종교개혁을 통해 개혁주의 교리를 갖게 된 네덜란드 교회의 구성원이 삶과 실천에서 개혁을 계속 추구하길 바랐다. 그의 관심사는 교리의 발전이 아니라 개인의 경건이었다.

판 로덴슈타인의 표현 전체를 보아야 한다. "개혁 교회는 하나님의 말씀에 따라 항상 개혁되어야 한다"(*ecclesia reformata, semper reformanda secundum verbi Dei*) 이 문구에서 세 가지에 주목하라.

첫째, 이 문구는 먼저 개혁(Reformed, 개혁된) 교회를 말한다. 이는 판 로덴슈타인이 네덜란드 교회를 향해 한 말인데, 그는 네덜란드 교회는 신앙을 고백하는 개혁 교회임을, 특히 3대 일치 신조(즉, 벨직 신앙고백, 하이델베르크 요리문답, 도르트 신조)를 받아들임으로써 밝혔다. 라틴어 원문은 교리의 혁신을 독려하는 게 아니라 교리의 안정을 말한다. 이것은 신학의 기준을 즉흥적으로 모색하라는 독려가 아니다.

둘째, 라틴어 동사 **레포르만다**(*reformanda*)는 수동태인데, 곧 교회가 '항상 개혁하고' 있는 게 아니라 '항상 개혁되고' 있다는 뜻이다. 전자는 새로운 깨달음을 추구하는 것처럼 들리지만, 후자는 적절한 기준을 견지함을 암시한다. 또한 수동태는 필요한 개혁이 일어나도록 교회에 작용하는 외부 요인이 있다고 암시한다.

이것은 셋째이자 가장 중요한 핵심으로 이어진다. 교회는 '하나님의 말씀에 따라' 항상 개혁되어야 한다. 개혁주의는 "역사의 오른편"(벤 샤피로의 책 제목이며 국내에는 『역사의 오른편 옳은편』으로 번역 출간되었다.-역주)에 서거나 사회 과학의 통찰에 뒤처지지 않으려고 교회의 신학과 윤리를 바꾸는 게 아니다. 판 로덴슈타인이 사용한 표현의 핵심은 말씀 안에서 드러나는 그리스도의 주 되심에 교회가 지속적으로 다시 복종해야 한다는 것이다.

셈페르 레포르만다는 끊임없는 요동이 아니라 확고한 기초를 의미한다. 우리의 정확한 교리에 부합하는 개인의 헌신을 의미한다. 우리 자신에게, 우리의 전통에, 우리 문화와 맞는지를 판단하며 오류가 있을 수 있는 우리 감각에 어떤 희생이 따르더라도 성경을 철저히 고수한다는 뜻이다.

사람들이 성경이 틀렸다고 생각한다면, 그렇게 말할 수는 있다. 그러나 그렇게 말하면서 개혁주의자를 자처해서는 안 된다. 장려하고 기도할 가치가 있는 유일한 개혁은 성경에서 점점 멀어지게 하는 개혁이 아니라 성경 속으로 점점 파고들게 하는 개혁이다.

WEEK 44

DAY 216

성례

"성례는 그리스도께서 제정하신 거룩한 예식인데, 성례에서, 눈에 보이는 표를 통해, 그리스도와 새 언약의 유익들이 믿는 자에게 다시 나타나고 인이 찍히며 적용된다"(웨스트민스터 소요리문답 92). 더 단순하게 말하면, 성례는 우리가 믿음으로 받는 언약적 복의 표와 인이다. 좀 더 짧게 말하면, 자주 인용되는 아우구스티누스의 정의가 있다. "성례는 보이지 않는 은혜의 보이는 표다."

나는 둘째 정의를 선택해 '표'(sign)와 '인'(seal)이란 단어에 초점을 맞추겠다.

성례는 표다. 하나님은 우리의 유익을 위해 우리에게 그림을 주셨는데, 말을 대신하도록 주신 게 아니라 언표된 복음을 보완하도록 주셨다. 말은 귀에 어울리고 성례는 눈에 어울린다.

때때로 비평가는 프로테스탄트 예배, 특히 개혁주의 예배를 공격하며 이렇게 말한다. "하나님은 우리에게 이 모든 감각을 주셨는데, 우리는 예배할 때 청각만 사용한다. 우리는 기도를 듣고, 음악을 들으며, 설교를 듣고, 성경을 듣는다. 하나님이 우리에게 주신 다른 감각은 어디 있는가? 우리는 멀티미디어가 필요하다. 미술이 필요하다.

영상이 필요하다. 드라마가 필요하다." 나는 이렇게 답한다. "좋아요. 예배에 시각적 요소를 사용합시다. 드라마도 사용합시다. 하지만 주님이 제정하신 시각적 요소와 드라마를 지킵시다." 우리가 복음의 약속을 보고, 냄새 맡으며, 맛보고, 만질 수 있도록 하나님은 우리에게 성례를 영적 표로 주셨다.

성례는 인이기도 하다. 공증인의 직인이나 법률 문서의 압인 같은 공식 직인의 목적을 생각해 보라. 양쪽이 인을 찍음으로써 계약이 체결된다. 말이 아니라 행동으로 계약을 확증한다. 예수님이 "이 잔은 내 피로 세우는 새 언약이니 곧 너희를 위하여 붓는 것이라"고 말씀하실 때(눅 22:20), 그분은 그 잔 자체가 언약이라는 뜻으로 말씀하신 것이 아니다. 그 잔을 마심으로써 제자들이 새 언약에 참여하는 자로 확증된다는 것이다.

표와 인의 언어는 로마서 4장 11절에서 왔는데, 거기서 바울은 할례를 아브라함이 믿음으로 받은 언약의 표와 의의 인이라 말한다. 표로서, 성례는 영적 실재와 하나님의 약속을 가리킨다. 인으로서, 성례는 하나님과 성례 참여자 사이의 언약 관계를 전제한다. 다시 말해, 성례는 하나님의 은혜를 증명하고 확인하는데, 하나님의 은혜는 아브라함의 경우처럼 믿음으로 받는다(성례가 '시행될 때' 믿음이 작동해야 하느냐는 문제는 유아 세례를 다루는 장에서 살펴보겠다).

너무나 많은 교회가 성례를 간과하고 과소평가한다. 물론 성례에 너무 많은 의미를 부여해 성례가 구원에 필수라거나 마법 의식처럼 시행만으로도 효과가 있다고 생각할 위험이 있다. 그러나 세례와 주의 만찬에 너무 '적은' 의미를 부여할 위험에 처한 사람이 더 많을 것이다. 우리는 성례 가운데 많은 것을 기대하지 않는다. 하나님의 확신과 위로와 힘을 구하지 않는다. 우리에게 믿음의 눈이 있어 보고 또 믿을 때에야, 모든 은혜의 하나님이 이러한 표와 인을 통해 우리를 도우실 것이다.

DAY 217

성례는 몇 가지인가?

성례는 단순히 영적 실재의 모형(결혼이 복음의 모형이듯이)이나 그리스도인의 덕목의 강력한 상징(발을 씻어주는 것이 겸손한 섬김의 강력한 상징이듯이)이 아니다. 성례는 첫째로 그리스도께서 명시적이고 직접적으로 제정하신 의식이며, 둘째로 특별 은혜의 표와 인 역할을 한다. 바꾸어 말하면, 성례는 단순히 은혜의 가시적 표현이 아니라 은혜의 실제 '수단'이다.

정의에 비춰볼 때, 그리스도께서 교회에 주신 성례는 세례(마 28장)와 주의 만찬(고전 11장) 둘 뿐이다.

이 두 성례에 가톨릭교회는 다섯을 추가한다.

로마 가톨릭 예식에서, '견진성사'(confirmation)는 세례를 받았으며 적어도 일곱 살이 넘은 자에게 주교가 안수할 때 시행하는, 은혜를 강화하는 성례다. 신앙을 공개적으로 고백하는 일은 중요하지만(롬 10:9-10), 신약성경에는 그리스도께서 이 의식을 은혜의 수단으로 제정하셨다는 그 어떤 암시도 없다. 어린아이의 신앙고백을 그 자체로 은혜의 수단으로 이해하기보다 세례의 약속이 비준되는 수단으로 이해하는 게 낫다.

가톨릭의 '보속'(penance) 의식은 죄를 고백한 후 사제가 부과한 보속 행위를 통해 용서를 받는 제도라고 이해된다. 많은 교회에서 주일 예배에 죄의 고백과 사죄의 확신이 포함된다. 그러나 이것은 별개의 성례가 아니라 말씀의 적용으로 보아야 하며, 결코 면죄부나 그 어떤 형태든 '행위에 근거한 의'(works righteousness)와 연결되어서는 안 된다.

로마 가톨릭교회는 정교한 '신품성사'(ordination, 서품, 임직, 장립)를 시행하는데, 여기에는 세 단계의 성품 성사(holy orders)가 있다. 부제품(Diaconate), 사제품(Presbyterate), (성례의 가장 완전한 형태인) 주교품(Episcopate)이다. 임직(ordination, 장립)은 신약성경의 의식이 분명하며(행 6:6; 딤전 4:14; 5:22; 딛 1:5), 성령의 은사를 받는 것과 연결될 수 있다(딤전 4:14). 그러나 임직이 모두에게 열려 있는 특별 은혜의 수단으로 작용하지는 않는다. 실제로 가톨릭의 가르침에 따르면, 이 성례(신품성사)를 통해, 서품을 받은 사람은 어떤 특성을 주입받아, 세례를 받은 나머지 사람과 질적으로 달라진다. 이는 만인 제사장직에 어긋나며, 은혜의 평범한 수단이라는 성례의 본질과도 어긋난다.

'종부성사'(extreme unction, 또는 마지막 의식)는 야고보서 5장 14절에서 비롯되었는데, 거기서 야고보 사도는 병든 자에게 기름을 바르고 그를 위해 기도하라고 교회 장로에게 명한다. 기름은 상징으로서 중요하지만(성령의 능력이 역사하는 것을 묘사하는 듯하다), 새로운 성례가 한 사도의 한 구절에서 시작되었다는 게 이상하다. 특히, 종부성사가 초기 교회에서 시행된 성례라는 증거가 없고, 그리스도의 지상 사역에서 시행된 경우도 없기 때문이다.

가톨릭교회는 '결혼'도 성례로 여긴다. 이는 부분적으로 헬라어 **뮈스테리온**(*mysterion*)을 라틴어 **사크라멘툼**(*sacramentum*)으로 오역한 데서 비롯되었다(엡 5:22). 결혼은 우리의 성화에 이용될 수 있지만, 성경에서 절대로 은혜의 평범한 수단으로 제시되지 않는다. 사실, 결혼은 비그리스도인과 공유하는 창조 의식이다(창 2장).

지금까지 살펴본 의식은 성경의 진리와 의식적인 요소를 담고 있다. 그러나 세례와 주의 만찬은 그리스도께서 명시적으로 직접 제정하셨다는 점에서 특별하다. 두 성례에 다른 것을 더하거나 두 성례의 중요성을 간과한다면, 그리스도를 욕되게 할 뿐 아니라 그분이 교회의 두 성례를 통해 우리에게 주시려는 은혜를 놓칠 것이다.

DAY 218

세례

그리스도께서 열한 제자에게 아버지와 아들과 성령의 이름으로 세례를 베풀라고 명하셨을 때(마 28:19), 그분은 단지 대위임을 주신 것만이 아니라 세례의 본질을 가르치신 것이기도 하다.

세례는 입회의 표, 곧 그리스도의 제자가 된다는 것의 한 부분이다. 그리고 그 세례가 삼위일체의 이름으로 시행된다는 것은 세례가 신분과 소속의 표지라는 뜻이다. 세례를 통해 우리는 하나님께 속한 자라는 이름을 얻고, 하나님과 관계를 맺으며, 그분과의 교제 안으로 들어간 존재라고 선언된다.

하나님과의 연합이 세례를 바르게 이해하는 열쇠라면, 또 하나의 근본적인 요소는 죄 씻음이다. 이는 의식에서 물이 상징적으로 맡는 역할을 생각해 보면 이해가 된다. 세례는 영적 씻음과 정결을 상징한다. 세례는 죄 사함과 연결되고(행 2:38) 죄 씻음과 연결된다(행 22:16). 세례를 가리키든 그렇지 않든 간에, 그리스도인의 삶은 '씻음받음'으로 자주 묘사된다(고전 6:11; 히 10:22). 다른 곳에서, 분명하게 세례는 중생의 씻음과 성령의 새롭게 하심이라 불린다(딛 3:5). 세례는 우리를 구원하는데, 육체의 더러움을 씻어 냄으로써 구원하는 게 아니라, 예수 그리스도의 부활을 통해 하나님께 선한 양심을 구하는 호소로서 우리를 구원한다(벧전 3:21, ESV). 세례는 죄 사함의 표와 인이다.

세례의 의미는 주로 긍정적이지만, 물의 상징에는 경고의 요소도 있다. 의인을 구원하는 물은 악인을 덮치는 물이기도 하다. 노아와 그의 가족은 물을 통해 구원받았으나 나머지 세상은 홍수에 멸망했다(벧전 3:20; 벧후 3:5-6). 언약의 피를 부정하게 여기는 자에게 더 무거운 형벌이 내려지듯이(히 10:29), 세례의 영적 중요성이 무시되거나 거부되거나 경멸될 때 복이 저주로 바뀔 수 있다.

구약의 할례가 신약의 세례에 담긴 의미를 밝히는 데 도움이 된다. 구약의 그림자에서 신약의 실체로 넘어갈 때 분명 불연속적인 면이 있지만, 그렇더라도 구약과 신약 양쪽 모두에서 성례는 대체로 같은 것을 상징한다. 이런 이유로, 할례와 유월절을 신약 교회와 연결할 수 있고(고전 5:7; 골 2:11), 세례와 주의 만찬을 구약 교회와 연결할 수 있다 (고전 10:1-4). 할례가 긍정적으로는 용서와 새롭게 하심을 가리켰고(살을 잘라냄에서) 부정적으로는 잘리는 형벌을 가리켰듯이, 세례도 동일한 두 실재를 상징한다. 부정적 의미로, 세례에는 심판의 위협이 있다. 긍정적 의미로, 세례는 할례처럼 믿음으로 얻는 의의 표이자 인이다(롬 4:11).

DAY 219

누가 세례를 받는가?

신자가 세례를 받아야 한다는 데는 논란이 없다. 사도행전에서 보듯이, 복음이 확산되면서 세례는 그리스도를 믿는 믿음과 자주 연결된다(행 2:41; 16:31-33). 그리스도를 믿는 자는 모두 세례를 받아야 한다. 세례는 신자를 위한 것이다.

그리고 신자의 자녀도 세례를 받아야 한다.

논쟁은 이 부분에서 일어난다. 바로 이 부분에서 신자 세례론자[credobaptists; 크레도(credo)는 믿음이나 신앙을 가리킨다]와 유아 세례론자[paedobaptists; 패도(paedo)는 어린아이를 가리킨다]가 나뉜다. 하나님은 그분의 언약 백성에게 할례의 표를 찍으셨다. 육체의 살을 잘라냄은 마음에서 육적인 성향을 잘라내는 일을 상징했다. 할례가 하나님을 따르는 성인과 그 자녀에게 시행되었으나 모든 자녀가 이 표가 가리키는 실재를 알게 된 것은 아니다. 마찬가지로, 세례 곧 죄악된 육신을 씻는 의식이 예수님을 따르는 성인과 그 자녀에게 시행되었으나 모든 자녀가 이 표가 가리키는 실재를 알게 되는 것은 아니다.

몇몇 핵심 구절을 살펴보자.

마가복음 10장 14절. 그리스도께서 언약에 참여하는 자로서 어린아이에게 안수하고 이들을 축복하며 그 나라의 시민으로 반기신다면, 말씀과 행동으로 어린아이가 그분께 속하고 그분을 통해 거룩하게 되었음을 드러내신다면, 이 모두를 상징하는 표를 어린아이에게 적용하지 않을 이유가 있겠는가?

사도행전 2장 39절. 여기서 베드로는 구약의 언약 언어를 사용하는 게 분명하다("너희와 너희 자녀"). 아브라함 언약은 폐기되지 않았다(갈 3:15-18). 오히려, 언약 공동체가 확대되어 이방인까지 포함했다("모든 먼 데 사람").

로마서 4장 9-12절. 할례는 언제나 영적 실재의 표였다(레 26:40-42; 신 10:16; 30:6; 렘 4:4; 6:10; 9:25; 롬 2:25-29). 여기서 바울은 할례를 이신칭의와 분명하게 연결한다. 아브라함은 믿은 후에 표를 받았을 '뿐 아니라' 같은 표를 아직 믿음이 없는 아들에게도 시행하라는 지시를 받았다. 할례는 세례처럼 소속됨과 제자도와 언약적 의무를 가리켰으며, 그것이 상징하는 실재를 붙잡을 미래의 믿음을 가능하게 했다.

에베소서 6장 1-3절. 자녀들은 "주 안에서" 계명을 정당하게 받을 수 있는 교회 구성원으로 여겨졌다. 하나님은 여전히 우리를 가족으로 대하시는데, 신약성경에 가족 세례가 나오는 것도 이 때문이다(행 16:13-15, 32-34; 18:8; 고전 1:16).

골로새서 2장 11-12절. 바울은 할례에서 세례로 부드럽게 옮겨가는데, 두 표가 동일한 영적 의미를 갖는다는 전제에서 글을 쓴다.

히브리서 10장 16, 26-31절. 겉으로는 언약에 속하지만 언약을 어기는 자로 밝혀지는 경우가 여전히 가능하다. 교회로 시작한 모두가 실제로 교회에 속하는 것은 아니다(요일 2:19).

신약성경이 유아 세례를 분명하게 언급하지 않는 것은 사실이다(헌아식도 언급하지 않는다!). 그러나 1세대 선교 맥락에서는 유아 세례가 당연하게 여겨진다. 더 놀라운 점은 유대인 부모가 이제 자녀들이 언약에서 제외되어 충격을 받았다는 기록이 전혀 없다는 사실이다. 하나님의 약속이 더 넓고 더 포괄적으로 확장된 이 시대에, 이제는 자녀가 그 약속 밖에 있다고 한다면 매우 놀라운 일일 것이다. 마치 새롭고 획기적인 건강 보험 정책에 더는 자녀가 포함되지 않는다는 말과 같을 것이다. 이는 더 나은 정책으로 보이지 않을 것이다. 오랜 세월 생후 8일된 사내아이에게 적용되었던 용서와 소속의 표가 이제는 신자와 그 자녀에게 은혜롭게 적용되었다고 생각하는 편이 더 타당하다.

DAY 220

세례 방식

성경에는 하나님의 백성이 물을 통해 깨끗해지는 다양한 의식이 나온다. 구약성경에서 가장 일반적인 정결 의식은 '뿌림'인데(출 24:6-8;

레 14:7; 민 8:7; 19:18-19; 사 52:15; 겔 36:25) 이것이 신약성경으로 자연히 이어졌다는 주장이 가능하다(히 12:24). 실제로 히브리서 9장 10절은 다양한 의식적 씻음(diaphorois baptismois, 다양한 세례)을 언급하면서 뿌려진 황소와 염소의 피가 이러한 '씻음' 또는 '세례' 가운데 하나라고 말한다(13절). 어떤 유아 세례론 전통은 물을 붓거나 물에 잠그는 세례를 주장하지만, 대다수 개혁 교회는 물을 뿌리는 세례를 시행한다.

대다수 침례교인은 잠김(침수례)이 침례 행위의 핵심이며 단어(baptism) 자체의 본래 의미라고 믿는다. 그러나 관련 본문을 좀 더 살펴보면 알 수 있듯이, 이 단어가 물리적 잠김을 암시할 필요는 없다. 사실, 신약성경을 보면 세례에서 잠김이 요구되는 경우는 하나도 없으며, 오히려 잠김을 적극적으로 허용하지 않는 예가 여럿 있다.

오순절에 예루살렘에서 신자 3천 명이 세례를 받았다고 한다(행 2:41). 그러나 예루살렘 근처에는 그만한 물이 없다. 여기서 세례는 잠김이 아니라 다른 방식으로 시행되었던 게 거의 분명하다.

사도행전 9장 18절에서, 바울은 아나니아에게 세례를 받았는데, 즉석에서 받은 것으로 보인다. 세례를 받은 후, 바울은 음식을 먹고 힘을 얻었다. 이들이 몸을 잠글만한 물을 찾아 세례를 행한 후 돌아와 음식을 먹었다는 암시는 없다(빌립보 감옥의 간수와 그의 가족이 세례를 받는 장면도 보라, 행 16:32-33). 마찬가지로, 사도행전 10장 47절의 질문 "누가 능히 물로 세례 베풂(water for baptizing)을 금하리요"는 이방인을 큰 물로 데려간 게 아니라 물을 이방인에게 가져왔다고 암시한다.

잠김의 세례(침례)를 지지하는 최고의 예를 사도행전 8장에서 찾을 수 있다. 여기서 빌립과 에디오피아 내시는 "수레를 멈추고 … 둘 다

물에 내려갔다"(38절). 그러나 여기서도 잠김은 강한 지지를 받지 못한다. 둘 다 물에 내려갔고(38절) 둘 다 물에서 올라왔기 때문이다(39절). 빌립은 자신을 에디오피아 내시와 함께 물에 잠그지 않은 게 분명하다. 두 사람이 물에 내려갔고 빌립이 물을 뿌리거나 부어 세례를 베푼 후에 두 사람이 물에서 나왔다고 생각하는 게 더 낫다.

어떤 사람은 이렇게 물을 것이다. "하지만 잠김으로 표현되는 내려감과 올라옴이 죽음과 부활의 상징을 가장 잘 표현하지 않나요?" 반드시 그런 것은 아니다. 로마서 6장의 이미지는 문자적으로 올라감과 내려감에 관한 게 아니라 그리스도와의 연합에 관한 것이다. 어쨌든, 예수님은 땅 밑이 아니라 동굴에 장사되셨다(옆으로!).

세례는 신분 확인에 관한 것이다. 이스라엘은 문자적으로 모세에 잠겼는가(*baptizō*, 고전 10:2), 아니면 이 단어는 구체적인 육체의 의식이 아니라 영적 실재를 암시하는가? 연관된 단어 **바프토**(*bapto*)에서 '세례'(baptism)가 잠김과 무관한 행위를 가리킬 수 있음을 알 수 있다. 레위기 14장 6절을 보면 살아 있는 새를 죽은 새의 피에 찍는다(70인역; *baptō eis*). 누가복음 11장 38절에서 예수님은 식사 전에 씻지(*ebaptisthe*) 않으셨는데, 이는 온 몸을 잠그는 게 아니었던 게 분명하다.

세례 방식이 잠김(침례)일 필요는 없다. 핵심은 물로 씻는 것이다. "염소와 황소의 피와 및 암송아지의 재를 부정한 자에게 뿌려 그 육체를 정결하게 하여 거룩하게 하거든 하물며 영원하신 성령으로 말미암아 흠 없는 자기를 하나님께 드린 그리스도의 피가 어찌 너희 양심을 죽은 행실에서 깨끗하게 하고 살아 계신 하나님을 섬기게 하지 못하겠느냐"(히 9:13-14).

WEEK 45

DAY 221

세례는 무엇을 인치는가?

세례 자체가 은혜를 주지는 않는다. 성례의 표(sacramental signs)가 하나님의 복을 전달하지는 않는다. 오히려, 이들은 믿음으로 신자에게 임하는 은혜의 표와 인이다.

그렇다면 의문이 든다. 유아에게는 세례의 표가 무엇을 인치는가? 침례교인에게는 문제가 간단하다. 침례는 신자가 용서받고 그리스도 안에서 새 생명을 얻었다고 확인한다. 그렇다면 유아 세례론자의 성례 이해에 따르면, 세례가 무엇을 인치는가?

먼저 우리는 '세례를 통한 거듭남'이라는 그 어떤 생각도 거부한다. 첫째, 바울이 아직 세례를 받지 않았기 때문에 다메섹 가는 길에서 진정으로 거듭나지 않았다고 생각해야 하는가? 또는 십자가에 달린 강도가 곧 낙원에 이를 테지만 거듭나고 구원을 받기 위해 세례를 받아야 했는가? 둘째, 디도서 3장 5절은 거듭남과 세례가 떼려야 뗄 수 없는 관계라는 뜻이 아니다. '씻음'이 세례를 가리킨다면, 세례는 거듭남의 표라는 뜻일 가능성이 크다. 그러나 이 구절이 전혀 세례를 가리키지 않는다고 본다면, 그 의미는 "우리는 성령의 새롭게 하시는 역사,

곧 거듭남이라는 영적 씻음으로 구원을 받는다"일 것이다. 셋째, 어디서나 성경은 구원의 필수 조건이 그리스도를 믿는 믿음이라고 가르친다. 더욱이 성인의 경우, 믿음은 세례의 전제 조건이다. 넷째, 경험은 '세례를 통한 거듭남' 교리와 충돌한다. 대다수 서구인은 지난 1500년 동안 세례를 받음으로써 참으로 거듭났는가? 증거는 그렇지 않다고 말한다. 안타깝게도, 몇 살에 받았든 간에 세례를 받은 많은 사람이 영적 생명력을 유지하지 못한다.

세례가 거듭나게 하시는 성령의 사역이 아니라면 유아에게 무엇을 인치는가? 하나의 견해는, 유아 세례가 부모의 믿음을 인치는 표징이라고 보는 것이다. 그러나 이는 최선의 설명이 아니다. 유아 세례의 시행이 부모가 자신의 세례를 되새기고 '더 발전하도록' 격려하는 역할을 할 수는 있겠지만, 현재 세례를 직접 받지 않는 부모에게 무언가를 인친다는 생각은 부자연스럽다.

어떤 신학자는 추정적 거듭남(presumptive regeneration)을 주장했다. '세례를 통한 거듭남'과 달리, 이 견해는 세례가 거듭남의 수단이라고 가르치지는 않으나 아이가 이미 거듭났다고 추정하며 세례를 시행한다. 다윗(시 22:9-10), 예레미야(렘 1:5), 세례 요한의 예시(눅 1:15, 41-44)가 배 속에 있는 아기가 거듭날 수 있음을 보여 준다. 그러나 성경에 이러한 예를 표준으로 생각해야 한다는 암시는 없다.

많은 개혁주의 그리스도인이 세례를 언약의 표로 설명할 것이다. 이것도 세례의 한 부분인 것은 분명하다. 언약에는 객관적 실재와 주관적 실재가 있다. 세례는 할례처럼 아이가 하나님의 언약 가족의 일원임을 외적으로 표시한다.

가장 중요하게도 세례는 죄 사함, 성령으로 거듭남, 영생에 이르는 부활의 인이다(웨스트민스터 대요리문답 165). 이 부분에서, 신자 세례론자와 유아 세례론자가 일치한다. 그러나 어린아이가 믿음으로 이것을 자신의 것이 되게 하리라 '기대하며' 이 인을 적용할 수 있느냐는 부분에서는 양쪽이 일치하지 않는다. 세례가 믿음으로 얻는 의의 인이기는 하지만, 입회의 표가 적용되는 바로 그 순간에는 이 믿음이 없을 수 있다. 언약 공동체에 속한다는 것은 특권, 약속, 그리고 의무를 함께 지닌다는 것을 의미한다.

DAY 222

누가 세례를 줄 수 있는가?

우리는 "누가 세례를 받을 수 있는가?"라는 질문을 논의하는 데는 익숙하지만, "누가 세례를 줄 수 있는가?"라는 질문은 그닥 생각해 보지 않았을 것이다. 어떤 신학자는 "원칙적으로 세례를 줄 권한을 성직자로 제한할 필요는 없어 보인다"며 "성숙한 신자가 새로운 회심자에게 세례를 주는 게" 적절하다고 주장한다.[1] 성경은 이와 관련해 분명하게 말하지 않는데, 우리는 모든 사람이 제사장이라고 믿는다(벧전 2:4-10). 따라서 우리는 이렇게 묻는다. 왜 세례를 줄 권한을, 임직 받은 교회 목사(또는 가능하게는 장로)로 제한해야 하는가?

세례를 줄 권한을 회중의 임직 받은 목자로 제한해야 한다는 주장이 설득력 있는지 살펴보자.

성경적으로, 신약성경에서 세례를 주는 사람은 그리스도께서 교회의 직분을 맡도록 구별하신 자들이다(예를 들면 베드로, 바울, 빌립). 일반 성도가 세례를 주었다는 증거는 없다. 물론, 대위임은 세례를 언급한다. 그러나 대위임은 특별한 그룹에게, 위로부터 능력이 임하길 예루살렘에서 기다릴 자들에게, 부활을 증언할 자들에게 주어졌음을 기억해야 한다. 대위임은 암시적으로 우리의 것이지, 즉각적으로 우리에게 적용되지는 않는다. 대위임의 모든 면이 (단체인 교회에 적용되는 게 아니라) 모든 개별 신자에게 직접적으로 적용된다면, 우리 대부분은 세상 민족에게 가지 않음으로써 대위임에 불순종하고 있는 것이다.

신학적으로, 그리스도께서 어떻게 그분의 교회를 다스리시는지 고려해야 한다. 진정한 의미에서 세례를 베푸시는 분은 그리스도시다. 그러나 자기 교회의 유일한 왕이요 머리로서, 그리스도께서 장로의 직분을 제정하셨고, 이를 통해 교회를 다스리신다(행 20:28; 벧전 5:1-4). 더욱이, 성례는 설교와 분리될 수 없으며, 따라서 회중에게 언표된 말씀(spoken word)을 주는 자가 회중에게 보이는 말씀(visible word)도 주리라고 기대해야 한다. 성례는 은혜가 시행되고 교회 권한이 행사되는 일을 포함하는데, 이는 교회 직분자의 일이다.

주석적으로, 모든 사람이 제사장이라고 해서 모든 교회 구성원이 세례를 줄 수 있는 것은 아니다. "왕 같은 제사장"이라는 표현은 하나님의 백성이 거룩하다는 것을 단언하지(벧전 2:9), 이제 신약성경에는 임직을 받은 직분자만 집례할 수 있는 의식이 없음을 뜻하지 않는다.

구약성경에서도 하나님의 백성은 제사장 나라라고 불렸으며(출 19:6) 한 지파 전체를 구별해 제사장만 수행할 수 있는 역할을 맡겼다.

실천적으로, 세례를 책임 있게 시행하려면 교회의 감독이 있어야 한다. 성례가 교회의 예배와 입회의 수단이 아니라 개인이 자유롭게 선택하고 자주 반복하는 헌신의 표현에 불과하지 않도록 책임과 평가의 과정이 있어야 한다. 누가 세례를 받기에 적합한지 결정하는 과정을 장로가 감독한다면(대다수 교회가 이렇게 하듯이), 마찬가지로 장로가 그리스도께서 주신 권위를 사용해 세례를 베푸는 게 합당하다.

간단히 말해, 임직 받은 목사가(그리고 직분을 어떻게 이해하느냐에 따라 가능하게는 장로가) 세례를 줄 때, 교회 권위의 본질과 말씀 선포의 중심성과 하나님이 그분의 몸을 다스리는 방식을 가장 잘 설명한다.

1 Grudem, *Systematic Theology*, 983-984; 웨인 그루뎀, 『조직신학』(전 2권), 박세혁 역, 복있는 사람, 2024.

DAY 223

세례를 몇 번 받아야 하는가?

신자에게 정체성을 부여하고 그가 누구의 소유인지 확인하며 공동체의 일원으로 받아들이는 성례로서 세례는 (언약 갱신과 반대로) 한 번만 시행되어야 한다. 우리는 세례를 받을 때 그리스도와 함께 죽었으므로 다시 죽을 수 없다(롬 6:3-11). 두 번 거듭날 수 없다. 두 번 의롭다 하심을 받을 수 없다. 그리스도와 두 번 연합할 수 없다. 세례를 두 번 받아서는 안 된다.

물론, 침례교인은 유아 세례가 유효한 세례(침례)가 아니라고 주장하며, 유아 세례를 받은 성인 신자에게 다시 세례를 베푸는 것이 실제로는 처음 세례를 베푸는 것이라고 주장할 것이다. 세례는 신뢰할 만한 신앙고백을 토대로 베풀어야 한다. 세례를 받을 때 진정한 신자가 아니라면, 실제로 세례를 받지 않은 것이다.

신자 세례론자는 세례를 한 번만 베풀어야 한다는 점에서 유아 세례론자에게 동의할 것이다. 그러나 애초에 무엇이 유효한 세례인가에 관해서는 양쪽의 견해가 다르다.

이 때문에 유아 세례론자에게 늘 어려운 질문이 제기된다. 로마 가톨릭의 세례는 유효한가? 달리 묻자면, "가톨릭교회에서 세례를 받은 사람은 다시 세례를 받아야 하는가?" 19세기 중반에, 남장로교의 제임스 헨리 손웰(James Henley Thornwell)을 비롯한 여러 신학자가 가톨릭의 세례가 유효하지 않다고 강력하게 주장했다. 이들은 가톨릭 사제는 정식으로 임직을 받은 복음의 사역자가 아니며 가톨릭교회는 참 교회가 아니기 때문에 가톨릭 '교회'와 그 사제에게 받은 세례는 유효하지 않다고 주장했다. 이러한 주장에 맞서, 찰스 하지는 몇 가지 핵심을 제시했는데, 나는 이것들이 설득력이 있다고 본다.[1]

첫째, 세례의 본질은 집례자가 누구냐에 따라 달라지지 않는다. 가톨릭 사제의 세례는 비정상적이지만(즉, 그리스도의 계획을 따르지 않지만) 무효하지 않다(즉, 가짜가 아니다).

둘째, 로마 가톨릭이 참 교회든 아니든 간에, 하지는 가톨릭교회에 사람이 구원받기에 충분한 진리가 있다고 주장한다. 로마 가톨릭이 순전한 교회가 아닌 것은 분명하지만, 그렇다고 절대로 교회가 아닌 것은 아니다. 바울이 갈라디아 신자와 고린도 신자를 '성도'로 대할 수 있었듯이, 우리는 가톨릭교회에 너그러운 마음으로 다가갈 수 있다.

셋째, 가장 중요하게도, 하지는 웨스트민스터 소요리문답 94문에 나오는 세례에 대한 삼중적 정의를 근거로 삼는다. 세례는 물로 시행되어야 하고, 삼위일체의 이름으로 시행되어야 하며, 우리가 그리스도께 접붙여진다는 표와 인으로서 시행되어야 한다(즉, 세례의 목적은 영적이며, 세례를 장난으로 시행해서는 안 된다). 가톨릭교회의 세례는 세 기준을 모두 충족한다.

넷째, 마지막으로, 하지는 교회사를 예로 든다. 칼뱅과 루터는 자신이 가톨릭교회에서 받은 세례가 무효하다고 여기지 않았다. 프랑스 교회와 제네바 교회와 독일 교회가 이들에게 동의했으며 영국 교회도 다르지 않았다. 우리는 대다수 프로테스탄트가 이 질문에서 틀렸다고 말해야 하는가? 종교개혁 이후, 가톨릭에서 프로테스탄트로 개종한 수백만 명이 세례를 받지 않은 채 살다가 죽었다고 결론 내려야 하는가? 아니면 세례의 표가 이보다 오래 지속될 수 있는가? 순전하지 못한 교회에서 받았더라도, 비정규적 세례의 유효성을 주장하는 것은 세례의 본질을 훼손하는 게 아니라 오히려 그 본질을 보존하고 확증하는 일이다.

1 Hodge, "The Validity of Romish Baptism," 191–215.

DAY 224

주의 만찬

칭의를 제외하면, 종교개혁 당시 신학에서 주의 만찬만큼 많은 저작과 뜨거운 논쟁을 일으킨 주제가 없었다. 프로테스탄트와 로마 가톨릭 신자 사이에서든, 프로테스탄트와 다른 프로테스탄트 사이에서든 간에, 주의 만찬에 관한 논쟁은 적어도 오늘날 젠더와 성에 관한 논쟁만큼 격렬하고 날카로웠다. 칼뱅은 1,500쪽 분량의『기독교 강요』에서 주의 만찬을 100쪽 분량으로 다루었다. 대조적으로, 루이스 벌코프는 800쪽 분량의『조직 신학』에서 주의 만찬을 15쪽 분량으로 다루었고, 웨인 그루뎀(Wayne Grudem)은 1,200쪽 분량의『조직 신학』에서 주의 만찬을 약 15쪽 분량으로 다루었다.

주의 만찬의 중요성은 성경과 교회사에서 너무나 분명하게 나타난다. 따라서 이 성례가 오늘날 너무나 많은 교회에서 사소해진 것은 놀라운 일이다. 최후의 만찬에 상응하는 주의 만찬 제정은("이것을 행하여 나를 기념하라") 사복음서 모두에 자세히 나온다. 떡을 떼는 것은(성만찬을 가리킬 것이다) 초기 교회 예배에서 핵심적 역할을 했다(행 2:42; 20:7). 주의 만찬이 너무나 중요했기에 합당하지 않게 참여해 죽은 사람도 있었다(고전 11:17-34). 초기 교회, 중세, 루터교, 성공회, 개혁주의, 이 모두의 전례는 주의 만찬을 공동 예배의 중심에 두었다.

이 성례에 붙여진 이름에서 이 성례의 의미를 어느 정도 알 수 있다. 이 성례가 "주의 만찬"인 것은(고전 11:20-21) 그리스도께서 그분의 식탁에서 음식이자 주인으로서 우리를 만나시기 때문이다. 이 성례를 "떡을 뗌"이라 부르는 것은(행 2:42) 이 성례에서 우리가 서로 교제하기 때문이다. 이 음식은 감사(축사, 고전 11:24), 곧 **유카리스테사스**(*eucharistesas*)인데, 여기서 우리는 주님께 은혜를 감사하며 받는다. 이 성례를 '교제'(Communion)라고도 부르는데 여기서 우리가 그리스도의 몸과 피에 참여하고 그분과 **코이노니아**(*koinonia*)를 나누기 때문이다(고전 10:16).

주의 만찬의 특징을 간략하게 넷으로 정리할 수 있다.

첫째, 세례처럼 주의 만찬은 표이자 인이다. 그리스도의 십자가 죽음을 가리키는 표이자, 우리가 그리스도의 속죄제를 통해 믿음으로 얻은 죄 사함을 가리키는 인이다.

둘째, 주의 만찬은 가족 식사이며 언약의 식사다. 하나님은 외인이요 나그네였던 자를 그분의 가족으로 받으시고 우리를 그분의 자녀로서 먹이신다. 이스라엘 지도자가 시내산에서 모세 언약의 표로서 먹고 마셨듯이(출 24:1-11) 우리는 새 언약을 되새기며 먹고 마신다.

셋째, 주의 만찬은 우리를 돕는다. 주의 만찬은 축복의 잔이다(고전 10:16). 하나님은 육신의 떡과 음료로 땅에서 우리의 삶을 유지하고, 산 떡과 생명의 잔으로 우리의 영적 삶에 영양분과 힘을 주신다. 요한복음 6장 47-58절은 주의 만찬에 관한 말씀은 아니겠지만, 주의 만찬이 무엇인지 알 수 있다. "이 향연은 그리스도께서 그분의 모든 은택을 우리에게 친히 전하시는 영적 식탁이다"(벨직 신앙고백 35.4).

넷째, 주의 만찬은 우리를 두 방향으로 이끈다. 우리가 주님의 몸과 피를 기억하고, 주님의 희생에 감사하며 믿음으로 주님과 교제하고,

주님이 다시 오실 때까지 그분의 죽음을 선포할 때, 주의 만찬은 우리를 수직적으로 이끈다. 우리가 은혜에 감동해 동료 신자에게 다가갈 때, 주의 만찬은 우리를 수평적으로 이끈다. 우리는 영광 가운데 위를 향하며 그리스도의 몸을 분별하고, 사랑 가운데 밖을 향하며 그리스도의 몸을 분별한다.

DAY 225

실재적 임재

그리스도께서 주의 만찬에 임재하심과 관련해 네 가지 주요 견해가 있다. 로마 가톨릭 신자는 '화체설'(transubstantiation, 실체 변화, 거룩한 변화)을 믿는다. 아리스토텔레스의 범주를 토대로, 가톨릭 신학은 요소의 본질이 그리스도의 육체적 몸과 피로 변하고 부수적인 것(즉, 외적 성질)은 빵과 포도주의 특성을 유지한다고 가르친다. 가톨릭은 "이것은 내 몸이니라"(hoc est corpus meum)라는 그리스도의 말씀을 철저히 문자 그대로 받아들인다. 그러나 서로 마주 앉은 상황에서, 제자들이 빵을 정말로 그분의 몸으로 생각할 거라고 예수님이 예상하셨으리라 상상하기 어렵다. 우리가 자신의 그림을 들어 보이며 "이게 저예요"라고 말한다면, 그 누구도 그 사진이 실제 인물로 변했으리라 생각하지 않을 것이다. 모든 사람이 "이 그림은 저를 표현한 거예요"라는 뜻으로 이해할 것이다.

더욱이, 일반적인 유월절 전례에서 유대인은 이렇게 회상한다. "이것은 우리 선조가 이집트 땅에서 나올 때 먹은 고난의 빵입니다." 그러나 그들 중 누가 이 유월절 빵이 문자 그대로 이들 선조가 1,500년 전에 먹었던 바로 그 빵이라고 생각했겠는가? 고린도전서 10장 4절이 "그 반석은 곧 그리스도시니라"고 말할 때, 그 누구도 이 반석이 문자 그대로 그리스도의 몸이 되었다고 생각하지 않았다. 신비는 이해를 초월한다. 그러나 화체설은 신비가 아니라 이성의 법칙에 어긋날 뿐이다.

루터교의 입장은 일반적으로 '공재설'(consubstantiation)이라 부른다(모든 루터교 신자가 이 용어를 좋아하는 것은 아니다). 루터교 신학에서, 빵은 실제로 빵이고 포도주는 실제로 포도주이지만, 그리스도의 육체적 실재도 빵과 포도주 '안에, 함께, 아래' 있다. 이 입장이 성립하려면 영화롭게 된 그리스도의 인체가 어디에나 있어야 하는데(편재성), 그렇게 되면 과연 그리스도의 신성과 인성이 나뉠 수 없이, 그러나 혼합 없고 변화 없이 연합된 것이 맞는지 의문이다.

'기념설'(memorial view)은 흔히 울리히 츠빙글리(Ulrich Zwingli)와 연결되지만, 어떤 학자는 그의 신념이 칼뱅과 크게 다르지 않다고 주장한다. 츠빙글리는 주의 만찬에서 이해할 수 없는 신비주의를 제거하고 싶었다. 그는 그리스도께서 주의 만찬에 몸으로 임재하신다는 것을 강하게 부정하면서 성례는 주님의 죽음을 기념하는 의식이라고 강조했다.

개혁주의는 그리스도께서 주의 만찬에 '영적으로 임재하신다'고 주장한다. 가톨릭, 루터교, 개혁주의는 그리스도의 실재적 임재에 관해서는 논쟁하지 않는다. 하지만 실재적 임재가 육체적인지, 지역적인지, 영적인지를 두고 서로 견해가 다르다.

분명히 주의 만찬은 기념(기억)이다. 우리는 그리스도 최후의 만찬을 기념한다(고전 11:23-24). 우리는 그분의 희생을 기념하고 그분의 죽음을 선포한다(고전 11:26). 그러나 주의 만찬은 단순히 기념에 그치지 않는다. 주의 만찬은 교제이기도 하다. 고린도전서 10장 16절은 이렇게 말한다. "우리가 축복하는 바 축복의 잔은 그리스도의 피에 참여함(코이노니아)이 아니며 우리가 떼는 떡은 그리스도의 몸에 참여함(코이노니아)이 아니냐." 우리는 잔을 마시고 빵을 먹을 때, 그리스도의 몸과 피에 참여하고 그리스도의 몸과 피와 교제한다. 우리는 그분과 연합하고, 그분과 깊은 영적 교제를 나눈다. 우리가 믿음으로 잔치에 참여할 때, 그리스도께서 우리의 영양분이고 힘이시다.

주의 만찬을 할 때, 우리는 그리스도께서 그분의 죽음으로 하신 일을 기억할 뿐 아니라, 성령에 이끌려 하늘에 올라가시어 영광 중에 살아 계신 그리스도와 교제한다.

WEEK 46

DAY 226

식탁인가 제단인가?

1593년 7월 25일, 나바르 왕국의 엔리케(Henry of Navarre)는 프랑스 국왕 앙리 4세(Henry IV)로서 자리를 확고히 하려고, 자라면서 가졌던 프로테스탄트 신앙을 버리고 가톨릭 신자가 되었다. 앙리는 자신의 개종을 정당화하면서 "파리는 미사를 드려서라도 손에 넣을 가치가 있다"라고 했다.

앙리의 정치적 계산을 제쳐두고 생각하더라도, 프로테스탄트는 가톨릭 미사, 특히 그 예전의 중심에 있는 그리스도의 속죄적 죽음의 '재연'(re-presentation) 개념을 어떻게 평가해야 할까? 엄밀히 말해, 가톨릭 신학은 성체성사(성찬식)를 그리스도의 반복 제사(resacrifice, 그리스도께서 다시 제물이 되심)라고 보지 않는다. 그보다 가톨릭 교리에 따르면, "그리스도께서 바치신 희생 제사와 성찬례의 희생 제사는 '동일한 하나의 제사'이다."¹ 미사는 그리스도의 속죄 제사를 되풀이 하는 게 아니다. 그 제사는 '언제나 현재적'이기 때문이다.²

성례에 대한 이런 이해는 화체설과 연결된다. 빵과 포도주가 문자 그대로 그리스도의 몸과 피라면, 그리스도께서 속죄 제물로 거듭거듭 드려질 수 있다. 다만 이번에는 피를 흘리지 않는 방식으로 드려질 뿐이다. 화체설이 옳다면, 가톨릭 신자가 성체를 받을 때 무릎을 꿇고 성광(성체를 안치한 용기)이 지나갈 때 거기에 예배하는 것은 옳다.

변증가 스캇 한(Scott Hahn)과 그 아내 킴벌리 한(Kimberly Hahn)은 『영원토록 당신 사랑 노래하리다』(Rome Sweet Home)에서 그들이 보수 장로교에서 로마 가톨릭으로 개종한 이야기를 들려준다. 킴벌리는 자신이 어떻게 성체성사를 다르게 보기 시작했는지 이야기하는데, 그녀는 화체설이 옳다면 축성된 두 요소(성체와 성혈) 앞에 무릎을 꿇는 것이 유일한 반응임을 깨달았다. 그러나 "예수님이 성광 안에 없다면 사람들은 심각한 우상 숭배를 하는 것"이라고 생각했다.³ 마찬가지로, 저명한 가톨릭 저자 피터 크리프트는 "성체성사에 그리스도께서 실재적으로 현존하신다는 교리가 거짓이라면, 빵에 절하고 포도주를 예배하는 이런 경배는 가장 중대한 우상 숭배일 것이다. 그런데 이 교리가 참이라면, 경배를 거부하는 것도 똑같이 심히 악하다"⁴라고 주장했다.

그러나 "이것은 내 몸이니라"는 말씀을 "내가 문이니"라는 말씀(요 10:9)과 마찬가지로 문자적으로 받아들이지 말아야 한다면 어떻게 되겠는가? 그리스도의 십자가 죽음이 미사 때마다 일어난다고 할 때 그리스도께서 드리신 화목 제사의 영단번성(단 한 번 드렸으나 영원히 유효하다)이 실질적으로 훼손된다면 어떻게 되겠는가(히 10:1-18)?

정통 프로테스탄트와 정통 가톨릭 신자는 믿음의 중요한 항목에 아무리 많이 동의하고 특정한 문화적 문제에서 아무리 공동전선을 펼 수 있더라도, 성찬식에서 일어나는 일에 대해 상호배타적 이해를 유지한다. 그리스도의 화목제 사역은 과거에 끝났고 완결되었으며 절대로 반복되거나 다시 드려지지 않는다. 낮아지신 상태가 높아지신 상태로 바뀌었다(빌 2:5-11). 2천 년 전에 갈보리에서 죽으신 바로 그분이 성찬식 때 우리의 죄를 위한 제물로 드려지는 게 아니다. 주의 만찬은 제사가 아니라 식사다. 우리는 제단이 아니라 식탁에 모인다.

1 Catechism of the Catholic Church, 1367; 『가톨릭교회 교리서(개정판)』.
2 Catechism of the Catholic Church, 1364; 『가톨릭교회 교리서(개정판)』.
3 Hahn and Hahn, *Rome Sweet Home: Our Journey to Catholicism*, 142; 스콧 한, 킴벌리 한, 『영원토록 당신 사랑 노래하리라』, 허종열 역, 바오로딸, 2004.
4 Kreeft, *Catholic Christianity*, 329.

DAY 227

누가 주의 만찬을 받아야 하는가?

주의 만찬에 참여하는 자들은 진실하고 가르침을 받았으며 책임 있는 신자여야 한다. 바울이 고린도전서 11장 17-34절에서 주는 몇 가지 가르침에 주목하라.

1. 성찬에 참여할 때, 기억(기념)하는 행위가 있어야 한다(24-25절).
2. 빵을 먹고 잔을 마실 때 우리는 주님의 죽음을 그분이 오실 때까지 선포한다(26절). 이는 개인적이고 의식적인 의도를 전제한다.
3. 빵과 포도주를 합당하게 먹고 마셔야 한다(27절). 이것은 그저 수동적으로 받는 게 아니라 주의 만찬에 적극적인 참여가 요구된다는 뜻이다.

4. 먹고 마시는 자는 자신을 살펴야 한다(28절). 이런 이유로, 대다수 옛 전례가 성찬식에 앞서 자기 성찰 기간을 둔다.
5. 주님의 몸을 분별하지 못하고 먹고 마시는 자는 심판을 자초하는 것이다(29절).

바꾸어 말하면, 고린도전서 11장은 주의 만찬에 참여하는 자가 일정 수준의 성숙에 이르렀다는 것을 전제한다. 주의 만찬에 가볍게 참여해서는 안 된다. 죽음과 심판이 달려 있다. 벌코프는 세 종류의 사람이 주의 만찬에서 제외된다고 말한다. 성찬은 어린아이와 불신자, 위선자를 위한 것이 아니다.[1]

일부 개혁주의 그리스도인은 고린도전서 11장의 조건은 성인에게 해당될 뿐, 어린아이를 식탁에서 배제하려는 게 아니라고 주장한다. 또한 어린아이가 모세 언약 아래서 유월절에 참여했다면 새 언약 아래 주의 만찬에서도 배제되면 안 된다고 주장한다. 이러한 추론은 아주 매력적으로 들릴 수 있지만, 몇 가지 문제가 있다.

먼저, 아이들이 몇 살부터 유월절에 참여했는지 분명하지 않다. 젖먹이가 구운 고기와 누룩 없는 빵과 쓴 나물이 포함된 유월절 식사에 참여하지 않았던 것은 분명하다. 생후 8일 된 할례 받은 사내아이는 유월절에 온전히 참여하지 않았다. 더욱이, 구약과 신약의 근본적 연속성을 믿는 사람은 연속성이 없는 부분이 있다는 것도 인정해야 한다. 예수님이 주의 만찬을 베다니에서 가족 식사로 제정하지 않고 다락방에서 제자들과 함께하는 식사로 제정하신 데는 중요한 의미가 있는 게 분명하다.

가장 중요하게도, 유아 성찬(paedocommunion)을 찬성하는 주장은 언약의 본질과 두 성례의 본질을 오해하고 있다. 어린아이가 구약과 신약 모두에서 언약에 포함되는 것은 확실하다. 그러나 법적 관계로서의 언약과 생명의 교제로서의 언약은 다르다. 어린아이가 하나님이 주신 약속의 상속자이지만(그래서 세례라는 입회의 표를 받는다), 믿음이 없기에 구원의 상속자가 아니다(주의 만찬은 구원의 표와 인이다). 두 성례는 같은 게 아니다. 이름을 부여하고 공동체의 일원으로 받아들이는 성례로서 세례는 수동적 수혜자를 허용한다. 기념하고 갱신하는 성례로서 주의 만찬은 적극적 참여자를 요구한다.

우리는 세례의 본질을 인정하고 존중하여 신자와 그 자녀에게 세례를 준다. 우리는 주의 만찬의 본질을 인정하고 존중하여 회개와 믿음으로 그리스도를 먹는(feast on) 자만 식탁에 받아들인다.

1 Berkhof, *Systematic Theology*, 656-657; 벌코프, 『벌코프 조직신학』.

DAY 228

교회 구성원

멤버십(membership)은 딱딱하고 불필요하고 헬스클럽이나 골프클럽에서 필요할 뿐 교회에는 너무 딱딱한 말처럼 들린다. 나는 이미 보편 교회의 일원인데 왜 굳이 지교회 구성원이어야 하는가? 왜 번거롭게 그래야 하는가? 왜 지교회 구성원인 게 그렇게 중요한가?

1. 우리의 하나님은 목록과 명단을 작성하는 분이시다. 성경에는 언약 가족과 언약 수장의 이름이 기록된 구성원 명부가 아주 많다. 심지어 하나님의 백성을 대상으로 실시한 공식 통계 조사가 담긴 "민수기"라는 책도 있다.

2. 멤버십은 성경적 범주다. 교회가 멤버십 개념을 길드나 골프클럽에서 훔친 게 아니다. "몸은 하나인데 많은 지체(members)가 있고 몸의 지체가 많으나 한 몸임과 같이 그리스도도 그러하니라"(고전 12:12). 그리스도인은 그리스도의 몸을 이루는 지체다. 거북하게 들릴 수도 있지만, 당신은 하나님의 가족에 속할 수도 있고, 속하지 않을 수도 있다(마 18장; 고전 5장). 키프리아누스의 유명한 말처럼, "교회 밖에는 구원이 없다"(extra ecclesiam nulla salus).

3. 교회에 등록할 때, 그리스도와 그분의 백성을 향한 우리의 헌신이 눈에 보이게 된다. 교회 구성원이 되는 것은 믿음의 깃발을 드는 한 방법이다. 하나님과 타인 앞에서, 우리가 신자로 구성된 지교회의 일부라고 말하는 것이다. 보이지 않는 교회에 관해, 가까이 있는 신자와 멀리 있는 신자, 살아 있는 신자와 죽은 신자 모두에 관해 화려한 말로 이야기하기란 쉽다. 그러나 하나님은 우리가 보이는 교회에서 믿음을 살아내길 원하신다. 진정한 교제는 힘든 일이다. 대다수가 우리처럼 이기적이고 쩨쩨하며 교만하기 때문이다. 그러나 하나님이 우리를 이러한 몸으로 부르신다.

4. 교회 구성원이 되면 책임감을 갖는다. 우리는 교회에 등록할 때, 자신을 다른 사람에게 맡겨 격려와 꾸짖음과 교정과 섬김을 받게 하는 것이다. 자신을 지도자 아래 두고 이들의 권위에 복종하는 것이다. 이렇게 말하는 것이다. "저는 여기 있을 겁니다. 당신이 경건에서 자라도록 돕고 싶습니다. 저도 자라도록 도와주시겠습니까?"

5. 교회에 등록하면, 목사와 장로가 더욱 신실한 목자가 되는 데 도움이 된다. 히브리서 13장 17절은 "너희를 인도하는 자들에게 순종하고 복종하라"고 말한다. 이것이 회중의 몫이다. 지도자의 몫이 이어진다. "그들은 너희 영혼을 위하여 경성하기를 자신들이 청산할 자인 것 같이 하느니라." 목사와 장로는 자신에게 맡겨진 사람들의 영혼을 돌보는 책임을 하나님 앞에서 진심으로 받아들여야 한다. 목사와 장로는 구성원을 부지런히 알고, 이들과 부지런히 교제하며, 이들을 위해 부지런히 기도하고, 이들이 낙담할 때 부지런히 곁에 있어 주어야 한다. 장로가 그들 중에 있는 "하나님의 양 무리를 치려"면(벧전 5:2) 누가 양 무리에 속하는지 알아야 한다.

6. 교회에 등록하면 약속할 기회가 생긴다. 당신이 지교회의 구성원이 될 때, 사람들은 기도하고, 드리며(헌금, 구제), 섬기고, 예배에 참석하며, 교회의 영적 지도를 받아들이고, 교회의 가르침에 순종하며, 일치와 정결과 평화를 추구하겠다고 약속한다. 이것은 엄숙한 맹세다. 우리는 이러한 맹세에 충실하도록 서로를 붙들어 주어야 한다. 그리스도인이 지교회 구성원이 되지 않으면 이를 공개적으로 약속하고

교회와 서로에게 복이 되겠다고 하나님 앞에서 서약할 기회를 놓치게 된다.

DAY 229

교회의 권징

이미 보았듯이 교회는 **포테스타스 디아크리티케**(*potestas diakritike*), 즉 구성원을 권징할 권한이 있다. 이 권한에는 구성원을 교회의 교제에 참여시키고 배제하는 것이 포함된다. 권징은 그리스도의 몸인 공동체의 구성원에게만 적용되는데, 처벌도 이 공동체 구성원에게만 적용된다. 이 권한은 교회 자체에 속한 게 아니라 교회를 통해 행사되는 그리스도의 권한이다.

'권징'(discipline)이란 단어가 대다수에게 부정적으로 들린다. 그러나 성경에서 권징은 대체로 긍정적이다. 이것은 주님이(그리고 그분 아래서 권위를 가진 자가) 사랑으로 우리를 바로잡는 방식이다(욥 5:17; 잠 12:1; 엡 6:4; 히 12:11). 권징과 제자도를 연결해야 한다. 권징은 제자도의 필수 요소이고 제자도는 권징의 동기다.

공식적인 교회 권징을 이해하려 할 때, 핵심 본문은 예수님이 마태복음 18장 15-20절에서 주시는 가르침이다. 여기서 권징 과정의 네 가지 기본 단계, 세 가지 약속, 두 가지 큰 개념, 한 가지 전체적 목적을 볼 수 있다.

네 가지 기본 단계. 1단계, 혼자 당사자를 찾아가라. 2단계, 한두 사람을 데리고 가라. 3단계, 교회에 알리라. 4단계, 당사자를 외부인으로 여기라. 이 단계를 기계적으로 이해하거나 적용해서는 안 된다. 교회의 권징은 공적인 범죄가 아닌 사적인 잘못을 다루며, 누군가의 안전이 위험에 처할 수 있는 상황에는 고려하지 않는다. 기본적인 원칙은 권징에 참여하는 인원을 가능한 한 최소로 하고 당사자에게 잘못을 회개하고 달라질 모든 기회를 주는 것이다. 최후의 수단으로, 회개하지 않는 죄인은 출교된다. 신약성경은 그를 이방인으로 여기거나(마 18:17) 너희 중에서 쫓아내거나(고전 5:2, 13) 사탄에게 내주는 것을 말하는데(고전 5:5; 딤전 1:20), 이는 "너희 가운데서 악을 제할지니라"는 구약의 명령을(신 17:7; 19:19; 21:21; 22:24; 24:7) 교회에 영적으로 적용한 것이다.

세 가지 약속. 하나님은 교회의 권징을 적절하게 시행하는 자에게 이렇게 약속하신다. 첫째, 하늘이 너희 편이리라(마 18:18). 둘째, 하나님이 너희를 위해 행동하시리라(19절). 셋째, 예수님이 너희 가운데 계시리라(20절). 위에 있는 하나님 나라의 구성원이 땅에 있는 그분의 교회 구성원으로 인식되도록 하나님은 교회에 천국 열쇠를 주신다.

두 가지 큰 개념. 첫째, 권징은 우리가 그리스도의 제자로서 하는 일이다. 서로 바로잡고, 꾸짖으며, 회개시키고, 권징하며, 매고, 푸는 것은 교회에게 선택 사항이 아니다(갈 6:1). 둘째, 권징은 우리가 하나님의 가족으로서 하는 일이다. 마태복음 18장에서 가족적 언어가 의도적으로 사용된 것에 주목하라. 우리는 형제를 대하고 있으며(15절), 권징은 궁극적으로 우리의 아버지에게서 온다(19절). 권징은 자녀를 너무나 사랑하기에 우리가 제 고집대로 하도록 둘 수 없는 아버지가 취하시는 자비로운 행위다.

한 가지 전체적 목적. 권징은 교회의 정결과 주 예수의 존귀를 위한 것이다. 이 목적을 절대로 간과해서는 안 된다. 그러나 신약성경은 이에 보완적인 또 하나의 목적, 곧 죄인의 회복을 강조한다. 우리는 형제자매를 징벌하려는 게 아니라, 되찾으려는 것이다. 우리는 그들이 바른 길로 돌아오기를 바란다(약 5:19-20). 교회가 누군가를 '사탄에 내줄 때'(고전 5:5) 여기에는 그의 영이 주 예수의 날에 구원받기를 바라고 기도하는 마음이 담겨 있어야 한다.

DAY 230

신약 교회의 직분

그리스도께서는 승천하며 우리에게 선물을 주셨는데, 그 가운데 으뜸은 교회의 덕을 위해 세우신 직분자들이다. "그가 어떤 사람은 사도로, 어떤 사람은 선지자로, 어떤 사람은 복음 전하는 자로, 어떤 사람은 목사와 교사로 삼으셨으니 이는 성도를 온전하게 하여 봉사의 일을 하게 하며 그리스도의 몸을 세우려 하심이라"(엡 4:11-12).

'사도들'은 주 예수와 그분이 행하신 일의 증인이 되어야 했다. 유다를 대신할 사람을 세워야 했을 때, 교회는 그리스도께서 사역하시는 동안 제자들과 함께 있었고 그분의 부활을 증언할 수 있는 사람을 찾았다(행 1:21-22; 참조. 눅 24:46-48; 벧후 1:16). 중요하게도, 교회는 이 빈 자리를 채울 때 제비를 뽑았다. 이 자리를 채우는 일은 직접 예수님에게서 비롯되어야 하기 때문이었다. 바울은 부활하신 그리스도를 다른 방식으로 보았으나 다메섹 가는 길에 그리스도께서 그에게 나타나셨기 때문에 사도의 자격이 있었다(고전 15:8; 참조. 행 22:14; 26:16). 사도들은 이적과 기사를 행하는 초자연적 능력을 받았으며, 이들이 행한 이적과 기사는 복음의 메시지가 진짜라고 증명했다(고후 12:12; 히 2:3-4). 사도들은 또한 교회에서 특별하고 견줄 수 없는 권위를 행사했다(행 15:28; 고전 15:3; 살전 4:8). 사도들의 특별한 부르심과 자격과 능력과 권위를 고려할 때 이제는 사도가 없지만, 교회는 그때와 비슷하게 지금도 복음 사역의 개척자를 '보낸다'(행 13:3-4).

신약성경은 교회에서 활동하는 선지자를 자주 말한다(행 11:28; 13:1-2; 15:32; 고전 12:10; 13:2; 14:3; 엡 2:20; 3:5; 4:11; 딤전 1:18; 4:14; 계 11:6). 구약의 예언처럼, 신약의 예언도 검증이 필요했고 진위를 판별할 수 있었다(고전 14:26-40; 살전 5:20-21). 사도행전에 아가보라는 선지자가 나오는데 그가 "성령이 말씀하시되"라고 선언할 때(행 21:11) 그의 말은 어느 구약 선지자의 말처럼 들렸다. 이는 하나님이 신자에게 초자연적 통찰을 여전히 주실 수도 있으며 전파자가 여전히 선지자의 능력으로 말할 수도 있음을 암시하지만, 이제는 선지자도 사도와 함께 사라졌다고 생각하는 게 최선이다. 실제로, 신약의 사도들과 선지자들은 교회의 단회적이고 되풀이될 수 없는 기초다(엡 2:20).

신약성경은 '전도자'(evangelist)를 별로 말하지 않지만, 우리가 알기로 빌립은 전도자였다(행 21:8). 마찬가지로, 디모데도 전도자였다(딤후

4:5). 장로를 세울 권위가 있던 것을 볼 때, 디도도 전도자였을 것이다 (딛 1:5). 전도자가 무엇을 했는지 정확히 알 수는 없지만, "이들의 권위는 일반 사역자보다 전반적으로 영향을 미치며 다소 높았을 것"이라는 벌코프의 추정은 일리가 있다.[1] 신약성경에서 전도자의 직무에 관해 달리 들을 만한 게 전혀 없는데 이를 고려할 때 전도자는 영구 직분이 아니라 교회 설립 초기에만 있었을 것이다.

열거한 네 직분 가운데, '목사요 교사'(개역개정은 '목사와 교사'로 번역했다.-역주) 직분만 지금까지 남아 있다. 어떤 주석자는 이 두 단어를 두 직분으로 이해해야 한다고 주장하지만, '교사' 앞에 정관사가 없는 것을 볼 때 바울은 '목자(목사)이자 교사'인 사람을 염두에 두었으리라고 여겨진다. 주 예수께서 친히 그를 우리에게 후한 선물로 주셨다는 사실을 생각할 때, 신실한 목사요 교사를 크게 존경해야 마땅하다.

---

1 Berkhof, *Systematic Theology*, 585; 벌코프, 『벌코프 조직신학』.

WEEK 47

DAY 231

봉사

    대다수 그리스도인은 에베소서 4장 12절을 모든 교회 구성원이 봉사(ministry, 사역)를 해야 한다는 놀라운 선언으로 이해한다. 바울은 그리스도께서 목사요 교사를 교회에 주신 목적은 이들로 성도를 준비시키기(개역개정은 '온전하게 하여'로 번역했다.-역주) 위해서라고 말한다. 그러면 준비된 성도가 봉사함으로써 그리스도의 몸을 세우게 된다.

    12절의 의미는 (대다수 현대 번역이 그렇듯) 이 구절에 구두점을 어떻게 찍는가에 의해 잘 드러난다. ESV는 쉼표를 '봉사' 뒤에는 찍고 '성도' 뒤에는 찍지 않음으로써, 셋이 종속 관계에 있다고 나타냈다(to equip the saints for the work of ministry, for building up the body of Christ,). 즉 '세우기 위해'와 '봉사의 일을 위해'가 '성도를 준비시키기 위해' 아래에 놓이는 구조다. 둘째 항목과 셋째 항목이 첫째 항목에 종속된다(또는 뒤에 놓인 항목이 그 앞선 항목에 종속된다). 이러한 해석을 지지하는 가장 강력한 근거는 세 항목의 헬라어 전치사가 일치하지 않는다는 점이다. '준비시키기 **위해**(pros) ⋯ 봉사의 일을 **위해**(eis) ⋯ 세우기 **위해**(eis).'

    그런데 12절을 이해하는 다른 방식이 있다. KJV는 또 다른 쉼표를 첨가한다(기억하자, 헬라어 원문에는 쉼표가 없다). "성도를 온전하게 하기 위해, 봉사의 일을 위해, 그리스도의 몸을 세우기 위해"(for the perfecting of the saints, for the work of ministry, for the edifying of the body of Christ). 이렇게 번역하면, 세 항목이 동등하다. 다시 말해, 각 항목은 나머지 두 항목과 나란한 위치에서 하나님이 목사요 교사를 교회에 주신 이유를 설명한다. 이렇게 해석하면, 목사가 성도를 준비시키고 준비된 성도가 봉사의 일을 하는 게 아니라, 목사가 성도를 준비시킬 **뿐 아니라** 봉사의 일을 하고 교회를 세운다.

두 해석 모두 헬라어 원문의 지지를 받을 수 있다. 전치사의 변화가 중요하다고 주장할 수도 있고, 이러한 변화가(신약성경에서 흔히 나타나듯이) 문체일 뿐이라고 주장할 수도 있다. 나는 평범한 교회 구성원이 실제로 봉사를 하는 것에 관해 숱한 가르침을 받으며 자랐지만, 이제는 둘째 해석(더 오래된 해석)으로 기운다.

첫째, 앞 구절은 모두 하나님이 교회에 직분자를 줌으로써 교회에 선물을 주신다는 내용이다(8-10절). 교회 직분자가 하는 모든 일을 말하다가 느닷없이 성도가 봉사의 일을 한다고 주장하는 것은 자연스럽지 않다. 12절에서 세 항목이 종속 관계라면, 목사요 교사는 실제로 봉사의 일을 하지 않는다. 이들은 준비시키는 자일 뿐이다. 더 넓은 문맥을 고려할 때, 이러한 강조는 뜬금없어 보인다. 더욱이, 전치사의 변화만으로 이 모든 신학적 의미를 담기란 문법만으로는 감당할 수 없다.

대다수 개혁주의 신학자가 12절의 세 항목을 동등한 관계로 이해했다는 사실이 분명히 중요하다. 예를 들면, 칼뱅은 설교의 직분은 "신자를 한 몸으로 묶는 주요한 끈"이라고 주장한다. 사역자를 통해 성도가 새로워지고 몸이 세워지며 우리가 그리스도와 연합된다.[1] "교회에서 복음 사역보다 뛰어나거나 영광스러운 일은 없다."[2] 오늘의 목사와 회중이 새겨 들어야 할 말이다.

1 Calvin, *Institutes*, 4.3.2; 칼뱅, 『기독교 강요』.
2 Calvin, *Institutes*, 4.3.3; 칼뱅, 『기독교 강요』.

DAY 232

교회의 직분은 몇인가?

오랫동안 개혁주의 신학자 사이에서, 지금도 유효한 교회의 직분이 몇인지를 두고 논쟁이 계속되고 있다. 칼뱅은 장로, 집사, 목사, 교사(때로 '박사'라 불렸는데, 지금이라면 '신학 교수'라 불렸을 것이다) 이렇게 넷을 말했다. 대다수 신학자가 이 부분에서 칼뱅을 따르지 않고, 신약성경에는 발달된 교사 직분이 없으며 에베소서 4장 11절의 "목사와 교사"는 '목사요 교사' 한 직분을 가리킨다고 주장했다.

좀 더 일반적으로, 많은 개혁주의 사상가가 장로, 집사, 목사, 세 직분을 주장했다. 여기서 핵심 주장은 목사는 단지 특정 종류의 장로(예를 들면, 가르치는 장로)가 아니라 전혀 다른 직분이라는 것이다. 이 견해를 뒷받침하는 타당한 이유가 있다.

첫째, 에베소서 4장 11절은 장로가 아니라 목사를 말한다. 둘째, 바울이 디모데와 디도에게 쓴 서신들은 이들이 장로의 직분과는 뚜렷이 다른 직분을 가졌다고 암시한다. 실제로, 디도 또한 장로였다면 다른 장로를 세우라는 지시를 받았겠는가? 셋째, 구약에는 백성을 다스리는 장로와 성례를 가르치고 시행하는 제사장이 있었다. 이 두 기능을 서로 다른 두 직분이 수행했다. 넷째, 가르치는 장로와 다스리는 장로가 있는 교회에서도 가르치는 장로(즉, 목사)는 그 역할에서 보듯이 별도의 직분을 가진 것 같다.

두 직분이 있다는 견해, 곧 목사를 별개의 직분이 아니라 가르치는 장로로 보는 견해도 이를 뒷받침하는 타당한 이유가 있다.

첫째, 문법적으로, 에베소서 4장 11절의 "목사와 교사"는 두 직임을 맡은 한 직분자로 이해하는 게 낫다. 둘째, 디모데전서 5장 17절은 설교와 가르침에 특화된 장로를 전제한다. 모든 장로가 다스리지만, 어떤 장로는 공적으로 가르치는 특별한 일과 특권을 받는다. 셋째, 사도행전 20장 17절에서, 바울은 밀레도를 떠나기 전에 에베소 교회 장로들(*presbyteroi*)을 부른다. 그런 후 28절에서 장로들에게 감독자(*episkopos*)로서 양 떼를 지키고 하나님의 교회를 보살피라(*poimainein*)고 명한다. 여기서 장로, 목사, 감독자는 같은 직분을 중복해서 가리키는 단어로 사용된다. 넷째, 신약성경은 때로는 감독(감독자)과 집사를 언급하며(빌 1:1–2; 딤전 3장), 때로는 사도와 장로를 언급하고(행 15:2), 때로는 장로만 언급하지만(약 5:14; 벧전 5:1), 특정 교회의 목사와 장로와 집사는 전혀 말하지 않는다. 목사는 제3의 직분이었으며, 이따금 감독이나 장로 대신 언급되었을 것이다.

나는 장로와 집사와 목사(그리고 신학 교수)가 있는 교단에서 오랫동안 섬겼으며, 지금은 가르치는 장로와 다스리는 장로(별개의 직분으로서)와 집사가 있는 교단에서 섬기고 있다. 결론적으로, 일상적인 역할은 크게 다르지 않더라도 직분이 둘이라는 견해가 더 설득력 있다고 본다. 목사(가르치는 장로)가 동등한 직분 가운데 첫째라는 데 양쪽 다 동의할 것이다. 다른 한편으로, 양쪽 다 장로(다스리는 장로)의 직분을 존중하고 이들에게 직분에 필요한 권위를 부여해야 한다.

DAY 233

장로

장로직은 구약성경에서 시작되었다. '장로'(elder)라는 단어는 성경에 거의 200회 등장하는데, 그 가운데 절반 이상이 구약성경에 등장한다. "이스라엘 장로들"이란 표현이 30회 넘게 나타난다. 이스라엘의 장로는 잘 규정된 직분이 아니라 하나님의 백성을 이끄는 핵심 지도자 그룹이었을 것이다. 이스라엘 역사 초기부터 장로가 있었다(민 11:16; 신 27:1; 31:28). 장로는 모세 당시에 있었고, 여호수아가 통치하던 때에도 있었으며, 통일 왕국 시대에도 있었고, 분열 왕국 시대에도 있었고, 포로기 이후에도 있었고, 선지자 시대에도 있었다(욜 1:4). 신약 시대에도 유대인을 다스리는 장로가 있었다(마 27:1).

유대교 토양에서 자라난 초기 교회는 장로를 세워 각 교회를 다스리게 했다. 처음에는 사도와 장로가 초기 교회의 지도자였으나(행 15:2) 사도의 사역이 문자 그대로 사라지면서 장로가 교회를 이끌어가고 목양하는 책임을 맡았다(행 20:17, 28). 장로직은 하나님 백성의 역사 내내 지속되어 온 주제다. 지금도 하늘에는 보좌를 두른 24장로가 있는데, 이들은 옛 언약의 이스라엘 열두 아들과 새 언약의 열두 사도를 상징한다(계 4:4, 10).

구약성경에서 장로들을 어떻게 뽑았는지는 알 수 없지만, 장로의 구체적 조건과 자격이 신약성경에 제시된다. **프레스비테로이**(presbyteroi)는 나이가 많을 필요는 없었으나(딤전 4:12) 인격이 성숙해야 했다(딤전 3:1-7). 교회의 목자는 양 떼를 먹이고, 이끌며, 인도하고, 보호할 책임이 있었다(참조. 시 23:1-3). 가장 기본적으로, 장로의 책임은 일반적으로 둘, 곧 다스리기와 가르치기였다(딤전 5:17). 장로직과 관련된 많은 구절이 영적 권위를 강조하며(살전 5:12-13; 벧전 5:2-3) 장로에게 요구되는 한 가지가 가르치는 능력이었다는 사실은(딤전 3:2; 참조. 딛 1:9) 확실히 중요하다.

장로와 집사의 자격이 비슷하지만, 장로에게만 적용되는 두 조건은 가르치기 및 다스리기와 관련이 있다. 집사는 깊은 믿음의 진리를 붙잡아야 하지만, 집사에게는 가르치는 능력이(딤전 3:2) 요구되지 않는다. 장로는 설교자가 될 필요가 없지만, 공적으로든 사적으로든 간에 성경의 진리를 효과적으로 전달할 수 있어야 한다. 이와 비슷하게, 장로와 집사 양쪽 모두 가정을 잘 다스려야 하지만, 디모데전서 3장 5절은 장로는 "하나님의 교회를 돌볼" 것이라고 덧붙인다. 간단히 말해, 장로는 가르치고 다스린다.

이런 이유로, 장로는 남자여야 한다. 창조 때의 에덴동산부터 이스라엘의 장로직과 신약시대 사도직까지 이어지는 일관된 패턴은 남성

지도자 원칙을 강화한다. 더 나아가, 장로의 주요 책임, 곧 가르치기와 다스리기는 바울이 여자가 교회에서 하지 말라고 분명하게 금하는 두 가지다(딤전 2:12). 여자는 특정 상황에서 가르치고 권위를 가질 수 있으나 교회에서 남자에게 이렇게 해서는 안 된다. 여자들은 수많은 방법으로 사역에 참여해 섬길 수 있고 섬겨야 한다. 그와 동시에, 태초부터 하나님의 계획은 남자가 언약 공동체에서 가르치고 다스리는 권위를 행사하는 것이었다. 그리스도를 섬기고 교회를 섬기는 경건한 여자를 하나님이 일으키시길 기도한다. 그리스도의 교회를 지혜와 용기와 사랑으로 돌볼 유능한 남자를 하나님이 일으키시길 기도한다.

DAY 234

집사

집사(*diakonos*)는 장로와 함께 수고하며 몸의 보이는 필요를 돌보는 종이다(행 6:1-6; 딤전 3:8-13). 헬라어 '디아코노스'는 '종'(servant, 일꾼)이라는 넓은 의미를 갖는다. 동사 **디아코네오**(*diakoneo*)는 '섬기다'라는 뜻이며, 실제적이고 손을 쓰는 도움을 강조한다(마 8:15; 25:44; 눅 10:40).

장로처럼, 집사도 그리스도인의 덕에서 모범이 되어야 한다(딤전 3:8-13). 집사는 하급 장로가 아니다. 집사는 은사가 다르고, 사역하는 방식이 다르며, 강조하는 부분이 다르다. 우리 모두 도움이 필요한 사람에게 관심을 가져야 하지만, 특히 집사는 교회 구성원 가운데 궁핍

한 자, 일자리를 잃은 자, 아픈 자, 갇힌 자, 학대받는 자, 가난한 자, 두려움에 사로잡힌 자, 불안해하는 자, 외로운 자, 친구가 없는 자, 돈이 없는 자, 기댈 데 없는 자를 앞장서서 섬겨야 한다.

여자와 장로 문제는 비교적 간단하지만, 여자와 집사 문제는 한결 복잡하다. 디모데전서 3장 11절에 나오는 축약형 **귀나이카스**(gynaikas, '여자들')에 관해 두 해석이 가능하다. 어떤 주석자는 여자 집사를 가리킨다고 주장하는데, 이를 지지하며 이렇게 말할 수 있다.

첫째, 8절 전반부와 11절 전반부의 표현이 같으며, 이는 또 다른 종류의 공식 집사 직분을 암시한다. 둘째, '귀나이카스'가 집사의 아내를 의미한다면, 바울은 '여자들' 대신 '그들의 여자들'이라 말함으로써 자신의 요지를 더 분명히 할 수 있었을 것이다. 셋째, 여기서 '귀나이카스'가 집사의 아내라면, 왜 바울은 비슷한 자격 요건을 장로의 아내에게는 적용하지 않는가? 이들의 영적 성숙도 중요하지 않는가?

그러나 바울이 여자 집사 자체가 아니라 집사의 아내를 말한다고 생각할 타당한 이유가 있다.

첫째, 11절에서 새로운 직분 또는 한 직분의 하위 그룹을 소개한 다음, 12절에서 집사로 돌아간다면 부자연스럽다. 둘째, 11절이 아내를 논한다면 집사는 한 여자의 남편이어야 한다는 12절의 요구와 자연스럽게 연결된다. 셋째, 11절은 이 여자들을 (집사들처럼) 검증하라고 요구하지 않는다. 넷째, 바울이 장로의 아내 자격을 언급하지 않은 이유는, 손으로 섬기는 일과 달리 가르치고 다스리는 일에는 여자들이 동일한 방식으로 참여하지 않을 것이기 때문이다. 다섯째, 집사의 직분은 장로처럼 다스리는 일과는 무관하더라도 교회에서 여전히 권위와 연결된다. 집사는 빌립보서 1장과 디모데전서 3장에서 장로와 나란히 언급된다. 집사는 가정에서 리더십을 발휘해야 한다. 집사의 일은 진리의 기둥과 지지대로서 교회 사역과 연결된다(딤전 3:15).

교회의 직분과 임직에 대한 나의 이해를 바탕으로, 나는 집사 직분이 자격 있는 남자에게 국한되어야 한다고 생각한다. 하지만 집사 사역의 범위 자체에서 여성의 사역이 배제되지는 않는다고 본다. 실제로 뵈뵈는 겐그레아 교회의 일꾼(디아코노스)이었다(롬 16:1). 신약성경에는 그리스도를 섬기고 교회를 섬긴 여자들이 많이 나온다(막 15:40-41; 눅 8:2-3; 행 9:36). 오직 일부만(남자) 장로와 집사가 될 것이다. 그러나 모두가 다른 방식들로 하나님의 말씀을 섬기고 전하도록 부르심을 받았다.

DAY 235

하나님이 특정 형태의 교회 정치를 명하시는가?

대다수 그리스도인은 교회 정치에 관해 그다지 생각하지 않고, 생각할 때에라도 성경이 이에 관해 할 말이 많다고 여기지 않는다. 신약성경이 성례에 관해 얼마간 말하고 장로와 집사에 관해 몇 절에서 말하는 것은 분명하지만, 성경이 교회 정치의 구체적 형태를 명하리라 기대할 수 있을까?

이것은 오래된 논쟁이다. 1662년, 성공회 사제이자 신학자인 에드워드 스틸링플리트(Edward Stillingfleet)는 『화평론』(Irenicum)이란 책을 냈는데, 부제가 아주 길다. "교회의 상처를 위한 무기 연고*, 즉 교회 정치의 특정 형태가 갖는 신적 권리: 자연법의 원리를 따라 논의하고 살펴봄."

제목이 암시하듯이, 스틸링플리트는 성경이 전혀 말하려 하지 않은 주제를 두고 교회가 쓸데없이 분열되고 있다고 믿었다. 1장 제목에서 이것이 아주 분명하게 나타난다. "교회의 평화에 필수인 것을 분명하게 밝혀야 한다. 교회 정치의 형태는 이에 관한 나머지 논쟁에서 나타나듯이 교회의 평화에 필수적인 게 아니다. 따라서 이는 그리스도께서 절대로 어떤 한 형태만을 교회의 평화를 위한 유일한 수단으로 의도하지 않으셨다는 증거다." 바꾸어 말하면, 성경이 특정 형태의 교회 정치를 명하리라 기대해서는 안 된다는 뜻이다.

이와는 대조적으로, 어떤 신학자는(특히 장로교 신학자) 교회 정치는 **유스 디비눔**(jus divinum, 하나님의 권위)을 갖는다고 주장했다. 물론, 성경은 우리가 알기 원하는 전부를 말해 주지 않는다. 그러나 장로교인은 이를 인정하면서도 하나님의 말씀이 "교회 정치와 조직에 관한 모범을 다소 상세하게 제시하며, 모든 환경에서 이 모범을 따르는 것이 그리스도인의 의무다"라고 주장한다.[1]

무슨 근거로 이런 말을 할 수 있는가? 제임스 배너먼은 교회 정치가 구체적이고 명확한 근거 위에 세워져야 한다고 기대할 네 가지 이유를 제시한다.

1. 교회는 하나님의 명령으로 세워진다. 교회의 권위는 내부가 아니라 외부에서 비롯된다. 교회의 질서가 단지 구성원의 공유된 의견이 아니라 하나님에게 비롯되리라고 기대해야 한다.
2. 교회는 자연적으로 세워지는 사회가 아니다. 교회는 구체적인 하나님의 명령으로 존재한다. 따라서 자연의 원리가 이 사회를 위한 적절한 정치를 조직하기에 충분하다고 생각해서는 안 된다.
3. 죄의 영향 때문에, 인간은 이성의 빛으로 교회 정치를 고안하고 운영할 능력이 없다. 교회가 그 사명과 구성원과 본질에서 하나님이 근원이신 기관이라면, 하나님이 사람으로 교회의 구성과 형태를 결정하게 하시는 것은 자연스럽지 않다.
4. 교회는 하나님 나라의 한 표현인데, 이를 테면 하나님 나라의 대사관이다. 교회는 하나님 나라의 눈에 보이는 전초 기지인데, 이 기지의 설립자요 운영자이신 그리스도께서 이 기관의 정치 형태를 사람이 정하게 하실 이유가 어디 있겠는가?

나는 '유레 디비노' 장로제(jure divino Presbyterianism, 하나님의 권위로 된 장로제)를 믿지만, 성경이 우리에게 말해 주지 않는 모든 것에 관해 정직해야 한다고도 믿는다. 성경은 당회가 얼마나 커야 하고 얼마나 자주 소집되어야 하는지, 어떤 목양 모델을 취해야 하는지, 위원회를 갖추어야 하는지나 로버트 회의 진행법(Robert's Rules of Order, 공정하고 효율적인 회의 운영을 위한 매뉴얼) 등에 관해 말하지 않는다(분명히 간과되는 부분이다!). 교회 정치는 무질서하지 않다. 모든 시대, 모든 곳에 통용되는 일반적 모델이 있다. 그러나 배너먼이 옳다. "성경에서 교회 정치에 대

한 자세한 설명이나 교회법에 대한 과학적 개요를 찾으려 해서는 안 된다."²

1 Bannerman, Church of Christ, 723.
2 Bannerman, Church of Christ, 728.
- 무기 연고(weapon-slave)는 중세와 르네상스 시대 유럽에서 유행했던 마법적 치료법으로 상처를 입은 사람의 몸 대신 상처를 낸 무기에 약을 바르는 것을 가리키는데, 여기서는 교회의 문제를 직접 해결하지 않고 그 문제를 일으킨 교회 정치를 고친다는 뜻으로 사용된 것으로 보인다. -역주

WEEK 48

DAY 236

교황이 교회를 다스리는가?

교회 정치는 별 재미가 없더라도 아주 중요하다. 교회 정치를 살펴보면서 "그리스도 아래서, 교회 안에서, 교회를 위해, 교회 위에서 권한을 행사할 권리를 누가 부여받았는가?"라는 질문에 답해 보겠다. 쉽게 말하면, 누가 교회에서 '책임을 지고' 최종 발언권과 권한을 갖는지 살펴보겠다. 역사적으로 이 질문에 교황, 주교(감독), 회중, 장로, 이렇게 네 개의 답이 제시되었다. 이 네 체제를 각각 로마 가톨릭교회, 성공회, 회중 교회, 장로 교회로 생각할 수 있다.

로마 가톨릭의 정치 체제는 최고 직위가 베드로에게 주어졌고 이는 개인적인 게 아니라 공식적이며 이러한 공식 직위가 베드로에게서 그의 후계자에게로 대대로 계승된다는 단언에 근거한다. 이 계승자가 로마 주교이고 전 세계 로마 가톨릭교회의 머리이며 독립 국가 바티칸시티의 군주인 교황이다.

교황의 권위를 주장하는 논증은 설득력이 없다. 역사적으로, 베드로가 로마 주교였다는 증거는커녕 로마에 갔다는 증거도 없다. 더 중요하게도, "내가 이 반석 위에 내 교회를 세우리니"라는 예수님의 선언은 (마 16:18) 베드로를 가까운 미래의 교회 수장으로 세우는 게 아니었다. 우선, 이 반석이 베드로라 하더라도 예수님이 교회의 기초인 모든 사도와 선지자에게 해당되지 않는 특별한 역할을 베드로에게 부여하려 하셨다는 생각은 시대착오적이다(엡 2:20). 더욱이, 예수님이 직접적으로 베드로에 관해 말씀하셨을 것 같지 않다.

그 이유는 첫째, 베드로는 이제 곧 그리스도를 부인할 테고, 그러므로 반석이라 하기 어렵다. 둘째, 헬라어 **페트로스**(petros, 베드로)와 **페트라**(petra, 반석)는 문법적 성(性)이 다르다. 셋째, 왜 예수님은 17-19절에서 베드로에게 자주 "네가" 또는 "네게"라고 하시면서 18절에서는 '너, 반석'이라 하지 않고 "이 반석"이라 하시겠는가?

다른 성경 구절을 살펴보더라도, 베드로가 교회의 공식 수장(首長)이 아니라는 게 드러난다(베드로가 사도 가운데 비공식 지도자였을 수는 있다). 첫째, 새 예루살렘에 열두 기초석이 있는데, 거기에는 베드로의 이름만이 아니라 열두 사도의 이름이 새겨져 있다(계 21:14). 둘째, 베드로에게 주신 묶고 푸는 권한은(마 16:19) 나중에 모든 제자에게 주어진다(마 18:18). 셋째, 베드로는 자신이 "함께 장로 된 자"일 뿐이라고 말한다(벧전 5:1).

그렇다면 마태복음 16장의 "이 반석"은 무엇인가? 많은 프로테스탄트 해석자가 이 표현은 '예수는 그리스도'라는 베드로의 고백을 가리킨다고 본다. '반석'(바위)이란 단어는 신약성경에서 12회 사용되며, 오직 그리스도에게만 사용된다. 그리스도께서는 걸림돌과 거치는 바위시다(롬 9:33; 벧전 2:8). 그리스도께서는 이사야와 다니엘이 예언한 돌이시다(사 28:16; 단 2:34-35, 45). 아주 간단하게, "그 반석은 곧 그리스도시라"(고전 10:4).

튜레틴이 아우구스티누스를 인용하며 말하듯이, "그러므로 너는 베드로다. 네가 고백한 이 반석 위에, 네가 '주는 그리스도시요 살아계신 하나님의 아들이시니이다'라고 말하며 인정한 이 반석 위에, 네 위에가 아니라 나 자신 위에, 내가 내 교회를 세우리라."¹ 교회의 왕과 머리는 오직 하나, 주 예수 그리스도시다. 다른 반석은 없다(사 44:8).

1 Turretin, *Elenctic Theology*, 3:164; 투레티누스, 『변증신학 강요』.

DAY 237

감독들이 교회를 다스리는가?

감독제 정치의 두드러진 특징은 교회를 감독하는 감독이(bishop) 있다는 것이다. 이 체제는 때로 고위 성직자제(prelacy)라 불리는데, 그 특징이라 할 수 있는 고위 성직자(prelate, '앞에서 이끌다' 또는 '위에 놓이다'라는 뜻으로 '감독'을 말한다)의 존재 때문이다. 신약성경은 여러 곳에서 **에피스코포이**(episkopoi; 개역개정은 '감독'으로 번역했다.–역주)를 언급하는데(빌 1:1; 딤전 3:1; 딛 1:7), 문제는 이 용어가 장로와 집사 위에 자리한 또 하나의 일반적이고 영구적인 직분을 가리키느냐다.

감독제 정치에서 감독은 임직권(안수권, *potestas ordinis*)과 재판권(*potestas jurisdictionis*)이라는 고유한 두 권한을 갖는다. 곧, 감독은 다른 직분자에게는 부여되지 않는, 자신의 교구에 대한 권한을 갖는다.

감독제 정치의 가장 좋은 논거는 사도들과 이들이 폭넓게 행사한 권위다. 그러나 사도들이 부여받고 수행한 더 높은 역할은 특별하고 일시적인 직분(사도직)과 관련이 있었다. 감독의 직분을 이 특별한 직분(사도직)에서 추론하거나 이 특별한 직분에 적용할 수는 없다. 우리가 알듯이, 사도들과 장로들이 더 넓은 교회에 권위를 행사했다(행 15:2). 그러나 사도들을 이었거나 장로들 위에 자리했던 또 다른 직분, 곧 감독의 직분이 존재했다는 기록은 없다.

감독제의 두드러진 특징은 장로(프레스비테로이)에게는 없는 임직권(안수권)과 재판권을 행사하는 제3의 직분자(에피스코포이)가 있다는 것이다. 이 모델은 신약성경에 없다. 우리가 알듯이, 장로들이 임직에 참여했으며(딤전 4:14; 참조. 행 13:1-3), 다스림은 장로의 일반적 역할이었다(딤전 5:17; 벧전 5:1-2). 또한 사도행전 15장에서 보듯이, 장로들이 (사도들과) 함께 모여 여러 지교회에 대한 권위를 행사했다. 사실, '장로'와 '사도'가 자주 짝을 이루는 데서 보듯이, 장로가(감독이 아니라) 사도의 권위를 이어받을 것이었다(다음을 보라. 행 15:2, 4, 6, 22-23; 16:4).

결정적으로, 두 헬라어 **프레스비테로스**(presbyteros)와 **에피스코포스**(episkopos)에 감독제가 요구하는 신학적 무게를 지울 수 없다. 프레스비테로스는 유대인 회당에서 장로에게 사용되었고 에피스코포스는 헬라인 사이에서 다양한 종류의 감독자를 가리키는 일반적 용어였다. 따라서 두 단어가 신약성경에서 교차적으로 사용되는 것은 이상할 게 거의 없다. 이를 사도행전 20장 17절, 28절과 디도서 1장 5절, 7절에서 가장 분명하게 볼 수 있다. 전자의 경우, 프레스비테로이(행 20:17)는 뒤에서 에피스코포이라 불린다(28절). 후자의 경우, 에피스코포스

(딛 1:7)는 프레스비테로이(5절)를 말하는 또 다른 방식이다. 디모데전서 3장이 세 직분이 아니라 두 직분(감독과 집사)의 자격을 자세히 말하고 빌립보서 1장 1절이 빌립보의 하나보다 많은 감독(에피스코포스)을 말한다는 것도 중요하다.

마지막으로, 고려해야 할 더 넓은 신학 논증이 있다. 복음을 전하고 성례를 시행하는 권한은 부목자(undershepherds, 목자장이신 예수 그리스도 아래서 양 떼를 돌본다는 의미다)에게 부여된 주요 권한이다. 장로들에게 설교하고 성례를 시행하는 '더 큰' 권한을 부여하면서 임직(안수)하고 다스리는 '더 작은' 권한을 부여하지 않는다면 논리적으로 이상할 것이다. 사도행전 30장에서 보듯이, 장로 · 목사 · 감독은 말씀을 가르치고 하나님의 교회를 돌보는 권한을 받는다. 두 책임은 분리될 수 없다.

DAY 238

회중이 교회를 다스리는가?

회중제의 중심에 맞물린 두 원리가 있다.

1. 회중제 원리에 따라, 교회 정치는 교회 전체의 공식 동의로 이루어진다. 장로가 중요한 문제에서 회중에게 조언하고 회중의 결정을 실행할 수 있으나 최종 권위는, 특히 구성원과 권징의 문제에서, 교회 구성원에게 있다.

2. 독립의 원리에 따라, 교회 정치는 다른 회중(교회)과는 독립적으로 이루어진다. 교회들이 함께 사역할 수 있고 심지어 특정 교리를 천명하기로 합의할 수 있지만, 각 회중(교회)은 자신의 문제에 단독으로 권한을 행사한다.

회중제는 지교회가 중심이고 구성원이 교회의 삶과 사역에서 핵심 역할을 해야 한다고 강조한다. 장로교인으로서 나는 회중 교회가 이 부분을 강조하는 것에 감사한다. 그러나 성경의 선례와 가르침은 앞서 언급한 두 원리와 거리가 멀다고 믿는다. 오늘은 회중제를 살펴보며 그 원리를 평가하고, 내일은 장로제 정치를 살펴보려고 한다.

회중제 원리의 큰 어려움은 장로에게 부여된 고유한 권한이다. 다스리는 자, 감독자, 목자 같은 칭호는 회중의 나머지 구성원이 다스리는 권한을 갖지 않는다는 것을 암시한다. 가장 중요한 문제에서 장로의 결정이 회중의 다수결 투표에 종속된다면, 어떻게 장로가 실제로 다스리고 감독한다고 말할 수 있을지 모르겠다. 장로가 (좀 더 비공식적으로) 이스라엘에서 했고 (좀 더 공식적으로) 나중에 회당에서 했던 역할은 단순히 회중에게 조언하거나 회중이 함께 결정한 계획을 실행에 옮기는 게 아니었다. 더욱이, 매고 풂에 관한 지시는 모든 제자가 아니라 베드로와 열둘에게 주어진다. 교회의 사적 구성원이 설교하지 않으며 설교할 사람을 임직하지도 않는다. 그리스도께서는 천국의 열쇠를 교회 구성원 전체가 아니라 장로에게 맡기셨다.

어떤 사람은 이 주장에 대해 두 가지 해석상의 근거로 반론을 제기할 것이다. 하나는 고린도후서 2장에서 바울이 "많은 사람에게서 벌받는 것"을 언급한 부분이고, 다른 하나는 마태복음 18장에서 예수님이 권징의 마지막 단계로 "교회에 말하라"고 하신 부분이다.

첫 번째 경우, 고린도 교회의 다수가 실제로 투표하여 벌을 결정했다는 근거가 전혀 없다. 오히려 바울은 그들에게 사랑을 다시 확증하라고 권면했는데, 이를 고려하면 그가 말한 '벌'은 회중이 죄 지은 자를 외부인처럼 대함으로써 공동으로 행사한 징계 행위를 가리키는 것으로 보인다.

두 번째 경우, 인접 문맥을 살펴야 한다. 회당에서 권징은 전체 회중이 아니라 지정된 직분자가 시행했다. 예를 들면, 복음서에서 예수님에 대한 재판 절차와 사도행전에서 베드로와 요한에 대한 심문(권징) 절차를 공의회가 (비록 악하게 진행했을 테지만) 어떻게 진행했는지 보라. 예수님이 "교회에 말하라"고 하실 때, 유대인 청중 가운데 그 누구도 모든 구성원이 참여하는 회중제를 생각하지 않았을 것이다. 이들은 하나님을 대신해 하나님의 백성을 위해 다스릴 직분자에게 부여된 권위(권한)를 생각했을 것이다.

DAY 239

장로들이 교회를 다스리는가?

로마 가톨릭교회 정치는 교황을 믿고, 감독 교회 정치는 감독을 믿으며, 회중 교회 정치는 회중의 권위를 믿고, 장로 교회 정치는 장로에게 부여된 특별한 권위를 믿는다. 더욱이, 장로교인은 장로의 권위가 단지 지교회 당회가 아니라 노회에서도 행사된다고 주장한다. 어제 살펴보았듯이, 회중제는 각 지교회의 정치가 다른 교회와 독립적으로 이루어진다는 독립의 원리를 견지한다. 대조적으로, 장로교인은 권위를 하나로 모아 모두를 함께 다스리기 위해 한 회중(교회)의 치리회(당회)가 다른 회중(또는 여러 회중)의 치리회와 연합하는 게 정당하다고 믿는다.[1]

이 주장을 뒷받침하는 두 해석을 살펴보자.

1. **에클레시아**(ekklesia)는 하나보다 많은 회중의 의미로 사용될 수 있다. "그리하여 온 유대와 갈릴리와 사마리아 교회가 평안하여 든든히 서 가고 주를 경외함과 성령의 위로로 진행하여 수가 더 많아지니라"(행 9:31; 참조. 고전 12:28; 10:32). 특히, 예루살렘 교회는 여러 회중으로 구성되었던 게 확실하다. 교회 구성원이 수천 명씩 늘어났고(행 2:41, 47; 4:4; 5:14) 예루살렘에서 섬기는 사도들과 선지자들과 장로들과 첫 집사들도 아주 많았다. 그러므로 모임과 예배가 하나가 아니었던 게 분명하다. 그러나 성경은 여전히 "예루살렘 교회"라고 말한다(행 11:22). 더욱이, 이 직분자들이 예루살렘 전체 교회에 속했다고 말하는데, 이는 공동의 정치 체제 아래 하나의 교회가 있었다는 것을 암시한다. 따라서 안디옥 교회가 예루살렘 교회에 부조(구제 헌금)를 보냈을 때, "바나바와 사울의 손으로 장로들에게 보낸" 것은 자연스러운 일이었다(30절).

2. 예루살렘 공의회는 지역 교회의 회의가 지역의 회중에게 권위를 행사하는 예를 보여 준다. 사도행전 15장에서, 사도들과 장로들이 모여 이방인을 교회에 받아들이기 위한 적절한 정책을 결정한다. 물론, 22절에 "온 교회"가 언급되지만, 이는 메시지를 전달할 사람을 뽑기 위해서다. 당면한 신학 문제는 사도들과 장로들이 의논해서 결정했다(6절). 이들의 결정은 단순히 조언이 아니라 안디옥과 시리아와 길리기아 신자가 따라야 하는 권위 있는 결정(공식 결정)이었다(23, 28절). 여기서 한 지역의 교회 직분자가 그 지역의 여러 교회에 권위를 행사하는 것을 볼 수 있다(비슷한 예가 더 있다. 행 6:2-6; 13:1-3; 21:18-26).

마지막으로, 장로제에서 교회의 권한은 '아래로' 흐르는 게 아니라 '위로' 흐른다는 데 주목해야 한다. 모든 지교회는 그리스도의 완전한 교회다. 이른바 상급 치리회가 하급 회에 군림할 수 없다. 사실, 벌코프는 이를 상회(上會, higher assemblies)라 부르지 말고 대회(大會, major assembly) 또는 총회(總會, general assembly)라 불러야 한다고 주장한다. 이는 더 높은 권한이 아니라 매우 동일한 권한을 대표하기 때문이다.[2] 권위는 넓지만 더 높거나 더 참되거나 더 나은 게 아니다. 그리스도의 권위에서 비롯된 교회의 권한은 무엇보다도 지교회 당회에 있고 대회로 옮겨가는 것이지 그 반대 방향으로 옮겨가는 게 아니다.

---

1 Bannerman, *Church of Christ*, 839.
2 Berkhof, *Systematic Theology*, 589-590; 벌코프, 「벌코프 조직신학」.

DAY 240

품위 있고 질서 있게

장로 교회와 개혁 교회는 일을 '품위 있고 질서 있게' 하길 좋아한다는 말이 자주 들린다. 이 말에는 때로 유머가 섞여 있고 때로 짜증이 섞여 있다. 나는 유머와 짜증 둘 다 이해할 수 있다. 우리는 우리의 계획을 좋아하고, 우리의 회의록을 좋아하며, 우리의 재판정을 좋아하고, 우리의 위원회를 좋아한다. 장로교인과 개혁주의자는 위원회를 감독하려고 위원회를 만드는 사람들로 알려져 있다. 우리는 일을 아주 품위 있게 하길 좋아해 우리의 교회 직분자들이 세 가지를 알 거라고 기대한다. 성경, 우리의 신앙고백, 제목에 '질서'가 들어간 책이다.

그러나 이러한 극단적 개혁주의(uber-Reformed) 유형을 믿지 못하겠다며 고개를 젓기 전에(의사야, 너 먼저 고쳐라!), '품위 있고 질서 있게'는 장로교가 좋아하는 표현이기 전에 성경의 명령이라는 사실을 기억해야 한다(고전 14:40). 바울은 교회를 향해 예의바르고 단정하며 대열을 이룬 군대처럼 질서 정연하라고 명하는데, 이는 성 역할에 관한 혼란, 주의 식탁에서 벌어지는 혼란, 영적 은사에 관한 혼란, 그리스도의 몸 안에서 일어나는 혼란, 공예배에서 일어나는 혼란을 다루는 성경의 한 부분에 딱 맞춘 결론이다. '품위 있고 질서 있게'는 고린도 교회에 만연한 혼란에 비하면 꽤 좋게 들린다.

장로교인과 개혁주의 그리스도인을 향한 전형적인 공격은 이들이 머리는 뛰어나지만 가슴이 메마르다는 것이었다. 우리는 감정이 메마른 금욕주의자이고, 변화를 모르는 불가사의한 자이며, 하나님의 냉랭한 선민이다. 그러나 이러한 은근한 모욕이 사도 바울에게 와닿지 않았을 텐데, 그는 교회에서 무질서의 반대는 거침없는 자발성이 아니라 스스로를 높이는 혼란이라는 것을 누구보다 잘 알았기 때문이다. 하나님은 절대로 화평보다 무질서를 좋아하지 않으신다(33절). 하나님은 절대로 신학과 찬양을 대립시키거나 머리와 가슴을 대립시키지 않으신다. 데이비드 갈런드(David Garland)의 기억할 만한 표현처럼, "열정의 성령은 질서의 성령이시기도 하다."[1]

사실, 모든 교회는 이런저런 방식으로 예배하고, 이런저런 방식으로 기도하며, 이런저런 방식으로 인도를 받고, 이런저런 방식으로 조직되며, 이러저런 방식으로 세례를 베풀고 주의 만찬을 행한다. 모든 교회가 이런저런 방식으로 신학을 살아낸다. 그 신학이 성경적 원리가 아니라 실용주의에 기초하더라도 말이다.

교회에서 함께하는 우리의 삶이 최고의 주석적 · 신학적 · 역사적 성찰을 통해 빚어지길 원해야 하지 않겠는가?

생각하지 않기보다 깊이 생각하길 원해야 하지 않겠는가?

교회로서 함께하는 우리의 삶에서 모든 일이 품위 있고 질서 있게 이루어지길 원해야 하지 않겠는가? 이는 장로교와 개혁주의의 방식이 아니다. 하나님의 방식이며, 우리는 이를 잊지 말고 그리스도와 그분의 나라를 향해 적절한 모든 열정과 열심을 품어야 한다.[2]

---

1 Garland, *1 Corinthians*, 674; 데이비드 갈런드, 『BECNT 고린도전서』, 조호영 역, 부흥과개혁사, 2019.
2 이 항목은 the Blessings of the Faith 시리즈의 서문에서 발췌했다. 이 서문은 내가 썼으며, 허락을 받고 여기에 사용했다.

종말론
마지막 것들

WEEK 49

DAY 241

죽음과 지옥

죽음은 그리스도인에게 좋은 결과를 안긴다. 우리는 죽으면 본향으로 돌아가 주님과 함께하고(고후 5:8) 그리스도와 함께 산다(빌 1:21). 그렇더라도 죽음은 여전히 우리의 큰 원수요 마지막 원수다(고전 15:26). 죽음은 타락의 결과이고(창 2:15-17; 롬 5:12-21), 죄의 삯이며(롬 6:23), 마귀가 우리를 두렵게 하려고 선택한 도구다(히 2:14-15). 신자의 견고한 소망은, 죽더라도 그리스도 안에서 영원히 살리라는 것이다(요 11:25-26).

성경에는 죽음과 지옥을 가리키는 주요 단어 셋이 있다. **스올**(sheol), **하데스**(hades), **게헨나**(gehenna)가 그것이다.

히브리어 '스올'은 최근 번역 성경에서는 흔히 번역되지 않고 음역으로 표기되는데, 기본 의미는 죽음 또는 무덤이다(사 38:10). 스올은 모든 사람이 죽어서 가는 곳을 가리킬 수 있지만(시 89:48), 더 구체적으로 악인이 벌을 받는 곳도 가리킬 수 있다(신 32:22). 구약성경에도 하나님의 백성을 스올에서 건져내시리라는 약속이 있다. "그러나 하나님은 나를 영접하시리니 이러므로 내 영혼을 스올의 권세에서 건져 내시리로다"(시 49:15). 다른 시편의 기자는 하나님이 자신을 영광으로 인도해 들이시리라는 확신을 표현한다. "주의 교훈으로 나를 인도하시고 후에는 영광으로 나를 영접하시리니"(시 73:24).

헬라어 '하데스'는 신약성경에서 10회 등장한다. 하데스가 죽음과 짝을 이루는 것을 보면(즉, '죽음과 하데스'), 이 개념은 악인의 중간 상태를 가리키는 것으로 보인다(계 20:14). 하데스는 아브라함의 품과 반대되는 (부활하기 전에) 고통받는 곳이다(눅 16:19-31).

헬라어 '게헨나'는 신약성경에 12회 등장한다. 랍비 다비드 킴히(David Kimhi)는 힌놈의 골짜기가 쓰레기와 송장이 넘쳐나는 소각장이었다고 주장했다. 이런 주장을 토대로, 많은 목사와 주석가들이 게헨나는 연기 나는 쓰레기더미였다고 했다. 그러나 이 주장을 뒷받침하는 그 어떤 고대의 증거나 고고학적 증거는 없는 것 같다. 게헨나는 힌놈의 골짜기를 뜻하는 히브리어 **게-힌놈**(ge-hinnom)에서 왔는데, 힌놈의 골짜기는 예루살렘 남서부에 자리한 가파른 계곡이다. 구약성경에서, 이곳은 이스라엘이 때때로 자녀를 암몬의 신 몰렉에게 불살라 바친 곳이다(왕하 23:10; 렘 32:35). 게헨나는 신약성경에서 12회 사용되는데, 그 가운데 11회를 예수님이 사용하신다(마 5:22, 29, 30; 10:28; 18:9; 23:15, 33; 막 9:43, 45, 47; 눅 12:5; 참조. 약 3:6). 이 단어는 '지옥'으로 번역되며 영원한 심판의 자리를 의미하고, 불과 자주 연결된다(참조. 마 13:41-42; 18:8; 25:46).

악인을 향한 하나님의 마지막 심판이 신약성경에서 다양하게 묘사된다. 멸망(마 18:14; 요 3:16; 10:28; 고전 1:18; 빌 3:19; 벧후 2:1; 3:16), 상실(눅 13:3), 영원한 불의 형벌(유 7절), 캄캄한 흑암(유 13절), 슬피 울며 이를 가는 곳(눅 13:28), 불과 유황으로 타는 못(계 21:8). 이러한 묘사는,

문자 그대로 받아들여야 하든 그렇지 않든 간에, 문자 그대로의 고통과 괴로움을 말한다. 지옥은 말할 수 없이 끔찍하며, 우리가 어떤 희생을 치르더라도 어떻게든 피하고 피난처를 찾아 그리스도께 달려가도록 정신이 번쩍 들게 하는 어휘로 묘사된다.

DAY 242

지옥, 하나님의 형벌

지옥을 하나님과 분리된 상태에서 자기 스스로 선택한 어떤 정체성으로 묘사하는 게 일반화되었다. 지옥은 하나님이 악인을 보내시는 곳이 아니라 악인이 스스로 선택하거나 만들어 내는 곳이라는 것이다. 이것이 C. S. 루이스가 『천국과 지옥의 이혼』(The Great Divorce)에서 지지한 것으로 유명한 견해다. 루이스에게 지옥은 우리 스스로 선택한 자기 몰입과 우상 숭배가 영원히 고삐 풀린 곳이다. 지옥문은 영원히 잠겨 있을 테지만 안에서 잠긴다.

어느 정도 맞는 말이다. 지옥에서는 아무도 진정으로 뉘우치지 않는다. 하나님은 이 세상에서 지은 몇몇 죄 때문에 사람을 영원히 벌하지는 않으시며, 진정한 믿음과 회개로 마음을 쏟아놓는 사람을 영원히 가두지도 않으신다. 지옥에 있는 자는 누가복음 16장의 부자처럼 자신의 선택을 후회할 수는 있겠지만, 결코 진정으로 회개하지는 않는다. 루이스의 지옥 묘사는 또한 하나님이 때로 우리를 우리의 죄악된 욕망에 넘겨 주신다는 것을 잘 일깨워 준다. 우리가 받는 벌의 한 부분은 하나님이 "그래, 네 죄악된 길을 좇아라"라고 말씀하시는 것이다. 이런 제한적 의미에서, 지옥은 하나님이 우리가 원하는 것을 우리에게 주시는 것이다.

그러나 우리가 지옥에 관해 이렇게만 말한다면 하나님의 형벌에 관해 왜곡된 시각을 제시하는 것이다. 최초의 죄 이후, 하나님은 인류의 첫 남녀를 에덴동산에서 단호하게 쫓아내셨다(창 3:23-24). 대홍수 때, 하나님은 땅에 만연한 악에 답하며 "내가 창조한 사람을 내가 지면에서 쓸어버리"겠다고 선언하셨다(창 6:7). 신명기 28장에서, 하나님은 순종하면 언약의 복을 내리고 불순종하면 저주를 내리겠다고 약속하신다. 복과 저주, 둘 다 하나님이 적극적으로 보내신다. 여호수아는 이스라엘을 이끌어 언약을 갱신할 때 이렇게 경고했다. "만일 너희가 여호와를 버리고 이방 신들을 섬기면 너희에게 복을 내리신 후에라도 돌이켜 너희에게 재앙을 내리시고 너희를 멸하시리라"(수 24:20).

신약성경도 동일한 이야기를 들려준다. 예수님은 우리에게 몸과 영혼을 능히 지옥에 멸하실 수 있는 하나님을 두려워하라고 하신다(마 10:28). 로마서 1장은 하나님이 경건하지 않은 자를 그들의 죄악된 욕망에 버려 두신다고 말하는데, 로마서 2장은 "진노의 날 곧 하나님의 의로우신 심판이 나타나는 그 날에 임할 진노"가 쌓이고 있다고 분명히 말한다(롬 2:5). 베드로후서 3장 7절은 이렇게 경고한다. "이제 하늘과 땅은 … 경건하지 아니한 사람들의 심판과 멸망의 날까지 보존하여 두신 것이니라." 우리의 나쁜 선택이 나쁜 결과를 낳지만, 더 나아가 우리의 하나님은 소멸하는 불이시다(히 12:29).

지옥을 하나님에게서 영원히 분리됨이나 그리스도 없는 영원으로 묘사하는 것은 잘못이 아니다. 지옥은 둘 모두다. 그러나 이러한 완곡 어법이 하나님의 심판은 단지 그 무엇이 없거나 그 누가 없는 상태 이상이라는 사실을, 곧 지옥은 경건하지 못한 자에게 내리는 하나님의 저주라는 개념을 삼켜 버려서는 안 된다. 성경의 어느 구절은 심판을 "주의 얼굴 … 을 떠나" 있음으로 묘사하면서 뒤이어 이런 자는 "영원한 멸망의 형벌을 받으리라"고 말한다(살후 1:9). 우리가 늘 영원한 형벌을 '그리스도 없는 영원'이나 '하나님에게서 분리됨'이나 '우리 스스로 선택하는 지옥'이라 말한다면 성경의 언어에 충실하지 않은 것이다. 하나님이 강력하고 위협적으로 전하시려는 타격을 우리가 부드럽게 하는 것이다. 진노는 단지 결과가 아니다. 진노는 보응이다.

DAY 243

보편 구원론

3세기 오리게네스부터, 교회사에서 몇몇 신학자가 최종적으로 모든 사람이 구원을 받는다고 주장했다. 보편 구원론(universalism)은 거의 2천 년 동안 철저히 거부되었는데, 최근에 조금씩 더 받아들여지는 것 같다. 아마도 현대적 공정함의 개념이 확산되고 성경의 권위에 대한 확신이 사라졌으며 죄와 타락에 대한 개념이 약해지고 하나님의 성품을 다시 생각하기에 이르렀기 때문이다.

일반적으로, 사람들은 에베소서 1장과 골로새서 1장의 약속, 곧 하나님이 그리스도 안에서 만물이 자신과 화목하게 하신다는 약속에 기초한 보편 구원론에 끌린다. 이 두 단락은 우주가 새롭게 되리라는 것을 강조하며, 이를 토대로 어떤 사람에게는 영원한 형벌이 없으리라고 주장한다. 그러나 이 두 단락은 보편 구원론자가 원하는 신학적 의미를 담고 있지 않다.

에베소서 1장을 보자. 바울은 하나님의 계획을 말한다. 때가 차면, 하나님은 만물이, 하늘에 있는 것이나 땅에 있는 것이 다 그리스도 안에서 통일되게 하실 것이다(10절). '통일되게 하다'로 번역된 헬라어의 뜻은 '요약하다', '주요 지점으로 모으다', '한데 모으다'이다. 어떤 지휘자가 교향곡을 불협화음에서 화음으로 이끌어가고 있다고 생각해 보라. '통일'이나 '모음'이란 약속은 이미 그리스도 안에서 시작된 놀라운 약속이다. 그러나 우리가 알듯이, 에베소서 나머지 부분에서 바울은 모든 민족이 하나님과 화목하게 되리라고 기대하지 않는다. 2장에서는 불순종의 아들과 진노의 자녀를 말하고, 5장에서는 음행하는 자나 탐하는 자는 그리스도의 나라에서 기업이 없다고 분명히 말한다. 만물의 통일에는 모든 사람의 구원이 뒤따르지 않는다. 이는 우주의 모든 것이 마침내 정해진 목적지에 이르고 모든 민족이 자신에게 합당한 것을 받으리라는 뜻이다.

성경은 우리 모두가 지금 천국으로 가고 있다고 가르치지 않는다. 또 죽은 후에도 구원받을 기회가 있다고 가르치지도 않는다. 사람이 죽은 후에 성장하거나 성숙하거나 회개하리라는 암시는 없다. 죽은 후에도 하나님과 바른 관계를 가질 기회가 여전히 있다면, 왜 성경이

"오늘" 회개해야 하고(히 3:13) 그리스도의 날에 흠 없이 나타나야 하며(벧후 3:14) 큰 구원을 등한히 여기지 말라고(히 2:3) 그토록 힘주어 말하겠는가? 하나님 나라를 유업으로 받지 못하리라는 경고(고전 6:9-10), 살아계신 하나님의 손에 떨어지는 것이 무서우리라는 경고(히 10:31), 우리 왕이 오셔서 갚으시리라는 경고가(살후 1:5-12) 궁극적으로 영원히 누구에게도 적용되지 않는다면, 왜 이런 경고를 하겠는가?

결국 리처드 보컴(Richard Bauckham)의 말처럼, "19세기 이전까지 거의 모든 기독교 신학자가 지옥의 영원한 고통이 실재라고 가르쳤다."[1] 그 이유는 성경이 아주 많은 곳에서 영원한 형벌을 아주 생생하게 말하기 때문이다. 예수님은 이 주제를 그 누구보다 자주, 강력하게 말씀하신다. "인자가 그 천사들을 보내리니 그들이 그 나라에서 모든 넘어지게 하는 것과 또 불법을 행하는 자들을 거두어 내어 풀무 불에 던져 넣으리니 거기서 울며 이를 갈게 되리라"(마 13:41-42).

---

[1] Bauckham, "Universalism," 47. 보편 구원론에 관한 자세한 분석과 논박은 McClymond, *The Devil's Redemption*을 보라.

DAY 244

멸절설

멸절설(annihilationism)이란 하나님이 악인에게 내리시는 최종 심판은 의식이 있는 상태에서 받는 영원한 형벌이 아니라 존재의 사멸이라는 믿음이다. 이 사상은 오직 하나님만 본질적으로 불멸하시며(딤전 1:17; 6:16) 인간의 경우 불멸은 의로운 자에게만 주어지는 선물이라 단정하기에 때로 '조건적 불멸'(conditional immortality)이라 불린다. 따라서 악하고 믿지 않는 자가 받는 형벌은 영생에서 제외되고 단지 존재하길 그치는 것이다. 멸절설은 존 웬함(J. W. Wenham), 휴스(P. E. Hughes), 존 스토트 같은 복음주의 성공회 신학자를 통해 20세기에 널리 퍼졌다.

멸절설의 실존적 호소력(의식이 있는 상태에서 영원히 당하는 고통보다 소멸이 견디기 쉽다)에도 불구하고, 성경은 멸절설을 허용하지 않는다.

첫째, 확실히, 오직 하나님만 본질적으로 불멸하신다. 우리의 불멸은 부수적 불멸이다. 그러나 이는 불멸이 일부에게만 주어진다는 뜻이 아니다. 성경은 악인이 죽은 후 지속적으로 고통당하는 모습을 자주 묘사한다. 부자는 "내가 이 불꽃 가운데서 괴로워하나이다"라고 했다(눅 16:24). 구더기도 죽지 않고 불도 꺼지지 않는다(막 9:48).

둘째, 고난의 '연기'만 세세토록 올라가고(계 14:11) 고난 자체는 그렇지 않다는 주장은 특별 변론(special pleading, 일관성과 보편성이 결여된 이중 잣대를 적용하는 오류)이다. 고난(고통)에 해당하는 헬라어(*basanismos/basanizo*)는 신약성경에서 존재의 소멸이 아닌, 언제나 의식이 있는 상태로 겪는 고통을 말할 때 사용된다. 악인이 밤낮 쉼을 얻지 못하듯이(계 14:11) 짐승과 거짓 선지자도 밤낮 고통당한다(계 20:10).

셋째, '둘째 사망'이 잊혀지는 것을 말할 뿐이라면, 어떻게 '영생'과 '둘째 사망'이 서로 반대일 수 있겠는가? 영생의 좋은 소식은 의식(consciousness)의 여부일 뿐인가? 의인은 생명의 부활을 받고, 악인은 존재의 그침이 아니라 심판의 부활을 받는다(요 5:29).

유명하게도, 윌리엄 셰드는 『교의 신학』(Dogmatic Theology) 마지막 부분에서 천국과 지옥을 다루는데, 천국을 다루는 장은 한 쪽 반에 불과하고 지옥을 다루는 장은 58쪽에 이른다. 한쪽으로 치우쳤을 수 있지만, 이는 셰드가 천국을 좋아하지 않는다기보다 현대 사회가 지옥을 거부한다는 사실을 보여 준다. 사실, 우리 시대에 지옥 교리를 변호해야 하는 이유는 시대가 영원한 형벌을 생각하길 좋아해서가 아니라 성경과 예수님이 지옥을 아주 분명하게 가르치기 때문이다. "의심할 여지 없이 기독교의 창시자께서 가르치신 교리일 뿐 아니라 윤리와 법과 사법적 이성에 기초할 때, 이기적 편견과 인간 감정을 향한 호소에도 불구하고, 영원한 보응의 교리는 언제나 기독교 세계의 믿음이었고 이 사실은 전혀 놀랍지 않다."[1]

지옥 교리는 의심할 여지 없이 역사적이고 성경적일 뿐 아니라 그리스도의 제자로 사는 데 꼭 필요하다. 지옥 교리 때문에 우리는 하나님의 거룩과 진노 앞에서 떤다(히 12:28-29). 지옥 교리 때문에 우리는 자기 죄를 회개하고 그리스도께로 돌아서야 한다(마 10:26-31). 지옥 교리 때문에 우리는 자극을 받아 거룩하고 경건하게 살아야 한다(벧후 3:7, 11-12). 지옥 교리 때문에 우리는 잃은 자를 위해 기도하고 그들에게 돌아오기를 간청해야 한다(롬 10:1; 고후 5:20). 지옥 교리 때문에 우리는 우리를 향한 최악의 범죄라도 용서할 자유를 얻는다. 하나님이 그분의 때에 최종적으로 심판하실 것을 알기 때문이다(롬 12:19-21).

---

1 Shedd, *Dogmatic Theology*, 929.

DAY 245

포용주의

보편주의(모든 사람이 구원받는다)와 다원주의(많은 종교가 구원한다)가 비성경적임을 인식한 그리스도인 중에 일부는 그리스도를 믿는 분명한 믿음 없이도 그리스도를 '통한' 구원이 있을 수 있다고 주장했다. 이러한 견해를 '포용주의'(inclusivism)라 한다.

포용주의자는 구원받는 자는 모두 그리스도와 그분의 사역을 통해 구원받는다고 믿는다. 그러나 이들은 그리스도를 향한 의식적인 믿음(conscious faith)이 구원을 얻는 데 필수라고 주장하지 않는다. 다른 종교를 믿는 사람이나 착한 이웃도 자기 모르게 참되고 아름다운 것에 이끌려 그리스도를 통해 구원받을 수 있다는 것이다. 포용주의자는 "나로 말미암지 않고는 아버지께로 올 자가 없느니라"는 예수님의 선언을(요 14:6) '나의 구원 사역으로 말미암지 않고는…'이라는 뜻으로 이해한다(예수님을 몰라도 그분의 구원 사역을 통해 구원받을 수 있다고 이해한다). 배타주의자와 달리 이들은 (지각이 있는 성인의) 의식적인 믿음이 구원에 절대적으로 필요하다고 생각하지 않는다.

요한복음 14장 6절을 보자. 여기서 "나로 말미암지"(through)는 '나를 믿는 믿음을 통하지'라는 뜻이 분명하다. 예수님은 1절에서 제자들에게 "너희는 … 나를 믿으라"고 하셨다. 7절에서는 아들을 앎으로써 아버지를 안다고 하셨다. 9절에서는 누구든지 예수님을 본 자는 아버지를 보았다고 분명하게 전하신다. 12-13절에서는 예수님을 믿으라고 다시 권면하신다. 전체 단락의 핵심은 예수님을 알면(보면, 믿으면) 아버지를 안다는 것이다. 거꾸로, 아들을 알고 또 믿지 않으면 아버지께 가지도, 예수님을 따라 그분의 하늘 영광에 이르지도 못한다.

요한복음 14장을 이렇게 읽는 게 옳다는 것은 요한복음의 더 넓은 목적에서 확인되는데, 그 목적은 요한복음의 독자가 "예수께서 하나님의 아들 그리스도이심을 믿게 하려 함이요 또 너희로 믿고 그 이름을 힘입어 생명을 얻게 하려 함"이기 때문이다(요 20:31). 요한복음은 믿는 자를 위한 약속으로 가득하다.

"나를 믿는 자는 영원히 목마르지 아니하리라"(요 6:35).
"나를 믿는 자는 성경에 이름과 같이 그 배에서 생수의 강이 흘러나오리라"(요 7:38).
"나는 부활이요 생명이니 나를 믿는 자는 죽어도 살겠고"(요 11:25).

마찬가지로, 그리스도를 믿지 않는 자를 향한 무서운 경고도 있다.

"그를 믿는 자는 심판을 받지 아니하는 것이요 믿지 아니하는 자는 하나님의 독생자의 이름을 믿지 아니하므로 벌써 심판을 받은 것이니라"(요 3:18).
"아들을 공경하지 아니하는 자는 그를 보내신 아버지도 공경하지 아니하느니라"(요 5:23).
"하나님이 너희 아버지였으면 너희가 나를 사랑하였으리니 이는 내가 하나님께로부터 나와서 왔음이라"(요 8:42).

처음부터 끝까지, 요한복음은 그리스도를 믿는 의식적인 믿음, 곧 예수님에 관한 어떤 명제를 단언하는 믿음, 그분이 생명의 떡이고(요 6:35) 세상의 빛이며(요 8:12; 9:5) 양의 문이고(요 10:7, 9) 선한 목자이며 (요 10:11, 14) 부활이요 생명이고(요 11:25) 참 포도나무이심을(요 15:1, 5) 믿는 믿음을 변증한다. 그리스도께서 '그분'이심을, 곧 오래 기다린 메시아요 하늘이 보낸 하나님의 아들이심을 믿지 않으면 우리는 자기 죄 가운데 죽을 것이다(요 8:24).

구원은 믿음을 통해 오며, 믿음은 들음에서 나고, 들음은 그리스도의 말씀을 통해 이루어진다(롬 10:14-17). 경건하고 하나님을 경외하는 고넬료도 죄 사함을 받으려면 전파된 복음이 필요했다(행 10:33, 43). 하나님은 사람 중에 구원을 받을 만한 다른 이름을 우리에게 주신 일이 없다(행 4:12).

WEEK 50

DAY 246

신자들은 죽으면 천국에 가는가?

최근 일부 그리스도인이 복음주의 교회가 역사적으로 '죽어 천국 가는 것'에 지나치게 초점을 맞춘다며 우려를 표한다. 이러한 불안을 표하는 사람은 대부분 선의를 지닌 '선교'(missional) 신학자인데, 이들은 전통적인 그리스도인이 '우주를 구하고 새롭게 하시는 하나님'에 관한 신학을 우리 생각에 실제로 스며들게 하지 않았다며 염려한다. 이들의 주장에 따르면, 우리는 먼 훗날 비파를 켜며 하늘을 떠다니는 천상의 영원을 상상하고, 부활의 약속을 소홀히 하며, 천국이 땅에 임하리라는 소망을 잊어버렸다.

물론, 구원을 하늘로 들려 올라가는 것으로 축소해서는 안 된다. 우리는 만물이 새롭게 되길 기다린다. 그러나 우리는 '죽어 천국에 가는 일'을 말하고 기뻐하길 부끄러워해서는 안 된다. 죽어가는 성도는 온 우주가 마지막 때에 새롭게 될 것을 알고 용기를 얻겠지만, 마지막 숨을 내쉰 다음, 어떻게 될지도 궁금하지 않을 수 없다.

우리는 죽으면 어디로 가는가? 이는 목사(또는 부모나 친구)가 답해야 할 가장 중요한 두 질문 가운데 하나다. 수년 후 또는 수백 년 후에 이루어질 약속에 관한 좋은 소식만으로는 충분하지 않다. 우리가 돌보는 사람에게 만물이 새로워질 때 그들이 새로운 세상에서 살리라고 말하는 것만으로는 충분하지 않다. 이들은 죽은 다음날이 어떨지 알고 싶다. 낙원에서 예수님과 함께하겠는가?

바울은 죽으면 가게 될 천국 거처가 자신을 기다린다고 말했고(고후 5:1-10), 자신이 떠나 그리스도와 함께하게 될 기쁨을 말했다(빌 1:9-26). 그러므로 우리도 죽은 후에 천국에서 하나님과 함께 살기 기뻐하길 부끄러워해서는 안 된다. 2천 년간 성도가 부끄러워하지 않았듯이 말이다.

의심할 여지 없이, 좋은 그리스도인 중에 신약성경의 핵심 주제를 거의 다루지 않는 미숙한 종말론을 가진 사람이 있다. 그러나 많은 그리스도인이 달콤하고 단순한 갈망을 품으며 자신은 그리스도 때문에 죽어 더 나은 곳에 가리라는 훌륭한 확신이 있다. 종말론적 불균형을 바로잡는 것은 좋다. 하지만 이것이 성경 전체에서 가장 귀한 약속 가운데 하나, "내게 사는 것이 그리스도니 죽는 것도 유익함이라"(빌 1:21)는 약속을 훼손하거나 축소하는 식이라면 좋지 않다. '중간 상태'(내일 다룰 주제다)도 말할 수 없이 좋다. 바울은 몸을 떠나 주님과 함께 있는 것이 더 좋다며 이를 표현했다(고후 5:8).

우주가 새롭게 된다는 좋은 소식을 외칠 때, 소망에서 눈을 떼지 말아야 한다. 그 소망은 어려운 시간을 보내는 신자가 흔들리지 않게 할 뿐 아니라, 고난과 죽음의 저편에서 우리를 기다리는 실재다. 우리는 죽으면 실제로 천국에 간다.

DAY 247

중간 상태

중간 상태(intermediate state)란 부활과 최후 심판 전에 의인에게 허락되는 복된 상태와 악인이 겪는 형벌의 상태를 가리킨다. 인정하지만, 중간 상태가 세련된 용어는 아니다. 그러나 중간 상태 교리는 역사적 개혁주의 신앙고백에 포함된다. 예를 들어, 웨스트민스터 대요리문답은 이렇게 단언한다.

보이지 않는 교회의 구성원이 죽은 직후에 영광 중에 그리스도와 나누는 교제는 이렇다. 이들의 영혼은 그때에 완전히 거룩해지고, 가장 높은 하늘에 들어가며, 거기서 빛과 영광 가운데 하나님의 얼굴을 보고, 자기 몸이 온전히 구속되길 기다린다. 이들의 몸은 죽음 중에도 그리스도와 계속 연합하며, 마지막 날에 자기 영혼과 다시 연합할 때까지 침상에 누워 있듯 무덤에서 쉰다. 반면에 악인의 영혼은 죽을 때 지옥에 던져져 고통과 극한 어둠에 머물고, 이들의 몸은 부활과 심판의 큰 날까지 감옥에 있듯 계속 무덤에 머문다(86).

중간 상태에 관한 네 가지 설명에 주목하라.

1. 연옥 교리를 암묵적으로 거부한다. 죽은 자가 내세에서 더 정화된다고 보지 않는다. 이 로마 가톨릭 교리(연옥 교리)는 면죄부 판매 및

죽은 자를 위한 기도와 더불어 성경의 지지를 받지 못할 뿐 아니라 그리스도 속죄 사역의 최종성과 충분성에 부합하지도 않는다.

2. 그 어떤 '영혼 수면' 개념도 거부한다. 지금은 영혼 수면을 말하는 사람이 별로 없지만, 죽음과 최종 부활 사이에서 영혼이 무의식 상태로 잠을 잔다는 생각은 종교개혁 당시에 아주 중요한 이슈였다. 그래서 칼뱅은 『영혼 수면론』(Psychopannychia)이라는 책 전체에서 이 문제를 다루었다. 누가복음 16장에 나오는 부자와 거지 나사로의 예를 비롯해 신자가 죽음 직후에 경험할 기쁨을 표현하는 무수한 구절에서 보듯이, 영혼 수면설은 받아들일 만한 게 아니다.

3. 몸의 부활을 여전히 고대한다. 현대 비평가는 중간 상태 교리가 부활과 새 창조를 향한 종말론적 소망을 소홀히 한다며 비판했다. 이들 이전의 신학자는 '중간'이 '최종'을 무시한다는 뜻이 아니라는 것을 잘 알았다.

4. 마지막으로, 영혼과 몸을 주저 없이 언급한다. 완전히 이해하기란 어렵더라도, 우리의 영혼이 체현된 불멸(몸을 입은 불멸)을 갈망할 때에도, 우리에게는 천국에서 그리스도와 (그리고 다른 신자와) 함께할 그 어떤 비물질적 '영역'이 있다.

신약성경은 죽음과 최후 심판 사이 중간 상태를 전제하는데, 이 중간 상태에서 신자는 비록 몸은 없더라도 영화로운 존재가 된다. 죽음

이후의 삶에 관한 이런 이해를, 십자가에 달린 강도에게 예수님이 하신 말씀("오늘 네가 나와 함께 낙원에 있으리라"), 세상을 떠나 그리스도와 함께하고 싶은 바울의 바람(빌 1:21-23), 몸을 떠나 주님과 함께한다는 표현이 뒷받침한다(고후 5:1-8). 중간 상태는 신자의 최종 안식처가 아닐 뿐더러 우리 소망의 최고선(*summum bonum*)도 아니지만, 우리의 유일한 기대, 곧 죽음 저편에서 거룩하고 복된 삶을 그리스도와 함께 영원히 누리리라는 기대의 한 측면이다.

DAY 248

행위에 따른 심판

신약성경은 세상 끝에 행위에 따른 최종 심판이 있으리라고 분명하게 말한다. 예수님은 이렇게 말씀하셨다. "이를 놀랍게 여기지 말라 무덤 속에 있는 자가 다 그의 음성을 들을 때가 오나니 선한 일을 행한 자는 생명의 부활로, 악한 일을 행한 자는 심판의 부활로 나오리라"(요 5:28-29). 마찬가지로, 바울은 우리 모두 심판대 앞에 서서 자기 일을 하나님께 직고하리라고 가르쳤다(롬 14:10, 12). 그는 고린도후서 5장에서 훨씬 분명하게 표현했다. "이는 우리가 다 반드시 그리스도의 심판대 앞에 나타나게 되어 각각 선악간에 그 몸으로 행한 것을 따라 받으려 함이라"(10절). 행위에 따른 이러한 심판을 어떻게 이해해야 하는가?

우리가 알듯이, 구원은 우리의 노력으로 획득하는(earn) 게 아니다. 자신의 노력으로 천국 가는 길을 획득한다는 생각은 그 무엇도 믿음이 영생의 도구라는 예수님의 일관된 가르침과 충돌한다(요 3:16-18; 11:25-26; 14:6; 참조. 20:31).

이와 비슷하게, 바울의 신학은 행위가 우리의 영원에 유리한 쪽으로 저울을 기울게 할 수 있으리라는 생각에 단호히 맞선다. 처음부터 끝까지 구원은 은혜로(엡 2:8-9) 믿음을 통해 얻는 것일 뿐(롬 3:23-25) 율법의 행위로 얻는 게 아니다(갈 2:16). 고린도후서 5장 주변 문맥을 살펴보면 이것이 분명해진다. 바울은 확신과 용기가 있었으며(고후 4:14, 17; 5:1, 6, 8), 많은 시련과 약점에도 불구하고 과분한 하나님의 은혜가 자신의 구원이 되리라 믿었다(고후 4:7; 5:5, 21). 세상 끝에 있을 행위에 따른 심판은 우리의 행위가 영생을 얻기에 충분한지를 가늠하는 심판이 아니다.

그러나 행위에 따른 심판이 있다. 가장 좋은 설명은 이 심판이 우리의 구원에 '기여한다'고 보는 게 아니라 우리가 구원받았음을 '확증한다'고 보는 것이다. 선한 행위는 참 믿음의 증거다. 최후의 심판은 신자에게 좋은 나무가 실제로 좋은 열매를 맺었다고 입증할 것이다(마 7:15-20). 고린도후서 5장을 한 번 더 생각해 보라. 10절의 심판대는 우리가 하나님을 기쁘시게 할 무엇인가를 했고(고후 5:9) 하나님의 은혜를 헛되이 받지 않았음을 입증하기 위한 것이다(고후 6:1).

이 가르침은 요한계시록 20장과 이른바 '큰 흰 보좌 심판'에서 보는 것과 같다. 이 환상에는 '책들'이 나오는데(여기에는 죽은 자의 행위가 기록되어 있다), '또 하나의 책'이 나온다. 우리의 행위가 기록된 책이 펼쳐질 것이다. 우리의 이름이 생명책에 기록되었다는 확실한 증거가 있는지 확인하기 위해 말이다. 우리가 어떻게 사느냐는 중요하다. 육적인 그리스도인은 없다. 연약한 그리스도인, 분투하는 그리스도인, 의심하는 그리스도인, 자신이 원하는 만큼 거룩해지지 못한 그리스도인은 있어도 육체의 정욕에 완전히 내던져져 하나님의 일과 은혜의 수단에 무관심한 육적인 그리스도인은 없다.

우리는 자신의 행위를 달아 봄으로써 천국 가는 길을 획득하지 않는다. 그러나 우리 이름이 그 책에 있다면, 마지막 날 펼쳐질 책들에 전반적으로 신실함이 기록되어 있을 것이다. 그리스도인은 (땅에서) 완전한 사람이 아니지만 변화된 사람이다.

DAY 249

천국 상급

성경은 영원한 상급이 다양하다고 가르치는가?

우리가 알듯이, 여러 수준의 형벌이 있을 것이다. 심판 때, 예수님이 이적을 행하신 도시들보다 두로와 시돈이 더 견디기 쉬울 것이다 (눅 10:10-14). 그렇다면 영원한 상급은 어떤가? 더 많은 면류관을 받는 사람이 있겠는가? 어떤 사람은 더 큰 저택을 받고 어떤 사람은 조그마한 아파트를 받겠는가? 어떤 신자는 다른 사람보다 큰 기쁨을 누리겠는가?

과거와 현재의 많은(대다수?) 개혁주의 신학자가 이 문제에서 나와 의견이 다르겠지만, 나는 성경은 영원한 상급이 다양하다고 가르치지 '않는다'고 주장하고 싶다.¹ 상급은 있지만, 다양한 상급은 없다. 상급은 하나다. 그리스도와 함께하는 영생이다. 이 선물은 다양한 방식으로 묘사되지만, 이미지와 어휘는 서로 다른 수준의 상급이 아니라 동일한 상급을 묘사한다.

큰 그림을 살펴보고 몇몇 구체적 구절을 들여다보며 이성에 기초한 최종 논증을 통해, 상급이 다양하다는 주장을 논박해 보겠다.

첫째, 큰 그림을 살펴보자. 천국에 관한 가장 길고 완전한 묘사, 곧 요한계시록 21-22장에 나오는 아름다운 그림에는 다양한 상급이 전혀 포함되지 않는다. 어떤 신자는 다른 신자보다 더 나은 버전의 영생을 누린다는 암시가 없다. 이는 포도원 일꾼 비유에서 훨씬 분명하게 드러난다(마 20:1-16). 하나님 나라의 작동 원리는 공로가 아니라 은혜다. 우리는 하나님 나라 안에 있거나 그 밖에 있거나 둘 중 하나다. 안에 있다면, 우리의 상급은 그 안에 있는 그 누구보다 많지도 않고 적지도 않다.

둘째, 몇몇 구체적 구절을 보자. 요한계시록 2-3장에 약속된 상급은 다양한 상급이 아니라 그리스도와 함께하는 동일한 상급이며, 이것이 각 교회가 직면한 시련에 맞춰 다르게 표현되었을 뿐이다. 마찬가지로, 신약성경에 언급된 서로 다른 다섯 면류관은 모두 영생을 가리킨다. 달란트(또는 므나) 비유는 천국 상급에 관한 게 아니라 하나님 나라에서 얻는 기회에 관한 것이다. 우리는 땅에서 저마다 기회와 은사가 다를 수 있지만, 충성스러운 종은 똑같은 칭찬("잘 하였도다")과 똑같은 상급("네 주인의 즐거움에 참여할지어다")을 받는다. 마지막으로, 고린도전서 3장 10-15절은 신자가 심판에서 받을 "해"(loss)를 말하는데, 이는 영원한 상급을 잃는(loss) 게 아니라 자신의 행위가 생각했던 만큼 유익하지 않음을 깨닫는 것이다. 우리 가운데 어떤 사람은 자신의 행위를 보고 심판받을 때 기뻐 놀랄 테지만, 어떤 사람은 해를 받을 것이다. 그러나 심판날의 이 특별한 경험은 천국에 영구적 계층 구조가 있다는 뜻이 아니다.

셋째, 이성에 기초한 논증을 해보겠다. 이 교리(천국 상급에도 차이가 있다)의 지지자는 재빨리 말한다. 우리가 천국에서 다른 사람의 상급을 볼 때 후회하거나 질투하지 않으리라는 것이다. 사실, 누군가가 더 큰 상급을 받으면 우리가 그들의 상급을 그들과 함께 기뻐할 것이므로 우리의 행복감이 커질 뿐이라는 것이다. 그러나 이러한 생각은 상급이 주는 자극 자체를 약화시킨다. 우리가 모두 놀랍도록 행복하지만, 어떤 사람은 다른 사람보다 더 놀랍도록 행복하고 이것이 우리도 행복하게 할 뿐이라면, 실제로 상급 때문에 달라지는 게 무엇인가? 상급이 다양하며 어떤 신자는 땅에서 했던 행위 때문에 다른 신자보다 나은 영생을 누리거나, 천국의 모든 사람이 늘 완벽하게 행복하거나 둘 중 하나다. 후자라면, 이 교리가 정말 중요한지 다시 한번 생각해 보아야 한다.

1 다음 글이 내 생각에 영향을 끼쳤다. Blomberg, "Degrees of Reward in the Kingdom of Heaven?," 159-172.

DAY 250

천국은 무엇과 같은가?

이 질문은 중간 상태, 곧 죽음 바로 다음 순간이 어떨지에 관한 게 아니라 최종 목표와 우리의 궁극적 기대, 곧 이 땅에 임하는 천국에 관한 것이다.

한편으로, 어떤 그리스도인은 이 세상과 다음 세상의 연속성을 지나치게 강조한다. 그러나 심판과 부활의 날에 이 땅이 심하게 흔들리고 하늘이 사라지며 천체가 불타 없어지리라고 읊고 또 읊는 후렴구는 이생의 성취를 새 하늘과 새 땅에 가져 갈 수 '있으리라'는 소망을 버려야 한다고 암시한다(벧후 3:6-7, 10, 12).

다른 한편으로, 이 세상과 다음 세상이 연속적이지 않다고 생각해서도 안 된다. 세상이 대홍수 때 물로 멸망했던 방식 그대로 불로 멸망한다면, 심판날에 옛 세상이 완전히 사라지지는 않을 것이다. 천국이 땅에 내려올 것이며, 더없이 깊은 의미에서 지금 우리가 사는 행성은 우리의 영원한 본향, 벨직 신앙고백이 말하듯이 "불과 화염으로" 정결해진 본향이 될 것이다(37).

성경이 천국에 관해 말하지 않는 게 많다(이게 최선일 것이다. 그래야 천국이 어떨지 곡해하거나 천국이 얼마나 영화로울지 과소평가하지 않을 것이기 때문이다). 우리는 (노래하리라는 것 외에) 우리가 무엇을 할지 별로 알지 못하며, (결혼하지 않으리라는 것 외에) 우리의 관계가 어떨지 별로 알지 못한다. 우리는 새 하늘과 새 땅을 이생의 좋은 것(평화, 번영, 가정의 행복)이 중단되거나 훼손되지 않고 완벽한 절정에 이르는 곳으로 설핏 볼뿐이다(사 65:17-25).

요한계시록 21-22장의 천국 그림은 누가 그 안에 있고 누가 그 밖에 있으며, 하나님이 어떤 분이고, 우리가 그분 앞에서 어떤 모습일지 알려 준다. 22장 첫 부분은 천국의 물질적인 면을 암시하지만, 요한계시록의 대부분이(21장 거의 대부분도) 마지막 때에 아름답게 빛나는 교회를 자세히 묘사한다. 하늘의 새 예루살렘은 '영화롭고'(음녀 바벨론이 추하고 더러운 만큼, 새 예루살렘은 사랑스럽고 순결하다) '안전하며'(견고한 성벽이 있고, 그 무엇도 더는 교회를 위협할 수 없기에 성문이 늘 열려 있다) '거룩하다'(지성소가 되었고 하나님께 거침없이 나아가는 백성에게 맞춤한 입방체다).

마지막으로, 성도가 (영원히, 그리고 지금 이 땅에서도) 그리스도와 함께 왕노릇한다는 약속을 간과하지 말자. 이것이 무슨 뜻인지 정확히 알 수는 없다. 신자가 그리스도의 심판을 확증한다는 뜻일 수도 있고, 신자가 (천사들과 함께) 하늘의 회의체를 구성한다는 뜻일 수도 있으며, 이 생에서 짓밟힌 자가 다음 생에서 옳다고 인정받으리라는 비유일 수도 있다. 이 약속의 중심은 아담의 아들들과 하와의 딸들이 땅을 다스리며 하나님의 형상을 가진 자로서 자신에게 합당한 자리를 회복하리라는 것이다. 우리는 하나님의 창조세계를 다스리는 왕으로 지음을 받았다. 그리스도께서 이 땅에서 그분의 일을 성취하도록 우리를 부르신다. 그렇다면 우리가 영화롭게 된 성도로서 천국에서 그분의 일에 참여하리라고 더욱 기대할 수 있지 않겠는가?

WEEK 51

DAY 251

부분적 과거론

종말론에서, 완전 과거론(full preterism)은 그리스도의 재림과 최후의 부활과 하나님 나라의 완전한 도래를 비롯해 성경의 모든 예언이 이미 성취되었다(즉, 과거 일이다)는 믿음이다.

과거론자(preterist)가 신약성경의 "속히 오리라"는 표현과 주후 70년에 일어난 성전 파괴를 둘러싼 격변의 사건을 진지하게 받아들이는 것은 옳다. 그렇더라도, 완전 과거론은 여러 문제가 있다. 먼저, 예수님은 자신의 재림이 직접적이고 가시적이리라고 여러 번 가르치셨다(행 1:9-11). 더욱이, 성경은 몸의 부활이 있을 것이며(요 5:28-29; 살전 4:13-18), 이 미래의 부활이 복음 자체와 분리될 수 없다고 거듭 말한다(고전 15장). 교회사의 증언도 있다. 주후 70년 이후의 그리스도인뿐 아니라 초기 신경들도 예수님의 재림과 만물이 새롭게 되는 일이 이미 일어난 것으로 이해하지 않았다.

완전 과거론은 성경과 맞지 않을뿐더러 정통적 교회 전통과도 맞지 않다. 반면에, 부분적 과거론(partial preterism)을 뒷받침하는 훌륭한 이유가 있다. 이름이 암시하듯, 부분적 과거론자는 신약성경 예언의 다수가 사도들이 살아 있을 때 실현되었으나 그리스도인은 세상 끝에 있을 그리스도의 재림과 몸의 부활과 만물의 최종 회복을 여전히 기다리고 있다고 본다. 신약성경의 예언을 이렇게 이해하는 것은 구약성경의 예언이 작동했던 방식에 부합한다. 일반적으로, 구약성경의 예언은 가까운 성취와 먼 성취를 포함했다. 그 당시에 이해되는 지리적, 정치적, 개인적 대상을 활용해 가까운 미래 사건을 예언했다. 그러나 동일한 예언이 자주 확대되어 먼 미래 사건에만 적용될 수 있는 우주적이고 격변적인 표현이 사용되었다.

이 두 지평은 성경의 예언에서 자주 뒤섞인다. 예를 들면, 감람산 강화에서, 예수님은 일어날 일(성전 파괴)과 "[자신의] 임하심과 세상 끝에는 무슨 징조가 있을"지 말씀하신다(마 24:1-3). 유대를 떠나 산으로 도망하라는 말씀은 정확히 1세기와 연결된다(막 13:14-23). 마찬가지로, "이 세대가 지나가기 전에 이 일이 다 일어나리라"는 말씀은(30절) 예수님이 그때까지 말씀하신 모든 것이 가까운 미래에 어느 정도 성취되리라는 것을 암시한다. '세대'라는 단어는 예수님과 동시대를 살고 있던 사람을 가리킨다(막 8:12, 38; 9:19). 그와 동시에, 제자들은 집주인이 돌아오고 있으므로 깨어 있으라는 말씀과 아들도 그날과 그때를 알지 못한다는 말씀을 듣는다(막 13:32-37). 예수님이 감람산 강화에서 하신 예언의 많은 부분이, 아마도 대부분이 1세기에 성취되었겠으나 분명히 미래에 성취될 것들도 있다.

본문을 이런 방식으로, 즉 예언적 원근 통시법(prophetic foreshortening, 가까운 미래와 먼 미래를 연결해 동시에 예언하는 기법)과 부분적 성취를 염두에 두고 읽으면(구약의 예언을 읽을 때처럼) 복음서와 요한계시록과 신약성경 나머지 부분의 예언이 가장 잘 이해된다.

DAY 252

대환난

요한계시록 7장 14절은 흰옷을 입은 큰 무리가 큰 환난에서 나왔다고 말한다. 그렇다면 이들은 무엇에서 나왔는가? 먼저 '환난'이란 단어를 살펴보자. 환난으로 번역된 헬라어 **들립시스**(*thlipsis*)는 신약성경에서 40회 넘게 사용되는데, 그 용례를 볼 때 그리스도인은 바로 지금 환난의 때에 처한 게 분명하다. 그리스도 때부터 세상 마지막까지, 교회가 어려움과 고난과 고통을 겪을 것이다(요 16:33; 행 14:21-22; 살후 1:4; 계 1:9).

성경은 그리스도의 재림 이전에 교회가 은밀하게 휴거되리라고 가르치지 않는다. 누가복음 17장과 마태복음 24장의 "남겨진"(left behind; 개역개정은 '버려 둠을 당할'로 번역했다.-역주) 자는 신실한 자일 뿐이며(창 7:23을 보라), (노아 때처럼) 심판을 위해 취해진(taken) 자와 다를 뿐 아니라 (마 13:39-43에서 보듯이) 불에 태우려고 거두어들인 자와도 다르다. "남겨진"이 사용된 두 단락 모두 은밀한 휴거에 관한 게 아니라 세상 마지막 때의 추수에 관한 것이다.

성경이 한 약속은 교회가 환난**으로부터** 안전하게 보호되리라는 게 아니라 환난 **가운데서** 안전하게 보호되리라는 것이다. 이것이 요한계시록 3장 10절의 의미다. "내가 또한 너를 지켜 시험의 때를 면하게 하리니." 신약성경에서 **테레오 에크**(*tereo ek*)는 이곳 외에는 요한복음 17장 15절에서만 사용된다. "내가 비옵는 것은 그들을 세상에서 데려가시기를 위함이 아니요 다만 악에 빠지지 않게 보전하시기를(테레오 에크) 위함이니이다." 이 약속은 그리스도인의 육체적 휴거나 고난의 면제에 관한 게 아니라 우리의 고난 가운데서 예수님이 우리를 악과 죄에서 지켜주시리라는 것이다.

우리가 지금 이 땅에서 환난의 때를 살고 있더라도, 그리스도의 재림 직전에 고난과 고통이 심해질 때가 올 것이다. 그때의 고난과 고통은 지금과 범위와 강도는 다를지 모르지만 종류는 다르지 않을 것이며, 마태복음 24장 21절과 요한계시록 7장 14절의 "큰 환난"(*thlipsis megas*)이 의미하는 바와 같을 것이다. 환난의 징조는 세상 끝날에만 국한되지 않으며, 따라서 감람산 강화와 요한계시록에 나오는 죽음과 기근과 전쟁과 질병에 관한 묘사는 역사의 어느 시대라도 적용될 수 있다. 그와 동시에 예수님의 재림 전에, 하나님의 백성이 견디도록 늘 요청받는 고난이 더욱 극단적 형태를 띨 것으로 보인다.

요한계시록 7장은 이스라엘 자손 중에 인치심을 받은 144,000명과 모든 나라에서 나온 큰 무리를 보여 준다. 두 그룹은 동일하며, 6장 끝에 제시된 "누가 능히 서리요"라는 질문에 답한다. 다시 말해, "누가 어린양의 진노를 두려움 없이 마주할 수 있겠는가? 누가 세상 끝을 확신을 갖고 마주할 수 있겠는가?"

답은 이 끝이 오기 전에 하나님이 모든 나라에서 택하신 자에게 인을 쳐 이들이 큰 환난 가운데서 믿음을 지키고 하나님께 영광을 돌리게 하시리라는 것이다.

DAY 253

144,000

144,000은 (여호와의 증인의 가르침과 달리) 인종적 유대인의 남은 자가 아닐뿐더러 천국 생명으로 부활할 자의 문자적 숫자도 아니다. "이스라엘 자손의 각 지파 중에서 인침을 받은 자"(계 7:4) 144,000은 구속받은 공동체 전체를 대표한다.

이렇게 주장하는 몇 가지 이유가 있다.

1. 요한계시록 13장은 사탄이 자신을 따르는 모두에게 인을 치는데 ("오른손에나 이마에 표를 받게 하고," 16절), 따라서 하나님이 단지 유대인뿐 아니라 그분의 백성 모두에게 인을 치시리라 보는 것이 타당하다.

2. 인침이 가리키는 상징적 이미지는 에스겔 9장에서 왔는데, 거기서 이마의 인은 두 그룹, 곧 우상을 숭배하는 자와 우상을 숭배하지 않는 자를 구분하는 표식이다. 144,000을 인치는 것은 하나님을 예배하는 자와 그러지 않는 자를 나누는 비슷한 구분이다.

3. 144,000은 "우리 하나님의 종"이라 불린다(계 7:3). 144,000을 이보다 제한적으로 해석할 이유가 없다. 요한계시록에서 하나님의 '종'이란 표현은 단순히 인종적 유대인 중 남은 자가 아니라 언제나 구속받은 하나님의 백성 전체를 가리킨다(참조. 계 1:1; 2:20; 19:2, 5; 22:3).

4. 나중에 요한계시록 14장에서 언급되는 144,000은 "땅으로부터 구속받은"(개역개정은 '땅에서 속량함을 받은'으로 번역했다.-역주) 자이고 "사람들 가운데에서 산"(개역개정은 '사람 가운데에서 속량함을 받아'로 번역했다.-역주) 자이다. 이는 일반적인 표현으로 '모두'를 가리킨다. 144,000은 단지 유대인이 아니라 모든 민족 가운데서 구속받은 자를 가리키는 상징적 숫자다. 이 숫자가 상징적이지 않다면 144,000이 "여자와 더불어 더럽히지 아니하고 순결한 자"라고 말하는 요한계시록 14장 4절을 다시 생각해야 한다. 우리는 144,000이 유대인 독신 남자 가운데 선택된 그룹을 가리킨다고 생각해야 하는가? 144,000은 상징적 숫자이며, 이들이 독신 남자로 묘사된 것은 영적 전투를 위해 도덕적으로 정결하고 구별되었다는 점을 강조하기 위해서라고 보는 게 더 타당하다.

5. 144,000이 구속받은 공동체 전체라고 생각하는 마지막 이유는 요한계시록 7장 5-8절에 나오는 매우 정형화된 지파 목록이다. 숫자 자체가 정형적이다. 이를 문자 그대로 받아들여서는 안 된다. 정형화된 공식은 12 x 12 x 1,000인데 여기서 12는(12지파와 12사도를 가리킨다) 하나님 백성의 완성을 가리키는 숫자다. 1,000은 큰 무리를 암시하는 일반적인 숫자. 따라서 144,000은 옛 언약과 새 언약에 속한 하나님의 백성 전체를 말하는 한 방식이다.

6. 마지막으로, 지파 목록을 보라. 성경에는 열두 지파의 서로 다른 배열이 열둘 이상 나오는데, 여기에 나오는 목록은 특별히 유다가 맨 앞에 나온다. 예수님이 유다 지파 출신으로 유다 지파의 사자였기 때

문이다. 야곱의 열두 아들 가운데 하나만 빼고 모두 열거되는데, 땅을 분배받지 않았기에 일반적으로 제외되는 레위도 포함된다. 요셉의 아들(야곱의 손자) 므낫세가 단을 대신해 열거된다. 그렇다면 왜 단이 빠졌는가? 단이 빠진 것은 구속받은 교회의 정결을 말하기 위해서였을 것이다. 이스라엘 역사 초기부터, 단은 왕국의 우상 숭배에서 중심에 자리했다(삿 18:30-31). 분열 왕국 시대에, 단은 우상 숭배의 두 중심 가운데 하나였다(왕상 12:28-30). 성경 밖의 몇몇 유대 문헌에, 유대인이 창세기 49장 17절을 근거로 적그리스도가 단 지파에서 나오리라 생각했다는 기록이 있다.

결론적으로, 숫자와 지파 목록과 순서는 모든 시대에 모든 땅에서 나오는 정결하고 완전히 구속받은 하나님의 종 전체를 말하기 위해 정형화된 것이다. 이것이 요한계시록이 말하는 144,000의 의미다.

DAY 254

666

"지혜가 여기 있으니 총명한 자는 그 짐승의 수를 세어 보라 그것은 사람의 수니 그의 수는 육백육십육이니라"(계 13:18).

여기에 나오는 숫자 666의 암호를 해독하려고 다양한 언어의 온갖 숫자 체계가 동원되었다. 이 모든 해법은 **게마트리아**(gematria)라는 과정을 통해 계산된다. 고대 세계에는 각 알파벳이 나타내는 숫자가 있었다. 예를 들면, A는 1, B는 2, C는 3과 같은 식이었다. 그러므로 모든 알파벳은 숫자일 수 있었고, 따라서 이름을 숫자로 바꿀 수 있었다. 이 과정을 가리켜 '게마트리아'라 하는데, 고대 사람이 실제로 이 방식을 사용했다.

666이 역사의 구체적 인물을 가리킨다면, 가장 근거 있는 추측은 네로 황제다. 헬라어 **네론 카이사르**(*Neron Kaisar*, 네로 황제)를 히브리어로 음역하면 50 + 200 + 6 + 50 과 100 + 60 + 200이 되는데, 모두 더하면 666이다. 이러한 해석을 뒷받침하는 증거라 할 만한 것을 그의 라틴어 이름에서 볼 수 있다. 네론 카이사르를 라틴어로 음역하면 616이란 숫자가 나오는데, 이는 일부 대체 사본들에 짐승의 수로 등장한다. 네로는 나머지 대안보다 요한계시록의 줄거리에 잘 맞는다. 네로는 주후 68년 스스로 목숨을 끊었는데, 치명상을 입었다가 나은 짐승처럼 다시 살아났다는 등 여전히 살아 있다는 소문이 돌았다. 그러므로 많은 학자에 따르면, 666이 네로를 가리킨다고 보는 게 가장 논리적이다. 네로를 이와 같은 방식의 수수께끼로 표현하여 그리스도인은 선동 혐의나 더 심한 박해를 피할 수 있었다.

그러나 네로 가설에는 문제점도 있다.

첫째, 요한의 대다수 청중이 히브리어를 알았는지는 전혀 확실하지 않다.

둘째, 666을 도출하려면, '네론 카이사르'를 히브리어로 음역할 때 '요드'(י) 없이 표기해야 하는데, 이는 히브리어의 일반적 표기법이 아니다.

셋째, 초기 교부들 가운데 누구도 666에서 네론 카이사르를 도출하지 않았다.

넷째, 성경은 우리에게 666 문제를 풀라고 말하지 않는다. 666은 질문의 답이라고 말할 뿐이다. 이 부분은 조금 후에 살펴보겠다.

다섯째, 가장 중요하게도, 숫자에 숨겨진 정확한 의미를 찾아내는 것은 요한계시록에서 숫자가 작동하는 방식이 아니다. 요한계시록의 상징은 더 포괄적이고 덜 수학적이다. 요한계시록에서 교회는 이미지(24장로, 두 증인, 여자)와 숫자로 상징된다(144,000). 교회 시대 또한 이미지(측량된 성전, 짓밟힌 증인, 광야에서 보호받는 여자)와 숫자로 상징된다(42개월, 1,260일, 3년 반). 마찬가지로, 거짓 종교는 이미지(짐승)와 숫자(666)로 상징된다. 각각의 경우, 이미지와 숫자는 의미를 지니지만, 특정한 사람이나 대상이 아니라 일반적 진리를 가리킨다.

결론적으로, 가장 좋은 분석은 666을 사람의 수를 가리키는 일반적인 언급으로 보는 것이다(참조. 계 21:17). '둘째 짐승'은 위조꾼이다. 그는 사람을 거짓 종교로 끌어들인다. 요한계시록에서 숫자 7이 완전함과 거룩한 완성을 가리킨다면(일곱 교회, 일곱 촛대, 일곱 눈, 일곱 인봉, 일곱 나팔 등), 숫자 6은 불완전함과 거룩하지 못한 미완성을 가리킬 것이다. 7이 하나님의 숫자라면, 6은 하나님을 가장 닮았으나 하나님과 전혀 다른 숫자, 즉 사람의 숫자다.

간단히 말해, 666은 사람이 777을 위조한 것이다. 그 무엇 또는 그 누구라도 우리를 꾀어 그 어떤 인간의 위조품으로 끌어들이려고 참 기독교의 가면을 쓰고 나타난다면, 이는 짐승의 짓이며 그의 숫자는 666이다.

DAY 255

온 이스라엘이 구원을 받으리라

로마서 11장에서 바울은 "하나님이 자기 백성을 버리셨느냐"고 묻는다(1절). 바울은 곧바로 "그럴 수 없느니라"고 힘주어 답한다.

그는 이스라엘이 완전히 버림받지 않았음을 보여 주려고 두 가지 예를 제시한다. 첫째는 바울 자신이다. 그는 이스라엘 사람이며 버림받지 않았다. 둘째는 엘리야다. 구약의 엘리야 선지자는 그 시대에 단 하나 남은 하나님의 사람처럼 보였다. 그러나 하나님은 그분을 위해 바알에게 무릎 꿇지 않은 7천 명을 보존해 두셨다. 마찬가지로, 지금 이스라엘 민족의 상황이 암울해 보이더라도, 바울은 은혜로 택하심을 받은 남은 자가 있다고 주장한다(5절).

바울은 논증을 이어가면서, 어떻게 하나님의 구원 계획이 순환적으로 작동하는지 설명한다(11-16절).

이스라엘이 넘어졌고, 이로써 이방인이 풍성한 구원에 들어오게 되었고, 이스라엘이 이를 시기해(그리고 지금 시기하고 있다, 14절) 그들의 메시아를 받아들일 것이다. 자연적 가지(육체적 이스라엘)가 잘렸고, 돌감람나무(이방인)가 원 나무에 접붙여졌다. 접붙여진 가지는 오직 믿음으로 원 나무에 붙어 있으며, 자연적 가지도 믿음을 보이면 다시 접붙여질 것이다(23절). 예수 그리스도를 믿는 자는 누구든지 이 감람나무의 가지다.

이 모두를 배경으로, 바울은 25-26절에서 극적인 선언을 한다. "형제들아 너희가 스스로 지혜 있다 하면서 이 신비를 너희가 모르기를 내가 원하지 아니하노니 이 신비는 이방인의 충만한 수가 들어오기까지 이스라엘의 더러는 우둔하게 된 것이라 그리하여 온 이스라엘이 구원을 받으리라."

여기서 '온 이스라엘'은 다양하게 해석된다. 첫째로 인종적 이스라엘 후손 모두, 둘째로 하나님이 그들의 우둔함(완악함)을 제거하실 때 살아 있는 인종적 이스라엘 후손 모두, 셋째로 인종적 이스라엘 가운데 택함을 받은 자 모두, 넷째로 유대인과 이방인 가운데 하나님의 이스라엘로 택함을 받은 자 모두이다. 첫째와 둘째는 바울이 생각하는 남은 자 개념, 곧 자신의 동포 가운데 남은 자 개념과 맞지 않는다. 셋째와 넷째가 가장 적합한 설명이다.

25절이 말하는 구원은 '온 이스라엘'이 구원받을 방식이다. 이는 둘(앞서 말한 셋째와 넷째) 가운데 하나를 의미한다.

한편으로, 바울은 이렇게 말하고 있을 수 있다. "이스라엘은 일부가 우둔해(완악해)졌으며 마지막까지 우둔할(완악할) 것이다. 이들의 우둔함(완악함)은 이방인에게는 구원을 의미하며, 이방인의 구원은 이스라엘의 시기심을 유발한다. 이 시기심 때문에, 택하심을 받은 이스라엘이(모든 참 이스라엘이) 믿게 될 것이다."

다른 한편으로, 바울은 이렇게 말하는 것일 수도 있다. "이스라엘이 일부가 우둔해(완악해)졌기 때문에, 구원이 이방인에게 갔다. 이방인의 충만한 수가 인종적 이스라엘의 남은 자와 함께 들어올 때, 이스라엘의 참 영적 구성원이 모두 구원받을 것이다." 둘 중에 하나를 선택해야 한다면, 나는 전자(셋째)를 선택하겠다. 11장에 "이스라엘"이란 말은 사용될 때마다 민족적이며 인종적인 이스라엘을 가리키기 때문이다.

간단히 말해, 바울은 유대인의 집단적 회심을 예언하고 있지 않다(배제하고 있지도 않다). 그는 택하심을 받은 모든 유대인이 어떻게 구원을 받을지 설명하고 있다. 로마서 11장은 현재이며 지속될 상황, 곧 유대인과 이방인이 구원받고 있으며 택하심을 받은 자의 충만한 수가 들어올 때까지 구원받을 상황을 설명하는데, 이방인은 유대인의 불순종으로 인해 믿음으로 구원받고, 유대인은 이방인의 구원을 시기해 믿음으로 구원받는다.

WEEK 52

DAY 256

천년왕국

조직 신학에서 천년왕국(millenium)은 요한계시록 20장에 예언된 그리스도의 천년 통치를 가리킨다. 이 천년 통치의 언제, 무엇을, 어떻게에 관해서는 크게 네 가지 해석이 있다.

역사적 전천년설(Historic premillennialism). 역사적 전천년설에 따르면, 그리스도께서 천년왕국 이전에, 그러나 대환난 이후에 다시 오신다. 현재의 교회 시대에, 우리는 세상이 갈수록 더 나빠지리라 예상할 수 있다. 그리스도의 재림은 단 한 번일 것이며, 그때 신자(살아 있는 신자와 새롭게 부활한 신자)가 공중으로 들려올라가 그리스도와 함께하고 그분과 함께 땅에 내려올 것이다. 역사적 전천년설에는 교회의 은밀한 휴거가 없다. 그리스도의 지상 통치(문자적 천 년일 수도 있고 비유적 천년일 수도 있다) 기간에, 악은 크게 억눌리고 그리스도께서 문자 그대로 보좌에 앉으신다. 이 천년이 끝나면, 불신자가 살아나고 흰 보좌 심판이 있을 것이며, 그 후에 영원한 상태가 있을 것이다.

세대주의 전천년설(Dispensational pre-millennialism). 훨씬 오래된 역사적 전천년설처럼, 세대주의 전천년설도 그리스도께서 천년왕국 이전에 다시 오시리라고 믿는다. 그러나 전형적으로, 이 새로운 견해에서 그리스도께서는 대환난 이전에 다시 오신다(환난 후 휴거설, 환난 중 휴거설, 부분적 휴거설 등이 있지만). 세대주의 전천년설의 특징은 한층 더 문자적인 해석이다. 그리스도께서 다윗의 보좌에서 천 년 동안 다스리실 것이며, 그때 수많은 유대인이 그리스도께 돌아오고, 구약에서 이스라엘이 받은 많은 약속이 성취될 것이다. 종말에 관한 이러한 세대주의적 해석은 스코필드 관주 성경과 (좀 덜 심각한 방식으로) 『레프트 비하인드』(*Left Behind*)라는 시리즈 소설을 통해 대중화되었다.

무천년설(Amillennialism). 무천년설에 따르면 우리는 요한계시록 20장이 말하는 "천년"에 이미 들어와 있다. 무천년설이란 이름은 조금 잘못되었다. 무천년설 지지자는 천년왕국이란 개념을 거부하지 않기 때문이다. 다시 말해, 이들은 천년왕국은 비유이며 우리는 이미 천년왕국에 들어와 있다고 믿을 뿐이다. 무천년설은 세상에서 선과 악이 동시에 발전해 극심한 환난 때 절정에 이르리라고 가르친다. 그렇더라도 현재의 교회 시대에, 사탄의 속임수가 크게 줄어 복음이 세상에 두루 전파될 수 있었다. 천년왕국이 끝나면, 그리스도께서 다시 와서 모든 산 자와 죽은 자를 심판하실 것이며, 그 후에 신자는 새 하늘과 새 땅에 들어가고 불신자는 지옥에 들어갈 것이다.

후천년설(Postmillennialism). 후천년설도 천년을 비유로 보고 그리스도께서 천년왕국 후에 다시 오시리라고 가르친다. 대다수 개혁주의 신학자는 무천년설이나 후천년설을 지지했는데, 때로 둘의 차이를 찾기 어려울 수 있다. 핵심적 차이는 후천년론자는 교회 시대가 천년왕국으로 전환될 것이며, 그때 악의 세력이 무시할 만하고 세상이 본질적으로 기독교화되리라고 믿는다. 후천년설은 모두가 그리스도인이 되리라고 생각하지 않으며, 그리스도의 주권이 세상에서 점점 강화되리라고 기대한다. 오늘날, 이러한 시각은 후천년론자가 교회의 정치와 선교에 접근하는 방식에 크게 영향을 끼칠 때가 많다.

앞으로 몇 장에 걸쳐, 요한계시록 20장에 대한 무천년설의 이해를 논증하겠다. 나의 해석이 설득력이 있든 없든 간에, 그리스도인이 천년왕국에 관한 논의를 일상의 제자도에 별로 중요하지 않은, 난해한 신학 논쟁으로 무시하지 않길 바란다. 천년왕국 문제는 이를 테면 삼위일체나 그리스도의 두 본성이나 칭의만큼 중요하지 않지만, 우리가 어떻게 세상을 보고 어떻게 우리 문화를 대하느냐에 자주 영향을 미칠(그리고 반영될) 것이다. 그러므로 우리는 이해를 포기하고 범천년설(panmillennialism, "결국 모든 게 잘될 거야") 편에 서기 전에, 이 문제를 연구하고 문제의 성경 본문들을 깊이 생각해 보아야 한다.

DAY 257

천년왕국은 언제 이루어지는가?

요한계시록 20장의 전체 연대기는 간단해 보인다. 첫째, 사탄이 천년 동안 결박되고(2절), 그동안 그리스도께서 (첫째 부활에 참여하는 성도들과 함께) 천년을 다스리신다(6절). 천년이 끝난 후, 사탄이 잠시 옥에서 풀려나 만국을 미혹한다(3, 7절). 땅에서 마지막 싸움이 있으며, 이 싸움에서 마귀가 패배한다(7-9절). 그 후에 크고 흰 보좌 앞에서 심판이 있다(11절). 죽은 자가 모두 심판을 받는다. 악인들은 둘째 사망을 경험하고, 불못에 던져진다(14절). 이러한 시간표를 고려할 때, 천년왕국은 마지막 싸움 전에, 그리스도의 재림 전에, 최후의 심판 전에 이루어져야 한다.

천년왕국을 이해하는 열쇠는, 요한계시록 20장에 묘사된 격변의 장면이 요한계시록에 이미 묘사되었다는 사실을 인지하는 것이다.

요한계시록에는 마지막 싸움과 세상의 끝이 적어도 네 차례 묘사된다. 9장 13-19절에서, 마병 2만(또는 2억)이 유브라데에 모인다. 16장 12-15절에서, 귀신들이 아마겟돈에 모인다. 19장 17-21절에서, 짐승들과 땅의 왕들과 그 군대들이 모여 말 탄 자와 전쟁을 한다. 20장 7-10절에서, 마귀가 자신의 군대를 모아 성도들의 진과 싸운다. 요한계시록은 재진술 기법, 곧 동일한 사이클의 이야기를 서로 다른 상징들로 거듭 말하는 방식을 사용한다. 요한계시록 20장에 묘사된 '엔딩'은 이미 앞에서 본 것이다.

이 모두는 요한계시록 20장이 말하는 사탄의 결박이 요한계시록 19장의 사건들이 있은 후에 일어나는 일이 아니라는 뜻이다. 한 천사가 나쁜 놈들이 모두 처리되었다고 선언했는데(계 19:17-18) 얼마 후 사탄이 결박된다는 것은 앞뒤가 맞지 않는다. 그리스도께서 19장에서 마귀의 군대를 이미 멸하셨다. 그러니 무슨 결박이 필요하겠는가? 무슨 싸움이 남아 있겠는가?

요한계시록 20장의 싸움이 앞서 본 싸움과 같은 것이 아니라면, 천년 동안 계속되는 사탄의 결박과 그리스도의 통치는 미래에 일어날 일이다. 그러나 요한계시록 20장의 싸움이 앞서 본 싸움과 같은 것이라면, 천년 동안 계속되는 사탄의 결박과 그리스도의 통치는 우리가 마지막을 기다리는 바로 지금 일어나고 있는 일이다.

천년왕국은 문자적 천 년이 아니다. 요한계시록에서 숫자는 이런 식으로 작동하지 않는다. 1,260일, 한 때와 두 때와 반 때, 마병 2만(또는 2억), 일곱, 열둘, 넷. 숫자는 모두 상징이다. 요한이 본 것들이 상징인 것과 같다. 음녀, 짐승, 둘째 짐승, 아이 벤 여자, 신부, 신랑, 두루마리를 먹음, 일곱 머리, 열 뿔, 두 증인의 입에서 나오는 불, 그리스도께서 입의 검으로 사람들을 죽이심, 말굴레까지 닿으며 300킬로미터 넘게 퍼진 피…. 문자 그대로 용이 있거나 문자 그대로 사탄이 사슬에 결박되지 않듯이, 천년을 문자적 천 년으로 보아서는 안 된다. 천년왕국은 긴 시간을, 복음이 확산되는 시간을 가리킬 뿐이며, 그 후에 극심한 환난의 시기와 마지막 싸움과 최후의 심판이 있을 것이다. 간단히 말해, 천년왕국은 지금이다.

DAY 258

사탄이 천년 동안 결박된다는 게 무슨 뜻인가?

사탄의 결박은 예수 그리스도의 삶과 죽음과 부활에서 일어났다. 복음서의 세 구절을 살펴보자.

첫째, 마가복음 3장 27절에서 예수님은 자신을 강한 자의 세간을 강탈하려고 그의 집에 들어가는 사람으로 묘사하신다. 예수님은 먼저 강한 자, 곧 사탄을 결박하지 않으면 이렇게 할 수 없다고 말씀하신다. 여기서 사용된 '결박하다'(deo)는 요한계시록에서 사탄이 결박될 때 사용된 단어와 같다. 예수님은 자신의 사역을 사탄을 결박하는 것으로 이해하셨다.

둘째, 누가복음 10장 18절에서 예수님은 제자들에게 그들의 사역 가운데 사탄이 하늘에서 떨어지는 것을 보았다고 하셨다. 용은 이미 내쫓겼다.

셋째, 요한복음 12장 31절에서 예수님은 이제 이 세상의 통치자가 쫓겨날 때라고 선언하신다. '쫓겨나다'(exballo)는 요한계시록 20장 3절에서 사탄이 '던져졌다'(ballo)고 말할 때 사용되는 단어와 연결된다. 중요하게도, 요한복음 12장 32절에서 예수님은 모든 사람을 자신에게로 이끌겠다고 말씀하신다. 이것이 중요한 이유는 요한계시록 20장에서 사탄을 결박하는 목적이 더는 만국을 미혹하지 못하게 하려는 것이기 때문이다. 우리는 예수님이 십자가에서 하신 일과 사탄에게 안기신 패배를 과소평가한다.

이와 동일한 상황을 요한계시록 나머지 부분에서도 볼 수 있다. 예를 들면, 요한계시록 11장은 취약하면서도 난공불락인 교회의 모습을 보여 준다. 두 증인이(교회를 상징한다) 짓밟히지만, 입에서 불을 내뿜고 되살아난다. 이는 이 시대 교회의 모습이다. 박해받고 공격당하며 비난을 받지만 끝내 승리한다. 마찬가지로, 요한계시록 12장은 하늘에서 벌어지는 전쟁을 묘사한다(7절). 미가엘과 그의 사자들이 용과 싸우며, 용과 그의 사자들도 맞서 싸우지만, 결국 용이 내쫓긴다. 이는 요한계시록 20장에서 보는 상황과 같다.

사탄의 결박은 구체적으로 두 가지를 의미한다.

첫째, 사탄의 결박은 그가 만국을 미혹해 한데 모아 교회를 쓸어버릴 수 없다는 뜻이다. 사탄은 온 세상을 곁길로 이끌 수 있겠지만, 더는 만국을 미혹하지 못할 것이다. 세상 사람과 세상 체제는 사탄에 매여 있지만, 민족들이 그리스도께 나오고 있다. 사탄의 결박은 그가 해를 끼칠 수 없다거나 활동을 하지 않는다거나 그에게 저항할 필요가 없다는 뜻이 아니다. 2절에서 결박된 사탄은 그가 8절에서 시도하는 일을 이룰 수 없다. 다시 말해, 만국(nations)을 모아 그리스도와 그분의 교회에 맞설 수 없다. 결국, 하나님의 백성을 쓸어버리려는 이 마지막 시도까지도 허사로 드러난다.

둘째, 사탄의 결박은 만국이 복음에 반응하고 참 하나님을 알 기회를 갖게 되리라는 뜻이다. 사도행전 14장에서, 바울은 루스드라 사람에게 하나님이 과거에는 민족들(nations)이 자기 길을 가게 두셨다고 말한다(16절). 사도행전 17장에서 바울은 아테네 사람에게 하나님이 과거에는 무지의 시대(개역개정은 '알지 못하던 시대'로 번역했다.-역주)를 눈감아 주셨다고 말한다(30절). 그러나 그 시대가 지나갔다. 이방인은 약속의 언약에 대해 외인과 나그네일 필요가 없다(엡 2:19). 예수님이 이제 모든 사람을 자신에게로 이끌고 계신다. 예수님이 교회에게 모든 민족을 제자로 삼으라고 명하셨다. 요한계시록 20장을 이러한 구절에 비추어 읽으면 선교(missions) 본문이 된다. 옛 뱀이 이 교회 시대에 결박되어 있어 복음이 온 세상에 퍼져나갈 수 있다.

DAY 259

첫째 부활이 무슨 뜻인가?

요한계시록 20장 전반부는 하늘의 광경을 묘사한다. 우리가 이를 알 수 있는 이유는 여기에 보좌들이 있고(계 20:4; 참조. 계 4-5장) 몸을 벗은 영혼들이 있기 때문이다(20:4). 좁게 보면, 이들은 순교자("예수를 증언함과 하나님의 말씀 때문에 목 베임을 당한 자들의 영혼들")다. 그러나 넓게 보면, 이들은 예수님을 충실하게 증언했던 모든 사람, "짐승과 그의 우상에게 경배하지 아니한" 모든 사람이다. 간단히 말해, 이들은 하늘에 있는 신실한 그리스도인, 굴복하지 않고 타협하지 않았으며 승리자로 드러난 자다.

이것은 4절 끝부분과 "[이들이] 살아서 그리스도와 더불어 천 년 동안 왕 노릇 하니"라는 진술로 이어진다. 많은 논쟁을 일으키는 이 진술은 이 단락에서 이미 본 것을 요약한다. 곧, 죽은 후에 몸을 벗은 영혼으로 살아나(중간 상태에) 그리스도와 함께 하늘에서 다스리는 신자의 모습이다.

전천년론자는 이 구절을 신자의 첫째 육체적 부활에 관한 것으로 이해하며, 천 년이 끝난 후 불신자의 둘째 육체적 부활이 있으리라고 본다. 그러나 성경은 부활이 한 번뿐이라고 가르친다(단 12:2). 선인과 악인이 각자의 무덤에서 동시에 일어나 각자의 상급을 받을 것이다(요 5:25-29). 고린도전서 15장의 논리에 따르면, 우리 몸이 불멸을 입을 때 우리는 죽음이 패했음을 알게 될 것이다. 두 번의 육체적 부활이 있다면(그리고 그 사이에 천 년과 잔혹한 마지막 싸움이 있다면), 죽음이 승리에 삼켜졌다고 말하기 어렵다(참조. 고전 15:54).

이 모두는 요한계시록 20장 4절의 살아남(coming to life)이 영적 부활이 틀림없다는 뜻이다. 요한은 죽었으나 이전 어느 때보다 생생하게 살아 있는 신자를 보았다. 이런 이유로, 요한계시록 14장 13절은 "주 안에서 죽는 자들은 복이 있도다"라고 말할 수 있다.

요한계시록 20장의 영혼들은 몸을 떠나 있으나 주님과 함께 있다(고후 5:8). 예수님이 가르치셨듯이, 하나님은 죽은 자의 하나님이 아니라 살아 있는 자의 하나님이시며(눅 20:38), 이 말은 아브라함과 이삭과 야곱이 아직 육체적으로 부활하지 않았으나 지금 살아 있다는 뜻이다(37절). 요한계시록 20장 4절이 주는 소망은 요한계시록 20장이 거듭거듭 주는 소망, 곧 이기는 자는 영생을 얻으리라는 것이다. "우리가 주와 함께 죽었으면 또한 함께 살 것이요 참으면 또한 함께 왕 노릇 할 것이요"(딤후 2:11-12).

이것은 마지막 문제로 이어진다. 요한계시록 20장 5절은 "그 나머지 죽은 자들은 그 천 년이 차기까지 살지(come to life) 못하더라"라고 말하는데, 이것은 무슨 뜻인가? 핵심은 '까지'(*achri*, 아크리)가 늘 상황이나 상태의 변화를 말하는 것은 아니며, 단순히 '그 시점까지 내내'를 의미할 수 있다고 이해하는 것이다. 신약성경에서 아크리는 이런 의미로 자주 사용된다(행 23:1; 26:22; 롬 5:13; 8:22). 따라서 5절은 나머지 죽은 자가 천 년이 끝난 후 살아나 갑자기 그리스도와 함께 다스렸다는 뜻이 아니다. 오히려 이 교회 시대 전체에(마지막에 이르기까지 내내) 믿지 않고 죽은 자는 살아서 그리스도와 함께 다스리는 특권을 누리지 못한다는 뜻이다. 믿지 않고 죽은 자는 이 시대뿐 아니라 영원히 그리스도와 함께 살지 못할 것이다. 그리스도 안에서 첫째 부활에 참여하지 못한 이들은 훗날 불못에서 둘째 사망에 참여할 것이다(계 20:15).

DAY 260
영화로운 나타나심

그리스도께서 발 디딜 틈 없는 베들레헴의 어느 초라한 마구간에서 동정녀에게서 나셨을 때, 겸손과 연약함으로 우리 세상에 들어오셨다. 세상이 볼 수 없었으나, 이것은 영화로운 나타나심이었다.

그러나 그리스도의 두 번째 나타나심은 모두가 보고 알도록 명백히 영화로울 것이다. 그리스도께서 다시 오실 때, 모든 것을 이기는 그분의 사랑, 견줄 수 없는 그분의 능력, 주권적인 그분의 공의에 놀랄 것이다. 피로 산 그분의 구원과 영원히 계속되는 그분의 나라가 장엄할 것이다. 해처럼 빛나는 그분의 얼굴이 눈부실 것이다. 우리의 크신 하나님이요 구주이신 예수 그리스도의 나타나심은 상상할 수 없이 영화로울 것이다. 이 나타나심을 사모하는 모든 자가(딤후 4:8) 이를 복스러운 소망으로 품고 기다린다(딛 2:13).

요한계시록 전체에서, 예수 그리스도께서는 가장 고귀한 언어와 가장 놀라운 이미지로 묘사된다. 그분은 처음이요 나중(마지막)이며, 사망과 음부의 열쇠를 가진 살아 있는 분이시다. 그분의 머리와 머리털은 양털처럼 희고, 그분의 옷은 발에 끌리며, 그분의 가슴띠는 금이고, 그분의 음성은 많은 물소리 같으며, 그분의 발은 풀무불에 단련한 빛난 주석 같고, 그분의 입은 검 같으며, 그분의 얼굴은 해 같다. 그분은 아멘이요, 충실하고 진실한 증인이시다. 그분은 다윗의 뿌리요 광명한 새벽별이시다. 그분은 유다 지파의 사자요 죽임 당한 어린양이시다. 그분은 흰 말을 타시며, 그분의 눈은 불꽃 같고, 그분의 머리에 많은 면류관이 있다. 그분은 피 뿌린 옷을 입으셨고, 그분의 이름은 하나님의 말씀이다. 그분은 철장으로 만국을 다스리시며, 그분의 다리에 "만왕의 왕이요 만주의 주"라는 이름이 적혀 있다.

요한계시록이 찬양으로 넘쳐나는 것은 놀랍지 않다. 시편 외에, 하나님을 찬양하는 노래가 이렇게 많은 책은 없다.

"거룩하다 거룩하다 거룩하다 주 하나님 곧 전능하신 이여 전에도 계셨고 이제도 계시고 장차 오실 이시라"(계 4:8).

"두루마리를 가지시고 그 인봉을 떼기에 합당하시도다 일찍이 죽임을 당하사 각 족속과 방언과 백성과 나라 가운데에서 사람들을 피로 사서 하나님께 드리시고"(계 5:9).

"죽임을 당하신 어린 양은 능력과 부와 지혜와 힘과 존귀와 영광과 찬송을 받으시기에 합당하도다"(계 5:12).

"감사하옵나니 옛적에도 계셨고 지금도 계신 주 하나님 곧 전능하신 이여 친히 큰 권능을 잡으시고 왕 노릇 하시도다"(계 11:17).

"주 하나님 곧 전능하신 이시여 하시는 일이 크고 놀라우시도다 만국의 왕이시여 주의 길이 의롭고 참되시도다"(계 15:3).

우리는 첫 창조의 산고 가운데 아홉 째 달을 살고 있다. 우리는 막달이 얼마나 길지 알지 못하지만, 새 세상의 탄생이 하루하루 더 가까워진다. 영화로운 나타나심이 하루하루 더 가까워진다. 그날의 찬양은 땅에서 들었던 그 어떤 찬양과도 같지 않을 것이며 하늘에서 불렀던 그 어떤 찬양보다 크고 완전할 것이다.

저 공중에 구름이 일어나며
큰 나팔이 울릴 때에
주 오셔서 세상을 심판해도
나의 영혼은 겁 없으리
내 영혼 평안해
내 영혼 내 영혼 평안해.[1]

이것이 오늘 우리의 노래다. 우리는 성령과 함께 "오소서"라고 말한다(계 22:17). 그러면 모든 참된 것을 증언하는 분, 길이요 진리요 생명이신 분이 이렇게 말씀하신다.
"내가 진실로 속히 오리라."
"아멘 주 예수여 오시옵소서"(계 22:20).

---

1 Horatio G. Spafford, "It Is Well with My Soul," 1873. 새찬송가, 413장, "내 평생에 가는 길" 4절.

부록
자주 인용된 자료들

고백 문서들

벨직 신앙고백(Belgic Confession, 1561). 귀도 드 브레(Guido de Bres, 1522-1567)가 프로테스탄트가 박해를 받지 않도록 스페인 국왕 펠리페 2세(Philip II)를 설득하기 위해 작성했다. 드 브레는 로랜즈(Lowlands, 지금의 벨기에)의 개혁주의 목사이며, 테오도르 베자(Theodore Beza)와 장 칼뱅(John Calvin) 밑에서 공부했고, 1567년 공개 교수형을 당했다.

하이델베르크 요리문답(Heidelberg Catechism, 1563). 대부분 자카리아스 우르시누스(Zacharias Ursinus, 1534-1583)가 어린이를 가르치는 도구로, 목사를 위한 안내서로, 팔츠(Palatinate, 지금의 독일) 지역 프로테스탄트 계파 간의 일치된 신앙고백의 한 형태로 작성했다.

도르트 신조(Canons of Dort, 1618-1619). 네덜란드 도르드레흐트(Dordrecht)에서 열린 국제 총회에서 발표되었다. 도르트 신조의 5대 교리는 항론

파(Remonstrant party, 즉 야코부스 아르미니우스를 따르는 자, 또는 아르미니우스주의자)가 먼저 발표한 다섯 가지 신학적 주장에 대한 답으로, 이에 대한 반박으로 제시되었다.

벨직 신앙고백, 하이델베르크 요리문답, 도르트 신조는 '3대 일치 신조'(Three Forms of Unity)로 알려져 있으며, 전 세계의 많은 개혁주의 교회, 특히 네덜란드와 프랑스와 독일과 연결된 개혁주의 교회에게 표준 신앙고백의 역할을 해왔다.

웨스트민스터 신앙고백(Westminster Confession of Faith, 1646). 영국 런던에서 10여 년에 걸쳐 1,000회 이상 전체 회의를 열었던 목회자·신학자 그룹이 작성했다. 웨스트민스터 총회(Westminster Assembly, 1643-1653)는 영국 내전(English Civil War, 왕당파와 의회파의 충돌) 중에 의회가 교회와 교리 문제에 관한 자문을 얻기 위해 소집했다.

웨스트민스터 대요리문답(Westminster Larger Catechism, 1647)과 **소요리문답** (Smaller Catechism, 1647). 웨스트민스터 신앙고백과 함께 사용하도록 작성되었다. 신앙고백과 대요리문답과 소요리문답 세 가지를 웨스트민스터 표준문서(Westminster Standards)라 하는데, 전 세계 많은 장로교회, 특히 브리튼 제도(British Isles)와 관련된 장로 교회에서 표준 신앙고백의 역할을 해왔다.

저자들

히포의 아우구스티누스(Augustine of Hippo, 354-430). 북아프리카 주교였으며, 교회 역사에서 가장 중요한 신학자 가운데 한 사람이다. 가장 유명한 저작으로는 『고백록』(Confessions), 『그리스도교 교양』(On Christian Doctrine), 『삼위일체론』(On the Trinity), 『하나님의 도성』(City of God)이 있다.

토마스 아퀴나스(Thomas Aquinas, 1225-1274). 이탈리아 출신의 도미니크 수도회 수사이자 사제였고, 중세 서양에서 가장 영향력 있는 신학자요 철학자였으며, 가장 유명한 저서 『신학대전』(Summa Theologica)에서 스콜라 신학의 결실을 집대성했다.

마르틴 루터(Martin Luther, 1483-1546). 독일 출신의 사제이자 신학자요 종교개혁자였으며, 프로테스탄트 종교개혁의 시발점으로 여겨진다. 루터는 방대한 신학 저서들을 썼을 뿐 아니라 뛰어난 성경 번역자요 찬송가 작시자이기도 했다.

장 칼뱅(John Calvin, 1509-1564). 프랑스 출신의 목사이자 신학자요 종교개혁자였으며 제네바에서 목회했다. 살아 있을 때뿐 아니라 죽은 후에도 특히 개혁주의 프로테스탄트 사이에서 영향력이 컸다. 성경의 대다수 책에 관한 주석과 대표작 『기독교 강요』(Institutes of the Christian Religion)를 비롯해 방대한 저작을 남겼다.

존 오웬(John Owen, 1616-1683). 영국 출신의 신학자요 칼뱅주의자이자 회중 교회론자였으며, 교회와 학계와 정치에서 여러 직책을 맡아 큰 영향을 끼쳤다. 잘 알려진 저서로는 『교제』(Communion with God)와 『죄 죽이기』(The Mortification of Sin)를 비롯해 유혹에 관한 책과 히브리서에 관한 시리즈가 있다.

프란시스 튜레틴(Francis Turretin, 1623-1687). 이탈리아 혈통이지만 제네바에서 태어나고 자랐다. 프랑스어권 교회를 목회했고, 제네바대학(University of Geneva) 신학 교수였다. 그의 『변증신학 강요』(Institutes of Elenctic Theology, 청교도와 구 프린스턴 전통에서 영향력이 있다)는 많은 사람이 개혁파 스콜라주의의 최고봉으로 꼽는다.

빌헬무스 아 브라켈(Wilhelmus a Brakel, 1635-1711). 네덜란드의 개혁주의 목사이자 신학자이며, 네덜란드 제2차 종교개혁(Dutch Further Reformation)을 대표하는 인물이었다. 그의 대표작 『그리스도인의 합당한 예배』(The Christian's Reasonable Service)는 학문적 정확성과 개인적이고 마음 따뜻한 경건이 결합된 책이다.

찰스 하지(Charles Hodge, 1797-1878). 미국 장로교 신학자이자 목사였으며 프린스턴신학교(Princeton Theologial Seminary)에서 가르쳤다. 56년 동안 가르치면서 3천 명이 넘는 목사를 훈련했고, 「비블리컬 리퍼터리 앤 프린스턴 리뷰」(*Biblical Repertory and Princeton Review*)를 창간하고 여기에 자주 기고했다. 그가 쓴 세 권짜리 『조직 신학』(*Systematic Theology*)은 프린스턴에서 신학 교과서로 튜레틴을 대체했다.

제임스 배너먼(James Bannerman, 1807-1868). 스코틀랜드 신학자였으며, 1843년 스코틀랜드 교회(Church of Scotland)를 떠나 자유 교회(Free Church)로 옮겼다. 에든버러의 뉴칼리지(New College)에서 변증학과 목회 신학을 가르쳤고, 장로교 교회론에 관한 저서 『그리스도의 교회』(*The Church of Christ*)로 가장 잘 알려져 있다.

윌리엄 셰드(William G. T. Shedd, 1820-1894). 미국 장로교 신학자였으며, 뉴욕 시티의 유니온신학교(Union Theological Seminary)에서 가르쳤다. 지금은 크게 주목받지 못하지만, 그의 저서 『조직 신학』(*Dogmatic Theology*)은 학문적 깊이를 갖췄을 뿐 아니라 시대의 논점을 꿰뚫는 전통적 칼뱅주의를 보여 주는 인상적인 본보기다.

헤르만 바빙크(Herman Bavinck, 1854-1921). 네덜란드 신학자요 목사였으며, 캄펜신학교(Theological School in Kampen)에서 가르쳤고 나중에 아브라함 카이퍼(Abraham Kuyper)가 설립한 암스테르담자유대학(Free University Amsterdam)에서 가르쳤다. 삶과 사상이 정통적이면서도 현대적이었다. 네 권짜리 『개혁교의학』(*Reformed Dogmatics*)은 특히 2008년 영역본이 완간된 이후, 엄청난 영향을 미쳤다.

루이스 벌코프(Louis Berkhof, 1873-1957). 네덜란드에서 태어난 독일계 미국인으로 개혁주의 신학자이며 칼빈신학교(Calvin Theological Seminary, 미시간주 그랜드래피즈 소재)에서 거의 40년을 가르쳤다. 『벌코프 조직 신학』(Systematic Theology)은 대체로 바빙크의 영어 요약본으로서 간명하기로 모범이 되며, 거의 한 세기 동안 표준 신학 교과서로 사용되고 있다.

인용 문헌

신앙고백과 교회 문서

니케아 신경 Nicene Creed(325)
칼케돈 신조 Chalcedonian Definition(451)
벨직 신앙고백 Belgic Confession(1561)
하이델베르크 요리문답 Heidelberg Catechism(1563)
제2치리서 Second Book of Discipline(1578)
도르트 신조 Canons of Dort(1619)
웨스트민스터 신앙고백 Westminster Confession of Faith(1646)
웨스트민스터 대요리문답 Westminster Larger Catechism(1647)
웨스트민스터 소요리문답 Westminster Shorter Catechism(1647)
사보이 선언 Savoy Declaration(1658)
성공회 기도서 Book of Common Prayer(1662)
헬베틱 일치 신조 Formula Consensus Helvetica(1675)
런던 침례교 신앙고백 London Baptist Confession of Faith(1689)
인간 생명 Humanae Vitae(1968)
가톨릭교회 교리서 Catechism of the Catholic Church(1992)
미국 장로교(PCA) 교단 헌법 Presbyterian Church of America Book of Church Order(n.d.)

저서와 논문

Alexander, Archibald. *God, Creation, and Human Rebellion*. Grand Rapids, MI: Reformation Heritage, 2019.

Aquinas, Thomas. *Summa Theologica*. 5 vols. Translated by the Fathers of the English Dominican Province. New York: Benzinger, 1948; 토마스 아퀴나스, 『신학대전』 1-30권, 바오로딸, 2019-2025.

Athanasius. *The Festal Letters of Athanasius of Alexandria, with the Festal Index and the Historia Acephala*. Translated by David Brakke and David M. Gwynn. Liverpool, UK: Liverpool University Press, 2023.

Athanasius. *On the Incarnation*. Translated by John Behr. Yonkers, NY: St. Vladimir's Seminary Press, 2019; 아타나시우스, 『말씀의 성육신에 관하여』, 오현미 역, 죠이북스, 2021.

Augustine of Hippo. *Confessions*. Translated by Henry Chadwick. Oxford, UK: Oxford University Press, 2008; 아우구스티누스, 『고백록』.

Augustine of Hippo. *The Trinity*. Translated by Edmund Hill and John E. Rotelle. Hyde Park, NY: New City Press, 2012; 아우구스티누스, 『삼위일체론』, 성염 역, 분도출판사, 2015.

Aulen, Gustaf. *Christus Victor: An Historical Study of the Three Main Types of the Idea of Atonement*. Translated by A. G. Hebert. Eugene, OR: Wipf & Stock, 2003; 구스타프 아울렌, 『승리자 그리스도』, 문창수 역, 정경사, 1992.

Bannerman, James. *The Church of Christ*. Edinburgh: Banner of Truth, 2015.

Bauckham, Richard. "Universalism: A Historical Survey." Themelios 4(September 1978): 48-54.

Bavinck, Herman. *Reformed Dogmatics*. Vol. 1, Prolegomena. Translated by John Vriend. Edited by John Bolt. Grand Rapids, MI: Baker Academic, 2003; 헤르만 바빙크, 『개혁교의학 1』, 박태현 역, 부흥과개혁사, 2011.

Bavinck, Herman. *Reformed Dogmatics*. Vol. 3, *Sin and Salvation*. Translated by John Vriend. Edited by John Bolt. Grand Rapids, MI: Baker Academic, 2003; 헤르만 바빙크, 『개혁교의학 2』, 박태현 역, 부흥과개혁사, 2011.

Belcher, Richard P., Jr. *The Fulfillment of the Promises of God: An Explanation of Covenant Theology*. Ross-shire, UK: Mentor, 2020.

Berkhof, Louis. *Introductory Volume to Systematic Theology*. Grand Rapids, MI: Eerdmans, 1996.

Bettenson, Henry, and Chris Maunder, eds. *Documents of the Christian Church*. 4th ed. Oxford, UK: Oxford University Press, 2011.

Blaising, Craig, and Darrell Bock. *Progressive Dispensationalism*. Grand Rapids, MI: Baker Academic, 2000; 크레이그 블레이징, 대럴 박, 『점진적 세대주의』, 곽철호 역, 기독교문서선교회, 2016.

Blomberg, Craig. "Degrees of Reward in the Kingdom of Heaven?" *Journal of the Evangelical Theological Society* 35(June 1992): 159-72.

Boston, Thomas. *Human Nature in Its Fourfold State*. Edinburgh: James McEuen, 1720; 토머스 보스턴, 『인간 본성의 4중 상태』, 스데반 황 역, 부흥과개혁사, 2015.

A Brakel, Wilhelmus. *The Christian's Reasonable Service*. 4 vols. Translated by Bartel Elshout. Edited by Joel R. Beeke. Grand Rapids, MI: Reformation Heritage, 1992; 빌헬무스 아 브라켈, 『그리스도인의 합당한 예배』 1-4권, 김효남, 서명수, 장호준 역, 지평서원, 2019.

Bray, Gerald. *The Doctrine of God*. Downers Grove, IL: InterVarsity Press, 1993; 제럴드 브레이, 『신론』, 김재영 역, IVP, 1999.

Calvin, John. *Calvin's Commentaries*. 22 vols. Grand Rapids, MI: Baker, 1974.

Calvin, John. *Institutes of the Christian Religion*. 2 vols. Translated by Ford Lewis Battles. Edited by John T. McNeil. Philadelphia: Westminster Press, 1960; 장 칼뱅, 『기독교 강요』.

Calvin, John. *Psychopannychia*, in *Tracts Relating to the Reformation*. Vol. 3. Translated by Henry Beveridge. Edinburgh: Calvin Translation Society, 1851; 요

한 칼빈, 『영혼수면론』, 김광채 역, 부크크, 2022.
Cole, Graham A. *Against the Darkness: The Doctrine of Angels, Satan, and Demons*. Wheaton, IL: Crossway, 2019.
Cyprian of Carthage. *The Lapsed, The Unity of the Catholic Church*. Translated by Maurice Benevot. New York: Newman Press, 1957.
DeYoung, Kevin. "Foreword. In Blessings of the Faith series. 5 vols.(Phillipsburg, NJ: P&R, 2023).
DeYoung, Kevin. *The Good News We Almost Forgot: Rediscovering the Gospel in a 16th Century Catechism*. Chicago: Moody, 2010; 케빈 드영, 『왜 우리는 하이델베르크 교리문답을 사랑하는가』, 신지철 역, 부흥과개혁사, 2012.
DeYoung, Kevin. *Grace Defined and Defended: What a 400-Year-Old Confession Teaches Us about Sin, Salvation, and the Sovereignty of God*. Wheaton, IL: Crossway, 2019.
DeYoung, Kevin. *The Hole in Our Holiness: Filling the Gap between Gospel Passion and the Pursuit of Godliness*. Wheaton, IL: Crossway, 2012; 케빈 드영, 『구멍 난 거룩』, 이은이 역, 생명의말씀사, 2013.
DeYoung, Kevin. *The Lord's Prayer*. Wheaton, IL: Crossway, 2022; 케빈 드영, 『주기도』, 이지혜 역, 생명의말씀사, 2023.
DeYoung, Kevin. "The Mission of the Church," The Gospel Coalition, accessed March 21, 2024, https:// www .the gospel coalition .org /essay /the -mission -of -the -church/.
DeYoung, Kevin. "Sin," in *NIV Zondervan Study Bible*. Edited by D. A. Carson. Grand Rapids, MI: Zondervan, 2015.
Dorrien, Gary. *Imagining Progressive Religion, 1805-1900*. Vol. 1, *The Making of American Liberal Theology*. Louisville, KY: Westminster John Knox, 2001.
Edwards, Jonathan. *Ethical Writings*. Edited by Paul Ramsey and John E. Smith. Vol. 8, *The Works of Jonathan Edwards*. New Haven, CT: Yale University Press, 1989.
Edwards, Jonathan. *Religious Affections*, revised edition. Edited by John E. Smith and Harry S. Stout. Vol. 2, *The Works of Jonathan Edwards*. New Haven, CT: Yale University Press, 2009; 조나단 에드워즈, 『신앙감정론』, 정성욱 역, 부흥과개혁사, 2005.
Fee, Gordon. *God's Empowering Presence: The Holy Spirit in the Letters of Paul*. Peabody, MA: Hendrickson, 1994; 고든 피, 『성령』(상/하), 박규태 역, 새물결플러스, 2013.

Fesko, J. V., and Guy M. Richard. "Natural Theology and the Westminster Confession of Faith." In vol. 3, *The Westminster Confession into the 21st Century*. Edited by J. Ligon Duncan III. Ross-shire, UK: Mentor, 2009. 223-266.

Garland, David E. *1 Corinthians*, Baker Exegetical Commentary on the New Testament. Grand Rapids, MI: Baker Academic, 2003; 데이비드 갈런드, 『BECNT 고린도전서』, 조호영 역, 부흥과개혁사, 2019.

Golding, Peter. *Covenant Theology: The Key of Theology in Reformed Thought and Tradition*. Ross-shire, UK: Mentor, 2008; 피터 골딩, 『현대인을 위한 언약 신학』, 박동근 역, 그의나라, 2015.

Grudem, Wayne. *Systematic Theology*. Grand Rapids, MI: Zondervan, 1994. Hahn, Scott, and Kimberly Hahn. Rome Sweet Home: Our Journey to Catholicism. San Francisco: Ignatius Press, 1993; 웨인 그루뎀, 『조직 신학』 1-2권, 박세혁 역, 복있는사람, 2024.

Haines, David. *Natural Theology: A Biblical and Historical Introduction and Defense*. Landrum, SC: Davenant Press, 2021.

Hodge, Charles. *Systematic Theology*. 3 vols. London: James Clarke, 1960. Hodge, Charles. "The Validity of Romish Baptism." In *Church Polity*. New York: Charles Scribner's Sons, 1878.

Irons, Charles Lee. "A Lexical Defense of the Johannine Only Begotten." In *Retrieving Eternal Generation*, edited by Fred Sanders and Scott R. Swain. Grand Rapids, MI: Zondervan Academic, 2017.

John of Damascus. *On the Orthodox Faith*. Translated by Normal Russell. Yonkers, NY: St. Vladimir's Seminary Press, 2022.

Junius, Fransiscus. *A Treatise on True Theology with the Life of Franciscus Junius*. Grand Rapids, MI: Reformation Heritage, 2014; 프란키스쿠스 유니우스, 『참된 신학이란 무엇인가』, 한병수 역, 부흥과개혁사, 2016.

Kilner, John. *Dignity and Destiny: Humanity in the Image of God*. Grand Rapids, MI: Eerdmans, 2015.

Kreeft, Peter. *Catholic Christianity: A Complete Catechism of Christian Beliefs based on the Catechism of the Catholic Church*. San Francisco: Ignatius Press, 2001.

Kruger, Michael J. *Canon Revisited: Establishing the Origins and Authority of the New Testament*. Wheaton, IL: Crossway, 2012.

Kuyper, Abraham. *Calvinism: Six Lectures Delivered in the Theological Seminary at*

Princeton. New York: Revell, 1899; 아브라함 카이퍼, 『칼빈주의 강연』, 박태현 역, 도서출판 다함, 2022.

Letham, Robert. *The Holy Trinity: In Scripture, History, Theology, and Worship*. Phillipsburg, NJ: P&R, 2004; 로버트 레담, 『개혁주의 삼위일체론』, 김남국 역, 기독교문서선교회, 2022.

Locke, John. *Two Treatises of Government and A Letter Concerning Toleration*. New York: Classic Books International, 2010; 존 로크, 『통치론』, 강정인, 문지영 역, 까치, 2022; 『관용에 관한 편지』, 최유신 역, 철학과현실사, 2009.

MacLeod, Donald. *The Person of Christ*. Downers Grove, IL: IVP Academic, 1998; 도널드 맥클라우드, 『그리스도의 위격』, 김재영 역, IVP, 2001.

McClymond, Michael J. *The Devil's Redemption: A New History and Interpretation of Christian Universalism*. Grand Rapids, MI: Baker Academic, 2020.

Muller, Richard A. *Post-Reformation Reformed Dogmatics: The Rise and Development of Reformed Orthodoxy*, ca. 1520 to ca. 1725. Grand Rapids, MI: Baker Academic, 2003; 리차드 멀러, 『종교 개혁 후 개혁주의 교의학』, 이은선 역, 이레서원, 2002.

Murray, John. *Collected Writings of John Murray*. Vol. 4, *Studies in Theology*. Edinburgh: Banner of Truth, 1982.

Murray, John. *Redemption Accomplished and Applied*. Grand Rapids, MI: Eerdmans, 1955; 존 머레이, 『존 머레이의 구속』, 장호준 역, 복있는사람, 2011.

Gregory of Nazianzus. *On God and Christ: The Five Theological Orations and Two Letters to Cledonius*. Translated by Frederick Williams and Lionel Wickham. Yonkers, NY: St. Vladimir's Seminary Press, 2002.

O'Collins, Gerald. *The Holy Trinity: The State of the Questions. In The Trinity: An Interdisciplinary Symposium on the Trinity*, edited by Stephen T. Davis, Daniel Kendall, and Gerald O'Collins. Oxford, UK: Oxford University Press, 1999.

Owen, John. *The Doctrine of Justification by Faith*. Grand Rapids, MI: Reformation Heritage, 2006; 존 오웬, 『칭의론』, 박홍규 역, 처음과나중, 2020.

Owen, John. *Overcoming Sin and Temptation*. Edited by Kelly M. Kapic and Justin Taylor. Wheaton, IL: Crossway, 2006; 존 오웬, 『죄 죽이기』, 박문재 역, CH북스, 2020.

Packer, J. I. "Introduction to Hermann Witsius." In *Economy of the Covenants between God and Man*. Grand Rapids, MI: Reformation Heritage, 2021.

Packer, J. I. *Truth and Power: The Place of Scripture in the Christian Life*. Wheaton, IL: H. Shaw, 1996; J. I. 패커, 『하나님의 대변자』, 서원교 역, 아가페출판사, 2000.

Perkins, William. *A Golden Chain*. Cambridge, UK: John Legate, 1600; 윌리엄 퍼킨스, 『황금사슬』, 김지훈 역, 킹덤북스, 2016.

Rahner, Karl, and Herbert Vorgrimler. *Dictionary of Theology*, 2nd ed. New York: Crossroad, 1981.

Robertson, O. Palmer. *The Christ of the Covenants*. Phillipsburg, NJ: P&R, 1987; 팔머 로벗슨, 『계약신학과 그리스도』, 김의원 역, 개혁주의신학사, 2013.

Ryle, J. C. *Holiness: Its Nature, Hindrances, Difficulties, and Roots*. Moscow, ID: Charles Nolan, 2011; J. C. 라일, 『거룩』, 장호준 역, 복있는사람, 2009.

Sanders, E. P. *Paul and Palestinian Judaism: A Comparison of Patterns of Religion*. 40th anniversary edition. Minneapolis: Fortress, 2017; E. P. 샌더스, 『바울과 팔레스타인 유대교』, 박규태 역, 알맹e, 2018.

Scofield, C. I. *Scofield Reference Bible*. New York: Oxford University Pres, 1909.

Shedd, William G. T. *Dogmatic Theology*, 3rd ed. Phillipsburg, NJ: P&R, 2003.

Stott, John. *Baptism and Fullness*. Downers Grove, IL: InterVarsity Press, 1976; 존 스토트, 『성령 세례와 충만』, 김현회 역, IVP, 2024.

Stott, John. *The Cross of Christ*. Downers Grove, IL: InterVarsity Press, 2006. 155, 326; 존 스토트, 『그리스도의 십자가』, 황영철, 정옥배 역, IVP, 2007.

Turretin, Francis. *Institutes of Elenctic Theology*. 3 vols. Translated by George Musgrave Giger. Edited by James T. Dennison Jr. Phillipsburg, NJ: P&R, 1997; 프란키스쿠스 투레티누스, 『변증신학 강요』, 박문재, 한병수 역, 부흥과개혁사, 2017.

Ursinus, Zacharias. *Commentary on the Heidelberg Catechism*. Translated by G. W. Williard. Phillipsburg, NJ: P&R, 1992; 자카리아스 우르시누스, 『하이델베르크 요리문답 해설』, 원광연 역, CH북스, 2016.

Van Mastricht, Petrus. *Theoretical-Practical Theology*. Vol. 1, Prolegomena. Grand Rapids, MI: Reformation Heritage, 2018; 페트루스 판 마스트리흐트, 『이론과 실천 신학: 신학 서론』, 박문재 역, 부흥과개혁사, 2019.

Wellum, Stephen. *God the Son Incarnate*. Wheaton, IL: Crossway, 2016.

Williamson, Paul R. "The *Pactum Salutis*: A Scriptural Concept or Scholastic Methodology?" *Tyndale Bulletin* 69:2, 2018: 259–83.

Witsius, Hermann. *Economy of the Covenants between God and Man*. Grand Rapids, MI: Reformation Heritage, 2021.

Wright, N. T. *Justification: God's Plan and Paul's Vision*. Downers Grove, IL: IVP Academic, 2009; 톰 라이트, 『칭의를 말하다』, 최현만 역, 에클레시아북스, 2016.

사명선언문

너희가 흠이 없고 순전하여……세상에서 그들 가운데 빛들로
나타내며 생명의 말씀을 밝혀 _ 빌 2:15-16

1. 생명을 담겠습니다
만드는 책에 주님 주신 생명을 담겠습니다.
그 책으로 복음을 선포하겠습니다.

2. 말씀을 밝히겠습니다
생명의 근본은 말씀입니다.
말씀을 밝혀 성도와 교회의 성장을 돕겠습니다.

3. 빛이 되겠습니다
시대와 영혼의 어두움을 밝혀 주님 앞으로 이끄는
빛이 되는 책을 만들겠습니다.

4. 순전히 행하겠습니다
책을 만들고 전하는 일과 경영하는 일에 부끄러움이 없는
정직함으로 행하겠습니다.

5. 끝까지 전파하겠습니다
모든 사람에게, 땅 끝까지, 주님 오시는 그날까지
복음을 전하는 사명을 다하겠습니다.

서점 안내

광화문점	서울시 종로구 새문안로 69 구세군회관 1층 02)737-2288 / 02)737-4623(F)
강남점	서울시 서초구 신반포로 177 반포쇼핑타운 3동 2층 02)595-1211 / 02)595-3549(F)
구로점	서울시 동작구 시흥대로 602, 3층 302호 02)858-8744 / 02)838-0653(F)
노원점	서울시 노원구 동일로 1366 삼봉빌딩 지하 1층 02)938-7979 / 02)3391-6169(F)
일산점	경기도 고양시 일산서구 중앙로 1391 레이크타운 지하 1층 031)916-8787 / 031)916-8788(F)
의정부점	경기도 의정부시 청사로47번길 12 성산타워 3층 031)845-0600 / 031)852-6930(F)
인터넷서점	www.lifebook.co.kr